CW00644708

Z. 482

Z. 1450

ATHANASII KIRCHERI E SOCIETATE IESV
OEDIPVS AEGYPTIACVS
AD FERDINANDVM III CÆSAREM SEMPER AVGVSTVM.

Io: Ang: Caninius Rom: del.   C. Bloemaert sculp.

ATHANASII KIRCHERI
E SOC. IESV,
OE D I P V S
AEGYPTIACVS.

HOC EST

Vniuerſalis Hieroglyphicæ Veterum
Doctrinæ temporum iniuria abolitæ

INSTAVRATIO,

Opus ex omni Orientalium doctrina & ſapientia
conditum, nec non viginti diuerſarum linguarum
authoritate ſtabilitum,

Felicibus Auſpicijs

FERDINANDI III,
AVSTRIACI
Sapientiſsimi & Inuictiſsimi

Romanorum Imperatoris ſemper Auguſti
è tenebris erutum,

Atque Bono Reipublicæ Literariæ conſecratum .

Tomus I.

R O M AE,

Ex Typographia Vitalis Maſcardi, M DC LII.

SVPERIORVM PERMISSV.

SYNOPSIS TOMI PRIMI,

Qui & inscribitur

TEMPLVM ISIACVM.

CHorographiam Ægypti, Dynastias, Politicam, Theogoniam seu Architecturam Deorum, originem idololatriæ Ægyptiacæ, eiusdemque in vniuersum Mundum, præsertim ad Græcos, Hebræos, Romanos, Indos, aliosque populos peractam propagationem continet, & in quinque Syntagmata diuiditur.

PROPYLÆVM. In quo totius Operis scopus, causa, & occasio explicatur; hieroglyphicæ instaurationis rationes impugnantium argumenta aliquot Capitibus confutantur.

SYNTAGMA I. *Delta Niloticum*. Continet Chorographicam totius Ægypti in 30. Nomos distributæ descriptionem; Deorum in singulis Nomis coli solitorum nomina exhibet; causas incrementi & decrementi Nilotici, vti & originem eiusdem fluminis, hucusque forsan incognitam, tandem certo & fideli testimonio detegit; Dynastias Regum Ægypti ex omnibus Orientalium monumentis demonstrat : vbi & de Regibus ante & post diluuium, eorumque gestis ex mente Arabum ample tractatur.

SYNTAGMA II. *Politica Ægyptiorum*. Agit, de Regum vita, moribus, atque in Regno benè beatèque administrando ratione; item de legibus, institutis, & varijs subditorum classibus: quæ omnia politicâ, tropologicâ, mysticâ, & hieroglyphica methodo prosequitur.

SYNTAGMA III. *Theogonia seu Architectura Deorum*. In ea de origine superstitionis Ægyptiacæ, & propagatione eiusdem ad Græcos & Romanos facta; item de Osiride, Iside, Apide, Serapide, Canopo, Horo, Harpocrate, Typhone, Mithra, Ammone, cæterisque Numinibus Ægyptiacis; de cæremonijs denique & ritibus in eorundem honorem institutis, brutorumque cultu varie & fuse agitur: vbi apertè Græcorum Romanorumque idololatriam prima fundamenta ab Ægyptijs suscepisse ostenditur.

SYNTAGMA IV. *Pantheon Hebræorum*. In eo de varijs Hebræorum, Syrorum, Chaldæorum, Persarum, Samaritanorum, aliarumque Ægypto vicinarum gentium idolis, lucis, aris, sacrificijs, agitur, atque adeo parallela quâdam comparatione omnem dictarum gentium idololatriam, ritusque ab Ægyptijs primùm promanasse ostenditur.

SYNTAGMA V. *Simia Ægyptiaca*. Agitur de Indorum, Sinensium, Iaponum, Tartarorum, Mogorum, & Noui Orbis idololatria, eiusque ad Ægyptiacam affinitate, vbi Lectori manifesta Ægyptiacæ superstitionis vestigia patebunt.

FERDINANDVS III CÆSAR SEMPER AVGVSTVS.

Majestas si diva daret sub imagine formam,
Non nisi FERNANDI Cæsaris illa foret.

Iacobus Bichi delin   C. Bloemaert sculp: Rom.

FERDINANDO III.

ROMANORVM

IMPERATORI

SEMPER AVGVSTO,
IVSTO, PIO, FELICI,

REGI

ΤΡΙΣΜΕΓΙΣΤΩ

FELICITATEM P.

ATHANASIVS KIRCHERVS E SOC. IESV.

TINAM, IMPERATOR
SAPIENTISSIME, vtinam vti
vellem, fic poffem, in primo hoc
Oedipi mei veftibulo fymbolum
quoddam ex intimis Aegyptiacæ
Sapientiæ medullis depromptum reperire, quo
heroicarum virtutum TVARVM fplendores, atque
inexhauftos animæ TVÆ Magnæ verè Cæfareæ
thefauros quouis modo adumbrare liceret: tum
enim verò ad vltimum voluntatis meæ portum
felicibus Euris non immeritò pertigiffe videri
pofsim. Sed Tv in hoc humanæ conditionis

fa-

faſtigio conſtitutus earum ſublimitate, fulgoriſ-
que vehementia, meos adeo oculos animumque præſtringis, vt ſicuti eas nec pro paginæ anguſtia, nec pro meritis ſatis (viribus calamoque
deficientibus)deſcribere licet,ita ſolo ſilentio con-
ſultiùs celebrandas, aut certè non niſi parcè in-
digitandas exiſtimem. Præſtabit id, ni fallor,ta-
metſi minimè condigna laude, hic Oedipus
meus, quem iam dudum Reipublicæ Literariæ
promiſſum, modò plena fide exolutum, Auguſtiſsimo conſpeſtui Tvo ſiſto . Fuit is quidem
haud incurioſis à me lucubrationibus concinnatus; at vel hac ſola gloria in Literario Orbe
triumphaturus , quòd inuiſtæ mentis Tvæ vi
& efficacia ſit extortus . Opus ſanè quot ſymbolis, tot virtutum Tvarvm ſpeculis ; quot myſterijs, tot magnæ Animæ Tvæ ſublimium aſtio-
num eſtypis conſpicuum : vbi colligata ſimul
& conſerta cernuntur omnia, quæ ſparſim diffu-
ſèque apud alios inchoata ſunt virtutum inter ſe
catenatarum præſidia; vt quæ diuiſa, ac quaſi per
inciles corriuata deprehenduntur in multis, in
vno eodemq; peſtore Tvo ſine exemplo, tanto
rerum complexu abſoluta perfeſtaque conſpi-
ciantur . Enituit in alijs virtus illa, quæ mores
expolit; ſed eſt deſiderata, quæ mentem infor-
met : In Te,Maxime Cæsar, fidem & conſtan-
tiam erga commiſſum curæ Tvæ imperium ad-
mi-

mirantur omnes; amorem erga Remp. supremi, medij, atque infimi; religionis cultum, pacis & concordiæ studia vnicè suspiciunt; cœterasque virtutes verè heroicas , non apertis duntaxat indicijs animaduertunt ; sed & sacri, profani: hostes, amici sentiunt, loquuntur facta insignia, præclara consilia, vocesque veluti oraculo datæ, quarum tamen internos & mysticos sensus longa posteritas fortassis, & plenius multò, & maiori cum veneratione percipiet. Alijs non robur, non fortitudo atque potentia defuerunt; defuerunt tamen mentis ornamenta scientiæ. TIBI omnia complexo, mira morum probitas, rara & insueta fortitudo, inconcussus prospera inter atq; aduersa æqualis idemque semper animus, Iustitia in cognitionibus, constantia in dubijs, in consilijs prudentia, clementia incredibilis, quantam quis nunquam in Principe vidit, legit, audiuit. In horum ancipiti temporum statu minimè defuerunt TVAE irritamenta seueritatis, neque ciuilis motus semina, mentiumque exulcerationes vbique obuiæ. Sed TV iustitiæ amussi, id est, prouidenti magnæ mentis TVAE moderatione, quæ vulnerata erant, sanasti potius, quàm recidisti; qui etiam dissimulando, nec in omnia anxiè inquirendo, maluisti videri inuenisse bonos, quàm fecisse. Turpem illam Tyrannorum vocem, *oderint, dum*

✠ ✠

me-

metuant, ipfis factis reprobas, dum dignum fanè Cæfare pronunciatum fubftituis , *ne metuant , dum diligant ; malo vereri, quàm à meis timeri*. Sed quid de vera Sapientiæ norma , literis inquam & fcientijs dicam? TIBI mirè capax ad res omnes intelligendas ingenium : TIBI lingua totius interpres iuftitiæ : quot verba fundis, tot leges condis: in cuius multiplici idiomatum notitia Mundus rediuiuum fufpicit Mithridatem ; in humanarum literarum, Mufarumque Choro, Apollinem, in Mathematum reconditorum peritia magnum agnofcit Alphonfum ; in abdita denique Philofophia Hermetem admiratur Trifmegiftum. Neque aliter ad Literatorum lauream viam fternis, quàm exemplo, cùm iam inde vel à tenera ætate TVO in pectore Mufarum omnium palæftram erexeris ; vt proinde iam liberalium difciplinarum vertices non Lauro tantùm, fed & Imperiali prætenfos Diademate, compofitumque tandem Martem inter & Palladem fororefque difsidium cum gaudio Literarius Orbis agnofcat.

Cùm itaque talis ac tantus fis, CAESAR SAPIENTISSIME, TV vnus huius Operis Tutor legendus eras, qui partum hunc nouum, & raritate infolitum, non tantùm, quà es admirabili Sapientia præditus, iudicare poffes ; fed & eundem aduerfus obtrectatorum contentionem authoritaritate confirmare TVA, & amplitudine potentiæ tutum illius nouitati adferre præfidium. Accufabit forfan nonnemo temeritatem meam, & prudentiam defiderabit, quòd TE Cæfarem Mundo fuftinendo prægrauatum, mea interpellare fcriptione non fim veritus; at TV Cæfar celfifsimus idem atque humanifsimus, ex augufto benignitatis Maieftatifque TVAE folio, perfonæ meæ humilitatem, vt interpellareris, inuitafti; nè vererer, animafti; nè denique cünctarer, follicitafti. Hinc factum eft, vt Opus hoc quantumuis anguftum, ac tantæ Maieftatis oculis indignum, auguftum tamen dignumque vel hoc ipfo vifum fit, quòd id, vt prodiret, Auguftus iufsit; & vt facile prodire in lucem poffet, munificentia plufquàm Regia præfto fuit. Vnde, BENIGNISSIME CÆSAR, quod mihi dedifti, TIBI reddo, Opus non tam meum, quàm TVVM; TVVM, quia totum me TVVM, quantus quantus fum, agnofco: meum, quia id auxilijs TVIS longè munificentifsimis meum fecifti. Non ego hìc cum Poëta canam?

Iam dominas aures, iam regia tecta meremur,
Et chelys Augufto iudice noftra fonet.

Sed illud audentiùs vfurpabo, Opus hoc totius pænè Mundi linguis concinnatum, Cæfaris ap

✠✠ 2   pro

probatum iudicio, in quadripartiti Mundi fines inoffensum percurret; narrabit Europæ, deprædicabit Asiæ, Africæ decantabit, extollet Americæ FERDINANDVM III. Augustum, cuius reuixit munificentia, cuius imperio restitutum est. Vale Christiani Orbis fulcimentum, Idea Cæsarum, & humani generis delicium. E Collegio Romano Kal. Ianuar. M DC LV.

FERDINANDVS III.

Diuina fauente clementia electus Romanorum Imperator femper Auguftus &c.

Ad perpetuam rei memoriam.

ANTA eft fapientiæ vis & poteftas , vt eam non_,
fceptris duntaxat & Regnis anteponendam, fed & vni-
uerfas diuitias nihili eius comparatione duxerit Sapiens. Et rectè quidem: neque enim eâ quicquam_,
ad humani generis actiones rectè moderandas effica-
cius, vel ad Mundi pondus, quod Regum humeros premit, imper-
turbabili quadam animi conftantia fuftinendum fortius, vel denique_,
ad politicum Orbis corpus in pace & vnione conferuandum potentius
effe poteft. Siquidem multitudo Sapientum fanitas Orbis terrarum, & Rex fapiens populi ftabilimentum eft. Hæc totius Iuftitiæ
norma & amuffis eft ; ad huius ductum vel fumma quæuis imperia
ad defideratum beatitudinis & felicitatis portum perueniunt. Sicut
igitur Nos, quibus fuprema Imperatorij muneris cura, Deo ita dif-
ponente, impofita eft, hanc præ cœteris Imperio dignis virtutibus fufci-
piendam, omnique ftudio femper quærendam ; ita in alijs promouen-
dam duximus. Cùm itaque fincerè Nobis dilectum P. Athanafium
Kircherum; Societatis IESV Presbyterum, Imperij Noftri fubdi-
tum, iam á multis annis, tùm ad naturalium rerum Mathematum-
que ftudia, quæ dictæ fapientiæ vberrima quædam feminaria funt,
tùm potiffimùm ad reconditiorem illam hieroglyphicæ literaturæ doctrinam, quam Aegyptiorum Sapientiam vocant , eruderandam ex-
plicandamque exhortati fimus ; is verò pro dato fibi á diuina Bonitate interpretandi talento, ingenijque capacitate, ea iam dudum, quemadmodum á Viris iudicio & rerum notitia confpicuis accepimus, edi-
derit fpecimina, quæ eum ad impofitum fibi munus dignè complendum
minimè infufficientem effe probauerint ; atque adeo ad inacceffa hucufque primæuæ Sapientiæ adyta portam aperuiffe primus iure videri
poffit : eamque laudem in præfenti Opere (quem Oedipum Aegyptia-
cum vocat) Opere multorum annorum lucubrationibus concinnato ,
nec non ab vniuerfa, vti intelligimus, Literatorum Schola auidè defide-

ra-

rato (quippe quod Nostro iussu doctissimorum Virorum censura recognitum, eo mox plausu, quem adeo abstrusum, atque in hoc vsque tempus incognitum materiæ difficillimæ argumentum, suo veluti iure quodam merebatur, exceptum fuerit) gloriosè promeruerit ; porrò cum quò minus id lucem aspiceret, sumptuum in eo faciendorum magnitudinem obstare compererimus: Nostrum esse censuimus, partui iam maturo manum supponere, ac prouidere nè Opus tot annorum lucubrationibus conceptum & elaboratum diutius lateret sub tenebris, sed lucem quamprimùm aspiceret, suoque splendore luci ipsi Sapientiæ lumen affunderet. Atque idcircò, cùm iam antè præter Orientalium linguarum typos Operi excudendo necessarios, annuum Authori censum in studiorum suorum subsidium assignassemus, omnes quoque sumptus Operi in lucem proferendo necessarios, ex Aerario Nostro Imperiali abundè subministrari iussimus; hoc ipso nimirum pro Nostro in tam excellentis doctrinæ instaurandæ notitiam (quam tot votis Cæsares Antecessores Nostri, primi Obeliscorum in Urbe erectores, vti & postremis temporibus nonnulli ex Summis Pontificibus laudabili sanè conatu indagantes hactenus non potuerunt assequi) studio, qualecunque monumentum extare voluimus ; literatis quidem ad in Sapientiæ inquisitione impigrè laborandum, incitamentum ; Regibus verò & Principibus ad laudabiles huiusmodi doctorum Virorum labores summo studio promouendos exemplum. Qui de cœtero memorato P. Athanasio Kirchero Cæsaream Nostram gratiam clementer offerentes, eundem sub tutelam & protectionem Nostram, tanquam de Nobis, & Augusta Nostra Domo benemeritum, benignè suscipimus harum vigore patentium Nostrarum, quæ dabantur in Ciuitate Nostra Imperiali Ratisbonæ die vigesima quarta Aprilis, Anno Domini millesimo, sexcentesimo, quinquagesimo quarto, Regnorum Nostrorum Romani Decimo octauo, Hungarici vigesimo nono, Bohemici verò vigesimo septimo.

Ferdinandus.

Locus ✠ Sigilli.

Vt

~ *Ferdinandus Comes Curtius.*

Ad mandatum Sac. Cæs.
Maiestatis proprium.

I. Walderode m. p.

TRIVMPHVS
CAESAREVS
POLYGLOTTVS,

Tot concinnatus Linguis, quot in
Veterum doctrina ſtabilienda Linguis OEDIPVS Aegyptiacus
vtitur.

QVEM IMMORTALI
FERDINANDI III.

Sapientiſsimi Romanorum Imperatoris

GLORIAE,

Ob immortale in priſcæ Sapientiæ inſtauratione meritum,
LITERATORVM
in Romano Orbis terrarum Theatro
ex omnibus Populis & Nationibus
congregatorum

CHORVS

æternùm
erigit, dicat, conſecrat.

Sume Lyram Polyglossa Charis; sua barbita Græcus
  Aptet, Nablon Heber, plectra Latinus agat.
Vnà Italus, Gallus, Lusitanus, & Hungarus, Anglus,
  Illyriusque acer Teuto, Boëmus, Iber.
Et Syrus, Indus, Arabs, Chaldæus, & Armenus adsint.
  Aethiopes, Persæ, Sinaque, Coptus, Afer.
FERNANDI meritas diffundant pectore laudes,
  Vt quas vna nequit, plurima lingua canat.

ALLA MAESTA DELL'IMPERATORE

FERDINANDO III.

Sopra l'Edipo Egizzio del P. Atanasio Kirchero.

CANZONE

DELL'ILLVSTRISSIMO ET ECCELLENTISSIMO
SIGNORE

POMPEO COLONNA

PRINCIPE DI GALLICANO.

IGNOR che'l *Diadema tuo pesante*
   Col merto onori più ch'ei te col trono,
   Tu nel cui seno abitatrici sono
   Oneste voglie, virtuose, e sante;
Tu che conoscitor del ben verace
   Fra tante cure onde gouerni vn Mondo,
   D'ingegno acuto, e di saper profondo,
   Sei di dottrina e di virtù seguace;
Onde auuien poi che con l'esempio spesso
   Precorri l'alte leggi, e buono, e giusto
   Con sensi di pietà dal soglio Augusto
   Pria che regger altrui reggi te stesso;
Tu che ben sai che chi gouerna in terra,
   Pascer dèe, non opprimere l'ouile,
   E che chi ingordo piega ad altro stile;
   Dal diritto camin si scosta ed erra;
Tu al fin ch'a ogni buon studio sei riuolto,
   E d'ogni Magisterio intendi l'arte,
   D'Atanasio il volume a parte a parte
   Mira, e vedraiui ogni saper raccolto.
Edipo è che d'ogni Edipo riuela
   A comun pro gli enigmi più celati,
   E gli arcani a più saggi riseruati
   Ad ogn'intendimento ed offre, e suela.

✠ ✠ ✠

Dop-

Doppo l'obliquo e torto suo camino
    Onde qual Idra il Nil sue bocche spande,
    Veduto sol fin or gigante e grande
    Scuopre al fin la sua cuna, e se bambino.
Vedrai Signor ne comendati gesti
    Di quei Rè ch'alle leggi si piegaro
    Al vivo espresso un simulachro chiaro
    Di ciò che tù nel tuo regnar facesti.
E tanti Numi in forma d'animali
    Iside, Anubi, Api, o Serapi, o Osiri,
    E tanti nati al Mondo altri deliri
    Sol da Egitto conoscere i Natali.
Ma in que' Saggi non fù tanta sciocchezza
    Ch'in quelli Dei per cui fumar gli Altari
    Non chiudesser misteri ascosi e rari,
    De quai'l dotto Atanasio or dà contezza.
Più avanti poi ti s'offrirà una Scuola
    Da satollar i più affamati ingegni,
    Poi che scritta con quegli oscuri segni
    Contiene una scienza ogni parola.
Il Caratter ch'in ogni creatura
    Impresse il suo fattor ma non veduto
    Così da ognun, da ognuno or conosciuto
    Sarà con sua virtute e sua natura;
Non altramente credere possiamo
    Ch'il nome alla virtù corrispondente
    D'ogni cosa quà giù con saggia mente
    Ponesse allora il primo Padre Adamo.
Medicina vulgar qui si hà per vana
    Che sol co' suoi contrarij il mal discaccia,
    E quella a comun prò sol si procaccia
    Che per propria virtù gli umori appiana.
O quai di luce risplendenti lampi
    Per rintracciar gli arcani, or nelle belue,
    Ne gli augei, nelle pietre, or nelle selue,
    Ne' muti pesci, or ne' fioriti campi
Manderanne Atanasio! omai godete
    O figli d'Esculapio, ch'il perduto
    Modo del ben curar con tale aiuto
    De gli egri a prò ristaurar potrete.

Chi pose mai ne gli Elementi il piede
    Del dotto Euclide omai ben puo sperare
    Ad onta di que' Sauij, anch'ei di fare
    L'augel d'Archita e'l globo d'Archimede.,
Chi d'Ermete ne'ricchi ampij giardini
    Fù per ventura a passeggiare intento,
    Con passo tardo, solitario, e lento
    Giungerà a vagheggiar gli aurei consini:
Ma l'ingordo di cui rider costumo
    Che pretende inalzarsi i monti d'oro
    Leggerà che promette il suo lauoro
    Fame, freddo, fetor, fatica, e fumo.
Fuggir in vno e preueder disastri
    Chi curioso di saper desia,
    Ben potrà qui con natural Magia
    Scolpiti in pria, farsi propizij gli Astri.
Dalle fere & augei, da gli elementi,
    Da ogni cosa del Mondo al fin creata
    Chi hà d'indouinar voglia assetata
    Quasi ridir potria futuri euenti;
Pur che folle conoscer non agogne
    Da gl'incantesmi dell'Inferno il vero;
    Poiche qui leggerà ch'è van pensiero
    Sperare il ver dal Rè delle menzogne.
De' Misteri lassù del Creatore,
    E de gli spirti di materia scarchi,
    Come sia mosso e tanto spazio varchi
    Il gran Pianeta che distingue l'ore.
Chi brama auer contezza, or farà pago
    Che da Atanasio al fin con gloria doppia
    Peruie non più calcate oggi s'accoppia
    Sagacemente il Cristiano e'l Mago.
Le merauiglie del famoso Egitto
    Fra misteri nascoste or son palesi,
    E i Caratteri oscuri e non intesi
    Che Menfi antica in Obelischi hà scritto.
Roma, non sò che più in tua gloria torni
    Che sì gran moli sianti d'ornamento,
    O pur che chi il lor muto sentimento
    Ti renda chiaro appieno in te soggiorni.

Far sì lunghi viaggi or non è d'vopo
    Per saper quai misteri in se nasconda,
    Quand'vom gouerna, o quand'Isola è in onda;
    O quando stella in Ciel splende Canopo.
Inuano i passi in ver l'Egitto spingi
    A periglioso e lungo aspro camino
    Curioso, che qui parlano insino
    In lingua intelligibile le Sfingi.
Da i sepolcri i cadaueri serbati
    Sorgono anch'essi a riuelare arcani,
    Che non furon deliri o pensier vani
    L'esser quasi bambini vnti e fasciati.
Felice ingegno, che con chiaro volo
    Varchi il sentier di gloriosa fama,
    Che chi d'ogni contezza ha ardente brama
    Satollar sai con vn volume solo.
Pittagora, e Platon per fare acquisto
    Di non comun dottrina Egitto vede,
    Ma d'ora auanti ognun fermera il piede,
    Che l'Edipo tuo sol basta auer visto.
Per lo mar del sapere or tu n'accogli
    Nocchiero esperto con sicura Naue,
    Poiche con aura placida e soaue,
    Caminiam per l'Egitto entro i tuoi fogli.
Fra le vicende di fortuna oppresso
    Ch'in vil seruaggio hà sue grandezze inuolte,
    Le sue memorie in fra l'oblio sepolte,
    In dono aurà da te l'Egitto stesso.
Tu gran FERNANDO sol nulla saprai
    Di più di quel che già tua mente intese,
    Ma queste carte altrui faran palese,
    Vna memoria almen di quel che sai.

ELO-

ELOGIVM I.

Siue

EPIGRAPHE.

Augufte Cæfar,

Clementior Cæfare, Augufto fapientior ;
Vtriufque genitura felicior ;
Sub Catholicæ Religionis Horofcopo
Natus inter Aui, & Parentis pro Ecclefia labores ;
Haufifti è Cœlo regnaturam in terris per aduerfa profperitatem.
Poft Infantiam Herculeâ forte exercitam ,
Pueritiam Virtuti & Mineruæ facram,
Iuuentam Conftantiâ & Victoriâ firmatam ;
Superis Hominibufque confpirantibus

Electus Romanorum Imperator

More Romano dictus es
A debellato feculo ferreo

Ferdinandus,

A propagata **Primi** & **Secundi** Pietate

Tertius.

Mox imperafti more Auftriaco ,
Amando & triumphando :
Hoftium armis in trophæa beneuolentiæ verfis :
Fortuna Maieftati conciliata :
Bellona Religioni fubiecta.
Sic ftetit Rerum moles
Tuæ Potentiæ fimul, ac Sapientiæ viribus.
Potentiâ viget Imperium, Sapientiâ nititur.
Demum domito *Marte* domuifti indomitam Mortem ;
Expirante quam genueras *Mundi Spe.*
An vt Pofteritas difceret à TE aliquid plufquàm Cæfareum ?
Cæfareum eft Hoftibus, plufquàm Cæfareum fatis non terreri.
Maiorem hinc ominare triumphum.
Nunquam Pietati fata nocent.
Olim Te *Occidens,* nunc & *Oriens* manet ;
Cui Sapientiam reddis , reddes felicitatem.
Sic voueo

Ignatius Bomplanus S. I.

GLORIOSISSIMO
FERDINANDO III.
CAESARI SEMPER AVGVSTO.
ELEGIA

Ferdinandi de Fürstenberg Canonici Hildesiensis &
Paderbornensis.

Diuum,

NON *genus* AVSTRIADVM *demissum à sanguine*
Non clausum mundi finibus imperium,
Non immortales ausim memorare triumphos,
Dignaque Mæoniâ fortia bella tubâ:
Seu domitas aquilis CÆSAR *victricibus arces*
Sueuorum lætis subruit auspicijs;
Seu malè Romanis parentem legibus Istrum
Vindicat; Arctoas siue refringit opes.
Illa canant alij, quorum suffulta cothurnis
Surgit, & heroum Musa laborat epos.
Me iuuat imbelles elegos, ac parua sonantem
Carmina non altâ tutius ire viâ,
Et mores celebrare, sacras & CÆSARIS *artes.*
Materies numeris conuenit ista meis.
Vates ille pios, & vatum dona piorum
Blandus amat positâ nube supercilij.
Ille Heliconiadum decus & tutela Sororum
Ornat diuitijs Numina docta suis.
Ardua Cecropiæ quis nescit fana Minernæ
Condita? quis Clario tecta superba Deo?
Quà Viadrus glaucum redimitus arundine crinem
Alluit Aonijs templa dicata choris.
Quà Pandionias latè miratus Athenas
Danubius mutis segnior hæsit aquis.
Et quà CÆSAREO *surgentia limina sumptu*
Æquat Cyrrhæis regia Praga iugis.
Illic: Enceladi qualis post bella minaci
Iuppiter armatas exuit igne manus;
Qualis & Herculeis altum ceruicibus axem
Imposuit longo pondere fessus Atlas:
Terrarum dominas exosus CÆSAR *habenas*
Imperij vastum sæpe reclinat onus.

Et

Et vires, Natura, tuas, ac semina rerum
    Scrutatur docto sedulus ingenio.
Quis tremor attonitas vertat cum civibus urbes;
    Impellat refluas quis maris æstus aquas;
Quæ vis divitias imâ tellure repostas
    Nutriat, aut gemmas, Dædala concha, tuas;
Quàm procul Arctoo concretus frigore pontus
    Ingentis Nili distet originibus;
Quàm procul occiduis divisus Gadibus Indus
    Mergat Erythræo nota fluenta salo;
Vnde leues venti nascantur, & Ætna ruinas
    Montis alat piceos eiaculata globos;
Vnde fluat salsus pelagi liquor, unde teporem
    Ducat Baianæ vena salubris aquæ.
Omnia rimatus demum miracula terræ
    Subiectam volucri mente relinquit humum,
Et picturatum stellis emensus Olympum
    Pervolat ethereæ lucida signa domûs.
Hîc illi geminam Virgo Marathonia libram,
    Et sua vicinus subijcit astra Leo,
Et demptum lateri gladium concedit Orion,
    Debita CÆSAREÆ præmia militiæ.
Hîc Solis vestigat iter, causasق latentes
    Pallida cur nigris Cynthia ploret equis;
Cur sitiant Afri; cur septem regna Trionum
    Vrat Hyperboreo bruma morata gelu;
Cur fugiant umbræ, Cancro torrente, Syenen;
    Cur variet maior meta minorue diem.
Sed quota doctrinæ pars est, laudumque tuarum,
    AVSTRIADE, magni sidera nôsse poli,
Et circumfuso porrectas æquore terras
    Quâ Sol Eoos lustrat & Hesperios?
Si tibi facundis etiam Sapientia chartis
    Eruta Niliacæ panditur historiæ,
Nec te sacra latent adytis abstrusa verendis,
    Marmora nec sculptis nobilitata feris.
Scilicet Ægyptus doctrinam credere saxis
    Ausa peregrinas finxerat effigies,
Vt solis arcana Deûm manifesta magistris
    Arcerent dubijs vulgus imaginibus.
Seraق posteritas quondam labentibus annis
    Intactum priscæ nosceret artis opus.
O vanas hominum curas! ô cæca futuri
    Pectora! regali tot monumenta situ.
Barbarus Armeny lacerauit potor Araxis
    Cambyses Pharios depopulatus agros,

Et potuit feclis fugitiua tacentibus ætas
 Seruatas etiam vertere relliquias:
At non æternos olim fubducet honores
 Longa dies meritis, inclyta Roma, tuis,
Quæ Pelufiacum fpirantia rudera faftuum
 Colligis, & medio tollis ad aftra foro.
Nec tua celabunt obliuia, MAXIME CÆSAR,
 Facta, nec ingenium nox premet atra tuum.
Si qua etenim laus eft, quòd Te duce freta vetuftas
 Mempheos obfcuros prodit aperta finus,
Quòd patet Inachiæ facies fecreta iuuencæ,
 Quòd canis, & facri myftica forma bouis,
Et quæ præterea famofi monftra Canopi
 Antiquis fuperant confpicienda notis:
AVSTRIADVM titulos leget vltimus accolta Nili,
 Et quatiet læto tinnula fiftra fono.
Iam Solyme, iam difcet Arabs, & clara loquentur
 Marmora CÆSAREA munera fparfa manu.
Fallor? an AVSTRIACIS addent quoque fata trophæis
 Sacra Parætonijs figna reuulfa tholis?
An FERNANDE tuum iam nunc Victoria nomen
 Læta parat faxis fcribere Pyramidum?
Gloria Pellæis certè vocat æmula palmis
 Europæ refides ad pia bella manus.

ELOGIVM III.

GRAECIA,

ΦΕΡΔΙΝΑΝΔΩ ΤΩ ΤΡΙΤΩ,

ΤΩ ΑΗΤΤΗΤΩ

ΚΑΙΣΑΡΙ,

ΑΥΤΟΚΡΑΤΟΡΙ ΘΕΟΠΡΟΒΛΗΤΩ,

ΚΑΙ ΒΑΣΙΛΕΙ ΤΡΙΣΜΕΓΙΣΤΩ,

ΕΥΣΕΒΕΣΤΑΤΩ,

ΠΑΤΡΙ ΠΑΤΡΙΔΟΣ,

ΧΡΗΣΤΩ, ΕΥΤΥΧΕΙ, ΚΑΙ ΕΤΕΡΓΕΤΗ

ΔΟΞΑ, ΖΩΗ, ΚΑΙ ΥΓΙΕΙΑ ΑΕΝΝΑΟΣ.

Κατὰ τὴν ἐκτεθεῖσαι Ἑλλωιστὶ πρεσβείας, ὑπὸ

ΦΡΑΓΚΙΣΚΟΥ ΤΟΥ ΓΟΖΑΔΙΝΟΥ ΕΠΙΣΚΟΠΟΥ ΖΑΚΥΝΘΟΥ, ΚΑΙ ΚΕΦΑΛΛΗΝΙΑΣ.

ΑΡΟΞΥΝΘΕΙΣ Ὁ Ὀκτάβιανὸς ὁ Αὔγουστ@. πρὸ τῶ τῶ κατ@βαὸς ἔρωτι, τῶν ἐν Τοῖς ὑπ' αὐτῷ κατασταθεῖσιν ὀββίσκοις ἐπικεκολαμμένων ἀρχαίαν σοφίαν, τὴν Αἴγυπτον πᾶς, πλείων ὑπουργουμένων, καὶ συμπαραπόντων σοφῶν κατεσκόπησέ τε, ἠ ἐξερεύνησεν. Ὅπως ἂν τινα ἐξεύρει τῇ ἱερογλυφικῆς μαθήσεως ἐμπειρον Ἑρμηνέα, τὸν εἰς Ῥώμην μεταπεμφθῆναι, πρὸς ὑπηρεσίαν τῇ ἀπορρήτων ἑρμηνεύσεως. Ἀλλ' αὐτῷ μὲν εἰς τὸ ἑξῆς οὐκ ἀπέβη, ἡ περὶ πολλᾶ μυστικῆς τῆς παλαιῶν ἀπαίτων παιδείας, οἷον τοῖς τῆ λήθης ῥεύμασι κατακλυσθείσης, ἠ καταβαπτισθείσης. Φερδινανδ@ δ' ὁ τρίτ@. Καῖσαρ Αὔγους@, τοῦτον Ὀκτάβιανὸν εὐτυχέστερ@, ὅσον τινὰ ἀξιωτέρερεις οἰωνοῖς ἐπέτυχεν, ἢ τινα ἐσημία σπουδῆ, καὶ δαπάνη ὑπητυχεῖς γεγονέναι κατέχωσεν, ὁ ἕτερ@, ὁπηνίκα δὴ ἐκ οἰδ' ὅπως προσπίπτει αὐτῷ Ἀθανάσι@ Γεμπιπλίω ὁ Κίρχερ@, καινὸς αἰνίγματ@ Σφιγκτῆς, ἠ Οἰδίπης παλίμφυχ@, ὃς Βασιλικῶ νυχθὶς ἐν Ζαλμασι, μετὰ λαμπρᾶς τῆ διανοίας εἰς τὰς τῆ σοφίας παροιμίας, ἀφιστάσατ@ τε, καὶ ἀφίπλατ@, ἄχρι μέχρι τότε ἀπερεσεσβραγέτας, καὶ ἀθίκτους θησαυροὺς ἀνεκάλυψε, καὶ ηὔξηνεν. ὅσ@ γε φρόντ@. Τοῖς Φερδινανδικῆς θυμίασι πεποιθὼς, ἠ τεθαρρηκὼς τοῖς προγράμμασι, τὰ ἐνδόμυχα τῶ Μεμφιτικῶν ἀδύτων κρησφυλεία κ@ βάθ@. εἰσδὺς εἰς τὰς μυστικὰς τῶ ὀργίων σφραγίδας διεῖρπε, τὰ τῆ ἀρχαίων ἱερῶν μυστηρεμιών@ τὴν Γραμματείαν, καὶ εἰχνεῖσθαι, ἠ αὐτοκρατορικῆς συμμαχομμίνης, ἠ συνεπιψυχομ@ μεθὰ λιδωρείας ἀνέπτυξε. Διὸ σε Καίσαρα παναρίδαιμον διακηρύ Πομπὴν, ὅς γε δὴ τοῖς τῆ μεγάλων ἀπαωσφαλίῶ μδρ@. κατορθώμασι, καὶ τοῖς τῆ ὑπερμεγέθων σκηγόμενθ@. ὑπ' ἐκδίμασι τοιούτω σιωπήσ@ Τῖς, ὅτις βούλοιτο ἀ, ἠ δύναιτο πρακτικῶς συναλαθεῖν, ἠ ἔργω ἐπηγήσαι τὴ ὀφρύας σε φρενὸς ἃ κινήματα. Τὸ παλαιὸν ὁ Αὔγους@ τῶ σφαίραι τῷ αὐτῷ δυναμεως προσελίσατο τῇ οἰκίας τὴ ὑπερβλίσκων Ὀ'βλίσκων. Ἀλλὰ σὺ ἠ κατ' αὐτὸ τοῦτο δυνατώτερ@. ὅτι ὁ μόνον τὰ πλατείαις λίθης εἰρωμένης, ἀλλὰ ἠ ὑπ' ἐδῶ ἄλλης ἔλαχας, ὥστε τῇ σῇ χορηγίᾳ, ἠ ὑπηκείᾳ τὰ αὐτὰς, καὶ ἀφώνας τεῖξες τὴ ὀββισκῶ ἤδη λαλεῖν, ἠ χλίσιν αὐτῇ ὑψηλοῖς τῶ ἀπόστυν, καὶ κρίσ τὰ ἐκ διχιλίων ἐτῶ τῶν Αἰγυπίων σοφίαν ἐξερεύεσθαί τε, ἠ ὑποστομάτιζεν. Ἰδὲ τεἰφεσενεμ ἐρρίχως ὅτι τὴ τῆ οἰκουμένων διηρεθεῖς δυνάμεαις, καὶ τοῖς τῆ φήμης ἐπαχύ@μ@μ@. πτέρυξι συλκεστουτ@. συαλαλάζοντ@, ἠ συμπαμανίζοντ@. τὸ σύμπαντ@. ἀνθρωπίνην γένος, πολλαπλ@ διασκόλης, ἠ θριαμβεύίεις, καὶ καθίεισεν ἰδίωμος ὁ οἰκουμένης ὡς σὲ πρεσβύς, ἀγγέλας, ἠ κήρυκας

※ ※ ※

ρυκας ἀποςέλλῃ, τὸ σὸν ὑπὲρ Τα ἄςρα ἐπαίρον⟨αι ὄνομα, κỳ ἀγαθῇ τύχῃ ωρφθεωπίζον⟨αι, κỳ ἀυτ⟨οβοεὶ ἐπ·χορ⟨άμ⟨αι

Ζήσαι Καῖςαρ ΦΕΡΔΙΝΑΝΔΟΣ ὁ τρίτ⟨Θ⟩.
Ζήσαιεν Ἑρμῆς τρισμέγις⟨Θ⟩ κỳ νέ⟨Θ⟩.
Ζήσαι τριπλῷ τῇς ρεάτῃ παλιμβίως.
Ἡ δ' ἐυσεβία, ἀρχῇ τε, κỳ ἰχύϊ
Τεισόλβι⟨Θ⟩, Τεισ·τυχῆς, κỳ Τεισμάκαρ.
Μεθ' ὧν τριδεντρ⟨ὶ τὼ χρυσᾶ κορωνίσα
Ἔθηκα ποιμὴν ὁ Ζακύνθυ φιλόγως,
Τὰ ρμῷ ἐπαιπὸν μεσσάτης ἐκ καρδίας.

Argumentum Elogij Græci præcedentis.

FERDINANDO III.
C AE S A R I,
REGI TRISMEGISTO,
PATRI PATRIÆ, &c.

Felicitatem

Franciscus Gozadinus Episcopus Zacynthi & Cephaleniæ.

OCTAVIANVS AVGVSTVS Cæſar, veteris Sapientiæ, quæ in Obeliſcis à ſe erectis inſculpta ferebatur, acquirendæ deſiderio percitus, vniuerſam Ægyptum, doctorum hominum, operâ explorauit, vt ſi quem hieroglyphicæ doctrinæ peritum reperiret Interpretem, cum Romam aduocaret ad arcanarum rerum interpretationis officium. Sed votis ſuis potiri non potuit, omni iam, dudum doctrinâ Veterum myſticâ veluti lethæo quodam flumine ſummerſâ. FERDINANDVS III Cæſar Auguſtus, tantò Octauiano felicior, quantò felicioribus auſpicijs id conſecutus eſt, quod alter nullis votis aut ſumptibus conſequi potuit, dum neſcio quo fato ei obtigit Athanaſius Kircherus nouus Interpres, Oedipus rediuiuus; qui Cæſareo ſtimulatus imperio, intellectu ſplendenti ad Sapientiæ regiones volauit, theſauros detexit hucuſque inacceſſos. Hic primus iuſſis fretus Ferdinandæis abditos adytorum Memphiticorum receſſus altiùs ingreſſus, arcana ſacramentorum ſigilla aperuit, Sacerdotum veterum myſterioſa, volumina, Cæſareâ obſtetricante munificentiâ, interpretatus eſt. Cæſarem proinde Te felicem prædicamus, qui cùm magna & prægrandi perpetrandi deſiderio æſtues, talis Tibi obtigerit, qui magnæ mentis Tuæ conceptus in executionem vrgere & velit, & poſſit: Auguſtus olim potentiæ ſuæ ambitum in Obeliſcorum vaſtis molibus erigendis poſuit; at Tu vel hoc ipſo potentior, qui non tantùm ſaxa grandia erigas, ſed & hoc præ alijs Tibi obtigit vt Tuâ ope & opera muta Obeliſcorum ſaxa

iam

iam loquerentur, & apertis buccis reconditam iam à bis mille annis Ægyptiorum Sapientiam eructarent. Ecce itaque meritò super encomiorum plaustra vectus humano genere applaudente triumphas, & omne Idioma Orbis terrarum suos ad Te nuncios mittit, vt Tuum ad sidera nomen extollant.

Viuat FERDINANDVS III Cæsar,
Viuat Mercurius Trismegistus rediuiuus,
triplici Regno, nec non
Imperio, Potentia, Religione
Termaximus.

ALIVD ELOGIVM.

Θδ´.

ΕΛΛΗΝΙΚΟΝ ΕΓΚΩΜΙΟΝ

Ἐν ᾧπερ

ΦΕΡΔΙΝΑΝΔΟΣ
ΚΑΙΣΑΡ Ο ΤΡΙΤΟΣ

ΑΝΑΒΙΩΝ ΑΠΟΛΛΩΝ ΚΗΡΥΤΤΕΤΑΙ.

ΑΓΕ, δή χι,
Ἑλλωικὴ λύρα καὶ πάλαι, κὴ νῦ ἐν
λιγυερωτάτη.
Κρῦε ὥς χορδάς σε κομψότητ⊙ μ῀ωδία
ἡδίσας.
Τὸ τ̃ σῆς φύσεως ἰσίον ἐκ Αἰολω, ἀλλ' Ἀθίωᾷ
καθιερωμζμον πέ῀ασον.
Ἐπαίνων δ' ἐσμὸς, ὡς σημεῖον σεβάσεως ὑποτέλεσον
τ῀ ἀναβιωμὲτι Ἀπόλλωνι·
ΦΕΡΔΙΝΑΝΔΩι τ̃ ζίτω τ̃῀ Καιζάερων Καίζαει·
ὅτι τ̃῀ Καιζάερων δόξα,
ὃν οἱ σεμνιωύσζα ἀδ᾽ας, τιω ἀντιω
ἀρετιω, ἤλιον ἡ λίκ
κὴ σεμνιωύσεις, κὴ ἀδ᾽ας.
Ἀπόλλων,
τ̃῀ μυζῶν ὑαπφίλω χορῶ αὐεερβάλλε᷁,
ΦΕΡΔΙΝΑΝΔΟΣ Καίζαε φιλοτίμω παζῶν τ̃῀ ἀρετ῀
οἱ χορεὶ δ᷁αμιλλῶτες αὐερς ἀλλήλυς
ἢ λάμπυσιν, ἢ πανίτας εἰς θαῦμα κινῦσιν.
Ἀπόλλων ἐν γῇ ἐλεύθερ⊙ ἔνεκα σωνέσεως,
ΦΕΡΔΙΝΑΝΔΟΣ ἐν ἀρχῇ ἔνεκα περνοίας.
Ἀπόλλων κερατύ ὀλύμπα ὃε γ᷁εσι παρθενίας λαμπρῶ

✠ ✠ ✠ ✠   2.

ΦΕΡ-

ΦΕΡΔΙΝΑΝΔΟΣ ἱερᾶυ τῶ Γερμανῶ κύδεσιν
δ᾽ γενείας.
Ἀπόλλων ἥλιΘ- ἐν ἄς-ροις, ὅτι φωτίζῃ,
ΦΕΡΔΙΝΑΝΔΟΣ ἐν σκήπ]ροις, ὅτ᾽ ὤ δ]ᾷς·
Ἀπόλλων ἐν ᾅδ᾽ᾳ τιμωρεῖ τὸυ κακὸς
ΦΕΡΔΙΝΑΝΔΟΣ ἐν βασιλείῳ,
Καὶ δύο τ᾽ ΘέμιδΘ- ὀφθαλμοὶ.
Ἀπόλλων αἰθεὶ ἐν δ]αδήμασι δάφνης,
ΦΕΡΔΙΝΑΝΔΟΣ ἐν ς-έμμασι θειάμβων.
Ἀπόλλων ἀεὶ τὴω ὄψιν νέΘ-,
ΦΕΡΔΙΝΑΝΔΟΣ τὴω ἀβλάβειαν,
κἂν ἐν κόζμῳ θάμβΘ-.
Ἀπόλλων τὰ πεόσφοεα τῇ νόσῳ φέεῃ τοῖς σώμασι,
ΦΕΡΔΙΝΑΝΔΟΣ τᾶ ψυχαῖς τὴ πεὶ θεὸν πιεύ νοσουύτων
Ἀπόλλων γλυκύτητι λύεῃ θέλξῃ πάντων τὰς καρδίας,
ΦΕΡΔΙΝΑΝΔΟΣ λόγων τὴ ψυχιώτε,
κὴ γλῶτταν τοῖς ἀψύχοις τε, κὴ ἀγλώτ]οις
λίθοις ἐμβαλλόντων.
Ἀπόλλων παλάμαις τὰς τῶ ἱεανῶ σφαίεας
σινάπ]ῃ,
ΦΕΡΔΙΝΑΝΔΟΣ ἱεανίε, κὴ πολιτικῶ κόσμε ῥοχὰς
ἀσυμφώνες ἢ παεεμὸῶ, ἢ νόιμασιν
εἰς συμφωνίαν ἄξῃ.
Ἀπόλλων σοφίας ἀρχηγός,
ΦΕΡΔΙΝΑΝΔΟΣ ς-εατας.
Ἀπόλλων τὰ δ᾽ικαρπὰ τ᾽ σοφίας ἀπέρμαΤα τοῖς ἀνθεωπίνοις
ς-ήθεσι δ]ανέμῃ,
ΦΕΡΔΙΝΑΝΔΟΣ τὴω θείαν σοφίαν θεαιέσιΘ- ωδαδείματα ζωῆς,
κὴ ἀρετῆς τ᾽ τῶ ἀνθεωπῶν
ψυχαῖς παρέχῃ.
Ἀπόλλων τὴ Ὁμήεων πνεῦμα,
ΦΕΡΔΙΝΑΝΔΟΣ τὴ Ἀλκιδῶν ῥώμη.
Ἀπόλλων τοῖς Θεοῖς πολλᾶ
τίθεῃ,
ΦΕΡΔΙΝΑΝΔΟΣ τοῖς βασιλεῦσιν.
Ἀπόλλων ὑπὶ τέτες δ]αβεβοηλεύ(Θ- ΘεὸΘ- ἐγένεΤο,
ΦΕΡΔΙΝΑΝΔΟΣ ἀθάνατΘ-, κὴ ΘεὸΘ-, εἰ βέλῃ]
ΦΕΡΔΙΝΑΝΔΟΣ γὸ τ᾽ ἡμετέεας φύσεως ἕτω βασιλεύῃ
θαυμαζέτσης ὅτι βασιλεύῃ.
Τὶς εωθ
Τὸν ΦΕΡΔΙΝΑΝΔΟΝ Τὸν ΚαίσαεΘ ὐ κηρύξῃ
ἀναβιωῦτα Ἀπόλλω.
ὥσπερ κωφὸς ὁ μὴ ἐπαινῶν Τὸν ἡεακλέα,
ἕτω κὴ ὁ μὴ κηρύττων Τὸν ΦΕΡΔΙΝΑΝΔΟΝ
ἀναβιωῦτα Ἀπόλλω.
Ἄγε Ἑλληνικὴ Μῶζα,
Τὸν ΦΕΡΔΙΝΑΝΔΟΝ τὸν ΚαίσαεΘ
Οὗ δόξαν πᾶς ὁ κόσμΘ- ἐν χορδαῖς τῶ ς-όματΘ- ἔχει,
ἔχει,
κὴ Τὸν δ᾽ ἔχεισΤα τὴω ἀρετὴω ἔχεις.
ἥπερ ἅπανΤα ὑπερβάλλει.

ΓΕΩΡΓΙΟΣ ΜΟΥΣΑΛΟΣ Ο ΚΡΗΣ ΕΠΟΙΕΙ:

ΕΠΙ-

ΕΠΙΓΡΑΜΜΑ ΕΙΣ ΤΟΝ ΣΕΒΑΣΤΟΤΑΤΟΝ

Φ Ε Ρ Δ Ι Ν Α Ν Δ Ο Ν

Τὸν Καίσαρα ὅντινα ἡ ἑλλὰς αἱρᾶ᾽ ͵ σφέτερον Βασιλέα
καὶ Αὐτοκράτορα.

Γεωργίκ Μυζάλκ τῦ Κρήῖος.

✦✦✦

Σ Οὺς λύρα δοξολόγκς ἑλλώων μέλπον ἐπαίνκς,
Οὺς αἶναζα σοφὴ Ἑλλὰς ἀγὸν σὲ Θέλκ.
Ἀλλάγε αἰνολύκκ τύρκνοιο τυρκννίδα Θρκῦσον,
Σκκπῖύχκ δ᾽ὀπάσει σοὶ ῶ κλέῷ μεγάλκ.
Οὕτως εἰ τμέσεις, σὺ ἔργον ἐπκάξιον ἔσαι,
Ἀπόλλων δ᾽ἔσεαι ἐν χθονὶ Αὐτονόμῷ.

Græci Elogij, in quo FERDINANDVS III. Cæsar, rediuiuus Apollo prædicatur, interpretatio Latina.

✦✦✦

Agedum persona Græca Cythara,
& olim, & modò in Regum laudibus canora,
chordas tuas pulsa elegantiæ melodiâ suauissimas ;
tui ingenij vela non Æolo, sed Mineruæ dicata
pande .
Laudum tributum, vt venerationis signum, repende rediuiuo Apolliai
FERDINANDO III. Cæsarum Cæsari,
quia Cæsarum Gloria ;
quem si laudans canas, virtutem Solis Solem
& canis, & laudas .
Apollo amico Musarum stipatur choro ;
FERDINANDVS Cæsar magnifico omnium virtutum choro,
qui inter se digladiantes ita refulgent, vt omnes
in admirationem rapiant .
Apollo in terris liber prudentiæ dicitur ;
FERDINANDVS Cæsar in imperio prouidentiæ .
Apollo regnat in Olympo luminibus virginitatis conspicuo ;
FERDINANDVS in Cœlo Germaniæ gloriâ nobilitatis
illustrissimo .
Apollo inter sidera Sol, quia illuminat ;
FERDINANDVS inter sceptra, quia optimè regit .
Apollo in inferis sceleratos castigat ;
FERDINANDVS in Imperio ;
ambo Iustitiæ oculi.

Apol-

Apollo Coronis cingitur lauri,
FERDINANDVS triumphorum.
Apollo femper in afpectu iuuenis,
FERDINANDVS in Innocentia,
licet in Mundo miraculum.
Apollo congruentia morbis adhibet corporibus;
FERDINANDVS animabus ægrotantium ex illis peftibus,
quæ in Deum armantur.
Apollo dulcedine Cytharæ mulcet corda omnium.
FERDINANDVS dulcedine verborum animam,
& linguam inanimis, ac elinguibus præbentium.
Apollo manibus Cœli fphæras adaptat,
FERDINANDVS cœleftis ac politici Mundi difceptantes
vel follicitando, vel nutu in concordiam vnit.
Apollo Sapientiæ præfes,
FERDINANDVS exercituum Dux.
Apollo fœcunda Sapientiæ femina humanis corporibus influit,
FERDINANDVS diuinâ fcientiâ confpicuus exempla
virtutis, ac vitæ
hominum mentibus præbet.
Apollo Homerorum Mufa,
FERDINANDVS fortium robur.
Apollo plurimi habetur à Dijs,
FERDINANDVS à Regibus.
Apollo hifce clarus in Numen quafi euafit,
FERDINANDVS geftorum gloria diuinum quid fapit.
Quis igitur
non prædicabit
FERDINANDVM III Cæfarem.
rediuiuum Apollinem?
Quemadmodum mutus, quifquis non laudat
Herculem,
ita
quifquis non prædicat FERDINANDVM III Cæfarem.
rediuiuum Apollinem.
Age Mufa Græca,
tuam pulfa Cytharam;
FERDINANDVM Cæfarem,
quem totus terrarum Orbis in fui oris chordis habet,
habe;
quem cùm habeas, ipfam habes virtutem,
quæ omnia fuperat.

Epigramma Græcum in Augustissimum
FERDINANDVM III CAESAREM,
quem Græcia suum elegit Regem,
& Imperatorem.

TVAS lyra Græca tuam gloriam recensentes cecinit laudes.
 Quas audiens docta Græcia te poscit suum Imperatorem.
Sed age grauis Lupi Turcæ tyrannidem frange,
 Et dabit tibi Regis magni honorem.
Si ita facies, te facinus dignum erit,
 Et eris Apollo in terris liber.

ELOGIVM IV.

I T A L I A.

SONETTO

DEL SIGNOR AGOSTINO FAVORITI.

 ONTRO te s'armi pure il furor cieco,
 E crollar tenti, ò ricusar l'Impero ;
 Che'l brando vincitore, e'l cor guerriero,
 FERNANDO, e'l Dio de le vittorie hai teco.

Ei miri te con liuid'occhio, e bieco,
 Che calcando di Gloria il bel sentiero,
 Rendi à l'Aonie Dee l'onor primiero,
 Mentre scriuon di te l'Arabo, e'l Greco.

Per te spiega KIRCHERO in dotti inchiostri
 Le note de i miracoli, ch'eresse
 La saggia Memfi, e'l barbaro Sesostri.

Vario è l'arcano de le forme impresse:
 Mà d'vn linguaggio sol parlan quei mostri,
 In dir, che à prò del Mondo il Ciel t'elesse.

ELO-

ELOGIVM V.

HISPANIA.

A LA CESAREA, Y AVGVSTA MAGESTAD

D E

FERNANDO III.

EMPERADOR.

ELOGIO

De Don Francisco de la Carrera y Santos, Academico
de los Anfistilos, de Roma.

SONETO.

 L Principe mayor, al Soberano,
    Que en repetidas glorias goça el suelo;
    Al que apostando imperios con el Cielo,
    Se duda entre los fueros de lo humano:

Al Esplendor Austriaco, que hufana
    Le admira tanto barbaro desbelo,
    Rindiendo la zerbiz con desconsuelo,
    Al impulso imbençible de su mano.

A este Campion, en culto reberente
    Atanasio Chierchiero, dà la gloria,
    Que fue de Egipto honor, en breue suma;

Porque traherla puede solamente
    Del sepultado oluido a la memoria,
    Para tan grande Principe, tal pluma.

ELOGIVM VI.

GALLICVM

A LA MAIESTE DE L'EMPEREVR

FERDINAND III.

Sur l'Oedippe Aegyptien.

SONET

DE PIERRE SIFFREIN GALTERII,

OME, tu doibs beaucoup à la magnificence,
De ces fameux Cefars, dont tu tiens tes beautés,
Et qui t'ont autrefois faiĉt vaincre en raretés.
Tout le refte du monde aufly bien qu'en puifsance,

Ces grands liures du Nil, dont la rare fcience,
S'esleuant jufq'au Ciel, voloit des touts coftés,
Ont eftés par leurs foins dans tes murs tranfportés,
Faifants gemir la mer, defsous leur poids immenfe.

Mais ces liures n'eftoient, que des liures muets;
Et toute leur fcience inutile à jamais
Aux plus perçants efprits euft demeuré fecrete;

Si le grand FERDINAND, pour nous la reueler
Par les heureux trauaux de fon doĉte interprete,
N'eut trouué le moyen de les faire parler.

ELOGIVM VII.
LVSITANIA·
FERDINANDO III·
CAESARI·
ELOGIO PORTVGVES

A FERNANDO III. Rey de Romanos, Emperador Eleito.

Onsagraraõ os *Antigos ao Sol seus Obeliscos; hoje se dedicaõ a* FERDINANDO *Emperador, Sol animado. Dà luz de exemplo aos Reys; sombra de emparo aos Sabios. Saõ mais altas suas virtudes, que profundos os misterios dos hieroglificos. Saõ mais peregrinas suas perfeições, que peregrinas as figuras das Pyramides. Leuantaraõse estas pera memoria; agora se illustraõ com o entendimento. Com acertada eleiçaõ offreçe hum Germano o sentido germano destes enigmas ao Emperador Eleito de Romanos; que he juntamente* Augusto, *e* Mecenas: Augusto *pera os Vassallos,* Mecenas *pera os Sabios Varoẽs. Aquelles enriquece com a fortuna de Cesar, aestes alenta com o fauor de* Mecenas. *Tome Carlos Quinto colunas com o* Plus vltra, *desuas armas vitoriosas.* Aceite FERDINANDO III. *firmissima coluna da Religiaõ Catholica, Obeliscos, com o non* Plus vltra, *de suas diuinas virtudes; que bem correspondem Obeliscos, e colunas. Ia Grecia may das sciencias por nome, e em figura de Grecio rendeo obediencia ao Imperio: agora o Egypto por misterios e figuras, e Roma Theatro dellas. A sombra da Cesarea Magestade crece a luz da sabiduria. Resuscitaõ à vida figuras mortas; Tornaõse politicas as que eraõ mudas. Bellas as que pareciaõ monstros.* Milagres da protecçaõ Imperial: que chega a obrar marauilhas nas mesmas marauilhas do Mundo.

ELO·

ELOGIVM VIII.

ANGLIA·
IN
FERDINANDI III·
AVGVSTISSIMI

Iuxtà & Sapientiſsimi Imperatoris munificentiam, qua obſtetricante Kircherianus Oedipus poſt viginti annorum nixum feliciter editur in lucem.

ENCOMIVM ANGLICVM

Iacobi Albani Gibbeſij, Med. Doct.

O no more, turn'd milky cow, doth ſtray,
Nor *Apis*, the black oxe, Canopian hay
Chews into oracles: *Anubis* now
Barkes North, and *Ibis* heares no Coptick vow.
Nor *Pyramids*, nor *Hieroglyphicks* haue
Or place, or prieſt in *Memphis*; *Belu's* graue
It ſelfe lyes digg'd vp, without Obeliske,
To open ayre, wherein ſome Baſiliske,
Or fowler ſerpent lurkes; which was in yore
Preſt (wondrous to behold) by many' a ſcore
Of lofty towring ſpires. So nothing ſtands
Touch to fell tyme, or ſcapes its greedy hands.
Cambyſes could doe this! *Auguſtus* yet,
Inclin'd by pitty fau'd what he might get.
Rome shews in whole and parcels all the rubble
Of waſted *Ægypt*, giuing pleaſant trouble,
And moſt ſweet rack to witts, to know, and ſee
The mangled parent of Antiquitie.
Ægypt, mother of arts, where better might
Then here, ith' lapp of ſcience, take delight,
Gather'd in *Rome*, diſmember'd? perhaps too
Appeare farr brighter, then did euer doe.
A *Capitol*, a *Cirque*, a *Vatican*,
Mar's field, a *Pallace*, markett *Vlpian*,

✳ ✳✳✳ ✳ 2   The

The *sacred* street with the *triumphall gate*,
The *court*, the *porche*, the *pulpit*, fett a ftate
Farre other, then *brick-Walls* of Babylone,
Or Niles *dry-shoare* bepau'd with pibbleftone:
To Negro's miracles, who knew no better,
As vnto vs their beaft or fowle a letter.

   No longer shall it be fo. For their *Sphinx*
W'haue found an OEDIPVS, doth folue the links
Of chayn'd myfterious emblemes, holy rites,
Clofe riddles, obfcure fymbols; Ægypts nightes;
Scarce hauing other darkeneffe. KIRCHER's he,
That whylome gaue a proofe of mafterie
O're fuch concealed wifedome, when the *Pile*
He did expound of *Sothis*; held a vile,
And lumpish maffe before; not vnderftood,
Till great PAMPHILIO's order made it good.
Yea chang'd its name, and call'd it from his ovvne,
With *golden gentle Doue* refplendent shovvne.

   Thankes then to high and mighty FERDINAND
For this hidd treafure, from whofe noble hand
The vvorld's inricht, and eu'ry fingle vvight
Grovvth more then Sophi, put fo forth to light.
What marueyle? fince he animateth ftones
T'inftruct our ignorance, inuefts the bones
Of dumbe Harpocrates vvith flesh againe,
To play the *truchman* in a human ftraine.
O efficacious mouer! apes, and ovvles
Speake cathedratick language: by thee, fovvles
Pythagoræan proue: transform'd an Afs is
So reu'rend, I'de fvveare it vvere Amaffis.
To thee belongs the fame of *Trifmegift*,
A righter *Hermes*; th'haft outgon the lift
Of's *triple grandure*: or if that not pleafe,
Ioyne Ptolemies, and ftout Mufagetes.

   This is the *vnited fenfe* of th'Vniuerfe,
   Though *differing tongues* it many vvays reherfe.

ELOGIVM IX.

FERDINANDO III· CAESARI
GERMANIAE, HVNGARIAE,
BOHEMIAE REGI TRISMEGISTO.

GERMANIA·

Ehren-Lied

Dem Grofsmächtigften vnd Vnübervvindlich-
ften Keyfer

FERDINAND DEM DRITTEN

Zu Ehren gefungen

Von G. P. H. Dicafta Norimberg.

I.

 VNST-SPIELENDE Schvveftern ernevvert den reyen,
Befinget der Künften erfrevvtes gedeyen!
Die Trommel, Trompeten, Kartaunen, Mufzqueten,
Die rafenden Waffen
Das buffen vnd paffen, der donnrenden Regen,
Vnd blinckrenden Degen
Nun liegen entfchlaffen.
Beftimmet den Chor!
Weil FERDINAND bringet die Künften hervor!

I I.

Die faiten mit frevvden kunftlieblich erklingen,
Die jauchtzenden ftimmen nun ringen mit fingen,
Das geigen vnd pfeiffen, das fchluffende fchvveiffen,
Der vvûrblenden flôten,
Das fchallen vnd hallen der prallenden zincken.
Das fteigen vnd fincken.
Der holen Corneten
Bricht löblich hervor.
Weil FERDINAND bringet fein Weifzheit empor!

Gott

I I I.

Gott, vvelcher' die vvallenden Wellen beschloffen,
Dafz felbe nicht auffer dem Vfer gefloffen,
   Der fteuret den Kriegen, verleyhet das Siegen;
     Dafs Friedens gedancken
Vom Himmel durch jrrdifche Gôtter herrûhren.
     Die Hertzen regieren,
     Vnd fonder befchrancken
      Eröffnen das Thor,
Dafz FERDINAND bringet fein Weifzheit empor !

I V.

Die Kûnfte begûnftigt vom hôchften Regenten,
Verjaget, geplaget, fich felbften nicht kennten,
   Beginnen zu fteigen: fie vverden jhr eygen,
     Die lagen darnieder;
   Ervveifen vnd preyfen, vvas vveyland verborgen,
     Mit feltenen forgen.
     Vnd zeigen fich vvider
      In hôheften Flor:
Weil FERDINAND bringet fein Weifzheit empor !

V.

Die fteine mit fchvveigenden zeichen begeiftert,
Von vvunder-dolmetfchender feder bemeiftert,
   Sich felbften bekrômen, erfchallen, ertônen,
     Vnd laffen fich hôren:
   Die Weifzheit vnd Râhtzel der Alten entdecket,
     Von Todten ervvecket,
     So klûgliche lehren
      Vergnûgend das Ohr;
Weil FERDINANDs Weifzheit nun blicket hervor !

V I.

Gott, vvelcher vns Teutfchen die Ruhe gegeben,
Erhalte den Stiffter des Friedens, bey leben !
   Sein Name bekleibe, verevviget bleibe,
     Mit guldenen zeilen
   In gvvidmeten Steinen mit luft zu lefen,
     Ohn alles vervvefen !
     Wir mûffen nun eilen
      Mit fingendem Chor;
Das FERDINAND bringet die Kûnfte hervor !

ELOGIVM X.

FERDINANDO III.

Electo, & Coronato suo

REGI

HVNGARIA.

Quemadmodum in his Aegypti Obeliscis, Oedipo interprete ἀθανασία immortalitate donata vetera Aegypti secula legit ; sic in FERD. III. tanquam in Obelisco suo, seu Pyramide coronata, veteres Regum, & Heroicorum suorum temporum glorias se lecturam sperat : & sic ait :

1. Egi Aegyptusnak, s'ím az Oedipus-
   Hogy kővét nézegettem; (nak
   Régi Királyimnak, s'el-dőlt Oszlo-
   Szép hírét emlegettem; (pimnak

2. De reád tekíntvén, szívem-rád függesztvén,
   Reménlve fohászkottam !
   Es már nem síráffal, de nagy óhaitáffal,
   Ottan így okoskottam:

3. Romlott-Aegyptusnak, s'tólmács-Oedipus-
   Irásít ím itt látom. (nak
   Régi szépségemnek, és dicsőségemnek
   Romláfát nem firatom,

4. Mert FERDINANDOMBAN, választ Királyom-
   Mint Királyi kő-szálon, (ban,
   Régi Királyimnak, s'édes Fiaimnak
   Szép nevét fel-találom.

5. Ist*ván-*

5. Iftvántól, Láfzlótól, Mátyás Királyomtól
   Valakik moft félnének
Magyar-Koronádban, Magyar Orfzágodban
   Hogy ha moft ók élnének;
6. Nagy FERDINANDOMTOL, mint úji ISTVA-
   Kivánom hogy féllyenek   (NOMTOL,
S'az én Szent Királyim, vitéz Kapitányim
   FERDINANDBAN éllyenek.
7. En vagyok Atyádnak, s'Cfáfzár-homlokod-
   Szabad koronázója!   (nak
Kérlek koronámnak, maroknyi hazámnak
   TE légy Oltalmazója:
8. Szomfzéd-ellenfégem hamis békeffégem
   Hogy azt ne vefztegeffe;
Hanem Ofzlopimmal, úri-Fiaimmal
   Felféged építheffe.
9. Hallyon ellenféged, és éllyen Felféged
   Szabad Magyar Orfzágban:
Hogy ISTVAN Királynak, és koronájának
   Tárfa légy Meny Orfzágban.
10. Eddig è kóveknek, mint élő könyveknek,
   Romlott kó-kép-íráfi.
Kó-, s'könyv-olvafásban, és könyhullatásban
   úfzó pennám-sírafi!

FERDINAND CSASZAR, E KIS IRAS FELSEGEDHEZ IGY OHAIT:

Quan-

Quando Aegyptiacis spirantia secula saxis,
Canaque saxa tuis video viuentia chartis,
Oedipe; mox patrijs altùm illachrymata ruinis,
Heu mihi! dico, meos pulcherrima sceptra colossos!
Sic & ego iaceo!
Ne iaceam: tu sta, felix, Auguste Colosse!
Quotquot & Ungaricis felicia nomina sceptris
Aurea Apostolico fecerunt tempora Regno,
Omnia in Augusto legat ætas nostra colosso,
Dum veterisque nouæque facis compendia famæ,
Iam raucas tergens lachrymas, atque vnicus implens
Quod solet aut virtus, vel fors fortuna vocari.

Ita Hung.

✳✳✳✳✳✳   ELO-

ELOGIVM XI.

BOHEMIA.

Neymocnieſſyho a Neyneprzemozienieſſyho

C Y S A RZ E

FERDYNANDA

TRZETIHO

VHERSKEHO A CZESKEHO KRALE &c.

Ziàdný nelze doſti chvvàliti.

1

Yť ře vvſſyckni Národo-
vve,
FERDYNANDE, chvvá-
lili,
VVſſyckni ſpolu gazyko-
vve
Tvvau dûſtognoſt ſla-
vvili :

OMNES linguæ ꝶ)
Nationes T*e* FER-
DIN*ANDE* lau-
dare non ſufficiunt.

2

Nemohliby z vvſſy moz'noſti
Doſt o Tobie mluvviti,
A z niziádnau vvy'mluvvnoſti
Chvvály tvvé vvypravviti.

3

Zdaliz' gá vvſlak proto muſym
Do konce vmlknauti,
Slávvy tvvé ſe nepokuſym
Aſpoň zvvrchňe dotknauti ?

3

'Acz gá nic dle tvvé hodnoſti
Nemohu povviedieti ;
Z mé vvſlak ſluſſné povvinnoſti
Nemohu téz' mlczeti.

5

Zdaliz' ſnad mezy giny'mi
Czesky' gazyk przemily',
Gazyky vvſſerozliczny'mi,
Bude ſám nezdvvorzily' ?

*Non ideo tamen linguam Bohe-
micam tot inter alias ſilere
decet,* ꝶ) *Regi ſuo honorem debitum non exhibere.*

6

Ziádny' Národu Czeske'mu
Krzivvdy te' ať neczini,
Zie neczinie Krály ſvve'mu
Vctivvoſti, zavvini,

7
Ey tehdy przeslavvny' Kra'ly
VVjteg od Sluhy tvve'ho,
VVssech giny'ch Gazykûvv chvva'ly
Mieg odemnie same'ho.

Salue igitur.

8
Tys vvssy ctnosti ozdobeny'
FERDNANDE neyctnostniegssy
Tys *Atlas* nevvymissleny'
Mocna'rzi neymocnieyssy:

Omnibus virtutibus prædite,

9
Tys *Theseus* vvz'dy chvvaleny'
Pln laskavve' sylnosti,
Hercules neprzemozieny'
Pln vvtipno-vdatnosti:

10
VV tvve' vvelke' mysli ma' Sta'nek
Poboz'nost, *Spravvedlivvost*,
V tebe ma' zlaty' schra'nek
Z Sstiedrosti Dobrotivvost:

11
Maudrosti tvve' se Svviet divvi,
Giz' to nepochopuge.
Neni nez'li za'vvistivvy',
Genz' Tebe nemiluge.

12
Tys na'ss *Osiris* Cy'sarzi,
Ty gsy vvssech Srdcy' zia'dost,
VVssem gednim zrzenim tvve' tvva'rzi
Dûstogne czinjss za dost.

Tu Orbis nostri Sol es,

13
Osiris od Egyptczanûvv
Misto pravve'ho Boha,
Od tech nemaudry'ch Pohanûvv
Byl cten przes Le'ta mnoha.

quem Aegyptij Osirin vocabant,
& tanquam Deum colebant,

14
Za Boha gim Slunce bylo,
Osiris gey zuvvjce,
Zieby vvsse dobre' czinilo
Zle' se domnivvagjce.

15
Bohatstvvjm svvy'm mu czinili
Czest Egyptsstj Kra'lovve,
Z vvsfym vmienjm mu slauz'ili
Te'z' gegich Mudrcovve.

16
Gemu ke cti se la'mali
Hory cele' z kamene,
VVelke' Ska'ly se tesali
Do prostrzed Miest vvnessene.

In cuius honorem Obeliscos erigebant,

17
Coz' vvsse o Slaupjch sspyczaty'ch
Y *Plinius* spysuge,
Te'z' Mramorzjch cztyrhrannaty'ch
Spûsob dost vkazuge.

Gichz'to ſſyroke' dolegſſj ,
A rovvne' cztyry ſtrany,
Auzſſtj ku ſſpjcy vvrchniegſſj
Se zcha'zy' z ſvvy'mi hrany:

19

Totiz' paprſslek Sluneczny'
Tak vvypodobňovvali ,
Dle zda'ni ſvve'ho dar vvdieczny'
Sluncy offierovvali.

20

Naſſledovvnik tys pravve'ho
Slunce Spravvedlnoſti,
Na'mieſtek FERDNANDE geho
Gſy bez vvſſy pochybnoſti.

21

Geden Ctnoſtj tvvy'ch paprſslek
Z ſvvau neygaſniegſly za'rzi
Svvieta cele'ho okrſslek
Oſvviecuge, Cyſarzi.

22

Kacy'rzsky'ch bluduvv temnoſti
Od mnohy'ch vvypuzugeſs ,
K pravvdivve' VVj:y ſvvietloſti
Blaudicy' przivvozugeſs .

23

Z obvvzlaſſtnj pak povvinnoſti
Czechovvè ten blesk vvdiecznie
Te tvvè Kra'lovvskè gaſnoſti
Slavviti budau vviecznie .

24

Przjgmi tehdy Mramorovvy'ch
Tiech paprſskuvv Slunecznych
Obrazy' z ruk *Kircherovvych,*
Za dobrodinj vvdieczny'ch.

25

BVH Tie Domu Rakauzske'mu
Chra'niti vvz'dycky ſám racz:
A Smrt Na'odu Czeske'mu
Za'rz tvvau dlauho nezamracz.

Qui radium Solis repræſentant.

Tu FERDINANDE Solis
Iuſtitiæ *imitator & viceſgerens*

*Lumine Tuo Orbem noſtrum il-
luſtras.*
Hæreſum tenebras fugas.

*Quod Bohemi præſertim experti
ſunt.*

*Accipe igitur, donum Tibi debi-
tum, Obeliſcos Kircherianos.*

Si toto facunde voces *Caducifer* Orbe
Linguas, Cæſaream laudando vt vincere poſsis
Virtutem : ſine laude tamen ſuperatus abibis.

MELCHIOR BALTHASSAR HANEL S. I.

ELO-

ELOGIVM XII.

ILLYRIA·

ЖС БѢꙐꙐ

Големому, Пресилному, Преслаꙑвному
Цꙗру, Хвердинꙗнду Претому;
повелѣвшему толковꙗти Іегипска
камена столпи. Іꙗхе пребесѣдѣ
нꙁꙋꙗщи Мꙋдрец.

Атꙗнꙗс Кирхар.

NAPIS POHVALNI

Golemomu, Presilnemu, Preslaunomu çaru

HVERDINANDV
TRETOMV,

Poveliuȝemu tolkovati Iegipskæ kamennæ ſtolpi.
Iæxe prebesjdi izuqi Mudreç
Atanàs Kirhar.

Maximo, Potentiſsimo, Glorioſiſsimo

IMPERATORI
FERDINANDO III.

Mandanti enarrari Obeliſcos.

EPIGRAMMA PROSPHONETICVM.

✱❦✱

Auguſtiſsimo Teroptimoque Cæſari :
ILLYRIA
Vitam precatur,
Pacem gratulatur,
Victorias ominatur :
Hoc in Opere

Au-

Auguſtali munificentia
planè digno .
Cui ſimile Orbis non vidit .
Vnde & Muſa Illyrica
Prorumpit in verſus inauditos ;
Carmineque Illyrico, modis
Latinis colligato,
Maieſtatem Sacram
deuota veneratur .

D V M A
Harvaçkì.

V ìle, gorske knegìnve,
  Ke u kôlo ſaſtâv3e
Spìvate dìvne pìſni ,
Nad ſtudençì biſtrìmi ,
Kîmno vicnôe ìme
Orpey Odrízkih dao ye Knez pevâça.
Gdi mutna, rìka Mariça ,
  I virovìta Strûmiça ,
  Sûſedski îzuìr prijam3e
  Idu protîvne çìſte .
Vìle , ke iz viſôçih
  Drivate Rìle varhôva
  3irôka Sridçà grâda
  I xitorôdna pôlya
  Razmîrate ocíma .
Iſtinu mi kazuite :
  Kadí su one gûſle;
  Kìmi iz ìâm martvackih
  On ſvoiu, na ſvît bìli ,
  Euridìku vedî3e ?
Kîmi derlyìve vuke,
  Divye medvìde, i rìſe ,
  Pokôrnè ſi tvorâ3e .
Kod vaſli ſe hrâne ; il zaíſto
  Bôzi rázkô3no nyími
  Svoie gudu popívke ?
Oníh, oníh ie meni
  Gòlemo nínve trìba :
  Da ſlavim sìlna çara;
  Da ſpômnim mudra muxa ;
  Da pravim dívno dílo.

CARMEN PINDARICVM
Illyricè modernè.

N Ymphæ, montanæ principes ,
  Quæ in chorum ſiſtentes
Concinitis geniales hymnos :
Lympidos ſupra fontes ,
Queis nomen dedit æternum
Odryſiorum Orpheus princeps vatum .
Hebrus vbi amnis turbidus ,
  Strimonque vorticoſus ,
  Ortu vicine ſumpto,
  Aduerſas abeunt vias .
Nymphæ , quæ ab excelſis
  Frondoſæ Rhodopes iugis ,
  Spacioſos Sardicæ vrbis
  Et frugum feraces campos
  Dimetimini oculis .
Vera mihi narrate :
  Vbinam Lyra illa ;
  Qua ex cauernis inferum ,
  Ille ſuam, ad lucem candidam,
  Eurydicen ducebat ?
Qua laniaces lupos
  Feroſque vrſos, lynceſque ,
  Obſequioſos tenebat .
Vobiſue illa conditur ; an reuera
  Dij iucunde ad illam
  Sua perſonant carmina ?
Illa nunc, illa mihi
  Eſt vehementer opus :
  Vt celebrem fortem Cæſarem ;
  Vt memorem ſapientem virum ;
  Vt narrem mirum opus.

P J S A N
Staroſlovinskì.

Silni nebeſnjm çar opomenyen gibom
Dîvna tvoríti ieſt poveljl cudeſa:
Kirharxe djvna mjru ſtvorj cudeſa
Iako bo Môiza xezlyem udarj skalu,
Abye xe xîvjh vôd izavríʒæ vrûtçi;
Síçe i Kîrhar skali gdj koſnù umom
Tâineæ vrûtçi mûdrôſti ſæ iavíʒæ.
uxe da vmôlknut ſtrúni boginy Parnaskjh
Spjvati drjvnjh hvalnaia djla muxey;
Vsíxe dvoivarhæ sínavi luzi gòri
çârskimi glaíno da vozvonæt hvalami.
uxe i mudrjh ti Davorìy podately,
Vîl medoglasjh gizdâvi kolovode,
Skíni iz głavi tæ ſvjtonôſæ trâki,
Ixeno mnæt ſæ xârkago ſôlnça kôſi:
Ibo bezumya markluiu nôq razgônæt :
Tîxe Homíru vôlhve ſuſpæti djvno
Pètye : i væneç lôvorni pûſti lúcʒim.
Hôqet bo pravda : da iaſni ſvjta traçi
Celô caſtnôe Svjtlago çara paʒut ;
Pravda kazúiet : da mudro Atanaſa
Cudnago tíme lôvorni vænec ktaſit.

IAMBICVM BETTINIANVM
Sclauonicè antiquè.

Fortiſſimus cælico Cæſar permotus nutu
Mira patrari mandauit prodigia :
Kircherusqẜ mira orbi patrauit prodigia
Vt quippe virga Moiſes percuſſit rupem ,
Protinuſqẜ, perennium aquarum ebulliere fontes ;
Sic & Kircherus cautes vt tetigit mente ,
Arcanæ fontes ſapientiæ apparuere.
Iam conticeſcant dearum Parnaſſidum ſides ,
Celebrare priſcorum facta laudanda virum ,
Omnes autem vmbroſi montis bicollis luci
Cæſareis alte reſonent præconijs
Iam & doctarum tu Iliadum dictator ,
Nympharum melliſonarum ſuperbiens chorage ,
Corripe a vertice iſtos luciferos radios ,
Qui reputantur feruidi Solis comæ :
Quoniam ignorantiæ cæcam diſpellant noctem :
Tuque Homere vates contine mirandum
Carmen : & coronam laurea lingue melioribus :
Vult quippe Themis : vt ſereni lucis radij
Frontem colendam Auguſti Cæſaris cingant ;
Dictatqẜ æquum : vt doctum Athanaſij
Mirandi verticem, lauream ſertum ornet .

DAVORIJA
Sarbski.

Klíknite mi sílna çara míla bratyo ,
                             i druxíno :
Nacnì More Davoríju; ili iu ia za
                                    pèti.
Krîpoſt mi va ſvakom muxu hvâlè y'vri-
                        dna i poʒtènya;
A iz çarskih ona parsî kot daníça ſípo
                                    blìska.
Kîm te ímam slavni Kralyu pèti glaſom,
                        il beſídom?
Tì, za mûdroſt dati ʒqedro mílovao niſi
                                    zlata :
Vrídno tì y' iz obla zlata klaſt'obraʒe, i
                                    ſtobore.

EPOS HEROICVM
Modi & ſtyli Sarbiaci.

INſonate fortem Cæſarem cari fratres, & ſo-
                        dales :
Incipe commilito heroicum ; aut id ego inſo-
                        nabo .
Virtus quidem in omni viro laude eſt digna, &
                        honore ,
At ex regio illa pectore ,ceu phoſphorus pulcre
                        fulget .
Qua te debeo glorioſe Cæſar canere voce , aut
                        ſermone?
Tu pro ſapientia copioſe dando non peperciſti
                        auro :
Æquum tibi ex ſolido auro poni ſtatuas, & co-
                        lumnas .

DAVORIJA Latinski.

Nî ceftiti çaru, tvîm dîkam bîlo do-
 vôlyno,
Cà fe neizbroinih glafom proflavlyaʒꝰ
 lyudî
Tva krîpoft : iur i tvardo zvonî tva îme-
 na skalye,
I ftudene ftîne daiu mûdrofti flovefa.
Kîh, pokoli lîtnih dvî tîfuqa Sunçe okru-
 gov
Obtece, vîklafti mûdraç nemogaʒe ie-
 dîni;
Sam Atanàs ova cuda tvorî : famꝰ
 pameti fîlom
Iskre nâvukov iz kamena kreʒe bogato.

Na perutîh, hvâlē çarovo pako îme vi-
 sôko
Prik gôr, i priko môra letî, i nebefa do-
 sîxe.
Iur moa kobza mucî : ali hôt nevftꝰneꝰ
 xelîti,
Ceftîto mnoga lîta çvati, flovî, îme go-
 lemo,
Vîkuy, premagay, vladay, bud ftraʒno
 protîvnim.

EPOS HEROICVM Modi Latini.

Non erat, o felix Cæsar, tuis glorijs satis,
 Quod innumerorum vocibus prædicabatur po-
  pulorum
Tua virtus: iam & dura sonant tua nomina
  saxa,
Et gelidæ cautes edunt sapientia verba.
Quæ, ex quo duo millia annuorum Sol circui-
  tuum
Percurrit, sapientum nullus valuit explanare ;
Solus Athanasius hæc miranda facit : solus in-
  genij vi
Scintillas doctrinarum ex lapide excutit copiose.

At Cæsareum, super alas laudis, nomen sublime
Trans montes, trans maria volat, & sidera tan-
  git.
Iamque mea cithara silescit : animus vero vo-
  uere non desinet :
Persauste multos annos flore, claresce, nomen
  ingens,
Perenna, triumpha, regna, inimicis esto tre-
  mendum.

   Georgius Crisanius accinuit.

EIVSDEM
AD TVRCOS
Allocutio Turcica pro huius libri lectione.

Bu dunjadè dogurlikten ey maldarlùk joktur,
 Allàh tala adamlarà jalnæz onì uerùr.
Brè siz järer Otmantilèr acinæz gjozlerì :
 Ve bakænæz bu kitābde akildar sozlerì.
Bundà vardur hak Tangriden hep tamam bilmeklik:
 Her kim bunì okúrisa, onún dur dogurlik.

In hoc Mundo præ veritate melior thesaurus non est,
 Deus bonus hominibus illum solus largitur.
Heus vos martiales Otmanidæ aperite oculos:
 Et dispicite in hoc libro sapientia verba.
Hic adest de vero Deo sincera notitia :
 Quisquis hunc librum perlegerit, is veritatem tenebit.

ELO-

HEBRAICVM.

Ioannis Baptiſtæ Ionæ ex Sapheta Galileæ, in Romano
Athenæo Hebraicæ Linguæ Profeſſoris.

אברהה נא
למלך המחולל במעשיו המפואר בחכמתו
המרומם במלכותו האדיר האדירים
מלך המלכים
פֿירדינאנדוס השלישי קיסר
הרומיים:

REGI

Glorioſo in operibus ſuis, ſplendido in Sapientia ſua,
excelſo in Regno ſuo, maximorum maximo,
Regi Romanorum Auguſto,

FERDINANDO III.

CAESARI.

זמר
על פֿירדינאנדוס קיסר ומלך הרומיים:

בדברי דת המשיח :	מלך בבל על שׁחלם :
כנשר ברום פורח :	המשׁילו חכביא לעוף :
כאור החמא זרח :	מלא הנוצה מורקמת :
פֿירדינאנדו המזריח :	על אחת כמה הקיסר :
לדת ישוע המשיח :	ולכל העולם מיישׁר :
ויעלה גלגל ירח :	שהוא יהיה כנשר :
לחפילם אוא יצריח :	יביט אוביר למרחוק :
ושלום עד בלי ירח :	ימים על המלך יוסיף :

Alludit in hoc octaſtycho Poëta Hebræus breuiter, at ingenioſè, ad
Aquilam, quam Ezechiël Propheta olim vidit c. 17. eiuſque virtutẹs
& operationes FERDINANDO Cæſari adaptat.

✳ ✳ ✳ ✳ ✳ ✳

ELOGIVM · XIV·
SYRIA

FERDINANDO III.
CAESARI.

VRGE calame, & illius Aquilæ quæ furfum volat,
Et duobus capitibus duorum Imperiorum typos gerit,
Virtutes coloribus elegantibus fcribe, pinge, triumphos
celebra,
Et facrificia & holocaufta perfecta inter Syros ipfi macta.
Calamus imbecillis ex ala anferis quomodo volem
Ad illum locum, ad quem vix peruenit magnus Iuppiter?
Præfertim in ea manu quam ipfe cognofcis; & ad quem confugiam?
Propterea paruulus fum ab eius encomio omnibus modis & formis.
Defcende igitur, & inferiores eius (virtutes) lauda,
Et vota tua folue inter Syros, ne reprehendaris:
Neque hæc Ægyptius mihi permittit Oedipus,
Quoniam omnia hæc miro modo ordinauit & figurauit.
Hunc igitur ego & tu calame audemus,
Vt in eius laudatore coronam encomiorum illi offeramus,
Et vnico verbo perftringamus noftrum argumentum, audentes
Illum cognominare Ægyptiacè *Zaphnatfanehh*.

Abrahamus Ecchellenfis accinuit.

FERDINANDO III.

CAESARI.

VRGE calame, & illius Aquilæ quæ furfum volat ,
Et duobus capitibus duorum Imperiorum typos gerit,
Virtutes coloribus elegantibus fcribe, pinge, triumphos
        celebra,
Et facrificia & holocaufta perfecta inter Syros ipfi macta.
Calamus imbecillis ex ala anferis quomodo volem
Ad illum locum, ad quem vix peruenit magnus Iuppiter?
Præfertim in ea manu quam ipfe cognofcis; & ad quem confugiam?
Propterea paruulus fum ab eius encomio omnibus modis & formis .
Defcende igitur,& inferiores eius (virtutes) lauda ,
Et vota tua folue inter Syros,nè reprehendaris :
Neque hæc Ægyptius mihi permittit Oedipus ,
Quoniam omnia hæc miro modo ordinauit & figurauit.
Hunc igitur ego & tu calame audemus,
Vt in eius laudatore coronam encomiorum illi offeramus,
Et vnico verbo perftringamus noftrum argumentum, audentes
Illum cognominare Ægyptiacè *Zaphnatfanehh*.

Abrahamus Ecchellenfis accinuit .

ELOGIVM XV.

ARABIA.

FERDINANDO III.
CAESARI.

بك انتشر دين الحق في خلل النصر ۞ وردت على اعقابها ملة الكفر
تدين لك الاملاك بالكسره والرضا ۞ وتخدمك العباد بالنهي والامر
فيا ملكا ضاهي الملايك رفعه ۞ ففي الملا الاعلى لك اطيب الذكر
لهنك ماعطاك ربك اذها ۞ مواقف من العز في موقف لنشر
فلو لم تقم في الله حت قيامة ۞ لما انتصر الدين ذا النصر
فيا ملكا عم البسيطه نكره ۞ يرجي ويخشي عنده النفع والضر
وانسيت املاك الزمان الذي خلا ۞ فلا قدرة منهم تعد ولا قدر
راب لك عزا لم يكن مثله ۞ وبعد ضيا الشمس لاينكر الفجر
فامثالك يقصر عنها قيصر ۞ ومن كان مثله من الملوك واكبر
لعمري مديحك في كل هذا فايق ۞ بل في انتصار الذين لك اعظم الفخر
فذكرك في البرير زاهرا ۞ تلمغي به سكان البر والبحر
لكن اليوم اتماسيوس ۞ دفشه حتي في صوان اعرام مص ـــــــــر

Interpretatio.

TE Auctore propagata eſt vera religio victorioſis vexillis,
Et terga profligata vertit ſecta infidelis;
Tuis obtemperant mandatis volentes nolentes Principes,
Ac tibi imperanti & prohibenti ſeruiunt mortales.
O Imperator, qui cœleſtibus comparare Angelis!
In eorum quoque gremio optimus tibi præparatur thronus.
Felix fauſtumque cedat Imperium quod tibi conceſſit Deus,
Ac pro meritis TVAE Maieſtati aliud felicius elargiatur.
Nam niſi ſirenuè pro Deo certaſſes,
Nequaquam ita victorioſa Chriſtiana ſtetiſſet religio.
O Imperator, cuius fama totum terrarum occupat Orbem!
Sperat vnuſquiſque à te remunerationem, & mulctam timet.
Iam obliuioni ſunt dati præteriti temporis Imperatores,
Nec eorum potentiæ ratio ampliùs habenda eſt, neque maieſtatis:
Is enim tibi adeſt maieſtatis ſplendor,

Vt

Vt poſt Solis lucem nihili ducatur aurora.
A tua comparatione longiſſimè prorſus ipſe abeſt Cæſar,
Et ſi qui ſimiles illi fuerunt Imperatores, q̃ multò adhuc maiores.
In his omnibus profectò valde tua excellunt encomia;
At in religione tuenda præcipuum tuæ gloriæ ſiſtis momentum:
Atque hinc tua per Orbem terrarum geſta ſplendent,
Quæ terræ mariſque incolis celebrandi encomia præbent.
Sed vnus hæc omnia hodie Oedipus in ſilicibus pyramidum Ægypti
celauit.

Abrahamus Ecchellenſis Syriacæ &
Arabicæ linguæ Profeſſor.

His agitat Mundum magnus FERDINANDVS Ideis·

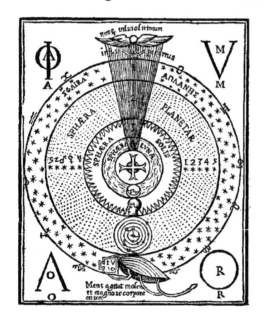

ELOGIVM XVI.

SYRIA.

לאפי זהיא וכיא
פרדיננדוס תליתיא קסר דרומי
ורהמא מהירא דנזירותא ויולפנא
מאמרא יעקוביא:

Gloriosissimo, Inuictissimoque

FERDINANDO III.

CAESARI,

Religionis, Literatorumque Refugio.

Acrostychis Syriaca.

לפרדיננדוס קסר דרומי:

לעל מן עימא וגיגלא דדומא שבילה מדלל ל
פציחא נשרא דתאגר מריא בשולטן כלל ל
רחמה לדומא דעלמא דומא מהום לא נחלל ל
דשני שופרח : אפלא לוזוחח בזועא נגלל ל
ידעי מצרין ספרי פרס כמרזח דלל ל
נסב נכסיהון וכישא ושנחון לנפשח דלל ל
נשרא דעלוהי חד מן נביא קדם מלל ל
דושח בעוזא מתרע לארזא דלבנן מטלל ל
ובנקט טוסח ופאיות חזוח סקיל ומשכלל ל
סלק טור לבנן ונחף מורין דקיסח מצלל ל
קטפה ללבא ולאפי מערבא טוסח קלל ל
סחא בארעא וטב מן זרעא כרמא עלל ל
רמרם סוכוחי והכן פאריהי בשל חלל ל
דכלהון טוחמא למטלה דבסמא זמן אילל ל
ראזא דמרון במורין ארזא נביא סלל ל
ופרדיננדוס הא בנשרח לחון מברק מחלל ל
מריא נרימה ועממא לשמעח כלהון נזלל ל
יתיר נרמרמה על הרסיס ועמא דלל ל

VPER Nubes, orbesque sublimes exorabilem suam dirigit se-
    mitam
Hilaris Aquila ; cuius sertum Imperio Dominus coronauit .
Celsitudinem adamauit, nè mundus obscœnus humectaret
Dona pulchritudinis eius ; neuè suis eam fluctibus iactaret . Ostentat
Ægyptiorum notas, Persarumque Codices suo imminuit exhaustu ;
Illorum desumpsit diuitias, sibiq; illorum summi honoris finem attribuit .
Aquila, de qua vnus Prophetarum vaticinatus est,
Suam impetu dirigit viam ad Cedrum, quæ Libanum inumbrat,
Pennarumque ictu, & aspectûs fucati, elegantisque candore
Libani montem ascendit, eiusque defæcati opobalsamum ligni detraxit .
Collegit medullam, volatumque suum ad Occidentis plagas subleuans
Illam terræ indidit, vineam feliciori semine executa .
Exaltauit germina, ampliùsque poma decoxit, ac tersit;
Vt omnes ad iucundam ipsius vmbram nationes inuitauerit, ac vocauerit .
Ecclesiæ exaltationem in electa Occidentis plaga obumbrauit Vates ,
Nostroque seculo reuelauit, commendauitque suâ fideli Aquilâ Cæsar ,
Hunc Dominus extollat, omnesque ad illius obedientiam populos inuitet,
Insuper exaltet super hæreses, populumque dementem .

Stephanus Aldohensis Edenensis Maronita .

Sic agitat molem, & magno se corpore miscet .

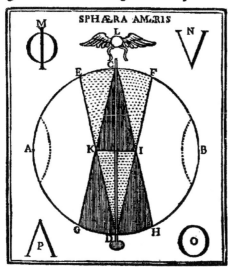

ELOGIVM XVII.

ARABICVM.

FERDINANDO III.

CAESARI,

REGI TER MAXIMO,

Potentiſsimo, Glorioſiſsimo, Iuſto, Pio, Felici,

Concinnatum

A P. Philippo Guadagnolo Clerico Minori, & in Athenæo
Romano Linguæ Arabicæ Profeſſore Pontificio.

التقوي عمود للممالك لا يرشد غيره الذي ما رشد بنفسه ان فردوس
الثالث السلطان العظيم اظهر هذا بقضيب الملك وبخشبة المصلوب التي على
راسه في الاكليل حتى ان يصير تدبير ملكوته بخشبة الخلاص اكثر من ان
يكون بقضيب الملوك ۞ التقوي ان كان متحدة لقضائب الملوك فهي حكمة بالحق
وبها ملك الملوك ثابت والممالك سالمة بقوتها لانه الملك ليس يمكن ان يدوم
دايما ان لم يكن اساس اصله بعبادة الله ۞ فهاهونا السلطان العظيم فردوس الثالث
انه فعل كذلك فعلا كاملا والعالم هو شاهن بهذا كله انها الحكمة ليست بحكمة
لو لم تكن متناسبة بالتقوي وبمخافة الله وليست بغير العلم فلهذا هو اشتنغل بقسمه
دايما بالحكمة مع العلم حتى يحصل له كان جميع الخيرات وكان نصرا للحكمة
والعلم حتى يمتلى منهما الدنيا من اجل انه قد تحقق عنده القول مثلا ان
كثرة الحكما هي شفا العالم وقوام الممالك لتحقيقي الوحدي في وليس بغيره ۞ فبهذا
بقوته خرج هذا الكتاب خارجا عملا عجيبا كرامة لك ايها قيصر السلطان العظيم
لكي زيادة في الحكمة فاما الملوك غيرك تحصيضا لهم منك على ان ينصروا نصرا
للمعلوم والعلما والحكمة والحكمه ۞ ا

CHALDAEA.

In Lingua Chaldaica Thargumica.

*Doctoris Ioannis Baptistæ Ionæ de Sapheta Galilæi, in Athenæo
Romano Linguæ Hebraicæ & Chaldaicæ Professoris
Pontificij.*

חינא וחסדא למלכא רבא כמוהו לא ימצא בארעא
למלכא מלכיא
פירדינאנדו תליתי קיסר:

Gratia Regi magno,cui in terra similis non reperitur,
dominatori dominatorum

FERDINANDO III.
CAESARI,

ואנא בר חזית תושבחתא דספרא דא ולמן דאיתאמר
עליה אורימית שירי דא ואומר:

דשלטין בארעא :	מן יתיב על כורסין :
דשלט על ארעא :	שמא אחשוירוש :
מדינין ומאה :	בעשרין ושבע :
ביה לא איתחזאה:	לא דכל הכמתא :
תליתי דמנדעא :	ברם פירדיננדו :
ישלוט בכל ארעא :	וחכמתא אית ביה :
בכורסי אלהא :	כשלמה מלכא :
דיהב ליה עילאה:	בסגיאה חכמתא :

Interpretatio.

ALLVDIT in hoc octastycho Chaldaico ad Thronum Salomonis: qui,
vti Rabbini memorant, cùm inter alia spolia ad Regem Assuerum fuisset delatus, Rex tanti operis reuerentia motus, nec eum ipse insidere
vnquam, nec alium quempiam insidere voluit, nisi talis forsan se offerret,qui virtute & Sapientia Salomonem adæquaret. Et hunc ait esse FERDINANDVM III. Cæsarem, qui vti sapientia, gloria, & virtutum sublimita-
te, omnibus supereminet,ita meritò solus veluti alter & rediuiuus Salomon, Throno
illo dignus est.

ARMENIA·

ՖԵՐԴԻՆԱՆԴՈՍԿԵՐՈՐԴ
ągouuruuchuun. kuybkrb: Wrąus
rny & undunetr dbdnusyor
uzpp uyh·

FERDINANDO III·
CAESARI,
REGVM MAXIMO.

Anſi FERDINANDVS uou ail inu Zaniab Skaieſerakan pachtu-
tiunn, kan ſuars aſtuazain arrakinunn, uaſnoro iniera hauidicnakan
hauatu haſtatutian ſatorr haſtatiac. Kanſi ſirob ierknanorac ſzira-
nis uárriac, sbachtutian niſcian acciun ſorutian iuru gauaſanah ar-
zanazoc: ſcapirakam hamperutiunn choragidutian iuro ind tagi ogoſtaparr mie-
zutian ierrial buſiac: Kanſi orpies ierkat i anunn iur, ſcaragri, nuinpes paizar-
raguin oski i arrakini uars iur artapaili: Sapſtambs nuacciac, sbinaſantials
azatakan zochutiamp karrauare: Ieb ierkatieken bachtokih ſierkatieken kiaus
boſiac, ieb patuakan uaruk oski tipiac: Kanſi ſamienain ogoſtaparr arraki-
nutium binun haſtatiac: Naicus kamiczob ſinkn i ogoſtaparr nuezutianſi kirtiel
i uars aſtuazapaſclutiann: Vaſnoro aſtuazapaſilntiunn iur ind ail ſorutiuns
ſinkn uierazez i bierkins arr aſtuaz, i hauitzenakan ieranutiann miſcl bachtieloze:
arr asks markan uoccierpiek merranieloc i pari bampaht iur:

INTERPRETATIO.

QVONIAM FERDINANDVS Cæſaream fortunam nil aliud eſſe fatetur,quàm
diuinæ diſpoſitionis virtutem; id eò ſupra æternam fidei confirmationem ſedem ſuam fundauit. Et quia amore coeleſtium purpureum ornauit paluda-
mentum, ideo victrici dextræ, virtutiſque ſuæ ſceptro adamantinam connexuit pa-
tientiam ; & auream ſuam prudentiam veluti rutilantem Carbunculum in Auguſtæ
magnitudinis coronâ inſeruit. Sicuti enim ferrum in nomine eius exprimitur,ita illud virtutum omnium magiſterio in ſplendidiſsimum conuertit aurum. Dum rebelles debellauit, quid aliud fecit, quàm quòd aureâ victoriâ ferream hoſtium virtutem
proſtrauit? Aureus itaque FERDINANDVS Cæſar,quia aurea mens,aureo virtutum
theſauro omnium in ſe oculos, menteſque etiam ferreas conuertit. Hac itaque aurea virtutum catena & nos Armeni attracti pedibus Maieſtatis Tuæ prouoluti, tributum laudis debitum pendere voluimus, orantes Deum, vt Auguſta Maieſtas , quæ
mentis conformitate diuino ſeſe ſemper ſubijcit imperio , poſt hanc vitam æternæ
felicitatis Imperio fruatur in coelis , quæ virtutum ſplendore , & terreni Imperij magnificentia tantopere fulget in terris .

Zacharias Agam Nachaiuanenſis ad radices
montis Ararat, Sacerdos Armenus.

ELO-

ELOGIVM XX.

PERSIA

FERDINANDI III.

CAESARIS

HONORI CONSECRAT.

٭٭٭

درویس فکر من ازّی جمالی سربر نیاره ودیده باس ازبشت باي خجالت
برفدارد ٭ ودر زمره صلاحین جمالان متجلی فشون مکر انکه که متجلی کرده
دزبور قبول بردبندوس قیصر امیرکبیر ٭ انکه شود بحقیقة که بسندیده امر در
بارکاه شاه جهان جناه ساید کردکار وبرقو لوفو بروورد کار دخر زمان کهو الاجمان
الموید من الامما عضد الدولة القاهرة سراج الملك الباهره جمال الافام مفخور امیر
کبیر عالم عادل موید مظفر علی الاعدا ظهیر سریر سلطنت مشیر فدبسو
مملکین کهو الفقرا ملان الغردا مربی الفضلا جنبة الادفها افتخار ال الامنیه
یمین الملک ملك لخواس فخر الدولة عدة الملوك والسلاطین ٭ اطال الله عمره
واجل قدره وشرح صدره وضاعو اجره که ممدوح اکابر افاقست ومکارم
اخلاق ٭ اطاناسیوس کیرکر ٭

Interpretatio.

ECCE Cæfar, fponfa meditationis meæ Liber hic caput fuum,
ob deformitatem, non effert. Neque vultum fpe omni ege-
num tollit, ob verecundiam in pedis fuperficiem defixum.
Neque in pulchrorum agmine formam & fplendorem often-
tare poteft, nifi tunc temporis, cùm amplexus ornamento eam exornàrit
Cæfar FERDINANDVS. Tum autem verè perfectus erit, cùm gratus
acceptufque vifus fuerit in Aula Regis Magni, qui in hoc Orbe mortalium eft refugium, Conditoris vmbra, beneuolentiæ diuinæ fplendor &
radius, temporis annona & fuftentamentum, religionis refugium, cœlitus
firmatus, victricis potentiæ lacertus, gentis illuftris lumen, hominum pul-
chritúdo, Chriftianæ Religionis delicium, Princeps magnus, fapiens, iu-
ftus, hoftium victor, folij Regij columen, Dux adminiftrandi Regni pru-
dentiffimus, pauperum refugium, peregrinorum portus, fuftentator æfti-
matorque Literatorum, piorum amator, fiducia Regum & Principum.
Deus vitam illius proroget, potentiam eius extollat, animum illuftret,
& præmia vitæ æternæ illi geminet. Eft enim per totum terrarum Orbem
maximorum laudatiffimus, virtutum omnium, morumque compendium.

Author.

✠✠✠✠✠✠✠ 2 ELO-

ELOGIVM XXI.

Lingua & Charactere Samaritano,

ᵃ𝑆𝑎𝑚𝑎𝑟𝑖𝑡𝑎𝑛 𝑡𝑒𝑥𝑡 𝑙𝑖𝑛𝑒 1

ᵃ𝑆𝑎𝑚𝑎𝑟𝑖𝑡𝑎𝑛 𝑡𝑒𝑥𝑡 𝑙𝑖𝑛𝑒 2

ᵃ𝑆𝑎𝑚𝑎𝑟𝑖𝑡𝑎𝑛 𝑡𝑒𝑥𝑡 𝑙𝑖𝑛𝑒 3

IMMORTALI

FERDINANDI III.
CAESARIS
Honori dicat Oedipus.

❦

[Samaritan text, several lines]

Interpretatio.

QVILAM fers FERDINANDE Cæfar, & quidem bicipitem, animo &
infignibus fuis Imperiali Maieftate fulgentibus. Aquila fiquidem biceps
es, quia radijs intellectus Tui Orientem & Occidentem complecteris Solem. Imperatorem & Cæfarem quatuor oculis inftructum effe oportet,
vt vno Boream, altero Auftrum, reliquis duobus Orientem & Occidentem refpiciat;
atqꝫ adeo animo fuo totum complectatur Vniuerfum. Magno alarum remigio gaudes,
quæ eft Sapientiæ Tuæ virtus, qua vel ipfos cœlos penetras. Potentiæ Tuæ fortitudine & robore terræ marique dominaris, folus in poiitico Mundo maximus. Leonem
fers, quia Tibi cœleftis quædam efficacia eft, foli à Deo conceffa Cæfari, qua omnia
Tuæ fubdas poteftati. Columbam refers, & quidem fine felle, quò cœleftis manfue-
tudinis dulcedine omnes in Tui amorem conuertas. Solem refers, quia prouidentiæ
Tuæ radijs vniuerfi politici mundi finibus influis. Anubis es, quia fagacitate magnæ animæ Tuæ omnia indagas; omnes fcientias & artes ingenij Tui vaftitate complecteris. Cùm itaque hoc virtutum complexu adorneris, meritò Tibi Obelifci fta-
tuuntur, quorum apex non nifi cœlum contingit.

ELO-

ELOGIVM XXII.

Veteri lingua Aegyptiaca siue

COPTA

AEGYPTVS

FERDINANDO III.

CAESARI

ERIGIT,

Et eidem dedicat Oedipus.

ⲥⲁⲗⲱⲙⲱⲛ ⲁ϶ⲉⲥⲁ϶ⲓ ⳍⲉⲛⲛⲓⲕⲟⲥⲙⲟⲥ ⲛ̄ⲧⲉ ⲉⲃⲟⲗⳍⲉⲛ ⲛⲓⲁⲥⲧⲣⲁ
ⲛ̄ⲧⲉ ⲉⲧⲕⲱⲧ ⲡⲉ ⲡⲓⲡⲩⲣⲅⲟⲥ ⲟⲩⲱⲓⲛⲓ ⲛⲓⲃⲉⲛ ⲛⲓⲥⲱⲛ ⲛ̄ⲧⲉⲕⲧⲓ
ⲥⲓⲥ ⲉⲃⲟⲗⳍⲉⲛ ⲛⲓⲑⲏⲣⲓⲟⲛ ⲁ϶ⲉⲥⲁ϶ⲓ ⲉⲃⲟⲗⳍⲉⲛ ⲛⲓϣϣⲏⲛ ⲛⲉⲙ ⲛⲓ
ⲕⲁⲣⲡⲟⲥ ⲛⲉⲙ ⳍⲉⲛⲛⲓϧⲉⲛⲥⲓϥⲓ ⲛ̄ⲧⲉⲗⲓⲃⲁⲛⲟⲥ ϣⲁ ⲛⲣⲏⲓ ⳍⲱⲥⲟⲡⲓⲙ
ⲁϥⲧⲁⲩⲏϥ ⲫ̄ⲧ ϯⲟⲩⲛⲟⲩ ⲛⲉⲧⲉⲣⲟⲛ ⲥⲁⲗⲟⲙⲱⲛ ⲛ̄ⲃⲉⲣⲁⲓⲁⲛⲁⲟⲥ ⲓⲥⲁⲩ
ⲧⲣⲟⲭⲟⲥ ⲅ ⲡⲓⲁⲓⲁⲧⲣⲟⲭⲟⲥ ⲡⲓⲣⲉϥⲅⲁϯ ⲫⲏ ⲫⲏⲉⲧⲉⲣϧⲱⲃ ⲡⲓ
ⲥⲟⲗⲓⲧⲉⲩⲧⲏⲥ ⲡⲓⲕⲟⲥⲙⲟⲥ ⲡⲓⲃⲉⲥⲡⲉⲥⲓⲟⲥ ⲡⲓⲥⲧⲉⲫⲁⲛⲓⲥ ⲡⲓⲉⲧⲱ
ⲛⲓⲃⲉⲧⲏⲥ ⲡⲓⲅⲉⲛⲛⲉⲟⲥ ⲡⲓⲉⲗⲁⲓⲧⲟⲥ ⲁϥⲧⲏⲓϥ ⲫ̄ⲧ ⲛⲓⲣⲉⲛⲟⲥ ⲛ̄ⲧⲉⲛⲓ
ⲗⲁⲥ ⲁϥⲧⲏⲓϥ ⲡⲓⲉⲙⲓ ⲛⲉⲙ ⲫⲓⲥⲓⲟⲗⲟⲅⲓⲁ ⲛⲉⲙ ⳍⲉⲛⲫⲙⲉⲧⲓ ⲛⲉⲙ
ⲙⲉⲛⲓⲣⲉⲙ ⲛⲉⲙ ⳍⲩⲡⲟⲑⲉⲥⲓⲥ ⲁϥⲧⲏⲓϥ ⲫ̄ⲧ ⲡⲓⲉⲙⲓ ⲛ̄ⲧⲉⲑⲏⲣⲓⲟⲛ
ⲛⲉⲙ ⲛⲓⳍⲁⲗⲁϯ ⲛⲉⲙ ⲛⲓⲧⲉⲫ̄ⲧ ⲛⲉⲙ ⲛⲓⲗⲁⲧ ⲡⲓⲁ϶ⲓⲟⲥ ⲡⲉ ⲛⲓ
ⲥⲧⲱⲗⲓ ⲛ̄ⲱⲟⲩ ⲡⲓⲁ϶ⲓⲟⲥ ⲛ̄ⲧⲉ ⲟⲃⲉⲗⲓⲥⲕⲟⲥ ⲛ̄ⲧⲉⲁⲩⲁⲡⲁⲥⲓⲁ

Interpretatio.

ALOMON locutus fertur sapienter de totius Mundi mysterijs, cælo-
rum opificio, & natura rerum; Animalium naturam & proprietates argutè penetrauit; de herbis, fructibus, floribus disputauit prudenter, à Cedro quæ est in Libano, vsque ad Hyssopum quæ egreditur
de pariete. Diuina prouidentia alium nobis hoc tempore Salomonem dedit. An
non hic FERDINANDVS III. Imperator, virtute, sapientiâ, & potentiâ coronata Maiestas? Quis linguas & scientias, quas possidet, linguâ satis explanet?
quid in naturalium rerum notitia illum latet? Politices cognitionem penitissimam
Mundus miratur, cuius vel nutu leges conduntur, verba ipsa oracula sunt. Numinibus olim Obelisci erigebantur. Quid ni & hunc laudis Obeliscum FERDI-
NANDO III. Cæsari veluti terreno cuidam Numini consecrabimus? Conse-
cretur itaq; Cæsari diuinitatis vmbræ, ad nominis immortalitatem.

ELO.

ELOGIVM XXIII.

AE THIOPIA.
ንጉሠ፡ነገሥት፡ወልዑል፡ሃሌ፡ሃየለት፡

ፈርዲናዱስ፡ቄሰር፡፡

Regi summo, Celsorum Celsissimo, Dominatori

FERDINANDO III.
CAESARI.
ፈሕክ

እጕቀ፡ልዑል፡ወፈጹም፡ንጉሠ፡ነገሥት፡ፈርዲናንዱስ፡ቄሰር፡ንሕነ፡

መጸኑ፡ሰወፀ፡ኣይለትከ፡እንዝ፡ንኪያዱ፡ይብረኪክ፡ክበፈተ፡በእግዚ፡ሰለም፡

መንፈስ፡ንኣኽዩ፡ንገሥትከ፡ኢቀዉይ፡እሰ፡ህሰወ፡በ፡ሰየፈዩ፡ስበ፡ስወነዩ፡ንገው፡

ያነክሩ፡ኩ፡ለወመ፡በንት፡ጥበ፡ጠበ፡መንኪለዊት፡ዝከፈ፡ትሕከ፡ዕበ፡ኣፍ፡

ሕዝበ፡እ፡ለ፡ደነብ፡እጿ፡ናፈ፡ማ፡ደር6፡፡ስከመ፡ሰየባ፡ትሕበ፡በመንክለት፡

ጥበ፡ሰ፡ምስት፡ዘሰበ፡በእግ፡እ፡ንስ፡ትያከህት፡እ፡ተ፡ተ፡ወስደክ፡

ከመ፡ቃ፡ንስደ፡ለ፡እ፡ጥበ፡ሰሰ፡ቁዮ፡

Interpretatio.

ECce, potentissime, & excelse Imperator FERDINANDE Cæsar, nos Aethiopiæ Sacerdotes, qui Romæ sumus; ad virtutum Tuarum laudes accedimus, genua Tua veneranda deosculando, osculo pacis spirituali. Siquidem audiuimus, quomodo admirantur omnes mirabilem Tuam Sapientiam, qua omnium hominum attrahis corda; quemadmodum Salomon admirabili sua Sapientia attraxit Reginam nostram Saba. Verè, sine vlla adulatione, tu natus es vt ipsam Salomonis sapientiam resuscites. Ille quidem in lecto adeptus est eam; Tu verò in labore, & sudore, ac magna solicitudine. Idemque populum suum semper rexit in pace; Tu sanè in medio tantorum bellorum, hostiumque positus, gubernaculum Tuum tam prudenter agis, ob singularem virtutem, tibi cœlitùs insitam, vt virga Tua Imperiali omnes ponas aduersarios Tuos sub scabellum pedum Tuorum; Sapientia autem Tua illis, qui veram fidei veritatem ignorant, viam monstres. Quocirca, vt simul Tu, cum omnibus populis Tuis, in cœlo, & in terra lucrum facias, atque pace, & incolumitate quàm diutissimè viuas, Deum humiliter deprecamur. Amen.

Ego Electus Episcopus Calliopolensis Antonius d'Andrade, natus in Aethiopia Oppido Tacussin è Lusitania oriundus, qui hæc scripsi, & ex Idiomate Aethiopico in Latinum transtuli. m.p.

ELO-

ELOGIVM XXIV.

Lingua hieroglyphica Brachmanum

IMMORTALITATI

FERDINANDI III.
CAESARIS

Ab Authore concinnatum.
DD.
INDIA.

Imperator (FERD. III. Cæſar)	Reſtitutor
rium Regnorum	pacis ;
Princeps ;	Conſiliorum
Libertatis	iuris diuini &
tutator & defenſor ;	humani
Seruator	executor ;
fidei; &	Doctrinæ ,
religionis;	Scientiæ ,
Reparator	rectitudinis vitæ ,
felicitatis ;	bonorumque operum
Defenſor	cultûs
Innocentum ;	exemplar ;
Propugnator	Sapientiæ
diſſidiorum ;	humanæ
Regula	compendium ;
Iuſtitiæ ;	Amor omnium .

ELO.

以作施賜谷來威。臣念

耶穌會日久雲。

聖化。節係　輦轂臣民朝夕虔恭焚香

天主祈懇。

聖窮並　國家萬萬歲　壽。既享

天朝恩。樂土太平之福。臣畢蟻虫螻報效

之誠。厄日多篆中建華立文豐碑。頌

无吉矣。

耶穌會昌卜彌格爾

Finis lectionis Sinicæ, quæ peragitur perpendiculari literarum ordine à dextra inchoando.

ÆGY-

CHINA·

FERDINANDO III.

IMPERATORI SEMPER AVGVSTO.

AR. P. Michaële Boym Soc. IESV occaſione Oedipi Ægyptiaci Sinicâ
linguâ erectus Coloſſus.

厄日多篆開意碑記

厄日多國碑篆字古今一人　無鮮可者。

聖音順意篆思給賜廩餼。吉師要敢著述也。

福爾提安督皇帝大名世世稱號日不極。厄日

多白王聲積石在砡篆字人十年所不通。

羅瑪京詔讀知意耳。

天子大德萬方萬雜生灵存心欽仰敬歷歟。

朝德合天地。開化貨生成。物資貨美利綏極武蕭

四海。止沸定甕六合還平。百變取則道仁

††††††††　　　　AEGY-

AEGYPTIACI OEDIPI COLOSSVS.

ÆGyptij Regni monumentorum fymbolicos characteres, quos tam ex antiquis, quàm modernis, nec vnus homo valuit explicare, Auguftiffimæ voluptatis obfecutus mandato, receptis beneficijs & liberáliffimis impenfis, Magifter Kicherus felici aufu aggreffus, explicuit, explanauitque. FERDINANDI Auguftiffimi Imperatoris magnum nomen futura fæcula infinita deprædicabunt. Ægyptiorum Regum fama in rudium impolitorumque lapidum erit Coloffis; fymbolicas figuras homines mille annis quas ignorabant, Romana iam Vrbs legit, & intelligit. Auguftiffimi Imperatoris heroïca facta vniuerfi Orbis populi æternùm in codicibus conferuabunt, fufpicient, reuerebunturque. Augufta Maieftas virtutibus cœlum terris vniuit, referauit beneficijs falutis opera, & rebus eft auxiliatus pulcherrimo incremento; conciliauit polos Mundi robore inuicto, compofuit quatuor maria, ftitit furentium bellorum puluerem; Vniuerfo pacem reftituit; Centum barbaris dedit leges & præcepta; Pietati Liberalitatem, & Clementiam coniunxit Maieftati. Perpendens ego Societatem IESV fub vmbra Auguftiffimæ Maieftatis commorari, & connumerari inter populos qui fequuntur Cæfareum currum, die noctuq; follicitus cum reuerentia incendo odores Cœlorum Domino, fupplicando medullitùs, vt Auguftiffimæ Maieftatis perfonam vnà cum. Imperij Domo in decem millenos annos conferuet longæuam. Quia verò fruimur Auguftiffimæ Maieftatis plurimis beneficijs, & gaudet terra pacis felicitate; ego tenuiffimæ formicæ inftar in animi grati fignificationem, Ægyptios inter explicatos Coloffos, erigo Sinicâ linguâ hoc florentiffimum monumentum, præconium perennis felicitatis

E Societate IESV.

Michaël Boym.

ELOGIVM XXVI.
SINICVM
IN LAVDEM OEDIPI.

萬[1]物[2]又[3]有[4]原始[5]

萬[6]物[7]之[8]有[9]緣理[10]

人[11]敎[12]知[13]所[14]原[15]始[16]

知[17]道[18]方[19]物[20]綠[21]始[22]

格[23]物[24]在[25]始[26]理[27]

吉[28]師[29]老[30]師[31]通理[32]敎始[33]

格[34]物[35]老師大哉[36]

孔[37]子[38]七十[39]有徒[40]

朝[41]夕[42]單[43]尊[44]筆[45]士

遠[46]人[47]來[48]領[49]學[50]道

吉[51]師[52]可[53]人[54]孔[55]子斗[56]

其[57]徒[58]普[59]人[60]安[61]篡[62]

其[63]敎[64]天[65]下[66]有[67]滿

其[68]書[69]西[70]東[71]到[72]耳

厄[73]日多筌象[74]開意吉師[75]同[76]耶[77]穌會[78]卜[79]彌格[80]鳴[81]

Interpretatio.

1   2   3   4   5
Vniuerfarum rerum eſt principium & origo.

6   7   8   9   10
Vniuerfarum rerum eſt cauſa & ratio.

11   12   13 14   15   16
Homo docet noſſe quæ originis principia,

17   18   19   20   21   22
Nouit iter omnium rerum, rationis ſcientiam.

23   24   25   26   27
Philoſophia conſiſtit in principijs, conſiſtit in ratione.

28   29   30   31   32   33
Kircherus Magiſter penetrauit rationes, docet principia.

34   35   36
Philoſophiæ Magiſter Magnus eſt profecto.

37   38   39   40
Cun çu (Sinarum Doctor) ſeptuaginta habuit diſcipulos,

41   42   43   44   45
Die noctuque parui magni ex Sinenſium Imperio

46   47   48   49   50
Remotiſſimi homines veniebant recipere eius doctrinam.

51   52   53   54 55 56
Kircherus Magiſter poteſt Cun çu vocari;

57   58   59   60   61   62
Illius diſcipulos quiſnam homo potuit numerare?

63   64   65 66 67
Illius doctrina Orbem iam repleuit;

68 69   70   71   72
Illius libri in Occidentem & Orientem iam penetrarunt.

73   74   75   76   77 78
Ægyptiaci Oedipi Authori R. P. Athanaſio Kircher, eiuſdem Soc. IESV.

80   79
Michaël Boym,
&
Andreas Chìn Sina, cuius officium eſt Yeu-Kì, eiuſdem
Patris ex Regno Sinarum in Vrbem Comes.

AEGYPTI PRISCA SAPIENTIA·

FERDINANDVS

diuinæ prouiden
politici Vni
Ofiris
regio intelle&us oculo
vt prouidentiâ guber
munificus om
corde & linguâ

Mercurialium ar
variarum & ipfe
HORVS, Impe
neceſſariarum rerum

Momphta Auſtriacus

omnia
Archetypo intel
operationes mentis
politici Mundi
Craterem Imperialem
fœcundans, Oſi
Trium Regno

indefeſſus ex
vigilantia trium
populis, eotumque
Religionis, poteſtati
defenſor ze
Genius Agatho
dodecapyrgi con
malorum omnium
& ex

III. CÆSAR

tiæ inſtrumentum,
uerſi oculus,
Auſtriacus,
cun&a perluſtrat,
natrice omnia côſtituat;
nium benefa&or,
Sapientia conſpicuus,

tium promotor,
inuentionum author,
rialis Legiſlator,
curæ intentus vnicè;

fortitudine & robore

fulciens,
le&ui conformes
ſuæ dirigens;
diuus Legiſlator
vitali influxu
ris terrenus;
rum populis

cubitor, follicitâ
Regnorum
commodis prouidens;
que Eccleſiaſticæ
lantiſſimus;
dæmon politici
feruationi incumbens,
exciſor, profligator,
pulſor.

Elogium hieroglyphicū
FERD. III. CÆSARIS
immortalitati
huius erectione obeliſci
æternum consecrauit
A. K. S I.

EPILOGVS.

Viue agedum Cæfar, viuat domus inclyta, viuat
   Imperij columen, relligionis honos .
Tot Tibi Olympiades deuoluant ftamine Parcæ
   Accinuit linguis quot polygloffa Charis .
Et poftquam longos regnando expleueris annos
   Orbe triumphato victor ad aftra redi .

---

*Nota in hoc Triumpho Cæfareo tria Idiomata poni quæ in Oedipo
non continentur, & funt, Hungaricum, Boëmi-
cum, Turcicum .*

PROPYLÆVM
AGONISTICVM
Ad Viros Veteris Sapientiæ ſtudio deditos,
æquoſque huius præſentis Operis
æſtimatores;

Quo

Nonnulla, quæ obijci contrà poſſent, ſoluuntur, Audo-
riſque in ſcribendo fides & ingenuitas, ſtyli ratio,
Operiſque difficultas monſtrantur.

VANQVAM, Viri doctiſſimi, *nullo Operi
meo præſenti, vnanimi melioris notæ Literatorum
conſenſu non approbato tantùm, ſed & quotidiana
multorum annorum ſollicitatione, & armata veluti
deprecatione extorto, patrocinio opus ſit; neque
acres Ariſtarchorum quorundam Obeliſcos, ac re-
prehenſiones, quas nullus vnquam in tam glorioſo
puluere deſudantium vitare potuit, formidem: idem tamen mihi, quod
magni nominis Scriptoribus vſurpatum ſcimus, faciendum eſſe exiſtimaui, dum præuiſa contradicentium tela, agoniſtica hac proluſione
non cautè tantùm eludenda, ſed & efficaciter elidenda, haud incongruū
eſſe iudicaui. Enimuerò ita rebus humanis natura quaſi comparatum eſſe videtur, ac veluti fato quodam inſitum, vt quemadmodum
luci vmbra, ſic rebus præclaris, ac laude dignis conatibus indiuidua
adſit rerum obſcuratrix inuidia. Nam vt rectè ille:*

Καὶ κεραμεὺς κεραμεῖ κοτέει, ἠ τίκτοι τέκτων.
Καὶ πτωχὸς πτωχῷ φθόνει, ἠ ἀοιδὸς ἀοιδῷ.

Quod

Quod si in vilissimis rebus locum habet, quantò magis in negotio lite-
rario ? quod tantò sanè excellentiùs est, quantò nobilitate sua omnes re-
liquas actiones humanas excedit longiùs. Monstrant id feruentissi-
mæ Doctorum dimicationes, ac literaria prælia frequentissima, quibus
se mutuò tanta contentione impetunt, vt plurimi è sedatioribus ingenijs
Antigenidem imitantes, priuata Musa contenti, intus sibi viuere ma-
lint, quàm partos ingenij fœtus tot decertantium insultibus temerè
dilacerandos exponere. Quod & ego fecissem, nisi Maiorum aucto-
ritate compulsus, ac suffultus, Opus hoc multorum annorum labore
partum, nunc tandem luci publicæ exponere fuissem compulsus. Quæ
igitur aut ausibus meis opponi, aut præstitis laboribus obijci posse à
nonnemine video, sequentibus capitibus quàm potere breuissimè expla-
nabo.

CAPVT I.

Respondetur ad argumenta, queis ἀδύνατον esse hieroglyphicorum inter-
pretationem, opinari quis posset.

Obiectio.

PRIMVM igitur, quod obijci posse mihi video, est hieroglyphicæ interpretationis ἀδυναμία. Sic enim arguentes audire videor, Cur studium amplexus sim adeo arduum, ac doctissimis
philologis nè tentatum quidem, priscis verò antiquitatis Scri-
toribus non nisi obiter ac perfunctoriè tractatum; materiam, inquam,
difficilem, intricatam, incertam, innumeris væi mysterijs, sic difficultatibus refertam, nullis finibus clausam, sed in triplicis philosophiæ adhuc
incognitæ infinitos ambitus exporrectam.

Solutio.

Hisce primò aliud non respondeo, nisi quòd olim gallus à fele re-
prehensus; hoc mihi ingenium esse, hanc affectionem naturaliter datam.
Etenim à natura ita comparatus sum, vt nihil homine dignius esse existimem, quàm industriam, viresque ingenij ijs in rebus potissimùm, quas
obliuiosa ac indocta secula successu temporum neglexerunt, instauran-
dis, aut quas natura à communi hominum conspectu submotas in abditis secretorum penetralibus condidit, sagaciter indagandis, experiri. Non
quòd me vltra omnes priorum sæculorum, veluti fastuosus ille apud Plau-
tum Maximus, ingenij felicitate atque acumine ὑπερωριστέρας extollam, aut
vti iactabundus ille Terentij Bombilius, me Iouis alite perspicaciorem
ostendam: absit; id enim pudendæ vanitatis argumentum, modestiæ,
quam sacra me religio à puero docuit, omninò contrarium, satis noui;
sed solius veritatis inquirendæ desiderio insatiabili compulsus, Opus hoc
arduum, à multis inchoatum, à paucis penetratum, atque adeo ob impenetrabiles difficultates veluti derelictum, ad incudem reuocare conatus
sum. Accessit Cæsaris imperium, & eminentissimorum Virorum è diuer-

sis

CAPVT PRIMVM.

fis Europæ partibus scribentium sollicitatio, quâ ad tam laudabile studium prosequendum, & ad Isthmum hunc perfringendum, pro authoritate quâ pollent maxima, non persuasêre tantùm, sed vltrò currentem impulêre. Quibus omnibus antiquius fuit magnum honoris Dei, bonique communis promouendi, quod in animo meo exarsit, desiderium; quod tantò melius est & optabilius, quantò longiùs patet. Magno, fateor, labore, intenso mentis æstu opus fuit; sed memor eram illius sapientissimi Persarum Mussladini Sadi, sic Persicâ elegantiâ ludentis:

كرجه بيرون زررزق ننوان حورد	*Quamuis præter bona à* DEO *concessa, nemo quid concedere possit,*
در طلب كاهلى نشايد كرد	*Non tamen in illis acquirendis pigritiam monstrare debet.*
غواص اكر اند بشه كند كام دهنك	*Vrinator si Crocodili morsum veritus fuerit,*
هركز نكند دركرا نمايه بجنك	*Pretiosam margaritam nunquam acquisiuerit.*
كر تودر خانه صين خواي كرد	*Tu si intra domum tuam prædam habere vis,*
دست وجابت جو عنكبوت جون	*Manus pedesque tui sint instar araneæ.*

His animatus, Opus aggressus diuini Numinis ductu consumaui; quæ quidem ardui conatus vnica causa fuit. Sed iam ad institutum.

2 Obiectio.

  Verùm instare quispiam posset, magnæ temeritatis indicium esse, rem nemini hactenus compertam, factuque omninò ἀδώνατον, præsumptuosiùs aggredi. Si enim hisce temporibus nostris vera, plena, & absoluta hieroglyphicorum notitia haberi posset, illa vel per continuum vsum, ac haud interruptam Ægyptiorum traditionem in hæc vsque tempora fuisset propagata; vel in antiquis Scriptorum monumentis conseruata; vel deperdita extinctaque, singulari hominum studio & industriâ de nouo fuisset inquisita & inuenta. Sed hæc notitia nullâ ratione, ob ingentes Ægyptiorum vicissitudines atque metamorphoses, quas ex diuerso Regum dominatu incurrit, conseruari hucusque potuit. Nam de Chaldæis ad Persas, de Persis ad Medos, de his ad Macedones & Græcos, de Græcis ad Romanos, de Romanis ad Saracenos, denique ad Arabes, Ægyptiorum deuolutum Imperium, sicuti varias mutationes, sic varias quoque consuetudines, ritus, cœremonias, doctrinas suis ritibus omninò contrarias addiscens, pristinorum Sacerdotum leges & institutiones penitùs oblitum est. Nec libris conseruari potuit, cùm nullus hactenus, qui nobis aliqua antiquæ sacerdotalis Sapientiæ vestigia exhibeat, liber sit inuentus. Nec demum humanâ ea industriâ restitui potuit, cùm illa sine viuo authoritatis oraculo, quo caremus, exanimis reputetur & mortua.

Solutio.

  Hæc Argumenta, quæ ab Agonistis mihi obtrudi possent, nescio quid roboris primâ fronte expendentibus obtinere videntur; quamuis seriò illa examinantibus, non ita adamantina inueniantur, quin oppositis rationibus conuelli facilè possint & dilui.

            a   Ad

Ad primum enim quod attinet; etſi quamplurimis mutationibus
Ægyptus ſemper fuerit obnoxia, minimè tamen inde ſequitur , omnem
ſubitò ſcientiarum ac artium reconditarũ notitiam fuiſſe vnã cum tranſ-
latione dominiorum abolitam . Quis neſcit Græci Imperij variam fortunam, ac ingentes diuerſaſque viciſſitudinum reuolutiones? quorum tamen ſcientias & diſciplinas, his non obſtantibus, ad noſtra vſque tempora
incotruptas perueniſſe, monſtrant infinita propemodum voluminum monumenta, quibus paſſim docti modò, cum magno Reipublicæ Literariæ
emolumento,perfruuntur . Quæ gentes Hebræis maiorem ſuſtinuére me-
tamorphoſin? cùm tamen nihilominus complura ad nos propagata fuerint Reipublicæ literariæ haud indigna monumenta .

Ad ſecundum quod attinet, non negauero facilè , in tantis Regnorum mutationibus hieroglyphicorum notitiam ex intermiſſione rituum
paulatim obſcuratam : ſed nullos, inter adeo multos patriorum rituum
ſtudioſiſſimos, quique ipſa myſteria ad ſuperſtitionem vſque colebant, in-
uentos eſſe, quibus ſymbolicas diſciplinas propagare curæ eſſet, quiuè
adeo recondita naturæ ſacramenta myſticis notis expreſſa , literis libriſ-
que conſignarent; à veritate alienum eſſe exiſtimo. Imò ſi Herodoto
credimus, ſuo adhuc tempore horum Interpretes ex eius Euterpe ſuper-
ſtites fuiſſe notum eſt. Pythagoram quoque & Platonem ſymbolicam
Pythagora &
Plato noue-
runt hiero-
glyphica. ſuam philoſophiam de columnis Mercurij didiciſſe, teſtatur Iamblichus .
De Columnis autem, per quas Obeliſcos intelligit , diſcere nequaquam
potuiſſent, ſi inſculpta ſymbola non intellexiſſent. Hierogrammata
quoque tempore Alexandri Macedonum adhuc cognita fuiſſe , præter
citatum Iamblichum aſſerunt Arrianus & Strabo. Certè Cornelius Tacitus ſcribit, Germanicum Cæſarem, cùm veniſſet in vrbem Thebanam, &
fabricas illas prodigioſas curioſiùs fuiſſet intuitus, vnum è Senioribus Sacerdotibus,qui figurarum Obeliſcis inſculptarum faceret explicationem,
aduocaſſe . Qui niſi huiuſmodi literarum cognitione fuiſſet imbutus,ad-
Hermapion. uocatus nequaquam fuiſſet . Non dicam hic de Hermapione , quem Ty-
berius Cymbalum Mundi appellat,Tertullianus Hermotelen : hunc enim
hieroglyphicorum cognitionem ſi non conſumatam , ſaltem non mini-
mam habuiſſe, nobis manifeſtum facit huiuſmodi interpretationis ab Ammiano Marcellino relatum ſpecimen; quamuis id falſo , & ex ſola Plinij
æſtimatione, Obeliſco Senneſertæo ſit applicatum . Ruſſinus de artibus
Ruffinus hiſt.
Ecclef. Ægyptiorum adhuc ſuâ ætate vigentibus ſic ſcribit : *Iam verò Canopi quis
enumeret ſuperſtitioſa flagitia? vbi prætextu Sacerdotalium literarum (* ſic enim
appellant antiquas Ægyptij literas *) magicæ artis erat penè publica Schola .*
Ex quo patet, non ita extinctam fuiſſe huiuſmodi literarum notitiam,quin
ſemper aliqui Sacerdotum fuerint inuenti, harum gnari .

Ad libros verò de his agentes quod attinet, certè eiuſmodi adhuc
in vſu fuiſſe tempore Ptolomæi Philadelphi, paulò poſt oſtendetur. Fuit
is Ptolomæi Lagi filius, ſecundus eo nomine, artium & ingeniorum cultor, & quod adhæret, librorum . Itaque Alexandriæ ingentem Bibliothecam compoſuit, inſtructione & exemplo Ariſtotelis adiutus , imò &
ipſis

ipſis eius libris teſte Strabone ; de qua ſic ſcribit Ben Gorion celebris apud Hebræos Hiſtoricus :

Gorionides
בספר
שנאמר
מלחמות
י״א פרק
c. 16 : ז״

והנה בימים ההם המלך פתולמי איש חכם ונבון
מאד בעל אותיות ויבא בלבו לעשות אשר לא עשה מי
שום אדם לפניו : וישלח משרתיו ובעלי לשונות בכל
ארץ ומדינות לקבץ כל זכרונות וספרי חכמים הקדמונים
בבלונים פרשיים עיברים פלסופים ומחברים אחרים
וספרי החכמי מצרים אשר הם נכתבים באותיות החיות
ובהמות :

Hoc eſt : *Et ecce in diebus Regis Ptolomæi Viri ſapientis & multùm periti, Viri literarum ſtudioſi ; & ecce venit in mentem eius, vt aggrederetur id, quod ante eum nullus ; & miſit in omnem terram, & vrbes Viros linguis & ſapien-tiâ conſpicuos, vt antiquorum monumenta colligerent. Libros itaque Babylonio-rum, Perſarum, Hebræorum, quantum potuit, congeſſit plurimos ; inter quos li-bri quoque Ægyptiorum figuris animalium literarum loco effigiati, &c.* Cui Fl.

Ioſephus Fl.

Ioſephi lectio Græca conſentit ; ſic enim habet : Δημήτριος ὁ Φαληρεὸς, ὃς ἦν ἐπὶ τῆ βιβλιοθηκῶν τε βασιλέως, ἐσπέδαζεν εἰ δυνατὸν εἴη πάντα τὰ κ᾽ τὴν οἰκουμένην συνα-γαγεῖν βιβλία, καὶ συνωνέμενος, ἅπαντα μόνον ἀκέζει σπεδῆς, ἄξιον ἦ ἡδὺ τῇ τε βασιλέως προαιρέζει, μάλιςα γὰ ἀεὶ τὴν συλλογὴν τῶ βιβλίων ἔχε φιλοκάλως, συνηξονίζετο ἐρωτηθεὶς δ᾽ αὐτός ποτε τε Πτολομαῖς, πόζας ἤδη μυριάδας εἴχε συνειλεγμένας βιβλίων τῶ μὲν ὑπαρχόν-των ἤδη πϵρὶ εἴκοσι, ὀλίγω δὲ χρόνε, εἰς πεντήκοντα συναθροίζειν. &c. *Demetrius Pha-lereus regiarum Bibliothecarum præfectus dabat operam, vt ſi fieri poſſet, omnes totius Orbis libros colligeret, coëmens quotquot vnquam audiſſet cognitæ dignos, aut cupiditati Regis gratos, cuius præcipuum erat in congerendis libris ſtudium. Hic rogatus aliquando à Rege, quàm multa millia iam comparaſſet, ait ſe iam habere circiter ducenta millia, ſed breui habiturum quingenta millia &c.* De hac prodigioſa librorum coacervatione Cedrenus quoque : *Philadelphus*

Cedren. l. 22.

inquit, *libros ſacros, Chaldaicos, Ægyptios, Romanos, diuerſilingues conquiſitos in Græcam converti omnes curauit, in vniuerſum ad centum millia volumi-num : quæ omnia in Bibliothecis ſuis Alexandriæ repoſuit.* Cui aſtipulantur Agellius, Ammianus, Euſebius, & Seneca ; quamuis in numero varient.

Agell. l. 6. c. vir.
Ammian.l.22
Euſeb. l. 2. de pr. Eu.
Sen. ep. 9. de tranquill.

Quis dicat porrò, ab infinita prope hac librorum ex toto Orbe conquiſi-torum congerie myſticos Ægyptiorum Sapientum Codices in Bibliothe-ca rariſſima ſolos fuiſſe excluſos ? quis credat ea monumenta, quæ præ cœteris omnibus non apud Ægyptios tantùm, ſed & apud exteros in pre-tio erant & exiſtimatione maxima, quæque tam auidè ab omnibus expe-tebantur, fuiſſe neglecta ? Certè nullus.

Sed dicent, Omnes hoſce libros ſub Dictatore Cæſare infelici in-cendio ſublatos, ad poſteritatem peruenire non potuiſſe. Reſpondeo. Ponamus conflagraſſe ; cùm tamen hæc ingens librorum ſtrages non con-tigerit niſi 224 anno poſt eorum acquiſitionem ; non ſequitur omnes ita fuiſſe abſumptos, vt ad poſteros nullius doctrina peruenerit. Quid enim in tam exquiſita librorum multitudine ſpacio ducentorum & am-

a 2   pliùs

pliùs annorum, ab hominibus ftudiofiſſimis vndequaque, tùm ad elegan-
tiſſimum illud regium contemplandum opus, tùm ad inæſtimabilibus
theſauris perfruendum, confluentibus, quid inquam excerpi non potuit
& tranſcribi ? quantas gazas tranſportatas putamus, non vulgarium,
quos plerique negligebant, ſed reconditiſſimorum quorumuis librorum,
quos inter haud dubiè primum locum obtinebant ij ; quos Sacerdotales
vocabant, hieroglyphicis notis & ſymbolis ſpectabiles ? Ego ſanè hæc
paulò profundiùs expendens, quicquid hodie antiquæ Sapientiæ fragmentorum ſupereſt, ex illa veluti è locupleti Amalthææ cornu profluxif-
ſe, arbitror. Hinc omnia Triſmegiſti, Beroſi, Chæremonis, Manethonis,
Phlegontis, Aſtrampſychi, Pherecidis, aliorumque tùm Arabum, tùm
Chaldæorum fragmenta, quæ paſſim allegamus, exiſſe videntur. Hinc
antiquam illam & myſticam Ægyptiorum Philoſophiam ab Ariſtotele
concinnatam, quæ multos annos in Bibliotheca Damaſcena latuerat, pro-
dijſſe certum eſt; quam deinde Franciſcus Roſeus Rauennas tandem luci reddidit è Græco primùm in Arabicum, & ex hoc in Latinum demum
tranſlatam. Sed verba eius audiamus ; ſic enim loquitur. *Cùm anno an-*
In Dedicat.
epiſt.
te hæc tertio Damaſci agerem, ſanctiſſimè Pontifex, vt bonarum literarum ſem-
per cultor, obnixè omnem dedi operam, nullis parcendo diſpendijs ac laboribus, quò
celebrem Vrbis Bibliothecam ingrederer (comite amico nonnihil locutione
Arabicâ imbuto ad inſcriptiones ſatis perlegendas) *exploraturus digeſtos*
illic codices innumeros & pretioſos ; inter quos præcipuè vnus vetuſtiſſimus oc-
currit prænotatus, Ariſtotelis Theologia ſeu Philoſophia myſtica : quam quoniam
audiueram fuiſſe ab Ariſtotele conditam, amiſſamque deſiderari ; ſtatim ſuccur-
rit impetus habendi operis, cogitans quantæ futurum eſſet exiſtimationis apud
omnes Philoſophos & Theologos. & cœtera quæ ſequuntur. Vide quæ de
huius Philoſophiæ præſtantia fusè in Obeliſco Pamphilio diſſeruimus.

  In Bibliotheca quoque Babyloniorum huiuſmodi libros conſeruari,
l. de 4. gen.
animalium.
teſtatur Elluchaſen Arabs : verba eius in Arabico ſic ſonant :

كان الناس اولين من قدم في مصر وكانوا كتبوا كتبهم في صورة الاوحوش
والجيوادان لستروا اسرارهم وكثيرين احرين مثل هذه يحرسون حتي هذه زمان
في الكنز المل

Primos hominum in Ægypto prognatos indigenæ gloriantur ; atque li ſcribebant
libros ſuos figuris quadrupedum ſerpentium, & alio um inſtrumentorum, vt ab
indigenis remouerent occulta & arcana ſapientiæ ſuæ. Huiuſmodi libri in the-
ſauro Regis adhuc in hunc diem conſeruantur.

  Similia refert de Bibliotheca Gazenſi Seduna Archimandrita eiuſdem
loci, qui in relatione quadam de Samaritanorum inſtitutis tractans, ſic
dicit Samariticè :

Relatio Sa-
maritana in
Vatic. Bibl.
inter lib. Aẹ-
thiop.

ᘯᘯᗰᒉᗩ ᘯᘯᗩᗧᗧᗩᗱᗱ ᘯᗩ ᗱᘉᗐᗧᗩ ᗱᒉᒉ ᘯᘯᘉᗰ
ᒉᗩ ᗧᘯᗰᗩᗱᘯᗧᒉᗧ ᗧᗱ ᗧᘯᗰᗩᗩᗧ ᗧᘯᗰᒉᗧᗧᗧᗱᘉᗐ ᗧᘯᗰᗩᗧᗱᗧᗩ
ᘯᗧᘯᗰᗱᗱ ᘯᗩᗧᘯᘯᗧ ᘯᗧᘯᘯᗧᗩᗧᗧ ᗧᘯᗰᗩᗧᘯᗧᗧ ᗰᘯᗱᗱᗱ
ᗩᒉᗩᘯᗱᗧ

CAPVT PRIMVM.

᎓Ꭸ᎒ ᎷᎩ᎒ᎥᎷ᎒ ᎷᎪᎪᎳ ᎥᎪᎪ ᎓ᎷᎪᎥᎡᎡ᎓ ᎓ᎧᎡ ᎪᎬᎲᎶᎳ
: ᎓ᎷᎪᎩᎷᎡ

Hoc eſt : *Eſt nobis in Gaza Bibliotheca plena libris antiquis, ex ys multi inue-*
niuntur ſcripti à Sacerdotibus Ægypti ; literæ eorum ſicut ſimilitudo animalium,
& dicitur, quòd illi reſtent ex Bibliotheca Ptolomæi Regis Ægypti . Porro neque Æthiopia hiſce Ptolomaicis Codicum theſauris caruiſſe videtur ;
Æthiops enim à me per literas de rebus Æthiopicis conſultus, ſic ad quæ-
ſita reſpondet Æthiopicè .

Muchi Æ-
thiops Abyſſi-
nus in qua-
dam Epiſtola
ad me data.

Abi ſaalacha amncia bemach facha zazzahha facha lita, chama ahab
laanta chulu zaſamaanu vezaamarna im abina veana ahab laanta , aſma
bazubhan mazzachafat bechulu Ithiupia. ſeu. ſadufada babel naguſana
vazazzachaſu bathurat hhaia zaithaunas zaalb hholko anſas vechulu arui
gadom .

In literis ad me miſſis petis, vt te certiorem faciam de omnibus ijs , quæ ab anti-
quis Patribus audiuimus, maximè de Bibliothecis Æthiopiæ. Dico itaque tibi ,
multos, eoſque antiquos libros paſſim in tota Æthiopia hinc inde reperiri , potiſſi-
mùm in domo Imperatoris noſtri, è quibus multi ſcripti ſunt figuris animaliùm,
quos dicunt antiquitùs ex Ægypto tranſlatos .

Bibliothecæ
Æthiopiæ.

Huic non abſimilia apud Nicolaum Codignum de Bibliothecis
Æthiopiæ narrat quidam Anonymus : *In monte*, inquit, *Amara, Bibliothe-*
ca illa celeberrima conſeruatur, quæ initium à Regina Saba dicitur accepiſſe ; de-
poſitos ibi eſſe libros multos, quos & tunc Salomon ipſi Reginæ, ab Hieroſolymis in
patriam diſcedenti, dono dedit, & ſingulis deinde annis ſolitus erat ad eandem
mittere ; inter reliquos eſſe quoſdam, quos vetuſtiſsimus ille Enoch ab Adamo ſe-
ptimus de cœlo, de elementis, deque alijs philoſophicis rebus compoſuit . Eſſe alios,
quibus res Mathematicas, & plurima ad ſacros ritus & cœremonias ſpectantia
Noëmus tradidit . Alios ab Abrahamo editos, cùm eſſet in valle Mambre, vbi phi-
loſophiam publicè profitebatur, & eos habebat Auditores, quorum opera quatuor
illos Reges, qui Lothum cœperant, acie profligauit . Alios à Iobo, ab Eſdra, à mui-
tis Prophetis, & ſummis Iudæorum Pontificibus de rebus varijs conſcriptos. Alios
eſſe libros, de rebus varijs partim ſolutá, partim ligatá oratione à Sibyllis . Alios
ab ipſa Regina Saba, & eius filio Melilecho compoſitos . Huic relationi etſi fides non omninò adhibenda ſit, quandoquidè eam diligenti examinatione
factá non ita veritati conformèm inuenerim ; nequaquam tamen dubitari debet, plurimos adhuc ibi libros, eoſque rariſſimos, ac nobis inuiſos re-
condi ; cui fidem faciunt alij Æthiopes, & inter cœteros Gregorius Ab-
bas montis Amaræ, qui dum hæc ſcribo , Romæ degit .

Non dicam hìc de celeberrima Bibliotheca Byzantina , quam Zo-
naras & Cedrenus centum viginti mille Codicibus memorant fuiſſe inſignem; in qua & Draconis inteſtinum 170 pedes longum, totá Homeri
Iliade aureis literis conſcriptá memorabile conſeruatum fuiſſe legitur ?
Quis neſcit diuitias Bibliothecæ Attalicæ ſiue Pergamenæ , quæ ducentis
millibus librorum ſingularium inſtructa claritate proxima, teſte Plutarcho, ab illa Alexandrina fuit ?

Bibliotheca
Byzantina.

Ex

Ex quibus omnibus haud dubiè ingens Reipublicæ Literariæ toti-que posteritati vtilitas & emolumentum profluxit. Quicquid enim scientiarum & artium seu disciplinarum modò superest, ex ijs translatum primò quidem per Græcos ad Romanos, deinde per hos ad reliquam posteritatem peruenisse, nemo ambigere debet. Si igitur reliquæ artes & scientiæ per continuam transcriptionem ad hæc vsque tempora propagatæ sunt; quis hieroglyphicam Ægyptiorum Sapientiam simili ratione hucusque propagari potuisse negabit? Imò id verum esse, Oedipus hic toto passim Opere demonstrat ex Ægyptiacæ doctrinæ fragmentis, veterum Authorum monimentis sparsim hinc inde insertis; quæ cùm omnium oculis obuia sint, ea susiùs hoc loco deducenda non censui. Imperitè igitur quispiam hieroglyphicæ interpretationis ἀδυναμίαν ex eo, quòd nulli libri supersint, arguet.

C A P V T II.

Reliquæ Obiectiones, quæ fieri possent, soluuntur.

Obiectio I.

INter cœtera, quæ magnam vim ad instituti nostri rationes euertendas obtinere quis arbitrari posset, sunt quoque libri illi Apuleiani, quos de opertis adytis prolatos, ait, literis ignorabilibus prænotatos, partim figuris animalium, partim nodosis & in modum rotæ tortuosis capreolatìm condensatis apicibus. Verùm qui ὀνοματοποιήσεως Apuleianæ argumentum re-

Solutio.

ctè calluerit, facilè videbit, fictis & fabulosis rationibus causam suam stabilire contra nos conaturum eum, qui hoc se argumento munire voluerit. Nam præterquàm quòd huiusmodi enarrationes ab Apuleio non tam veritatis historicæ astruendæ, quàm ingenij vberis ostentandi gratia sunt fictæ; certè non video cur ijs tantopere sidendum. Accedit, Apuleium nequaquam huiusmodi literas præcise & omninò ἀγνοείμας seu ignorabiles sensisse, sed quatenus difficillimâ scribendi ratione à profanorum lectione munita solùm videret impeditas; quin & seipsum ijs imbutum in sequenti verborum contextu insinuat. *Tunc semotis, inquit, procul profanis omnibus linteo vndique me contectum amicimine arreptâ manu Sacerdos*

Apul. l. xj.

introduxit in ipsius sacrarij penetralia. Quæres forsan studiose Lector, quid deinde dictum sit, quid factum? Dicerem, si dicere liceret; cognosceres, si liceret audire; sed parem noxam contraherent aures & linguæ temerariæ curiositatis. Pari ratione cùm Ammianus Marcellinus literas hieroglyphicas dixit ignorabiles, non Græcis, non Arabinis, non Ægyptijs, sed Latinis ignorabiles

l. 22. Iulian.

dixit. Audiamus verba eius: *Sunt, inquit, & subterranei Syringes, & quidam flexuosi secessus, quos, vt fertur, periti rituum vetustorum aduentare diluuium præscij, metuentesque, nè ceremoniarum obliteraretur memoria, penitus operosis digestos fodinis per diuersa loca statuerunt, & excisis parietibus volucrum ferarumque genera multa sculpserunt, & animalium species innumeras, quas hieroglyphicas appellarunt, Latinis ignorabiles.* Quòd si simpliciter ignorabiles dixit, cur eas ab Hermapione cognitas & explicatas asseuerat alio in loco? Eo igitur fenfu literas ignorabiles dixiffe cenfendus eft, quo nos, cùm aliquid difficile & impenetrabile innuere voluuus, Arabicum dicimus, aut fimili nobis ignoto characterum genere confcriptum. Quod porrò Strabo dicat, Chæremonem Ælij Galli Ducis in Ægyptum comitem, quòd hieroglyphicorum cognitionem fe callere iactaret, paffim ab omnibus fuiffe ludibrio habitum; non ideò factum effe exiftimari debet, quòd veluti humani ingenij vires longè tranfcendentem attentaret materiam, fed quòd ignariffimus cùm effet, & nullâ exquifitioris doctrinæ fuppellectile inftructus, rem arduam omninò & difficilem aggredi præfumptuofiùs auderet, vti ex contextu verborum patet; fic enim Strabo:

Παρεκαλύθα δέ τις ἐξ Ἀλεξανδρείας αναπλέοντι εἰς τ Αἴγυπτον Αἰλίῳ Γάλλῳ τῷ ἡγεμόνι Χαιρήμων τόυνομα προσποιούμεν@. Ταιαύτω τίνα ἐπισήμλω γνώμλυος δὲ τὸ πλέον ὡς ἀλαζῶν ϰ ἰδιώτης.

Comitatus quide m est Ælium Gallum Ducem ex Alexandria nauigantem in Ægyptum quidam nomine Chæremon, qui eiufmodi fcientiam profitebatur; fed ob ignorantiam & fuperbiam plurimùm ridebatur. vel vt Græcus textus habet, *plurimùm ridebatur veluti fuperbus & idiota.* Imò paulò poft, eo ipfo tempore adhuc plerofque Sacerdotes hieroglyphicorum fcientiam calluiffe, quamuis ab omnibus eam abfconderint, fequentibus verbis oftendit: *Oftendebantur ergo ibi Sacerdotum æ les ac domicilia, in quibus Eudoxus & Plato egerant. Etenim Eudoxus cum Platone eò profectus est, & ambo cum Sacerdotibus annos tredecim funt verfati, vt nonnulli tradiderunt. Ifti Sacerdotes cùm rerum cœleftium fcientiâ præftarent, cœterùm arcanam eam feruarent, neque cum quoquam communicare vellent; tamen & tempore, & obfequio deuicti nonnulla præcepta enarrauerunt, cùm plurima interim Barbari occultarent.* Et paulò poft: *Ignorabatur annus eo tempore apud Græcos, quemadmodum alia permulta; donec iuniores Aftrologi ab ijs acceperunt, qui Sacerdotum monumenta in Græcam linguam tranftulerunt, & adhuc tùm ab ijs, tùm à Chaldæis accipiunt.* Quæ verba fanè tam clara funt, vt videantur effe omnium eorum, quæ hactenus dicta funt, ἀνακεφαλαίωσις feu recapitulatio.

Ij verò qui de huiufmodi facræ fcientiæ reftaurandæ fpe nimis abiectè & defperatè loquuntur, audiendi non funt, vti Michaël Mercatus, Vir alioquin prudens & doctus, fed plùs æquo pufillanimis. Hic enim in fupplemento Obelifcorum, poftquam multas rationes ad eorum inueftigandorum impoffibilitatem oftendendam propofuiffet, tandem veluti defperabundus in hæc verba exclamat. *E dunque tanto tempo, che la vera notitia delle lettere hieroglifiche fù ofcurata e perduta nell'Egitto, doue effendo prima tenuta da'i Sacerdoti folamente (come diffufamente fi è dimoftrato nell'altro Capitolo) che hora non poffiamo hauer più fperanza di ritrouarla cosi nell'Egitto, come in altro paefe,* &c. *Tanto igitur tempore,* inquit, *hieroglyphicorum notitia obfcura fuit & perdita in Ægypto, vbi primò inter Sacerdotes tantùm conferuabatur, deinde* (fuppleo enim pendentem Mercati fententiam) *fic videtur interiffe, vt modò nulla fpes fuperfit ad eam nec in Ægypto, nec in alijs regionibus reperiendam.* Miror ego hominem hîc tam audacter, feu potiùs timidè impoffibilitatem huius negotij affeuerare. Si dicas: Mercatus eò pertingere non potuit, ergo nullus alius; Argumentum affers nullius

mo-

momenti. Quis enim adeo dialecticarum præceptionum ignarus est, qui non videat huiufmodi enthymemata nequaquam concludere? Nam falfò, nè dicam ftolidè, ratiocinaretur, qui diceret: America omnibus feculis incomperta fuit; ergo vel nunquam extitit, vel fieri non poteſt, vt reperiatur? cùm eam aliquando, imò Salomonis tempore cognitam fuiſſe, non obfcuris indicijs monftret Arias Montanus, imò aureum illud פרוים primùm inde delatum, ex nominis etymo non inconuenienter oftendat; Americum verò Vefputium, & Chriftophorum Columbum, eam hifce vltimis temporibus denuò detexiſſe notius eſt, quàm vt dici debeat. Pari ratione falfam adftrueret conclufionem, qui Regiones polo vtrique fubiectas, eò quòd mortalibus hucufque incompertæ fint, vel non exftare, vel inueniri non poſſe, inferret. Falfa itaque eſt argumentatio à non facto, ad impoſſibilitatem faciendi. Ex eo enim quòd nullus hactenus inuentus fit, qui genuinam hieroglyphicorum fcientiam demonftrauerit, non fequitur, nullum futurum, qui eam aliquando fit demonftraturus. Multa quotidiè reperiuntur, quæ priùs omnem humani ingenij

Inuenta va-
ria.

fubtilitatem excedere videbantur. Qnòd fi quifpiam hoc tempore prodiret, qui vitream Archimedis fphæram, volitantes Architæ columbas, Dædali ftatuas fuapte fponte hinc inde curfitantes, fe feciſſe iactaret; eum fine dubio tanquam operum inimitabilium attentatorem riderent plerique; cuiufmodi tamen opera ego Francofurti in Germania facta hifce oculis meis vidiſſe me memini, tanto ingenio architectata, vt nec Archimedem, nec Architam, nec Dædalum ad tam eminens artis faftigium afpirare vnquam aufos fuiſſe, planè mihi perfuadeam. Ceſſet igitur infirmum argumentandi genus: non factum eſt; ergo fieri non poteſt. Multa paſſim indoctorum feculorum incuria neglectuque, vel temporum vetuftate, hominumuè obliuione fepulta, fingulari Dei prouidentiâ hifce temporibus denuò eruuntur, reftauranturque. Multa etiam in incognitis nobis regionibus paſſim, quæ nos latuerunt, fcita fuerunt. Sic Typographica ars à Ioanne Guttenbergio Argentinenfi Moguntiæ feliciter derecta; ac pulueris pyrij conficiendi ratio, quæ tanto tempore nos latuit, Sinarum genti nequaquam incognita fuit. Sed quid peregrina fectamur? Intueamur cœlum, commune illud naturæ fpeculum; & præfentem cœlorum faciem omnibus prioribus feculis incognitam deprehendemus. Comparent ftellæ nunquam vifæ, & vifæ difparent. Ipfe Phœbus, qui rerum omnium in vniuerfo naturæ Theatro afpectabilium longè pulcherrimus omnium opinione eſt habitus, hoc feculo tandem fumofa facie, ac infecto vultu maculis prodijt; diceres eum variolis laborare fenefcentem. Luna quoque terræ figuram affectans, maribus turgens, montibus & confragofis vallibus modò veftita comparet, antiquis feculis hifce infignibus inuifa. Venus veluti altera Lunæ Simia, cornutâ facie furgens, nunc ἀμφίκυρτον, nunc δίχοτομον, aut πανσέλωνον, aliafque induta formas in fcenam prodit antehac incompertam. Iuppiter, qui folitarius orbe fuo hactenus circumuagari putabatur, modò longâ miniftrorum caternâ, digna regia ftella tanto comitatu, incedere confpicitur.

Co-

CAPVT SECVNDVM.

Cometæ quoque spatio, quo eos olim rude seculum coarctabat, minimè contenti, altiora affectantes super Solis Lunæque vias dominio conspiciuntur sublimes. De quibus qui plura desiderabit, consulat lynceos huius seculi Mathematicos. In terrestri Orbe non minores videas rerum Metamorphoses. Habitantur passim vtriusque zonæ torridæ frigidæque subiectæ regiones, quarum illam æstus intemperie, hanc frigoris inclementiâ inhabitabilem asserebat Aristoteles. Visuntur hodie ἀντίχθονες nobis contrastantes, quos suo tempore esse negabat magnum Ecclesiæ lumen Augustinus, & Lactantius. Circumitur hodie totius terreni Mundi globus, quem turbinatâ superficie in infinitum exporrectum simpliciùs credebat antiquitas. Quotidie noua Regna, Insulæ, montes, hominum ferarumque monstra, de quibus antea nihil constabat, deteguntur. Hâc enim vicissitudine rerum, hâc varietate ac metamorphosi ludit in Orbe terrarum cum filijs huminum æterna Dei Sapientia. Sic inconstans continuò rerum vertitur ordo : sic in circulo eunt omnia, donec in centro tandem, quod sine circumferentia vbique, stabilita quiescant. Est enim hæc maximè ab Authore naturæ ad Vniuersi decorem intenta vicissitudo. Corrumpuntur res, vt generentur ; generantur, vt iterum corrumpantur, & sic alternâ mutatione in suo statu & vigore conseruentur ; nec quicquam Mundum hunc magis decet, quàm indesinens hæc rerum corruptio, consentiensque rerum omnium dissensus, iuxta illud Pindari :

Ἐν χερῷ δ᾿ ὔτεν μέλαναι καρπον ἔδωκεν ἀρύραι,
Θίνδρεα ὔκ ἔθηι πάζαις ἐτέων ϖειόδοις
Αὐθῷ δῶϑις πλῦτω ἴζον.

Non semper nigræ terræ fructum edunt,
Nec volunt arbores omnibus annorum periodis
Fructum suaueolentem ferre copiosum,
Sed alternis vicibus : sic etiam homines versat sors.

Egregiè sanè hisce subscribit Seneca : *Rerum natura sacra sua simul non tradit, initiatos nos credimus, in vestibulo eius hæremus : illa arcana non promiscuè, nec omnibus patent, redacta in interiore sacrario clausa, ex quibus aliud hæc ætas, aliud, quæ post nos subibit, accipiet.* Hasce igitur vicissitudinis leges omnes humanæ vitæ actiones sequuntur : mutantur Regna & Imperia, suis quandoque restituenda cyclis : perduntur scientiæ & artes, vt suo tempore & seculo, quando nimirum rerum Arbitro Deo visum fuerit, restituantur. Quid quòd vno Imperio, vnâque Monarchia politicus hic Mundus diu consistere non potuit. Adeo varietatis appetens est humanæ vitæ conditio. Ita si circa vnam & eandem scientiam tantùm occuparentur mortales, vnaque semper esset omnibus rerum cognitio & facultas ; torpescerent ingenia, scholæ languerent, rerum dignissimarum omnis cessaret inquisitio. Nunc verò inuentarum artium interitus, & noua nondum cognitarum inuentio, mirum quantum præstantia ingenia exstimulant, tùm ad hasce pertinaci studio & conatu perquirendas, tùm in

ad illas ex obliuionis & ignorantiæ tenebris eruendas afferendafque.
Sepulta funt igitur, vt viuidiùs refurgant; vt luculentiùs pateant, latent;
nè pereant denique, pereunt. Sed quêis, vel quando fuis reftituenda,
locis, foli illi, qui fibi futurorum temporum neceffitates referuauit, cognitum eft .

Hæc & fimilia innumeris exemplis confirmare poffem, nifi rerum,
paffim notarum tædiofâ narratione Lectoris patientia abuti vererer. Nulla fcientia tam ardua, fublimis, & incognita, quam non humani ingenij
fubtilitas penetrare poffit ; nullam quoque artem extinctam penitus aut
perditam exiltimem, cuius non veftigia in aliquo Mundi nobis incognito
angulo, feu Bibliotheca quapiam peregrina, fub peregrini idiomatis tegumento, veluti fub fauillis & cineribus, inter femeforum Codicum pul-
uerulenta cadauera, fepulta fulgeant ; aut quæ in varias partes iniuria
temporum diffipata & difcerpta, apud antiquos Authores fparfim non,
reperiantur. Quòd autem fepulta iaceant, contingit partim incuriâ &
negligentiâ, partim inuidiâ & ignorantiâ eorum, qui huiufmodi librorum
thefauros pofsident. O quot, & quàm egregia, ac nullis opibus comparanda librorum monumenta hinc inde in celebrioribus Bibliothecis cum
tineis & blattis luctantia fitu pereunt & fqualore; quæ fi lumini per viros linguarum peritos committerentur, Deum immortalem! quàm eximium incrementum breui tempore fuppellictili literariæ, adeò incultæ
ac impolitæ in multis, videremus accefsiffe, potifsimùm ex Hebræorum,
& Arabum thefauris. Arabes enim, vtpote Ægypto vicinos & conter-
minos, facræ adhæc Philofophiæ æmulos homines & ad rerum abditarum
inquifitionem à natura procliues, verifimile eft ficuti alias omnes libera-
liores difciplinas, fic Ægyptiorum potifsimùm reconditiores vndiquè,
conquifitas, literifque commendatas præ cœteris gentibus fuas feciffe.
Hebræi verò tantam habent ad ritus, facrificia, cœremonias, facras difciplinas Ægyptiorum affinitatem, vt vel Ægyptios Hebraizantes, vel Hebræos Ægyptizantes fuiffe mihi planè perfuadeam. Nam vtrum hi ab
Ægyptijs, an hi ab illis prima Philofophiæ fuæ fundamenta fufceperint,
meritò quifpiam dubitare poffet; nifi facræ literæ luculenter fuperftitiofæ Religionis fundamenta, & architectonicas rationes, ex Hebræorum,
lege defumptas pafsim monftrarent. Sic enim legitur in libris Macha-

l. 1. c. 3. v. 49

bæorum: *Et expanderunt libros legis, de quibus gentes fcrutabantur fimilitu-*
dinem fimulachrorum fuorum , & attulerunt ornamenta Sacerdotalia , &c.

Cabala He-
bræorum.

Certè Cabala, quam ipfi ab Adamo ad Enoch, ab Enoch ad Noëmum,
ab hoc ad Abrahamum, ab Abrahamo ad Mofen, à Mofe denique ad reliquam pofteritatem continuâ traditione à primis Mundi incunabulis ad
hæc vfque tempora propagatam dicunt, nihil aliud , nifi hieroglyphicæ
Sapientiæ archetypus fuiffe videtur. Hebræos enim primos mortalium,
fcientias & artes, fimiliaque recondita facramenta columnis faxeis, late-
ritijfque Obelifcis, tanquam perennia antiquæ Sapientiæ teftimonia contra omnem ignium aquarumque violentiam infculpfiffe, teftatur Iofephus ; quos Simiæ Hebræorum Aegyptij à Chamo edocti, imitati funt,

vt

vt alibi oftendimus. Dictis fidem faciunt quamplurima, quæ inter facras Ægyptiorum fculpturas paffim inueniuntur, nefcio quid indigitantia Hebraicum. Quid enim aliud Sphynges illæ Aegyptiacæ, quas in templis fuis ad ἄῤῥητα καὶ αἰνιφάνια, hoc eft, ineffabilia facramenta demonftranda, infculptas habebant, nifi Cherubinorum corpora arcæ fuperpofita repræfentare videntur? Quadriformes verò τῶν κωμασίων, tefte Clemente, in publicis folennitatibus circumferri folitæ aureæ imagines, nihil aliud retuliffe videntur, nifi quatuor illa apud Ezechiëlem animalia, tot fcriptorum monumentis celebrata. Adde fecretiorem illam Hebræorum de Deo, Angelis, Dæmonibus, quam מרכבה quadrigam vocant, fapientiam, cum Aegyptiorum dogmatis penè effe eandem, vt & in Cabala fufè oftendimus. Multa hîc dicere poffem de virga Mofaica, de facro Tau, de Serpente eleuato in deferto, de alijs facris inftrumentis quibus paffim in facrificijs fuis vtebantur, de capitum ornamentis, habituque Sacerdotali, quorum omnium notifsima veftigia inter hieroglyphica reperiuntur. Sed quoniam in toto hoc Opere de ijs copiofa pafsim dabitur dicendi materia, fingula in fua loca differemus. Interim fatis erit, hîc obiter tantùm demonftraffe, quantum reconditioris literaturæ Hebræorum & Arabum cognitio faciat ad hieroglyphicæ literaturæ inftaurationem; & quòd illa fola ex Orientalium petenda fit fontibus. Imò aufim fanctè affirmare, quòd eiufmodi linguarum neglectus, ficuti inducit ignorantiam rerum eximiarum, antiquitatum hactenus inauditarum, aliarumque artium ac fcientiarum æternis tenebris damnatarum; ita earum cultus & promotio ingentia non Reipublicæ tantùm literariæ, fed & toti Ecclefiæ, ac Reipublicæ Chriftianæ commoda præftat & emolumenta.

CAPVT III.

De fide, ingenuitate, cœterifque ad ftylum & fcribendi rationem pertinentibus, quibus in hoc Oedipo proceffit Author.

INter cœtera Lectoribus meis non exiguam admirationis fuppeditabit materiam, Authorum quorundam exoticorum, videlicet Arabicorum, Hebræorum, Chaldæorum, Perfarum, Coptorum, aliorumque fimilium frequens allegatio; de quibus id mihi obijci poffe video: Quis Authores hofce vidit? quis fcit, vtrum teftimonia & authoritates fincerè & candidè depromptæ fint? vtrum ingenua locorum interpretatio allata? Quod iudicium vt præuenirem, finceritatis meæ teftes volui dictorum idiomatum peritos, quibus priùs autographo ante oculos expofito depromptas authoritates examinari curaui. Librorum exoticorum textus examinarunt, & cum autographo contulerunt quotquot ferè in Triumpho polygloffo Cæfaris honori confecrato, in linguis magis exoticis, fuam impenderunt operam; Arabica & Syriaca Maronitæ; Hebraica & Chaldaica Ioan. Bapt. Iona earundem Profeffor Pontificius, deinde R. Ifaac & R. Dactylus Romani, quorum vterque à me pretio conductus locis ex

b 2   Rab-

Rabbinorum monimentis, fideliter depromendis Amanuenſis munus obijt; quibus ſucceſsit præſentis Operis Typotheta Zacharias Dominicus à Kronenfeld Palæo-Pragenſis, qui pleraque ex ipſis autographis, vt maiori fide procederetur, compoſuit. Vt proinde de mea fide & ingenuitate nemo ampliùs dubitare poſsit, niſi omnis humanæ fidei peſſundator; cui contradicere, nihil aliud eſt, quàm nodum, vti dici ſolet, in ſcirpo, pilumque in ouo quærere. Quod ſi quis fecerit, is ſe longiſsimè à veritate rei, à candore humani pectoris, à noſtra intentione abeſſe intelligat; nec me culpet, ſed animum ſuum; caueatque nè idem fortaſsis ſibi contingat, quod ictericorum linguis & oculis ſolet, vt quæ alba ſunt omnibus ſanis, quæque ſuauia, illis amara, lurida, varijſque infecta coloribus videantur.

Scribendi genus.

Quòd autem ad ſcribendi genus attinet, nec illud ex æquo placiturum præuideo, cùm & in hoc ſubinde diſpliceam mihimetipſi. Nam dum in eo artium, ſcientiarumque, vti & exoticarum linguarum vbertate, ſingula conor attingere, idque quàm breuiſsimè; vix rerum chaos effugere potui, præſertim quando, quod vſu & ratione collegerim, oratione ſubtili & preſſa ad Atticorum aures teretes explicare non vſquequaque vacauerit. Sæpe maioris ingenij putem, loco ſuo & tempore in abditiſsimarum rerum expoſitione cultum negligere, quàm religioſè in omnibus obſeruare. Itaq; neq; Tullianam phraſin, nec numeros ſemper amplectimur, ſed pro ratione materiæ & argumenti polychromatico genere vtimur. Notis & ſymbolis defectu aliorum noua ſubſtituimus nomina. Fucos etiam conſultò, argumento quod tractamus ita iure ſuo veluti poſtulante, omittimus; ſecùs enim facere, nihil aliud foret, quàm rugoſam vetulæ faciem irrito conatu & imprudenti conſilio, pulchram reddere velle. Vnde hæc illis relinquimus, qui in ſcriptis ſuis veluti ad Lydium Ciceronianæ eloquentiæ lapidem concinnandis, omnem ætatem conſumunt. Mihi argumentum graue, difficile, arduum, ſubtile, reconditum ijs verbis, quæ non tam elegantiam, quàm claritatem præſeferant, explicaſſe ſufficiat.

Quod reliquum Oedipi ſpectat, boni Oedipi partes explere conatus ſum, id maximè ob oculos mihi prefigendo, vt vera dicerem, & hucuſq; Reip. Liter. incognita, hoc eſt, factorum genera tantùm, non modos & ſcrupula proſecutus, niſi cùm tutò atque vtiliter addi loci opportunitas peteret: nam multis affectione multiplici multa affinxit tumor, pleraque etiam vera comperta, ſed prorſùs ſuperſtitione enormia ad punctum explicare non tulit hæc ætas, dum adhuc animi curioſi doctrinæ incendijs calent, rerumque iam dudum proſcriptarum vigor non tam ad incitandos homines, quàm inſtruendos propoſitis adhæreſcit.

Habes inſtituti mei rationem, Lector beneuole, in qua ſi quid laude dignum, Deo bonorum omnium largitori id imputes velim; ſi verò nonnulla diſpliceant, illa vel excuſes, vel meliora ſubſtituas.

CA-

CAPVT IV.

De difficultate Operis, & auxilijs à varijs in hoc Opere collatis.

Q Vi nauigant mare, enarrant pericula eius; qui incognitos abditarum rerum receſſus explorant, quot laboribus, curis, vigilijs ſe con-
ficiant, quot difficultatum ſcopuli ſuperandi, quot inculta, auia, & deuia
deſerta adeunda, cum quot monſtris concertandū ſit, ſolos illos noſſe mihi perſuadeo, qui ſimilia vel attentarunt, vel difficultatibus territi, veluti
deſperatione in tranſuerſum acti à propoſito ſibi tramite deſtiterunt.
Ego ſanè, ſi quis alius, in hoc præſenti Opere omnia dictarum difficultatum præcipitia me expertum eſſe, dicere non inficiabor. Hiſtorias con- *Difficultas*
ſcribere, Mathematum dulcia illuſtrare viridaria, Philoſophica Theolo- *Operis.*
gicaque ſolis opinionum diſparatis fulta ſententijs meditari, cæteriſque
liberalium artiū ſtudijs publico bono incumbere; tranquillū, melliſluum,
& plenum dulcedinis argumentum, huius difficillini comparatione non
immeritò dici poteſt : Siquidem in hoc, dum vbique, vti dici ſolet, aqua
hæret, quàm anxius Scriptori animus ? quàm dubia & perplexa mens ?
quantæ animi corporiſque contentiones ? dum vix cubitum ſine ſcopu-
lo, vix pedem ſine offendiculo, vix palmum deniq; ſine indomabili mon-
ſtro progredi licuerit. Sed quid in tam horrida ſolitudine, conſilio omni,
duce adhæc & directore expers facerem ? paucis explico. Hic omnia
antiquitatum monimenta inſpicienda ; Muſea, Bibliothecæ tùm Romanæ
Vrbis, tùm totius pænè Europæ conſulendæ ; hìc famoſa Codicum Orientalium autographa ex Græcorum, Hebræorum, Arabum, Syrorum,
Chaldæorum, Coptitarum reconditorijs deprompta, primò incredibili *In ſubſidijs*
labore peruoluenda, deinde tranſcribenda, demum interpretanda fue- *conquirendis*
runt : vt verò huiuſmodi obtinerem, mox literarium cum doctis non *laboreſ,*
Europæ tantùm, ſed & Africæ ac Aſiæ celebribus Viris, (ſine quorum inſtructione & conſilijs fieri non poſſe videbatur vt Opus deſideratam perfectionem nanciſceretur) commercium linguà vnicuique vernaculà, non
ſine ſumptibus inſtituendum fuit. Vt interim labores, tùm in Obeliſcis,
tùm in cœteris monimentis Ægyptiacis, tùm Romæ, tùm alibi ſuperſtiti-
bus, & ad me tranſmiſſis, genuinâ ſinceritate delineandis, incidendis, ex-
ponendiſque exanthlatos ſileam.

Verùm quid opus eſt ſingula fuſiùs commemorare, cùm vel ipſa
Operis præſentis inſpectio, veluti in ſpeculo quodam lucidiſſimo, laborum concatenatorum ſyſtaſes ſat ſuperque exhibeat ? Sed venio ad au- *Cooperato-*
xiliares doctorum Virorum copias recenſendas. Cœptum hoc Opus pri- *res Operis.*
mò fuit ad inſtantiam Nicolai Peireſcij μακκείτε, in Parlamento Aquenſi
Prouinciæ Galliæ Narbonenſi Senatoris ſapientiſſimi, cuius Viri ampliſ-
ſima in Remp. Literariam merita talia ſunt, vt nulla poſteritatis obliuione deleri poſſe videantur. Legat, qui volet, vitam eius immortalitate
& prægrandium moliminum ideis plenam, à Petro Gaſſendo doctè con-

cin-

cinnatam ; & apertè reperiet, eum in literarij negotij cultura ardenter promouenda, fibi hucufque parem non habuiffe . Excurreram ego tunc temporis Auenione Aquas fextias, inde D. Magdalenæ fpeluncam religionis gratiâ vifitaturus : vbi dum Peirefcio primùm arctiffima amicitiæ neceffitudine iunctus, nonnullum tùm in Mathematum , linguarumque Orientalium notitia, tùm potiffimùm in hieroglyphica interpretatione fpecimen exhibuiffem ; dici vix poteft, quàm ardenter ac ftudiosè incepti commercij profecutionem coluerit ; quantum me ad inftitutum profequendum animauerit ; quàm follicitè nè alijs ftudijs , præterquàm his, à fuperioribus meis addicerer, curârit ; quàm promptâ & liberali manu quęcunque ad inceptam telam vrgendam vfui effe poterant,ex prædiuite fua Bibliotheca adminiftrârit, ac numis etiam ad vfui futura defcribenda inftruxerit. Et quoniam negotium non nifi Romæ,veluti vnico totius hie-

Auctor Romam vocatur. roglyphicę Literaturæ theatro,ad defideratum finem perduci poffe videbat ; primò cum Eminentiffimo Francifco Cardinale Barberino ardenter egit, vt obtenta ab Admodum Reu. Patre Noftro Generali Mutio Vitellefco, Soc. IESV pro tempore Generali, licentia eò vocarer : deinde per femetipfum, datis ad eundem Vitellefcum literis, obnixiffimè rogauit , vt propediem me ab itinere Viennenfi , quò Cæfarei Mathematici munere functurus pergebam,abftractum Romam aduocaret. Quod omnium horum me infcio, factum fuit . Cardinalis Barberinus,vti & cœteri illuftres in Vrbe Viri, iam à Peirefcio de meo aduentu inftructi,nouæque molitionis infolentiâ incitati, nihil non egerunt vt quibufcunque modis Opus inceptum promouerent . Et quoniam non pauci de infolenti rei nouitate

Oedipi confcribendi occafio . dubij, fidem vix adhibere poffe videbantur rebus à me præftandis ; ideo vt propofiti mei rationes luculentiùs oftenderem, Prodromum primò ad omnes Literatos præmittere vifum fuit, qui anno 1636 dicti Cardinalis Barberini fumptibus prodijt. Qui cùm expectatione maiorem in animis Literatorum opinionem mouiffet ; literis vndique ad me datis humeros oneri fubmittere coactus, primam Oedipi Ichnographiam condere aggreffús fum . Et quoniam negotium fine linguæ Ægyptiacæ notitia,quam Pharaonicam feu Coptam appellamus, optatum fucceffum minimè fortiri poffe videbatur ; Prodromo Thefaurum linguæ Ægyptiacæ olim vulgaris, quam & Ægyptiacam linguam reftitutam nuncupamus , aufpicante FERDINANDI III. Cæfaris munificentiâ, fubiungere vifum fuit , ne quicquam inftituto tam arduo neceffarium omififfe videremur. Quod factum fuit anno 1642. Et dum Oedipum follicitiùs vrgeo,ecce noui tùm bellorum ingruentium turbines in Italia adeo pertinacem remoram obiecerunt, vt parum abfuerit, quin omnem de Operis profecutione fpem abiecerim, atque adeo totum me interim alijs Operibus edendis dederim. Accidit autem, vt Innocentius X. Pont. Max. Obelifcum in Agonali foro erecturus eius mihi interpretandi curam committeret. Quâ interpretatione feliciter peractâ, ac in lucem promotâ, cùm non exiguam apud Literatos exiftimationem meruiffet ; Auguftiffimus Imperator FERDINANDVS III., & ipfe edito fpecimine concitatus , & de mora

Oedi

Oedipi certior factus, eum pari paſſu expediendum cenſuit . Et nè Opus
vlteriorem remoram pateretur, pro ſua ingenti magnificentia , tantum
mox expenſarum, quantum ad omnium linguarum typos Operi edendo
neceſſarios conficiendos ſufficeret, largâ ſanè & Cæſare dignâ liberalitate
ſubminiſtrauit ; quin & eiuſdem ſe Operis motu proprio Mecœnatem
conſtituere dignatus eſt . Quæ hîc adiungo, vt incomparabiles huius
Cæſarei & verè inuicti animi virtutes grata poſteritas agnoſceret, qui
immenſa bellorum hoſtiumque vndique irruentium truculentia tantum
non obrutus, ita tamen Marti ſtudeat, vt à limine ſuo Palladem nunquam
excludat . De cuius inuictiſſimi Cæſaris ſapientia, & in bonas artes pro-
nitate, affectuque prorſùs incredibili complura dicenda forent, niſi, illa
paſſim in hoc Opere, non quantum decuit , ſed quantum pro temporis
anguſtia licuit, commemoraſſem . De quo non immeritò illud , quod
olim Muſladinus Perſarum ſapientiſſimus de Abubacro filio Abunaſſi, ſummâ elegantiâ cecinit, pronunciare queam:

(Arabic)	Dorſum Orbis cœleſtis contortum, præ latitia fuit erectum ,
قطعه بشت دو تاي فلك واست شداز حرمي	
تاجو تو فرزذر زاد مادر ايام را	Quando tui inſtar magnus matri na- tus eſt filius .
حكمت بحض اشت اكر لطو جهان افريين	Singulare Dei munus eſt , quando bene- uolentia Conditoris Vniuerſi
خض كنر جنده مصلحت عام را	Incomparabilem præfecerit ſeruum, communi mortalium rei.
دولت جاويدن يافت هر كه ذكونام ربست	Æternam ſibi acquiſiuit gloriam, qui bonum ſibi ſuſcitauit nomen :
كز عقبش نكرخير زده كنه نام را	Illo enim defuncto, bona memoria no- men illius immortale perſtat.
وصو تراكر كنه وريكنه اعل فضل	

Cui proinde Cæſari , ſi quid dignum præſtitum fuit, poſt Deum acceptum ferat Reſp. Literaria. Porrò de Cæſaris in hoc Opus affectu certiores facti S. R. Imperij Electores, cœterique Principes, & illi continuò datis ad me literis Opus non tantùm ſollicitarunt, ſed & illud ſubſidijs, tantis Principibus digniſſimis promouendum cenſuerunt ; quorum immor-
talia in me collata beneficia adeo me permouerunt, vt ex debito gratitu-
dinis affectu ſingulis vnum ex Oedipi argumentis, Cæſare vltrò annuen-
te, conſecrare non dubitauerim.

Non deſuerunt denique hiſce meis conatibus Viri vndequaque doctiſſimi, qui non ſolùm ex Hiſpania, Gallia, Anglia, Batauia, reliquoque
Belgio, Suecia, Dania, Germania, Polonia, Italia, Sicilia , ſed vel ex ipſa
Græcia, Syria, Armenia, Perſia, Ægypto, Æthiopia, India, China, America, quibuſcum iam à multo tempore literarij commercij neceſſitudo in-
terceſſerat, tum varijs antiquitatum monimentis, tùm librorum exoti-

corum

corum argumentis fubminiftrandis operam fuam contulerunt. Quorum nomina cùm paffim toto hoc Opere vnâ cum tranfmiffis mihi fubfidijs allegentur, fuperuacaneum effe ratus fum, eorum hoc loco mentionem iteratò facere. Ijs tamen omnibus & fingulis vti me obftrictiffimum fentio, ita pro collatis muneribus præterquàm quòd gratias habeam immortales, vel ipfa quoque rerum mihi tranfmiffarum adiumenta veluti perennia quædam fuorum in me meritorum trophæa in hoc Opere conftituenda putaui. Sed nè eum denique, quem primo loco nominare debebam, *P. Gafpar* prætergrediar, Operis difficillimi affeclam fe præbuit P. Gafpar Schot- *Schottus.* tus, meus in re literaria Socius, Vir non minùs religione, quàm varia doctrinâ apprimè confpicuus, laborumque impertæfus; aptiffimus fanè, qui fummâ meâ forte in laborum partem veniret. Hic pro fumma rerum tractandarum peritia priùs totum recenfuit Opus, incredibilique diligentiâ correxit; cui proinde meritò quicquid terfum & elaboratum id continet, eiufque in limandis iterumque poliendis argumentis iudicio, adfcribi debet.

CAPVT V.

De methodo, qua Author in hoc Opere vfus eft.

OEdipum Ægyptiacum magno parturientis ingenij æftu in publicam Mundi lucem adornaturo, appofitè fanè elegans illud Hebræorum epiphonema animo fubuenit : כתב בלי סדר חשרה בלי עבורה : *Liber fine ordine & methodo, ager eft fine cultura.* Cùm itaque in Opere tanta rerum exoticarum varietate referto, fingulari quâdam methodo, fine qua nihil rectum, nihil pulchrum, nihil exquifito ordine ritè digeftum effe poteft, opus effe cognofcerem, nè filuefcente vafti Operis campo odiofam illam ἀταξίας confufionem, quæ in magnis vtplurimùm voluminibus, non fecùs ac vmbra lucem, fequi folet, incurrerem; diu multùmque, fateor, perplexus hæfi, quânam ratione ordinem pulchrum, & exquifitam methodum, multiplici Veterum eruditione vario Operi inducerem, nè dùm confufè omnibus in vnum temerè congeftis locum, in abftrufiffimarum rerum expofitione tenebras tenebris obuoluerem, & dum Oedipi officium exequi mihi propofitum effet, ex confufionis interueniente obfcuritate, Sphyngis officio functus dici poffem. Vti verò vnicus huius Operis finis & fcopus fuit hieroglyphicæ doctrinæ hucufque abolitæ per integram, fidelem, & finceram interpretationem reftitutio, ita mox ab ipfa interpretatione Opus aufpicari omninò neceffarium videbatur. Verùm cùm interpretationis factæ ratio, auctoritates congruas ex melioribus veterum Authorû monumentis depromptas exigeret, fubiungendæ mox illæ videbantur, vt ijs expofitarum rerum ratio defideratam in Literatorum animis fidem & exiftimationem obtineret. Sed nec fic quidem confufionem me vitare poffe apertè cognoui; imò Lectorem ex tanta authoritatum coaceruatione non dicam fructum aliquem ex præftita interpretatione

con-

confecuturum, quin potiùs Ariadnæ expofitionis filum, in tanta occurrentium materiarum difcurfuumque prolixiffimorum congerie, prorfùs
perditurum, luculenter vidi.

His itaque rationibus motus, alium ordinem excogitaui, vt nimirum omnem hieroglyphicæ rationis feriem, præuijs Tomis veluti in ap-
paratibus quibufdam exhiberem, vt hoc pacto interpretationis ratio in
tertio Tomo peragenda fine impedimento procederet; confultius effe ratus, vt Lector in interpretationibus tertio Tomo expeditis, ad in prioribus duobus Tomis materias, quanto fieri potuit, exquifitâ methodo, ordine, & ratione digeftas, veluti ad radices, & hieroglyphicæ doctrinæ
fundamenta peramplè tractata, remitteretur: fic enim futurum fpera-
bam, vt Lector inoffenfo pede progreffus expofitionum factarum energiam luculentiùs, & maiori cum fatisfactione perciperet. Quod inftitutum meum peritiffimis Viris communicatum cùm haud parum arrififfet,
ipforum confilium & approbationem fecutus, primo ftatim libro, de origine fuperftitionum Ægyptiacarum, ac πολυθείας radicibus agere vifum
eft, quod & *Templum Ifiacum* nuncupauimus; in quo parallelâ quâdam
methodo omnes Hebræorum, Græcorum, Chaldæorum, Perfarum, Indorum fuperftitiones, non aliam quàm ab Ægypto originem habuiffe
oftenditur. Et quoniam huiufmodi fuperftitionibus magna hieroglyphicæ doctrinæ portio innititur, fieri non poffe videbatur, vt fub diuerfarum
memoratarum Gentium ritibus & cœremonijs non exigua quoque hieroglyphicæ difciplinæ, licet hinc inde fparfæ, & in mille frufta difcerptæ,
veftigia elucerent, quibus in vnum collectis magnum in reftituenda difciplina lumen Oedipus nancifceretur; quæ omnia hoc dicto primo Tomo exhibentur. Quoniam verò Ægyptij in hieroglyphicorum ftructura
ex omnium fcientiarum artiumque penuarijs congrua fymbola, quibus
fapientiæ fuæ arcana Mundo venditarent, eruebant; hinc Tomum fecundum fub nomine *Phrontifterij Ægyptiaci* adornauimus, in quo per
duodecim Claffes vniuerfam Ægyptiorum Encyclopædiam, parallelâ
quâdam deductione ad Zoroaftræam, Orphaicam, Cabalicam, Pythagoricam, Platonicam Theofophiam comparatam exhibuimus; atque hoc
pacto pomum granatum inuenimus, fractoque cortice totius Sapientiæ
Ægyptiacæ nucleum eruimus, atque adeo omnem cœterarum Gentium
Philofophiam non aliunde quàm ab Ægyptijs proceffiffe oftendimus;
quam & diuinâ gratiâ opitulante veluti ex fonte quodam per riuos in
duodecim tandem areolas feu claffes, vti ex campliffimis rerum agitatarum
argumentis conftat, deriuauimus. His itaque præmiffis tertium Tomum
Oedipi orditi fumus, in quo, quicquid in Vrbe & Orbe hieroglyphicorum monimentorum fuperftes fuit, expofitum habes, eâ tamen methodo,
vt enodata occurrentium hieroglyphicorum expofita fchemata haudquaquam αἰναίδιακα feu indemonftrata relinquamus, quin potiùs, fingula
congruis authoritatibus ex omnigena doctrina depromptis comprobare
ac ftabilire contendimus. Et nè Lectorem longorum difcurfuum argumentis obrueremus, eundem vlterioris notitiæ cupidine ad defideratas

c   ma-

materias in duobus prioribus Tomis ex professo tradirtas, veluti ad compositionis factæ complementum remittimus. Quæ quidem omnia quia ex ipsius Oedipi structura luculentiùsLector percipiet,ideo fusioribus verbis ea describenda non existimaui.

Habes itaque, beneuole Lector , viginti annorum Opus continuo mentis æstu partum. Illud certè semper profitebor, si quid in eo feliciter inuentum sit, si quid diligenter explicatum, id totum Dei esse ; si quid perperam, si quid minùs consideratè dictum , meum; cuius vt fuit in multis errare & decipi, ita erit, errata non solùm cognoscere & corrigere, verùm etiam illa corrigenti siue indicanti gratiam immortalem habere. Operam & laborem non inficior fuisse magnum, tantumque,quantum fortassis nemo suspicari queat. Id quod mirandum non est, si rei susceptæ grauitas & amplitudo cum ingenij nostri viriumque imbecillitate conferatur. Denique protestor , quòd vti ad diuini Numini gloriam, omnia mea vnicè cedere cupio , ita meritò iniquus sim , si aliam mercedem requiram præterquàm eam, quæ omnibus seruientibus ei merces est magna nimis, Deus Optimus Maximus, cui viuo, cui seruio, cuius mea omnia sunto.

BENEVOLO LECTORI

Auctoris in re Literaria Socius

P. GASPAR SCHOTTVS E SOC. IESV S.

Ægyptiorum Sapientia.

EGYPTIORVM eximiam fapientiam fuiffe, & omnium Gentium fapientiâ maiorem, non profanæ tantùm, fed faciæ etiam teftantur hiftoriæ. *Et eruditus eft Moyfes omni fapientiâ Ægyptiorum*, inquit ipfe Diuinus Spiritus, Act. 7. v. 22. per fanctiffimum Protomartyrem Stephanum Moyfis fapientiam commendans. Salomonis quoque fapientiam fuiffe fummam, non aliâ ratione perfuaderi nobis poffe cenfuit idem Dei Spiritus, qnàm fi illam Ægyptiorum fapientiæ præferret. *Dedit quoque Deus*, habetur Reg. 3. c. 4. *fapientiam Salomoni, & prudentiam multam nimis* &c. *Et præcedebat fapientia Salomonis fapientiam omnium Orientalium, & Ægyptiorum*. Erat verò illa tam celebris apud omnes Nationes, tantamque fui excitauerat admirationem ac defiderium, vt ipfi Græcorum Sapientiffimi, Pythagoras, Plato, Democritus, Eudoxus, alijque illius addifcendæ gratiâ Ægyptum adire non dubitauerint; maluerintque apud alienos difcipuli effe, quàm apud fuos Magiftri. Vnde colligas, non vulgarem fuiffe Ægyptiorum fapientiam tantopere decantatam, nec apertam & expofitam omnibus, puta Arithmeticam, Geometriam, Aftronomiam, Muficam, Mechanicam, Medicinam, aliamuè hifce fimilem; hæ quippe omnes vel maximè florebant apud Græcos, tunc etiam, quando aliam abftrufiorem extra fuos fines quærebant fumma ipforum lumina. Maior ergo erat & hifce præftantior, talifque planè, vt non nifi Ægyptiorum Sacerdotibus, ac Regibus, alijfque paucis ad Sacerdotalem Regiamque dignitatem afpirantibus communicaretur; ijfque iure iurando adftrictis de ea non propalanda. Qua etiam de caufa non libris corruptibilibus, ac facilè exportabilibus, fed faxis duriffimis, immenfæque molis illam infculpebant, tectam infuper varijs animalium, plantarum, Inftrumentorum, aliarumque rerum facrarum velaminibus, ceu quibufdam myfterijs; vnde & hieroglyphica appellantur fymbola. Quæ quidem hieroglyphica fymbola nihil aliud continebant, quàm grauiffima, altiffimaque non tam Phyficæ, aut Politicæ, quàm Theologiæ myfteria de Deo, diuinifque Ideis, de Angelis, Dæmonibus, cœterifque mundanarum Poteftatum claffibus atque ordinibus; de ritibus infuper ac cœremonijs ad Deum placandum, ad trahendos Genios, ad Dæmones pellendos, ipfamque adeo θεολιψίαν ac θεομόρφωσιν adipifcendam. Quanquam his ipfis fymbolis ad alia quoque fignificanda, bonaque plurima obtinenda, & mala auertenda vtebantur, velut prophylacticis efficaciffimis, & vnicè, vti ipfi putabant, neceffarijs.

Hæc igitur Ifiaca fymbola, Pyramidibus, Obelifcis, Saxis, Menfis,

c 2   Sta-

Statuis, Abacis, Vafis incifa cùm fciret præfentis huius Operis Author
P. Athanafius Kircherus tot effe myfterijs turgida, ac tam abftrufam, tam
laudatam ab omnibus, tam expetitam à Sapientibus, tam ab ipfo Deo
commendatam recludere fcientiam; nihil reliquit intentatum, quò aditum fibi ad illam , indefeffo licet multorum annorum ftudio, pararet.
Quod hâc tandem ratione feliciffimè, & magno Reipublicæ Literariæ
bono, eft affecutus .

Erat præter Latinam, Græcam, atque Hebraicam linguam, quas ab
incunte quafi ætate calluit optimè, Arabicâ etiam , Chaldaicâ, Syriacâ,
Armenicâ, Samaritanâ, Copticâ feu Ægyptiacâ, alijfque apprimè inftructus; adeo vt à multis iam annis non folum cum Græcis græcè, cum Hebræorum Rabbinis doctiffimis hebraicè, fed cum Arabibus , aliarumque
Afiæ & Africæ Prouinciarum aduenis, quorum nullo non tempore ingens eft hîc Romæ numerus, loquatur paffim linguâ cuique vernaculâ ,
fummo meo & aliorum ftupore . Sciebat præterea , librorum plurimos
enumeratis idiomatibus exaratos, feu typo, feu calamo , continere fparfim non pauca Ægyptiorum myfteria explicata ; fperabatque , fi dicta
Authorum loca notaret, eaque cum hieroglyphicis Obelifcorum , aliorumque ex Ægypto allatorum fragmentorum notis conferret, fore vt pertinaci ftudio, & combinatione frequenti, non exiguam illarum affeque-
retur notitiam . Cogitatum, factum . Excutit igitur mox Bibliothecas
plurimas, publicas atque priuatas, in Germania, Gallia,Italia,Romæ præfertim, ac etiam in Sicilia, & Melita : conquirit, aut tranfcribit , quotquot de illo argumento tractant, libros vtplurimùm femefos, pulueribus
ac blattis obfitos, ac peffimo, alijfque ferè illegibili charactere exaratos ;
cuiufmodi funt omnes pænè illi, quos fuo in cubiculo adhuc conferuat,
quibufque in huius Operis compofitione eft vfus. Voluit ac reuoluit
quos conquifiuerat, libros, at tales plerofque, quos Viri alioquin in linguis peregrinis exercitatiffimi non dicam explanare, fed nè legere quidem poterant ob exoticum fcribendi modum, & characteres infuper ca-
rie femiconfumptos . Adit præterea huius Vrbis Fora, Ergafteria, Gazo-
phylacia, Mufea, loca denique omnia , in quibus Ægyptiaca monumenta fupereffe nouerat; perfcrutatur fingula diligentiffimè , notat atque
depingit hieroglyphica omnia: nec vnicâ infpectione contentus , adit
loca eadem iterum ac fæpius, luftratque quæ viderat antea, ac denuo notat, quæ vel notauerat ipfe, vel ab alijs notata acceperat ; nimirum vt nè
vel hilum aberraret ab ectypis, à quibus alios ante fe tantopere aberraffe
deprehenderat . Neque hifce contentus, fcrutatur etiam per Amicos ac
literarum fautores Romam alteram , Byzantium ; quin & ipfam hieroglyphicæ fcientiæ altricem Memphim (Cayrum nunc appellant) Mem-
phiticofque campos, ac Nili Infulas adiri iubet; & quotquot vtrobique
locorum fuperfunt hieroglyphica, delineari accuratiffimè , atque deferti
ad fe curat. Rogat præterea, miffis literis, Europæ totius Viros literatos, & quotquot in Afia, Africa, America nouerat è Societate noftra , alijfque Religioforum Ordinibus Viros doctos, vt quidquid hieroglyphicum

fasaperet, ad se mittere dignarentur. Quod quidem præstitum suit liberalissimè, ipsis etiam Principibus Viris sua conferentibus symbola. Hâc occasione ingentem acquisiuit hieroglyphicorum, idolorum, simulachrorum, gemmarum, amuletorum, periaptorum, telesmatum, lapidum, similiumque rerum copiam, quæ passim huic Operi interseruntur, omissis tamen ijs quæ Ægyptum non sapiebant. Interim librorum loca notata confert cum locis alijs, hieroglyphica cum hieroglyphicis, Obeliscos integros cum Obeliscis, statuarum, vasorum, tabularum characteres inter sese, & cum Obeliscorum characteribus, inchoato etiam hieroglyphico Alphabeto, cuius etiamnum fragmentum inter Authoris Aduersaria reperio.

Hâc tot annorum diligentiâ, coniuncta cum ingenij perspicacitate, acri iudicio, tenacissimâ memoriâ, omnigenâ eruditione, Author noster tantam adeptus est Hermeticæ seu Ægyptiacæ Sapientiæ, tot ab Authore suo potissimo Trismegisto inuolucris tectæ, à tam paucis olim cognitæ, tot retrò sæculis penitùs neglectæ, ac non nisi in Orientalium exoticis libris sparsæ, tot votis ab Augusto olim Cæsare, & superiori sæculo à Sixto V. Pont. Max. concupitæ cognitionem, quantam prodidit antehac in Prodromo Copto, Obeliscoque Pamphilio, & nunc Mundo erudito proponit in hoc suo eruditissimo, rarissimo, verèque πολυμόρφῳ Opere. De qua hieroglyphica cognitione atque peritia quid sentiant docti, vel ante Operis huius lectionem, ostendetur suo tempore ac loco, luculentissimis ea de re prolatis in medium testimonijs, eruditorumque plausibus. Quid Roma de eadem sentiat, ac Purpuratorum eruditi, hîc paucis aperio.

Innocentius X. Pont. Max. cùm Obeliscum in Caracallæ Hippodromo sepultum, confractumque, erigere in foro Agonali, in Vrbis æternæ monumentum æternum, statuisset; & nè saxea moles mysterijs Isiacis turgida sine expositione eorundem inanimis maneret, vehementer cuperet; P. Athanasium Kircherum (vtpote quem literaturæ hieroglyphicæ peritiâ celebrem esse nouerat) tanquam huic arduo, & à multis iam sæculis desperato negotio cum plausu peragendo aptissimum, præfecit. Qui Pontificijs iussis refragari nefas ducens, mox commissi sibi negotij curam summâ alacritate, tanto imperio animatus suscepit. Obeliscus itaque ex dicto Caracallæ Hippodromo aduectus, cùm insignem (quæ infesta est temporis edacitas) corruptionem passus fuisse deprehenderetur; ex similis saxi fragmentis, quorum ingens hîc copia passim extat, illum resarcire fuit necessarium. Quod cùm summo Architecti studio fuisset felicissimè peractum; quoniam Obeliscus in tanta scriptilium elementorum varietate & copia lacunas quasdam characteribus vacuas, ob fragmenta interserta exhibebat; nè tota moles foedis hisce plagis deturpata, deformem constitutionem curiosioribus spectantium oculis præberet; Architecto cumprimis, vti & cœteris prudenti iudicio negotium ponderantibus, expedire visum fuit, vt eiusdem Obelisci Oedipus Kircherus, pro sua sagacitate atque peritia, mutilum & mancum hieroglyphicæ literaturæ contextum de suo suppleret. Factum est citissimè quod fuerat iussum, asserente Kirchero genuinam illam esse contextus totius restaura-

ratio-

Hieroglyphicæ literaturæ summa peritia.

Pontificis iussu Obeliscum Pamphilium interpretatur Kircherus.

rationem, nec alia in locis, quàm quæ reſtituĕrat, deſuiſſe ſchemata. Quæ
res cùm admiratione defixos teneret nonnullos, atque adeo Authorem
de fuco aliquo ſuſpectum haberent ; accidit vt Antiquariorum nonnulli
de fragmentis in cauea, vnde Obeliſcus extractus fuerat, adhuc ſuperſti-
tibus, neſcio quibus coniecturis, certiores facti, locum altiùs examinan-
dum, ſpe reperiundorum fragmentorum, cenſuerint. Quo peracto, omnia ad vnum fragmenta, ſingulari Dei beneficio, reperta ſunt. Acuit ea
res vehementer deſiderium quorundam Kircherianæ peritiæ, & in ſup-
plendis ſupradictis lacunis fidelitatis explorandæ. Quare mox in forum
aduecta, cùm ſingula ſuis fuiſſent commiſſa locis, repertum cum admiratione fuit, adeo ſincerè & genuinè ſuppleta fuiſſe hieroglyphica ſchemata, ac ſi ex ipſo prototypo deprompta fuiſſent. Fuit hæc res ad Eminentiſſimum Cardinalem Capponium, negotij huius præſidem, mox delata ; qui examinata rei ſerie, eam prorſùs vt audierat comperit, & vel
ex hoc capite collegit ſapientiſſimus Princeps, fieri non poſſe, vt Interpres Kircherus arcanam literaturæ hieroglyphicæ conſtitutionem non
apprimè calleat, cuius tanta in reſtituendis genuinè ſymbolis fuiſſet peritia. Confirmat hæc omnia, totius rei geſtæ auritus oculatuſque teſtis
Excellentiſsimus ac Celeberrimus Vir Iacobus Gibbeſius, Doctor Medi-
cus, ac totius Philologiæ cultor eximius. Quod cùm me minimè lateret,
Virum adij, ab eoque enixè contendi, vt quemadmodum res geſta eſſet,
authenticum teſtimonium dare nè grauaretur, vt ſic quanta cum ingenuitate, & ſinceritate, nec non rara ſuſcepti Operis peritia in Pamphilio
Obeliſco interpretando Author proceſſerit, poſteritati ſuâ etiam fide
digniſsimâ atteſtatione conſtare poſſet. Annuit Vir humaniſsimus, &
quod petieram, abundè præſtitit ; cuius proinde autographum hîc apponendum duxi. Cùm enim acutiſsima polleat criſi, & propter totius
Philoſophiæ cultum, multiplicemque linguarum notitiam, literario in
choro triumphet ; futurum ſpero, vt hoc grauiſsimo teſtimonio nonnullorum incredulorum, qui ſuo alios pede metientes, vix fieri poſſe putant
ab alijs, quæ ſibi impoſsibilia experiuntur, ſcrupuli euellantur, & hoc
pacto præſtitæ ab Authore noſtro operæ veritas Mundo magis elueſcat.
Sic ergo ad me ſcribit :

Admodùm R. P. Gaſpari Schotto, è Soc. IESV, Iacobus Albanus
Gibbeſius, Med. Doct. S. P. D.

NOn poſſum non probare vehementer amorem tuum, itemque amare ſoler-
tiam, quo te vtroque ferri atque vti video in vindicando populari & ſo-
dali tuo, Athanaſio noſtro. Quid enim ? an Momis licebit iſtis αἰσρεπτοις ſemper eſſe loquacibus ? impunè ſemper obtrectare non initiatos vni omnium, cùm ab
inuentoribus diſceſſerim Ægyptys, ſummo Myſtagogo ? hoc certè pacto non per-
mittes. Eſto, dixerint antè aliquid peſſimi homines arrogantiùs in Magnetem,
in Muſurgiam, in Artem Magnam ; effutierint etiam quicquid in buccam, imò
con-

confinxerint (*si Diis placet*) *quodcunque in solum venerit, de etymo linguarum Orientis, præsertim Copticæ, varijs ab eo libris adhuc iuuene scripto, de cæteris Operibus Philologiæ iampridem editis, cauillati morosius vt Sophistæ ; illa enim verò ex ea fuerunt natura rerum, de quibus vel physici, vel logici inter se, vel grammatici disceptando conflictari iure possent : hæc autem postrema volumina, simplex illud Pamphilianum primùm, quod de Sothis, antiquissimi Ægypti Regis, est Obelisco commentatus, quatuorq́ ; prætereà, quæ nunc prodeunt sub Oedipi nomine, FERDINANDO Cæsari dicata, sunt altiora profectò, spirantq́ ;* θειοτερον τι, *quàm vt id conuiciatores valeant aut mordaces carpere, aut critici iudicare. Atque hic videre te videor bonum æditimum in primo aditu ac vestibulo penetralis huius vigilantem, seruantemq́ ; commeantes, & quos impuros apprehendisti, vetere illo,* Procul este profani, *summouentem. Perge, mi Schotte, vt cæpisti ; & si qui erunt tam perfrictæ frontis, vt religioni minimè habeant in hoc etiam Palladium inuadere, tu nè cede malis, propulsa nefariorum impetum conscientiæ recordatione malefacti, exclama denique quantâ maximâ potes voce,* ὑπερ ὑμας, ἡ καθ' ὑμας τάδε. *Quòd me autem de facienda fide Obelisco Pamphilio rogas, sic Oedipodi authoritatem credens accessuram, id licet in re non dubia superuacaneum sit, egoque meritò censear* κωμικος μαρτυς, *qui Coæ Veneris pulchritudini subsignare velim, constitui tamen parere potius cum existimationis meæ periculo, quàm vllo modo deesse voluntati tuæ. De Capponio igitur Cardinale, quem ob reconditam literaturam, vsumque rerum maximarum, suæ Metæ negotio Summus Pontifex præfecerat, affirmare verè possum, testis & spectator totius rei præsens, atque aliquâ ratione etiam particeps (nam de compositione inscriptionum, quæ in lateribus basis debebant incidi, agebat mecum) dixisse ad memoriam laudemque Authoris sempiternam grauissimis sanè verbis, vel hieroglyphicam nequaquam intercidisse scientiam, vt plerique contendunt, vel, si amissa est aliam nullam istiusmodi symbolis Theologiæ notionem subesse potuisse, quàm Kircherianam. Luculenta verò vox, & Viro cùm doctrinâ, tùm dignitate principe perquàm digna ! Hoc demùm hominum genus extra ictum linguarum positum sincerè pronunciat, nihilque aliorum famæ detractum vult, quòd ad celebritatem propriam accedere nihil possit. Vt enim quisque ex sese aptissimus est, ità minimè rebus alterius bonis inuidet. Quocircà, si* ἅι φωεσι, *siuè, vt ait ille,* Plato mihi vnus instar est omnium, *desiste tandem plura conquirere tam anxiè, & aggregare testimonia ; sta huius, mihi crede, sapientissimi Patris vnicè iudicio, nec cessa vllo tempore monstrum ingenij, Kircherum, pro ea, quâ plurimùm vales apud ipsum, authoritate, admirabiliorem quotidie hortatu tuo facere incitando,* αιεν αεισιδων, και ὑπεερχον ἑμμεναι αλλων, *vt Zoili disrumpantur. Tametsi non desunt hâc quoque in parte doctissimorum Virorum sine exceptione suffragia, quibus abundè, quid de magicis hisce scriptis existiment, satis ostendunt. Ea in Triumpho viginti linguarum Cæsari adornato, beneficentissimo patrono, qui vnâ, vt opinor, cum Oedipode exit, habebis. Ipse etiam aliquid Britannico sermone ausus sum argutos inter strepere anser olores ; non quò equidem laureolam in mustaceo aucuparer, sed quia eius famam non communibus contentam terminis, verùm extra anni solisq́ ; vias euagatam, ad vltimam Thulen peruasisse, sciri volui. Vale. Romæ, Ex ædib. Eminentiss. Card. Spadæ. Idib. Decembr.* 1654.

Ex

Ex his, alijſque quæ ſuprà dixi, euidenter, ni fallor, conſtat, quanta cu m ingenuitate & ſinceritate, nec non quàm rara in hieroglyphicis myſterijs notitia proceſſerit Author, tùm in Pamphilio, tùm in cœteris Romanæ Vrbis Obeliſcis interpretandis; ſimulque quantam ſupradictâ diligentiâ comparârit ſibi ſimilium rerum notitiam. Certè, vt ipſemet vidi ſæpiſſimè, nullum oſtenditur ipſi hic Romæ, aut affertur aliunde (oſtenditur autem, & affertur frequentiſſimè) hieroglyphicum argumentum, quantumuis etiam mutilum, & in fruſta conciſum, cuius non ſtatim ſenſum & interpretationem authoritatibus fulcitam afferat feliciſſimè, eruditiſſimèque. Memini ego, cùm quodam tempore Tabulam Bembinam, quam ante Menſam, cui ſtudendo atque ſcribendo aſsidebat, expanſam tenebat, intueretur attentiùs, tam claram atque inſolitam (vti mihi retulit) lucem illi obortam, vt vnico diſtinctiſſimo intuitu totum deinde Tabulæ myſterium cognoſceret clariſsimè, diceretque, nullâ ratione ſe dubitare, quin ipſiſsimus Ægyptiorum Sacerdotum ſenſus eſſet is, quem in eius expoſitione propoſuiſſet.

Nec Ægyptiorum tantummodò myſteria callet noſter Oedipus, ſed pari dexteritate & eruditione verſat & interpretatur Græcorum ſecreta, Gnoſticorum periammata, Cabaliſtarum arcana, Arabum phylacteria, Saracenorum Alexipharmaca, Impoſtorum denique omnium characteres, ſigna, nugas, ſuperſtitiones, fraudes; vti deprehendes ipſe, Lector, ſi percurres quæ hoc toto affert Opere, præſertim Tomo II. Claſſe 4, 5, 7, ac 10, in Cabala Hebræorum ac Saracenorum, in Arithmetica Arabum, Aſtrologia & Magia Ægyptiorum; vbi innumera adducit & explicat, aut refutat, noua prorſus, & nunquam antehac typis euulgata. Plura tamen omittit, reperta in Rabbinorum, Arabum, ac Saracenorum libris, aut aliunde ad ſe tranſmiſſa, nè ſcandalo alijs eſſent, & ruinæ occaſionem incautis præberent. Vt autem videas, quam de Kircheri huiuſmodi in rebus peritia exiſtimationem habeant vel illi ipſi, qui non admodum beneuolo erga eum ſunt animo; narrare non grauabor, quid hoc ipſo anno me præſente contigerit. Vir nobilis & eruditus è regione longinqua venit ad Collegium noſtrum Romanum, & euocato vno ex Patribus eiuſdem regionis oſtendit ipſi gemmam arcanis notis, & Græcis characteribus inſignitam, atque Aſſiſij è terra erutam, dum pro templo quodam nouo fundamenta collocabantur; rogauitque vt Domino Athanaſio Kirchero interpretandam offerret, non prodito tamen nomine ſuo. Addidit, illam ſe gemmam in omnibus Italiæ Vrbibus oſtendiſſe Viris doctiſſimis, & in Græca lingua verſatiſſimis; omneſque reſpondiſſe, characteres quidem eſſe Græcos, at voces eſſe peregrinas, ac ſibi ignotas, notarum verò inciſarum ſignificationem ſe penitùs ignorare; ad Kircherum eſſe recurrendum. Faſſus eſt autem Vir ille ingenuè, renuiſſe ſe tam diu ad Kircherum recurrere, nè factæ interpretationis laudem ipſi deferre cogeretur. Adfertur Kirchero gemma me præſente; qui ſtatim reſpondit, gemmam Amuletum eſſe Gnoſticorum, notas ſignificare Genium Solarem, characteres ἱερογλυφικῶς legendos; & arrepto calamo reſoluit

lite-

literas in numeros, senſum patefecit, interpretationem authoritatibus
ſtabiliuit, Viro tranſmiſit ſtupenti tam promptam & accommodatam
expoſitionem.

Sed quid dicam de rara illa Kircheri peritia in legendis & interpretandis inſcriptionibus, quâcunque linguâ, quocunque charaƈterum
genere & quantumuis exotico, intricato, aut corrupto exaratis? Ex
quo prodijt Prodromus Coptus, vbi præter linguæ Ægyptiacæ, & literaturæ hieroglyphicæ, variarum etiam eruditionum, & difficillimarum
interpretationum, nouâ & inſolitâ methodo, exhibuit ſpecimina; dici
vix poteſt, quot inſcriptiones ſacræ, profanæ, ſuperſtitioſæ, Magicæ, ac
Diabolicæ etiam, in templis, palatijs, cœmiterijs, ſepulchris, lapidibus,
libris, gladijs, cultris, ſtatuis, nummis, gemmis, amuletis inciſæ, aut in-
ſcriptæ, fuerint ad ipſum ex omnibus Orbis totius partibus allatæ, vt in-
terpretaretur. Nec defuerunt, qui de Viri peritia dubitantes, alioue ſi-
niſtro affeƈtu duƈti, charaƈteres alioquin per ſe ſatis intricatos intrica-
rent magis, aut adulterarent prorſus, aut inuerſo ſcriberent ordine. Omnibus tamen ita ſatisfecit Oedipus noſter, fraudes detegendo, nodos im-
plexos ſoluendo, charaƈteres ſpurios, adulteratos, ſuppoſititios, inuer-
ſos demonſtrando, legitimos exponendo, vt non immeritò iam paſſim
ab omnibus omnium linguarum gnarus, & ſeculi huius Mithridates audiat. Vidi ego non ſemel explicantem dexterrimè, vel ad primum aſpe-
ƈtum, charaƈteres ab omnibus pro inintelligibilibus habitos. Nec diu eſt,
cùm Vir quidam Nobilis atque doƈtiſſimus Sigillum miſit ceræ impreſ-
ſum, & neſcio quibus exoticis charaƈteribus inſignitum, vnà cum epiſtola, quâ fatebatur ſe diƈtum Sigillum Viris doƈtiſſimis Galliæ, Germaniæ,
Belgij, ac Daniæ etiam, Sueciæque tranſmiſiſſe exponendum; ſed omnibus aquam hæſiſſe; rogabat proinde obnixè Kircherum, auxiliares
manus operi tam deſperato admoueret. Aderam ego, cùm Kircherus
epiſtolam acceptam legeret, & Sigillum inſpiceret; audiuique dicentem,
mirati ſe, neminem ſcripturam legere potuiſſe, cùm non eſſet admodum
difficilis. Arrepto igitur calamo, humaniſſimas mox repoſuit literas, vnà-
que cum expoſito doƈtiſſimè ac fuſiſſimè Sigillo atque ſcriptura Viro
tranſmiſit. Nimius eſſem, ſi omnia quæ in hoc genere acciderunt paucis
his annis, quibus Kircheri conſuetudine fruor, enarrare vellem. Fatetur
ipſe, tot ſe interpretationes in omnes Orbis partes amandaſſe, vt ſi colli-
gerentur in vnum, volumen integrum implerent. Dolendum proinde
eſt, alias apud ipſum non reperiri, quàm quas inſeruit Prodromo Copto,
& ſecundo Oedipi Tomo.

Hæc ſunt quæ de huius Operis Authoris in rebus Ægyptiacis peritia, in charaƈteribus peregrinis exponendis dexteritate, in interpretandis hieroglyphicis fidelitate, indicanda potiùs, quàm dicenda putaui.
Quanquam hæc ipſa etiam omittere potuiſſem, cùm notior ſit in Mundo
Viri fama, & apud omnes exiſtimatio, quàm vt dici debeat. Quanta
enim ſit Kircheri in omni genere doƈtrina, teſtantur erudita ingenij monumenta ad poſteros haƈtenus tranſmiſſa. Quanta ſit fama atque opinio

d
apud

Kircheri ſum-
ma peritia in
explanandis
ſcripturis pe-
regrinis.

Kircheri fa-
ma, & apud
omnes opi-
nio.

apud omnes, loquuntur literæ innumeræ Principum, atque doctorum_
Virorum ad ipſum datæ, teſtantur encomia eruditorum libris literiſque
inſerta, fatentur omnes, quotquot eum nouerunt, eiuſque viſendi atque

Principum_
literæ ad Kir-
cherum.

noſcendi cauſa quotidiè accedunt . Reperi in Kircheri Archiuio ingentem literarum copiam, quas pleriſque Orbis Chriſtiani Principes, & ſumma Romani Imperij capita ad ipſum tranſmiſère nullo non tempore, &
etiamnum quotidiè ferè tranſmittunt . Hos inter ſunt Auguſtiſſimus ac
Sapientiſſimus Imperator FERDINANDVS III. ; Sereniſſima ac Sa-
pientiſſima Sueciæ Regina Chriſtina ; Eminentiſſimi S. R. E. Cardinales plurimi ; Sereniſſimi S. R. I. Electores; Celſiſſimi , Illuſtriſſimique
eiuſdem Imperij, & aliarum etiam Nationum Duces , Principes , Comites, Barones, Nobiles ſine numero · Qui omnes Kircheri doctrinam mirantur atque deprædicant, de tranſmiſſis libris , aliiſque ingenij fœtibus
gratias agunt, ad alia eruditionis monumenta cudenda hortantur ac ſol-
licitant, ſua offerunt & afferunt auxilia, communicant ſecreta, expetunt
arcana, arcanorum enodationem, linguarum peregrinarum , inſcriptionum heteroclitarum, characterum ignorabilium interpretationem, dubio-
rum variorum ſolutionem exquirunt . Apponerem hîc varias atque pro-
lixas Cæſaris, aliorumque Principum, & doctorum Virorum huius ſæculi
pænè omnium, literas, affectus ſingularis, & æſtimationis maximæ indices, ſi loci anguſtia (in alieno Opere) Auctoriſque modeſtia id permit-
terent, & ni alteri illas tempori ac loco reſeruaſſem . Contineo ergo calamum vel inuitus, maloque nihil omninò, quàm parum in tanta dicendi
copia dicere .

P. S. Prælo iam ſubiectæ erant hæc pauca quæ dixi, cùm peruenit ad
manus meas eruditiſſima æquè ac humaniſſima Epiſtola doctiſſimi Præſu-
lis Vaſionenſis ad Auctorem data : qui cùm ob raram doctrinam, impenſum
in literas Literatoſque ſtudium , veteriſque Sapientiæ cognitionem
ſingularem, non exiguam nauauerit operam in hoc præclaro Opere quà
inchoando, quà modis omnibus promouendo, vti ipſemet in dicta Epiſtola fateri non dedignatur ; eam ſine luculenta ingrati animi nota omittere non potui . Sic ergo ait :

*Admodùm R· P· Athanaſio Kirchero , Presbytero Soc. IESV ,
eruditiſſimo* πολυγλώσσῳ *, Ioſephus Maria Suareſius Epiſcopus
Vaſionenſis S. P. D.*

NVper dum ſecederes Tuſculum, ſcripſiſti epiſtolam ad me humanitatis ple-
niſſimam ; cui reſcribere diutiùs diſtuli quàm par foret , quia demortui
Pontificis Iuſta, & Comitia ſucceſſoris me diſtinebant ; officij tamen non imme-
mor, quando iſta comperendinantur, Vtque canebat ille ,
    Quæritur interea tantæ quis pondera molis
    Suſtineat ; ecce reſponſum ſerius licet, debitumque perſoluo, quo ti-
bi, quin Reipublicæ Literariæ, imò æuo etiam noſtro gratuler, lapides, ſiue potiùs
                                                                          mon-

montes literis adhuc ignotis exaratos, soláque magnitudine admirabiles à te perlegi
adeò facilè, tamque luculenter exponi, vt muta quamuis, & inanima saxa prolo-
qui tamen, & vocem reddere videantur, in illisque recondita penitùs abstrusaque
scientiarum arcana, vti venis silicum inclusæ scintillæ, acie tuâ excutiantur, ac
dilucidè, manifestèque detegantur. Obstupuere prisca secula, suspiciebantque hactenus recentia rupices illas paginas, & quo tandem modo immanes, oblongæque
hæ cautes (Obeliscos ab acumine vocitant) excidi, auellique possent, quâ trans-
portari per maria, terrasque tam procul arte ; quibus denique machinis erigi, &
attolli sideribus minabunda Gælesinius, Mercatus, alijque sedulò rimati, posteris
tradere tentarunt. Imprimis autem stupidos detinebant ciues, & aduenas
ἱερογλυφικαὶ charaċteres ab Hierophantis Ægyptijs insculpti ac impressi; illos etenim nemo nôrat, nemo percipiebat; quotquot intuebantur literatissimi, sese
illorum esse ignaros, & αἰαλαϑήτες fatebantur; nec vllus ausus est vnquam
interpretari præter Hermapionem, qui à te fædissimè lapsus demonstratur, Au-
gustoque Principi prudentissimo illudens fucum fecisse, ac imposuisse conuincitur.
Tu scilicet demum vnus, quem reseruauit Deus ad hoc ætatis, vt thesauros hosce
abditos reserares, & expanderes, saxea ista volumina, literatosque colles doctissimè, verissimèque aggressus explicare, operæpretium sæculis omnibus, & per Vniuersum, quà latè patet, terrarum Orbem prædicandum felicissimè perfecisti, suisq́
numeris absoluisti. In scopulis illis delitescentia disciplinarum solidiorum semina
enucleasti, atque patefecisti. Non fuerat tibi satis amorem tibi Eruditorum Mag-
netis virtutibus eleganter promulgatis conciliasse, ac eos in admirationem tui
pertraxisse, Harmoniaque Musurgiæ tuæ resonare cum plausibus, & ὑποπαρίαις
famam tui nominis passim; Copticam, aut (vt visum alijs) Gupticam linguam
exolescentem ab interitu vindicasti, reuocans in lucem elementa pereuntia, & in-
tercidens idioma pristino splendori, atque in integrum Herculeo prorsùs nisu re-
stituere, sed faustissimo successu ausus, tenebras obscurissimas obliuionis, densissi-
mamque caliginem vetustatis dispulisti. Obeliscorum mysticas sculpturas, &
portentosas effigies illustrans, & expoliens, vniuersam Ægyptiorum sapientiam pro-
palasti. Macte animo, Vir eruditionis omnigenæ, perge in hac Regia via im-
mortalitatis ! (Athanasi) Nicolaus Peyrescius Heros æternùm memorandus,
qui totius Orbis literaria commercia suscipiens Emporium erat ipse politiorum artium, istud olim tibi stadium, in quo decurreres, & βραβεῖα consequereris, indi-
cârat, & præstituerat. Eminentissimus Cardinalis Franciscus Barberinus ἱκανῶς
κλεψιφδίας callentissimus, & acerrimorum, optimorumque ingeniorum indagator,
ac probus æstimator & Mecœnas tuum perspexit probauitque simul, & te in
Vrbem accitum authoritate suâ manu velut ad ista perduxit adyta. Ego verò,
qui apud vtrumque Tibi non ingratam nauaui operam, defero denuò, & σοφὸς,
atque σοφῶς acclamare lætabundus non desino. Vale Vir eruditissime. Romæ
Kal. Martijs CIↃ IↃC LV.

GOSVVINVS NICKEL
SOCIETATIS IESV
PRÆPOSITVS GENERALIS.

CVm trium tomorum opus, quod Oedipus Ægyptiacus inſcribitur, à P. Athanaſio Kirchero Societatis noſtræ Sacerdote compoſitum, aliquot eiuſdem Societatis Theologi recognouerint, & in lucem edi poſſe probauerint ; poteſtatem facimus vt typis mandetur, ſi ita ijs, ad quos pertinet, videbitur : cuius rei gratia has literas manu noſtra ſubſcriptas, ſigilloque noſtro munitas damus Romæ 12 Ianuarij 1655.

GosWinus Nickel .

L. S.

TYPOTHETA LECTORI SALVTEM.

HAbuit Author quinque diuerſarum linguarum, Latinæ, Græcæ, Hebraicæ, Syriacæ, & Arabicæ Amanuenſes, qui ſummo ſtudio & diligentia ex Autographis ab Authore ijs conſignata Oedipo ſtabiliendo neceſſaria loca deſcripſerunt . Et nè alicui malæ fidei ſuſpicio obrepere poſſet , ego infraſcriptus teſtor, ea me fide & ſinceritate illa compoſuiſſe, qua fide ex dictis Autographis à dictis Amanuenſibus extracta fuerunt : reliquas linguarum authoritates ex ſuis Autographis & manuſcriptis fideli cura, & ſincera diligentia, prout occurrerunt, meipſum compoſuiſſe, manu propria teſtari volui .

Ita teſtor

Zacharias Dominicus Acſamitek à Kronenfeld
Boëmus Palæo-Pragenſis .

Reliquæ Approbationes videantur in Obeliſco Pamphilio , fuerunt enim ijdem Cenſores huius & illius .

Imprimatur ſi videbitur Reuerendiſſ. Patri Magiſtro Sac. Pal. Apoſt.
Marcellus Anania Epiſcopus Sutrinus
& Nepeſinus Viceſger.

Imprimatur .

Fr. Raimundus Capiſuccus Ord. Præd.
Sac. Ap. Pal. Magiſter.

OEDIPI AEGYPTIACI
TOMVS I,
IN QVO

Origines Idololatriæ, & primæuæ superstitionis fontes aperiuntur, & demonstrantur.

ET DICITVR
TEMPLVM ISIACVM,
VEL
ΠΡΟΘΕΩΡΙΑ SEV APPARATVS
HIEROGLYPHICVS,
QVO

Ad originis, progressùs, durationis Aegyptiacæ Sapientiæ, ac Hieroglyphicæ institutionis notitiam portæ referantur.

PROOEMIVM.

I. TOMI scopus exponitur.

*C*VM *ex Ægypto veluti ex perenni quadam scaturigine, per vniuersum mundum diffusa, tum primæuæ idololatriæ, tum superstitiosarum artium seminaria, variam passim falsorum dogmatum sobolem pepererint. Idem in hac prima Oedipi parte, quod ij, qui per riuulos fontem indagant, facere constituimus, fontem videlicet Sacerdotalis disciplinæ per Idololatriam, atque superstitiosos diuersarum gentium ritus, qui sunt dicti fontis, veluti riui quidam, indagaturi; quo facto varia ad hieroglyphi-*

A   *corum*

corum instaurationem facientia & hucusque incognita eruere, sagaci Oedipo haud difficile futurum rebamur. Cum enim Græci, Hebræi, cæteræque Ægypto vicinæ gentes pleraque cum Ægyptijs in sacrorum ritibus cæremonijsque (Clemente Alexandrino teste)communia habuerint ; quin magnæ quoque hieroglyphicæ sapientiæ, etsi alio & alio colore fucata in ipsorum factis elucescant vestigia. Ideò in hoc primo Oedipi Tomo, quem ob dictas causas apparatum hieroglyphicum non incongruè appellauimus , per comparationem quandam Græcanicarum, Hebræarumque rerum ad Ægyptiacas parallelam, totius hieroglyphicæ litteraturæ scientiam sub dictis adhuc cæterarum gentium ritibus, cæremonijs, ac philosophandi ratione , cuique propriâ latere, Deo dante, demonstrare conabimur ; ex consequenti probaturi, ad arduam illam hieroglyphicorum instaurationem facilè feliciterque expediendam, non nisi huiusmodi officinas adeundas esse. Quamuis verò hæc materia fortassis commodius practicæ Obeliscorum Interpretationi interseri potuisset ; consultius tamen tum ad confusionem vitandam, quæ in magnâ rerum congestarum copia plerumque occurrere solet,tùm ad explicationem dictam planiùs ac dilucidius Lectori proponendam ,seorsim tractare , quemadmodum hoc primo Tomo fecimus , visum est. In quo quidem id ynum contendimus , vt Auctorum singulorum , qualicumque ij tandem linguâ scripserint , verba ad fideliùs sinceriusque procedendum exactè poneremus . Atque hæc sunt, de quibus te beneuole Lector priùs monendum duximus, ne nos in hoc opere extra scopum collimasse arbitrareris .

DELTA NILOTICVM.

SYNTAGMA I.

In quo de Aegypti nomine, origine, diuisione, natura, de Regum successione, rerumque gestarum gloria, & chronologia fuse disceptatur.

CAPVT I.

De Nomine & Diuisione Aegypti.

Nomina & diuisio Ægypti .

Nuestigaturo mihi reconditam illam omnibus retrò seculis Aegyptiorum sapientiam ; de ipsa Aegypto , ceù primis illis Deorum incunabulis , mystico vniuersi templo, Geniorum mundanorum architecto, prodigiosorum operum theatro , portentorum fœcundâ Matre , artium emporio, omnigenæ sapientiæ gazophylacio, Idololatriæ detestabilis inuentrice, monstroso Morphei Regno , totius denique superstitionis officinâ statim exordiri visum est . Vt quæ inter cœteras terrarum orbis regiones,cùm antiquitate, quâ omnes antecellit, tùm rerum gestarum gloria, quâ nulli terrarum secunda,hucusque pri-

De primatu Ægypti. matum semper obtinuerit, non sacris tantùm, sed & profanis Scriptorum

monu-

monumentis celeberrima; ei quoque virtute & gloria acquifita dignitas
& primatus in huius operis veftibulo nequaquam denegetur.

Ægyptus itaque fiue à primo huius nominis Rege dicatur, vt Stra- Etymon Æ-
boni, Ammiano, Diodoro, alijfque videtur; fiue à Nilo fic dicta, quod gypti.
ἀπὸ τῆς αἴγος ὕπτιῶ καὴ, hoc eft, quod fub *Capri figno fupinus iaceat*, vti Goropio Becano placet, Aphricæ regio eft, nulli non cognita, quam à
Septentrione mediterraneum pelagus, atque feptemplicis Oftia Nili; ab Situs Ægypti.
Oriente Erythræi maris cingulum concatenatis veluti montibus in Æthiopiam vfque extenfum; à Meridie horrida cataractarum præcipitia; ab Termini Æ-
Occafu denique cùm fabulofus Lybiæ Oceanus, tum continuata mon- gypti.
tium feries Erythræis montibus, vt ita dicam parallela, in explicatæ formam fafciæ, Strabone tefte, melius in extenfi brachij figuram (cuius
manum feu palmam DELTA Niloticum refert, & variâ fluminis diuarica-
tione, veluti manum in digitos difpefcit) diftendunt. Atque hæc vti
varias nullo non tempore rerum fubijt viciffitudines, fic fuccedentibus
temporibus eam fortita eft nominum diuerfitatem; vt meliori iure, Varia Ægypti
quam quo Ofiridem & Ifidem Plutarchus quondam dicebat, ὀνομάτόμορφον denominatio.
καὴ μυειόνομον, eam appellandam exiftimem. Berofo quidem ab Occano
eius olim incola, Oceania; ab Ogyge Zenophonti dicitur Ogygia: Ho-
norio cuidam ignoto Ωξλικῶμ; Herodoto à Nilo flumine, πο῀Ταμῖτις; à terræ
nigredine Luciano μελάμβολῶ; ficuti eandem ob caufam Apollodoro Stephano, & Euftathio referentibus χῶρα μελαμπέδων. Homero à Vulcano
ἡφαίςια. Æria Eufebio in Chronicis. Diuerfis Hiftoricis Æthiopia feu terra Cus, Turcis, fi Pineto credimus, *Elkebitʒ*, hoc eft abfcondita. Arabibus مصر *Mefra*. Chaldæis מצרא *Mefrai*. Syris *Miʒri*; Æthiopibus *Gaba-
ʒa* & *Mefra*; à quibus vocabulis non multum diffentit Suidas in nomine
Mefrem. Romanis ab Augufto Αυγυσανική. Coptitis, & antiquis Ægyptijs
à Chamo Noëmi filio ϫϩⲙⲉⲥⲓ, feu Chamia, cui facræ paginæ aftipulan-
tur, eam fæpè fub nomine tabernaculorum Cham indigitantes; Hebræis
denique dicitur מצרים *Mifraim*, nomine omnibus paffim noto, à Mifraim
Chami filio, primo eius poffeffore. Alij verò Mifraim dictam volunt à voce צרר *Zarar*, quod anguftiam denotat, eò quod vadofo maris mediterranei alluuio; Ifthmo Erythræo & Memphiticis montibus, catadupis Niloticis, & catabathmo Lybico à quatuor mundi angulis claufa, & veluti ftri-
cta atque coarctata, exteris difficilis reddatur, & inacceffa.

Nili donum Herodotus appellat; is enim à conchylijs in montibus
repertis, à falfugine fontium, foffarumque; à terra reliquis confinibus di-
fcolore; à Nilometrij fertilitatis maximæ figno (vt in quo olim octo
gradus rerum abundantiam fpondebant, cum fuo tempore vix eam fpon- Inferior Ægy-
derent fexdecim:) alijfque fimilibus quibufdam argumenta ducens, ma- ptus fluminis
ximam Ægypti partem, eam præfertim, quæ à montibus Memphiticis ad alluuione ag-
mare vfque exporrecta fluminis incrementis latè irrigatur, alluuione pau- gefta.
latim è fuperioribus locis inuectam, aggeftamque effe, coniecturis non
obfcuris opinatur. Huius enim in fententiam omnes ferè quotquot poft

fuêre

fuêre tùm Philofophi, tùm Hiftoriographi, defcendunt. Ariftoteles quoque eam dicit in dies magis magifque exarefcere, & à Nilo totam effe inuectam aggeratamque, eò quod longo temporum tractu paludes oblimentur, & habitationi tandem reddantur idoneæ, initium tamen rei obliuione inuolui. Atque idcircò ab Homero Thebaidos mentionem duntaxat fieri, Memphi vel nondum enata, vel necdum eò progreffa, vt digna commemoratione haberetur; fignum etiam effe; quod paulatim fit aqua exficcata,& quod Sefoftris didicerit,mare rubrum altius effe Ægypto; atque ea de caufa, quod in animo habebat, foffam à mari Erythræo in Nilum, ne diluuione totam fubmergeret, ducere omififfe; Nam Ægypti cauitatem, alueo, quo Erythræum mare continetur, profundiorem effe fibi perfuadebat: quem tamen errorem in fequentibus fuo loco refutabimus. His igitur ita fummatim recenfitis, nunc ad particularem Ægypti defcriptionem progrediamur.

Error Sefoftris putantis alueum Erythcæi maris altiorem Ægypti fuperficie.

CAPVT II.

De diuifione Ægypti in Nomos in genere.

ÆGYPTVS porrò vniuerfa, tefte Strabone, antiquitus in triginta Nomos, feu præfecturas, tot nimirùm, quot labyrinthus eius Ideas, feu myfticum illud Ægypti templum aulas habebat, feu diuerforia, diuidebatur, adeò quidem, vt fuperior Ægypti pars Thebais dicta decem contineat Nomos; Media verò feu Mediterranea, aut Memphitica totidem; Inferior denique plaga, à figura triqueta, quam Nilus ad Memphin bipartitus, lateribus in bafin maritimam abeuntibus defcribit, quæ & Delta inde dicitur, numero non pauciores prioribus complecteretur. Quin & omnes hofce Nomos in triginta quoque Deorum & Geniorum, quos Ephoros, aut Decanos in Deorum Repub. appellat Trifmegiftus, alij Ομιοδιαπόζας; quorum finguli fingulis Nomis veluti cuftodes quidam Genij malorum Auuerunci præeffe credebantur, dedicabant honorem; adeò nihil fine myfterijs apud Ægyptios gerebatur. Verum horum Nomorum prout fingulis Dijs refpondebant partitiones, fignificationefque, vt plurima paucis comprehenderemus, hoc vnico è Ptolomæo deprompto Schemate tibi ob oculos ponendas duximus.

Diuifio Ægypti.

DIVISIO PRIMA.

Superioris Aegypti, quæ & Thebais dicitur iuxta Ptolomæum.

Superior Ægyptus Nomos sequentes complectebatur olim.	Quæ sic dicuntur ab vrbibus	In quibus colebantur	Continent autem dicti Nomi sub se
Thebaiten	Thebis quæ & ἑκατόν-πυλ@.	Apollo, Sol, & Apis seu bos qui septo custodiebatur	Diospolin, Tuphium & Knubim
Anteopoliten	Anteopoli	Bacchus & Venus	Antæi mediterranea, & Passallum
Appollopoliten	Appollopoli	Apollo seu Sol sub forma Accipitris	Phontem, & Insulam Elephantinam
Hermóthitem	Hermonthe	Sol, Iuppiter & Serapis	Hermonthem, & Latorum vrbem
Panopoliten	Panopoli	Ammon Arietinus	Lepidotum vrbem, & Chenobosciam
Coptiten	Copto	Osiris & Isis	Coptum, & Diospolim paruam
Tentyriten	Tentyra	Venus & Crocodilus	Vicum mediterraneum, & Pampanim
Diospoliten	Diospoli Iouis vrbe	Iuppiter sub specie Aquilæ	Abydum, & Diospolim paruam
Aphroditopoliten	Aphroditopoli	Aphrodisia Venus	Crocodilorum vrbem
Lycopoliten	Lycopoli	Lupus	Mediterraneum Vicum, & Luporum vrbem.

DIVISIO SECVNDA.

Partis mediterraneæ Aegypti.

Nomi in mediterranea parte funt		Dicuntur ab vrbibus		Colebantur in ijs		Sunt Vrbes eius subditæ	
Memphites	Memphi	Bos Mneuius septo inclusus	Memphis, Acanthon, seu Acanthorum
Bubastites	Bubasto	Canis & Felis	Bubastis, quæ in Arabiam se extendit
Heliopolites	Heliopoli	Sol, Apollo, Osiris	Babylon, Heroum ciuitas, Heptanomus
Oxyrinchites	Oxyrincho	Oxyrinchus piscis	Oxyrinchus vrbs metropolis
Heracleopolites	Heracleopoli	Hercules	Nilopolis, cum tota Insula Nili
Crocodilopolites	Crocodilopoli	Crocodilus	Lacus Meridis, & eius metropolis
Cynopolites	Cynopoli	Canis	Canum vrbs, metropolis
Hermopolites	Hermopoli	Mercurius	Hermetis seu Mercurij ciuitas magna
Latonopolites	Latonopoli	Luna, Isis	Vrbs Latonæ & flumen Agathodæmon
Tanites.	Tani	Accipiter	Tanis metropolis & flumen Busiriticum

DIVI-

DIVISIO TERTIA.

Inferioris partis quæ Delta vocatur.

Nomi inferioris partis Ægypti	Dicuntur ab vrbibus		Coluntur in ijs		Sunt vrbes eius subditæ
Busirites		Busiri		Bos, Apis vel Serapis	Busiris, Onij seu Helij metropolis
Xoites		Xoi		Canopus seu Nilus	Xois, Pemphthuchi, ciuitas Gabafa
Naucratites		Naucrate		Nilus	Naucrate & Prosopis
Latopolites		Latopoli		Latus piscis	Vrbs Latonæ metropolis
Saites		Sai		Minerua	Vrbs Mineruæ
Menelaites		Menelao		Canopus	Metelis, Phtenota
Mendesites		Mendes		Hircus, seu Pan	Mendes, Thmuis, Taua
Leontopolites		Leontopoli		Leo, Nilus	Leonum ciuitas, Pharbæthus
Sebennites		Sebennito		Luna, Cybele	Sebennitus, Athribis,
Phagropolites		Phagropoli		Phagrus piscis, qui pudendū Ofiris deuorauit	Phylæ, Ombi, Metacompso

Hifce addunt alij ex Plinio & Ptolomæo, Nomos Omphilen, Phanturiten, Tiniten, Phatniten, Neut; Heptanomum, Athribiten, Onuphiten, Butos, aliofque, quos vide apud Ptolomæum. Opus autem fuit tam diligenti ac fubtili locorum diuifione ob continuas finium confufiones, vt benè Strabo notat, quas Nilus incremento exuberans efficiebat alijs addens, demens alijs, & figuras immutans, & figna obruens, quibus proprium difcernebatur ab alieno, itaque identidem dimetiri oportebat. Durauit porrò exacta hæc à Sefoftre primum facta, tefte Diodoro, in Nomos fuos Ægypti diftributio multis poft temporibus, donec varijs bellorum tumultibus impetita Regio, variamque vrbium, atque oppidorum ftragem perpeffa, tandem in manus Mahumedanorum peruenit; qui priftinis

Pl. l. 5. c. 9.

Strab. l. 17.

Caufa diuifionis Ægypti.

ſtinis Sacerdotum moribus & ſtatutis ſublatis ſua ſubſtituerunt . Nam ab-
rogata mox Nomorum partitione , in tres alias Ægyptum partes partiti
ſunt. quarum primam, quæ eſt à Cairo ad oſtium Canopicum vſque (cuius longitudinem brachium Nili occidentale Agathodæmon dictum , lati-

A Turcis tri-
partita Ægy-
ptus.

tudinem verò Athribiticum flumen, Niloticum Delta biſariam ſecans, &
latus maris terminant) نهر الارذف Nahar allerif, vel ſimpliciter *Erif* appellant . Alteram verò part m, quæ à Cairo inter Erythræos & Lybicos
montes continuô tractu ad catadupas vſque excurrit , antiquis Thebaidem dictam modo الصعيد *Aſſaid*, hoc eſt *Tentorium*, nominant . Tertiam
denique partem, quam brachium Nili Athribiticum , & Arabiæ petreæ
iuxta Bubaſtici fluminis longitudinem determinant الارض بحرية *Allardt
Bechria*, hoc eſt *terram paludoſam* ſeu *marinam* vocant . prima Oriza, &
omni fructuum genere ; & altera frumentis, leguminibus, pecoribus, volucribus, lino; tertia, ſaccareis arundinibus, goſſipio , mirabalanis , aliiſque ignotis Europæ frugibus abundat . Verùm vt harum omnium dictarum partium, ſicuti & Nomorum ſitum melius percipias, viſum ſuit hoc
loco præter chorographiam exactam , particularem quoque ſingulorum
Nomorum vnà cum moderno ſitu deſcriptionem inſtituere, vt tùm dictarum tùm dicendarum rerum ſeries luculentius patefiat .

CAPVT III.

DISTRIBVTIO PRIMA.

Inferioris Aegypti in ſuos Nomos.

INferior Ægypti pars, quæ duobus fluminibus Agathodæmone & Bubaſtico, & littore maris includitur, ab omnibus ferè Geographis *Del-*

Delta Ægy-
pti vnde ?

ta, à figura literæ, quam exprimit, appellatur . Paruum *Delta* porrò vocatur omne id terræ ſpatium, quod Bubaſtico & Buſiritico ; Tertium *Delta*,
quod Bubaſtico & Athribitico comprehenditur, de quibus vide Ptolomæum hoc loco . Hanc Ægypti partem à veteribus *Phium* appellatam
reperio. Eſt autem in Copta lingua Ϣⲓⲟⲩⲉ, teſte Nomenclatore noſtro,
nihil aliud quàm mare , vnde ſuſpicor hanc partem mare vocatam , vel
quia Niloticæ inundationis tempore mare referebat, vel quia traditione
antiqua olim totam hanc partem mari tectam , Nili limo excreuiſſe credebant, vt Strabo docet . Arabes ſanè huic aſtipulare videntur, cùm

Elphium
quid ?

الفيوم *Elphium* , id eſt, locum paludoſum Ægypti, الف فوم *Elph phum*, quaſi
diceres χιλιάς-ομον, *mille ovium*, quod eodem in loco Nilus in varia oſtia di-
ſtribuatur , appellant . Etſi aliam & ſcopo noſtro magis fauentem ethy-

Gelaldinus l. 1
de Reg. Ægy-
pti .

mi rationem aſſignatam reperiam in Gelaldino Arabe hiſtorico, lib. 1. de
Regibus Ægypti, vbi narrat, *Elphium,* الفيوم quod tamen non in *Delta*, ſed
in *Saide* ponit à Ioſepho conditum, eique hoc nomen inditum ob cauſam, quam hiſce verbis deſcribit ex Ben Abed Hakem. *Hoc eodem, inquit,*
tem-

MARIS MEDITERRANEI PARS

AEGYPTI
DESCRIPTIO
CHOROGRAPHI
CA ANTIQVA

ÆGYPTI
DESCRIPTIO CHOROGRAPHICA
RECENTIOR

MARIS MEDITERRANEI PARS

NOTA AD LECTOREM
Ægyptus olim, teste Strabone, in 30 Nomos, id est Præfecturas
fuit diuisa, quam et Ptolomæus secutus est, uti ex hac
mappa patet; et Arabum descriptioni quam ex Abulfeda
Geographo deprompsimus, exactè correspondet.

tempore aqua Ægypti ſtagnans in riuos eduĉla fuit, vt narrat Hoſcham filius Iſaac.

في ذلك الزمان استنبطت الفيوم وكان سبب كما حدثنا هشام ابن اسحـــــق ❁

Deinde perſequitur textum his verbis, quæ ego breuitatis cauſa latina ſubiungo : *Cùm Ioſeph dominaretur Ægpto, & magnificaſſet domum & habitationes Pharaonis, tamque centum annorum ætatem ageret, dixerunt conſiliarij Pharaonis : Ecce Ioſeph ſenio confeĉtus, nec ſapientia, nec iudicio pollet amplius, aggraua igitur iugum ſuper gentem eius, eamque vtiliter occupa, biennioque ſolicitantibus Rex tandem reſpondit ; agite videamus, ſi in Elphio conficiendo conſilio nobis eſſe poſſit.*

Ioſephi moh-mina in ſo-cando Elphio.

وكانت الفيوم يومىن قدىعي للوىده انما كانت لمىاله ما الصعد . وفصوله واجتمع راىهم على ان قد كون ڡي المعنع اللى تسمتحنون بها يوسف وقالوا لفر . . ن سل يوسف ان يصرف ما للوىده عنها وتخرجه منها وزرداه ىلها الى ىلدىن وخراجها الى خراجـــك ۞ !ـ ١

Vocabatur auiem tunc temporis Elphium Gubeb, hoc eſt, foſſa ſiue ſtagnum, quia tota regio Elſaid erat aquoſa, id eſt, ſtagnantibus aquis oppleta, congregauitque maioris ſuos, vt conſilium mentemque eorum exploraret ; qui conſiderato propoſito negotio dixerunt ; mittatur Ioſeph, vt aquam Elgeube diuertat ; eaque deduĉta adyciat regionem regioni tuæ, & prouentûs prouentibus tuis ; vocauitque Rex Ioſeph dicens : Scimus hunc locum abundantem eſſe, & ædificijs, campiſqne colendis aptum.

Elphium olim vocabatur Elgeube, id eſt foſſa ſtagnans.

واوحى الى يوسف ان ىحڡر كلاك خلىجا من اعلى الصعد موضع كدا وخلىجا شرقىا من موضع كدا وخلىجاغرىىا من موضع كدا الى الموضع كدا ووضع يوسف العامل فحفر خلىجا المنهى من اعلى اسمون الى الاهون وحفر خلىج الفيوم وهو للخلىج الشرقى وحفر خلىجا بقرىده ىقال لها ڡنهىمت من قرى الفيوم وهوالخلىج الغرىى فخرج ماه من للخلىج الشرقى وصمى في النىل وخرج من للخلىج الغرىى وصمى في صخرا ڡنهمت الى العرب فلم ىحڡف في للوىده ما ثم ادخلها الفعله وقطع ما كان فيها من القصب والطرفا واخرجه منها وكان ذلك اىتدا جرى النىل وقد صارت للوىده رفيعه ىرىه وارتفع ما النىل وىدخل في راس المنهى وجرى حتى انتها الى الاهون فعطفه الى الفيوم وىدخل خلىجها وساقها لجه من النىل واخرج البها الملك ووزراه وكان شىعىن ىوما فلما نظر الى الملك قال لوزراىه هدا عمل الفيوم وسميت الفيوم واقامت ىزرع كاما غواىط مــــــع ───── ❁

Et reuelatum fuit Ioſeph, vt foderet tres foſſas pro amnibus ducendis, primam ex ſuperiori parte Elſaid, ex iſthoc loco, & amnem orientalem ex hoc loco, & amnem occidentalem ex hoc loco, & cœpit Ioſeph opus, & fodit amnem tendentem ex ſuperiori Eſmum vſque in Alhalun, & fodit amnem Elphium, & hic amnis orientalis, & præualuit amnis iuxta oppidum, quod dicitur Kanbemt ex oppidis Elphij, & hic eſt amnis occidentalis, & exinit aqua eius ex amne orientali, & fluxit in illum, & egreſſus ex amne occidentali, & fluxit diffuſus in campos Kanbemt verſus occidentem, & non remanſit in planitie aqua. Tunc introduxit operarios, & exempto exſeĉloque quicquid ibi careĉloſum & iuncoſum erat, liberum fecit aquæ fluxum in ea ſuperſtitis, fuitque hoc principium fluxus Nili euaſitque planities ſicca & pura, & eleuatæ ſunt aquæ Nili, & ingreſſæ ſunt principium aluci, & fluxerunt vſq; dum venirent in Alalhun, & refluxerunt inde in Elphium, & ingreſſæ ſunt amnem eius, & riuos eius, & faĉta eſt pars Nili ;

Prima ſtagoſium aqua-rum Nili in Nilum deri-uatio à Ioſe-pho peraĉta.

B edu-

eduxitque ad opus, *quod patrauerat spectandum*, *Regem atque Consiliarios eius ;*
fuit autem totum opus completum 70. *diebus . Cùm autem id spectasset Rex . di-*
xit ad Consiliarios suos : *Ecce totum hoc non septuaginta*, *sed* الف يوم *Elph ium*,
hoc est, *mille dierum opus est ;* *vocatusque est locus prouinciæ huius in hunc diem*
Elphium الفيوم *id est*, *mille dierum*, *qui seminum copiâ adæquauit reliquas Ægy-*
pti prouincias . Hactenus ille . Certè hunc locum à Iosepho habitationibus hominum idoneum redditum, præter Gelaldinum, Salamas , aliosque
Arabes Authores, Abulfeda quoque id in sua Geographia clarè docet hifcè verbis:

الفيوم كوره في ديار مصر غن الفسطاط بين الغرب والجنوب وهو في وعده وقد سبقت
اليها نهر من رشح النيل منسوب الى يوسف الصديق ومدينة الفيوم قاعده ولايه
وبها حمامات واسواق ومدارس سافعيه والكيده وهي راكبه على نهر يوسف من
جانبيه النهر تحترق مدينة الفيوم المذكوره والفيوم بمستين كثيره وهي عن مصر
على نحو مسيره ثلاثة ايام وبين الفسطاط والفيوم ثمانيه واربعين مي ــــلا ٯ

Elphium regio in Ægypto à Phestath inter occidentem & meridiem sita
est in valle & iam deriuatus est ad eam fluuius ex refudatione Nili à Iosep-
pho Iusto factus ; *& ciuitas Elphium sedes principatus est , seu præfectura , in-*
structa balneis , plateis, *& gymnasijs Schaphitarum & Melchitarum ;* *sita autem*
est supra flumen Ioseph , à quo ex meridionali parte fluminis dirimitur ciuitas
Elphium memorata ; *porrò Elphium plurimos habet hortos, & est à Mesra itinere*
ferè trium dierum, & inter Phestath & Elphium quadraginta octo milliaria .
Et alio in loco vbi ciuitatem بهمسا *Behansa* describit , ita dicit :

ومدينة البهمسا راكبه على بحر يوسف وهو الفيوم وجميع ما بين بحر يوسف
والجبل من ارض البهمسا وغيرها شربها من بحر يوسف ومابين بحر يوسف والنيل
من البهمسا يشرب من فرع من الن̇ي̇ــــــــل ٭

Et ciuitas Elbehansa sita est supra mare Ioseph (ita flumina vocant Ægyptij)
& est Elphium, & omnes qui sunt inter mare Ioseph, & montem ex terra El-
bahansa bibunt ex flumine illo Ioseph,& quod est inter mare Ioseph, & Nilum ,
bibunt ex ramo Nili . Non igitur sine ratione hic tractus nomen maris Iosephi obtinuit in hunc vsque diem . Verisimile enim est, Iosephum non
tantùm interpretatione somniorum factâ, sed & sapientiâ quadam diuinitùs ei insitâ præditum, maxima beneficia in vniuersam Ægyptum contu-
lisse ; quale inter cætera hoc maximum erat Elphij videlicet ad meliorem frugem reductio . Vnde meritò tot ac tantis honorum titulis, digni-
tatumque prærogatiuis à Regibus Ægypti fuerit ornatus .

Porrò meminit huius Elphij quoque Beniaminus in suo itinerario ,
traditque Hebræorum sub Iosepho in Ægypto maxima in eo monumenta
relicta . hiscè verbis :

מן חלואן עד קיץ אשר היא
ראש הראשית מצרים ג' ימות עד פיום דרך ה' ימות ונקראת מקדם פיתום
ויראו בה עד חיום זכרונות רבות ובגינות רבות גדולוה מבנו יוסף ז̇
מוחרות

Ab Heluam vsque in Kits, quæ caput initij Ægypti, trium dierum iter est , &
hinc

Abulfeda
Geographus.

Phestath fi-
tus .

Mare Ioseph.

hinc *Phium quinque dierum, & hæc vrbs olim dicebatur Pithon, & videntur in ea in hunc vsque diem plurima monumenta, & ædificia maxima à Ioseph, memoria eius in benedictione, posteritati relicta.* Dicebatur autem Pithon ab ingentis magnitudinis serpente, qui ex stagnantium aquarum, limique Nilotici putrilagine ortus, magnam hominum pecudumque stragem inferebat, ab Hercule Ægyptio, vt Mythologi volunt, interempto. Elphium igitur, vel vt Coptè dicam, ⲫⲓⲟⲙ, à mari olim seu paludibus tectum, tandem multorum dierum opere tempore Iosephi, habitari cœpit; quo tempore pleraque inferioris Ægypti pars, aut omninò, aut maxima ex parte paludibus aquarumque stagnantium diffusione tecta squalescebat, donec stagnantibus aquis in varias fossas deriuatis, terra aquarum diuturna oppressa tyrannide tandem liberata, vsui hominum animantiumque seruiret. Hine factum videtur, vt reliquas stagnantium aquarum congeries infra Elphium simili deriuationis artificio deducerent; adeòque terram vniuersam tandem habitabilem vsibusq; hominum accommodarent. Quam Reges successu temporum dùm mira hominum, pecudumque fertilitate florentem, & continua fluminum deriuatione fœcundam deprehenderent, in varias Præfecturas seu Curias ad diuidias & contentiones sedandas dirimentes; ob admirabilem quandam rerum omnium copiam & vbertatem, veluti Deorum immortalium, vt Diodorus dicit, donum vocarunt, Coptitas secutus, qui ⲛⲉⲙⲛⲧⲉⲗⲉⲫϯⲉⲣⲙⲁⲛⲓϩⲓⲟ, id est, donum Mercurij eadem ratione eam nuncuparunt, idque occasione Ibidum frequenter ibidem ad serpentes cœteraque reptilia deuoranda stabulantium, quæ situ corporis crurumque positu, rostroque ijsdem transuersim inserto, dum hoc *μονόγραμμον* Ⲁ ex Ⲁ & Δ compositum exprimerent, cuiusnam donum hæc terra esset, incolis in omne cœteroquin superstitionis genus proniss imis legendum præbebant; dùm aliud non hoc typo exprimeretur quàm Ⲁⲧⲃⲟⲍⲉⲙⲟⲛⲣⲥ ⲉⲣⲙⲁⲛⲓϩⲓⲟ *Anubis bonus Genius*; sed cùm de

hisce & similibus alibi fusiùs tractemus, in Prodromo verò, atque Obelisco Pamphilio hæc eadem, iam fuse attigimus, eo Lectorem remittimus. Et quamuis non dubitem, aliquam huius Phij partem iam à principio habitationis eius, in certos terminos ceu præfecturas quasdam diuisam, multiplicatis tamen hominibus in immensam multitudinem, ob continuas finium confusiones, primò à Sesostri vel Sesosiri Rege sapientissimo in ⲛⲩⲧⲁϩⲓⲣ hoc est, *Nomus decem*, teste Diodoro; Ptolomæorum verò tempore adeò in viginti Nomos minutiùs distributum legimus; vide quæ de his dicimus fusiùs in historia Regum Ægypti.

Est autem Nomus græcè à Ptolomæis ita dictus, hoc loco nihil aliud quàm iurisdictio, siue locus iuri dicundo, causisque tractandis opportunus; quem antiqui ⲛⲩⲧⲁϩⲓⲣ, id est, præfecturam seu curiam, Arabes ابواب id est, prætorium vocant. Et quoniam maxima apud antiquos

B 2 Ægy-

Margin notes:
Pithon vrbs vnde dicta

Inferior Ægyptus quando habitari cœpta.

Ægyptus donum Dei dicta.

Nomus quid.

Ægyptios vigebat facrarum in Dijs colendis cœrimoniarum varietas, tantufque εἰδωλομανίας feruor, & vix locus effet, qui non proprium fibi Numen aliquod, cui honorem impenderent, conderet, ac proinde fæpe contingeret, vt Numen, quod hi venerarentur, illi execrarentur, Deorum diuerfitas tanta, non exigua pareret Religionis diffidia; Sacerdotes Sefoftridis Archifacerdotum authoritate, ad populi in Deorum cultu

Ægyptus templum vniuerf. tollenda fchifmata, exemplum fecuti vetuftiffimorum Deorum orbem terrarum fortem inter fe diftribuentium (de quibus paulò poft agemus) totam Ægyptum in triginta Nomos, vnicuique verò Nomo fuum attribuentes Numen callidè diuiferunt; vt quod à primæuis Dijs in orbe vniuerfo factum traditione perceperant, in Ægypto ceu fano quodam, aut Pantheo totius vniuerfi compendiofè repræfentarent; & ne ex tanta difformitate cultus, monftrofæ religionis facies apparerat; in Metropoli-

Templa Thebais, & Heliopoli. tanis totius Ægypti vrbibus Thebis videlicet, & Heliopoli certa quædam & fumptuofiffima delubra ædificauerunt, vt in his iterum quicquid vago cultu tota complecteretur Ægyptus, in hifcè duobus veluti Pantheis quibufdam analogo quodam ordine, & ad templum vniuerfi parallelo, cultuque compendiofo, diuerfarum nationum vnita multitudo celebraret; callidum fanè inuentum, & ad diuerfas religiones vno cultu conciliandas mirè opportunum. Meminit huiufmodi delubrorum Strabo teftis αὐτόπτης, ita enim lib. 17. vbi de Labyrintho agit; καὶ, inquit, δὶ' τῶ κ̄

Ὂν πρῶτοι εἰσπλοῦ ἴσνεις δ' ἰώρυχα παρβθόντι ὅσον ξίεκοντα ἢ τεσσαράκοντα ςαδίας ἐπιπέδον τὶ ξαπεδώδες χωρίον ἔχον κώμην δὲ κỳ βασίλειον ἐκ πολλῶν βασιλίων, ὅσον πρότερον ἦ ζ̄ νόμοι. Τοσαῦ... δ' ἐισὶν αὐλαὶ περίςυλοι συνεχεῖς ἀλλήλοις, ἐφ' ἕνα ςίχον πᾶσαι, κỳ ἐφ' ἑνὸς τοίχε ὡς αὐτε τείχης μακρε περικειμένε ὑλίας ἔχοντες τὰς αὐλάς. Et paulò poft: ἐπὶ τέλει δὲ τῆς οἰκοδομίας ταύτης πλίον ἢ ςάδιον ἀπεχέσης. ὁ τάφ. δεῖ πύραμις τετράγων. ἑκάςλω τετραπλέδρεν πως ἔχεσα τὼ πλάεραν κỳ τὸ ἷψ. ἴσον. Ἰμαώδης δ' ὄνομα ὁ ταφείς, πεποιηκέναι δέ φασι τὰς αὐλὰς ζ̄ Cαυίας ὅτι ἐπὶ ημμις ἔθνητο ἔκεισε συνέρχεσθαι πάσας. δεισὸν δ' ἰὼ μὴ ἴψ οἰκίων ἱεροῖον ἱερείων θυσίας δὲ κỳ θεοδοσίας, κỳ δικαιοδοσίας τῆι μεγίσων χάριν, κατήγετο δὲ ἴψ νομῶν ἕκας. εἰς τὼ ἀποσλχθεῖσαι αὐλὼ αὐτῷ. Locus, inquit, in primo foffæ adytu ad triginta quadragintaue ftadia procedenti eft planities quædam menfali forma pagum habens, & multorum Regum regiam, quot prius præfecturæ erant. Nam totidem aulæ funt columnis ambitæ, inuicem continuæ omnes vno ordine, & vno pariete tanquam paruo quodam fepto ante fe fitas aulas habent. Et paulò poft. In fine huius ædificij, quod plus ftadio occupat, eft fepultura, quædam pyramis quadrangula, cuius quodlibet latus quatuor ferè iugerum & altitudo par. Sepulti

Mira fabrica Sepulchri Imandis. nomen eft Imandes (veriùs Simandes); dicunt, tot aulas ibi factas effe, quot præfecturæ, folitofque eò conuenire, atque epulum quoddam facris viris ac mulieribus fiebat facrificij gratia Deo reddendi, & iuris dicundi de rebus maximis; quauis autem præfectura in fuam aulam procedebat. Eadem ferè narrat Abene-

Abenephius. phius de عين شمس Ainfchems, id eft, Heliopoli; verba eius funt:

ويثبان في عين شمس عنده كم بيوت كم ايوانات في كل مصر وكل وحده منهم
عنده التلسمات والصنم الذي يعبدوه لخلاص الارض الذي به ايوان

Heliopolitana fabrica. Eft autem in Ain fchems, hoc eft, Heliopoli fabrica, cui tot domus perhibentur effe, quot curiæ antiquitus in Ægypto cenfebantur, & vnaquæque ex ijs habebat Telefman & idolum, quod colebant pro falute terræ, in qua erat curia; & paulò

poft

post numerum quoque præfecturarum determinans, ait : ولادوانان كان قلتين

على حساب قلتين الايام وحده من شهوردنت عشـــــر   ✳

Erantque præfecturæ triginta iuxta numerum dierum Mensis vnius è duodecim.
Cùm enim vt in Astronomia Ægyptiorum videbimus, singuli dies mensis
alicuius, alicui ex triginta Numinibus dedicati essent ; magna cura eum
diem celebrabat quæque tribus, seu curia , quæ Numen illud sibi colendum habebat propositum ; qnem morem à primæuis Ægyptijs hausisse
Plato in Critia docet ; vt paulò post videbimus . Sed his ita præmissis ,
modò videamus, tripartitò illam totius Ægypti in Nomos suos à Sesostri-
de primùm, deindè autem à Ptolomæis, qui eos plurimùm auxerunt, factam distributionem . Et cùm præter nomina nihil præterea , quod in ijs
gestum sit, legatur. Maxima quoque de etymologijs huiusmodi nominum
apud Authores sit contradictio, certè ego rectè nominum ὀρϑότητ@ ϗ ἐϰ
ρίϰότας regulam à barbaris linguis, ijsque Græcâ antiquioribus, vt & Plato
rectè in Critia & Cratylo monet, desumendam ratus ; dùm veterem hanc
Ægyptiorum linguam pro modulo meo instaurare conor, plurima sanè inueni, hucusque nemini philologorum, quod sciam, comperta ; ea potissimùm, quæ ad Deorum, animalium, plantarum, lapidum, vrbium, instrumentorum, similiumque etymologias pertinent, quæ omnia Nomenclato-
ris nostri Aegyptiaci auxilio eruuntur . Vndè gratiam apud eos, qui Cri-
si & philologicis incumbunt, me haud paruam initurum confido , dùm
multa, quæ Criticos hucusque latuerunt , iu decursu huius operis, Deo
duce, detegam . Sed vt ad Rhombum redeamus .

 Tempore igitur Sesostris totam Aegyptum in tres partes diuisam, *Diuisio Ægy-*
legimus . in Inferiorem, Mediam, Superiorem, quarum vnaquæque in *pti in Nomos.*
decem iterum curias siue præfecturas, teste Abenephio, dirimebatur ; in
qua quidem diuisione ad primæuam illam sortitionem Deorum in vniuersum mundum respexisse videntur ; quam Plato in Critia hisce verbis de- *Plato.*
scribit : Σόλων ὅπνομῷ εἰς τlὼ αὐτῇ ποίησιν , ϰαὶ῾ϗϱίϚαϗ τῇ λόγῳ δ'ιαπυνϑαϗὸ μlὰϗ· τlὼ
τlῷ ὀνομάτων δ'υαμιν δ'ρε τῶϗ δὲ Αἰγυπτίας τῶϗ πρῶτας ἐϰείνας αὐϜϗ γεϟἰϚαϗμένας εἰς τlὼ αὐτῶϗ
φωνlὴϗ μετενluοχοϜας. αὐϜὸϗ δὲ αὖ πάλιϗ ἑϰάϚlὴ τlὼ δ'ήϟνοιαϗ ὀνόματ@ ἀϗαλαμβάϗων εἰς τlὼ ήϗμεϜ-
τέϟαϗ ἄγων φωνlὴϗ ἀπεγϟάφεϜο . ϗ ταῦϜα γε δlὴ ᾳ γεϟμμαϜα ῷϟϗ τῷ πατρώς τ῾ lὴϗϗ, εἰ εϚὶϗ
πὰϟ ἐμοὶ τℵϗ ἐξαμελημέϜη Ῥῷὶ Δ' ὑὰϗ ἐμὲ παμδὸς ὄντ@ϗ· αὐ῾ σὺϗ ἀϰούεϜϜϐὁῦτα δ'ια ϗ τῶδε ὀναμαϜϐ
μνδὲ ὑμῖϗ , Ϛω ϑαῦμα . Τ῾ϟ δ'ἄρτῃ αὐτlὴϗ ἔχ@ϗ μαϰρῆ δὲ δlὴ λόγῳ η῾ ἀρχlὴ ϚϜε, ϰαϑάπερ ἐϗ τῶϊς
πρϟϐϚϟϗϰῖνχϑ῾ϗ ∴῾ τlὴ ̓Θεῶϗ λήξ̓ως , ὅτι ϰαϜενείμαϜ῾ γlὴ πᾶϚαϗ.

Sed antequam referam , admonendi estis, ne miremini, si plurima Barbarorum nomina græcè nunc audiueritis ; id enim ex eo contigit , quia
Solon cùm cogitaret illa carminibus suis inserere, vim ipsam nominum est perscru-
tatus , inuenitque primos illos Ægyptios harum rerum scriptores in suam lin-
guam ea nomina transtulisse . Quare & ipse rursus vniuscuiusque nominis sensum
accipiens, in vocem nostram conuertit . Atque hæc scripta apud auum meum erant,
& nunc apud me sunt, cogitata iam olim puero mihi . Si ergo talia nunc audieri-
tis nomina, qualia apud nos sunt, ne miremini ; nam huius rei causam intelligitis,
longa verò oratione sit opus, si à principio narrem id , quod iam ante dixi de sorti-
tione Deorum, vt terram inter se vniuersam distribuerint , partim in ampliores
portiones , partim angustiores, templaque & sacra sibi instituerint .

                  De

De fortitione verò Deorum ita refert citatus Plato paulò ante : Θεοὶ ⁹⁰
ἅπας γλὺ πότε κὴ σὼν Ἴσπης διελάγχανον οὐ κατ᾽ ἔριν, οὐ γδ ἂν ὀρθὸν ἔχοι λόγον Θεὰς αἰνοῖν ᾇ
ωρὲποντα εἰκάςτοις αὐτοῖν , δὴ αὖ γινώσκοντας ᾇ μάλλον ἄλλοις ωρεσήκον , τᾶτο ἑτέρους αὐτοῖς φὴ
ἐειδῶν ἐπιχραῖν κτᾶδη , δίκης δὲ κλήρους ᾇ φίλων λαγχανοντας κατῳκίζοντας χώρας . κὴ κα-
τοικίςτες , οἷον νομᾶς κλήματα , κὴ ωοίμνια , κὴ θρέμματα ἑαυτῷ ἡμᾶς ἔτρεφον . ἀλλοὺ δ σώμασι
σώματα βιαζόμῄνοι , καθάπερ ωοιμῄνες κτήνη ἀλληγη νέμοντες ᾇ θνητὸν ἅπαν σκυβέρνων ; Ἄλλοι
μὴν οὐν κατ᾽ ἄλλοις Ἴσπης πληρῳχήζαντες Θεῶν ἐκεῖνα ἐκοζμοιῶ .

Dij quondam vniuerſæ terræ orbem ſingulatim ſortiti ſunt , in regiones ſingulas diſtributum; neque partitionem hanc contentio fecit . Nam procul à ratione id eſſet ; quod Dij , vel quæ vnicuique ipſorum conueniunt , ignorarent ; vel cogno- noſcentes , quæ potiùs alijs competunt , aliena iura viciſſim vſurpare contenderent ; cæterum iudicij iuriſque ſortibus ſua quiſque ad votum ſuſcipientes , curanteſque amicorum ſingulas regiones habitandas diſpoſuerunt ; hoſque veluti greges ipſo- rum , poſſeſſioneſque & armenta nutriuère , hoc tamen excepto , quòd corporibus cor- pora cogere voluère , quemadmodum plagis pecora iumentaque paſtores ſolent ; at verò tanquam docile & obediens animal , quaſi ex puppi nauem agilem dirigentes , perſuaſione pro gubernaculis vtentes ea animam attingebant , & pro arbitrio ſuo ita ducentes humanum genus omne gubernabant , hæc Plato , Credebant igi- tur Ægyptij Deos quondam ad conſeruationem humani generis vniuer- ſum orbem terræ ſingulatim ſortitione diſtribuiſſe, ita vt quiſque Deorum eam acceptaret regionem & prouinciam, quæ naturæ ſuæ magis eſſet con- formis, & in quam veluti in ſympatheia quoddam obiectum naturalis incli- nationis pondere ferretur, quamque ab omni inimica & hoſtili vi defen- dendam ſuſciperet . Ad huiuſmodi igitur ſortitionis rationem Sacerdo- tes veteres Aegypti, & potiſſimùm Archiſacerdotes Regis Seſoſiridis, vel vt vulgò Seſoſtris authoritate confiſi, vniuerſam Aegyptum ea ratione diſtribuerunt ; vt quemadmodum ſuprà quoque indicatum eſt, quod à veteribus fieret in vniuerſo, in Ægypto veluti myſtico totius mundi Pan- theo, ac feraciſſima Deorum matre, cultu repræſentaretur vnito . Ve- rùm cùm de hiſce & ſimilibus in varijs huius Oedipi locis ſimus diſce- ptaturi, hîc ijs immorari longiùs noluimus : quare ad ipſam Ægypti di- ſtributionem in ſuas præfecturas, ceu quaſdam Deorum curias poſtli- minio accedamus . In qua hoc intendimus præſtare, vt quæ hucuſque obſcura & incognita fuerant nominum etyma, ex varijs ægyptiacæ lin- guæ veluti tabulis quibuſdam ex naufragio relictis, genuinæ ſignificationi reſtituerentur . Opus igitur aggrediamur .

NOMVS I. RACOTIS

HOC EST

Præfectura Alexandrina, Coptè ⲧⲓⲧⲁⲃⲓⲣ ⲛ̄ⲧⲉ ⲡⲣⲁⲕⲟⲧ̀ *

E Primæuis itaque fontibus primam Nomorum feu præfecturarum à Sefofiridi vulgò Sefoftri, prifcifque Regibus factam diftributionem deriuantes, à Racotide incipimus, quæ ficut poft ftagnantium hifcè in partibus aquarum exficcationem, earundemque in alia & alia veluti Mæridis marifq; mediterranei receptacula deriuationem huius Nilotici Deltæ prima fuit, ita principem quoque inter Nomos locum non immeritò obtinuit.

Racota itaque illa fuit Aegypti inferioris pars, quam poftmodum ab Alexandro fundatore Ἀλεξανδρίαν Græci vocauerunt; hancque olim, ⲡⲣⲁⲕⲟⲧ̀ Racoti appellatam teftatur Plinius lib. 5. cap. 10. Stephanus περὶ τῶν πολίων verbo Ῥακῶτις. Paufanias in Eliacis, ac demùm Nomenclator nofter Aegypriacus capite de nominibus vrbium, quos confule. Racaftam quoque Ῥακαςὼ vocatam apud Cedrenum lego, perperam vel corruptè; erroremenim ex malè intellecta voce Racota promanaffe nemo dubitare debet. Hanc Racotam Aegyptij tradunt fundatam effe à muliere quadam Regina Aegypti, Dalucha nomine poft Pharaonis perfecutoris Ifraëlitarum in rubro mari fubmerfionem; ita præter Abenhaid, Aben Hakem, Salamas quoque in libro, quem Hortum mirabilium mundi infcribit, narrat; verba eius fubiungo:

ولما فرق الله فرعون وقومه ضعب امر القبط فملكوا عليهم امراه تسمى دَلُوكًا وبنت
رقوط فى الاسكندرية

Cùmque Deus Pharaonem vnà cum exercitu fuo fubmerfiffet. multum debile manfit Regnum Ægypti, quare conftituerunt mulierem Reginam Daluka nomine, quæ ædificauit Racuth, ipfa eft Alexandria. Vocatur autem ⲡⲣⲁⲕⲟⲧ̀ à fciffuris, eò quòd incredibili labore hunc locum per varias aquarum fciffuras diuerfionefque paludum, aptum reddiderint mortalium habitationi Reges prifci; vti fufiùs narrabitur in Chronologia Regum Ægypti.

Porrò in hac præfectura præcipuè Mercurium cultum legimus, cuius fimulachrum erat fub forma Ibidis, pedibus diuaricatis roftroque ijfdem tranfuerfim inferto hoc monogrammum A, reliquo verò corpore figuram cordis exhibens, quorum primò Mercurium Ἀγαθοδαίμονα; pofteriori verò fenfatum, Mercurij cor, quo mundo varias tradidit, Diodoro tefte, fcientias, fignificabant, quin & ipfam ciuitatem & flumen feu brachium Nili, quem fuprà ἀγαθοδαίμονα diximus, ad foffam fluminis Tabij ab hoc cultu pofteà Hermopolim, id eft, Mercurij ciuitatem appellatam, docet poft Strabonem Ptolomæus, Marius Niger aliique quos in fequentibus citamus.

Ad

(marginal notes:)
Racotis quidé
Racotis à quo & quando fundata. Abenhaid, Aben Hackem
Ibidis figura & fignifiatio.

Ad hanc quoque præfecturam pertinuiſſe lego vicum Ϲαπόϲειν· Eſt
autem Ϲαπόϲεϛ nihil aliud, quàm ſepulchrum Oſiridis, quaſi diceres Ϲωϲ
τᷤ Oϲιειᷤ· quod idem teſtatur Plutarchus in Antonio, vbi etiam loco
ταπόϲιεϛ, ταφόϲιεϛ ſcribit. in hac enim parte fingebant corpus Oſiridis ab
Iſide conditum; ſed de hoc alibi fuſiùs.

NOMVS II. PHTENVTI,

I D E S T

Præfectura Phtenuti, Coptè ⲡⲓⲧⲁⲃⲓⲣ ⲫⲧⲛⲟⲩϯ *⸳*

SEcundam Nilotici Deltæ præfecturam inuenio fuiſſe ⲫⲧⲛⲟⲩϯ *Phte-
nuthi,* hoc eſt, vt Coptè eam enunciem ⲡⲓⲧⲁⲃⲓⲣ ⲓⲉⲫϯ ⲛⲧⲉⲫϯ
ⲛⲟⲩϯ quaſi diceres præfecturam Dei Deorum; eratque vicina & con-
tigua præfecturæ Racotæ, etymon huius, teſte Nomenclatore Copto,
deducitur à ⲫϯ id eſt, *Deus,* & ⲛⲟⲩϯ plurali, quod Deos ſignificat, à ſingulari ⲡⲓⲛⲟⲩϯ Deus. Meminit huius Nomi Ptolomæus quoque hoc loco,
Μεταξὺ, ait, Ῥὸν ποταμὸν μεγαλ καὶ Φαρμ(Θιακὸν πόλεϛ ταῖ⸳) . Φθίνοῐον νόμ᷈· καὶ μηῒρόπολιϛ καὶ
βᷤῶᷤ· *Inter flumen magnum & Pharmutiacum vrbes hæ, Phtenuton Nomus &
Metropolis & Butos.* Vocatur autem ⲫϯⲛⲟⲩϯ id eſt, præfectura Dei Deo-

ΣΕΡΑΠΙΣ

rum, eò quòd in ea Serapis quem maximum Deorum Aegypti, teſte Diodoro, Apuleio, & Ammiano
Marcellino appellabant, ſacra fierent; quemque
ſub Taurina forma in delubro proprio adorabant;
atque hoc ita eſſe, ſimulachra quædam ταυρόμορφα,
eius, quam è latere vides figuræ, quæ in ruderibus
Raſſith & Deruthi, id eſt Canopi & Buthi, quæ ad
hanc præfecturam olim pertinebant, ſubinde inueniuntur, Serapidem hic cultum ſatis ſuperque teſtantur. Eſt in Muſeo Illuſtriſſimi Petri à Valle
huiuſmodi idolum ex latere confectum, cuius figuram apponimus. Canopum autem hodie رشيد appellant Aegyptij, ita Abulſeda in ſua Geographia Arabica.:

ورشيد بلده على غربي النيل مقدم تسمي كنوب وفي من السكندريه على مرحله
قوﺓ

*Eſt Roſſetta regio ad occidentalem partem Nili olim dicta Canub, & diſtat ab
Alexandria Margala,* id eſt, ſpatio itineris vnius diei; etſi Strabo, ἐν ἄκοϛι καὶ
ἕκατον ϛαᷣίοιϛ ἀπ᾽ Ἀλιξαᷤᷣείαϛ πεζῇ λᷤῶει, id eſt, diſtantiam ab Alexandria 120.
ſtadiorum diſtantiam euntibus terreſtri itinere præſcribat. Butos autem hodie

vocant, دروطي Deruthi, in vtroque verò Serapidem & Latonam ſiue Io
cornuta ſimulachra, culta fuiſſe, Strabo docet: Κανῶβ᷈·, inquit, ἐπώνυμ᷈·

Κανῶβυ τᷤ Μεγᷣᾶϛ κυβεϛνήτυ Ἀποθαίοντ᷈· αὐτᷤϑι ἔχυᷣα Ῥὸ τᷤ Σιεραπιᷤ᷈·ἱεϛον πολλῇ ἁγιϛείᾳ
τιμώμϼον καὶ ϑεραπείαϛ ἐκφέϛον· ὥϛε καὶ Ῥᷤῦν ἐλλογιμωῒάταϛ αὐῒ εϛϛ πιϛᷤίϛι, καὶ ἐῒκοιμαᷤϛ αὐῒὺϛ
ὑπέϛ ἑαυῒῇ ἢ ἐῒέϛων· *Canopus cognominis Canopi, qui Menelai Gubernator ibi*
mortuus

mortuus fuerat; habet Serapidis templum religiosè cultum, vt etiam nobilißimi viri **Quis Cano-**
et credant, & pro se, vel pro alijs insomnia ibi captent; sunt qui curationes **pus?**
conscribant, quidam virtutes editorum ibi oraculorum. Et paulo post de Bu-
to ita loquitur: Πιεὶ δὲ τὼ βᾶτον κỳ Ἑ῝μό͗πολις ἐν νίζῳ κϳμϵ́ίην. ἐν δὲ τῇ βᾶτῳ λητοῖς ὁϛὶ **Butos.**
μανϵῖον. *Circa Butum verò est Hermopolis in Insula iacens, Buti verò est Latonæ*
oraculum. Latonam verò enm Io Bosphora confundi ex phornuto patet;
quin & etymon ipsum Buti à cornuto cultu sic dictum, author est Stephanus ϖϵⱦ τῶ πολέων voce βετ. ; & Coptæ voci per onnia respondet; Sonat
enim ϧⲩⲧⲟⲉⲓ in lingua Copta nihil aliud, quàm donum Bouis, cuiusmodi Latonam siue ⲓⲱ̀ sc: Bouis Phoronæi filiam fuisse, Herodotus de-
clarat in Thalia, alijque Mythologi, quos consule.

NOMVS III. PHTEMPHVTI

ID EST,

Præfectura Phtemphuti, Coptè ⲡⲓⲧⲁⲃⲓⲣ ⲛ̄ⲧⲉⳡϥⲧⲉⲉⲛⳡⲩⳡ

Ertia præfectura veterum Ægyptiorum erat ⳡϥϧⲧⲉⲉⲛⳡⲩ Thphem- **Phtemphuti.**
nuti (corruptè Phtemphuti) hoc est, Cœlum Deorum, à voce **quid?**
Copta ⳡϥϧⲉ id est, Cœlum, vbi ⲙⲉ nota Genitiui, & ⲛⲉⳡⳡ plural. num.
quod Deos significat; huius metropolis erat ⲧⲁⲧⲁ Taua , quod Coptè
idem est, ac templum; videtur autem hæc præfectura dicta Cœlum Deorum, eò quòd inter duo flumina Pharmuthiacum & Athribiticum germi-
nans, reliquos omnes Nomos cùm fœcunditate, tùm amœnitate facilè su-
peraret. Comprehendebatque Xoin & Pachnamunim, quæ postea di- **Canopi for-**
uersorum Nomorum nomina sortita sunt; In hac præfectura Canopi **ma & cultus.**

cultum viguisse, potissimum Xoi , Suidas author
est. Erat autem idolum illud instar dolij, plenum
foraminibus , vt hic à latere apparet , cuius de
causa & origine, vide, quæ scripsimus in Prodromo nostro Copto, & apud dictum Suidam voce,
Canopus ; & inferiùs vbi de Canopis fusè tractamus. Xois verò Metropolis, in qua colebatur
Canopus, qui indè dicebatur Xoites, Coptè vo- **Xois vrbs.**
catur ϧⲟⲉⲥ, ab Ægyptijs posteris ⲗⲁ̄ⲱ Sciagha ,
in qua, teste Geographo Dubiano magna adhuc antiquitatis vestigia inueniuntur.

Porrò Arabes Historici , aliam huius etymologiæ Phtemphuti assi- **Etymon**
gnant rationem; cùm enim Ioseph exsiccasset Elphium , & quicquid **Phtemphuti**
Delta continet, in terram eleuasset aquâ in alueos depressâ; regionemque non fertilem tantùm, sed & mirum in modum amœnam reddidisset;
dicitur Pharao ad opus Iosephi spectandam accitus , in hæc verba prorum-
pisse : من ملكيت من اعل السموات *Num hæc regni cœlestis portio?* vnde & Scha-
G   *gha,*

ghæ, vbi hæ contigiſſe feruntur, in hunc diem regnum cœli vocatur, ita
memorat Gelaldinus Arabs in hiſtoria de Regibus Ægypti; ſed hoc adiungere hìc volui, ne quicquam ad antiquitatem Illuſtrandam deeſſe videatur; interim vnicuique liberum erit de ijs ſentire, quod voluerit.

NOMVS IV. MENDESIVS,

ID EST

Præfectura Mendeſia Coptè ⲡⲓⲧⲉϣⲓⲣ ⲛ̄ⲧⲉⲙⲉⲛⲧⲁⲏⲥ·

QVarta veterum Ægyptiorum præfectura erat Mendes, Coptè ⲙⲉⲛⲥ ⲁⲏⲥ, quæ vox Hircum ſignificat; ita dicta præfectura, vel à multitudine hircorum in hoc diſtrictu paſci ſolitorum, ſiue à cultu Hirci aut Panos, quem in hoc Nomo cultum eſſe Strabo docet his verbis:
Ἐςὶ δὲ ἡ Ἑρμȣ πόλις ᾗ Λυκόπολις, ᾗ Μένδης, ὅπȣ τὸν παῖα τιμῶσι,ᗅ τὸ ζῷον ςράγον , ὡς δὲ Πίνδαρᗅ. φησιν, ὁ ςράγοι ἐυταῦθι γυναιξὶ μίγνον·)
Μενδήτα ϖϱμ κρημνὸν θαλάσσης ἔσχατον
Νείλȣ κέρας, αἰγίβαται ὅθι ςράγοι γυναιξὶ
Μίσγονται.
Præterea Mendes vbi Pan colitur & hircus animal, & vt Pindarus ait, hoc in loco hirci cura fœminis miſcentur.

Mendetis ad vicinia mari præcipitia
Cornuque Nili extremum, qua Salax Capræ.
Maritus humanam audet inire fœminam.

Euſebius verò de præparat. Euangelica, eò quòd caput hirci in hac præfectura adorari ſolitum eſſet, exprobrat Gentilibus; Cui aſtipulantur Clem. lib. 5, ſtromatum; Herodotus quoque & Plutarchus, ille in Thalia, hìc in lib. de Oſiride & Iſide. Suntque huius cultus luculenta indicia

MENDES

Figura Mendes.

bula Bembina indicia, vbi in limbo ſupra Aram Hirci caput depingitur, eâ, quæ ſequitur, figurâ. Quæ omnia approbat Suidas his verbis: Μενδώ̄τω καλέσι τὸν παῖα Αἰγύπτιοι, ὡς ςραγοπρόσωπον, ᵈ ᗅ τὸν ςράγον τῇ αὐτῶν δῑαλέκτω, ἔτω καλᵈν, ᗅ τιμῶσιν αὐτὸν ὡς αἰνακέμβρον τῇ γονίμῳ δυνάμᵉ. ᗅ τιμῶσι αὐτὸν ὡς ἔτι μὴ ἐδίἀν ςράγȣς, ὀχετικὸν γὸ τὸ ζῷον ᛁᛁ δὲ ᗅ ἱερὸν τᵉ Μενδήσιᵉ παρ' Αἰγυπτίȣς, ἐᗅ ᗅ ἄγαλμα ςραγοσκελὲς ᛁᛁ ὀρθὸν ἔχον τὸ αἰδοῖον· *Mendem vocant Pana Ægypty, quaſi Hirco-formem, quem & Hircum ſacrâ linguâ vocant, venerantur autem eum quaſi* ſeminalis virtutis præſidem, colunt quoque eum, quod non liceat comedere hircos, eſt enim animal laſciuum. Eſt & templum apud Aegptios in Mendele, & in eo ſimulacrum hircinis cruribus erectum habens verendum. Cuius verò hìc cultus ſymbolum fuerit, fuſè dicetur in Pantheo Hebræorum tertio huius operis Syntagmate; Ciuitas principalis huius Nomi eſt Thmuis, de quo etymo vide Herodotum in Thalia, Coptè ⲑⲙⲟⲩⲓⲥ, Arabicè المراد Elmurade.

NOMVS V. ONVPHIS

ID EST,

Præfectura Onuphis, Coptè ⲛⲓⲧⲁϩⲓⲣ ⲛ̄ⲧⲉⲛⲉⲫⲓⲟⲛ ⲡⲓϩⲟⲩ ϩ

Ræfectura Onuphis, quintum in ordine Nomorum locum obtinet .
Coptâ linguâ ⲡⲓϩⲟⲩ *Pihof*, vel ⲛⲉⲫⲓⲟⲛ , quod serpentem signifi- *Balmis He-braus in Di-ctionario.*
cat, appellatur; putoque hanc vrbem eandem esse cum Hebræorum נף
Noph, quâ tamen voce Memphis quoq; nominatur;ratio huius rei assignari
potest, propinquitas Memphis ab Onuphide, ex qua consequenter confusio vnius cum altero, sicuti eandem ob causam non rarò confunduntur Pelusium , Sais & Damiata, vt inferius ostendemus . Balmis ita eadem
describit נף שם מדינת מצרים נקרא היה בלעז מונף *Noph nomen vrbis in Ægy-*
pto barbarè dicta Monph . Dicitur autem Ὀνῶφις, quia aspidem serpentem
in ea adorabant, ita Pausanias in Corinthiacis , cùm de cultu animalium. Onuphis fi-gura.
in Bœotia vsitato loquitur : Καθάπερ ἐν τῇ πολλῇ ᾗ Αἰγύ-

πῇ ᾗ Ὀνῶφις ᾗ Λαπίδ(@ Φερσκυνῦσι . Onuphion autem à
serpentis cultu ita dictum etymon ipsum docet, ⲛⲓⲟ-ⲫⲓⲟⲛ quid ?
quód ἐπὶ ᾗ ὄφι@ deriuatum nemo dubitare debet ,
quin & Nomenclator noster ⲛⲓⲛⲉⲫⲓⲟⲛ Βασιλίσκον
seu serpentem interpretatur; cui astipulatur Horus, qui serpentem Vræum dictum Ægyptijs asse-
rit, quod Mendum in Prodromo esse ostendimus ; Mendum in Horo occur-rens circa ⲛⲓⲟ-ⲫⲓⲟⲛ ϩ
vbi quoque non Vræum , sed Vphæum legendum.
demonstramus. ita autem ait Horus : Αἰῶνα ἱέρεας γεράψαι βυλόμενοι ὄφιν ζω-
γεραφῦσι ἔχοντα τὼ ὀραχ ὑπὸ ᾗ λοιπὸν σῶμα κρυπῇ ὀμξύλω . ὃν καλῦσι Αἰγύπῇιοι ιέρεον , ὃ ἐςὶ ἀλ-
λύιςὶ βασίλισκον ὅντεϛ κỳ Ζον στοιῦντες Θεῶς ἀἰὶ τιθέασιν . *Quin & aliter æuum ex-*
primantes serpentem pingunt, cuius cauda reliquo inuoluatur, ac tegatur corpore ;
hunc Ægyptij quidem linguâ suâ Vræum , (lege Vphæum ,) græci verò Basi-
liscum nominant , eundem ex auro conflatum Dijs circumpouunt . Atque huius Causa cultus Vphæi.
quidem ὀφιολαϛθείας occasionem fuisse puto multitu-
dinem aspidum seu serpentum quotannis eo in di-
strictu ex Nilotici limi putrilagine pullulantium. ,
quos dùm maximè hominibus pecoribusq; damna.
inferrent morsibus suis lethiferis, Aspidem ceu numen Auueruncum coluisse verisimile est ; & forsan
ad Mosaici serpentis in deserto exaltati rationem
& exemplar illum quoque colebant Ægyptij, quos
plurima ab Hebræis accepisse alibi dicemus . Idolum ex tabula Bembina depromptam hìc apponimus .

NOMVS VI. SAIS,

ID EST,

Præfectura Saitica, Coptè ⲡⲓⲧⲁϣⲓⲣ ⲛⲧⲉⲥⲁⲟⲩ ⲝ

Sais inferioris Ægypti Metropolis.

SExta præfectura erat Sais, in qua Mineruam cultam Strabo docet : Καὶ ἡ Σεβεννυτικὴ δὲ πόλις, ᴋ ἡ ΣΑΙΣ Μητρόπολις τ̃ κάτω χώρας, ἐν ᾗ τιμῶσι τὼ Ἀθηνᾶ ἐν δὲ τῷ ἱερῷ αυτῆ ἡ θήκη καὶ ̊ τῦ Ψαμμητίχυ. *Indè*, inquit, *Sebennitica vrbs & Sais inferioris Ægypti metropolis ; in hac Mineruam colunt, vtpotè in cuius templo Psammetichi sepultura est ;* alibi quoque refert, Saitas ouem coluisse ; & certè hoc ita esse etymon docet ; cùm Sais linguâ veteri nihil aliud sit, quàm ouis siue agnus, Coptè

ⲈⲤⲞⲒ ⲤⲀⲒⲞ idemque Ouis. **ⲈⲤⲞⲨⲒ,** & cum articulo **ⲡⲒⲈⲤⲞⲨⲒ ⲝ** ita Nomenclator noster Aegyptiacus clarè docet. Sunt autem Sais

Ouis Mineruæ dicata. & Esoi satis propinqua, dissidentque solâ corruptelâ in literis diuersimodè à diuersis prolatis factâ. Quem præterea Mineruæ & Palladi dicatam, omnes Mythologi te-

Clemens Alexandrinus. stantur. Meminit huius templi Palladis Clemens Alexandrinus l. 4. stromatum. *In Sai,* inquit, *pro vestibulo templi Palladis huiusmodi symbola incisa spectantur. Infans, Senex, Accipiter, Piscis, Hippopotamus,* quorum symbo-

Mineruæ Idolum. lorum interpretationem vide in Obelisco Pamphilio lib. 3. & quæ de portentoso Mineruæ templo in Sai recitat Herodotus in Thalia ; vide quæ suprà in Nomo Memphitico de hisce egimus. Fingebatur autem idolum Mineruæ eâ prorsùs formâ & figurâ quâ Isidis, à qua non differt : nam vt rectè Macrobius, quod Græcis Ἀθηνᾶ, hoc est Minerua, id Aegyptijs Isis est, figura eius è latere apponitur. Verùm cùm de hisce & similibus fusè tractemus in Mystagogia Aegyptia, hic obiter tantùm ea insinuanda duximus. —

NOMVS VII. ATRIBIS,

ID EST,

Præfectura Athribitica, Coptè ⲡⲓⲧⲁϣⲓⲣ ⲛⲧⲉⲟⲣⲉϣⲉ ⲝ

Strabo.

PRæfectura septima Athribis est, quam alibi perperam ⲁⲗⲓϣⲓⲛ vocant ; & est iuxta Ptolomæum, Oᵈ Νόμ⊙, ᴋ Μητρόπολις, ᴋ ⲵ̀ϣϫ τ̃ ὀνομάζε̈), ὁ σφραγμὸς Ἀθειβιτικός ; Coptè vocatur ⲟⲣⲉϣⲉ, posteri Arabes eam اتريب Atrib appellant ; quam Strabo hisce verbis describit : Oᵈ Νόμ⊙ ᴋ Μητρόπολις Ἀθριβις, τιμῶσιν τὼ Μυγδλυ ; *Athribis Nomus & Metropolis est, colunt in ea Mygalim, seu Murem araneum ;* Vndè verò ⲟⲣⲉϣⲉ originem suam habeat, aut quid

propriè

propriè significet, etiam multò cum sudore comperire non licuisset, nisi
historia seu chronica Arabicum in huius etymi notitiam aliquam me de-
duxissent. Nam Atribis dicunt Arabes ita dictum à Fundatore vrbis Atrib ^{Atribis vrbs vnde dicta.}
Pronepote Misraim, ita Gelaldinus in historia Regum Ægypti ; vbi in-
ter cœteros Reges Ægypti, Atribis quoque meminit his verbis :

وقوفي فبط فاستخلف اخاه اشمن فاستخلفه اخوه اترجب وهو بنى مدينة الترجبى

Et defuncto Copto (ita Misraim vocant) successit frater eius Eschman, cui suc- ^{Quid Atribis?}
cessit frater eius Atrib, ipse ædificauit ciuitatem Atrib.

Porrò vbi alij loco muris Aranei, quem
Athribitæ coluisse feruntur, legunt μυγάλη, alij eodem loco legunt καίθαρον μυσκέφαλον, ita Sylburgius,
id est, ex eo scarabæorum genere, qui caput muris præseferunt, & hunc adorasse Athribitas verisimile est, vocaturque ab Horo Μονοκέρῳ, καὶ ἰδ'ιόμορ-
φῳ, ὧ Ἐρμῇ δ̓εφιέρων ευθμιαᾶ, καθὰ κὴ ἱ̓βις τὸ ὄρνεον· *Vni-*
cornis est peculiaris formæ, quod & animal Hermeti
sacrum esse, vti ex auibus Ibin existimarunt. Certè ^{Scarabæus imago Solis.}
Ægyptios huiusmodi Scarabæum tanquam viuam quoque Solis imaginem
coluisse Porphyrius docet libro, πεςὶ ἡ τῆϛ ἐμψύχων ἀποχῆϛ, siue de abstinen-
tia ab animatis ; Αιγύπίιοι δὲ ἐσέφθηϛ, ὡς εἰκόνα ἠ̓λίϗ ἔμψυχον· Atque ex hac admodum concinnâ lectione mendum esse murem araneum seu μυγάλην lu-
culentèr patet ; cùm nullibi de cultu muris apud Ægyptios mentio fiat.
quômodo enim animal immundum, nec vllo qualitatis memorabilis dono præditum, quin ad corruptionem inferendam propensissimum Ægyptij adorare voluerint, non video ? nisi forsan per placatoria sacrificia
quemadmodum in Deorum Auuerruncorum cultu contingebat, id præ-
stiterint ; at cùm inter hieroglyphica nulla huius rei vestigia reperiantur;
ego non possum non probare vehementer lectionem Sylburgij, loco
μυγάλης legentis, καίθαρον μυσκέφαλον, id est, *Scarabæum muriformem,* de quo
consule Aldrouandum capite de Scarabæis in genere ; huiusmodi autem
cultus Scarabæi, vti communis fuit toti Ægypto, ita Athribitis maximè peculiaris : Sed vide, quæ de eo in Prodromo diximus, & alibi pluribus in
locis fusè dicemus. Simulacrum huius idoli ex tabula Bembina depromptum hic apponendum duximus.

NOMVS VIII. TANIS,

I D E S T,

Præfectura Tanitica, Coptè ⲧⲁⲃⲓⲣ ⲛ̄ⲧⲉⲛⲉϭⲓⲧⲉ

MVltam reperio de hac præfectura Tanitica inter Authores concer-
tationem, alijs eam cum Pelusio, cum Damiata quibusdam, nonnullis cum Saï confundentibus ; Verùm cùm hæc confusio orta sit ex sacra
scriptura, quam dum quisque suo modo interpretari conatur, mirum
non

non est, varias quoque circa hæc sententias exortas esse . Verùm vt controuersia hæc tandem dirimatur , textus sacros priùs hoc loco allegandos duxi ; vt quibus Tanin, Pelusium, aut Sain , atque Alexandriam nominibus indigitet, patesiat   Deus igitur per Ezechielem 30. capite minatur Ægypto eiusque vrbibus principalibus , hisce sequentibus verbis :

Ezechiel c.30

וַיֹּאמֶר יי וְאִבַּדְתִּי גִלּוּלִים וְהִשְׁבַּתִּי אֱלִילִים מִנֹּף וְנָשִׂיא
מֵאֶרֶץ מִצְרַיִם וְהַשִּׁמֹתִי אֶת פַּתְרוֹס וְנָתַתִּי אֵשׁ בְּצֹעַן וְעָשִׂיתִי
שְׁפָטִים בְּנָא וְשָׁפַכְתִּי חֲמָתִי עַל סִין וְנָתַתִּי אֵשׁ בְּמִצְרַיִם חוּל
תָּחִיל סִין וְנָא תִּהְיֶה לְהִבָּקֵעַ וְנֹף צָרֵי יוֹמָם בְּחוּרֵי אָוֶן וּפִי
בֶסֶת בַּחֶרֶב יִפֹּלוּ

Hoc est, *Hæc dixit Dominus : Disperdam simulachra, & cessare faciam idola de Memphis ; & Dux de terra Ægypti non erit ampliùs, & dabo terrorem in terra Ægypti ; & disperdam terram Phatures, & dabo ignem tn Taphnis, & faciam iudicia mea in Alexandria. & effundam indignationem meam super Pelusium robur Ægypti , & interficiam multitudinem Alexandriæ , & dabo ignem in Ægypto , quasi parturiens dolebit, Pelusium & Alexandria erit dissipata , & in Memphis angustiæ quotidianæ : Iuuenes Heliopoleos & Bubasti gladio cadent , & ipsæ captiuæ ducentur.* Septem igitur vrbium hoc loco mentionem facit

Nominum vrbium Ægypti enarratio .

sacer textus . Primò, Memphis videlicet, quam Hebræi dicunt נוף *Noph.* Secundò, פתרס *Phathures,* quam ego Busirin interpretor, vt posteà videbimus . Tertiò, Thaphnis quam Hebræi vocant צוען *Zohan .* Quartò, Alexandriæ, quæ hebraicè נא *No* dicitur. Quintò, Sai , quam textus dicit סין *Sin,* interpretes Pelusium esse volunt. Sextò, Heliopolis , quæ hebraicè און id est, iniquitas dicitur . Septimò, Bubasti, quam dicti Hebræi per contemptum vocant פי בסת id est, *os ignominiæ,* ob idololatriam, quam in hisce duabus vltimis vrbibus præ alijs exercebant ; quorum pleraque nomina valdè diuersa sunt apud septuaginta interpretes, vt ex textu ipso patet . Καὶ ἀπολῶ βδελύγματα ἡ καταπαύσω μεγιστᾶνας ἀπὸ Μέμφεως καὶ ἀπολῶ γῆν Βαθέρης ἡ θώσω πῦρ εἰς Ταφνὶ ἡ ποίησω ἐκδίκησιν ἐν διασπόλι, καὶ ἐκχεῶ τὸν θυμόν μῦ ἐπὶ Σαὶν ἴσχυν Ἀιγύπτω , καὶ ἀπολῶ τὸ πλῆθ᾽ Μέμφεως, καὶ θώσω πῦρ ἐπ᾽ Ἀιγύπτον, καὶ ταραχὴ ταραχθήσϊ] Σαὶς . Hic à septuaginta interpretibus Alexandria siue No Hebræorum vocatur Διόσπολις. Zohan verò dicitur Tanis : Sin verò quod in vulgata editione Pelusium vocatur, hic apud septuaginta sumitur pro Sai ; quæ in sequenti versu pro Memphi quoque sumitur . Vzielides in Thargum hoc loco pro Zohan habet cùm septuaginta interpretibus טאנים & loco Memphis מפאס Maphes באלכסנדריא Et disperdam omnes colentes idola de Maphes & Alexandria . Syriaca lectio partim editionem vulgatam, partim septuaginta Interpretum sequitur , allego textum :

ܘܐܘܒܕ ܘܐܒܛܠ ܨܠܡܐ ܘܕܚܠܬܐ ܡܢ ܢܘܦ ܘܪܒܐ ܠܐ ܢܗܘܐ ܬܘܒ ܡܢ ܐܪܥܐ ܕܡܨܪܝܢ
ܘܐܘܒܕ ܠܦܬܪܘܣ ܘܐܫܕܐ ܢܘܪܐ ܒܨܥܢ ܘܐܥܒܕ ܕܝܢܐ ܒܢܐ
ܘܐܫܘܕ ܚܡܬܝ ܥܠ ܣܝܢ ܥܘܫܢܐ ܕܡܨܪܝܢ ܘܐܘܒܕ ܠܣܘܓܐܐ ܕܐܠܟܣܢܕܪܝܐ
ܘܐܬܠ ܢܘܪܐ ܒܡܨܪܝܢ

Et

Et disperdam ego terrorem ex Maphes, & amplius Dux non erit in Ægypto , &
disperdam terram Phatûres, & relinquam ignem in Zohan, & faciam iudicium
in Nu , & diffundam furorem meum super Sin robur Ægypti, & disperdam di-
uitias Nu , & relinquam ignem in Ægypto , & conturbabitur Sin , & Nu dis-
sipabitur, & Memphis erit in deletionem &c. Ex quibus omnibus tandem
apparet, Interpretes multam habere in huiusmodi nominibus diuersita-
tem . Ad hanc igitur nominum diuersitatem conciliandam, dico, sacram _{Conciliatio}
Scripturam hoc loco non de vrbibus particularibus semper loqui, sed sub- _{nominum.}
indè genericè, ita vt Nomum integrum pro vrbe sumat: cùm autem Sais,
Tanis, Pelusium, Busiris , Memphis vicina sibi & eiusdem districtus ferè
fuerint , id est, inter duo flumina Athribiticum , & Bubasticum comprehensa, quæ Regio quoque nunc Memphitica, modò Tanitica, iam Saitica,
nunc Pelusiaca dicebatur . Mirùm non est, Interpretes quoque vnam subindè pro altera accepisse : atque hanc causam ego esse puto , diuersitatis
lectionis hoc loco occurrentis. Cœterùm Sain, Tanin , Pelusium , Memphim, Busirin, diuersas omninò vrbes esse, partim in præcedentibus diximus , partim in sequentibus aperiemus . Atque Tanin quidem Copti
ⲦⲈⲚⲈⲤⲒⲚⲈ vocant ab insula, in qua ponitur sic dicta . Arabes eam ita
describunt :

وتنيس هي جزيرة في وسط بحرة تعرف بحيرة تنيس المقدمة الذكر ولا يبرح بها وقد
خربت وبادت قال في اللباب وموضة عند تنيس قال في العزيزي ومقدار بحيرتها
اقلاع بحرى في عرض نصف يوم ويكون ما فند هبوب الريح الشمالي ۞

Tanis autem est insula in medio lacu, qui dicitur vulgò lacus Tanis , iam
ante memoratus, neque est subiecta ventis, & iam destructa perijt . Dixit in tract.
Allabab : Mune autem est propè Tanim . Dixit in tract. Hariri : Spatium
longitudinis eius lacus est nauigationis vnius diei, latitudo verò medij diei flantibus

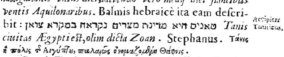

ventis Aquilonaribus. Balmis hebraicè ita eam descri-
bit : צאנים היא מדינת מצרים נקראת במקרא צוען *Tanis* _{Accipitri}
ciuitas Ægypti est, olim dicta Zoan. Stephanus. Τάνις _{Taniticus.}
ἡ πόλις τῆ Αἰγύπτε, παλαιῶς ὀνομαζομένη Θάονις .

Porrò Tanitas Accipitrem coluisse Strabo docet, Pausanias quoque Accipitris Tanitici meminit . Quid verò per Accipitris cultum innuerint
Ægyptij, alibi fusè dicetur . Atque hæc de Tanitica præfectura sufficiant .

NOMVS IX. PHARBETHVS,

ID EST,

Præfectura Pharbæthites Coptè ⲠⲒⲀⲢⲂⲀⲒⲦⲎⲤ *vel* ⲪⲀⲢⲂⲀⲒⲦ ✢

DEriuatur hoc nomen Pharbæthus à Copto ⲠⲒⲤ·ⲢⲂⲀⲒⲦ quod plateam Accipitris denotat . Nam ex Nomenclatore nostro ⲠⲒⲬⲒⲢ
plateam,

plateam, vicum, ſemitam, ßⲁⲓ⳦ *Accipitrem* . Atque ßⲁⲓ⳦ *Accipitrem* ſignificare Horus quoque teſtatur; verba eius ſunt ſequentia : Ἐτιγεμίω καὶ
αὗτι ψυχῆς, ὀιαξ τααϛ῀), ὅκ ꝏ τῶ ὀρόματ⳨ ἐρμίωείας. καλᾶ῀) γὸ πδῷ Ἀιγυπίϊοις ὁ ἱεϱαξ
BAIHΘ. τῦτο ὀῆ Ꞇὸ ὄνοϻα ὀϊαιϱεθῆν . ψυχίω ϭρϻαίντ ϰ̣ καϱοίας . ϐὁ γὸ Ꞇὸ ϻδϱ ßαϠ ψυχῆ, Ꞇὸ ὀῆ
ἥθ καϱοία. ἡ ὀῆ καϱοία καᵀ Ἀιγυπίϊυς ψυχῆς ϭϦιβολ⳨. ὡς ὀῆ ϭρϻαίνεν τίω ϭωϑεϭιν Ꞇϸ ὀνό-
ϻατ⳨ ψυχίω ἔκαϱοίαν , ἀϼ᾽ ἡ καὶ ὁ ἱεϱαξ Ꞇὸ ϰ̣ ϖϱος τίω ψυχίω ϭρϻπαϑᾶν· ὕοωϱ ἡ ϖίνει Ꞇὸ
καϑίλε, ἀλλὰ ἀῗϻα. ὦ ϰ̣ ὴ ψυχή ξέϥε῀) , *Quin ☞ pro anima ponitur Accipiter iuxta*
nominis interpretationem; ſiquidem Ægyptijs Accipiter Baieth *dicitur, quod no-*
men, ſi diuiſeris, animam ☞ cor ſignificat . Bai *enim anima eſt, ☞* eth *cor . Cor*
autem ex Ægyptiorum ſententia animæ ambitus eſt ; itaque ex conſueta ſignifica-
tione nomen hoc, animam cordatam notat ; vndè ☞ Accipiter ob eum , quem
cùm anima habet, naturæ conſenſum, aquam omninò non bibit, ſed ſanguinem,
quo ☞ ipſa nutritur anima . Ex quo luculento ſane teſtimonio ſatis patet,
hoc etymon nominis huic Nomo non eſſe impoſitum, niſi à cultu, & veneratione Accipitris ibidem peragi ſolita; quemadmodum enim reliquæ
vrbes, vt Dioſpolis, Hermopolis &c. à cultu Iouis & Mercurij dicuntur;
ita & hæc à cultu Accipitris nomen inuenit, vt diceretur ⲛⲓϭⲓⲣßⲁⲓ⳦
id eſt, *vicus Accipitris .* Certè hanc præfecturam communem habuiſſe Accipitris cultum cum Tanitica, hinc deduco, quod eidem omnium eſſet vi-
ciniſſimum & frequentiſſimum inter Tanitas & Pharbaithas vltrò citrò-
que negotiantium commercium . Ex commercio autem ſimilitudinem
morum & religionis naſci, clariùs eſt, quàm vt dici debeat.

Atque inter Pharbæthum, & Tanin celeberrima illa fuit olim Iſraëlitarum captiuitatis ſtatio, à qua ipſos liberans Moſes, rectà per mare rubrum duxit; ſed de his alibi fuſiùs, nunc ad alia.

NOMVS X. BVSIRIS,
ID EST,

Præfectura Buſiritica, Coptè ⲧⲁßⲓⲣ ⲓ̈ßⲧⲥⲓⲣⲓ ⳦

Vltimus Deltæ Nomus Buſiriticus eſt,& ciuitas ὁμοιώνυμ⳨, quæ Ezechiel. 30. vocatur ⲡⲁⲧⲏⲣⲥ *Phatures* , à Buſiri ſic dictus; cuius etymon varij variè derinant. Quidam à Buſitide fabuloſo illo hoſpitum
machatore , alij ab Oſiride , alij alia circa id comminiſcuntur , alij à Buſir filio Chami, ita Arabes ; de quo in ſequentibus fuſiùs . Nos à cultu
Apidis ita dictum exiſtimamus, quod Oſiridem ibidem in Bouem con-
uerſum fabularentur Ægyptij, Diodoro teſte, quaſi diceres Coptè ßⲟⲣⲉ
ⲛⲉⲅⲡⲣⲓⲩ̣ id eſt, *Bos Regis,* ſiue ßⲧⲥ ⲟⲥⲓⲣⲓⲛ *Buſoſirin ;* Hanc vrbem Græci cum Thebis, quæ & ἐκαῖθϻπυλ⳨ vocatur, confundunt, perperam : cùm
hæc duo loco totâ Aegypti longitudine, vti ex mappa patet , diſſideant.
Cœterum de ſitu huius vide Abulfedam & Geographum Nubianum in
clim. 3. voce بُوسِير *Buſir,*& Dictionarium noſtrum Coptum voce ßⲧⲥⲓⲣⲓ ⳦
Ex etymologia verò nominis , ſi aliundè authoritates non ſuppeterent ,

haberi

haberi poffet, Bouem in Bufiri cultum effe . Cùm enim ibidem primò Ofiris comparuerit in forma Bouis, & fub hac forma varia hominibus beneficia præftitiffe credatur . Certè nihil adeò facile fuit populo fuperftitiofo, quàm bouinum ex data occafione cultum introducere . Prætereà cùm Bufiris vicina fuerit Memphi, & Heliopoli, quam antiquam Rameffem, Ifraëlitarum ftationem fuprà diximus ; forfan hinc celebris illa in deferto μοχολαβζαα fiue vitellinus cultus profluxit, de qua fufè fuo loco. Quicquid fit, ipfum etymon, & circunftantia loca hoc eodem cultu imbuta, quid de Bufiritica religione fentiendum fit, fatis declarant . Bufiritas apud Plutarchum lego Afinos odio habuiffe, & omnem tubæ clangorem ob ruditus fimilitudinem ; eò quòd Typhonem Afininæ naturæ effe velint , & αιθιθων Ofiridi, cuius & corpus dilaceraffe fertur ; fed de hifce vide, quæ alibi tractamus.

Bufiritarum odium in Afinos.

Atque hæc funt , quæ de primâ hac inferioris Ægypti diftributione in fuos Nomos dicenda putauimus, quam à Sefoftri primum hoc ordine , deindè à Ptolomæis in alios atque alios Nomos nouos diftributam diximus. Verùm hæc omnia vno intuitu oculari in fequenti Synopfi contemplare .

SYNOPSIS NOMORVM IN PHION,
SIVE INFERIORI ÆGYPTO.

Copta ⲛⲓⲧⲁⲣⲕⲏⲣ Nomi	Numina culta	Arabica	Latina
I ⲣⲁⲕⲟⲧ†	Hermes	الاسكندرية	Alexandria
II ⲫ†ⲛⲱ†	Deus Deorum, Serapis	دروطي	Deruthi, Buthos
III †ⲫⲉⲙⲉⲛⲱ†	Cœlum Deorum, Canopus	سماالاله	Semalalet, Taua
IV ⲙⲉⲛⲁⲏⲥ	Hircus Pan	المورده	Almurathe Mendes
V ⲛⲉⲫⲓⲟⲛ	Serpens	برلس	Borelles Onuphis
VI ⲥⲁⲟⲩ	Agnus	vel سا شمش	Sais vel Sai
VII ⲑⲣⲉⲅⲉ	Scarabæus	اذربب	Athribis
VIII ⲧⲉⲛⲉⲥⲓⲛⲉ	Accipiter	تنيس	Tanis
IX ⲡⲓⲅⲁⲣ-ⲃⲁⲓ†	Accipiter	اربط	Pharbæthus
X ⲃⲟⲩⲥⲓⲣⲓ	Bos	بوصير	Bufiris

Numerus Nomorum

D   CA-

CAPVT IV.

DISTRIBVTIO II.

Ægypti Mediterraneæ in suos Nomos.

NOMVS I. MEMPHIS,

HOC EST

Præfectura Memphitica, Copte ⲧⲉⲃⲓⲣ ⲙⲙⲱⲛϥⲧ.

Memphis antiquitas.

V Nam ex antiquissimis orbis terrarum vrbibus Memphim fuisse, omnium penè Historicorum testimonijs patet ; vnde & sæpè eandem Regum priscorum sedem, Deorum officinam, portentosorum operum nullo non tempore fœcundam matrem appellant ; Hanc Hebræi iam מוף *Moph*, modò נוף *Noph*, nunc מגדל *Migdal* Turrim, subindè מפס *Maphes*, sæpè מצרים *Misraim* appellant. Græci verò Βαβυλῶνα, Copti ⲙⲙⲱⲛϥⲧ vel

Varia nomina eiusdem.

ⲙⲉⲩⲓ, aut etiam ⲙⲛⲛⲉⲙ ⲃⲁⲃⲩⲗⲱⲛ ⲟⲛ *On & Babylonem*. Arabes modò مصر *Mesra*, modò منف *Monf*, Armeni *Messor*, Chaldæi כברא *Kabra*, moderni denique Cairum & Alcairum appellant ; quam Pomisius in suo lexico Hebraico hicè verbis describit :

Abr. de Pomis.

מוף היא מדינת מצרים בנחת מצרים בן חם ונקראה עד היום בל עז מצרי במקרא מפס רל טמא לעע *Moph ciuitas Ægypti, quã ædificauit Misraim filius Cham, & vocatur hinc in hodiernam diem Misraim, in sacrâ verò scripturâ dicitur Maphes, id est, immunda, ob alienæ seruitutis exercitia in ea fieri solita*. Meminit huius quóque in suo itinerario Beniamin, in eaque multa monumenta Iosephi Patriarchæ reperiri ait :

ממצרים החדשה עד הקדמה ג' מילין היום כולה משוממה ובה רבית זכרינות ונראה
בח עדים בית אוצר אבינו יוסף בן יעקב זל יבה עמוד נפלאה מאד לא במוחו בכל הארץ:

Distat autem Misraim noua ciuitas à veteri tribus milliaribus , tota hodiè desolata est, & deuastata, suntque in ea multa adhuc antiquitatis monumenta , vti & thesaurorum horreorumque Iosephi, memoria eius sit in benedictione, vestigia ; in ea quoque spectatur columna quædam mirabilis magorum ope facta, non est similis ei in vniuersâ terra . Memphim igitur & antiquissimam esse , & à filijs Chami primis post diluuium annis ædificatam, non Hebræi tantùm, sed & Arabes quoque, Græcique Authores ostendunt, vti paulò post, vbi priùs de etymo huius nominis aliquid dixerimus, videbimus .

Memphis descriptio.

Memphis ergò Ægyptiacum vocabulum à ⲙⲱⲟⲩ & ⲫϯ, quorum illud *aquam*, hoc *Deum*, compositum autem ⲙⲙⲱⲛϥⲧ *Monphta*, idem ac*Dei aquam* denotat, quæ vox à Græcis postmodum corrupta, loco ⲙⲙⲱⲛϥⲧ

* vel Deum aquæ.

Memphis audijt . Occasio autem & origo huius impositionis nominis ita se habet . Cùm Chami filij primam huius Ægypti partis coloniam cœpissent excolere, eos prima habitationis suæ tentoria in collibus Memphiticis fixisse

fixiſſe ferunt; reliquâ Ægypto magna ex parte, vti dictum eſt, paludibus
longè latèque ſtagnante; cùmque ſucceſſu temporis paludibus exſicca-
tis, terra benigniorem ſe præberet, primam vrbem à Miſraimo filio Chami
ad ripam Nili, quam & ſuo nomine Miſraim appellari voluit, conditam
eſſe ; terrâ verò vrbeque Meſrâ in dies maiora fœcunditatis incrementa
ex fœcundi fluminis irrigatione ſuſcipiente, eandem Ægyptiaco vocabulo ⲙⲉⲙⲫ︧ hoc eſt, *aquam Dei* dictam fuiſſe aſſerunt, quam poſteri corruptâ deindè voce Memphin dixerunt. Atque hoc ita eſſe primò clarè
oſtendit Abenephius his verbis :

كان من اولين الذي سكن مصر مصر ابن حام بن نوح وهو ابو القبط فسكن منف
وندي بالقبطي منفتا اعني الما الله ﴾

Fuit autem primus ex habitatoribus Ægypti Meſra filius Cham, filij Noë; & is
pater Copti, & habitauit in Momph, quæ linguâ Coptâ dicitur Monphta, hoc eſt
aqua Dei. Certè Memphim à pleriſque ſcriptoribus non aliâ ratione Mo-
Memphis
etymon.
memphim quoque dici, niſi ab hoc etymo, clarè patet : quod Momem-
phis Coptè nihil aliud ſignificet, quàm *aquas ciuitatis Dei.* Quæ omnia
conſentiunt cum ijs, quæ ex Abn abed Elhakem recitat Gelaldinus Arabs
hiſtoricus, vbi & etymon Maphe explicat paulò aliter quàm Abenephi.
Verba integra pono :

كان اول من سكن مصر بعد ان اغرق الله قوم نوح بصير بن نوح وهو ابو القبط
فسكن كلهم منف وفي اول مدينه عمره بعد الغرب هووولده فهم ثلاثون قد بلغوا
وتزوجوا وبذلك سميت مافه ومافه بلسان القبط ثلاثون وكان بصير بن حام بن
نوح قد كبر وضعف وكان مصر اكبر ولده وهو الذي ساق لابوه وجميع اخوته
الى مصر ونزلوا بها فبمصر ابن بصير سميت مصرا فجاز له ولولده مابير الشجرتين
خلف العريش الى اسوان طولا ومن برقه الى ايله عرضا قال ثم ان بصير بن حام
توفي فدفن في موضع الى هرميس الى موضع مافه مقدره قبر دارض مصر واستخلف ابنه
مصر وجاز كل واحد من احوه مصرا قطعه من الارض لنفسه سوي ارض مصر التي
حخوزها لنفسه ولولده وقسم لهم هذا النيل قطعه لادمه قبط موضع قبط ويسكنها
وبه سميت وما فوقها الى اسوان ومادونها الى الاشمون في الشرق والغرب فسكن اشمن
فسميت به وقطع لاترب مابين منف الى صا ويسكن اترب فسميت به فقطع لصا
ما بين صا الى الابحر فسكن صا وسميت به وكانت مصر كلها على اربعة اجزا
وجزوين بالصعيد وجزوين ما سفل الارض ﴾

Fuit autem primus ex habitatoribus Ægypti poſt diluuium Boſir filius Cham, filij
Gelaldinus
in hiſtoria
Ægypti.
Noë, & ipſe pater Copti, omnes iſti habitauerunt Monf, & hæc vrbs primò habita-
ta eſt poſt Gharab ; ipſe & filius eius fuerunt triginta animæ iam matrimonio
coniunctæ, & propterea vocata fuit Manph, in lingua Copta Maphe, id eſt, trigin-
ta animæ ; fuit autem Boſir filius Cham, filij Noë iam maturus, at imbecillis,
fuitque Miſraim maior filius, & is eſt, qui deduxit patrem ſuum, & omnes fra-
tres ſuos in Ægyptum, & deſcenderunt ad eam ; in Ægypto autem filius Boſir cuius
nomen Meſra, is diuiſit ſibi, & filijs ſuis id quod eſt inter duas arbores re-
trò Elariſeh vſque ad Eſuan ſecundùm longitudinem, & à Barca vſque Ailah ſe-
cundùm latitudinem. Dicit deindè quòd Boſir filius Cham mortuus eſt, & ſepul-

tus

Diuisio Ægypti facta à Misraim filijs suis.

tus in loco quo Hermes, & hæc fuit prima sepultura in terra Aegypti, & succesfit filius eius Misraim, & diuisit vnicuique fratrum suorum Aegyptum, sc. partem ex terra propria. Cùmque multiplicarentur filij Misraim, & filij filiorum eius, diuisit Mesra vnicuique filiorum portionem, selegit, possedit que eam sibi, & filijs suis, & resecuit ijs ad hanc partem Nili, portionem pro filio suo Copt, locum Copt, & habitauit ibi, & vocatus fuit locus ab eo. Omne verò supra Copt vsque in Esuan, & quod infra vsque in Esmun in orientali & occidentali plaga, Esmun filio dedit, & habitauit Esmun, & appellata fuit ab ipsa, Esmun; & diuisit Atribi totum id, quod erat inter Monf vsque Sain, & habitauit Sain, & vocatus fuit ab ipsa Sais. Diuisaque fuit tota Aegyptus in quatuor portiones, duæ portiones continebantur in Saide, & duæ in inferiori terra.

De his quoque & similibus vide Herodotum, qui in Euterpe multa de Memphi tractans, eam à Mena (quem eundem nos esse cum Mesraim alibi ostendimus) conditam asserit. Vide quoque quæ de primâ diuisione Ægypti in Calasiries & Hermolybies factâ, narrat; quorum nominum rationem alibi explicabimus.

Atque ex hac relatione patet, Ægyptum à primis Chami filijs diuisam, ita vt Mesraim primam, eamque meliorem partem, Copt secundam, Esmun tertiam, Atrib verò quartam partem obtineret; & Memphim fuisse totius Ægypti constitutam metropolim ex citatis quoque testimonijs patet. Atque hanc diuisionem à primæuis colonis factam, vsque ad Iosephi tempora mansisse, citatus Author asserit; Iosephum deinde ad lites euitandas Ægyptum minutiori diuisione distribuisse. Cui demùm succedens Sesostris, varijs calamitatibus iam dirutam auxit, veterum religionem penè collapsam restituit, totamque regionem mysticâ quâdam ratione in triginta Nomos seu Synedria sapientissimè diuisit.

Momphta quid?

His igitur ita propositis, iam quòd Numen Memphitæ potissimùm colendum susceperint, videamus. Et quamuis in ea ceu metropoli quadam singulæ Deorum coloniæ stationem inuenerint; Apidem tamen, quem & Momphta, id est Deum Memphis dicebant, præ cœteris ibi cultum esse, apud grauissimos Authores reperio. Strabo hisce verbis bouinam Memphitarum religionem describit:

Strabo l. 17.

Ἔχυς δὲ καὶ ἡ Μέμφις αὐτὴ τὸ βασιλεῖον τῶ Αἰγυπτίων ὲςὶ τὸ ἀπὸ τῆ ΔΕΛΤΑ ξίχοινον, εἰς αὐτὴν· ἔχει δὲ ἱερὰ τό τε τὸ Ἄπιδ⟨ος⟩, ὅς ὲςὶν ὁ αὐτὸς κỳ Ὀσίρις· ὅπα ὁ βῦς ὁ Ἄπις ἐν σηκῷ τίνι ξίφῳ⟨.⟩. Θεὸς δὲ ὁ φὺ νομίζ⟨εται⟩ μόνθ⟨ος⟩, διολλάσσ⟨ος⟩ τὸ μέτωπον κỳ ἄλλα τίνα μέρη τῦ σώματ⟨ος⟩. τὰ ζε δ' ἄλλα μέλας. οἷς σημείοις ἀεὶ κείνεςι τὸν ὑπτήδειον εἰς τὴν διαδοχὴν, ἀπογενομένω τῦ τὴν τιμὴν ἔχοντ⟨ος⟩. Ζοὶ δὲ αὐλὴ πρωκειμένη τῦ σηκῷ ἐν ᾧ δὲ ἄλλ⟨ος⟩ σηκὸς τῆς μητρὸς τῦ βο⟨ὸς⟩· εἰς ταύτην δὲ τὴν αὐλὴν ἐξαφίασι τὸν Ἀπιν καθ' ὥραν τίνα κỳ μάλισα πρὸς ἐπίδέιξιν τοῖς ξένοις. Ὁ ἐφὸσι μὲν γὸ δὲ διὰ θυρίδ⟨ος⟩· ἀν τῷ σηκῷ· βλάον] δὲ κỳ ἔξω· ὑποσκιρτήσας δ' ἐν αὐτῇ μικρὰ ἀναλαμβάνυσι πάλιν εἰς τὴν εἰκ⟨ε⟩ίαν στάσιν. τὸ δὲ δὴ τῦ Ἄπιδ⟨ος⟩ ὲςὶν ἱερὸν προσκείμενον τῷ Ἡφαςείῳ, κỳ αὐτὸ τὸ Ἡφαςείον πολυτελῶς κατεσκευασμένον, ναῦ δὲ μεγέθ⟨ει⟩, κỳ τοῖς ἄλλοις.

Propinqua est etiam Memphis Aegyptiorum Regia, tribus à DELTA Schœnis dissita, ea Apidis templum habet, qui idem est ac Osiris; ibi Bos Apis in septo quodam alitur, & vt diximus, apud eos pro Deo habetur; albus frontem & quasdam paruas corporis partes, cætera verò niger; quibus signis indicant, qui sit ad successionem idoneus, alio defuncto. Ante id septum aula quædam est, & in ea aliud

aliud feptum matris eius Bouis . In hanc aulam nonnunquam Apis emittitur, præ-
fertim vt peregrinis oftendatur : alias enim per feneftram quandam videtur , fed
volunt, vt etiam extra fpectetur, itaque vbi paululum foris exultum lufit, rurfum
in proprium locum recipitur . Apidis templum Vulcano adiacet, quæ eft ædes
templi magnitudine, alijfque rebus fumptuofè adornata .   Suidas : Ἦ° Μέμφις Ἄπις   ſidas.
Θεὸς Αἰγύπτ᾽ · τοῦτον οἱ Αἰγύπτιοι τιμῶσιν ὡς ϲ᾿ῆπτιν· καὶ ἱερὸς εἰ ἄδε ὁ βοῦς τὰς ϲ᾿ιλή᾿μας , ὥσπερ ἡ
Μέμφις τῶ ἡλίω. *Memphis Apis Deus Aegypti ; hunc Aegypti venerantur vt Lunam,*
fiquidem Bos Lunæ facer eft, ficut Memphis Sol. De huiufmodi cultu bouino, vide iterum, quæ Herodotus in Euterpe fuâ fcripfit fanè ridicula, quæ
& fufè in Obelifco Pamphilio l. 5. de hierogrammatifmo Bouis profecuti
fuimus . Atque hæc de Monphta fufficiant .

NOMVS II. HELIOPOLIS,

ID EST

Præfectura Heliopolitana , Coptè ⲡⲓⲧⲣⲁϭⲓⲣ ⲉⲩⲛ ⲧ

HEliopolis fiue ciuitas Solis, vna ex primarijs totius Ægypti vrbibus
eft, Memphi magnitudine, religione, & cultu Deorum nullâ ratione inferior : etfi non defint nonnulli, qui eam cum On Hebræorum
confundant, quidam vnam & eandem cum Memphi feu Mefra effe velint;
cuius ratio videtur fuiffe , quod ea Mefra quoque vocetur ab Arabibus ;
quicquid fit confufio, tùm ex æquiuocatione nominum, tùm ex locorum
vicinitate nata videtur . Vt igitur lis dirimatur , dico duplicem fuiffe
ⲁⲣⲓⲙ Mifraim, fiue Mefram, antiquam & nouam ; antiquam transflumen   Duplex Mi-
Mefraim, Memphim in præcedentibus diximus : nouam cisflumen Helio-   fraim.
polim effe affirmamus ; Meminit huius duplicis Mifraim veteris & nouæ
Beniamin loco paulò ante citatos meminerunt & Arabes Geographi Nubianus & Abulfeda, vtramque poftremus hifcè verbis defcribit :   Abulfeda.

منف وهي مصر القديمة ومن غربي النيل وبمصر آثار عظيمة مرعلة من الصدور
الصورة وعليها دهان اخضر وغيرها الي يومنا هذا لم يتغير من الشمس وغيره علي
هذه المدة ومنف عن مصر علي مرحلة قريبه   ⬥

Monf fiue Memphis eft Mefra antiqua, fita fupra occidentalem partem Nili, funtque
in ea adhuc maxima & ftupenda antiquitatis veftigia ex lapidibus figuratis, fuper-
inductis colore viridi, & alijs, qui vfque in hunc diem, non mutantur à Sole , ac
temporis iniurijs, totò hoc interuallo . Diftat autem Monfis à Mefra paruâ marga-
la, feu itinere vnius diei . Heliopolim verò, quam Arabes عين شمس hoc eft,
oculum Solis, appellant, hifcè verbis defcribit :

وعين شمس في زماننا رسم وليس بها ديار ويقال انها كانت مدينة فرعون وبها   Geographia
آثار قديمة مرعله من الصخور العظيمة وبها عمود بقي ومربع جسمي مسلة فرعون   Nubianus.
طوله ذحو تلاثين دراعا وهي عن القاهره علي نصف مرحلة وعنها وهي تسمي
مطربه وهي عن القاهره في جهة الشمال تشرى عـــــــلى   ⬥

Ain fchems, hoc eft, Heliopolis, fiue oculus Solis , in temporibus noftris defo-
lata,

lata, & non funt in ea habitationes, & dicitur quòd fuerit ciuitas Pharaonis, funt etiam in ea infignia antiquitatis monumenta, conſtructa ex lapidibus & ſaxis maximis, eſtque in ea columna quadrata, quæ vocatur Acus Pharaonis, longitudo eius ferè 30. cubitorum, eſtque à Cairo ferè media margala, eſt etiam ei villa dicta Matharea, & eſt ſita ad latus ſiniſtrum Aliacri (in quo loco Chriſtus habitaſ-ſe fertur.) Quæ omnia conſentiunt Geographiæ Nubianæ ſic dicenti:

ومدينة الفسطاط هي مصر سميت بذلك لان مصرام بن حام بن نوح عليه السلام
بناها في الاول وكانت اولاعين شمس وما يلي جنوب الفسطاط بنيت قرية منف وبنا حيث
شمالها المدينة المسماة عين شمس وهما كالقريتين ويقال اذ فيها كانا منتزه عين
لفرعون

Ciuitas verò Pheſtad ipſa eſt Meſram ſic nominata, quod Meſram filius Cham, filij Noë, ſuper eum pax, ædificauerit eam in principio. Et fuit ciuitas prima Oculus Solis, & declinat in Auſtrum verſus Pheſtad, vbi ædificata fuit ciuitas Monf & ex parte eius ſiniſtra eſt ciuitas quæ vocatur Ainſchems, id eſt, oculus ſeu fons Solis, & illa ſunt quaſi duæ ciuitates, dicitur quòd eæ fuerint in delicias & oblectamenta Pharaonis. Dicitur ab Hebræis On, ita Raſſe in Micra haggedola in 30. Ezechielis: און מדינת מצרים נקרא בלעז בית שמש או עין שמש *On ciuitas Ægypti dicitur in lingua barbara Betſames vel Ainſemes, id eſt domus vel oculus Solis.* Fuiſſe autem hanc eandem cum Rameſſe Hebræorum, Ralbag & Abenezra in Exodi 14. demonſtrant; & certè ipſum etymon On ſatis demonſtrat, Rameſſem fuiſſe, in qua tot labores Iſr. elitæ ſuſtinuerint, ſiquidem און nihil aliud, niſi בא ואמץ חון עשר עמל שקר *fortitudinem, virtutem, diuitias, honorem ſignificat, quibus ordinariè coniunctus eſt labor, vanitas & afflictio ſpiritus.* Optimè igitur On vrbem vocauerunt Hebræi, in qua fortitudo, potentia, diuitiæ infinitæ, & omnia idolatricæ religionis flagitia ſuam ſibi ſedem poſuerant, vndè & conſequenter ex ſuperbia & arrogantia labor & dolor ſuper innocentes, humiles, & veri Dei cultui addictos Iſraëlitas. Vocatur autem עיר שמש id eſt, *oculus ſolis*; ob ſpeculum quoddam, quod in templo Soli dicato eo artificio poſitum erat, vt Solem radiantem faciem integro die referret, totamque ædem lumine ſuo illuſtraret; ita referunt Arabes hiſtorici, Abenhakem, Abn Saira, aliique; cuius artificij rationem nos curioſè inquirimus, docemuſque in Mechanica Ægyptiorum, quam vide. Erat igitur totus hîc Nomus conſecratus Soli ſiue Oſiridi, quem ſub bouem referentes ſub bouina forma adorabant; ita Strabo: Καὶ γὰρ αὐτὸν ὁ Ἡλιοπολίτης νόμος ἐν ταῦτα ἐπὶ τῆς ἡλία πόλις, ἐπὶ χώματος ἀξιολόγυ κείμθήν, Ἱερὸν ἔχυσα τῦ ἡλία καὶ Τὸν βαῦν Τὸν μνεύαν ἐν ἐηκῷ τινὶ ϛεβόμθμον, ὃς ἐν αὐτοῖς νενόμιϛαι Θεός, ὡς ἐν καὶ ἐν Μέμφει ὁ Ἆπις. Νυνὶ ὅτι παρέρημον ἡ πόλις· Τὸ ἱερὸν ἔχυσα τῷ Αἰγυπτίῳ τρόπῳ κατεσκευασμθμον Ἀρχαῖον ἔχον πολλὰ τεκμήεια τῦ Καμβύσυ μανίας κỳ ἱεροσυλίας; ὃς Τὰ μθμ πυρὶ, Τὰ ζ σιδήρῳ διαλωβᾶτο Τὴν ἱερῶν ἀκρωτηριάζων καὶ ἀπεφαίρον καθάπερ κỳ Τὸν Ὀβελίσκυς, ὧν δύο κ εἰς Ῥώμην ὡκομίσθηϛαν, οἱ μὴ κατακακῶμθμοι τέλεως. *Supra eam eſt regio Heliopolitana, vbi Solis vrbs eſt aggeri magno impoſita; Solis templum habet, & Mneuin bouem, qui in ſ pto qnodam nutritur, & ab Heliopolitanis pro Deo habetur, quemadmodum & Apis à Memphitis. Nunc omninò vrbs deſerta eſt; habet autem peruetuſtum templum Ægyptio more conſtru-ctum, quod multis & manifeſtis indicijs Cambyſis inſaniam ac ſacrilegia demon-ſtrat,*

Oculus Solis cur dicta?

Mirificum ſpeculum Solem toto die referens.

Abn Saira, Aben Hakem.

Mneuis Bos Deus Heliopolitanorum.

ſtrat,

strat, qui templa partim igni, partim ferro deuastauit, mutilans, exscindens, comburens, vti & Obeliscos, quorum duo Romam delati sunt, non omninò corrupti.

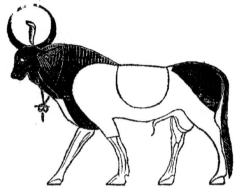

Quæ omnia Arabum relationi consentiunt; Heliopoli enim Obeliscos Soli dicatos, erectosque potissimùm in 3. tomo ex professo tradetur; de differentia verò Bouis Mneuios & Apidis, eorumque cultu, vide quæ tradimus in explicatione tabulæ Bembinæ, & in sequentibus de Apide, & in Obelisco Pamphilio Hierogrammatismo de Boue.

NOMVS III. BVBASTVS,

I D E S T,

Præfectura Bubastica, Coptè ⲧⲉⲃⲓⲣ ⲛ̅ⲃⲟⲩⲃⲁⲥⲧ⳨

BVbastus Nomus & Metropolis Ægypti, à Ptolomæo dicitur, βέβαςⲑ, quasi diceres gressum Bouis. alij deriuant hoc nomen ⲁⲡⲟ τ8 βό⳽ ⲕⲁⲓ ⲁⲥⲩⲑ, id est, vrbe Bouis; Coptè deriuatur à ⲃⲟ⳽Ⲃ̅ & ⲁⲥ⳨ id est, duos boues dedit. Hoc enim loco Osiris & Isis sub forma duorum boûm, quorum vnus Apis à Memphitis, alter Mneuis ab Heliopolitis dicitur; qui ambo primò comparuisse, hominesque in notitiam agriculturæ, legibus præscriptis deduxisse feruntur; ita Abenephius:

Abenephius

فيودست وحده من ايوانات مصر فقريه تسميت بلسان القبطي العطيه العظيمه البقرين

Bubastus autem vna ex præfecturis Ægypti, eademqne :initas denominata in lingua Copta, donum boûm. Certè qui etymon profundius examinare volet,

Bubasti etymon.

veritatem rei luce clariùs intuebitur; siue enim gressus Bouis, siue vrbs Bouis, siue denique donum boûm dicatur, vbique res sibi consentire videbimus. Etsi alij velint, Bubastin nihil aliud esse quàm Dianam, ita Herodotus in Euterpe: Ε'ν ἧ πόλει ἱερόν ἐςὶ Βεβαςὶς, ἥ ἐν τῇ γλωῆη ἡμῆῇ Ἀ'ρτεμις. *In-*

Cultus Canis in hac vrbe cur à

qua vrbe templum est Bubasis, quæ in lingua nostra idem est, ac Diana, & alibi, Δημήτης δὶ ἶσις; ϰὴ ἡ Ἀ'ρτεμις Βεβαςὶς. *Ceres autem Isis, & Diana Bubastis;* additque

ditque frequentes fuiſſe conuentus Ægyptiorum ad has vrbes, præſertim

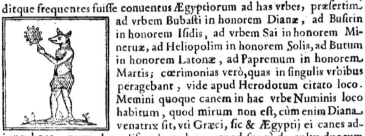

ad vrbem Bubaſti in honorem Dianæ, ad Buſirin in honorem Iſidis, ad vrbem Sai in honorem Mineruæ, ad Heliopolim in honorem Solis, ad Butum in honorem Latonæ, ad Papremum in honorem Martis; cœrimonias verò, quas in ſingulis vrbibus peragebant, vide apud Herodotum citato loco. Memini quoque canem in hac vrbe Numinis loco habitum, quod mirum non eſt, cùm enim Diana venatrix ſit, vti Græci, ſic & Ægyptij ei canes adiungebant; neque hæc diſcordant ab eo, quod ſuprà de cultu duorum boûm hic peracto diximus. Cùm enim Diana eadem cum Lunâ ſit, Bos autem Mneuius Lunæ dicatus ſit, quemadmodum ſuprà dictum eſt ex Strabone & Suida: certè ſub forma Bouis Ægyptios Dianam coluiſſe, cornutum ipſius Dianæ ſimulachrum apertè demonſtrat, & nos id fusè oſtendimus in capite de Iſide & Apide, quod conſule; vide quoque quæ ibidem diximus de Apide & Mneui, quorum hic Lunam, alter Solem referebat; Bubaſti igitur vterque Bos videlicet & Apis, & Mneuis, ſeu quod idem eſt, Sol & Luna, prout rerum ſublunarium, generationiſque cauſæ ſunt, cultus fuit; Dianam autem Iſin & Lunam idem prorſus eſſe citatis capitulis declarauimus. Omnia igitur hæc apprimè inter ſe concordant.

Porrò Bubaſtum multi hodiernam اسيوط *Aſiuth* eſſe volunt; ita Arabes, qui eam ſitam volunt ad montem Phœnicis; ita Schaar ebn elſaati apud Abulfedam, & Abn Saida apud eundem:

اسيوط في جهتها جبل الطير وقالوا انة جمع اليه الطير في كل سنة ويترك منك
واحدا معلقا سقب _____ قب

Aſiuth eſt è latere montis Auium, narraturque quod peregrinantur ad eam aues omni anno, & relinquunt ibi vnum ex ouis teſtâ inſigne.

Hebræi eam vocant בסת פי *phiboſeth*, hoc eſt, *os ignominiæ*, ob execrandam, quæ in ea exercebatur idololatriam, putantque multi fuiſſe hunc Vicum Hebræorum ſiue ipſam Geſſen; ſicuti Rameſſem, Heliopolim; ſed de his alibi fuſiùs dicemus; nunc ad alia.

NOMVS IV. HERACLEOPOLIS,

ID EST

Præfectura Heracleopolitana.

Heracleopolis Nomus & Metropolis, ab Herculis cultu ita dicta eſt, totuſque Nomus Inſulâ, quam duo Nili brachia faciunt, comprehenditur, ita Ptolomæus: Ἐπὶ τῷ πρὸς ταύτην χώρας ἐκβέσης ὁ ποταμὸς τὴν νῆσον ποιοῦσι τὴν Ἡρακλεωπολίτην νόμον, καὶ ἐν τῇ νήσῳ τὸ Νείλε ἡ πόλις μεσόγεῖος, καὶ μητρόπολις πρὸς τῆς δυσμικῆς χώρας τὸ ποταμὸν, τὸ Ἡρακλᾶς πόλις μεγάλη. *Atque hanc Inſulam dicimus*

dicimus nos antiquam Elphium fuiffe, & fuccedentibus temporibus diuerfa
nomina fortitam, ita vt aliqui pro illa ponant فسطاط *Pheftad*, quam plerique Arabum nunc cum Memphi, nunc cum Heliopoli confundunt ; certum eft, Pheftad modernam vrbem effe eandemque propè Cairum fitam.
cum Nilopoli effe, Arabes docent his verbis :

وبدأ يوسف بأمر بينيان القرى وحدد لها حدودا وكانت اول قرية عمرت بالفيوم
قرية يقال لها سافة فى القرية التي كانت تنزلها بني فرعون ثم امران
جعفروا للخليج وبنيان المقدار فلما فرغوا من ذلك استقبل وزن الارض ووزن الما
ومن يومئذ احدث الهندسة ولم يعرفونه قبل ذلك فيقال وكن اول من قاس النيل
بمصر يوسف ع م ووضع مقياس جمسه ور ๏

Et incepit Iofeph ædificare vrbes, conftituitque illis terminos, & prima vrbs con-
ftructa in Elphio, eft vrbs illa, quæ dicitur Saphe, quam habitabant filij Pharao-
nis ; tunc præcepit fodi amnem, & ædificauit fieri ædificium menfuræ Nili. His
autem abfolutis, aufpicatus eft pondus terræ & aquæ, & in hunc vfq; diem emanauit
Geometria. Non enim cognofcebant eam antehac, & dicitur quòd Iofeph fuerit pri-
mus, qui menfus eft Nilum in Ægypto, & pofuit Nilometrium in ipfa. Porrò cele-
bre illud Nilofcopium Nubiana Geographia, vbi primò totam Nili Infu-
lam fecundùm longitudinem & latitudinem, & pontium fitum tradit, ele-
ganter fanè hifce verbis defcribit :

وبعرف و نها قبل ذلك قال وكن اول من قاس النيل بمصر يوسف عم ووضع مقياس
دمشق ودار المقياس هي في الراس العريض من لجهة الشرقية مسايلي الفسطاط وهي دار
كبيرة يحيط بها من داخلها في كل جهة اقبية دايرة على عمد وفي وسط الدار
فسقية كبيرة عميقة جنزل البها بدرج رخام على الدايرة في وسط الفسقية عمود
رخام قايم وفيد رسوم اعداد انرع واصابع بينهما وعلى راس العمود بنيان منتقن من
الحجر وهو ملون مرسم بالذهب والازورد وانواع الاصباغ المحكة والماجسل الى هذه
الفسقية على قناة عريضة تصل بينها وبين ما النيل والما لايدخل هذه الجابية الا عند
زيادة ما النيل وزيادة ما النيل يكون في شهر اغشت والوفا من مايه ست عشر نراعا
وهو الذي يروي ارض السلطان باعتدال فانا بلغ النيل ثمانية عشر نراعا اروي جميع
الارضين التي هناك فان بلغ عشرين نراعا وهو ضور واقل زيادته تكون التي عشر
نراعا والنراع اربعة وعشرون اصبعا فما زاد على الثمانية عشر ضر لانه يقلع الشجر
ويهدم وما نقص عن التي عشر نراعا كان دن لكي النقص القط والجدب ๏

Nilofcopij
veteris & mo-
derni defcri-
ptio.

Et Nilofcopium, fiue domus menfuræ Nili eft in principio Infulæ ex parte orienta-
li, declinans ad Pheftad, eft autem habitatio magna, quæ intus circuiri poteft ex om-
ni latere, ambitus rotundus eft fupra columnas ; in medio habitationis eft area ma-
gna profunda, ad quam defcenditur per gradus marmoreos vfque ad ambitum, &
in medio area columna marmorea erecta, in qua fignati numeri cubitorum, digi-
torumque, & fupra caput columnæ, pofita alia fabrica ex lapide, & illa diftincta,
colore fignataque auro, & forma digitorum apprimè elaborata, & veniente aqua
ad hanc aream per fiftulam feu canalem latum ; aqua non ingreditur hanc foffam
nifi tempore incrementi aquæ Nili, quod contingit in menfe Augufti. Porrò incre-
mentum aquæ 16. brachiorum irrigat terram Regis æqualiter ; & cùm peruene-
rit Nilus ad 18. cubitus, irrigabit omnes terras ex hac parte, & fi peruenerit ad

E 20. cu-

20 *cubitus, calamitatem indicat, & minima inundatio* 12. *cubitorum , fumendo cubitum pro* 14. *digitis, & aqua crefcens fupra* 18. *neceffitatem & calamitatem denotat, quia euellit arbores , & deftructionem infert ; fi verò infra* 12. *deficiat aqua, famem & fterilitatem id indicabit , Dicitur autem hoc artificium à Iofepho Patriarcha adinuentum primò, & deindè à pofteris propagatum ;* ita Arabes plerique. Vide hiftoriam facram Saracenicam , cap. de geftis Iofeph in. Ægypto. Strabo dicta confirmat his verbis : *Nilometrium eft puteus quidam in Nili ripa ex integro lapide conftructus, in quo & maxima, & minima, & mediocria Nili incrementa adnotantur . Nam putei aqua cum Nilo pariter crefcit, & accrefcit, funtque in putei pariete notæ quædam infculptæ, incrementorum & decrementorum indices .* Quis porrò fuerit Hercules hìc cultus, alibi dictum eft. In hac Ichneumones Crocodilorum hoftes cultos potiffimùm effe , in fequenti Nomo oftendetur.

NO-

NOMVS V. CROCODILOPOLIS,

ID EST,

Præfectura vrbis Crocodilorum, Coptè ⲧⲁⲃⲓⲣ ⲛⲥⲟⲩⲭⲓ

Nuenio hunc locum olim in fragmento Geographiæ Coptæ vocatum esse ⲛⲓⲕⲁϩⲓ ⲛⲧⲉⲟⲩⲭⲓ id est, *terram Crocodilorum*. Maximè autem in hac vrbe & præfectura Crocodilorum cultum viguisse Strabo asserit. Arsinoem quoq; hanc vrbem dictam, vt contradistingueretur ab Arsinoë vrbe maris rubri, quam alij volunt eandem esse cum Beelsephan, & modernâ

Sues. Dixi Coptè vocari ⲛⲓⲕⲁϩⲓ ⲛⲧⲉⲟⲩⲭⲓ quia cùm hæc vrbs vicina esset lacui Meridis, in qua ingens Crocodilorum multitudo ingentem stragem cùm hominibus, tùm pecoribus inferentium stabulatur, eum tanquam Typhonium Numen certis ritibus & cœrimonijs placare contendebant; vnde & cultus ille belluinus emanauit; vocari autem Crocodilum linguâ Coptâ ⲟⲩⲭⲓ, ipse Strabo quoque tradit, his verbis:

(Greek passage) *Præternauiganti hæc ad centum stadia, ciuitas Arsinoe est, quæ olim Crocodilorum ciuitas dicebatur; in hac enim præfectura mirum in modum colitur Crocodilus, & est sacer apud eos in lacu quodam seorsim nutritus, & sacerdotibus mansuetus & Suchus vocatur. Nutritur autem pane, carne, & vino, quæ à peregrinis afferuntur ad eiusmodi spectaculum venientibus.* Colebant igitur Crocodilum, quemadmodum vicini Heracleotæ Ichneumones (Greek), qui cùm Crocodilis & aspidibus perniciosissimi sint, eorum enim oua delent, & ipsas bestias in ventrem introëuntes interficiunt; mirùm non est, vti omnes alias bestias beneficas, ita & hos Ichneumones apotheosi quâdam ab Heracleotis exaltatos fuisse. Sed de his vide pluribus & curiosiùs agentem Strabonem.

NOMVS VI. OXYRYNCHITES,

ID EST,

Præfectura Oxyrynchites, Coptè ⲧⲁⲃⲓⲣ ⲛⲧⲉⲧⲉⲃϯ

Icta fuit hæc præfectura à metropoli eius OxyrynchoOxyrynchitica, ideò quòd singulari prorsùs cultu in hac Oxyrynchum piscem prosecuti sint. Est autem Oxyrynchus piscis, quem Ægyptij referunt, pudendum Osiridis à Typhone resectum, ac in Nilum proiectum deuorasse; habetque nomen ab acumine rostri, quasi diceres ὀξύρυγχ⟨ος⟩, acutirostrum,

Ælian. l. 10. c. 46

E 2 *strum,*

ſtrum., habetque tantam venerationem & religionem, teſte Aeliano , *Vt eius Nomi incolæ nullum hamo captum attingere velint , metuentes, ne quandoque is piſcis apud eos ſacer, & magna religione præditus, eodem fuerit hamo traiectus ; atque cum piſces retibus comprehenduntur, diligenter etiam atque etiam perſcru-*

Cultus piſcis in hac vrbe.

tantur, num quem horum piſcium imprudentes vnà cum alijs cœperint ; malunt enim nullum piſcium excipere , quàm hoc retento maximum piſcium numerum aſſequi. Dicunt enim ex Oſiridis vulneribus Oxyrynchum prognatum eſſe. Oſirin autem eundem eſſe volunt cum Nilo. Quis autem & qualis hic piſcis ſit, in animalium hieroglyphica deſcriptione dicetur. vbi eum nihil aliud dicemus eſſe, quàm Lucium Niloticum Σαρκόφαγον, huius quam è latere vides figuræ. Sed audiamus Strabonem ;

Ε'ν δὲ τῆ ꝗτεραίᾳ Οξύρυιχ@. ϖόλις, ꝗ νόμ@. ὁμώνυμ@. . τιμῶσι δὲ ϛν Οξύρυιχον, ꝗ ϛïν αὐτοῖς ἱεϱὸν τὰ Οξύρυιχꝗ, ꝗ τοῖ ꝗ τῆ́ ἀλλων Αἰγυϖ̄ίων κοινῇ τιμόντων ϛν Οξύρυιχον. *In vlteriore regione eſt Oxyrynchus ciuitas & præfectura eodem nomine ; hic Oxyrynchus colitur, & Oxyrynchi templum eſt, quamuis etiam cæteri Ægypty omnes Oxyrynchum piſcem colant.* Sed de hoc in Latopolitano Nomo , & de Lapidoto piſce pluribus.

NOMVS VII. CYNOPOLIS,

I D E S T,

Præfectura Cynopolitana, Coptè ⲧⲉⲃⲓⲣ ⲛⲟⲧⲱⲧ ⲭ

V Ocatur hic tractus præfectura Canum, vti & Metropolis eius, Canum vrbs, eò quod maximo cultu canem in ea proſequerentur ; vndè etiam Coptè dicitur ⲧⲉⲃⲓⲣ ⲛⲟⲧⲱⲧ ; Territorium Canis, quod vt intelligatur , Notandum, Anubin ſeu Mercurium κυνόμορϕον ſuiſſe repræſentatum, cultumque tanquam Deum inuentionis rerum ; ſuiſſe autem creditum hunc amare corpora canum tanquam naturæ ſuæ ſimillimorum . Sicuti enim canes ſagaces ſunt, & inſequuntur ferarum veſtigia , ita & Mercurium aiunt, varias artes & literas humano generi neceſſarias ſagaciter inueniſſe, ob quæ beneficia diuinam hanc ϖροθεώσιν meruerit . Vide quæ de hoc Mercurio fuſiùs tradit Diodorus Siculus. Audi Strabonem ; Ε'ξης δ'

Natura canum ſimillima Mercurij.

ϛξὶν ὁ κυνοπολίτης νομὸς, ꝗ κυνῶν ϖόλις, ἐν ἦ ὁ Α'νꞷβις τιμᾶ̃) ꝗ τοῖς κυσὶ τιμὴ ꝗ σίτισις τέτακ] τις ἱεϱὰ . *Sequitur Nomus Cynopolites, & Canum vrbs , in qua Anubis colitur, & canibus habetur honor , & ſacer quidam cibus canibus eſt conſtitutus.* Eam modò quidam vocant *Monſalut* منفلوط vel اسيوط *Aſiuth* vicinam Meni ; Monſalut ita deſcribit Abulfeda :

Canis cultus & cibus in hac vrbe.

منفلوط بلده قحو المعره وقي بالصعيص الاوسط قحت اسيوط
على مرحله منة وقي في بر الغرب على النيل وقي على خط

النيل

Monfalut eſt parua vrbs verſus Mare, quæ eſt in Said Media, infra Aſiut vnâ ferè margalá, eſtq́ in deſerto occidentali Nili ſupra oram Nili ſita. Alij putant hanc vrbem modò appellari المومني *Almomni;* ſed vèriſimilius eſt eſſe, vt diximus Aſiuth, veram illam & antiquam Cynopolim, monſtratque illud tùm longitudo, tùm latitudo huius apud Abulfedam congruens Ptolomaicæ, vti ex tabula Aegypti innotèſcet, tùm Coptâ vox ϭⲓⲱⲟⲩⲧ, quod Canem ſignificat in Onomaſtico noſtro, luce clariùs demonſtrat. Figura hic coli ſolita erat ea, quæ præceſſit, quam & ex tabula Bembina deprompſimus.

NOMVS VIII. HERMOPOLIS,

ID EST

Præfectura Hermopolitana, Coptè ⲧⲁⲃⲓⲣ ⲛⲑⲱⲟⲩⲧ ⲝ

DIcta fuit hæc præfectura à Mercurij cultu, Εʼϱμόπολις, Coptâ linguâ, Territorium Thoth; ⲑⲱⲟⲩⲧ enim Mercurium dici, alibi fuſè oſtendimus; colebatur autem in hac Mercurius eandem prorſus ob cauſam, ob quam in Cynopolitana præfectura eum cultum diximus. Simulachrum quoque idem ferè; eſtquè hodie nomen ei بنيسويف *Baniſuaif*.

NOMVS IX. ANTINOVS

ID EST,

Præfectura Antinoopolitana, Coptè ⲧⲁⲃⲓⲣ ⲛⲁⲛϯⲛⲱⲟⲩⲧ ⲝ

VOcatur hæc vrbs Antinous, ab Arabibus انصنا *Anſena,* ſiue Αʼⲛⲧⲓⲛⲟⲟ́ⲧⲉλⲓⲥ, Stephano teſte, à quibuſdam Adrianopolis; Antinoopolis dicitur ab Antinoo armigero Iouis, in cœlum tranſlato, quem multi cum Horo confundunt; vndè & volunt Horum hic coli ſolitum, ſub forma Sigalionis, ita Pauſanias in Corinthiacis. Quicquid ſit, certum eſt, Græcos omnes ſuas fabulas parallelâ quâdam ratione ad Ægyptiorum mythologiam contexuiſſe. Sed de hiſcè conſule noſtram myſtagogiam Ægyptiam.

NOMVS X. LATONOPOLIS,

ID EST,

Præfectura Latonopolitana, Copté ⲧⲁⲃⲓⲣ ⲛ̄ⲧⲉⲗⲁⲧⲱⲛ ⳾

Vocatur hæc vrbs à Stephano τῆς Λητᾶς πόλις, hoc eſt, *Latonæ ciuitas*, Copté ⲃⲁⲕⲓ ⲛ̄ⲧⲉ ⲗⲁⲧⲟⲛ ⳾ Eſt autem Latona ſiuè Græcè Λητώ, nihil aliud, quàm Latona ſeu Dea partûs, quam hìc Ægyptios coluiſſe, Strabo docet. Herodotus quoque ait : Iſin hoc loco Horum peperiſſe. Vndè mirum non eſt, Iſin & Latonam Græcorum pro eádem ſumi ; cùm Iſis quoque apud Ægyptios pro Dea partûs colatur, Diodoro teſte. Verùm cùm de hac Dea ſuſiſſimè ſit tractatum in Pantheo Hebræorum c. 16. vbi & oſtendimus Lunam, Iſin, Ilythiam, Lilith, Anacitida, Cabar, Lucinam, Latonam, vnam & eandem Deam eſſe, eo Lectorem remittimus. Vocatur hæc vrbs modò ab Arabibus اسنا *Aſna*, quam Abulfeda his verbis deſcribit :

واسنا بلدﺓ بها خمامات واسواق وﻫﻲ من اسوان وقوص في بر الغرب وﻫﻲ الى قوص اقرب
وﻟﻬا فعيل وكروم ومزدرع ⁜

Aſna vrbs balneis & plateis inſtructa, & eſt reſpectu Aſuan & Kaus in deſerto occidentali, eſt verò vicinior vrbi Kaus; palmis, vineis, & frumento feraciſſima.

CAPVT V.

DISTRIBVTIO III.

Ægypti Superioris in ſuos Nomos.

NOMVS I. THEBAICVS,

HOC EST

Præfectura Thebana, Copté ⲧⲁⲃⲓⲣ ⲛ̄ⲥⲉⲁⲛ ⳾

Thebæ Ægyptiæ Thebaidos metropolis, vrbs vna ex Ægyptijs celeberrima, & antiquiſſimorum Scriptorum monumentis celebrata, vti varijs nullo non tempore titulis & appellationibus eſt inſignita, ita maximam quoque inter Authores confuſionem peperit. Strabo eam vocat Διόσπολιν, ἑκατόμπυλον Stephanus, Buſirin Diodorus. Multi eam confundunt cum Syene, quam Æthiopes Sirin, Arabes nunc Aſna, nunc Aſiuth, nunc Aſuan appellant, quæ nominum ſimilitudo non parum difficultatis authoribus peperit, verùm vt veritatem ex tanta confuſione tandem vindicemus.

Notan-

Notandum in Ægypto plerafque ferè ciuitates duplices fuiffe, quod
non tantùm apud Ptolomæum videtur, qui duas recitat Diofpoles, duas
Hermopoles, duas Aphroditopoles, Heracleopoles &c. Sed & apud Arabes multum vfitatum fuit ; ita duas Memphes, duas Efmun, duas Afioth,
duas Afna, duas Efuan &c. recitârunt ; ex quo non exigua difficultas,
dùm vnam fubindè cum altera confundunt, exoritur, præfertim apud Arabes, qui diftinctionis inimici funt . Et certè huiufmodi difficultates nullà aliâ ratione fuperari poffe vidi, nifi fedula & parallela quâdam comparatione vnius ad alteram, cum ex antiquitatum monumentis, tùm ex longitudine, & latitudine earundem vrbium factâ . Dico igitur duas effe
vrbes in Ægypto اسوان Efuan, vnam diximus eandem effe cum Arfinoe ;
alteram fuperiorem, quam eandem effe diximus cum famofiffimis Thebis,
ex earundem ruderibus inftauratam ; hoc vt afferam, me mouet primò maxima antiquitatum congeries in Efuan fuperftes, de quibus ita Abulfeda
& Salmas :

اصوان مدينة بالصعيد الاعلى وهي من بر الشرق وبها البرجة المشهورة وهي من اعظم

آثار الاوايل بكبر صخورها المنحوتة وكثرة التصاوير التي عليها ۞

Afuan ciuitas Thebaidos fuperioris ex parte deferti orientalis, in qua eft pyramis
illa notiffima, quod eft maximum primæuæ antiquitatis monumentum ob magnitu-
dinem cælatorum faxorum, ac multitudinem figurarum, quæ in ea confpiciuntur .
Plurimas autem pyramides & obelifcos ibi fuiffe, teftis eft Strabo, Diodorus, & Herodotus, quorum aliqui fuperfunt; alij infaniâ Cambyfis turpiter
defœdati concidêrunt . Strabo centum portarum vrbem appellat, quam
& Homerus his verbis commendat.

Τῇ πλᾶςα φέρϵι ζάδ'ωρ(Θ) ἄϱουϱα
Καὶ Aἴϑ' ἐκατόμπυλ(Θ) ἔισι, διηκόσιοι δ' ἐν ἕκαςοι
Ἀνέρες ἐξοιχνϵῦσι, σὺν ὑπποισιν καὶ ὄχεςφιν.

Illic terra fuos fundit largiffima fructus,
Centum Vrbem portæ claudunt, per quamq́ ducenti
Arma viri currufque agitant .

Hanc exactè & curiosè defcribit Strabo, vtpotè omnium in ea monumentorum fuperftitum teftis αὐτοπτὴς.

Sunt & alij, qui hanc totius Ægypti metropolim ponunt : nunc veftigia magnitudinis eius fuperfunt, longitudine XXC ferè ftadiorum ; habet templa quam
plurima magna ex parte à Cambyfe mutilata ; nunc per vicos habitatur, ac pars
eius in Arabia, vbi & vrbs eft, pars etiam in vlteriore Regione, vbi Memnonium . Hic cum duo Coloffi effent, de folido lapide inter fe propinqui, alter adhuc
exftat, alterius verò fuperiores à fede partes corruerunt, terra, vt fama eft, motu.
Creditum eft etiam, femel quotidiè fonitum quendam veluti ictus haud magni edi à
parte, quæ in fede & bafi remanfit ; ipfe, dum cum Ælio Gallo adeffem, & cum
reliqua multitudine amicorum, ac militum, qui cum illo erant, circiter horam primam fonitum audiui ; vtrum à bafi, fiue à Coloffo, an verò ab eam circumftantium
aliquo editus fuerit, non habeo affirmare ; cùm propter incertitudinem caufæ quiduis potius credere fubeat, quam ex lapidibus fic compofitis fonum edi . Supra
Memnonium funt Regum loculi in fpelancis quibufdam in lapidem incifi, circiter
XL mi-

X L mirum in modum struli, spectatuque sanè digni : iuxta hos in Obeliscis qui
busdam inscriptiones sunt , quæ Regum illorum diuitias & potentiam declarant .
Ex qua sanè Strabonis descriptione cùm magnitudo tum celebritas &
magnificentia vrbis Thebanæ satis patet . Quæ omnia modernæ Esuan
conueniunt ; imò quas Græci Thebas, Coptitæ dicunt **cxɑn** siue Soan ,
à qua Arabes suum nomen videntur mutuasse , præposito solum A ante
Suan. Accedit quòd Suan, eandem habeat cum Thebis latitudinem ,
quam Ptolomæus assignat , & quam Syene habet ; cùm Syene prorsùs
idem sit cum **cxɑn**, à quo etiam corruptum, nomen suum obtinet ; vnde inferimus, *Thebas* Græcis, Coptis **cxɑn** *Suan*, Arabibus *Asuan*, olim

Duplex Sye-
ne. idem prorsùs cum Syene vel meliùs Suane fuisse, quicquid alij authores in
contrarium adducant . Existimo enim, hanc differentiam ortam esse, eò
quòd, teste Strabone, Syene duplex esset, vna in finibus Æthiopiæ, alte-

Thebarum ra infra insulam elephantinam , quam nos eandem cum Suan dicimus.
magnitudo, Erat enim Thebarum vrbs olim ita vasta, vt 80. stadia facilè in longitudinem teneret, teste Strabone . Vndè mirùm non est , eam ad gradum ferè integrum sese extendisse . Vocatam autem fuisse à Græcis Διόσπολιν, à Iouis cultu, huic loco peculiari ; Bouem quoque huic loco sacrum fuisse,
apud Herodotum reperio, Serapidis præterea templum hic extitisse Ammianus Marcellinus testatur ; multosque obeliscos ibi in honorem Solis
erectos Strabo docet . Verùm qui plura de Thebarum magnitudine desiderat, consulat Diodorum Siculum l. 1. c. 6.

NOMVS II. APOLLOPOLIS;

I D E S T,

Præfectura Apollopolitana.

Horus & A-
pollo idem. IN hac præfectura Apollinem cultum, ipsum Nomen docet, est autem
Apollo Coptitis idem quod Horus, author Harmoniæ mundi , vti in
Mystagogia Ægyptia fusè declaramus . Vnde pri-
sci hanc Ægypti partem Horo consecrabant, eumque veluti Numen propitium, & ἀντίθεον Typhoni
adorabant ; quare odio quoque maximo habebant Crocodilum, in quem conuersum Typhonem
asserebant ; cùm insidias struens Horo, à facie Osiridis & Isidis persequentis se fugeret . Audiamus
Strabonem . Δὲ τῇ παραλία ἱερακων πόλις τὸν ἱέρακα τιμᾶσα ,
εἶτ᾽ Ἀπόλλωνος πόλις , καὶ αὕτη πολεμῶσα τοῖς κροκοδ᾽ελοις .
In vlteriore regione Accipitrum vrbs , vbi Accipiter coli-
tur ; deindè Apollinis vrbs, quæ etiam Crocodilis est inimica . Cætera vide apud
Plutarchum l. de Osiride & Iside ; Phontis quoque ciuitas primaria huius
Nomi, Coptè nihil aliud, nisi ϥⲧⲟⲩⲛⲧ , id est, *Deum sublimem* significat,
qualem dicebant Horum esse , Arabicè hodie vocatur ريشمين ريجي *Richmuni.*

NO-

NOMVS III. PANOPOLIS,

ID EST

Præfectura Panopolitana, Coptè ⲧⲉⲃⲓⲣ ⲛⲡⲁⲛⲁⲝⲥ

IN hac præfectura, eiuſque metropoli Pana cultum, ipſum etymon docet, eandemque religionem, quam Mendeſij, profeſſos veriſimile eſt,
id eſt, ſub forma eum Hirci, aut Satyri coluiſſe ; Coptè dicitur ⲡⲁⲛⲁⲝⲥ
Arabicè ﺑﻨﺎ *Bana .* Pana ⲡⲁⲛⲁⲝⲥ autem idem eſt ac videns, quaſi diceres ,   *Panos cultus.*
ciuitas videntis omnia, qualem nos dicimus Pana, & Coptitę Oſirin, Deum
totius vniuerſi, fœcundis radijs ſuis omnia implentem . Vide de hoc in
Myſtagogia noſtra fuſiùs tractatum .

NOMVS IV. COPTOS,

ID EST,

Præfectura Coptitica , Coptè ⲧⲉⲃⲓⲣ ⲛⲕⲉⲩϯ

FVit hæc vna ex primis præfecturis totius Ægypti, fundata à Meſraim
filio Cham, quem Ægyptij Arabes paſsìm ﻗﺒﻂ *Kopt* appellant, Coptitæ ⲕⲉⲩϯ *Keſt*, à qua & tota deindè Ægyptus Coptos, vel corruptè Gi-
ptos fuit dicta, de quo etymo vide, quæ tradidimus in Prodromo Copto ;
ſed audiamus Gelaldinum Arabem Hiſtoricum , qui in hiſtoria Regum
Ægypti ſic dicit :

واستخلف لبيصر ابنه مصر وحاز كل واحد من اخوة مصر قطعة من الارض لنفسه

سوى ارض مصر التي حازها لولده النفسه فلما كثر ولد مصر واولاد اولادهم قطع

مصر لكل واحد من ولده قطعته بحوزها لنفسه واولده وقسم لهم من هذا النيل قطعة لابنه

قبط وسكنها وبه سميت وما فوقها الى اسوان وما دونها الى اشمون في اشرق والغرب

   Gelaldinus in historia Regum Ægypti.

Et ſucceſſit Bother filius eius Meſra, diuiſitá, ſingulis fratribus ſuis Ægypti par-
tem, ſibiipſi parum quoque de terra, quam diuiſit filijs ſuis ; cùmque multiplica-
rentur filij Meſra, & filij filiorum eius, diuiſit adhuc ſingulis vnam partem , &
eam quidem, quæ eſt iuxta Nilum, dedit filio ſuo Copt , locum videlicet Copt , vel
Gipt, & habitauit ibi, nominatuſque fuit à loco Copt, Copt , & quicquid eſt ſupra
Copt vſque in Eſuan, vel Thebas, atque infra eandem in Eſinun vſque, quicquid
orientis & occidentis plagâ continebatur, eius ditioni fuit ſubditum . Huius ſitum
his deſcribit Abulfeda :

وقيط قحت قوص من بر الشرق على بعض مرحلة من قوص والاقصى فهي اقرب الى الجبل النيـ

على الاشراى فهي اقرب الى الجبل النيـ

   Copti Vrbis ſitus.

Coptus autem infra Kaus ex parte orientali deſerti ſupra aliquot Margalis à
Kaus & fines eius ſunt à Kæuphe vſque in Eſchraph, quæ eſt vicina monti Nili.
Strabo eam commune emporium Ægyptiorum & Arabum dicit, ad quod
omnes Indicæ, Æthiopicæ, & Arabicæ merces ex mari rubro deferantur ;

F   modò

modò vocatur ناق *Kana* Arabibus, vti priùs, ita & nunc mercatoribus vndique confluentibus frequentatissima. In Copto autem Osiridem & Isidem vnà cum Horo cultum, Plutarchus testatur, cuius simulachrum tradit fuisse quod alterâ manu Typhonis pudenda contineret. Vide quæ susiùs de Horo eiusque cultu Copti peracto tradidimus Syntag. 3. cap. 7.

NOMVS V. TENTYRITES,

ID EST

Præfectura Tentyrites, Coptè ⲧⲉⲫⲓⲣ ⲛⲧⲁⲛⲟⲩϣⲉⲣ.

Tentyrita-
rum odium
in Crocodi-
los.

VOcatur hæc præfectura Coptè ⲧⲁⲛⲟⲩϣⲉⲣ, Arabicè رشونت *Tanuscher*, quæ vox idem est ac Tentyra, vel Tenoira, aut Tenothra. *Huius incolæ, teste Strabone, præter cæteros Ægyptios excellenter Crocodilum detestantur, & ex omnibus belluis inimicissimum habent. Nam cæteri quanquam eius animalis malitiam nôrint, & humano generi perniciosissimum existiment, Tentyritæ omnibus modis eos peruestigant, atque occidunt, vi quâdam naturali eorum incantatiua imbuti; ita vt Crocodilis Romam in spectaculum adductis, ipsi Tentyritæ præessent, eosq́; gubernarent.* Cœterùm Tentyritas Venerem quoque coluisse, idem Strabo author est. Sed hæc de hoc Nomo sufficiant.

NOMVS VI. LYCOPOLIS,

ID EST,

Præfectura Lycopolitana.

Typhon sub
forma lupi
cultus.

IN hac præfectura Lupum coluisse incolas, ipsum etymon docet; meminitque huius metropolis Nomique Strabo. Neque de ratione & causis cultus lupini quicquam apud authores ferè indagare valui; nisi dicamus, Typhonem (quem nunc in Lupum, modò in Crocodilum, iam in asinum transmutatum fuisse Plutarchus dicit) ceu Numen Auerruncum, placatum sacrificijs quibusdam, & sub lupina forma cultum. Sed hæc iudicio eruditorum relinquenda sunt; quare ad alia.

NOMVS VII. APHRODITOPOLIS,

ID EST

Præfectura Aphrodisia.

Origo cultus
Veneris.

IN hac præfectura Veneris cultum institutum esse, etymon docet, siquidem Aphrodite nihil aliud quàm Venus est; hanc ita describit Strabo: Μετὰ δὲ Μέμφιν Ἀκανθ... πόλις ὁμοίως εἰς ἐν τῇ λυβίῃ, καὶ τὸ τῷ Οσίριδ... ἱερὸν, καὶ τὸ τῷ Ἀκάνθα ἄλσ... ἡ Θηβαικὴς· ἐξ ἧς τὸ Κόμμι· εἶ) ὁ Ἀφροδιτοπολίτης νόμ..., καὶ ἡ ὁμώνυμ... πόλις ἐν τῇ

ἐν τῇ Ἀϱαβίᾳ, ἐν ᾗ λδυκὴ βᾶς ίεϱ ζίϱι). *Poſt Memphim eſt Acanthus ciuitas Lybi-
cæ perſimilis, ibidem Oſiridis templum, & Acanthæ Thebaicæ lucus, vndè gum-
mi habetur; poſteà eſt Aphroditopolitana præfectura, & ciuitas eiuſdem nominis
in Arabia, in qua bos alba ſacra nutritur .* Venerem autem eandem cum Iſide eſſe alibi dictum eſt; Arabes moderno nomine hanc vrbem vocant
عبوطيج *Abutig,* multaque priſcæ religionis monumenta in ea ſupereſſe
narrant. Quale autem fuerit idolum in hac præfectura cultum, cum apud
authores non inuenerim, ſuperuacaneum quoque eſſe ratus ſum, coniecturis inutilibus & incertis tempus inſumere .

NOMVS VIII. LATOPOLIS,

I D   E S T,

Præfectura Latopolitana.

Dicitur hæc præfectura Latopolitana, à cultu piſcis Lati, quem
Plutarchus dicit Ὑποθέωϱιν, hanc meruiſſe, eò quòd ſicut Oxirin-
chus & Lepidotus, ita & Latus hic de Oſiridis pu-
dendo in Nilum à Typhone proiecto deguſtârit; <small>Strabo</small>
Strabo: Τινὰ μ̀ϱ̀ὸ ρ̀ζ Ζῴων ἄπαντες κοινῇ τιμῶσιν Αἰγύπτιοι, καθάπϱ ρ̀ ϫ̀ σπέζων μ̀ζ ζια, βοῦι, κυνα, αἴλεϱον· ρ̀ξ δ̀ ϫ̀ λνῶν δύο,
ἴϱαχα νϱ ἴβιν. ρ̀ν δ̀ αὐδ̀ ϱϱν δύο, λεπιδωτὸν ἰχθὺι, κϱ ὀχύ-
ρυτχον. ἀλλὰ δὲ ὀζιν ἀτιμῶσι κατ ἑαυτὰς ἕκασοὶ, καθάπϱ Σάι)
θεβϱάτον, κ) Θηβαι) · λάτον δι ξν ἐν τῷ Νείλῳ τινα ἰχθὺι λατο-
πολῖ). *Sunt etiam quædam animalia, quæ Ægypty vniuerſi colunt; vt de terreſtribus tria, bouem, canem, fe-
lem; è volatilibus accipitrem, atque Ibin; ex aquatili-
bus, Lepidotum piſcem, & Oxyrinchum. Sunt & quæ ſeorſim coluntur, ſic Sai-
tæ & Thebani ouem, Latum verò, qui piſcis quidam eſt in Nilo, Latopolitani .*
Quidam hunc Nomum confundunt cum Latonopolitano, perperam;
hic enim à Latonæ; ille à Lati piſcis cultu nomen inuenit .

NOMVS IX. ABYDVS,

I D   E S T,

Præfectura Abydena, Coptè ⲧⲉⲃⲓⲣ ⲛ̄ⲫⲓⲓⲁⲧⲧ

Abydum maximam poſt Thebas in Ægypt vrbem fuiſſe, Strabo docet, docentque inſignia monumenta in ea relicta, de quibus paſſim authores mira referunt: vide Strabonem, Diodorum, & Herodotum.
Eſt autem hic Nomus idem cum Memnonio Nomo : in hac enim Abydo
Memnonis, quem aliqui cum Iſmande confundunt, Regia mirificè ſtructa
è ſolido lapide . Eſt & fons quidam ibi in profundo poſitus admirabilis

ſtru-

ſtructuræ; hanc Abydum Mareotin quoque vocatam Stephanus ait; nec mirùm, cùm & in hunc diem ab Arabibus eodem adhuc nomine vocetur مريوط *Mariut*. Erat enim eius vaſtitatis, vt Maræotim lacum penè attinge-

ret, hodie vocatur ab Arabibus ابوتيج *Abutig*; perperam quidam eam pro Elphio ſumunt; cùm quid Elphium propriè fuerit, ex præcedentibus patuerit. Dicitur Abydus Coptè ⲫⲓⲁⲧ, quaſi dicas ⲁⲃⲓⲁⲧ ſeu Abydus; latentia quædam Aby-di veſtigia retinet.

In hoc deniq; Abydenſi Nomo Oſirin cultum Strabo Author eſt: Ἐν δὲ τῇ Ἀβύδῳ τιμῶσιν τὸν Ὄσιριν· ἐν τῷ καὶ ἱερῷ τᾶ Ὀσιρίδος· ἐκ ἐξεςὶν, ἤ τε ᾠδὸν, ὔτε Αὐλητῶ, ὔτε Ψάλτω ἀπέρχεσθι, τῷ Θεῷ καθάπερ τοῖς ἄλλοις Θεοῖς ἔθG. *Abydi Oſiris colitur, in eius templo non licet neque can-tori, neque tibicini, nec cythareædo ſacrificium auſpicari, quemadmodum mos eſt alijs Deis.*

NOMVS · X. ANTÆOPOLITES,

ID EST,

Præfectura Antæopolitana.

Ontinetur hæc præfectura, teſte Ptolomæo, ſub inſula Elephanti-na, ex cuius orientali parte Antæum occurrit, ciuitas, à qua No-men præfectura habet; vocatur quoque hæc à quibuſdam Cnuphis & Coptè ⲭⲛⲟⲃ, quo nomine Canopum idolum vocant; vndè colligo cultum forſan hic alicubi Canopum, vt in præfectura Menelai; certè ce-leberrimum in hac vrbe Cnubi templum fuiſſe, Strabo docet: Syene, inquit, & Elephantina, altera quidem in finibus Æthiopiæ eſt, & Ægypti vrbs. altera iuſula eſt dimidio ſtadio in Nilo ante Syenem poſita, inque ea vrbs quæ Cnuphidis templum habet & Nilometrium. Atque hæc ſunt quæ de Nomis Ægyptiorum antiquis breuiter, & quantum rei obſcuritas permiſit, dicenda putaui. In quorum quidem Nomorum partitione Pto-lomæum non ſecuti ſumus; ſed primæuam primorum Regum partitio-nem ex varijs Goptorum atque Arabum fragmentis extractam. Nam Ptolomæi partitio poſt deſtructum iam à Cambyſe imperiũ Ægyptiacum, denuò inſtaurata à Regibus Ptolomeis, multum à priori diſcrepat; vt map-pas partitionum ſingularum hic appoſitas intuenti patebit. Ægyptij qui-dem data opera, & abdito quodam Religionis ſuæ propagandæ conſilio in 30. vniuerſam Ægyptum Territoria, vti ſuprà dictum eſt, primùm my-ſticè diuiſerunt; Ptolomæi deindè in 40. eam pro commoditate guber-nationis denuò partiti ſunt. Tandem Mahumedani, vti aliam & aliam diuiſionem moliti ſunt, ita veterum quoque nominum corruptionem pri-mi introduxerunt, vt in adnexa Schematiſmi fig. 2. patet. Verùm vt om-nia exactiùs proponantur, in tabula ſequenti longitudines, & latitudines
ſin-

singulorum Nomorum antehac inuisas ex Arabum officina depromptas, apponere visum est.

Tabula Nomorum omnium indicans nomina, idola cuique propria, longitudinem quoque & latitudinem eorundem.

Appellationes secundùm Coptos.	Appellationes secundùm Arabes.	Appellationes secundùm Græcos.	Religio seu idola cuique propria.	Long. Lat. Secundùm Arabes		Long. Lat. Secundùm Ptolomæum	
ⲛⲓⲧⲁⲃⲓⲣ	الاديرانات	Νόμι καὶ Μη-ζοπόλεις	Imagines idolorum	G. M.	G. M.	G. M.	G. M
1. ρⲁϫⲱϯ	الاسكندريه	Ἀ'λεξανδρεια		51 20	31 31	61 10	31 20
2. Φτⲓϧⲟϯ	دروطي	Βύτ@		50 45	30 45	61 40	30 30
3. ⲙⲙⲉⲛϩⲏⲥ	المورد	Θμωὶς		52 36	30 50	61 40	30 20
4. ⲡⲓⲫⲓⲟⲛ	منوفي	Ὄνυφις		52 45	30 35	62 5	30 40
5. ⲥⲁⲓⲟⲩ	صابس	Σάϊς		51 50	30 32	61 30	30 30
6. ϯⲫⲉⲙⲉⲛⲟⲩϯ	شمبا	Ζάϊς		51 53	30 43	61 40	30 20
7. ⲑⲣⲁϫⲉ	اقرديب	Ἀ'θριβις		52 10	30 30	62 0	30 30
8. ⲧⲉⲛⲉⲥⲓⲛⲉ	تفنس	Ταυὶς		52 54	30 50	62 30	30 30
9. ⲡⲓⲉⲣⲃⲁⲓⲧ	جلبس	Φαρβαιθὸς		51 56	30 30	62 30	30 10

Appel-

Appella-tiones se-cundùm Coptos	Appella-tiones se-cundùm Arabes	Appella-tiones se-cundùm Græcos	Religio seu idola cuique Nomo pro-pria	Long. Lat. Secundùm Arabes		Long. Lat. Secundùm Ptolomæum	
ⲛⲓⲧⲍⲁⲇⲓⲣ	الاليونذات	Νόμ⳪.	Simulachra	G. M.	G. M.	G. M.	G. M
10 ⲃⲟⲥⲓⲣⲓ	جوسير	Βουσίρις		52	54 30 20	62	30 30 15
11 ⲙⲉⲛⲟⲫⲧ	منف	Μέμφις		53	20 30 20	61	30 29 30
12 ⲱⲛ	عين شمس	Ἡλιόπολις		53	30 30 20	62	30 29 30
13 ⲃⲟⲩⲃⲁⲥⲧ	السفلي	Βούβαστⲟ.		53	20 30 40	63	5 30 40
14 ⲙⲟⲗⲟⲭ	منيل فوق	Ἡρακλέα-πολις		51	56 29 15	61	30 29 15
15 ⲥⲟⲭⲓ	اسوان السفلي	Κερκοσειλό-πολις		51	48 27 20	61	40 27 40
16 ⲧⲉⲃⲧ	اخنا	Ὀξύρυγχⲟ.		50	40 28 30	60	40 28 30
17 ⲥⲓⲟⲩⲧ	لولو	Κυνόπολις		51	30 28 30	61	30 28 40
18 ⲉⲣⲙⲉⲛⲥ / ⲃⲩⲧⲟ	بنبوف	Ἑρμόπολις alijs Ἀφροδίσια	Veneris cul-tus hic viguit	51	40 28 20	61	40 28 25
19 ⲁⲛⲧⲓ-ⲛⲟⲩⲣ	الاشموف	Αντινόπολις		52	10 28 15	62	5 24 10
20 ⲗⲉⲧⲟⲛ	اسنا	Λατόπολις		52	10 24 25	62	5 24 30

Appellationes secundùm Coptos	Appellationes secundùm Arabes	Appellationes secundùm Græcos	Religio seu idola cuique Nomo propria	Long. Secundùm Arabes		Long. Lat. Secundùm Ptolomæum	
ⲛⲓⲧⲁⲃⲓⲣ	الادودنات	Νόμ☉	Simulachra	G. M.	G.M	G.M	G.M
21 ⲥⲟⲁⲛ	اسوان الاعلى	Θη'ζαι Διόαπολις		52 24	24 10	62 24	24 10
22 ϣⲣⲟⲥ	رجي موڤجي	Α'πολλόπολις		51 37	24 50	61 30	24 40
23 ⲡⲁⲛⲁⲩ	دنا	Πανόπολις		52 0	27 20	62 0	27 25
24 ⲕⲉϥⲧ	قبط قنت	Κόπτ☉		52 30	26 0	62 30	26 0
25 ϯⲛⲟϣⲉⲣ	دنوشر	Τέντηρα		51 15	26 17	61 30	26 30
26 ⲓⲥⲓⲥ	ابودس	Αφροδίσια Α'βυδ☉	Isis seu Venus Ægyptia hic cultum habuit.	51 40	27 10	61 40	27 20
27 ⲧⲉⲃϯ	روكر	Λα'τπολις		51 30	25 5	61 30	25 0
28 ϥⲓⲁⲧ	مرديوط	Α'βυδ☉		51 40	26 30	61 40	26 30
29 ⲟϣⲙⲟⲩⲛⲟⲩ	اشمنت	Λυκόπολις Ε'ρμεγτις		51 30	27 50	61 30	28 0
30 ⲕⲁⲛⲁⲃ	كانوف	Κρωφίς		62 0	24 55	62 0	25 0

C A-

CAPVT VI.

De Nilo eiusque origine.

N Ilus, quem Oceanum Berofus, Ægyptum Zenophon, Ofirin Plutarchus, Tritonem Apollonius, Plinius Aftraphon, Aquilam Diodorus, Euftathius Melam, Chryforrhoën Cedrenus, Syenen Dionyfius,
Sacræ literæ cum Hebræis Gehon, & Sihor appellant, omnium orbis terrarum fluuius maximus ; & vt cum Ariftide loquar : Νᾶλ⊕· ἐκ πρ⊙‍α μῷ ἤ ὅον
χαλλίς⊙· ή μέγις⊙· χαὶ χρεία, χαὶ θέας ἠδ‍ονῆ, χὴ ὅις πᾶσι πολύ νιχῶν. *Nilus quo fluui-*
orum nec melior, pulchrior, aut maior ; omnes, fiue vfum, fiue diuinam quandam
amœnitatem fpectes, longè fuperans. E lacubus Zambri & Zaire montibus
Lunæ vicinis originem fuam trahens, indè totius Zonæ torridæ latitudinem immenfis ambagibus peragrans, tandem immani aquarum hinc indè
collectarum mole grauatus, ad Memphim veluti diftributo onere per feptem brachia in mare fefe exonerat. Vniuerfum ab vtraque ripa Ægypti agrum è terra veluti perpluens, vt Nazianzenus loquitur, vnà cum
fœcunda Nili alluuione bonorum omnium abundantiam confert; tribus
maximè prærogatiuis præ omnibus alijs fluuijs à natura ditatus confpicitur. Nam auram non exfpirat, quo fit, vt aëre falubri, nullis pluuijs,
nubibus, alijfque craffioribus impreffionibus obnoxio, fed continuo
fereni cœli vultu Ægyptus gaudeat. Præterea fine vllis fluctibus, ac vn-
darum procellis femper quietus eft, & tranquillus, ita vt non iucundam
tantùm, fed & periculis omnibus carentem nauigationem præbeat vltrò
citróque comeantibus. Eius denique fœcunditatis effe comperitur, vt
non terram duntaxat, fed & iumenta & pecora, quin & homines vtriufque
fexus ad miraculum vfque fœcundos reddat. Vndè olim numero hominum, omnes ferè orbis gentes fuperauit; neque nunc quoque alijs nationibus multitúdine cedit. Nam oppida infignia, quæ fuprà ob oculos
propofuimus, alia vltra decem & octo millia fuiffe in Ægypto, & libros
facros id continere, Diodorus affirmat. Ptolomæi Lagi tempore vltra
tria millia, quæ & vfque ad Diodori ætatem perdurauère, annumerata
funt. Vniuerfi populi numerum fuiffe antiquitus fepties decies centena
millia ; fuo verò tempore ait prædictus Diodorus ; haud pauciores ter
decies centenis millibus extitiffe. Quæ quidem prodigiofa hominum
multitudo aliam caufam nefcit, nifi continuum prolifici fluminis vfum
potumque, quo Ægyptij fruebantur. Vndè fœminæ non vno, duobus,
aut tribus contentæ, fed fex, feptem, aut octo fœtus vnico partu, quod
& Hebræi in Exodum commentatores memorant, fubindè effundebant ;
Nemini igitur mirum effe debet, filiorum Ifraël fpatio ducentorum propè annorum, quo Ægyptum incolebant, immenfam fuiffe propagationem ; nec mirum quoque, Ægyptios Reges ea, quæ quotidiè miramur,
inufitatæ magnificentiæ monumenta, & fuperbas gloriæ fuæ pyramides,
aliafque expeditiones, quæ fine immenfa ac infinita propè hominum co-

pia

**Varia Nomi-
na Nili.**

**Nili proprie-
tates,**

*Diodorus l. 1.
cap. 3.*

**Fœcunditas
Nili,**

l. 1. c. 3.

**18000. ciui-
tates olim in
Ægypto.**

**Numerus po-
puli Ægyptia-
ci 17 10000.**

**Fœcunditas
mulierum,**

pia minimè fieri poterant, conficere potuiſſe . Sed de his conſule Diodorum fusè tractantem . Porrò antiqui Ægyptiorum ſapientes , cum in-
ſolitis huiuſmodi naturæ dotibus præditum flumen reſpicerent ; eum diuinâ vi pollere arbitrati, in præcipuorum Deorum album retulerunt ; cui
vti Ariſtides ex aliquo τῶν ἐκ ἀμνήτων, puto hauſit, Ægyptiorum ſeriæ ſolennes
erifona Iſiacorum aliaq; pleraq; ſacriſſicia dicata ſunt atque conſecrata; vti in
ſerie operis videbitur, vt proinde hâc vnicâ de cauſa tanto in honore &
veneratione haberi à Gentilibus lumine fidei deſtituris videatur iſte
vnicus in terris Ægypti totius amnis ; cùm ei omne acceptum referant,quod
terræ motum non ſentiant vnquam, quod à peſte ſint liberi ; quod ſalu-
bri aëre perfruantur,quod eorum terram nullis diluuijs cœleſtibus miſce-
ri , vel ingenti imbre obrui contingat . In quibus & Græcos aſtipulato-
res inuenerunt ; ita enim Ariſtides in ecloga Ægyptiaca, vndè & prio-
ra deſumpſimus : Ὡ᾽ς δὲ καὶ σεισμοῖς κỳ τοῖς ἐξ ὑγρατέ κατακλυσμοῖς ἀνάλωτ(Θ- ἡ χώρα δὴ
αὐ[τῶν ὅσην ἐσὶ [τὸ πρὸ ἡμῶ]ν Ἕλληνας ἔλαθεν. Hinc eum innumeris ſymbolis & hieroglyphicis notis adumbrabant . Oſiridis affluxum, teſte Plutarcho, vo-
citantes, vel vt Abenephius,Oſiridis brachium, quod bona omnia ſuppe-
ditet: nam cùm totius Ægypti tractum montium vtrimque continua-
torum ſerie obſeptum,longitudine ſua brachij figuram multiplici Nili di-
uerticulo veluti in palmam digitoſque abeuntem referre aduerterent.
Nilum ad hæc non ſecùs ac Medianam quandam ſeu baſilicam venam è
corde Oſiridis ſcaturientem, viuifico liquore ſuo omnia permeantem,mo-
uentem, fœcundantem , bonorumq; omnium copiâ replentem intuerentur ; indè occaſionem ſumpſiſſe videntur , vt bonorum omnium largi-
fluam copiam indicaturi hieroglyphicè, brachium illud, quo in Obeliſcis
nil frequentiùs,ponerent,quod extenſâ illâ digitorum formâ, neſcio quid
profuſæ liberalitatis indigitat . Aſtipulantur dictis priſcorum Poëtarum
monumenta, quæ Nilo eandem ob cauſam tam varios attribuunt titulos.
Homerus ſanè flumen hoc è cœlo ſeu Iouis gremio lapſum , ſequenti ma-
nifeſtat metro .

Οὐ γὸ [τι πρὶν μοῖρα φίλας ἰδέῃν
Πεῖν γόταν Αἰγύπ[ois Διιπετέ(Θ- πο[άμιιο
Ἄνθις ὧδ᾽ωρ ἔλθης .

Cui congruit Adamus Fumanus , qui in Dialogo de Nilo ab Heruuagio
Baſileæ excuſo,improbat opinionem eorum, qui Nilum in cœlo ſcaturi-
re rebantur his verbis :

Θαυμάσῃέ τις [τὸν πο[α μον οἰηθέν[ξαι. ὃν Ὅμηρ(Θ- Αἴγυπ[ον πό[α μον ἔκλη[ξ Διιπετὴ εἰρῆ[ξᾳ διὰ [τὸ
ἀφανὲς ἔχ[ε]ιν [τας πηγὰς κỳ [τὸν Αἰγύπ[ίας ἐκ οὐρανοῦ κỳ ὑραωώθεν ῥεῖν . *Miretur* , inquit ,*ſane*
quiſpiam eos, qui fluuium, quem Homerus Ægyptum vocauit,-Διιπετὴς, ideſt , à
Ioue lapſum idcircò dici putauerunt ; quod fontes occultos haberet ; ac ſecun-
dùm Ægyptiorum opinionem in cœlo eos haberet, atque è cœlo manaret . E cœlo
igitur à Ioue lapſum Nilum non Ægyptij tantùm , ſed & poſteri Græcorum philologi exiſtimabant ; hinc alij eum Ionis donum , alij Deorum
lachrymam, alij venam paradiſi, Deorum ſemen , Prothei piſcinam, maritum Iſidis, alijſque innumeris epithetis cohoneſtabant , quæ ad exte-

G   ras

Ægyptus per-
petua ſereni-
tate gaudet.

Ægyptus ſub
forma brachij
cuius venam
Medianam
Nilus refert

Nilus à Ioue
ſeu è cœlo la-
pſus ab anti-
quis creditur.

Varia attribu-
ta Nili.

ras quoque gentes promanarunt ; Nam & Æthiopes eius fœcunditatis
participes paſsìm eum appellant : Ankaata marat ſchamatavvi , hoc eſt,
Fontem aquarum cœleſtium . Arabes quoque Poëtæ Ibunfarid & Eldebug in
ſuis verſibus Arabicis, qui apud me habentur, Nilum paſsìm vocant ﺍﻟﻤﺎﺀ
ﺣﻴﺎﺓ ﺍﻻﺭﺽ *giatellarthim* , *vitam terrarum* . Meminit quoque Iſaias fœcundæ
huius fluminis naturæ : ובמים רבים זרע שחר קציר יאור חבואתה *In aquis*, inquit, *multis ſemen Nili* , *& meſſis fluminis fruges eius* ; in quem locum R.
Eliezer commentans ait, Sihor, id eſt, Nilum eius naturæ eſſe, vt quicquid reliqui fluuij totius anni decurſu præſtant, id vno is menſe præſta-
ret, vnicâ inundationis ſuæ pluuia . Innuerunt hanc myſticam fœcunditatem antiqui Græcorum ipſo nomine Νάλ@, hoc enim ϰὺ τλιῦ ἰϲοψηφίαν ſeu
Cabalicâ methodo in numeros reſolutum, totidem quot annus dies habet,
numeros refert, nimirùm 365 , vt in ſchemate hic appoſito apparet . Innumera ſimilia de Nilo hic dici poſſent, ſed quoniam ea paſsìm alijs locis exponentur ; ne omnia in vnum locum confuſìm aggregare videamur, conſultò ſubticemus .

Æthiopes qui
Nilum vocent

Arabes Poëtæ
quem nomi-
nent epithe-
tis .

Iſaias c. 23.

R. Eliezer
comm. in Ge-
neſ. c. 4.

N 50
E 5
I 10
Λ 30
O 70
Σ 200
───
365
Summa die-
rum anni .

CAPVT VII.

De origine & cauſis incrementi Nili .

ORdo nunc poſtulat, vt poſtquam de nominibus, varijſque proprietatibus Nili breuiter diſſeruimus, de eius quoque incrementis
cauſiſque, quæ non immeritò præcipuum in hac materia locum obtinere
debent, diſſeramus . Nemini ignotum eſt, quantum ſumma quæuis philoſophorum ingenia defatigauerit impenetrabilis ille Nili cataclyſmus ,
quantas nullo non tempore in ſcholis ſuſcitauerit concertationes , adeò
vt vnuſquiſque faciliùs, qui ſententiam ſuam refelleret, quam qui ſecta-
retur, reperire potuerit, ita vllus vix quicquam protulit in medium, quin
cæteri continuò irent in omnia alia, & ſibi non videri teſtarentur . Ea,
igitur, quæ de hac re, iſtaque opinionum diuerſitate teſtata relinquere,
voluerunt optimi authores, pluſcula ex varijs, qui nobis ad manum erant,
adiecimus . Ac primò quidem Ægyptij Sacerdotes, cùm incrementum,
Nili tribus præcipuè de cauſis fieri putarent, tres vrnas Nilo attribue-
runt, cum reliquis fluminibus ſingulæ ſingulis adhiberentur ; vt illud
apud Maronem .

Cœlataq́, amnem fundens pater Inachus vrnâ .

Harum verò trium cauſarum primam illam aſſerebant : quod tellus
Ægyptia aquam ex ſe ipſa progigneret, vberrimèque proferret, ſua,
ipſa humoris altrix . Vndè Timæus Mathematicus Nili fontem *Phialam*
appellauit ; quaſi ipſe intra ſe contineret eam aquæ vim, neque aliundè
mutuaretur . Eſt tamen eiuſdem vocabuli in Nilo locus à figura ſic appellatus, quod nil facit ad Timæi phialam . Quod verò Ægyptus aquas ge-
neret, ex eo, aiebant ipſi, facilè conijci poſſe : quòd in quouis alio climate flu-

Difficultas
inquiſitionis
incrementi
Nili.

Sacerdotes
Ægypti cur
tribus vrnis
inundationem
Nili hierogly-
phicè repræ-
ſentarent .

Prima cauſa.

Fons Nili
Phiala.

te fluuiorum exundationes circa hyemem plurimùm accidant, nunc imbribus coactis, nunc niuibus liquefactis : sola verò terra Ægyptiaca in medio terræ habitabilis constituta, quemadmodum in oculo pupilla, peculiari quodam aquarum profluuio æstatem mediam irriget . Alteram 2. Cauſa. Oceano causam ascripsère, à quo aquam in Ægyptum exundare incrementi tempore fama est, quæ quidem præcipua fuit Euthymenis, Ægyptiorumque sacerdotum opinio, vt Diodorus attestatur , qui rei fidem Diod. l.1.c. 3. aliam non faciunt, nisi quod satis sit eorum authoritas, vt sibi fides adhibeatur; qui rerum scientiam successiuâ traditione relictam secuti, eundem ab Oceano ex Athlante monte primùm emanare, ibique Dyrin appellari existimant ; Heptabolum inde locum stagnare, inde cognomento Nigrin effluere, mox Coloën paludem efficere; inde Astrosoban & Astaboram flumina effici, donec ad cataractam perueniens erumpat, ac per Ægypti campos profluens, Nili demùm cognomentum accipiat .

Tertiam causam imbrium esse dicunt, quia in Australibus Ægypti 3. Cauſa. regionibus, aquæ, Etesijs nubes, Democrito teste, illuc ferentibus, eo maximè effunduntur tempore , quo *fertilis æstiuâ Nilus abundat aquâ* . Atque vti tradit Eudoxus, Ægyptij sacerdotes imbres eos ibi fieri ob antiperistasin arbitrantur, cùm enim æstus nobis est , qui viciniora Cancro loca incolimus, tunc hyems ijs , qui Capricorni propinquiora habitant . Addit ad hæc Thales, mare in ripas agi vltrò , Etesiarum ex aduerso fluminis flantium vi repercussum ; de quibus ita Lucretius :

Aut quia sunt æstate Aquilones ostia contra
Anni tempore eo, quo Etesiæ esse feruntur
Et contra fluuium flantes remorantur & vndas
Cogentes rursus replent, coguntque manere ,
Nam dubio procul hæc aduerso flabra feruntur
Flamine, quæ gelidis à stellis axis aguntur .

Incipit verò crescere flumen Lunâ nouâ, quæcunque post Solstitium fuerit, sensim, modicèq; Sole Cancrum transeunte ; abundantissimè autem, dùm in Leone progreditur, mox residet in Virgine ijsdem , quibus accreuit modis. Atque hæc de tribus causis incrementi Nili sententiæ sufficiant .

Alij porrò, vti Troglodytæ, teste Theophylacto Simocata , dictitant, in locis illis cauitates esse, vnde quispiam ratiocinetur, multis fontibus in vnum confluentibus, Nili fluentum intumescere . Qui verò insulam Nili Meroë dictam incolunt ; fluuium Astapum nominant, quam vocem Græcè transferas ἐκ τῦ σκότυ ὕδωρ, *è tenebris aqua profluens* . naturam enim huius fluminis incomprehensam esse isti statuunt. Anaxagoras cognomento physicus causam refert in niues solutas in montibus Æthiopicis. Herodotus Nilum tantum esse scribit, quantus, cùm plenus est , apparet ; Hyeme autem Solem supra Lybiam se voluentem, ex vndis Niloticis humentis substantiæ copiam attrahere, atque inde per hyberna flumen parciùs ire, quæ si vera sunt, cur Sol idem cœteris Lybiæ fluminibus, quod Nilo faceret ? at nihil tale in ijs obseruatur . Patet igitur Historicum

l. 1. hiſt. c. 17.

Meroitarum de Nilo opinio .

Anaxagoras.

Herodotus.

storicum

ftoricum illum fatis hoc loco inconfideratè locutum effe . Ephorus incre-
dibilem plane rationem adducit ; Ægyptum totam fluminibus fubterra-
neis refertam, ac frigidam, naturâque pumicofam feu fiftulofam effe ; rimas item magnas ac perpetuas habere , per quas in fe copiam humoris
recipiat, quam hyberno tempore contineat , æftiuo autem Solftitio in-
eunte, veluti fudores quofdam ex omni parte emittat, atque ita Nilum
flumen excrefcere . Oenopides caufam fingit ex rarefactione & conden-
fatione aquarum ; quarum hæc hyberno tempore aquas ftringat, illa æftiuo dilatet. Mofes Barcepha Syrus de fluminum paradifi origine tractans,
ficut reliqua tria flumina Phifonem, Tigrin, & Euphraten è paradifo feu
horto Eden deriuat ; ita & Nilum, quem mox, vbi hortum voluptatis de-
feruerit, fub ipfa maris vada dilapfum , atque hinc rurfus per immenfos
terræ meatus diffufum in Æthiopum terris demùm emergere, imbribus
verò & niuibus auctum, incrementi ac Niliacæ inundationis caufam oc-
cafionemque præbere afferit . Verùm quandoquidem verba eius digna
funt confideratione, vifum fuit ea hic ex Syriaco manufcripto in latinum
verfa apponere:

Et flumen ex paradifo egrediens ad irrigandum eum , indè ftatim diuiditur
in quatuor capita . Nomen prioris Phifon, qui totam terram Heuilath, terram
auro & gemmis pretiofis repletam percurrit . Nomen fecundi fluuij Gihhon
(qui & Nilus dicitur) hic omnem terram Chus percurrit ; nam fimul ac pa-
radifum egreditur, infra profunda maris & Oceani vada dilapfus, hinc rurfus per
occultos terræ meatus emergit in montibus Æthiopicis ; imbribus verò & niui-
bus auctus, incrementi & Niloticæ inundationis caufa eft . Et paulò poft, pro-
fequitur difcurfum fuum verbis Syriacis, quæ nos breuitatis causâ hic la-
tinè fecimus . Sed vrgebit, inquit, aliquis, qui fieri poffit, vt fluuij illi è para-
difo egreffi fub Oceani vada & cor maris præcipitentur, atque indè tandem in hac
terra noftra emergant ? Huic primò refpondemus , multa à nobis veluti ἀδύνατα
concipi nequaquam poffe ; quæ tamen facillima Deo: illum verò fluuior um oc-
cultum curfum aliáq, huiufmodi, diuinum opus effe, non humanum . Deindè hoc
quoque afferimus, paradifum multò fublimiore regione pofitum effe, quam hæc ter-
ra noftra, ac proindè fieri , vt illinc per immania fubterraneorum meatuum præci-
pitia delabantur fluuij, tanto cum impetu impulfi , coarctatiáq, fub maris fundum
rapiantur, vnde rurfus emergant, ebulliantq, in hoc orbe noftro ; nam qui aquas
in fublime ducere , atque ex altis , erectifque canalibus veluti fyphonibus profun-
dere laborant, q ex longo interuallo cataractam fiue præcipitium ipfis quoddam
altâ deuexitate abruptû, atque difficile comparant ; per quod dùm deturbatæ magno
cum impetu preffæ aliquoufque fluxére, tandem per canales illos magnâ vi , quâ
ex præcipiti illo cafu vrgentur, furfum emicant , & exuberantem aquæ copiam
quaqua verfum diffundunt . Atque hactenus Mofes Barcepha. Quæ verba
fanè fi pauca exceperis, ab aliorum philofophorum fententia nequaquam
difcrepant . Nam poft Plutarchum, Agatharchidem , aliofque, eandem
fententiam omnes propè Hebræorum םילבקמ Mekubalim tenent, à quibus eam Barcepha doctus videtur effe . Sed nos hìc non vlterius in huiufmodi quæftionum præcipitia nos infinuabimus, ne vorticibus implica-

ti ac

ti, ac difficultatum fluctibus abrepti pœnam curiofitati nimiæ debitam, luamus . Hoc porrò fatagamus, vt huius fluminis eiufdemque originis incrementique rationes propè propiùs inquiramus, quas nobis haud incongruas Geographia Arabica fuggeffit ; textum ad verbum , vt fideliùs in hoc opere progrediamur, allegamus :

وفي هذا الجز افتراق النيلين اعني ذيل مصر الذي يشقّ ارضنا وجزءمن الجنوب الى الشمال واكثر مدن مصرعلى جزايره معا وفي جزايرء ايضا والقسم الثاني من النيل يمر من جهة المشرق الى اقصى المغرب وعلى هذا القسم من النيل جميع بلاد السودان اواكثرها وهذان القسمان يخرج جهما من جبل القمر الذي فوق خط الاستوا جست عشرة درجة وذلك ان هذا النيل من هذا الجبل من هشر عيون قاما الخمسة الانهار منها فاذها قصب وتجتمع في بطيحة كبيرة والانهارالاخر تنزل ايضا من الجبل الى بطيحة اخرى كبيرة وتخرج من كل واحدة من هاذين البطيحتين ثلاثة اّها فتمر باجمعها الى ان قصب في بطيحة كبيرة جدا وعلى عنه البطيحه مدينه تسمى طومى وهي مدينه عامره يزرع بها الارز وعلى ضفة البطيحه المذكور صنم رافع يريه الى صدرء وجقول انه مسنوع وانه كان رجلا ظالما فذعل ذلك به وفي هذه البحيره سمك جشبه روس الطير ولها متاثر وفيه ايضانواب هايله وعنه البحيره المذ كوره فوق خط الاستوا مماسة له وفي اسفل عنه البحيره التي بها تجتمع الانهار جبل معترض جشق اكثر البطيحه ويمر منها الى جهة الشمال مغربا فيخرج معه نراع واحد من النيل فيمر في جهة المغرب وهونيل بلاد السودان الذي عليه اكثر بلادها ويخرج مع شق للجبل الشرقي الزراع الثاني فيمر ايضالى جهة الشمال فيشق بلاد النوبه وبلاد ارض مصر وينقسم في اسفل ارض مصر على اربعة اقسام فكلاثة اقسام تشق في البحر الشامي و قسم واحد يصب في البحيرة المالحه التي تنتهي الى قرب الاسكنردريه وفي هذا الارض الذي بين الجبل القمر الموصوفه ثلثة اجبل مارء من المغرب الى المشرق فاما الجبل الاول يرى على جبل القمر وتسميه كهتة مصر جبل هيكل المصور واما للجبل الثاني الذي يرى في هذا الجبل مع الامشال فاذهم جسمونه جبل الذهب لان فيه معادن الذهب واما للجبل الثالث الذي يرى للجبل الثاني مع الارض التي وفيها فاذهم جسموذها ارض ۞

Geographia
Arabica Medicea climatis p. 4.

Hoc eft : Atque in hac Æthiopiæ parte contingit feparatio duorum Nilorum , id eft, Nili Ægypti, qui rigat terram noftram, & pars eius à meridie ad dextram, & maior ciuitatum Ægyptiacarum pars in ripis eius reperitur ; ex vna & alia parte in eius quoque infulis. Secunda verò pars Nili profluit ex oriente in occidentem, & ex hac parte Nili omnis regio Nigritarum eft . Exitus autem duarum iftarum Nili diuifionum originem habet ex montibus Lunæ , qui funt fub decimofexto latitudinis auftralis gradu : Exit porrò Nilus ex hoc monte per decem fontes, quorum quinque ftatim in flumina abeunt , congregantur̃ in quadam ingenti planitie. Alia verò quinque flumina ex alijs quinque fontibus deriuata in aliam ingentem quoque planitiem deuoluuntur . Et ex qualibet dictarum planitierum tria flumina exeunt , quæ indè longo tractu deuoluta tandem in planitiem aliam magnam & fpatiofam valde diffunduntur . Eft in hac ampla planitie ciuitas Thumi nomine, habitata cultáq; planities verò circumfita plena Cedris eft. Simulachrum quoque confpicitur hic , cuius manus pectori decuffatim impofita . Porrò in hife ftagnis pifces inueniuntur auiformes , roftris alijfq; inftructi , aliaeq;

innu-

Ciuitas Thumi.

innumera monstra aliti locorum inuisa. Stagna quoque dictæ planitiei se dilatantia deflectunt in latus sinistrum occidentale, atque in flumina alia dispertita rigant omnem circa regionem. Est enim tota hæc terra intus caua, & abyssos habens ingentes, ex quarum repletione magnæ contingere solent inundationes. Præterea exeunt ex hac planitie duo alia flumina ingentia seu brachia, quorum vnum occidentalem plagam tenens, omnem Nigrorum percurrit regionem, & hic Nilus Nigrorum dictus. Alterum verò brachium orientem respiciens, longo terrarum tractu prouectum, Nubiam alluit, & indè per catadupas præcipitatus fluuius totam Ægyptiorum regionem percurrens, quatuor brachijs in mare Syriacum deportatur. Porrò in planitie illa, quam montes Lunæ distendunt, tres alij montes sunt, qui ex occidente in orientem vergunt. Mons primus qui est circa montes Lunæ, ab Ægyptijs sacerdotibus vocatur Mons templi Ægyptiorum. Secundus verò Mons, qui circa sinistram montium Lunarium est, vocatur ab ijs Mons aureus, quia in eo mineræ auri sunt. Tertius verò in terra, quam vocant terram animalium, dicunt enim accolæ, ibi bestias immanes, basiliscos & scorpiones, & dracones ingentes, adeò vt nullus sine periculo vitæ eam adiri possit. Quòd denique Nilus statis anni temporibus exundet, causa est, quia cùm tota terra Lunaribus montibus vicina, caua sit intus, & meatus habeat impenetrabiles, fit vt ex frequentissimis pluuijs & liquefactione niuium, omnes illæ cauernæ repleantur, queis repletis per totam regionẽ, omnes, quis Nilus alluit, inundationes illæ contingere solent. Atque hactenus Arabs Geographus. Cuius verba copiosa tantò libentiùs hic citauimus, quantò maiores nobis rationes ad hunc Gordium de incremento Nili, eiusque origine nodum per parallelam quandam ad sequentes chorographias comparationem, suppeditant, soluendum. Quod dùm facio, operæ pretium existimaui, si priusquam vlterius progrederer, hanc Arabicam de origine Nili descriptionem, priùs chorographikῶς ob oculos ponerem. Vide in Schematismo II. fig. I.

Aque hæc est de origine Nili Arabum Geographorum Chorographia, quæ partim Ptolomæi, partim recentiorum congruit relationibus descriptionibusque; verùm cùm Ptolomæus, & quotquot eum secuti sunt à vero multum aberrârint, alia nobis Chorographia fontis Nili ponenda est; vt veritas tandem, cùm circa originem, tùm incrementum eius tot iam seculis abscondita innotescat.

Odoardus Lopez Lusitanus, vt ignotos Africæ meridionalis situs detegeret, non omnes eius maritimas oras duntaxat, sed & mediterranea quæuis ad regionum, fluminum, montium situm spectantia, singula summo studio & labore annotando peragrauit; cuius relationem de regno Congo factam Italico sermone conscripsit Philippus Pigafetta, in qua de Nili origine & incremento sic loquitur: (verba sunt ex Italico in latinum translata sermonem). Restat, inquit, vt postquam de magno Abyssinorum Prestegianis imperio locuti sumus; de Nilo quoque pauxillum discurramus; Nascitur hic non de regione Belgian, multò minùs de montibus Lunæ, nec vti Ptolomæus memorat, de duobus lacubus, qui ex oriente in occidentem vergentes interuallo 450. circiter milliariorum distant. Quia sub ijsdem latitudinis gradibus, sub quibus eos Ptolomæus ponit, regna quoque Congo, Angolæ, Sofale &

Mono-

Monomotapæ sita sunt . illa quidem occidentem, hæc orientem versus . Nec tamen vllus horum locorum districtibus inuenitur lacus, nisi in confinibus Angolæ & Monomotapæ regnis, lacus diametro 195. milliarium, quod manifestè arguit , altum sub dicta latitudine lacum nequaquam dari . Verùm quidem est, ibi duos lacus reperiri, sed situ, quo eos Ptolomæus posuit, omninò contrario . Hi enim spatio 400. fermè milliarium à Ptolomæo in Septentrionalem plagam vergentes positi sunt . Indigenæ Nilum è primo horum lacuum oriri , egressumque à terra absorberi opinantur. Verùm Odoardus id negat cum alijs horum locorum incolis, qui affirmant vnanimiter Nilum mox vbi egressus est lacum , per horribiles quasdam & impenetrabiles valles, per præcipitia hominibus inaccessa ac deserta inuia præcipitatum, ita profundissimis vallibus abscondi, vt ipsis intimis terræ visceribus exceptus videatur, abyssisque absorptus . Atque de hoc primo lacu sub duodecimo latitudinis australis gradu posito circiter Nilus nascitur . Circundatus autem hic lacus est montibus impenetrabilis altitudinis, quorum maiores Orientalem plagam respicientes vocantur Cafates, & montes salinitri & argenti ab vna parte, ab altera montes sunt, de quibus Nilus in Septentrionem per 400 milliaria deuolutus in lacum alterum sub ipsa æquatoris linea positum (quem ob vastitatem accolæ mare appellant, quippe 220. milliarium latum) sese exonerat . Atque ex secundo hoc lacu Nilus migrans, ac 700. milliarium emensus distantiam Meroën insulam describit . Hinc verò alijs fluminibus auctus inter angustas montium valles deuectus, perque catadupas in humiles Aegypti campos præceps actus, tandem multiplici gyro in mediterraneum mare dilabitur . Verùm vt mentem Odoardi Lopezij circa Nili ortum melius percipias , Chorographiam eius hoc loco repræsentandam existimauimus . Vide in Schematismo II. fig. 2.

Atque ex hac Odoardi Lopezij oculati testis relatione ac Chorographia Pigafettæ luculenter apparet , aliam Nili originem assignari minimè posse, nisi Zambri lacum ; qui in hoc tamen peccauit , quòd fontes proprios Nili non ostenderit, quòd nos inferiùs præstabimus ; qui immensas aquarum moles vndiquaque tùm potissimum in septentrionalem plagam euomens, mox aliud sub æquinoctiali positum stagnum (meliùs mare dicam) Zaire indigenis dictum progenitore suo non minus efficit, atque per huius medium Nilus (non secus ac Rhenus per medium Acronij lacus, aut Rhodanus per Losannæ lacus medium deriuatur) hic egressus, ac per varias cataractas præcipitatus in Ægyptum tandem in mare se deponit . Verùm vt hæc meliùs percipiantur .

Sciendum est, Naturam , prouidam rerum curatricem ad viuentium vegetabiliumque conseruationem , in editiorum terræ partium ac montium altissimorum visceribus communia quædam veluti aquarum receptacula, seu humorum seminaria, fontibus, fluminibus, lacubusque procreandis destinata, ex quibus veluti ex Megacosmi vberibus perenni scaturigine nutrita tellus , generationem rerum facilius exequeretur, constituisse. Huiusmodi receptaculum est Alpium Helueticorum abyssus seu meditullium, quod veluti per brachia quædam seu canales, concatenatis

Vnde Nilus oriatur.

Nilus profundissimis vallibus quasi absorbetur.

Montes Cafates autidert

Causa inundationis Nili.

natis fibi Alpium Sabaudiæ, Delphinatus, Appennini, Vogefi, aliorumque montium iugis, dum abundatiffima aquarum fingulis fuppeditat profluuia ; caufa eft, maximorum totius Europæ cùm lacuum, tùm fluminum Rheni, Danubij, Albis, Padi, Rhodani, Oeni, Ticini, Araris, Mofel-
læ, Mofæ, aliorumque, quæ pafsìm nota funt è mappis fluuiorum. Sic
Pyrænæi & Aluernici montes toti Hifpaniæ & Franciæ; Taurus & Imaus,
feu Caucafus toti Afiæ, alijque montes alijs regionibus abundantiffima
flumina fuppeditant, quemadmodum in Mundo noftro fubterraneo (Deo
dante) fuſè demonftrabimus. Non abfimili ratione in Africa humoris egen-
tiffima, Natura prouida duo collocauit toti Africæ cômunia veluti aquarum penuaria, vnum quidem proximè fub Cancri æftiua conuerfione in
Athlantis vifceribus, quod citerioribus æquatoris terris æftu & ficcitate
laborantibus flumina frequentiffima fuppeditat. Alterum proximè fub
Capricorni circulo ad tranftimas æquinoctialis partes Solis æftu marcidas
viuificandas ordinauit. Huiufmodi autem aquarum velut cadi recondi-
torij funt duo lacus Zambte & Zaire, vti in Chorographia præcedente
apparet, quorum hunc non malè dixerim fœturam alterius Zambri ; tantâ vterque aquarum copiâ turgens, vt non flumina, fed maria eructare
videantur, potiffimùm lacus Zambri, qui veluti in centro conftitutus, ac
in amnes ampliffimos diffufus, fingulis mundi partibus, ceu è prædiuite ve-
nâ confert abundantiffima aquarû profluuia. Septentrioni quidem Nilum,
Orienti ingentia flumina Cuamam, & Coauum, Zeila Manhice, feu Man-
henffen Auftro ; Occidenti denique Zaire, quorum hi omnem Meridionalis Africæ Occidentalem plagam, regna Congo, Angolam, Monomota-
pam, Matamam, Bagamidri, Agafymbam, vfque ad Bonæ Spei Caput ir-
rigantes fœcundo limo à fterilitate vindicant. Ifti verò totam interiorem
Abyffinorum regionem, eafque omnes, quas ab oftio maris Erythræi vfque ad Cuamæ oftium maritima ora difterminat, quæ funt Melindæ, Bar-
nacaffus, Quiloa, Mombaza, Mozimba, Mombara, Membaca, Mozambi-
cum, aliaque huiufmodi regnorum monftra. Quæ cùm ita fint, profeǎò
fummoperè ij falluntur, qui Nilum ex nefcio quibus innumeris fontibus
montium Lunæ innumeris fluminibus originem præbere opinantur, vt
quibus tota illa ad meridiem & occidentem Africæ fita pars penitus fuerit incognita, atque adeò veros & proprios fontes, qui noftris temporibus primùm innotuerunt, ignorârint. Verùm vt tam notabilem hiftoriam hìc apponamus, & vt veritas à tot feculis defiderata, tandem inno-
tefcat, qui proprij fint Nili fontes, aperire tentabo.

Vera origo Nili nouiter detecta.

DIximus in præcedentibus, Odoardum Lopez præ cœteris in originis Nili inuentionem incubuiffe, atque hoc vnicum fategiffe, vt
Nili fontes proprios affignaret, Verùm nec Odoardus veræ fcaturiginis
Nili infpector fuit, neque eius relatio rei fatis conformis eft ; veriora
igitur de tam infigni argumento adducenda nobis funt. Eo ipfo igitur

tempore, quo negotium hoc intricatiſſimum, ſummè perplexum me teneret, huc Romam appulit P. Franciſcus Carauaglius Indiæ & Æthiopiæ
procurator; à quo ego per manuſcriptum P. Petri Pais veritatem edoctus, eandem hic poſteritati conſignare volui; vt veritas tandem poſt
tot ac tantas grauiſſimorum Authorum fallacias, futileſque coniecturas
ſuo nitori reſtituatur. Res ita ſe habet: Prouincia vbi Nilus oritur, vocatur Agaos, vicina regno Goiam; Terra, in qua oritur, vocatur Sagela;
in apice montis, in plano arboribus vndique circundato, diameter fontis lata pedem vnum cum dimidio, fundi inexplorabilis, margine non
redundat, ſed in radice montis exitum ſibi pandit, vbi ſimul ac è montis
viſceribus emerſit, in flumen diffunditur, qui alijs ſubinde fluminibus auctus, tandem in lacum ſeſe 30. leucarum longitudinis, latitudinis 14.
exonerat; à quo dum iterum emergit per longas terrarum ambages gy-
rans, ad eundem ferè locum vndè prodiĕrat, videlicet ad fontem perueniens, reflexo curſu rectà per ingentia præcipitia ſaxaque inacceſſa dila-
pſus ad interiora diuertitur Æthiopiæ. Quæ omnia confirmantur P. Petri Pais Societatis noſtræ Sacerdotis, oculato teſtimonio, qui hunc fontem
Nili verum vnà cum Imperatore Æthiopiæ, quotum vterque curioſitate
ſimul ac veritatis amore percitus, magno exercitu ſociatus, dictum fontem
inſtrauit. Verùm cum dictus P. Petrus Pais ſumma diligentia, hoc negotium in ingenti rerum Æthiopicarum manuſcripto opere quæcunque obſeruauit, pertractârit; hic eius verba ex Luſitanico in latinum tranſlata
apponam, vt veritas rei luculentiùs patefiat. Sic itaque ait:

Deſcriptio
fontium Nili.

P. Petrus Pais
primus Nili
cum Impera-
tore Abyſſi-
norum obſer-
uator & de-
ſcriptor.

Poſtquam tractauimus de fertilitate terrarum ſub dominio Preſbyteris Ioan-
nis, operæpretium me facturum exiſtimaui, ſi hoc loco nonnihil de præcipuis flu-
minibus & lacubus terrarum eius imperio ſubiectarum referam. Inter quæ pri-
mo loco ſe offert, maximus ille & toto orbe celeberrimus fluuius Nilus, qui non
apud antiquos ſolùm & modernos Doctores, authoreſq́, grauiſſimos in admiratione
fuit, ſed & cuius frequentem mentionem facit Sacra Scriptura Gen. 2. Vocatur
Gehon, vnus è quatuor paradiſum irrigantibus. Hic hodierno die vocatur ab Æthio-
pibus Abaoi: originem ſuam tenet in Regno Goyam in vno territorio, quod vo-
catur Sahalà, cuius incolæ vocantur Agoous, ſuntq́, Chriſtiani, etſi ſucceſſu tem-
porum ſylueſcente Eccleſià varijs ſuperſtitionibus imbuti, & à gentibus & paganis
vicinis corrupti, parum differant. Fons autem Nili in parte occidentali Regni
Goyam ſitus in ſummitate vnius vallis, quæ aſſimilatur ingenti campo, iugis mon-
tium vndique circumdato. Anno, 1618. 21. die menſis Aprilis, cùm in hoc Re-
gno vnà cum Imperatore eiuſq́. exercitu degerem, hunc locum aſcendi; omnia di-
ligenter luſtraui, inueniq́, primò duos ibi fontes rotundos, vtrumque quatuor quaſi
palmis latum in diametro, ſummáq́, animi mei voluptate vidi id, quod nullis votis
conſequi potuerunt Cyrus Rex Perſarum, & Cambyſes, Alexander magnus, ac
famoſus ille Iulius Cæſar; Aqua fontis clariſſima eſt & leuiſſima, guſtuq́, gratiſſi-
ma; ſciendum tamen, nullum hoſce duos oculos fontis in ſuprema montis plani-
tie exitum habere, ſed in radice montis; profunditatem quoque fontium tentaui-
mus, & in primum quidem lanceam immiſimus, quæ intrando ad 11. palmas tan-
gere videbatur quaſdam veluti radices viciuarum arborum ſibi inuicem implexas.

Nilus Gehon
vocatur.

Primus fons
Nili viſus à
P.Petro Pais.

H Se-

Secundus fons vergit à primo in orientem ad iactum lapidis, huius profunditatem explorantes, immissâ lanceâ 12 palmorum fundum nullum inuenimus;
colligatisq́; duabus lanceis 20 palmorum, denuò rem tentauimus, sed nec sic fundum tenere potuimus, dicuntq́; incolæ, totum montem plenum aquis, cuius hoc signum dabant, quod tota circa fontem planities tremula erat & bulliens, manifestum latentis aquæ vestigium, eandemque ob causam non redundat aqua ad fon-

tem, sed ad radices impetu maximo sese egerit; affirmabantque incolæ, vt & ipse
Imperator, qui præsens erat vnâ cum exercitu suo, eo anno terram parum tre-
muisse ob magnam anni siccitatem, alijs verò annis ita tremere & bullire, vt vix
sine periculo adire liceat. Circuitus loci instar lacus cuiusdam rotundi, cuius latitudo fundæ iactum constituere possit. Infra apicem huius montis populus degit
ad montem, leucâ circiter vnâ à fonte dissitum versus occidentem, vocaturque Guix,
& videtur hinc fons bombardâ attingi posse; Est hoc loco vicus gentilium, qui sacrificant multas vaccas, & venientes ad fontem certo die anni vnâ cum sacrificulo,
quem pro sacerdote tenebant, qui ibi sacrificabat vnam vaccam iuxta fontem, ca-
putque vaccæ abscissum proyciebat in fontis abyssum, e lago hia prima a quale buo,

onde facean solenne sacrificio matando muitas vaccas, que os gentios, d'he tracean, &
dopois se cubria todo com o seu dellas, è asentaua en vn cadeira de ferro, que tinha
posta nomo de muita lenha seca, e mandaua sem se quermar nem ainda derre-
terse ò seuo, e algunas vezes etrauan depois da fogo acesso, e se asentaua à questa
gente de maneira, che con estas feteizerias engennaua à quella gente de maneira,
que ò tinham por grande Santo, che dauan questo sato queria.

Porrò campus fontis Nili ab omni parte difficilis ascensu est, præterquam
ex parte boreali, vbi facilè conscenditur. Infra montem circiter vnâ leucâ in
profundissima quadam valle è terræ visceribus, alius fluuius emergit, qui se
tamen cum Nilo paulò post coniungit, credunt eandem cum Nilo scatu-
riginem obtinere; sed infra terram per occultos canales deductum hoc loco primùm erumpere. Riuus verò fontis, qui infra montem erumpit, in orientem spatio iactu bombardæ vergit; deindè subitò declinando Boream petit, & post quartam circiter leucæ partem notuus sese offert riuus è saxis & scopulis ebulliens, cui
paulò post se iungunt duo alij riui, ex orientis plaga erumpentes, & sic deindè
alijs & alijs identidem collectis riuis notabiliter crescit Nilus. Post spatium verò
diurnum itineris magno fluuio, qui dicitur, Ia mà, coniungitur, qui deindè flectit
se versus occidentem vsque ad 25 leucas, vel 35 leucas à prima sui scaturigine,
posteà mutato cursu orientem repetit, insinuando se in vnum lacum ingentem (est
hic situs in prouincia, quæ dicitur Bed, regnoque partim Goyam subiacet, partim
regno Dambiæ) quem ita pertransit, vt aquæ Nili notabilem differentiam ab aquis
lacus ostendant; totusque fluuius aquis palustribus inpermistus suum cursum
fluxumque teneat; qui mox vbi exit, varijs gyris declinando in meridiem, terram irrigat nomine Alata quinque leucis ab epistomio lacus distantem, vbi per rupes 14 brachiorum altas præcipitatus immenso simul & fragore & fumo aqueo,
qui eminus nebula mihi videbatur, præcipitatus paulò post intra duas rupes ingentes ita absorbetur, vt vix oculis attingi potuerit, sunt cacumina dictarum rupium
ita vicina, vt Imperator aliquoties, strato per illa ponte, cum toto suo exercitu
transierit; quibus omnibus & ego præsens fui; postquam igitur à parte orientali

                                                                    regnum

regnum Begamidri, Goyam, cæteraque intermedia regna Amhará, Olaca, Xaod, Damot longè latèque irrigauit; mox fluxu fuo regnum Goyam repetit, irrigatifque territorijs Bizan & Gumancanca, ita fenfim regno Goyam appropinquat, vt nonnifi vnius diei itinere à fonte fuo diſtare comperiatur. Hinc fluxum retorquendo verfus Fazolò & Ombareá, regnum Gentilium, quod anno 1613. ingenti exercitu fubegerat Eraz Selachriſtos frater Imperatoris; regnumque vtpotè incognitum, & ob vaſtitatem vocauit Ayzolam, id eſt, nouum mundum. *Hinc ex oriente in Boream declinans, per innumeras alias regiones vaſtiſſimaque præcipitia dilapfus in Ægyptum, & hinc in mare mediterraneum fe exonerat.* Atque hæc eſt defcriptio fontis Nili eiufque fluxus, quem citatus P. Petrus Pais proprijs oculis vnà cum Imperatore Abyſſinorum anno 1618. 21. Aprilis vti curiosè obferuauit, ita fummâ diligentiâ adnotauit; vt hoc fuo tam infigni & oculato examine Rempub: literariam multis tricis & dubijs liberaret. Cui quidem vnicè impofterum ſtandum exiſtimem, cum Imperatorio approbato teſtimonio fuam iam fons Nili certitudinem infallibilem fit adeptus. Verùm ne quicquam huic operi deeſſe videatur, Chorographiam hic adiungendam duxi, quam vide in Schematifmi II. fig. 3.

Cùm hiſtoria hæc dicat, duos fontes comparere intra terrenum vndequaque tremulum, verifimile eſt, olim magnam partem huius campi, quem defcripfimus, apertum fontem veluti in cratere montis contentum fuiſſe, & fucceſſu temporum, fuccrefcentibus herbis & virgultis luto miſtis, cutem veluti quandam contraxiſſe, cuiufmodi varijs quoque Europæ locis me vidiſſe memini, quâ dimotâ non dubitarem totam planitiem tremulam primæui fontis faciem mox manifeſtaturam. Sed hæc de origine Nili fufficiant. Reſtat, vt de incremento eius tot fcriptorum monumentis celebrato, à nemine verò omninò penetrato dicamus, vires in hac quoque palæſtra experturi, in qua adeò turpe non eſt, ante victoriam deficere, vt doctiſſimus quifque in ea fruſtra ad hunc vfque diem defudârit. Si ergo labemur, illud nobis continget, quòd eruditiſſimis quibufque erit commune.

Extra omnem itaque dubitationem ponendum, vehementibus pluuijs incrementa Nili augeri; fed quia ignoratur à quibus, aut quomodo; nihil hactenus certi pronunciari potuit. Vt itaque in infinita propè opinionum varietate à nobis aliquid certi ſtatuatur.

Incrementũ Nili pluuijs fit.

Supponendum eſt primò; ad pluuiæ generationem primò opus eſſe materiâ, è qua vapores, quos halitus vocat Georgius Agricola, gignantur. Eam autem in humido vel maris vel ſtagnorum, vel fluminum vel terræ humiditate confiſtere. Deindè caufam agentem neceſſariam eam eſſe, quæ fatis virium habeat, ad multos vapores eleuandos, quod Soli ferè tribuendum. Hinc locus inueniendus eſt, in quo vapores vniti nubem faciant; quem tota nobis Africa, maximè Zambre & Zaire, præcelfis montibus circundatē regiones, veluti à natura ad hunc effectum producendum adornatæ præſtant. Vniuntur verò duabus maximè de caufis: Prima, quod fimile fuo fimili gaudeat, quo contrarijs refiſtat:

Quæ requirantur ad pluuiæ generationem.

altera per antiperiftafin, quæ illic fit, vbi radiorum Solis reflexorum vis
terminatur. Eo enim aëris loco plurimum eft frigoris,cùm aliàs, tùm
maximè cum montes excelfi eò pertingunt, quorum vertices frigidi funt,
tùm ob terream naturam, tùm ob folaris reflexionis defectum. Deindè
vt pluuia fiat, neceffe eft, vt vapor ad priftinam naturam reducatur, quod
fit deperdito calore per frigus circumftans, & proprium nubis tempera-
mentum. Vapor itaque condenfatus in aquam, cadendo pluuiam facit.
Cùm itaque caufæ hæ validæ funt, atque vniuersìm omnes concurrant,
validæ quoque pluuiæ fiunt. At fi aliqua defit, generatio impeditur,
præfertim fi non fit materia. In Lybiæ plurimis locis omnia Sabulo
fqualefcunt,quocirca nec imbres gigni queunt. Apud nos æftate Sol omnem humorem abfumit, quo fit, vt ne hic quidem tum pluat : & fit,
quando materiæ fatis inuenitur, fed caufæ agentis imbecillitas obeft,
quo minus vapores eleuentur ; quod ad Septentrionem in fummo gelu
videmus euenire. Aliquando materia eft, & eleuatur,fed non vnitur vel
calore diffipata, vel ventis difperfa. Nonnunquam materia eleuatur &
vnitur, & illud quidem in loco,in quo oportet, fed non fit pluuia ; eò
quòd frigus circumftans non fit commenfuratum eâ proportione, quam
imbres, fed quam nix, aut grando,aut ventus etiam, aut procellæ requi-
runt.

Variæ caufæ pluuiarum,

Supponendum fecundò. Interioris Æthiopiæ terram fummè ca-
uernofam effe, ac maxima fubterranearum aquarum, veluti in feminarijs feu penuarijs quibufdam collocatarum copia, quemadmodum fuperiùs dictum eft, fcatere; accedit eum locum inundationi obnoxium
neceffariò humiliorem effe, eò, ex quo inundatio exfurgit. His ita fup-
pofitis nunc propiùs ad fluuiorum inundationis inquifitionem accedo-
mus.

*Æthiopiæ ter-
ra cauaua eft.*

Duæ itaque omninò exundationis amnium caufæ,non prodigiofæ ;
vna, fi oftia impediantur, quò minùs aquam effundant ; Altera fi plures
folito aquæ recipiantur. Quod fit duobus modis, vel niuibus folutis,vel
pluuijs ingentibus præcipitatis, quarum vtraque in Romana Tyberis inundatione concurrit. Prior quidem caufa Thaleti placuit, qui Etefias
decurfum Nili fufpendere dixit, quam tamen fuprà refutauimus. Alterius priorem partem Anaxagoras tenuit eum plerifque alijs ex niuibus
liquefactis incrementum Nili prouenire exiftimantibus ; quæ caufa locum
non tantùm habet in regionibus Boreæ fubiectis, fed & in regionibus
montanis quantumuis etiam Zonæ torridæ fubiectis,vti in Andibus Americæ auftralis, & in montibus Lunæ Africæ patet ; qui quidem inundationis effectus tantò maior eft, quantò & pluuiæ & niues liquefactæ
abundantiores. Pluuias autem has fieri, non è nubibus aliundè per an-
niuerfarios ventos importatis (vt Alexander credidit) fed in ipfa Æthiopia eleuatis. Tunc enim imbres quotidiani, quos diximus à radijs per-
pendicularibus non parum excitati, generantur ; quia vapores tùm è finu Arabico, & vtroque Oceano, & fluminibus attracti, refolutique, tùm
ex altis montibus, montiumque cauernis ac lacubus corriuatis aquis, im-
men-

*Caufæ inun-
dationis.*

mensam suppeditant humentis substantiæ congeriem ; Sole vim agendi
per rectos radios demittente, & promouente ; deinde vaporum his attra-
ctorum vnio frigore medij aëris fit ; maxime vbi alta sunt montium cacumina, quæ terreno suo frigore frigus medij aëris augent & intendunt.
Quo fit, vt quod à Sole attractum est , proxima paulatim dissolutionis
principia acquirat.

Verùm hi imbres quotidiani Nilum augere nequeunt, eò quod à
terra calefacta ante absorbeantur, quam in flumina possint coire ; imò
nec illi quidem,qui ad Tropicum tempore hyberno Æthiopibus fiunt ,
priùs flumen augent, quàm Sol ad Cancrum peruenerit . Hoc vt liqueat
sciendum, gyros seu spirales lineas , quas Sol Zodiacum perambulando
singulis diebus conficit, ad æquinoctialem circulum latiore spatio inter
se distare, quam eas, quas ad tropicos describit. Et quantò huic circulo
propiùs Sol accesserit, tantò gyros hos fieri angustiores ; sicut contra
quantò propinquior est æquinoctio, tantò fieri rursus ampliores; vnde ,
diem tantò fieri longiorem, quantò Sol Cancri puncto tropico fuerit vicinior, necesse est.

Ad æquinoctialem ergo fiunt imbres illi quidem quotidiani ; sed
quia Sol eidem terræ parti non diù superstat, propter diurnarum gyra-
tionum amplitudinem ; deinde, quia dies breuis est , non fit attractio
tam vehemens, vt imbres copiosos producat ; augetur paulatim quidem
dierû longitudine,& spirarum solarium angustiâ, sed citrà magnum pondus , nisi vbi iam ad angustissima spatia circulorum & longissima dierum
fuerit ventum . Hic igitur in fine Geminorum pluuiæ multæ & co-
piosæ fiunt . Sed quia terra necdum tota intus humectata est , adhuc
imbibuntur, atque ad tantisper, dum intus & exterius iam tota humore
quotidianorum imbrium turgeat , vt ampliùs imbibere non possit. In
Geminis igitur materia pluuijs incrementi causis præparatur,sed necdum
flumen excrescit,quia subterraneæ cauernæ necdum humore sunt reple-
tæ . Postea verò in Cancro imbres concitatiores cadunt, quia plùs humoris in terra collectum est, & quia Sol etiam vehementiùs trahit propter
caloris incrementum.

Hoc igitur tempore, cum terra plùs imbibere non possit, & omnes
aluei aquarum pleni sint, omnia quoque subterraneorum meatuum receptacula ad summum vsque continuis pluuijs ex omni Africæ plaga corriuatis turgeant, incipiunt exundare , non Nilus tantùm , sed omnia
alia flumina ex communibus huiusmodi dictis penuarijs participantia .
Hoc enim eodem tempore Niger , Senega incolis dictus , testibus ipsis
Æthiopibus, alijsque probatis Scriptoribus inter maximorum montium
catenas , per occidentalem Æthiopiam in Oceanum delatus , vnà cum
Nilo crescere incipit. Æthiops quidam à me circa eam rem literis con-
sultus, respondet Æthiopicè, cuius verba latini iuris facta subiungo .

Quoniam à me in literis tuis obnixè postulasti, quædam tibi,pluuias Æthio- Æthiopica
piæ concernentia dubia resoluere . Scias itaque Pater,quod pluuiæ in tota Æthio- relatio.
pia ordinariè incipiant circa **Mascaram** *&* **Thikmith** *menses nostros Paschales,tunc*
enim

I

enim cælum singulis diebus operitur nubibus, quæ maximas terræ siccæ pluuias parant; durant autem hæ pluuiæ per viginti prope septimanas, hoc est, per quinque ferè menses, omnibus fluuijs & lacubus iam redundantibus. His verò elapsis, toto reliquo tempore Solem habemus sine vlla pluuia.

Odoardus
Lopez. l. 2. c. 10
de relatione
regni Congo.

Quæ verba optimè congruunt relationi Odoardi Lopesij apud Philippum Pigafettam, verba eius ex Italico in Latinum translata sic sonant: *Præcipua*, inquit, *causa incrementi Nili est ingens aquarum pluuialium abundantia, qua verno tempore ad initium Aprilis nimirum Æthiopiam vltrò citróq́, perpluere incipit, non stillis, & guttis, vti Europæ imbres, sed veluti aquarum riuis terram perfundendo. Cùm verò summo impetu & quantitate effusos aquarum torrentes, vtpote saxoso fundo terra imbibere nequeat; cum maximo impetu sese fluuiorum insinuant alueis; quéis tumefacta flumina, tandem alueorum lacuumque labia transcendentia longè latèque exuberant. Durant verò pluuiæ huiusmodi quotidianæ continuis quinque mensibus, Aprile, Maio, Iunio, Iulio, Augusto. Contingit itaque, vt cùm terra montibus præcelsis referta, vt dictum est, consequenter innumeris fontibus, torrentibus, ac stagnantibus aquis scateat; omnes illæ aquarum immensæ copiæ corriuentur in fluminum alueis, & stagnorum lebetibus, queis mirum in modum crescentia præ omnibus alijs mundi fluminibus grandescunt & ampliantur; vti in descriptione Chorographica regnorum Congo & Monomotapæ satis liquet. Vnde flumen Nilus in suprà posita tabula ex vna parte summo impetu ad irrigandam Ægyptum Septentrionem versus videtur currere. Zaire verò & Niger versus Occidentem, in Orientem verò & Meridiem alij ingentes in charta exhibiti fluuij, ita quidem, vt certis & determinatis anni paulò ante indicatis temporibus, semper & infallibiliter incrementi sortiantur effectum, qui maximè in Ægypto apparet, vbi Nilus circa finem Iunij incipit augeri, auctúsque vsque ad vigesimum Septembris diem, sicut ego ipsemet vidi, durat, quo tempore exoneratis aquis pristinam faciem recuperat.* hæc Pigafetta. Verùm his omnibus ita rectè quidem demonstratis, maxima tamen adhuc difficultas occurrit, quâ non solutâ, nihil noui, nec laude dignum in Niliaci incrementi inquisitione nos præstitisse lubenter fatendum est; est autem sequens:

Cur pluuiæ
inundant
quando Sol
lustrat partes
Septentrio-
nales.

Ratio.

Cur Septentrionalia tantùm signa lustrante Sole, pluuiarum illa quotidiana contingant diluuia, & non alio anni tempore, quod non in Æthiopia tantùm, sed & in alijs Zonæ torridæ subiectis Americæ partibus extra Æthiopiam contingit. neque enim vlla ratione tantùm verticalis Solis radijs, nec longitudini dierum aut crepusculorum breuitati, alijsque supramonstratis, vti Fracastorius opinatur, vnicis causis tribui potest, aut debet effectus tam particularis, adeòque rarus. Alia igitur naturæ penetralia nobis adeunda sunt; alius soluendus nodus, vt tantarum pluuiarum integra causa nobis innotescat; quod antequam aggrediar,

Notandum est. Constantem & inuariabilem effectum nequaquam fieri posse sine certa, constanti & immutabili causa. cuiusmodi sunt Sol, & naturalis situs locorum; quorum ille Zodiacum subiens, ex necessitate naturæ simili semper, constanti & infallibili motu annorum decircinat reuolutiones. Sole verò in hac vel illa plaga constituto, hunc effectum

semper

femper,& non alium prodire neceſſe eſt . Dico itaque præter dictas cau-
fas montium Æthiopicorum fitum tùm pluuiarum , tùm incrementi fluminum principalem eſſe ac maximè fundamentalem cauſam ; adeò quidem, vt fi hic montium fitus in alijs partibus cum fimili & eodem Solis
reſpectu collocaretur,quod idem quoq; côſequeretur effectus .Hos enim
montes, maxime eos, qui Æquatorem inter & Tropicum hybernum col-
locati,auſtralem Æthiopiam triplici veluti catenâ in Orientem , Meridiem, & Occidentem deductâ diſtendunt , ſagax natura in circuitum
connexos eâ ratione diſpoſuit & coordinauit, vt veluti caua ſpecula Soli
borealia figna ſubeunti,obiecta, radios aptè exciperent . Queis receptis,
cùm horum radiorum vnione vis Solis vaporum eleuatiua mirum in modum corroboretur, ac proindè mox ingens vaporum ac nubium vis, illa
quidem ex ſubiectis partibus eleuata; hæc verò Septentrionalibus ventis Eteſiſque aſpirantibus, in vaſtiſſima illa montium amphitheatra im-
pulſa congregetur ; fit vt ſimul ac Sol meridiano vicinus circulo caua
montium radijs fuis dicto modo percuſſerit , nubes iam aquis fœtæ calore reflexo eleuentur, ac quaquauerſum diſſipatæ, tandem frigore altiſſi-
morum montium iugis infidente, ex pugna illa caloris inferiùs , frigoris
ſuperiùs vrgentis, vnicâ pluuiarum genitrice antiperiſtaſi in imbres co-
pioſiſſimos, vel potiùs ob nubium grauidarum ad terram vicinitatem, in
nimborum quaſi riuos ad præfixum naturæ finem conſequendum reſol-
uantur . Atque ex hoc phyſico diſcurſu manifeſtè apparet , tam certam
& infallibilem tùm pluuiarum , tùm ex conſequenti inundationum rationem aliam eſſe non poſſe, niſi montium in Æthiopia diſpoſitionem ,
quas prouida natura ad terræ Solis æſtu ſqualenti,ac humoris cœteroquin
egentiſſimæ ſuccurrendum, veluti vaporum ac imbriferarum nubium
quaſdam naſſas collocauit . Non dicam hìc quantum non in Æthiopia
tantùm, ſed & in alijs mundi partibus valeant, tùm ad pluuiarum , tùm
ventorum generationem montium fitus . Quòd enim Gallia magna ex
parte ventoſa fit, potiſſimùm Auenionenſis ager Ægyptiaci cœli æmu-
lus, certè ego diuturnâ experientiâ huius rei, cauſam aliam non depre-
hendi, niſi montium fitum . Hic enim terræ proprietatibus adiutus, pro
plaga cœli quam aſpicit, attractos vi Solis è rerra vapores & exhalationes
in alia atque alia plaga nunc in pluuias, nunc in ventos reſoluere ſolet .
Sed quoniam de his alibi copioſior dabitur dicendi materia , calamum
hìc ſtringimus, ad alteram difficultatem priori non minorem diſſoluen-
dam nos accingentes. Meritò itaque quiſpiam mirari poſſet,cur imbrium
in tota Æthiopia delapſorum abundantiam,non in tota Æthiopia eadem
ſequatur inundatio,aut cur ſola Ægyptus tantum de ea participet,vt non
terra, ſed mare videatur .
　　Dicimus itaque Alueum Nili huius rei cauſam eſſe, hìc enim cùm
ex editiore loco fitis ſtagnis, decliui fundo protenſus, variam pro varijs
locis ſortiatur profunditatem, fit vt aquis multis ditatus , pro diuerſis locis diuerſimodè inundet . Quantò enim flumina inter montium
parietes coarctata alueos habuerint profundiores , tantò maiorem
　　　　　　　　　　　　　　　　　　　　　　　　　　　　aqua-

aquarum copiam continebunt, montium obstaculis nè exundent &
dilabantur, prohibentibus. Econtra quantò breuiores alueos in locis
præfertim planis longèque patentibus agris, tantò diluuijs obnoxiores
erunt. Quare cùm ingens illa aquarum ex montium angiportibus & cataractarum præcipitijs in planos campos ruentium moles, huiufmodi plana occupauerit, alueis tantâ aquarum copiâ incapacibus longè latèque
diffufa, vt exundant, necefse est. Hinc fit, vt omnia loca plana in Æthiopia exuberantijs ijs tantùm obnoxia fint, non item montofa. Nilus itaque cùm alueum fuum è decliuioribus locis deducat, ac per varias cataractas præcipitatus Ægyptiam tellurem planam, depreffam, atque hu-
mili loco fitam, alueumque ad hæc non adeò profundum inueniat, mirum fanè non est, fi ftatis anni temporibus poft ingentia illa pluuiarum diluuia ex Æthiopia præcipitata, ijs tandem longè latèque exuberare incipiat. Montium itaque in circuitum, vti diximus concatenatorum, ac
plana quæ circumuallant, veluti pluuiarum officinam quandam confti-
tuentium naturalis fitus & difpofitio ; ficuti imbrium ftatis temporibus
caufa infallibilis : fic inundationis Ægyptiacæ Nilotici aluei naturalis
Cur borealia figna Sole tranfeunte ncrementum Nili contin-gat. conftitutio, infallibilis quoque caufa cenferi debet. Quod verò pluuiæ
iftæ contingant Sole Boream luftrante, non item dùm Auftrum permeat,
Etefijs, quos Lufitani generales ventos appellant, adfcribendum est. Hi
enim, tefte Pigafetta, ad introitum Solis in Capricornum è Borea proflan-
tes, nubes in caua montanorum coactas, in pluuias deftinant ; Sole verò
Libram luftrante, dicti venti ex Oceani turbulenti motibus, niuofifque
Magallani regionibus afflantes cùm frigidiffimi ob media per quæ tranf-
eunt, exiftant ; vapores fuftolli non permittunt, vel fi eos Sol eleuet, ij
in nimbiferas nubes non condenfantur, at proindè perpetuâ ijs temporibus ferenitate gaudent.

Ex diuerfita-te ventorum contingit di-uerfa inunda-tio. Quicunque igitur nouerit, cur ventus Borealis, quem vulgò Tra-
montanam vocant, ex niueo Arcto fpirans frigus præftet, & ferenitatem
faniffimam Europæis ; ventus verò Auftralis, cur tempeftates, pluuias, &
inundationes, quemadmodum ij, quos vulgò Libeccio & Scirocco appellant, caufentur ; ille nouerit etiam, cur Æthiopia in fignis borealibus,
pluuijs & tempeftatibus abundet ; hyberno verò tempore ferenitate
gaudeat perpetuâ ; eâ enim fapientiâ Solis, Lunæ, aliorumque planetarum ac fyderum curfus, totum denique cœlorum exercitum in primordio rerum diuina Maieftas ôrdinauit ; vt finguli terrarum tractûs, ne vel
hæc frigore nimio, pluuijfque, aut illæ æftu, ficcitateque redderentur hominum habitationi in idoneæ; fummâ cum proportione & menfura de lumine & influxibus eorum participarent. Nifi enim, verbi gratia, Aethiopiæ citeriori pluuijs humentibus, tranftimæ verò ventis frigidis fubueni-
ret ; perire hanc æftu, illam ficcitate necefse foret. Pari ratione fi femper pluuiæ durarent per totius anni decurfum, aut femper ferenitas, illis
proculdubio Aethiopia tota foret inundatione fubmergenda, hæc verò
nimiâ ficcitate diffoluenda. Ad conferuationem itaque rerum viciffitu-
dine opus est. Huius itaque terreni globi reciprocis huiufmodi altera-
tionibus

tionibus à cœlo gubernati difpofitionem, dùm attentiùs confidero,ingens
incurrere videor myfteriorum pelagus, quæ quidem præftat alriffimo filentio fupprimere , quam ea aut temerè promulgare , aut promulgando
ea nimis hoc loco ieiunè attingere & interpretari . Atque hæc funt,quæ
de Nilo, eius origine,atque incremento prædicenda & prædicanda exiftimaui ; tùm ne celeberrimam Nilotici incrementi in natura rerum difficultatem tædio, aut labore victus fubticuiffe viderer , tùm vt phyficis
plura ex fupra demonftratis rationibus philofophandi materiam præbe-
rem atque occafionem . In quo quidem fi aliquid commendatione dignum præftitum fit, non mihi, fed aquarum viuentium æterno fonti, bo-
norumque omnium perenni fcaturigini, acceptum feras .

C A P V T   VIII.

QVÆSTIO PHYSICO-CHRONOLOGICA,

Vtrum Aegyptus ante Diluuium fuerit habitata, an non? quiuè primi eiufdem Reges fuerint.

V Arias reperio circa hanc quæftionem inter Arabes, Latinos, Græ-
cofque controuerfiam . Græci plerique, inter quos primùm non
immeritò locum poffident Herodotus , & Strabo , Ægyptum olim mari
tectam fuiffe, imperuiamque afferunt , vndè ille eam δῶρον τᾶ Νείλε , hoc
eft, *donum Nili* ; hic verò varijs rationibus Herodoti opinionem ftabilire conatur, vt patet ex lib. 17. & prologomenis eiufdem . Arabes verò Ægyptum ante diluuium non tantùm habitatam afferunt , fed & Reges
ipfos eorumque gefta, inuenta,potentiamque exhibent. Verùm vt vtriufque fententiæ veritas tandem elucefcat, illas difcutiendas hoc loco duxi.
Ægyptum igitur olim mari opertam non Herodotus tantùm , vt dixi, &
Strabo, fed & omnes, qui hofcè fequuntur, fentiunt ; quorum rationes vide apud Goropium Becanum in Nilofcopio . Nos tamen hæc fcrupulo-
fiùs ponderantes dicimus , non totam Ægyptum, fed aliquam tantùm
partem,quam fuprà Phium diximus, mari tectam, Nili limo fucceffu tem- *Inferior Æ:*
porum excreuiffe. Cùm enim Ægyptus maximè verfus mare Erythræum *pti pars olim*
cliuofa, atque quo magis cataractis & Æthiopiæ approximat, eò altior *mari tecta.*
femper & altior fit, omninò probabile eft, eam fupra diuaricationem Nili
in ramos, Delta conftituentes, diuifi, totam fuiffe habitatam vfque in ipfos
Æthiopiæ fines. Cùm igitur Authores loquuntur de Aegypto aquis
fubmerfa, partem pro toto videntur accipere , nimirùm inferiorem Aegyptum, quam Delta vocant. Comprobaturque varijs Authorum gra-
uiffimorum teftimonijs ; Proclus in Timæo Platonis refert ex citati Homeri fententia, vti & Plinius l. 2. c. 35. Seneca l. 7. nat. 99. c. 26. olim
à Pharo infula in Aegypto diei & noctis nauigationem fuiffe, cùm iam
illi cohæreat ; vndè & Oceanum eundem nominat Hecatæus,& alij apud

Diodorum Siculum lib. 1. vt & obseruauit Pierius Valerianus. Vide de hoc quoque Aristotelem l. 1. meteororū, aliosque in eum hoc loco commentantes. Præterea legimus, Sesostrin mare rubrum, perfosso Isthmo intermedio, mari mediterraneo coniungere voluisse, dissuasumque fuisse à Sacerdotibus molimen, eò quod mare rubrum altius Aegypto esse contenderent, vnde perfosso Isthmo Aegyptum totam maritimis vndis submergi necesse foret. Nolim tamen ego dicere, maris rubri aquas altiores esse aquis maris mediterranei, cùm hæc hydrostaticis principijs & Archimedæis demonstrationibus de ijs, quæ vehuntur in aquis, apertè repugnent, vt susè cùm in Arte nostra magnetica ostendimus, tùm in Mundo nostro subterraneo fusiùs (Deo dante) deducemus; Sed errorem inde prouenisse dicimus, quod euntibus versùs mare Erythræum, vtplurimùm per cliuosas & editiores partes Ægyptus humillima appareret; vnde error & illusio opticæ & hydrostaticæ ignaris facilè obrepere potuit. Arabes itaque, vt ad alteram controuersiæ partem transeamus, cùm Aegyptum ante diluuium habitatam dicunt, eam partem, quam posteri Heptanomum & Thebaidem appellarunt, putasse intelligendi sunt, videlicet partem montanam; verùm vt hæc omnia clariùs pateant, adducam Arabum Historicorum testimonia, in quibus tamen citandis, ad hæc credenda quemquam cogere nolim, sed libero eruditi Lectoris iudicio ea discutienda relinquo. Ita igitur Ahmed ben Ioseph Eltiphasi apud Gelaldinum libro de appellationibus Nili; in quo inter cætera hæc dicet:

Ahmed Ben Ioseph Eltiphasi.

ويقول ان ادم عليه السلام وصى لابنه شيت وكان فيه وفي جنبه الذمية وانزل الله عليه تسعا وعشرين صحيفة وافد جا الى ارض مصر وكانت تدي بابلون وزلها هو واولاد اخيه فسكن شيت فوق الجبل فسكن اولاد قابيل اسفل الوادي ۞

Dicitur autem, quod Adam, super eum pax, præcepit filio suo Seth, & fuit in eo & filio suo prophetia, & immisit super eum Deus viginti nouem libros, & venit in terram Ægypt, quæ tunc dicebatur Bablun, & habitauerunt eam ipse, & filij fratris eius; habitauit autem Seth supra montem, filij verò Cabil, seu Cain infra in valle. hæc ille. De huiusmodi libris Sethiacis Enochianis fusè dicetur in secundo tomo, tractatu de philologia Aegyptiorum, quare illuc Lectorem remittimus. Quicquid sit de veritate huius narrationis, verisimile certò est, ante diluuium Aegyptum, vtpotè Palestinæ, Babyloniæ, & Mesopotamiæ (quæ primæ fuerunt mortalium coloniæ, ex quibus deinde in vniuersum mundum fuerunt propagatæ) vicinam, fuisse habitatam; cùm non videam, quî tàm fœcunda Aegypti natio primos istos humani generis propagatores latere potuerit. Post Seth verò dicunt, Dominium Aegypti possedisse Kainan, post hunc Malalcel, & post hunc denique Iared successisse. Atque hunc Iared primum fuisse, quem Seth in omnibus scientijs & artibus, morumque doctrina instituerit; has autem scientias & artes Iaredum reliquisse Enoch filio suo, quem Idris vocant; verba Arabica cito:

Ægyptus olim dicta Bablun

واستحلف شيت ابنه قينان اوستحلف قينان ابنه مهلياييل اوستحلف مهلياييل ابنه يرد ودفع الوصية اليد وعلمه جميع العلوم واخبره بما يحدث في العالم ونظر في النجوم

النجوم والكتاب الذي انزل على ادم وولد لبرد وولد خنوخ وهو هرميس وهو ادريس
النبي عليه السلام وكان الملك في هذا الوقت محويل ابن خنوخ بن قابيل وعصمه
الله انزل عليه ثلاثين صحيفة ودفع البه ابوه وكانت ملته العابده وفي توحيد الله
والطهاره والصلاه والصوم وغير ذلك من رسوم التعبدات وكان في رحلته الى المشرق
اطاعه جميع ملوكها وابني مابه واربعين مدينه اصغرها الرها ثم عاد الى مصر واطاعه
ملكيها وامن به ونظري تدبير امرها وكان النيل جائيهم بسرعه وينحازون من ساير
الى عالي الجبل والارض العاليه حتي ينقص الما وينزلون ويزرعون حيت ما وجدوا
الارض نديه وكان جائي في وقت الزرعه وفي غير وقته ـــــــــــــ ا ٭

Succeſſit autem Setho filius eius Cainan, & Cainano filius eius Malaliel, &
huic ſucceſſit filius eius Iared, cui dedit Seth præcepta vitæ & diſciplinæ, & do-
cuit ipſum omnes ſcientias, & indicauit ipſi euentura in Mundo, & contempla-
tus eſt ſtellas in libro quem deduxit ſuper Adam, & natus eſt Iaredo filius Ha-
nuch, ipſe eſt Hermes, ipſe Idris, (hoc eſt Oſiris) propheta, (ſuper eum pax)
fuit autem Rex hiſce temporibus Maguel filius Henuch filius Kaniel, id eſt (Cain)
& conſeruauit ipſum Deus, deducens ſuper ipſum triginta libros, & fuit ſectæ
Sabæus, & fuit primus, qui inuenit & agnouit, & Dei vnitatem profeſſus eſt,
purificationem quoque, orationem, & ieiunium, ſimileſq cærimonias coluit, &
tranſmigrauit in orientem, & audierunt eum omnes Reges eius, & ædificauit
ciuitates 140. minima earum erat Raha, id eſt, Edeſſa, tunc reuerſus in Ægy-
ptum, & ſubditus fuit ei Rex eius, & credidit in eum, & politicam viuendi ra-
tionem introduxit, Niló autem ex improuiſo erumpente, tranſibant ab illius aquis
ad faſtigium montis, & eminentiora terræ loca, donec deficeret aqua, tunc deſcen-
debant, & ſeminabant, inuentá terrá iam humectatá. Quæ omnia confirmat
Abenephi his verbis :

فادريس هو لعبر فيون حنوخ واميربون اوسيريس وادريس وهو اول قبل الطو فان نظر
في علم النجوم والهندسه والهيبه وكان اول من تكلم في هذه العلوم واخر جها من
القوه الى الفعل وضع فيها الكتاب ورسم فيها التعليم ثم سار الى بلاد الحبشه والنوبيه
وغيرها وجمع اهلها وهو اول دبر جري النيل الى مصر ـــــــــــــ ٭

Et Adris ipſe Hebræis Hanuch, Ægyptijs Oſiris & Hermes, & ipſe pri-   Idris idem
mus fuit ante diluuium, qui Aſtrologiam & Geometriam profeſſus eſt, & primus   quod Oſiris.
fuit, qui ex iſtiuſmodi ſcientijs diſſeruit, & qui eas ex potentia deduxit in actum,
librum quoque ſcripſit, in quo ſignauit doctrinam eorum. Deindè profectus eſt in
Æthiopiam & Nubiam aliaſq prouincias, conuocatiſq hominibus varia docuit eos,
fuitque primus qui Nilum deduxit ſuper Ægyptum. Similia recitat alius qui-
dam Hiſtoricus nomine Kaab Elachabar in hiſtoria Saracenorum his
verbis :

فكان ادريس عم على صوره شيت وهو اول من خط بالقلم بعد النبي شيت وكان
ادريس مستغلا بالعباده حتي بلغ لحلم فسمف بالعباده وفاق بها على اهل عصره
فجعله الله نبيا وانزل عليه ثلاثين صحيفه وورث صحف شيت وذابون ادم عم وكان
جعيش بقوته من كده وكان خياطا وهو اول من خاط الثياب وكان كالما عزز
غزره بسبح الله وبقدس ـــــــــــــ ٭

Kaab Elach-
b r apud Go-
lald atum.

Fuit autem Adris, ſuper eam pax, formá ſimilis Setho, & ipſe primus, qui
I 2   *poſt*

*poſt Seth prophetam ſcripteriam artem docuit, & fuit Adris quoque ſolitus inter-
eſſe ſeruituti ſeu cultui religionis, vſque dùm ad maturiorem ætatem venit ; quâ,
ſuperauit ac longè præceſſit in cultu religionis omnes ſui ætatis homines, poſuitque
ipſum Deus ideò prophetam, deduxitque ſuper eum triginta libros, libros quoque
Seth hæreditate accepit, vti & Arcam, in qua cadauer Adam, ſuper eum pax, &
vixit labore manuum ſuarum, fuit autem Adris Sartor & primus , qui conſuit
Veſtes, & omni acus traiectione laudabat Deum & ſanctificabat eum &c.* quæ
confirmat Vaſiab in eadem Saracenorum hiſtoria, vti & Iſmaël Schiahin-
ſcia :

ان أدريش اول من اخذ السلاح وجاهد في سبيل الله وقاتل بني قابيل واول من لبس
الثياب وكانوا قبل ذلك يلبسون الجلود وهو اول من اتقن الميزان المكيال وعلم النجوم

*Quod Adris primus fuit, qui apprehendit arma & certamina in via Dei,
pugnauit contra filios Kabiel, id eſt, Cainâ ſtirpe prognatos, & primus , qui veſti-
mentis ſe induit, cùm primò veſtirentur pellibus, fuit quoque primus , qui ponde-
rum, menſurarum, vti & Aſtrologicam ſcientiam penetrauit.*

Primus igitur Oſiris & antiquiſſimus fuit Aegyptijs Henoch ; certè
ex citatis teſtimonijs patet, omnia quæ Græci de Oſiride, eiuſque in genus humanum beneficijs ſcripſerunt, de Henoch ſiue Adris ſcripſiſſe Arabes & Chaldæos. Verùm cùm hæc fuſiſſimè pertractauerimus in ſecundo Syntagmate cap. 3. alijſque paſsìm locis, illuc Lectorem remittimus ;
vbi parallela quádam comparatione vnius & alterius geſta , & beneficia
in homines conceſſa demonſtramus .

CAPVT IX.

De Dynaſtijs Aegyptiorum.

FRequens apud priſcos Hiſtoricos Dynaſtiarum Aegyptiacarum fit
mentio, quarum tamen alium Authorem non habemus niſi Manethonem Sybennitam, Sacerdotem Aegyptium, quem ante tempora Alexandri, quicquid dicat Scaliger, in Aegypto floruiſſe comperio ; ſiquidem illius crebram mentionem facit non ſolùm Ioſephus l. 1. contra A-
pionem, ſed & Hebræi lib. Iuchaſin, eumque veluti antiquiſſimum Scri-
ptorem, & fide digniſſimum citant, ita vt & Arabum quoque ſcriptis is
irrepſerit . Iochaides quoque in ſuo Zohar huius mentionem facit, &
quoties de Regib. Aegypti ſermo eſt, hiſcè verbis מאנאתום בספר מלכי מצרי
concludit : *Manethun in hiſtoria Regum Ægypti* ; vel etiam hiſcè verbis :
מאנאתום בספר בדרינות מלכי מצרים *Manethon in libro actorum Regum Aegypti.*
Fuerunt autem duo alij huius nominis Authores Aegyptij , vnus Manethon Mendes, Sacerdos & ipſe Aegypti, qui ſcripſit, quomodo præparanda
ſint, Cyphi ; hoc eſt, ſuffumigia. Suidas : Μανεθὼς μένδης , ἱερὸς Αἰγύπτι@·
Ἔγεαψε πεεὶ κατασκευῆς κυφύων· Alter citato Suida teſte : Μανεθὼς ἐκ Διοσπόλεως, ἢ Αἰγύπτι u
ἢ σεβεννύτης φυσιολογικὰ, Ἀποτελεσματικὰ δι᾽ ἰσῶν καὶ ἀλλά τίνα ἀς φρνομέ ῥρα. *Manethos
ex Dioſpoli Aegypti ſcripſit phyſiologica apoteleſmatica verſibus, & alia quædam
aſtronomica.* Huius monumenta in magni Ducis Hetruriæ bibliotheca
conſer-

conferuari audio. atque hic eft, qui temporibus Augufti vixit; vndè
multi decepti æquiuocatione nominis, hunc cum veteri illo noftro Dynaftiarum Aegyptiarum compilatore confuderunt. Manethon igitur Sybennita nofter hiftoriam Aegyptiorum feu Regum breuiffima defcriptione complexus, in 32. Dynaftias fiue principatus digeffit ; quarum quindecim vtpotè ex hominum memoria vnà cum diluuio deletas omifit, cœteris feptendecim ex monumentis Aegyptiorum depromptas, eâ quâ potuit fide & diligentiâ defcripfit ; ex quo Africanus pleraque fua haufit ,
vti & Eufebius Pamphylus, & Iofephus contra Apionem, ex quibus deindè reliqui Authores Chronologi fua plerique decerpentes, & Manethonem in varia difcerpentes, ita variè interpretati funt, vt multi tantâ
confufione perplexi, de veritate Dynaftiarum , aut fide etiam Authoris
dubitauerint .

Manethon
Sybennita
feriptor 32.
Dynaftiarum

Multi perfuafum habent, hafcè Dynaftias, vti & innumera alia, occafione fabularum Aegyptiarum à Manethone introductas effe ; fi enim
inquiunt decima fexta immediatè poft diluuium Dynaftia agebatur , ergo quindecim iam præcefferant ; fed hoc & temporum ordini , & facris
literis repugnat . Nam cuius, qui tantillum fapiat, conftat, Ægyptios
antiquiores minimè fuiffe principe & fundatore fuo Mifraimo, filio Chami & nepote Noëmi, neque eum ante diuifionem terrarum in Ægyptum
profectum, aut ante confufionem linguarum, quæ in annum a diluuio cadit 275. à conditu verò rerum 1931. quare Dynaftiæ illæ quindecim,
quas ante Abrahamum ponit Eufebius, veluti commentitiæ habendæ funt.
Cùm retrò vfque ad ipfum Adamum pertingere poffent , ita arguunt Ad-
uerfarij. Verùm vt hæc lis tandem decernatur , & quid de Dynaftijs Æ-
gyptiorum, potiffimùm, quindecim iftis omiffis, fentiendum fit, iam tempus & locus poftulat, vt agamus , vbi priùs aliqua ad noftros difcurfus facientia præfuppofuerimus .

16. Dynaftiæ
quales fuerint

Obiectio cô-
tra Dynaftias
16. ante di-
luuium.

Solutio obie-
ctionis.

Suppono igitur primò. Primos ante diluuium Patriarchas, à primo
humani generis Authore oretenus inftitutos, non in omnigenis duntaxat
fcientijs & artibus ; fed & in politica viuendi ratione plurimùm profe-
ciffe ; ita Sethus ab Adamo patre, infusâ & fupernaturali rerum omnium
fcientiâ illuftrato, inftitutus, docuit filium fuum Cainan, & hic filium
fuum Malaleel, hic Iaredum, Iared denique filium fuum Enoch , Enoch
Mathufalam, Mathufala Lamechum, Lamech denique Noëmum ; & cùm
fimul vnà cum Patre eorum Adamo omnes ferè vixerint, verifimile eft ,
fcientias rerum artefque mirum in modum fuiffe propagatas. Quæ omnia ex Hebræorum , Chaldæorum , Arabum aliorumque orientalium monumentis fufiùs in fequentibus oftendentur .

Suppofitio 1.

Doctrinarum
& artium pro
pagatio.

Suppono fecundò. Homines ante diluuium longiffimæ vitæ fuiffe ,
corpore valenti & robufto, naturâ adhæc fœcundos , falaciffimos , & in
libidinem proiectiffimos ; ex quibus accidebat, vt in infinitum breui
mundus multiplicaretur ; ex quo iterum infero, tantam hominum multitudinem, in folo illo campo Damafceno, qui Babyloniâ & Palæftinâ Sy-
riâque claudebatur, confiftere nullâ ratione potuiffe ; fed multiplicatis in
immen-

Suppofitio 2.

Hominum
ante diluuiü
conditio .

Nouas colo-
nias quærunt,
adeò totus
mundus fuit
habitatus.

Demonstra-
tio.

Numerus hó-
minum post
diluuium vs-
que ad turris
constructio-
nem.

Immensa ho-
minum mul-
titudo ante
diluuium.

Forma politi-
ca ante dilu-
uium an fue-
rit,& quæ-
nam?

Suppositio 3.

Politicus Sta-
tus ante dilu-
uium.

immensum mortalibus,nouas colonias quærere coactos, non vicinas tantùm & contiguas Palæstinæ regiones; Ægyptum , Asiam, Arabiam; sed
& remotiores, Persiam, Mediam, Indiam, atque adeò totam Asiam maiorem,imò Europam & Africam occupasse . Quod ita demonstro, si enim
innumerabilis penè hominum multitudo spacio ducentorum annorum ,
à diluuio videlicet vsque ad exstructionem turris, ex octo solummodò
hominibus prodijt, quam nos primò,suppositis quibusdam, ad hunc numerum sequentem peruenire potuisse , inuenimus, 1247224717455 :
Summa videlicet mortalium procreatorum à diluuio vsque ad turrim.
Babel :

Quæ summa tanta est, vt si in quadrato stetissent omnes isti homines,
ita vicini, vt singuli homines quadratum pedale occuparent , demonstro
vnum latus,huius quadrati occupasse 372. milliaria Astronomica plùs minùs, siue gradus coelestes 25. ferè ; atque adeò vniuersam Palestinam ,
Babyloniam,vnà cum Armenia occupassent in vno quadrato, quæ meritò
paradoxa & incredibilia videri possent, nisi id suse in turris Babylonicæ
demonstratione ostendissemus; si igitur tanta multitudo annorum ducentorum spatio nasci potuit ; quantam ante diluuium , spatio 1656 annorum ab hominibus, vt dixi, longioris ætatis, corpore robustioribus, & ad
libidinem pronioribus polygamisque natam putabimus ? Certè si à Christi natiuitate vsque ad hæc tempora,singuli homines ætatem suam produ-
xissent ad 100. 200. 300. 400. 500. & 800. annos , quemadmodum de
primis hominibus memorant sacræ literæ ; arbitror tantam hominum
multitudinem nasci potuisse, vt illorum orbis terrarum non esset capax.
quæ omnia,suppositis primò quibusdam mathematico ratiocinio demonstrari facillimè poterunt . Immensam igitur fuisse hominum ante diluuium multiplicationem nemo dubitare debet, maioremque sine vlla
comparatione, quam hisce nostris seculis, atque consequenter omnes insulas, partesque orbis terrarum occupasse, nemo prudens dubitare potest.
Multitudinem verò hanc, dico, sine capite quodam politico, aut forma
regni consistere nullâ ratione potuisse ; vnde certum est in singulis colonijs Reges seu Duces quosdam fuisse communibus suffragijs electos , penes quos esset iudicandi, decidendi , singulaque administrandi potestas ;
cùm sine capite Rempublicam aliquam,aut Regnum diù durare impossibile sit, vt doctissimè probat Gregorius Tholosanus l. 1. de Repub. Plato
quoque de legibus, Aristoteles l. 9. moral. alijque omnes, qui hanc materiam pertractarunt . Quodsi barbaras gentes hoc nostro sæculo varijs in
orbis tetræ partibus detectas hoc dictamine politico præditas legamus,
quantò plùs primos istos Patriarchas diuinâ quâdam sapientiâ coelitùs
præditos ?

Suppono tertiò . Filios Noëmi vnà cum patre à primæuis istis patribus, omnem scientiam rerum quà traditione, quà scriptis participasse ,
ac politicam viuendi rationem, aliaque ad humani generis conseruationem necessaria didicisse, & omnia prout audierant & didicerant, ita filijs
suis post diluuium tradidisse . cum hominibus ita comparatum sit, vt quoties

ties fingularem rerum euentum, admirandumque alicubi contigiffe co-
gnôrint, fummo defiderio, & infitâ quâdam curiofitate eos, qui eidem
præfentes fuêre, audire cupiant; quantâ curiofitate primos iftos poft diluuium homines Noëmi filios, de re omnium quæ vnquam contigerat,
calamitofifsima & maximè formidabili tanquam præfentes, & omnium
oculatos teftes examinaffe putabimus? quantò ftudio de prioris mundi
forma, & ftatu, ac conditione hominum, rebufque memorabilibus ab ijs
geftis inquifiuiffe credémus? certè qui hâc ftriêtiùs examinauerit, fieri
fibi vix poffe perfuadebit, vt non plurima ante diluuium gefta huiufmodi inquifitionum curiofarum occafione, poftero mundo innotuerint, præfertim Ægyptijs, reliquis curiofioribus. Vnde

Suppono quartò. Inter finitimas gentes; femper huiufmodi rerum
ante diluuium à primæuis iftis hominibus patrararum notitiam, tùm per
traditionem, tùm per earundem in faxa infcriptionem pofteris reman-
fiffe. Etfi varijs variorum relationibus cum tempore mutilata veritas, vti
maximam in circumftantijs rerum varietatem paffa eft, ita maximam quoque ambiguitatis occafionem Hiftoricis reliquerit. Vndè iterum

Suppofitio 4. Traditio rerum qui pro-
pagata.

Suppono quintò. Non tantùm ex Sacro textu nobis de rebus ante
diluuium geftis conftare, fed & ex profana quoque hiftoria. Certè hiftoriam de bello Athlantico, de quo Plato in Critia, ait Solonem ab Ægyptijs audiffe, ante diluuium id contigiffe. Secundò Iofephus l. 1. antiq.
contra Apionem; lateres coêtiles pro fiderum obferuatione infcriptos, ait
700. annis ante Ninum fuiffe in Babylone repertos; de quibus nos alibi
fufiùs. Tertiò ex Chaldæorum difciplinis, primi illi humani generis du-
êtores, ante Græcorum Monarchiam 34000. annorum menftruorum, qui
3634. folares annos faciunt, interuallo, literarum & Aftronomiæ principia coluiffe memorantur; hi autem per regnum Perficum, Babylonicum,
& quinquê Scripturæ ætates diuifi, in Adami 151, Sethi 21. incurrunt.
Quartum fumitur ex libris Henoch, è quibus Tertullianus integras paginas recitat. Quintum ex Rabbinorum monumentis, de duplici fame,
quarum vnam contigiffe memorant fub Adamo, ob enormia peccata filiorum Cain; alteram fub Lamecho ob fcelera Gigantum; item de diluuio Enos, quo tertiam ferè hominum partem perijffe referunt. Sextum
ex Arabum monumentis, qui, vt initio dixi, non tantùm res geftas ante
diluuium in Ægypto memorant, fed & Regum quoque nomina, vnà
cum geftis vniufcuiufque determinant, vti & .e Dynaftijs quindecim ante diluuium à Manethone omiffis, veritatem luculentis verbis demonftra-
re videntur.

Suppofitio 5.

Gefta homi-
num ante di-
luuium ex-
ftant.

Scio multos effe, quemadmodum fuperiùs quoque memini, qui huiufmodi Dynaftias meras nugas & commenta putent; quin & ego in hac
opinione quoque me fuiffe memini, donec Orientalium traditionibus,
monumentifque inftruêtior, tandem eas non ita commentitias ac multi
putare poffent, comperi; certum eft, mentionem eorum apud Ægyptios
fieri, vti & apud Arabes, quas ideò وﺳﻼوﺓ ﻣﻼﻋﺒﺩ hoc eft, Principatus
Ægy-

Dynaftiæ Æ-
gyptiorum an-
te diluuium,
veræ funt.

Ægyptiorum, vocant, Aegyptiofq; ad normam Dynaftiarum ante diluuium
pofteros inftituiffe Abenephi his verbis docet:

Abnephius.

ومصر بن حام بن نوح هو اول الذي ملك في مصر واتعلم كل علوم من ابيه حام وتدبر
على ذوع الذي علیه ندبروا الملوك قبل الطوفان لانه كان یسمع كثیرین من التنفیذ
ومن صفة العلوم الذي كان ڤظر ابیه قبل ان غرق الله الذنبه فیقال ان حام قبل
الطوفان كان في مصر وبعده رجح الیها وهوكان عرف الملوك ومذدرین بني قابیل
واتعلم منهم السحر والحكمه والطلسمات

*Mifraim om-
nia fua infti-
tuit iuxta
normam pri-
morum ante
diluuium ho-
minum,*

Mifraim autem filius Cham filius Noë, ipfe primus fuit Rex in Ægypto, didicitque
omnem fcientiam à patre fuo Cham, & rexit Ægyptum iuxta normam Regum
Ægypti ante diluuium; audierat enim multa de adminiftratione rerum, & qualitate fcientiarum primæuorum hominum, quos pater eius viderat, antequam Deus
fubmergeret Mundum; & dicit, quod Cham ante diluuium fuerit in Ægypto, &
poft illud eo reuerfus fit; cognouerat etiam Reges & gubernatores filiorum Kain,
ab iifq; primò didicit Magiam & incantationes, artemque idolorum conftruen-
dorum, &c. Quæ omnia clariora funt, quàm vt explicari debeant. Fuiffe
autem ante diluuium Dynaftias Ægyptiorû, Regefq; eandem adminiftraf-
fe, Arabes cum Ægyptijs (quorum in fcientijs & artibus hæredes fuerunt)
tradunt, verùm vt eorum doctrina in apertum ducatur, ipfa verba Authorum Arabica allegamus; ita igitur præter Salamas l. de mirabil. mundi:
Mahumed Ben Almafchaudi apud Gelaldinum libro de hiftoria regum
Aegypti dicit, vti & apud Ifmaëlem Sciahinfcia quem non ita pridem,
pro fuo in Remp. literariam affectu mihi communicauit doctiffimus
Abrahamus Ecchelenfis; Verba fideliter fubiungo:

قال محمن بن المفعودي اول من ملك مصر قبل الطوفان نقراوس وكان عالما بالكهاند
والطلسمات فیقال انه اصنة امنوس وعمل بها عجاجیت كثرة منها اخد عمل صنمین
من حجر اسود في وسط المدینه ادا قدمها سارق لم یقدران یزول عنها حتي یسلك
بینها فادا اسلك بینهما فادا دخل بینهما انطبقا علیه فیوخد وكان مدة ملكه
مایة وثمانون سنه

*Primus Rex
in Ægypto
ante diluuiû.*

Dicit Mahumed filius Almafchaudi, primus ex Regibus Ægypti ante diluuium
(qui abfolutam Regni formam introduxit, primò filijs & Nepotibus Seth
promifcuè tantùm regnantibus) primus, inquam Rex fuit Nacraus artis fa-
cerdotalis & Magiæ peritus, dicitur quoque, nomen illi fuiffe Amafus, fecit autem ope magiæ mirabilia multa & magna, & primò fecit duo idola ex lapide in
medio ciuitatis, & fi contingeret hominem furti alicuius fibi confcium ante ea
comparere, non poterat is remouere fe ab ijs, donec medius inter vtrumque ponere-
tur, amplexibufque eorum claufus captiuufque teneretur: fuit autem Regnum eius
180, annorum; Fuit igitur primus Rex Nacraus facerdos, quid verò per
artem facerdotalem indicetur, in fecundo Tomo Gymnafij hieroglyphici
fusè tradetur. Ex quo patet, vti poft, ita & ante diluuium magiam & artem facerdotalem in Aegypto viguiffe, quod quidem fieri non potuit, nifi
per traditionem Cham filij Noë; pergit Chronicum fuum profequi Author:

*Idolum fur-
tum reuelans.*

*I. Rex Na-
craus 180. an-
nis regnauit
in Ægypto
ante diluuium*

فلما مات نقراوس ملك بعنه اینه نهراس فكان كابید في علم الكهنه والطلسمات
ویفعٍ

وبني مدينة بمصر وسماها صلحة وعمل خلف الواحات ثلاث مدن على اشاطين وجعل في كل مدينة حرايز من لحكمه العجاب

Et cùm Nacraus fuiſſet mortuus, ſucceſſit filius eius Nathras, fuitq̃ ſicut pater eius artis ſacerdotalis, & Magiæ peritus, ædificauitq̃ ciuitatem in Ægypto, quam vocauit Salcha, & fecit poſt Eluahat regionem tres ciuitates firmatas ſupra columnas, & poſuit in ſingulis ciuitatibus munitiones, in quibus condidit ſapientiam & mirabilia ſua. Cui defuncto ſucceſſit frater eius Meſram, quod hiſce verbis docet Gelaldin :

فلما مات نثراس ملك بعده مصرام وكان حكيما ماهرا في الكهنة والطلسمات وعمل اعمالا عظيمة منها انه ذلك الاسد وركبه ويقال انه ركب في عرش وحملته الشماطين حتى اتتها وسط البحر المحيط وجعل فيه قلعة بيضا وجعل فيها صنما الشمس وزبر عليها اسمه وصفة ملكة وعمل صنما من نحاس وزبر عليها انا هو مصرام الجبار كاشف الاسرار وصنعت الطلسمات الصديقة واقمت الصور الناطقة ودعمت الاعلام الهايلة على البحر السايلة ليعلم من بعدى انه لايملك احد ملكى

Et cùm mortuus eſſet Nathras, regnauit poſt eum frater eius Meſram, fuitq́; ſicuti cæteri peritus artis Sacerdotalis & Magiæ, eiuſque ope peregit res magnas, & dicitur quòd domuerit Leonem, & equitauerit ſuper eum, & dicitur quoque quòd equitante ipſo Rege, ſedentem in throno dæmones eum portauerint, vſque dùm veniret ad medium Oceanum, & poſuit ibi arcem candidam, & in eo idolum Solis, incidit q́ue in eo nomen ſuum, & qualitatem regni ſui, fecitque ex ære ſtatuam, & incidit ſuper eam, Ego Meſram ille Gygas fortis, & potens, reuelans ſecreta, & feci taliſmata varia, & imagines loquentes conſtitui, erigendarum imaginum peritus; figuram horrendam ſupra mare fluens, vt ſciret qui poſt me venturus eſt, nullum mihi Regem ſimilem futurum, &c. Atque ex hac deſcriptione patet luculenter, poſteros Ægyptios omnem illam idolorum colendorum, artiſque expiatoriæ rationem, vt & oraculorum ſcientiam à primæuis, Chamo propagatore, accepiſſe, pergit Author :

ثم ملك بعده خليفته عيكام الكهن فيقال ان ادريس عليه السلام رفع في ايامه ثم ملك بعده عرباتى فيقال ان هاروت وماروت كانا في زمانه ثم ملك بعده حصيليم وهواول من عمل مقياس الزيادة النيل وذلك انه جمع اصحاب العلوم الهندسه وعملوا له بيتا من رخام على حافة النيل وجعل في وسطه بركة من نحاس صغيرة فيها ما موزون وعلى حافة البركة عقابان من نحاس نكر وانثى وانا كان اول الشهر الذي يزيد فيه النيل فتح البيت وجمع الكهان فيه بين يديه فتكلم روسا الكهان بكلام لهم حتى يصفر احد العقابين فان صفر النكر كان الما تاما وان صفر الانثى كان الما ناقصا ويعتذرون لك لك وعوالذي بذي القنطرة الذي بجبلاد النوبة على النيل

Deindè regnauit poſt eum Vcarius ſeu ſucceſſor Aikam ſacerdos, & dicitur quòd Idris ſuper eum pax, ſublatus eſt in diebus ſuis; tum regnauit poſt eum filius eius Ariak, & dicitur, quod tempore huius Regis fuerint Haruth & Maruth; deindè regnauit poſt eum Haſilim, & ipſe primus, qui fecit Nilometrium incrementi & decrementi Nili, & ideò peritos ſcientiarum & Geometriæ congregauit, fecerunt ſibi domum ex marmore ſupra ripam Nili, & poſuit in medio eius piſcinam paruam, in qua aqua erat ponderata, & ſupra oram piſcinæ duæ aquilæ ex

K *ære*

are mas & fœmina, & cùm efset primus menfis, quò exuberaret Nilus, aperieba-
tur domus, & congregabantur in ea facerdotes coram eo, & principes facerdotum
obmurmurabant in tantum nonnulla verba, donec fibilaret vna aquilarum; & fi
*fibilaret mas, aqua fufficiens futura erat; fi fœmina, aqua deficiebat, is quoque_*
fuit, qui pontem in regione Nubiæ ædificauit fupra Nilum.

Ex hac defcriptione quoque patet, mathematicas artes, vel ante diluuium, quam maximè in vfu fuiffe, Magiam quoque & oraculorum, artemque facerdotalem, quam pofteri tantâ deindè contentione promoue-
runt; fed fequamur textum hiftoriæ:

وملك بعده رجل يقال له هوصال ويقال ان ذوح عليه السلام كان في وقته وملك بعده
ولده قدرسان وملك بعده سرقاق وملك بعده ادنه سهلوق وملك بعده ادنه سوريد
وهو اول من جبي للخراج بمصر وهو الذي بني الهرمين ولما مات دفن في الهرم ودفن معه
جميع امواله وكنوزه وملك بعده ادنه هوجيت ودفن ايضا في الهرم وملك بعده
مناوس وقبل منقاوس وملك بعده ادنه افروس وبعده ادنه مالينوس وبعده ابن عمه
فرعان وفي ايامه جا الطوفان وجرب ديار مصر كاها وزالت معا ملها وعجا بيها ❀

VII. Hufal.
VIII. Tatra-
fan.
IX. Sarkak.
X. Schaluk.
XI. Suritu
pyramidum
ædificator.
XI. Hugith.
XII. Manaus.
XIII. Aphrus
XIV. Minnus
XV. Abn Ama
Pharaun vl-
timus.

Et regnauit poft eum vir nomine Hufal, & dicitur Noë fuiffe in diebus eius, &
regnauit poft eum filius eius Tatrafan, & regnauit poft eum Sarkak, & regnauit
poft hunc filius eius Sabaluk, & poftea filius eius Surit, & hic primus fuit, qui fo-
dit canales in Ægypto, ædificauitque pyramides, mortuufque fepultus fuit in ijs cum
omnibus bonis & thefauris fuis; regnauitque poft eum filius eius Hugit, & hic
quoque in pyramide fepultus eft, & regnauit poft hunc filius Manaus, & dicitur
quoque Manakaus, regnauitque poft eum Aphrus, & poft hunc Malinus, deindè
Abn Ama Pharaun vltimus Dynafta, in cuius diebus venit diluuium, & deua-
ftauit omnem habitationem Aegypti, & deleuit omnia opera, & mirabilia eius.

Atque hæc eft Chronologia Regum Ægypti ante diluuium, quam hic
totam defcribere volui, vt & Arabum placita circa inexplorabilem antiquitatem temporum innotefcerent criticis noftri temporis; Et quamuis non ignorem, hæc omnia eo loco apud noftri temporis philologos
futura, quo omnia ὑπόκρυφα; nolui tamen ea omittere, cùm quia hiftoriæ
funt Latinis incognitæ, tùm quia nefcio quam veritatis fcintillam, etiam
fub huiufmodi barbararum relationum fauillis latentem comperi; vt
proindè non omnia, quæ fabulas & commenta redoleant, refpuenda putem. Multa habent Arabes, Latinis, Græcifque incognita, quæ fi peritorum induftria publici iuris fierent, næ breui magnam Reipubl. literæ-
riæ, in multis huc vfque inter Authores controuerfis, acceffionem futuram
fperarem. Sed de his alibi fufiùs. Nunc igitur vifâ normâ gubernationis Regum ante diluuium, modò eandem & poft diluuium parumper
contemplemur. Vides igitur Arabes in fua Chronologia tot ante diluuium Reges feu Dynaftias ponere, quot Manethon omiferat, videlicet
quindecim; ita vt hæ quindecim Dynaftiæ pulchrè connectantur primæ
poft diluuium, quæ fecundùm Manethonem eft XVI. fiue Thebæorum.

De

De Regibus Aegypti poft diluuium fecundùm Arabes.

ARabes in quibuſdam cum Latinis Græciſque conueniunt, in quibuſdam diſcrepant; & de Dynaſtiarum ſerie fecundùm mentem Græcorum, tunc ex profeſſo tractabitur, vbi priùs ſeriem earundem iuxta
Arabum Chronologorum ſententiam paulò vberiùs diſcuſſerimus. Ita igitur referunt apud Gelaldinum Abdalhakem, Anbahni, Othman ex Salcha,
Anbahni, Lahaia, Ben Gabaſch, Alkatbahni, Abdalla Elfaiana, Iſmaël
Sciainſcia:

كان اول من سكن مصر بعد الطوفان بيصر بن حام بن نوح وهو ابو القبط
فمكن منف وهي اول مدينة عمرت بعد الغرب هو وولده وهم ثلاثون نفسا قد بلغوا
وتزوجوا فبذلك سميت مافه ومافه بلسان قبط ثلاثون وكان بيصر بن حام بن نوح
وقد كبر وضعيف وكان مصر اكبر ولد وهو الذي ساق ادوه وجميع اخوته الى مصر
ونزلوا بها ومصر بن بيصر سميت مصر فحاز له ولولده ما بين الشجرتين خلف
العريش الى اسوان طولا ومن درقه الى ايلة عرض ◉ ━━━━━━━━━

I. Rex Ægy-
pti poſt dilu-
uium Beither
filius Cham.

*Primus, qui habitauit Aegyptum poſt diluuium, fuit Beithir vel Boſir is filius Cham;
filij Noë; & hic pater fuit Copti, & habitauit Memphi, quæ etiam prima ciuitas
fuit habitaat poſt Ghorab; fueruntque ipſe & filius eius numero triginta animæ
iam matrimonio coniunctæ, & ideò Memphis vocatur lingua Aegyptiaca* مافه

Memph is Æ-
gyptiacè Me-
ſe quid ſigni-
ficet ?

مدتے *hoc eſt, triginta; fuit autem Bithir filius Cham iam magnus at infir-
mus; Meſra verò fuit maior filius eius, & hic eſt, qui deduxit patrem ſuum,
& omnes fratres ſuos in Aegyptum, & incoluerunt eam, & à Meſra ſeu Aegypto filius Boſir, fuit dictus Meſra ſiue Aegyptus; diuiſitque ſibi et filijs ſuis quicquid eſt inter Alſchachartin retro Alghariſch vſq; in Eſuan in longum, et quicquid
eſt à Barka vſque in Ailam in latum. Porrò defuncto Beithir ſucceſſit ei*

II. Rex Me-
ſra.

*Meſra, hic ſibi diuiſit filijſque ſuis ſingulis vnam partem ex Aegypto;
cùm verò multiplicarentur filij eius, & filij filiorum, iterum eius, ſubdi-
uiſit priores partes: & partem quidem dictam, dedit Copt filio ſuo, & habitauit ibi, dictuſque eſt inde Copt, ſeu Ægyptus: Quicquid verò fuit
infra & ſupra Copt vſque in Eſmun, tàm in ortum, quàm occaſum, id
ceſſit Eſmun filio, habitauitque ibi nominatus ab eodem. Athribi verò
quicquid inter Memphim & Sai, habitauitque ibi Atrib, nominatuſque
eſt ab eodem. Diuiſit verò Sai, quod eſt inter Sai & mare, habitauitque
ibi, nominatuſque eſt ab eodem. Defuncto verò Meſra ſucceſſit Coptus*

Coptus pyra-
midum ædi-
ficator.

*ſiue Ægyptus, à quo vniuerſa terra Ægyptus denominata eſt, ſicuti à
Meſraim Meſra; & hic ædificauit pyramides, & cum multis annis re-
gnum adminiſtraſſet, defunctus eſt, ſucceſſitque in locum eius frater eius
Eſmun; ita enim ait Abdalla Ben Gheled:*

فتوفي قبط فاستخلف اخاه اشمن ثم توفي اشمن فاستخلف اخاه اتريب فاستخلف
اخاه صا ثم توفي صا فاستخلف ابنة ادريس اوقدارس قال غيره في زمانه بعث
صالح عليه السلام ثم توفي قدارس فاستخلف ابنا مليو ثم توفي فاستخلف ابنة
حربنا ثم توفي فاستخلف ابنة كلكن فملكهم نحو ماية سنة ثم توفي ولا ولد له
فاستخلف

فاستخلف اخاه ماليا ثم توفي فاستخلف ابنه طوطيس فهو الذي وهب هاجر لسارة
امراة ابرهيم الخليل عليه السلام ثم توفي فاستخلف ابنه عمهار ابنته حزوبا ولم يكن
لذوات غيرها وفي اول امرها ملكت ثم توفت فاستخلفت ابنته عمهار الفا ابنته ماموم بن
مليا وجرت دهرا طويلا وكثروا وغدوا وملوا ارض مصر كلها وطمعت فيهم العمالقة
قهم من ولد عملاق بن الوليد بن سم فتوفي الوليد فملك بعده ابنه الريان وهو صاحب
يوسف فاخرجه من السجـــ ـن ۞

> *Defuncto porrò Copto succeſſit frater eius Eschmen ; deindè huic frater eius*
> *Atrib, et huic Sai frater eius . Defuncto verò Sai succeſſit filius eius Adris vel*
> *Tadaras ; dicit alius quidam, quod hoc tempore vixerit Saleh propheta . Iterum*
> *defuncto Tedaras succeſſit ei filius eius Maliu, et huic defuncto filius eius Harba-*
> *ta, deindè defuncto Harbata succeſſit filius eius Kolken, et imperauit Ægyptijs ferè*
> *centum annis ; deindè defuncto, cùm ei non eſſet filius, succeſſit frater eius Malia,*
> **TautisPharao** *et huic succeſſit filius eius Tautis, et hic fuit iſte Pharao, qui detinuit Saram*
> **vxorem A-** *vxorem Abrahæ . Huic verò succeſſit filia eius Hazubah, neque fuit ei filius alius,*
> **brahæ deti-** *fuit autem prima ex mulieribus, quæ præfuit Ægypto . Huic verò defuncta suc-*
> **nuit.** *ceſſit Amaaz Alpha filia Mamum, filij Malia, & poſt hanc Alualid , & vixerunt*
> *multo tempore, multiplicati replerunt totam Ægypti terram ; erant autem ex ſtir-*
> **Rex Ægypti** *pe Amalek filij Lud, filij Sem, defunctoq, Alualid, regnauit poſt eum Alrian, & is*
> **tempore Io-** *fuit Rex eo tempore, quo Ioſeph in Ægypto venditus fuit, qui & eum propter in-*
> **ſephi quis ?** *terpretationem somniorum eripuit ex carcere , & ad maximas Ægypti dignitates*
> *euexit . Ex hac relatione patet, à diluuio vſque ad Ioſephum Ægyptum*
> *adminiſtraſſe ſexdecim Reges . Poſt hoc verò vſque ad egreſſum filiorum*
> **Pharaonicum** *ex Aegypto, Pharaones regnaſſe quidem ferunt, ſed nomina eorum non*
> **imperium.** *exprimunt, niſi vnius, nomine Daram, ſub quo Ioſephum mortuum*
> *ferunt :*

ثم مات الريان بن الوليد وملك بعده دارم وفي زمانه توفي يوسف عليه السلام ۞
> *Defunctoq, Alrian ben Alualid, poſt eum regnauit Daram, cuius diebus Ioſeph, ſu-*
> *per eum pax, defunctus eſt .*

Poſtquam verò Deus extinxit Pharaonem & exercitum eius in mari rubro, Arabes dicunt, totam Aegyptum viris illuſtribus, & dignitatis
Regiæ capacibus viduatam, in Principem elegiſſe fœminam ſuperſtitem
Pharaonis filiam, mulierem ſagacem , & multâ prudentiâ conſpicuam ;
Regina Ægy- ſed audiamus de hiſcè differentes Ben Lehiaia , & Abdalla, Ben Geled,
pti filia Pha- apud iam ſæpè citatum Gelaldinum :
raonis poſt
egreſſum fi-
liorum Iſraël
ex Ægypto.

ثم اغرق الله فرعون وجنوده وغرق معه من اشراف مصر واكابرهم ووجوههم اكثر من
الفي الف فبقيت مصر بعد غرقهم ليس فيها احد من اشرافها ولم يبقا فيها الا
العبيد والاحرار والنسا فاعظم اشراف اعلى مصر من النسا ان يولين منهم احدا
فاجمع رايهن على ان يولين امراه منهن يقال لها دلوكة ابنة زابو كان لها عقل
ومعرفة تجارب وكانت في شرق منهن وموضح وهي يومين بنت مائة سنة وستين
وملكوها فخافت ان يتناولوها ملوك الارض وجمعت النسا الاشراف وقالت لهن ان
بلادنا لم يكن يطمع فيها احد ولم يزمد عينه اليها وقد ملك الكابر اكبرنا واشرافنا ودعيت
السحرا الذين كنا فقوى بهم فقد رايت ان ابني حصنا احدق به جميع بلادنا
وانجح

واضع علیه المحارس من كل ناحیه فاذا لا من ان یطمع فیما الناس فیمن حرارا
احاطت به علی جمیع ارض مصر كاها المزارع المدینات والقری وجعلت دونه خلیجا
یجری فیه الما واقامت القناطر والنزع وجعلت فیه محارس ومسالم علی كل ثلاثه
امیال محارس رجلا واجرت علیهم الارزاق وامرهم ان یحرسوا بالاحارس واذا اذاهم
احد یخبره ضرب بعضهم الی بعض بالاحراس واذاهم للخبر من اب وجع كان فی ساعه
واحده ونظروا فی ذلك فسمعت ذلك مصر ممن ارادہ ۞

Deindè submersit Deus Pharaonem , & exercitum eius, perdidit cum eo simul omnes Principes & Magnates Ægypti , vltra millena millia , mansitá tota Ægyptus
post hanc cladem priuata viris illustribus & Magnatibus , neque manserunt , nisi
mancipia & liberti, & mulieres seu vxores virorum illustrium , qui perierant ,
viduæ ; & iussum fuit , vt præficerent ex ijs vnam , congregatisá maioribus earum, in dominatricem eligunt ex ijs vnam nomine Daluka filiam Zabu , prudentiâ & notitiâ rerum conspicuam, loco & familiâ illustrem , tunc 160. annorum ætatem agentem . Hæc regno præfecta, congregatisá mulieribus illustribus **Daluca mu-**
ita allocuta est eas : Cùm Regio nostra varijs inimicorum incursibus sit obnoxia , **lier præest**
maturè de occurrentibus difficultatibus deliberandum duximus . Quare ne quis im- **Ægypto.**
posterum eam concupiscat, aut oculos in eam conjiciat auidiùs , præsertim postquam
maiores & illustres nostri perierunt, magia quoque nostra recesserit, cuius subsidio
opera tam splendida operabantur . Nunc verò cogito ædificare munitionem , quæ
totam regionem nostram circumdet , & ponere in ea custodias in omnibus finibus, & sic non credo, quod nos desiderabunt homines ; & ædificauit murum seu
maceriam, quâ circumdedit totam terram Ægypti , ciuitates commeatu sufficienti
instruens, fossis seu amnibus quoque suis adornans, fecit quoque pontes & varia
diuerticula, in quibus posuit custodias & arma ; singulisque tribus milliaribus
custodiam, & inter has singulis alijs milliaribus custodiam paruam, posuitque
viros & mercenarios stipendio conductos , & commendauit eis curam & custodiam singulorum locorum, iussitque, vt cùm venerint inimici, darent signum
pulsus vnius custodiæ ad alteram, & sic vnius horæ spatio pulsibus ab vna ad
alteram continuatis, omnes custodiæ certiores redderentur de inimici aduentu , hi
verò videnteshæc, discent abstinere ab Ægypto . Legimus aliàs quoque in Aegypto mulieres regnasse;quarum quidem dominium diuersi diuersis tem- **Post submer-**
poribus assignant; Certè post Pharaonis exercitusque eius in mari rubro **sionem Pha-**
summersionem, verisimile est,mulieres reliquas aliquantum regnasse, si- **raonis Regnū**
quidem non profani tantùm,sed & omnes ferè sacri scriptores existimant; **Ægyptum**
Pharaonem in Israëlitarum persecutione , omnes magnates & illustriores **est ad fœmi-**
Principès comitatos fuisse ; vndè illis pereuntibus regnum iure in su- **nas.**
perstites mulieres deuolutum est . Sed de his vide in sequentibus plura .
De Magicis quoque operibus huius Reginæ, quibus inimicos ab Aegypto
arcebat, alibi fusius locuti fumus .   Deindè pergit Abdalla Ben Geled
reliqua :

وملكتنهم دلوكه بنت زبا عشرین سنه تدبر امرهم بمصر حتی بلغ من ابنا اكابرهم
واشرافهم رجل یقال له درکون بن بطلوس وملكوه علیهم ثم مات درکون واستخلف
ابنه طودس ثم توفی فاستخلف اخاه لقاس فلما جمكت الا ثلاث سنین حتی مات ولم
یترك

جنذرك ولدا فاستخلف اخاه مرديا ثم توفي فاستخلى ولده استمارس وتكبر وسفك
والظهر الفاحشة فاعظموا ذلك واجمعوا على خلعه فخلعوه وتتلوه وبايعوا رجلا من
اشرافهم يقال له بطولوس بن منكابل فملكهم اربعين سنه ثم توفي فاستخلف ابنه بالوس
ثم توفي فاستخلف اخاه مناكيل فملكهم زمانا ثم توفي فاستخلف ابنه دوله فملكهم
مايه وعشرين سنه فهو الاعرج الذي سبي ملك بيت المقدس فقدم به قبله بعض
فرعون فطغى فقتله الله وصرعه دب ورفن منقذ فان ۞

Post foeminas
resumpsit imperium.
1. Darkun,
2. Iudes.
3. Lakis.

4. Marnia,
5. Estmarres.

6. Bathulus.
7. Baltus.

8. Manakiel.

9. Bula siue
Sesach Hebraeorum.

Id est, *Et gubernauit Daluka filia Zabu viginti annis, donec veniret ex Magnatibus vir quidam nomine Darkun filius Batlus, quem praefecerunt sibi, defuncloque Darkun successit filius eius Iudis, et huic defuncto frater eius Lakos, et completis 30. annis mortuus est, neque reliquit filium; successitque frater eius Marnia; deindè defuncto eo successit filius eius Estmarres, qui propter enormia scelera tandem luxatis membris interemptus est; suffeceruntque ei virum ex maioribus nomine Bathulus, filium Menkiel, praefuitque ipsis 40. annis; deindè defuncto huic successit filius eius Bulus; deindè Bulo successit frater eius Manakiel, et imperauit ipsis vsque ad tempora nostra; mortuus est autem Manakiel, et successit ipsi filius eius Bula, imperauitque ipsis 120. annis, et hic fuit claudus, qui captiuum duxit Regem Hierosolymae, et fecit ipsum sibi seruire post Pharaonem, et intumuit superbiâ et arrogantiâ, percussitque ipsum Deus lepra, inuasitque ipsum Vrsus, contritâque ceruice interfectus est. haec ille.* Miror ego, quòd Author in multis huius Chronologiae locis hâc voce vtatur زامنا Zamena, hoc est, *temporibus nostris;* ex quo colligo, Gelaldinum, habuisse historicos antiquissimos, qui istis ipsis temporibus vixerint, & diligenter omnia explorârint; quod si sic? certè inferre possumus, Authorem huiusmodi vixisse temporibus Salomonis, quibus etiam viuebat vltimus hic Rex Estmarres; sed haec coniecturae sunt.

10. Karkura.

11. Lachis.

12. Phuis.

Porrò refert Abn Abdelhakem ex Kaab elachbar, quod, hic defuncto Salomone inuaserit Hierosolymam, auroque onustus redierit in Aegyptum; successit autem huic Bulae filius eius Marnius & imperauit temporibus nostris; huic verò defuncto successit filius eius Karkura, & postquam ipsis praefuisset 60. annis defunctus est, successitque in locum suum frater eius Lachis vel Lakis; de quo multa referuntur exotica circa incantationes, vti de palatio, quod quicunque aliquid inde auferrent, redderentur impotentes & steriles &c. Porrò defuncto Lachis successit filius eius Phuis, & regnauit in Aegypto eo ipso tempore, quo Nabuchodonosor iuit contra Hierosolymam; atque huc vsque continuant priscorum Aegyptiorum Historias, Arabes. Quae tempora rectè incidunt in annos Vrbis conditae; sequuntur deindè Regum Persiae gesta in Aegypto, quae nos studio omittimus, ne Lectori exoticis huiusmodi nominibus taedium pariamus. Atque haec Arabum historia, si cum Graeca conferatur, ita diuersa videbitur, vt ne quidem vestigium sit, in quo conuenire videantur, nomina enim Regum vti prorsus diuersa, ita rebus gestis discrepant quàm maximè. Volui tamen totius historiae rationem hîc adiungere, vt si cui animus esset ad vnam cum altera conferendam, occasio ei non deesset. His igitur ita consideratis, nunc ad ipsum Dynastiarum descriptionem magis particularem transeamus.

Series Regum Aegypti ab Orbe condito vsque ad vni-uersale Orbis diluuium secundùm relationes Arabum.

Reges Aegypti ante diluuium.

	روسا الناس	Duces primæui mortalium, siue Patriarchæ gene- ris humani,	Gesta	Anni Mun- di
1	ادم عليه السلام	Adam, super eum pax,	Supernaturali scientiâ præditus instruit suos filios in scientijs ad generis humani conscruationem ne- cessarijs.	
2	شيت	Seth		130
3	قينان	Kainan	Geometria, & Astro- nomia florent.	300
4	مهلاييل	Mehaliel		500
5	يرد	Iared	Hæreditat libros scien- tiarum ab Adamo fi- lijs traditarum.	
6	حنوخ هو ادريس	Henoch, Idris, Osiris, Hermes,		1000
	متوشلم	Mathusalem	Politica viuendi ratio sub hisce in Mundum introducitur, quam Cainitæ corruperunt.	
	لمك	Lamech		1056
	نوح	Noë		
		Hi tres vltimi de- sunt in Historia Arabum.		

Reges

Reges Aegypti qui prodierunt ex stirpe Cain, sunt sequentes.

Numerus Regum	Nomina Regum Arabica	Eorundem Latina	Gesta	Anni Mundi
1	دقراوس او امسوس	Nacraus, Amasus,	Sacerdos & Magus .	De annis horum, Regû, seu Dynastiarum, & quo anno, & quâtum, quisq; regnauerit, nihil dicitur apud Arabes .
2	نتراس	Natras	Sacerdos & Magus.	
3	مصرام	Mesram	Sacerdos & Magus.	
4	ارياق	Ariak	Tollitur sub hoc Rege Henoch.	
5	حصيليم	Hasilim	Inuentor Nilometrij,	
6	هوصل	Husal	Sub hoc natus est Noë	
7	تتترسان	Tetrasan	Primus canales & fossas pro Nilo deducendo fecit .	
8	سرقاق	Sarkak	Pyramidum erector.	
9	سهلوق	Sahaluk		
10	سوريد	Surid		
11	هوجيين	Hugith	De his sex Regibus nihil memorabile refertur .	
12	منوس	Menus		
13	افروس	Aphrus		
14	ملينوس	Malinus		
15	ابن عمة فرعون	Abn Ama Pharaun	Sub hoc venit diluuium.	1656

Hic Diluuio interruptæ sunt Dynastiæ Ægypti.

Reges

Reges Aegypti poſt diluuium .

Primi Duces & Patriarchæ humani generis poſt diluuium fuerunt

| Noë | Sem | Cham | Iaphet | vtriuſque Mundi ſpectatores, |

Atque hi ſcientias & artes ante diluuium, vti & hiſtorias, reſque geſtas
tradiderunt filijs ſuis, & hi reliquæ poſteritati .

Cham filius Noë primus Coloniæ Ægyptiacæ Author .

	Reges Aegypti poſt diluuium ſecundùm Arabes .		Anni Mundi.	
			Anni Mundi	Poſt diluuiũ
1	جيصر بن حام	Beithir aliàs Buſiris	Authores Magiæ, & diuinationum .		
2	مصر بن جيصر	Meſra , Oſiris II. filius Beither	Memphis conditor & primus Pharao.	1758	131
3	قبط	Copht	Ab hoc Ægyptus dicitur		
4	اشمون	Eſmun	Fundatores vrbium Eſmun, Atrib, Sai .		
5	اتريب	Atrib			
6	صا	Sai			
7	ادريس	Idris, Oſiris III.	Variarum rerum inuentores		
8	ملبو	Maliu			
9	هربتا	Harbata			
10	كلكن	Colchen			
11	ملبا	Malia			
12	طوطيس	Tautis, Mercurius	Hic detinuit Saram vxorē Abrahæ	1810	180
13	جزوده امراه	Hazupha			
14	امهاز الفا	Amhaz Alpha	Hi ex ſtirpe Amelec . Ioſeph Ægypti Princeps ſub hiſce Regibus		
15	الوليد	Alualid		2669	1055
16	الريان	Alrian			
17	رام	Daram			

L   Hic

Hic poſt Pharaonis & illuſtrium virorum Ægypti in mari rubro ſub-
merſionem, incipit Regnum mulierum, quod 160. annis
durauit, primaque Ægypti Regina fuit.

			MuniuitAegy-ptum contra hoſtes, & Ma-giam exercuit	Anni Mun-di 2027	Poſt di luuiũ 1071
	دلوكا	Daluka			

Poſt fœminarum imperium primus refumpſit

				Anni Mun-di	Poſt di luuiũ
1	دركون	Darkon	Iudices		
2	دوس	Tudis		2927	1261
3	لقيس	Lakis	Dauid		
4	مرنيا	Marnia			
5	اشنمارس	Eſtmarres	Salomon		
6	بطولس	Batulus			
7	بلوس	Belus			
8	منكيال	Menakiel			
9	بوله	Bule			
10	قرقوره	Carcura	Seſach, He-bræorum שׁשׁ Tempore Re-gum Iſraël		
11	لقاس	Lachas			
12	فويش	Phuis	Sub hoc Iſaias Propheta oc-ciditur	3281	1586

Finis Chronologiæ Arabicæ.

CAPVT X.

De Regibus Aegypti, eorumque fucceffione, & rebus geftis, iuxta Menethonem, Africanum, Eufebium, aliofque.

CVm iam molefta Nili inundatione defatigatus è cœteris difficultatum fluctibus emergere me poffe confiderem . Ecce noui fcopuli, noua fefe vndique offerunt præcipitia , tantò periculofiora , quantò magis funt ardua & confragofa; quæ tamen nifi fuperentur , propofiti noftri fcopum integrè & perfectè, vt attingamus, tàm difficile eft, quàm incerta funt, in huius campi fcopulis, & præcipitijs fuperandis conamina.

Exhibet autem hos fcopulos Regum Ægypt Chronographia; quam mutilam atque adeò imperfectam mancamque reperio, vt in ea facilius quos allegare, quàm quos fequi debeam, fciam . Tanta eft opinionum varietas, tanta fcriptorum diffentientium perplexitas, tam varia , & multiplex, quæ fuccedentibus temporibus facta eft , propriorum Nominum corruptio; temporum adhæc , annorumque prifcis Ægyptijs vfitatorum adeò incognita difciplina . Ad hofcè igitur difficultatum fcopulos fuperandos alas mihi animumque addere potuit, infita mihi à natura in huiufmodi rebus eruendis propenfio, quà exftimulatus nullū non moui lapidem, vt & hunc Ifthmum perfringerem , cùm verò fine temporum fcientia id neutiquam fieri poffe viderem ; mox ad antiquas Hebræorum, Græcorum, & Arabum Chronologias perfcrutandas animum adieci ; vt comparatione horum cum Berofi, Manethi, Herodoti , Diodori, Philonis, Iofephi, Eufebij monumentis inftitutâ, annorum quoque ac fæculorum, quo quifque vixerit, quæuè laude digna gefferit, demonftrato curriculo , Oedipus nofter Ægyptiacus ijs illuminatus, maiori certitudine ac rerum connexione in gryphis ac hieroglyphicis ænigmatibus eruendis foluendifque procederet .

Difficultas in Chronologia Ægyptiorum maxima.

DYNASTIA
Siue Regnum Deorum
CHAM
Primus Dynafta Ægypti.

ANno poft conditum orbem bis millefimo ducentefimo quadragefimo fecundo iuxta 70. Interpretes, vel 1656. iuxta communem computûs Hebræis vfitati rationem ; cùm poft vniuerfalem illam orbis deftructionem genus humanum , per trigeminorum Noë liberorum ftirpem longè latèq; propagatum, ea quotidiè incrementa fumeret, vt in 72. familias iam affurgens, omnes circumiacentium locorum diftrictus oc-

Diuifio gentiū

cuparet. Principes ac Duces familiarum, Babylonijs oris tanta hominum multitudine incapacibus, deductâ fecum filiorum propagine,in alias
& alias orbis partes ad nouas colonias conſtituendas ſecedere compulſi
ſunt.

In hac itaque prima filiorum Noe diſiunctione, ſicuti Semo Aſia,
Europa Iapheto ; ita Africa, cùius veluti veſtibulum Ægyptus eſt, Chamo
in portionem obtigit. In Ægypto itaque Chamus primus mortalium,
cùm eâ habitationi hominum maximè conſentaneam, ac rerum copiâ af-
fluentem comperiſſet, fixit tentoria. Verùm enim verò hominibus, ſiue
ſeculi id exigentis neceſſitate, ſiue Nili fœcunditate, ac vbertate proli-
ficâ,in immenſum breui iterum multiplicatis,numeroſâque filiorum propagine. vndiquaque diffuſâ, cùm Ægypti ſeu Meſraim anguſta clauſtra,
vim hominum continere non poſſent ; Chamus,relictâ Cuſio filio,Æthio-
piâ, Ægypto reſignatâ Meſraimo, Phuto Lybiâ, Chanaano Phœniciâ ipſe
adductâ ſecum Nepotum turbâ maxima in Perſiam (quæ tunc temporis
totam illam oram Ægypto ab oriente finitimam, quam modò Arabiam,
vocamus, comprehendebat) ac deindè in Mædiam, nouas colonias
conſtituturus, migrauit ; vbi Bactriam vrbem, à quo & tota prouincia &
ipſe nomen poſtea meruit, condidit. Atque hic eſt celebris ac famoſus
ille Bactrianorum Rex Zoroaſtres nomine, Magiæ & omnis ſuperſtitionis primus Author & inuentor, primus Ægyptiorum Saturnus & Oſiris,
Perſarum Oromaſdes, Cœli filius, à quo Aegypto poſteræ χημίας nomen
manſit, totius Aegyptiacæ idolomaniæ radix & fundamentum ; de quo
ſic in fragmentis Beroſi legitur : *Erat illi*, inquit, *filius ex tribus primis*
adoleſcentior Cham ; qui ſemper magicæ ac veneficæ ſtudens, Zoroaſtris nomen
conſecutus erat ; is patrem Noam odio habebat, quia alios vltimogenitos arden-
tius amaret ; ſe verò deſpici videbat, potiſſimè verò idem infenſus erat patri ob
vitia. Itaque nactus opportunitatem, cùm Noa pater madidus iaceret, illius vi-
rilia comprehendens, tacitéq ſubmurmurans carmine magico patri illuſit ,ſimul &
illum ſterilem perindè atque caſtratum effecit. Et paulò poſt : At verò Chem
cùm publicè corrumperet mortale genus, aſſerens & re ipſâ exequens , congredien-
dum eſſe, vti ante inundationem,cum matribus, ſororibus, filiabus, maſculis, &
brutis, & quouis alio genere. Hinc eiectus à Iano piſſimo & caſtimonia , atque
pudicitia conſpicuo, ſortitus eſt cognomentum Chemeſenua, id eſt , Cham infamis
& impudicus, incubus, propagator. Eſt enim Eſen apud Scythas Aramæos idem
quod infamis,& impudicus. Enua verò tùm impudicus, tùm propagator. Eum inter
homines huius dogmatis ſecuti fuerunt Ægyptij, qui ſibi illum ſuum Saturnum
inter Deos adoleſcentiorem fecerunt, & ciuitatem illi poſuerunt, dictam Chem
Myn, à qua ad hanc ætatem omnes ciues illius appellamus Chemmynitas. Verùm
poſteri hoc vitioſum dogma neglexerunt, retenta quod fuit primi moris , vt inter
fratres & ſorores coniugium iniri poſſet. Genebrardus quoque dicta confirmat his verbis : *Zoroaſtres Cham haroſcopos rerum , & ſiderum motus illu-*
ſtrauit , magiam introduxit è tribus conflatam, medicina, matheſi ſeu aſtrologia,
diuinatoria, & religione ; hanc in Theurgiam, & Goëtiam, ſiue Neocromantiam,
ex ſententia Porphyrij diſtinxit. Bactrianos & Perſas in formam regni redegit,

apud

Cham pri-
mus Ægypti
colonus.

Cham ex Æ-
gypto colo-
nias per Afri-
cam deduxit.

Cham Zoroa-
ſtres Magiæ
repertor.

Beroſus l. 3.
antiquit.

Scelera Cha-
mi.

Chemeſenua
quid ?

Genebrardus

apud hos Oſtanem & Aſtrampſychum magiæ nomine celebratos reliquit, victus fer-
tur à Nino. Cui & Abenephius aſtipulatur his verbis , quæ hic Arabicè
citanda putaui :

Abenephi.

وكان حام بن نوح وهو الاول من الناس الذي اوري جة العبود الاصنام وادخل في العالم
الاسطرلاب والطلسمات وسخر الناس في الارض مصر ويسمي بسمه ضورا ستهير
واوسميريس اعني ذاريتعن بكل مكان وهوالاول من ملوك مصر وفرس ومدي ٭

Et ipſe fuit Cham filius Noë, primus mortalium , qui docuit idolorum fal-
ſorum cultum Ægyptios, & introduxit in mundum falſas artes, & ſuperſtitiones,
vti Magiam & inſpectionem fatorum ex aſtris. Præterea multos faſcinando &
incantando decipiebat , diuinos honores ſibi per eas conciliuns, ob quæ & Zoroaſter
et Oſiris, hoc eſt , ignis vbique vigens ſeu ſimulacrum viuum ſideris, vocatus eſt,
primus in Ægypto, Perſia & Media regnauit . Hunc igitur primum Aegy-

Cham dicitur
Zoroaſtes &
Oſiris.

pti gubernatorem immediatè ſecutus eſt Miſraimus filius eius; mali cor-
ui, malum ouum . Iuppiter Zoroaſtres, ſeu Oſiris Aegyptius . Hic magiæ

II. Princeps
Ægypti Mi-
ſraim ſeu Me-
ſres.

ac illicitarum artium fundamenta à patre iacta ſummo ſtudio promouit ;
ſimilis in omnibus patri, cuius actionum ſe ſemper ſtudioſiſſimum æmu-
lum profeſſus eſt . Primus enim characteres magicos , & amuletorum fabricandorum rationem inuenit, incantationibus quoque ſidera de cœlo
trahebat , ob quam cauſam ab Aegyptijs diuinos honores aſſecutus eſt ;
atque hic eſt Oſiris, teſte Genebrardo, ille Aegyptiorum, quem ad cœ-

Genebrard.
in Chron. l. 1

lum gubernandum aſſumptum credebant, vti fuſe in Obeliſ. Pamph. docuimus . Meminit huius Chronicon quoque Alexandrinum hiſcè verbis :

Chronicon
Alexand.

Μεſραείμ ὁ Αιγύπτι(Ο), μετέπ(εζ Θὶ τὴ ἀνα(ολικ μέρη οἰκ῾ ζας · ἐπ᾽ ουϑεν ῾ξ ᾗ τω᾿ γῆ
φ῾ργ᾿νομια δγενεμ(ημ᾽) · ἐφ᾽ ϛτηζ᾿ δ᾽ εζίνε῾ο τ᾿ κακίᾳ δ῾ζαντιας, ἀσϱολογίας κ᾿ μαγίας,
ἐν κ᾿ Ζοϱϱαϛϱ῾λι οἱ Ἔλλωνς σκάλεζ᾿ · τ῾Ον νἵζα(ο Νέφ(Ο) · ἐπ᾽ον, ὅτι μ᾿ ᾗ Ον κα(α͞κλυσμο῍υ
πάλιν οἱ ἀν῾Ϟϲωποι ἀζεβεῖν ἥϞ᾿ξαν͞ο. *Hic Meſraim, inquit , Ægyptius , poſtea orientales*
plagas incolens . Hic rurſum impietas orbem terrarum occupauit . Hic enim
improbitatis miniſter et architectus, Aſtrologiam et Magiam inuenit, quem et Græci
Zoroaſtrem nominârunt . Hic eſt, de quo Petrus Apoſtolus ſubobſcurè meminit ,
cùm dicit , poſt diluuium rurſum mortales in impietatem lapſos . Hunc Opme-
rus Oſirin vocat ; hic enim à patre Chamo & Auo Noëmo præter plurimas ſcientias & artes vitæ ſuſtentandæ neceſſarias, quibus imbutus erat,

Miſraim agri-
culturæ in
Ægypto Au-
thor.

etiam agriculturam reperit, teſte Tibullo ·

> Primus aratra manu ſolerti fecit Oſiris ,
> Et teneram ferro ſollicitauit humum ;
> Primus inexperta commiſit ſemina terræ ,
> Pomáq́, non notis , legit ab arboribus ,
> Et docuit teneram palis adiungere vitem ,
> Ac teneram durâ cædere falce comam .

Præterea primus in Ægypto leges condidit, vrbes exſtruxit , quarum prima Tanis, Pharaonum poſtea ſedes, ob inſignia miracula à Moſe in ea patrata, in ſacris literis celebratiſſima, Zoan Hebræis dicta ,
nouem poſt annis ab Hebræis in Phœnicia fundata eſt. Alterius verò in
interiori Ægypto fundamenta iecit, quam Thebas nominauit , quæ à
poſteris Regibus maximè à Buſiride exculta atque amplificata non in ce-

Miſraim leges
condidit , vr-
bes exſtruxit.

Thebæ à Mi-
ſraim fundan-
tur.

leber-

leberrimam folùm, fed & in maximam totius Ægypti vrbem, Regum primariam fedem, ac centum portis, vndè & ἑκατόπυλῷ dicta, memorandam euafit, de qua Iuuenal :

Atque vetus Thebe centum iacet obruta portis.

Virgilius quoque hanc à Mifraim, qui', tefte Xenophonte, ab eluuione Ægyptiaca Ogyges Ægyptius non immeritò dicitur ; fundatam primò fequenti verfu non obfcure innuit :

Nunc iuuat Ogygys circundata moenia Thebis.

Atque ab hac vrbe primi illi poft mortem Mifraimi, Ægypti dominatores Thebæi dicti funt. Quantum verò è Chronico Alexandrino & Eufebio colligi poteft, vixit hic Mefraim vfque ad tempora Nini & Semiramidis, genuitque filios, qui poft mortem eius Ægyptum 190. annis tenuerunt, atque à dicta ciuitate Thebæi appellati funt ; atque huius Scriba & Confiliarius fuit Mercurius ille Trifmegiftus tot Scriptorum monumentis celebratus, qui fub hoc doctrinam à primæuis patribus traditam, & à Chamo, Mefraimoque deprauatam fuæ fynceritati reftituit, literarum & hieroglyphicorum Symbolorum, fub queîs diuiniores philofophiæ, ac theologiæ fuæ fenfus à profanorum lectione remoueret, inftitutor, poft quem & Regnum adeptus eft. Vide de hoc in Obelifco Pamphilio fufiffimè tractatum ; verùm de Mifraim, & eius nominibus diuerfiffimis, rebufque in Ægypto geftis, de artibus & difciplinis eius, & cur Zoroaftres, cur Iuppiter, cur Ogyges, cur Ofiris dictus fit ; dicetur copiofè in Syntagmate II. huius Apparatus, vbi de eo ex profeffo agetur, quare Lectorem curiofum eò remittimus.

Marginal note: Mercurius Trifmegiftus Scriba & Cófiliarius Mifraimi.

DYNASTIA

THEBAEORVM,

Quod fuit Regnum Deorum, eftque Dynaftia XVI. iuxta Menethonem & Africanum.

POft mortem itaque Mefraimi Thebæorum Dynaftia feu decima fexta poteftas apud Ægyptios incepit ; incidit verò huius Dynaftiæ principium in vigefimum fecundum annum regnantis apud Affyrios Nini, tefte Eufebio, & in vigefimum tertium Aegialei, Sicionijs tunc in Græcia imperantibus, durauitque 190. annos ; incidit hæc Dynaftia in vltima tempora Abrahæ. Qui porrò fuerint hi Thebæi difficilè eft afferere, cùm ijs vix vlla fuperfint in hiftoricorum monumentis veftigia. Quantum tamen ex varia Authorum collatione comprehendere licuit, fuit hoc celebre illud, & famofum fæculum, quô Deos in Aegypto regnaffe memorant Aegyptij. Erant enim hi filij & nepotes è tribus Noëmi filijs relicti, potiffimùm Chami progenies, cùm ingentèm rerum cognitionem, de Deo, de Angelis, Dæmonibus, de Mundo, eiufque conftitutione,

Marginal notes: Dynaftia Synchrona Abrahæ. / Deorum regnum.

tutione, de naturæ myfterijs, de lapidum, herbarum, atque animalium.
virtutibus & proprietatibus, à primis patribus continuâ traditione ad fe,
deductam participaffent; ac proinde harum cognitionum fubfidio freti,
cùm plurium rerum humano vfui neceffariarum præftitiffent inuentiones,
eam fibi apud imperitam plebem exiftimationem pepererunt, vt eos
veluti diuinæ naturæ participes crederent, ac fanctè venerarentur. Cùm
verò prauis artibus à dæmone maligno per Chamum in Mundum intro- Ex Thebais
origo omnis
fuperftitionis.
ductis præ cœteris vacarent, ad præconceptam iam in animis hominum.
de operibus eorum opinionem magis magifque amplificandam, incantationibus fuis, magicifque præftigijs ea præftabant, quæ ab hominibus nequaquam fieri poffe viderentur. Atque hi funt famofi à feculo viri, à quibus veluti ex equo quodam Troiano omnis, in omnem terram emanauit
fuperftitio, ac illicitarum artium profeffio, & quicquid fabularum vnquam aut Aegyptus aut Græcia excogitauit, ab his originem traxiffe,
videtur. Atque hi funt ifti Dij feu Heroës, quos, tefte Diodoro, paulò
minùs decem & octo millibus annorum in Aegypto regnaffe, Deorumque
poftremum Horum Ifidis filium regno potitum, fabulantur facerdotes.
Sunt autem Cœlus, Saturnus, Iuppiter, Ifis, Typhon, Hercules, Mercurius, Ofiris, Horus; quibus ordine correfpondent: Noëmus, Chamus,
Mifraimus, & vxor cius Rhea, Nimbrod, Ninus, alijque ex ftirpe Chami
profati, quorum nomina vetuftate temporum ignota manferunt.

HERMES MERCVRIVS Seu FAVNVS

Pici Iouis Filius, Ægypti

DYNASTA II.

MIfraimo in imperio fucceffit Mercurius feu Faunus Pici Iouis filius Mercurius
Faunus dictus
è ftirpe Chami prognatus; vti memorat Chronicon Alexandri-
num; cuius inauguratio contigit, eâ quæ fequitur, ratione:

Extincto, inquit Chronicon, *Pico feu Ioue, regnum Italiæ filius eius Faunus è
Iauigenum profapia, qui & Mercurius dicebatur annos* 35. *adminiftrauit, vir fa-
gax, callidufq, & Mathematicus, qui primus auri metallum in Occidente reperit,
eiufq conflandi rationem; fed cùm intellexiffet, fe magna apud fratres fuos è Ioue
patre, de varijs pellicibus, quas habuit Picus Iuppiter prognatos, inuidiâ flagrare
(eius enim occidendi confilium cœperant. Conuafato ingenti auri pondere Italiâ* Ex Italia in.
Ægyptum.
migrat.
*exceffit, atque in Ægyptum fe contulit ad ftirpem à Chamo Noëmi filio patruo fuo
oriundam, à qua perhonorificè exceptus eft, qui dùm ibi ageret, præ fe contem-
pfit omnes, aureumq amiculum indutus, philofophabatur apud Ægyptios, quibus
multa prædicebat euentura, natura enim erat peringeniofus. Ægyptij ergo eum
adorantes Mercurium Deum proclamarunt, vt qui futura prænunciaret, illifque
à Deo oracula & refponfa de futuris, veluti internuncius referret, aurumq fub-* Mercurius
Deus auri.
miniftraret, quem opum largitorem appellabant, aureumq Deum vocabant. Mer-
curio itaque in Aegyptum veniente ait Chronicon.

Ἐβα-

Ἐβασίλδυσε τῶν Αἰγυπτίων ὅτε ἐκ τῆ γένε τῆ Χάμ ὁ Μεζρεν· ὑτιν⊙· τῥδντιἁζτ⊙· ἐποίηαζ, οἱ
Αἰγυπτιοι Τὸν Ἑρμᾶ Βασιλέα κἡ ἐβασίλδυσε τῆ Αἰγυπτίων ἔτη λθ′ ἐν ὑπεθανία.

*Regnabat, inquit, Mercurio in Ægyptum veniente, quidam ex Chami genere_
apud Æg ptios Mesrem nomine (seu quòd idem est Misraim) cui satis functo
Aegyptij Mercurium Regem suffecerunt, qui annos 38. superbè admodum regna-*
Plut.l.de i
Osiride &
Iside.*uit ; & hunc aiunt variarum rerum inuentorem extitisse, verba in ordinè
redegisse, & multa indidisse rebus nomina, fuisse literarum quoque reper-
torem, instituisseque, quo honore, aut quibus sacris quique Dij colerentur, astrorum quoque motus & anni partiendi rationem inuenisse ; quam
ob causam summo in honore apud Osiridem seu Mesraimum habitum_,
Isidisque seu Rheæ vxoris Misraimi consiliarium in absentia mariti fuisse,*
Diodor.l.1. c.2.*tradit Diodorus Siculus.*

VVLCANVS

Ægypti

DYNASTA III.

Vulcanus pri
mus conser-
uandi ignis
author.Hronicon Alexandrinum in Mercurij locum substituit Vulcanum,
qui diuino quodam carmine seu precatione opifex ingenium &
fabrile è cœlo, vt è ferro arma fabricari posset, impetrauit. Cùm enim
arbor ictu fulminis in montibus conflagrasset, ea ex re, vti Diodorus memorat, Vulcanum maximè delectatum , deficienti itaque igni nouam
subministrasse materiam, atque eo modo continuato igne ad eius aspectum cœteros homines conuocasse, tanquam à se reperti ignis conseruan-
di vsum. Ignis igitur cœlitus collato dono fretus, armorum fabricatio-
ne victus parandi rationem ostendit, virtutemque bellicam & victoriam,
salutemq; comparandi; ante ipsum quippe clauis tantùm & saxis pugna-
bant. Ob quod inter Deos relatus immortalitatem meruit. Sed de hoc
Diod. l.1. c.2.plura apud Diodorum.

SOL

Ægypti

DYNASTA IV.

Orrò Chronicon satis functo Vulcano interque Deos relato, Solem_
filium eius substituit. Vixit autem dies septem & septuaginta supra
Sol filius Vul-
cani.
Chron. Alex.quater millenos quadringentos, qui annos conficiunt 12. tres menses,
dies quatuor. Nam Aegyptij aliam tùm temporis computandi rationem
ignorabant, omnium enim vnius diei orbita definiebant, duodenum verò mensium numerum tùm demùm descripserunt, cum vulgò mortales
regibus vectigales haberi cœperunt. Sol autem Vulcani filius, quem alij
cum_

cum Horo quoque confundunt; Rex eximius erat, philosophus, & summus iustitiæ cultor; fœminam enim in adulterio deprehensam per totam Ægyptum duci iussit, grauiterque in illam animaduertit, vnde in Aegypto cæteri castiùs viuere didicére, mœcho etiam morte multato. Qua re magnam ab Aegyptijs inijt gratiam; de quo Homerus sub fabulæ tegumento loquitur, cum dicit, Venerem cum Marte noctu cubantem à Sole fuisse proditam; de quo multis Palæphatus.

Post Solem hunc, Chronicon recenset alios Reges, & primò quidem Sosin, (vt ego puto, Sothin aut Sochin). Post Sothin Osirin; post Osirin Horum; post Horum Thulen quendam, quem pro Rege, qui Thuois ab Eusebio, Thonis ab Herodoto vocatur, sumpsisse videtur; de quo nos inferiùs.

Sed in tanta nominum corruptione, atque æquiuocorum varietate, aliquid certi statuere prorsùs difficile est. Præsertim cùm, quæ priori loco Chronicon ponit, vltimò recenseat Diodorus. Nam postquam Deos Ægyptiorum cœlestes (quos omnem terram peragrare dicit, hominibus apparentes, nunc in sacrorum animalium formis, nunc in hominum aut aliorum specie apparentes) recensuit; alios ex his genitos, qui fuerint mortales, sapientiâ verò, & in humanum genus beneficijs immortalitate potitos recenset. Horum quosdam in Ægypto regnasse, partìmque eo fuisse nomine, quo Dij cœlestes, partìm proprio vocatos; Solem, Saturnum, Rheam, Iouem quoque à nonnullis Ammona vocatum; Iunonem prætereà, Vulcanum, Vestam, vltimò Mercurium. Primum quidem Regem fuisse apud Ægyptios Solem, eo nomine, quo & cœleste astrum. Quidam, inquit, Sacerdotes primum Vulcanum regnasse aiunt, inuentorem ignis, eoque beneficio ab Ægyptijs Ducem constitutum. Deinceps Saturnum, qui sororem Rheam acceperit vxorem, aiunt extitisse, genuisseque Osiridem & Isidem: plures genuisse Iouem & Iunonem tradunt, qui ob virtutem vniuerso orbi imperârint.

Quæ omnia si ordinem excipias, Aegypti Regibus, de quibus hucusque dictum est, non incongruè adaptari possunt; adeò quidem, vt Solis seu Cœli nomine Noëmum intelligas, quem Berosus appellatum dicit *Olybama* & *Arsa*, hoc est, *Cœlum* & *Solem*, *Chaos, semen Mundi, patremque maiorum* & *minorum Deorum*, *Animam Mundi mouentem Cœlos* & *mixta, Deum pacis, iustitiæ, sanctimoniæ, expellentem noxia,* & *custodientem bona*, quibus titulis Osiris quoque ornatus legitur apud Diodorum & alios: per vxorem autem Noëmi intelligas Rheam, quam dictus Berosus Tideam seu meliùs Thetyn & Aretiam matrem omnium terram vocat; cum quâ Cœlum aut Sol, id est Noë congrediens rerum generationem præstet. Vnde fabula de Osiride & Iside. Per Saturnos autem, Sem, Cham, & Iaphet intelligas. Quorum Cham ob libidinem in arietem mutatus, Hammon vocatus est, & Saturnus Aegyptius; cùmque impudentiùs Noëmi parentis pudenda, vt suprà diximus, tractasset, certè occasionem dedit, quâ Saturnum Cœli virilia falce resecuisse finxerunt antiqui. An non impetuosum, violentum & perduelle ingenium Nembrodi, atque ob callidita-

M

Dij peragrant orbem specie animalium.

Berosus l. 3. antiquit.
Fabulæ originem trahunt à primorum hominum genstis.

Comparatio tabuloforum Deorum cum primis post diluuium Patriarchis.

liditatem maximam, quâ in aucupando regno erga fratres fuos vſus eſt, Typhonem nobis ob oculos ponit contra Oſiridem decertantem? Certè ſi huius ſæculi Heroum geſta cum hiſtorijs Aegyptiorum benè conferamus, videbimus eos ſolos Aegyptijs, & Græcis copioſam fabulandi materiam præbuiſſe; Sed de his vberiùs in Syntagmate II. tractabitur, quare modò ad alia.

DYNASTIA XVI.

Paſtorum, durat an. 103.

Dynaſtiam Thebæorum ſequitur Dynaſtia Paſtorum ſic dicta, vel quod eâ vigente, filij Iacob, qui Paſtores erant, teſte Sacra ſcriptura, in Ægyptum deſcendentes ibi ſedem fixerint, quemadmodum Euſebius & Genebrardus ſentiunt; vel quod Regum tùm rerum in Ægypto potientium opes in pecoribus erant poſitæ, vti vult Manethus. Qui verò hi Reges, quæ eorum nomina fuerint, difficilè eſt aſſerere, præſertim cùm Euſebius, quem nos, quantùm fieri poteſt, ſequi ſtatuimus, nullius mentionem fecerit. Alij verò etſi quorundam hâc Dynaſtiâ dominantium meminerint, ita tamen confuſim de ijs ſcripſerunt, vt quid credendum neutiquam diſpici poſſit. Pharaonici tamen imperij initium ab hac Dynaſtiâ fuiſſe, adeò certum eſt, vt qui ei contradicat, ſacris litteris id apertè aſſerentibus contradicere videatur.

Nam & Pharaonem Regem Ægypti Saram Abrahæ vxorem rapuiſſe; Pharaonem quoque Regem, Ioſephum Dominum Ægypti conſtituiſſe, notiùs eſt, quàm dici debeat. Quæ cùm ita ſint, videamus nunc, quis ex hac Dynaſtia in Ægypto primus poſt Deos regnauerit; Chronicon Alexandrinum Seſoſtrin ponit, quem & cum Mercurio Triſmegiſto confundit, perperam: quia id hiſtoriæ, & omnium Chronologorum ſententiæ repugnat, vti inferiùs videbitur, niſi Seſoſtrin corruptè pro Seſoſiri, quod Oſiridis germen ſignificat, poſitum fuiſſe aſſeramus. Alij Apidem primum Regem ſtatuerunt, eò quòd circa principium huius Dynaſtiæ in Ægypto floruerit, in numerum Deorum poſteà relatus, quem Serapin vocauerunt, de quo ſuo loco. Alij Meſrem aut Meſrem, Oſiridem alij: nos ſecuriſſimam viam tenere volentes, Menam cum Herodoto, & Diodoro ſtatuimus. Sic enim ait: *Primum poſt Deos in Ægypto regnaſſe ferunt Menam, qui populos colere Deos, ſacraq́ his facere, menſas inſuper & lectos ſternere docuit, delicijs aſſuefaciens, & cultiori vitæ.* Vtrum autem Mitres, Mithras, aut Miſraim, qui, teſte Plinio, primus Obeliſcum reperiſſe dicitur, idem ſit cum Mena, primo Aegyptiorum Rege, & Pharaone, non facilè aſſeruero, præſertim cum & Menas Lunam, & Mitres Solem ſignificet, vtrumque apud Aegyptios Numen in magna veneratione, & cultu habitum; quorum alterum Oſirim, alterum Iſim vocabant. Herodotus certè & Diodorus nuſquam Mithræ Regis, quod ſciam, mentionem faciunt. Euſebius autem in Dynaſtia Politanorum, quartum ei locum aſſignat, vt

in tan-

Varia opinio de Dynaſtia Paſtorum.

Dynaſtia Paſtorum Pharaonici imperij initium.

Diod. l. 1. p. 2. c. 1.
Menas ſeu Mitras primus Ægyptiorum Pharao.

in tanta rerum & nominum obſcuritate nil nobis reliquum, niſi coniecturæ ſint. Nominum autem confuſio indè orta videtur, quòd cùm in
Ægypto ſimul regnârint, nonniſi paucorum nomina memoriæ mandata
à Scriptoribus ſint, ac non eadem ab omnibus omnia, ſed ab alijs alia,
prout quiſque è ſacerdotibus, quibus actorum conſcribendorum cura incumbebat, hunc aut illum Regem vel amabant, vel oderant. Quare apud
Diodorum legimus inter Vchoreum & Seſoſtrim 19. ætates, annos ſcilicet
quingentos ſeptuaginta interceſſiſſe, cùm intereà præter Mæridem nullus,
qui Aegypto imperârit, neque à Diodoro, vt dictum eſt, neque ab Herodoto nominetur. Cùm autem Euſebius horum nuſquam meminerit, aliorum verè meminerit, veriſimile eſt à Manetho, quem ipſe ſequebatur, ſilentio fuiſſe præteritos, itemque alios ab alijs, quorum fidem & ſcripta
Herodotus, & Diodorus ſecuti ſunt.

Mirùm ſanè eſt, vt eò, vndè diſceſſimus, redeamus; quod Herodotus Menam illum fuiſſe ſcribat, qui Memphim condidit, quam ab Vcho-
teo conditam fuiſſe, Diodorus teſtatur, annis ſcilicet poſt Thebas conditas IƆXXXV. Euſebius autem ab Epapho Iouis & Iûs filio Memphim
conditam memorat, Græcorum commenta & fabulas ſecutus, apud
quos tamen Epaphum fuiſſe Aegyptium confitentur omnes. Aiunt enim
Io poſt multos errores in Aegyptum perueniſſe, ibique à Ioue priſtinæ
formæ reſtitutam & compreſſam pepeṛiſſe Epaphum, à quo deindè Me-
phis originem habuerit ſuam. Quin etiam Herodotus ſcribit, Apim 𝔟- Herodotus In
uem à Græcis vocari Epaphum; vt huiuſmodi nomine ſignificetur, Thalia.
vel homo aliquis certus, vel bellua, quæ apud Aegyptios ſit. Quando
enim multas vrbes Pindarus ab Epapho in Aegypto conditas fuiſſe teſta- Ode X.
tur, ita canit: Πολλὰ δ᾽ Αἰγύπτῳ κατῳκήθεν ἄςη ᲠᲔ Ἐπάφου παλάμαις. Et quidem Τῷ νεμέων.
facilis eſt tranſitus ex Api in Epaphum, & ab Api legimus Memphim Apis,Epaphus
conditam eſſe, & Apim ipſum primum fuiſſe, qui in Aegypto Deus ap- Serapis quis
pellatus ſit, & Serapis cognominatus, vt Apis bos, Apis Deus, Apis Mem- fuerit; &
phis conditor vno nomine à Græcis Epaphus appelletur. Sed ille ſiue &idem.
Vchoreus ſiue Epaphus, ſiue vterque vnus & idem fuerit, à Græcis alter,
alter ab Aegyptijs nominatus, eundem ſanè dicimus eſſe. Nam conſtat
ex Euſebio Memphim ab eo fuiſſe conditam, anno mundi 3700. Verùm
vt in tanta difficultate rerum aliquid certi tandem ſtatuatur, duo nobis
probanda erunt; primum eſt, Vtrum Menas, Mithras, Miſraim, Oſiris,
Vchorius, quorum Regum in hac Dynaſtia à diuerſis ſit mentio, ijdem
ſint, an diuerſi? alterum, Si Mempheos conditores extiterint, an non?
quibus expeditis aliquid ſaltem luminis me ſuppeditaturum confido.

Dicimus itaque ad primum, Menam & Mithram eundem omninò Menas & Mi-
eſſe; Rationem damus, quia quæcunque de Mena dicuntur à Diodoro, thras vnus
ea omnia de Mitre ſeu Mithra dicuntur à Plinio, ſic enim ait de Obeli- & idem.
ſis loquens: *Trabes ex eo fecêre Reges, quodam certamine Obeliſcos vocantes* Plin.l.36.c.8.
Solis Numini ſacratos; radiorum eius argumentum in effigie eſt, & ita ſignificat Mitres primus
nomine Ægyptio. Primus omnium id inſtituit Mitres, qui in vrbe Solis (He- obeliſcorum
liopoli ſeu Thebis intellige) *primus regnabat, ſomnio iuſſus, & hoc ipſum ſcri-* inuentor.

M 2 ptum

ptum in eo. Ex quibus verbis collige primò, fuiſſe primum Regem in Aegypto Mitrem eumque Miſraim. Secundò eum diuinâ viſione monitum, deindè monitu Hermetis Conſiliarij ſui cultum Solis, eiuſque ſacrificia inſtituiſſe, idque per erectionem Obeliſcorum radios ſolares Diod. p. 1. l. 1. c. 2. mentientium. Quæ Menæ quoque conuenire ex Diodoro apertum eſt, ſic enim ſcribit : *Primum poſt Deos in Ægypto regnaſſe ferunt Menam, qui populos colere Deos, ſacráq̃ his facere, menſas inſuper & lectulos ſternere docuit*. Vterque igitur primus Rex, vterque primus cultûs Deorum, eorumque ſacrificiorum author Menas & Mithras à citatis Authoribus conſtituitur; hâc tantùm differentiâ, quòd ille ab Aegyptijs, (ob Lunæ cultum forſan) Menas, hic Mithras ob Solis, igniſque cultum à Perſis & Arabibus, ad quos ex Aegypto profectus eſt, teſte Diodoro, ſit vocitatus. His poſitis mirum non eſt, alios primum Aegypti Regem poſuiſſe Oſirin, alios Vexorem aut Vechorem; cùm Oſiris cum Mithra paſsìm confundatur, vti in Obeliſco Pamphilio fuſè probamus. Vexorem autem ſeu Vchorium Genebrardus ann. mundi 1949. eundem quoque cum Oſiride è Sabellico ſuſpicatur Genebrardus; ſic enim dicit : *Vexores Rex Ægypti in Pontum vſque victor arma ferens*; & paulò poſt; *Fortaſſis Vexores eſt Oſiris Pharaonum primus*. Dicimus igitur Mithram, Menam ſeu Mitrem eundem eſſe cum Miſraim filio Cham, cuius Conſiliarius Mercurius, Iſis vxor, & filius Horus Meſramuthiſis; quæ omnia fuſè deducta & demonſtrata vide in Obeliſco Pamphilio; niſi quis Menam cum Iſi confundere velit, quam Lunam veteres dixerunt, poterit is licitè in tanta nominum confuſione id facere; cùm & ex Diodoro conſtet, Oſirin regni curâ Iſidi commiſſâ, orbem terræ peragraſſe; Iſis itaque ſiue Luna, pro Mena facilè à poſteris, nullâ ſexûs habitâ ratione pro primo Rege Aegypti accipi potuit.

Reſtat altera difficultas ſoluenda circa Memphis conditionem. Atq; Herodotus quidem Menam Memphis conditorem dicit, cui Ioſephus Herod. l. 2. Euterpe. apud Genebrardum aſtipulatur. Ioſephi verba ſunt ſequentia : *Ab hoc Mene, qui primus extitit Rex, id vndè fluit amnis, effectum terreſtre, ibíq̃ Ginebr. ann. mundi 1949. ab eodem hanc conditam, quæ nunc Memphis dicitur*. Genebrardi verò textus ſic ſonat : *A Minæo Rege Ægypti, Memphis conditur. Hic aucta eſt idololatria à poſteris Cham Miſraim Ægyptiæ gentis Authore, & Chus Æthiopicæ; nam ſub hoc Ægyptij omnium primi aras, ſacrificia & delubra Dijs inſtituerunt*. quæ ſuperiùs de Mena & Mitre dictis optimè conueniunt. Cùm itaque Menas Memphis conditor à citatis Authoribus dicatur, ab Euſebio verò Epaphus, dubium non exiguum oritur, quomodo iſti Authores intelligendi ſint. Hoc itaque vt ſoluatur

Inachus. Sciendum eſt, circa eadem tempora, quo Menas primus in Aegypto Regni tenebat gubernacula, Inachum apud Archos prima quoq; Regni Io. Archiuorû fundamenta ieciſſe, erat huic filia Io nomine, quam poſtmodù; eò quòd ſub bouina forma viſa eſſet, mutato nomine Iſidem appellârunt Bos Phoronæus. Erat Inacho quoque filius Phoronæus, qui & Bos Phoronæus appellatus Apis. eſt, patris in Argiuorum Regno ſucceſſor. Cui Apis tertius Archiuorum Rex denique ſucceſſit, qui reſignato Regno Acgialæo, ipſe cum ſuis in

Aegy-

Ægyptum migrauit, vbi diuinos honores meruit, Serapis vocatus. Ex
tribus itaque his bouina metamorphosi infamibus Regibus, Apide, Boue Phoronæo, & Bouina Iside, nil facilius fuit, præsertim Ægyptijs hominibus ad fingendum proniſſimis, quam vnum aliquem Epaphum con-
flare; quem quia eo ipso tempore, quo Menas Memphim condebat, floruiſſe sciebant, conditorem ipsius dicebant, eique in eodem loco à se
condito postmodum bouem, in quem transmutatus credebatur, in septo
quodam nutriebant, quem Apim dicebant. Præterea cùm sub idem tempus, vti diximus, Menas Mithras, Osiris & Vexores, seu Vechorius
diuersi in vno comprehensi Reges regnârint. Osiris autem, sicut & Persa- **Menas, Osiris**
rum Mithras, quem eundem cum Mene diximus, sub forma bouis coleren- **Mychras vnus**
tur; mirum nemini videri debet, si primum Ægypti Regem & condito- **& idem.**
rem Memphis promiscuâ denominatione, nunc Menam, nunc Mithram,
nunc Osirin, Vexorem, aut Vechorium, nunc Epaphum, aut Apidem
appellauerint, iuxta illud commune philosophorum, quæ sunt eadem
vni tertio, eadem sunt inter se; nam & rerum gestarum similitudine,
etsi diuersi, vnum tamen exprimebant; hinc etiam ab Authoribus hæc
& similia nomina passim confunduntur. Sed de Mithra, Misraim, Osiride, qui plura desiderat, consulat Obeliscum Pamphilium. Nos hæc ideo
fusius tractanda putauimus, vt quanta in æquiuocatione nominum vis esset in Chronicis probè dijudicandis, dictis monstraremus. Nunc ad alia.

DYNASTIA POLITANORVM XVII.

Quæ durauit annis 348.

POst Dynastiam decimam sextam Pastorum, sequitur decima septima
Dynastia Politanorum; sic dicta, quod à Regibus huius Dynastiæ,
absolutam omnibus numeris regni formam adepta sit Aegyptus, & politiam consumatam; vndè Manethon apud Eusebium seriem verorum
Regum Aegypti, & propriè dictorum Pharaonum, ab hac Dynastia incipit, & per sequentes Dynastias continuat.

Primum itaque Regem huius Dynastiæ Manethon apud Eusebium
ponit Amasin, Pharaonem Aegypti, (est autem Pharao nomen commu- **Amasis.**
ne & appropriatum Regibus Aegypti, sicuti Cæsar, Imperatoribus Romanis, & Sultan Turcarum; Persarum denique Regibus Sophi.) Regnauit
autem Amasis eo ipso tempore, quo Iacob fame sæuiente descendit in
Aegyptum ad filium suum Ioseph; qui primus post Regem tunc temporis moderabatur Aegyptum. Amasi verò, postquam Regno præfuiſſet **Chebron.**
25. annis, succeſſit Chebron, qui postquam regnum administraſſet an- **Amenophis**
nis 13. vitâ functus sceptrum reliquit Amenophi; atque hic est ille Pha- **primus Israë.**
rao, de quo sacræ literæ memorant, (surrexit autem inter ea nouus rex, **litarum op-**
preſſor.
qui ignorabat Ioseph) primus Israëlitici populi oppreſſor, teste Gene- **Exod.c.1.v.8.**
brardo; hoc satis functo, regnum deuolutum est ad Mefrem II. aut vt **Mefres.**
alij

alij vocant Mefrem, Mitrem, Mefpheem ; cum præcedente Mitre , Mene, Mefre I. cum, vti in nominum affinitate pafsim contingere folet, confundentes . Nos cum Diodoro & Herodoto eum dicimus effe eundem, eum Myri ; quem & Diodorus propylæi Memphitici , & lacus Meridis , quem ad ftagnantes in campis aquas recipiendas, ipfe fummo cum emolumento totius Aegypti effodi curauit, authorem affirmat ; Afcribunt quoque aliqui huic Regi fumptuofam illam fabricam Labyrinthi, quamuis eius Authorem Diodorus Menidem feu Marum afferat, quem confule. Fuit tamen pyramidum quarundam Author, quarum vnam fibi, alteram, vxori ad æternam geftorum memoriam erexit . Mephrem feu Myrim fecutus eft Mifpharmuthofis, feu Mephramutofis II. quintus Politanorum, Rex, quamuis nos verius & confequentius Mefram hunc,& Meframuthifin in præcedentem Dynaftiam reijciamus, videlicet in finem Regni Deorum, à quo regnum deuenit ad Tuthemofin ; quem Genebrardus eum putat effe, qui inter perfequendum filios Ifraël , mari rubro hauftus interierit, nos verius Cenchrem eum fuiffe afferimus . Tuthemofis verò regno nouem annis adminiftrato fucceflorem conftituit Amenophim huius nominis II. quem aliqui appellant Memnonem feu Menam ; hic dicitur edictum contra Hebræos, de mafculis, quotquot à mulieribus Hebræis in lucem funderentur, interimendis euulgaffe . Huic ftatua , quam Memnonis Authores vocant, dedicata eft,prodigiofo fonitu,quem orientis Solis radijs percuffa dabat, memorabilis : de qua nos alibi fufe difputamus. Porrò Amenophis feu Memnonis fucceffor fuit Horus I I. quem nos Bufiridem conftituimus cum Diodoro ; vterque enim Thebarum perperam dicitur fundator, vterque eodem tempore vixiffe traditur . Hanc autem nominum commiftionem hinc o tam effe arbitror , quod Horum eodem tempore vixiffe putabant,quo Horum,qui Ofiridis à Typhone difperfi membra in ligneû boue repofuit,ciuitatemq; condidit,quam Bufiridem poftea appellauit ; cùm verò Diodorus dicat , Bufiridem Solis vrbem Thebas appellatam ædificaffe, & Horum, quem Amenophim quoque nonnulli vocant, eiufdem vrbis Authorem conftituat,facilè ex æquiuocatione nominum hic error irrepere potuit , vt Horum pro Bufiride fumerent. De magnificentia verò vrbis Thebanæ, de prodigiofis fabricis, de portarum multitudine, qui plura defiderat, confulat Diodorum , qui fufe & exactè fingula deducit . Horus itaque feu Bufiris, poftquam 38. annos Aegyptum adminiftraffet, fceptra tradidit Acenchri, quæ poft hunc in manus peruenerunt Achoris . Vixit hoc tempore alius quidam Mercurius Trifmegiftus,quem quia Mofi coætaneus erat,multi cum Mofe confundunt, aut cum Iethro . Sed ficut æquiuocatio nominum , fic & Mercuriorum diuerfitas, magnarum pafsim in re literaria de hoc altercationum occafionem dedit.

Iterum Achorem fecutus eft in regimine Cenchres Pharao ; hunc Eufebius eum effe opinatur, qui fefe Mofi oppofuerit, & demùm cum toto exercitu vndis abforptus, poftquam 16. annis regni gubernacula tenuiffet, perierit. Cenchrem fecutus eft Acherres, & hunc Cherres . Poft

quos

Diod. l. 1.p.2. c. 2.

Mifpharmutofis.

Tutemofis.

Amenophis.

Exod. 1.
Memnonis ftatua à quo erecta.

Diod. l. 1. p.1. c. 1.
Acenchris.
Achoris.

Cenchros mari rubro abforptus.

Acherres.
Cherres.

quos coronâ potitus eft Danaus, quem & Eufebius Armeum vocat. *Danaus.*
Huic Rameffes eius frater, qui & Aegyptus dicebatur, per tyrannidem *Rameffes.*
fucceffit ; Danao enim coronâ priuato,ille potitus regni, Ariam (fic enim
Aegyptus ante hunc nominabatur) à fuo nomine Aegyptum, quod ei
nomen in hunc diem permanet,vt Eufebius putat, appellauit. Contigit hoc fub idem ferè tempus, quo Phœnix & Cadmus Thebani Ægyptij *Cadmus &*
migrantes in Syriam,ibidem prima ciuitatum Tyri & Sidonis fundamen- *Phœnix.*
ta iaciebant. Claudit denique huius Dynaftiæ Pharaonum agmen Amenophis, fiue Memphta ; Atque hic eft, qui Regnum D E O vindice per
Mofen imminutum reftituit, Obelifcos, facrafque difciplinas dùm re-
ftaurare molitur, morte præoccupatus, propofita filio fuo Sothi reliquit
exequenda .

DYNASTIA XIX.

Quæ eft Lartum.

Dicitur hæc Dynaftia à Regibus Lartibus, quorum primus in Aegypto fuit Sothis, vel vt Eufebius vult Zethus filius Amenophis, qui
quatuor Obelifcis, tefte Plinio, erectis, facras difciplinas planè reftituit,
cui conregnans aliquantifper, poftea fucceffit Rameffes filius quatuor
Obelifcorum erector ; Sothi itaque fatis functo deindè fucceffit Larthes *Zethus.*
fecundus, Ranfes feu Rammeffes nomine ; & hunc Sefoftris, qui fuperio- *Ranfes.*
res omnes gloriâ & rerum magnitudine exceffit. Annos 33. cùm reg- *Sefoftris.*
naffet, vitam,deficientibus oculis,finiuit ; cuius virtute haud facilè reperiatur dignum nomen, vir magni animi, neque facerdotibus folùm, fed
& omnibus Aegyptijs admirabilis ; cùm eadem animi magnitudine, quâ
tam egregia facinora perpetrârat, mortem oppetiêrit ; adeò autem diuturna eius gloria, ac geftarum rerum memoria pofteros occupauit,vt cum
multis poftea fæculis,Perfis Aegypti imperium tenentibus, Darius Xerxis
pater in Memphi fuam ante Sefoftris ftatuam ponere contenderet ; prin- *Factum me-*
ceps Sacerdotum publicè contradiceret, afferens illum nondum Sefoftris *morabile.*
opera æquaffe. Quod refponfum haudquaquam ægrè ferens Rex ; fed *Sacerdotis*
Ægypti.
hætatus admodum eâ libertate loquendi ; fe curaturum, inquit, vt nihilo illius virtute, fi tantummodò viueret, effet inferior. Sub Sefoftre omnes artes & difciplinæ, maximè hieroglyphicorum doctrina, quemadmodum varij Obelifci ab eodem diuerfis in locis erecti teftantur, in fummo
gradu florebant. Expeditiones eius in remotiffimas terrarum oras,fum-
ptuofiffimas ædificiorum ftructuras, aliafque innumeras virtutes leges
apud Diodorum, qui ea omnia fufè defcribit. Sefoftri in imperio fuccef- *Pheron feu*
fit Amenophis feu Pheron filius alio nomine Noncorius; hic affumpto *Noncorius*
filius Sefoftris
patris nomine nulla in re paternam gloriam eft imitatus; fed eodem,quo
pater conflictatus eft malo, oculis enim captus, fiue propter communem
patris naturam, fiue (vt quidam fabulantur) propter impietatem erga
Nilum, cuius curfum iaculatus erat . Quomodo autem Dijs placatis vifum

Herod. l. 2.
Diod. l. 1. p. 2.
c. 1.
Oros. l. 1. c. 14.

sum receperit, & quos in receptæ gratiæ testimonium erexerit Obeliscos, tradit Herodotus, Diodorus, & Orosius, & nos in Obelisco Pamphilio id susè deduximus.

Thuoris vel
Thonis, aut
Thules.

Porrò Pherone mortuo Regnum occupauit Thuoris, vel vt Herodotus Thonis, aut vti apud alios legitur, Thules nomine. Hic Thuoris seu Thules cum Africa iam subiugata in Ægyptum reuerteretur, ingressus templum ingenti fastu, Oraculum sciscitatus dicitur his verbis: *Dic*, inquit, *Ignipotens, veridice, beate, qui cœli cursum temperas, quis ante me sibi omnia subijcere potuit? aut quis poterit post me?* Respondit Oraculum:

Περῶτα Θεὸς μετέπειτα Λόγος, καὶ Πνεῦμα σὺν αὐτοῖς,
Ταῦτα δὲ σύμφυτα πάντα, καὶ ἔνθεμον εἰς ἓν ἰόντα
Οὗ κρατος αἰώνων, ὀρθοῖς ποσὶ θνητὲ βάδιζε
Ἄδηλον διανοίων βίω.

Ipse Deus primùm, dein iuncto Flamine Verbum,
Hæc tamen existunt simul omnia & omnia in vnum.
Distinctum veniunt; cuius sine fine potestas,
Tu certò incertum vitæ pede dirige callem.

Fuit autem Thuoris seu Thules, vltimus Regum Larthûm ab Homero dictus Polybus, vixitque circa euersionem vrbis Troianæ; nam ad eum Menelaum, & Helenam post euersam vrbem diuertisse Homerus ait. Computat Eusebius à vigesimo tertio ætatis Mosis anno, ad finem huius Dynastiæ annos 375; post quam Ægyptus Regibus per annos 177. viduata per familias quasdam fuit administrata.

DYNASTIA XX.

Diapolitanorum.

i. 3. Reg. c. 11.

SVb idem tempus, quo regnum Iudæorum inter Roboam & Ieroboam fuit diuisum, cùm Aegyptus careret Regibus; ex dignioribus tantùm familijs in regni gubernationem assumpti sunt; quos inter primum locum obtinet Cetes, quem Græci Proteum appellant, quique Iliaci belli tempore in Aegypto florebat. Hunc artium peritum fuisse tradunt, & in varias sese formas vertere solitum, vt nunc animal quandoque arbor aut ignis, aut aliquid aliud videretur.

Ægyptus administratur
per digniores
Cetes seu
Proteus.

Principio visus speciem subijsse Leonis,
Mox Aper, indè Draco fieri, fera Pardalis indè,
In Latices etiam se vertit, & arbore formam
Mutauit priscam, ramis ac frondibus altâ.

Harum autem rerum cognitionem è continuo Sacerdotum consortio assecutus est: Diodorus verò ait, insignia & ornamenta Regum Aegypti, quæ varijs rebus constabant, huius metamorphoseos fabulosæ causam dedisse. *Consuetudo*, inquit, *Regibus tradita, Græcis ansam huiusmodi transmutationes fingendi præbuit. Nam Ægyptijs mos erat Regibus, aut Leonis, aut Tauri, aut Draconis priorem partem in capite ferre insignia principatus:*

Cur Ægyptij
Reges portèt
in capite partes animaliū.

quan-

quandoq, verò arborem, aliquando ignem, quandoq, redolentia super caput vnguenta : hæc tùm ad decorem pertinebant, tùm ad ornatum : tùm stuporem, & superstitionem quandam aspicientibus inyciebant . Mortuo Proteo Diodorus in eius locum subrogat filium, per totam vitam vectigalibus, & ad cumulandos vndiq; thesauros intentum, pusilli animi virum, atq; auarum ; vt qui nec Deorum muneribus, neq; vlli beneficentiæ vacârit: ita vt non Rex, sed dispensator bonus, pro virtutis gloria plùs auri argentique, quam præteriti Reges omnes (quadraginta talentorum millia ea fuisse tradunt) reliquerit . Post huius obitum septem alij fuerunt moderatores , in tantum otio ac voluptati dediti, vt sacri libri nulla eorum gesta contineant memoriâ digna ; præter vnius Nilei, à quo fluuius primùm sortitus est nomen, cùm antea Aegyptus vocaretur . Hic cùm multas fossas , easque opportunis fecisset locis, & Nilum vtilem admodum incolis reddidit , & nominis causam præbuit .

Diod. l. 1. p. 2. c. 2. Filius Protei succedit.

Nileus à quo Nilus nomen.

Hunc secutus, putat Diodorus, Chemnem , Cephum , & Mycerinum famosarum pyramidum exstructores , quamuis nos veriùs earum fundationem Dynastiæ Politanorum transcribamus , regnanti, inquam , Cherri, cuius nomen cum Chemmi confudisse videtur . Fuerunt enim illæ multò ante Salomonis tempora conditæ, vt alibi probamus .

Chemnes. Cephus. Mycerinus.

DYNASTIA XXI.

Memphitarum.

POst Dynastiam vigesimam, 178. annis sine Regibus administratam , Dynastiam vigesimam primam faustis auspicijs orditus est primus Rex Smendez, aliàs Simandius , aut Osymandrus, alijs etiam Smerres . Iudæis Sesac ; perperam igitur sentiunt ij, qui hoc nomine Sesac falsi, Sesostris imperium in hæc tempora transferunt . Porrò Simandij prodigiosum monumentum , innumerabiles propè auri & argenti copias, Bibliothecæ apparatum, aliaque huiusmodi, qui scire desiderat , consulat Diodorum . Simendium secutus est Pseusenses ; hunc Nephercheres, quo satis concesso, Amenophis hæres Regni factus, post nouem annos in locum sibi subrogauit Osochorum, & hic Spinacem ; Spinacem secutus Persusennes ; hoc fatis functo successit Cherphe , qui moriturus Regni hæredem constituit Cephrenne, & hic Osochorum, qui & Hercules dictus est . Post huius mortem , Sacerdotes Ægyptij contra consuetudinem elegerunt in Regem Asychim seu Anisin .

Smendes seu Simandius.

Diod. l. 1. p. 2. c. 1. Pseusennes. Nephercheres. Amenophis. Osochorus. Spinaces. Persusennes. Cherphe. Cephrenne. Osochorus. Asychis.

DYNASTIA XXII.

Saitarum.

HVius Dynastiæ primus Rex ab Eusebio constituitur Sensoris, cuius pater fuit Siparis ; ferunt eum post mortem ab Ægyptijs Deum voca-

Sensoris.

N

vocatum, eumque Serapin appellatum, forsan corruptâ voce Siparis, pro Serapi sumptâ . Secutus est Senscorin Osorthon, post quem Vachelotis, qui cùm nihil adeò laude dignum gesserint, meritò ἄδοξοι καὶ ἄφημοι apud posteros permanserunt.

D Y N A S T I A XXIII.

Tanitica.

Petubastis,
Oforthon,

ſammus,

PRimus Rex huius Dynastię fuit Petubastes, meliùs Coptè ⲡⲓⲃⲱⲃⲁ ⲧⲓⲥ ab vrbe Bubasto sic dictus ; quo defuncto successit Osorthon, qui & Hercules denominatus fuit , post quem Psammus 20. annis administrato regno, alijs sceptrum tradidit, verùm cùm nihil laude dignum gesserint, eorum apud Historicos memoria reticetur .

D Y N A S T I A XXIV.

Legalis.

Bucchoris
legiflator,

BOcchorus meliùs Βώχορ⊙. huius Dynastiæ Regem egit , vnus è Legislatoribus Ægyptiorum , de successoribus nihil apud Authores inuenio .

D Y N A S T I A XXV.

Æthiopum.

Sabachus feu
Sebazius.

INitium huius Dynastiæ fecit Sebachus, vel vt alijs Sabazius, qui Æthiops fuisse perhibetur . Hic enim denicto Borchoro potitur Ægypto, de quo sic loquitur Diodorus: *Sabacus genere Æthiops Deorum cultu , liberalitateq́ præ cæteris Regibus excellens, argumentum virtutis eius vel maximum sit integritas, vtilísq́ in seruandis legibus animaduersio . Nam capite damnatos nequaquam mortis affecit pœnâ , sed opus facere vinctos compedibus per vrbes coëgit : quæ res non paruo extitit vectigali, multas enim ex eo seruitio pecunias contraxit : eorum operâ multos aggeres construxit : fossas varijs locis opportunas fecit : ita & pœnæ acerbitatem leniuit , & inutilem pœnæ asperitatem in magnum commodum vertit . Eius egregiam pietatem , & à principio vitæ suæ institutionem facilè quis ex visione somnij percipiat . Visus est ei Deus, qui Thebis colitur, in somno dicere, Regnum ipsius in Ægyptios, neque fœlix , neque diuturnum fore, nisi Sacerdotibus Ægipti omnibus occisis, per media ipsorum cadauera cum suis transiret . Hoc somno sæpiùs oblato , omnes vndiq́ Sacerdotes conuocauit, narratísq́ quæ per somnium acceperat : Nolle se , inquit , in Ægypto manentem, alicui perniciem struere , sed malle se purum omniq́ solutum scelere ab Ægypto discedere, satísq́ vitam reddere, quàm impiâ cæde per iniquitatem regno potiri ; ita Ægyptijs regno tradito, in Æthiopiam redijt . In locum verò Saba-*

Prudenter ad-
miniſtcat Æ-
gyptum.

Viſio Sabazij.

Vltrò ſe ab-
dicat Regno.

zij

zij fucceffit Sebichus, feu vt Herodotus vult, Sethon, & hunc Tarachus Sebychus.
Æthiops, de quo, quod dicamus, non habemus . Varachus.

DYNASTIA XXVI.

Duodecemuirorum.

MErres Æthiops primus regnum adminiftrauit ; quem fecutus Ste- Merrës.
phinatis, & hunc Nechao feu Nichepfos : quibus vitâ functis Æ- Stephinatis.
gyptij duobus annis abfque Rege fuerunt, turbatis omnibus, cùm etiam Nechao.
ad bella peruentum effet.

Duodecim igitur loco Regis è maioribus Duces præficiuntur, quibus omnis regni cura commiſsa eſt . Verúm cùm annis quindecim fimul imperium tenuiſſent, Regnum ad vnum reductum eſt : hac de cauſa.
Cùm ſtato tempore hi duodecemuiri facrificaſſent in templo Vulcani, &
vltimo die feſto libaturi eſſent, porrexit eis Pontifex aureas phialas, quibus libare conſueuerant, aberrans numerum, duodecim videlicet viris
vndecim phialas porrexit . Vbi Pſammeticus, qui poſtremus eorum ſta-
bat, cùm non haberet phialam, detractam ſibi æream galeam tenuit, li-
bauitque ; ferebant autem & cœteri omnes Reges, & tunc quoque geſtabant galeas . Nec tùm quidem dolo malo Pſammeticus galeam tenuit.
Cœteri tamen id conſultò factum eſſe à Pſammetico exiſtimantes, & in
memoriam reuocantes oraculi reſponſum, eum folùm Ægypti Regem futurum, qui ærea in phiala libaſſet, eum maxima potentiæ ſuæ parte exu-
tum in paluſtria relegarunt: qui tandem Ionibus adiuuantibus, qui caſu in paludes appulerant, Ægyptum violenter recuperat : quo admini- Pſammeticus
ſtrato annis quadraginta quatuor, filius eius Apries nomine, hæres regni potitur Ægy-
factus eſt, fecundum Herodotum & Diodorum ; quamuis Eufebius inter pto.
Pſammeticum & Apries, duos alios adhuc Reges ponat Nechao, feu Ne- Nechao.
cephos, & Pſammiten. Apries itaque feu Vaphres, qui fecundùm auum Pſammites.
fuum Pſammeticum fortunatiſſimus extitit omnium ad eam ætatem Regum, 25. dominatus annos. Quod intra tempus & bellum Sidoni intulit, & cum Tyro pugnâ nauali contendit . Succeſſit Apriem Amaſis, feu Amaſis,
vt Eufebius Anamaſis, idque eâ, quâ fequitur ratione enarrat Herodo- Gerod.l.s.
tus . Cùm aduerſus Cyrenæos Apries exercitu miſſo magnam cladem accepiſſet, id ei imputantes Ægyptij rebellauerunt, opinati, ſe ab illo in
apertam perniciem fuiſſe dimiſſos ; vt his internecione deletis, ipſe Aegyptijs imperaret fecuriùs . Hæc grauiter ferentes, plerique ab eo deſciue-
runt, id vbi reſciuit Apries, mittit ad eos verbis fedandos Amaſin ; qui
cùm perueniſſet, reprehendenſque diſſuaderet, ne talia facerent, quidam
Aegyptiorum ei à tergo ſtans galeam circumdat, eaque circumdata, inquit, ſe illam ob regnum impoſuiſſe ; nec hoc eo inuito factum fuit, vt
oſtendit ; nam ſimulatque ab ijs, qui deſciuerant Aegyptijs declaratus eſſet Rex, ſeſe apparabat, tanquam contra Apriem moturus . His cognitis Apries mittit quendam hominem nomine Patarbemin, vt Amaſin, ad

N 2. ſe

se perduceret. Verùm cum infecto negotio ad Regem Apriem rediisset; Apries irà percitus, Petarbemi aures, nasumque præcidi iubet; id intuentes cœteri Ægyptij, qui cum eo hactenus senserant, virum inter eos probatissimum tam fœdè, indignéque tractatum, ne tantisper quidem differentes, ad cœteros transeunt, séseque Amasi tradunt. His auditis Apries armatis auxiliarijs ex Laribus & Ionibus circiter 30000. in Aegyptios tendit. Prælio itaque circa Marium pagum commisso, Aegyptiorum res superior fuit; itaque captus Apries, strangulatusq; interijt. Amasis suscepto regno iustè imperauit annos 55. quo satis functo Dynastia vigesima septima incepit: quâ Cambyses Persarum Rex Aegyptum armis capit, circa annum Olymp. 63. quâ victor in stadio fuit Parmenides Camerinæus.

Apries strangulatus interijt.

DYNASTIA XXVII.

Persarum.

Cambyses Persarum Rex.

HAc Dynastia translatum est imperium Ægyptiacum ab indigetibus ad exteros; nam Cambyses Rex Persarum eo armis in suam potestatem redacto, non hominibus tantùm, sed & Dijs religionique bellum indixisse videbatur; Aras enim inuertit, statuas comminuit, superbas Pyramidum & Obeliscorum moles, aliasque fabricas ferro ignique consumpsit; obtinuit Ægyptum anno quinto regni sui, vsque ad Darium filium Xerxis, annis 150.

DYNASTIA XXVIII.

Xerxium.

Xerxes.

XErxes post Cambysis successores Regno Ægyptio potitur, quem plures huius nominis in imperio secuti sunt. Floruerunt hoc tempore celeberrimi quique scriptores, Hieronymus Syracusanus, Æschylus, Pindarus, Sophocles, Euripides, Herodotus, Xeuxis, Hester, & Assuerus, Esdras, Parmenides, Plato nascitur.

DYNASTIA XXIX.

Ægyptia.

Amarthæus. Nepherites. Nectabo,

HAc Dynastiâ, cùm iam à Persis Ægyptiacum imperium recessisset, primus è noua familia imperauit Amarthæus; post quem Nepherites; & vltimus denique Achoris regnarunt.

DY-

DYNASTIA XXX.

Mendesiorum.

FVit huius Dynastiæ primus Psammutes, cuius tempore Plato floruit ; Psammuti successit Nepherites ; post Nepheriten Nectabo, seu Nectanebus.

DYNASTIA XXXI.

Euenitarum.

HVius Dynastiæ primum egit Theo, qui relicto regno fugit in Arabiam ; floruit hac tempestate Aristoteles, Platonis discipulus.

DYNASTIA XXXII.

Et vltima Ægyptiorum.

NEctanebus primus huius Dynastiæ & vltimus ; fuit Magus & incantator maximus. Nam per fascinationes & magicas præstigias à dæmone multa extorsit, ad futurum rerum statum spectantia. Inter coeteras diuinationes & magicas incantationes (Leucanomantiam) eas nimirum, quæ in pelui aquâ plena exhiberi solent, exercuit. Nam cùm Artaxerxes Ochus in procinctu esset ad Ægyptum occupandam, Nectanebus, cum per oracula huiusmodi magica comperisset, Ægyptiaci imperij per Ochum destructionem ; ingenti auri ac pretiosorum lapidum vi & quicquid in gazophylacio regio denique eximium erat, conuasato, simulatoque habitu inscijs omnibus in Macedoniam fugit ; (etsi alij cum, vt Eusebius, in Æthiopiam fugisse malint) vbi magicis exercitijs Olympiâ Philippi Macedonum coniuge fascinatâ, cùm ei persuasisset, futurum vt ex Deo Hammone filium conciperet, qui vniuerso Orbi imperaret; ipse sub forma dicti Hammonis, (cuius speciem Olympiæ per incantationes in somno iam exhibuerat) Reginæ concumbens, generauit filium, qui posteà ob rerum gestarum gloriam Alexander magnus dictus est. Narrat hæc Ioseph Ben Gorion. Verùm nos de Magia huius Regis & artibus varijs, quas ab Ægyptijs hæreditate acceperat, multa suo loco dicemus,

Atque sub hoc Rege Ægyptiorum regnum destructum, à Persarum Regibus translatum, Græcorum imperio accessit ; nam Nectanebô pulso, Ochus qui & Artaxerxes, secundus Persarum Rex eô potitus est, quo satis concesso, filium Arsen subrogauit in locum suum ; post quem Darius successit filius Arsis ; qui postquam sex annis id administrasset ; Alexander Magnus, in Babylone interfectô Dariô, sicut totum Persarum Regnum suo dominio subiecit, sic & Ægyptum vniuersam. Alexandrô verò 34. ætatis suæ annô in Babylon : defuncto, imperioque in multos translato,

diuersi

diuerſi regnarunt. Atque Ægyptus quidem Ptolomæis in ſortem obtigit, quo adminiſtrato per 300. ferme annos à Ptolomæis ad Cleopatram, ab hac demùm ad Romanos deuolutum, & à Romanis ad Mahumetanos, tandem à gloria ſua deſciuit.

Atque hæ ſunt 32. Dynaſtiæ, per quas Ægyptiorum imperium in dicta tempora propagatum fuit, quarum 21. duas ex Græcis deſcripſimus, eas nimirum, quæ à decima ſexta initium ſumunt, reliquis quindecim ex Arabum monumentis depromptis.

Totum itaque illud temporum interuallum, quo ab orbe condito, & à diluuio Orbis vſque ad ſalutis noſtræ aduentum, Ægypti dominium perſtitit; in quatuor partes ſeu temporum diſcrimina partiri viſum fuit, ita quidem, vt totum illud temporis ſpacium ab orbe condito vſque ad diluuium dicamus Dynaſtias Ægypti primæuas ſecundùm mentem Arabum; à diluuio verò vſque ad Abrahami natiuitatem, dicamus Dynaſtiam Deorum, ſeu Heroum Regnum. Ab Abrahami verò natiuitate ſeu Hori poſtremi Deorum vſque ad annum, quo Ochus Rex Perſarum Ægypto potitus eſt, regnum Pharaonicum appellemus. Spacium denique hinc ad Chriſtum, regnum inſcribamus Ptolomaicum. Sic enim fiet, vt omnibus ijs, quæ confuſionem temporum, aliaſque inconuenientias adferre poſſunt, vitatis, maiori luce, & claritate procedamus. Videbis autem in hac ſequenti Pinace Chronologico ſingulos Ægypti Reges à Chamo incipiendo vſque ad Iulium Cæſarem ordine poſitos, cum annis, quibus vnuſquiſque regnauit, correſpondentibus annis à Mundo condito & diluuio elapſis; quibus etiam addidimus Viros illuſtres, qui ſub vniuſcuiuſque Regis dominio tunc in Orbe clarebant, aliaque memoriâ digna, quæ comparebunt in ſubiecta noſtra Chronographia. Multum enim proderit hæc Chronographia cùm ad opus noſtrum ex integro intelligendum, tùm ad locos difficiles, quæ paſsìm circa temporum rationem occurrunt, explicandos, eâ igitur vtere, & fruere.

CHRONOLOGIA

Regum Aegypti,

REGNVM DEORVM
SEV HEROVM

Quod Manethon decimam fextam Dynaftiam Thebæorum appellat, incipit à confufione linguarum, &
durat vfque ad defcenfum Iacob
in Aegyptum.

Anni Mundi iuxtà Genebrardum	Anni diluuij iuxtà Hebræor. cõput.		Nomina Regum Ægypti.	Anni queîs quifque regnauit.	Hebræo-rum viri illuftres.	Aliorum Regno-rum me-morabi-lia.	Anni Mundi iuxtà Eufeb. & 70.Int.
Annus diluuij 1656 iuxtà Hebr.		1	Cham fi-lius Noë, Saturnus dictus Zo-roafter		Noë colo-nias moli-tur.	Prima rudimen-ta Regni Affyr.	2242 Annus diluuij iuxtà 70. In-terpr. & Eu-feb.
1810	154	2	Mifraim fi-lius Chami Iuppiter & Ofiris I. Aegypti.		Afur & Nembrod. Phaleg Confufio linguarũ.	Chus Æ-thiopiam admini-ftrat.	
1948	292						
		3	Mercurius, Faunus di-ctus, quem alijSeruch, nosMercu-rium Trif-megiftum dicimus.		Abraha-mus. Abraham genuit Ifaac in Geraris an-nò ætatis fuæ 100.	Ninus & Ægyaleus	
		4	Vulcanus.				
		5	Sol filius Vulcani.			Ninus &	

De Regiminis duratione nil certi apud Authores inuenitur.

Anni Mundi iuxtà Hebræorum & Genebrardi computum.	Anni diluij		Nomina Regum Aegypti	Anni queis quisque regnauit.	Hebræorum viri illustres.	Aliorum Regnorum memorabilia.	Anni Mundi iuxtà Euseb. & 70. Interp.
		6	Sofis , Sothis vel Sochis		Noë moritur.	Semiramis longè lateq̃ dominantur in Babylonia , seu Assyria , sicuti Ianigenæ in Italia , Sicionij in Græcia.	
		7	Osiris & Isis		Melchisedech summus sacerdos, qui putatur esse Semus		
2006	350	8	Horus siue That , iuxtà nos Trismegisti filius, vltimus Deorum.				
2109	453		Dynastia XVII. Past. 103. an dur. Menas Mithras Osiris Vexores Apis Epaphus Confunduntur hi passìm pro vno Rege vide suprà, vel secundùm nos Saturnus iunior Rhea siue Isis Mercurius cōsiliarius. Mesramuthisis filius Isid. & Osiridis Horus	De Regiminis duratione nil certi apud Authores inuenitur	Isaac. Iacobus descendit in Ægyptum Nascitur Ruben. Misraim . Mercurius Trismeg. A quibus prima literarum fundamenta iacta, Obelisci erecti, hieroglyphica disciplinæ institutio profecta fuit , & ad posteros propagata .	Initium Regni Archisorum, primus eius Rex Inachus Memphis conditor .	3460

REGNVM PHARAONICVM

Quam Manethon vocat Dynaſtiam Politanorum, incipit à temporibus, quo Iacob in Aegyptum defcendit, & durat vſque ad Artaxerxis feu Ochi in Aegyptum expeditionem.

Anni Mundi iuxtà Hebræorum computum.	Anni diluuij	Nomina Regum Aegypti. Dynaſt.18. Politanor. dur.an.348		Anni viræ in Regimine	Hebræorum viri illuſtres, geſtaque.	Aliorum Regnorum memorabilia.	Anni Mundi iuxtà Eufebium
		1	Amaſis	25	Ifaac moritur.	Iam tuu Ægypti colebant beſtias pro Numinib. Sparta condita eſt. Mundi Regna varia conſtituta. Reges florent Iphereus Affyriorum & Orthopolis Sicyoniorum. Memnouis ſtatua. Promc:h. Argos, Cecrops. Diluuium deucalionis & incendium Phaethontis.	
2289	633	2	Chebron	13	Iofeph venundatur à fratribus.		3470
		3	Amenophis	21	Moyfes nafcitur. Vocatur à Deo.		
		4	Mefres feu Myris	12			
2360	704	5	Mifpharmuthofis	26	S. Iob floret. Incipit perfecutio filiorũ Ifraël in Ægypto; edictum de mafculis Hebræorum interimendis.		3550
		6	Tuthemofis	9			
		7	Amenophis	31			
		8	Horus	38			
		9	Acenchres, feu Aceneris	12	Vixit circa hęc tempora alius Merc. Trifmegiſt.		
		10	Achoris	9	Mofes 80. annũ agens, dux itineris ex Ægypto Hebræorum efficitur. 10. Plagæ.		
2466	820						3690

O   Anni

Anni Mundi iuxtà Hebræorum computum.	Anni diluuij.		Nomina Regum Ægypti.	Anni vitæ in Regimine.	Hebræorum viri illustres.	Aliorum Regnorum memorabilia.	Anni Mundi iuxtà Euseb. & 70. Int.
		11	Genchres	16	Floruit Iethro, quem plures cum Trismegisto confundunt. Moses in deserto præst populo. Iosue. Othoniel. Aoth.	Corinthus conditur.	
		12	Acherres	8		Lacædæmon conditur & Dardania.	3710
		13	Cherres	15			
1544	888	14	Armeus seu Danaus	5			
		15	Ramesses dictus Ægyptus	68		Cadmus & Phœnix condunt Sydonem & Tyrum.	3780
		16	Menophis seu Menuphta	40			
			Dynast. 19. Lartu 201		Post Othonielem Hebræos habuerunt alienigenæ subiectos annis 18. qui copulatur annis Aoth secundùm traditionem. Debbora, Barach, Gedeon, Abimelech, Thola. Capitur Troia. Iair, Iephte, Labdon, Hesebon, Sampson, Quem ob fortitudinê multi cum Hercule confundunt.	In Dardania regnat Tros,	
2714	1058	1	Zethus, Sothis Obelisc. erector.	55			
		2	Ramesses filius Sothis obel. erect.	66		Amphion. Dionysius seu Liber pater Indos aggreditur. Orpheus. Ea quæ de Sphynge & Oedipo & Argonautis dicuntur.	
2893	1237	3	Sesostris obel. erect.	33			
		4	Nuncorius filius obel. erector.	40			
2947	1292	5	Thuoris, Thonis seu Thules	7		Herculis labores.	3950
			Dynast. 20. Diapol. 178			Latinis regnat Æneas	
		1	Cetes seu Protheus.	incerti anni			
		2	Prothei fil.				
3006	1340		Hic septem alij dicuntur regnasse, inter quos			Ascanius relicto Nouercæ regno	

Anni Mundi iuxtà Hebræorum computum.	Anni diluuij	Nomina Regum Aegypti.	Anni vitæ in Regimine	Hebræorum viri illustres, gestaque.	Aliorum Regnorum memorabilia.	Anni Mundi iuxtà Eusebium
		1 Nileus	14	Post Sampsonem Heli sacerdos 40. annis præest populo Israëlitico. Samuel Propheta. Saul. Dauid.	Lauinij Abbam longam condidit & Syluium Posthumum fratrem suũ Æneæ ex Lauinia fiiium cum summa pietate educauit.	
		2 Chemnes	19			
		3 Cephus	4			
		4 Mynceri-nus	20			
3006	1350	Fuerunt post hos alij Reges, quorum nomina incognita sunt				
		Dynastia XXI. Memphitarum.		Salomon.		
3020	1364	1 Smendes seu Simandius	26	Roboam Abia, Achia Samus Propheta; Abdias, Iehu, Ozias, Micheas.	Susachim seu Sesac qui idem est cum Smende contra Iudæos pugnans spoliat templum.	4200
		2 Pseulenses	41			
		3 Nephercherres	4			
3272	1586	4 Amenoph.	9		Tyberinus Syluius, à quo Tyberis dictus in Italia regnat.	
		5 Osochor	6	Ochozias, Ioram Elias Zacharias Helisæus.		
		6 Spinaces	19			
		7 Persusenn.	35			
3278	1622	Dynast. 22. Saitarum.			In Italia regnat Aremulus Syluius.	
		1 Seniscoris seu Cheaphe	21	Ioas Amasias	Auentinus Syluius Rex Latinorum.	
		2 Osorthon	15			

Anni Mundi iuxtà Hebræorum computum.	Anni diluuij		Nomina Regum Ægypti.	Anni vitæ in Regimine.	Hebræorum viri illustres.	Aliorum Regnorum memorabilia.	Anni Mundi iuxtà Euseb. & 70. Int.
		3	Tachelotis	13	Prophetabant apud Hebræos Amos, & Ionas.	Procas Syluius, hic fuit Auentini superioris filius. Amulius Syluius,	4380
3278	1622	1	Dynast. 23. Tanitarum. Petubastis	25			
		2	Osorthon	9	Zacharias.		
		3	Psammus	10	Hic Olympiadum initium.	Remus & Romulus.	
3300	1644	1	Dynast. 24. Legislatorum. Bocchorus	43		Roma conditur.	4420
		1	Dynast. 25. Æthiopum. Sabachon seu Sabazius	12	Achaz. Ezechias. Ofee.	Romulus Rex, Templa & muros extruit Romæ.	4460
		2	Sebychus	12	Isaias.		
3380	1724	3	Tarachus	20	Manasses impius Isaiā interfecit, statuamq, suam posuit quinque facies habente.	Mydas regnat in Phrygia. Syracusa conduntur. Numa Popilius.	
		1	Dynast. 26. Duodecemvirorum. Merres Æthiops	12			
		2	Stephinatis	7	Hammon.	Tullus Hostilius. Ancus Martius.	4510
		3	Nechao seu Nicepsos	6	Iosias Rex Iudæorum cum Nechaone Ægyptiorum Rege congressus occiditur.	Tarquinius priscus Capitolium extruit.	
3435	1779	4	Hic duodecemviri regnant. Psammeticus	15 / 44			

Anni Mundi Hebræorum.	Anni diluuij.		Nomina Regum Ægypti.	Anni vitæ in regimine.	Viri illustres Hebræorum.	Aliorum Regnorum memorabilia.	Anni Mundi iuxtâ Eusebiû.
		5	Nechao	6	Nabuchodonosor Iudæam capit, spoliat templum, in patriam redit manubijs onustus.	Circus Roma ædificatur à Tarquin. Prisco.	
		6	Psammites	12		Seruius Tullius Rex Stesichores, Sapho, & Alcæus.	
		7	Apries seu Vapres	30			
3568	189	8	Anamasis seu Amasis	43	Daniel, Ananias, Azarias, & Misael.	Massilia conditur.	4610
		I	Dynast. 27. Persarum. Cambyses & successores	36	Olymp. 47. Daniel & Ezechiel. Iesus filius Iosedech & Zorobabel.	Solon, Thales, Æsopus, Cræsus, Anaximenes, Ecclipsin Solis primus Thales prædicit.	
		2	Darius Persa	48	Zacharias, Aggæus,& Malachias.	Cyrus interficitur à Thomyri. Pythagoras.	
		3	Artabanus Persarum Rex	18	Captiuitas Babylonica sub Cyro incipit, durat vsque ad	Tarquinius superbus regno exuitur ob corruptâ à filio Lucretiam.	
3695	2039	1	Dynast. 28. Xerxium. Xerxes V.	20	annum secundum Darij.	Herodotus Pindarus.	4670
		2	Artaxerxes Longimanus VII.	40	Esdras. Socrates nascitur.	Hieron. Sophocles, Xeuxis, Heraclitus, Zeno Pherecydes.	4720
		3	Xerxes VIII. Segdianus IX.	2 menses 8	Hester & Assuerus.		
3749	2073	4	Darius, Nothus X.	19	Macchabæorum Regnam.	Romæ Consules creati. Hippocrates, Gorgias	

Anni Mundi iuxtà Hebr. comp.	Anni diluuij	Nomina Regum Aegypti	Anni vitæ in regimine.	Hebræorum viri illuſtres.	Aliorum Regnorum memorabilia.	Anni Mundi iuxtà Euſeb.
		Dynaſt. 29. Ægyptia.		Neemias muros Hieruſalem reſtaurat	Initium belli Peloponeſiaci.	
	1	Amartheus Saites	6		Eudoxus Gnidius claret.	4790
	2	Nepherites	6			
	3	Achoris	12	Heſter, Mardocheus Diogenes Cynicus	Ægyptus receſſit à Perſis Dionyſius tyrannus.	
		Dynaſt. 30. Mindeſiorũ.				
	1	Pſammutes	1	Speuſippus	Cartaginenſium bellum.	
	2	Nepherites	menſ. 4	Tribuni militares pro conſulibus eſſe cœperũt.	Plato philoſophus.	
	3	Nectanebus	18		Euagoras. Iſocrates Rhetor.	
		Dynaſt. 31. Euenitarũ.		Artaxerxes XII. qui &	Dionyſius Rex Siciliæ	
	1	Theo	2	Ochus.	moritur.	4840
3350	1694	Dynaſt. 32. Nectanebus vltimus Rex Ægypti.	18	Naſcitur Alexander Magnus.	Philippus Macedonum Rex. Ariſtoteles. Demoſthen.	

Atque hìc Ægyptiorum Regnum deſtructum eſt. Ab Ægyptijs enim poſtmodum ad Ochum, ab hoc ad Darium, quô interſectô ad Alexandrum Magnum, hòc verò defunctô ad Ptolomæos deuolutum eſt ; quorum primus eſt

Anni Mundi iuxtà Hebr. comp.	Anni à diluuio.		Nomina Regum Aegypti	Anni vitæ in regimine.	Hebræorum viri illustres.	Aliorum Regnorum memorabilia.	Anni Mundi iuxtà Euseb.
3730	2074	1	Ptolomæus Lagi filius	40		Ædificatur Antiochia.	4880
3768	2112	2	Ptolomæus Philadelphus	38	Septuaginta Interpretes vocauit.		4920
3808	2152	3	Ptolomæus Euergetes	26	Bibliothecā Alexandriæ instruxit.	Initium belli punici I.	4980
3833	2177	4	Ptolomæus Ceraunus Philopator	17	Macchabæi hoc tempore illustres.		
3850	2194	5	Ptolomæus Epiphanes		Iudas Macchabæus.	Initium belli punici II.	5020
3873	2217	6	Ptolomæus Philometor	24	Alcimus.		
3909	2253	7	Ptolomæus Euergetes	29	Ionathas.	Portenta Hierosolymis visa	
3937	2281	8	Ptolomæus physcon Soter	17	Bacchides.	Carthago euertitur.	
3953	2297	9	Ptolomæus Alexander à matre Cleopatra eiectus	8	Herodes Ascalanita cui huius nominis alij succedunt.	Iugurthinū bellum	5100
3971	2315	10	Ptolomæus Auletes / Cleopatra	30 / 24		Res gestæ à Cleopatra, M. Antanio Pompeio.	
4006	2350		Et post hos ad Romanos tranflatū; cuius primus fuit Iulius Cæf.		Nascitur Beatissima Dei Genitrix.		5150

ABACVS

Chronologicus sex ætatum seu temporum, quæ funt ab Orbe condito ad Christi Aduentum, correspondentium præcipuis Aegyptiorum Dynaſtijs.

A — Ex hac parte Abacum ingredere pro numeris iuxtà computum Hebræorum.

B — Numeri annorum. Mundi iuxtà Hebræorum computum ponuntur intra triangulum ABC.

	Ad condit. Orb.	Ad diluuium & Dynaſt. Ægypt. XVI.	Ad ortum Abrahæ & Dynaſt. Paſtorum.	Ad exitum de Ægypto & Dynaſt. Politan.	Ad quartum annum Salomonis, & Dynaſt. XXI.	Ad captiuitatem Babylon. & Dyn. XXVII.	Ad Chriſtum.	
Ab orbe cödito vſque	0	1656	1895	2615	3095	3514	4067	
A diluuio & Dyn. XVI.	0	0	239	959	1439	1848	2401	
Ab ortu Abraham & Dyn. Paſtorum.	580	0	720	1200	1619	2172		A captiuitate Babylonis
Ab exitu de Aegypto	1039	459	0	480	899	1452		A quarto anno Salomonis
A quarto anno Salomonis	1580	962	503	0	419	972		Ab exitu de Ægypto
A captiuitate Babylonis	2015	1435	976	473	0	553		Ab ortu Abraham & Dyn.17
	2957	2377	2242	1415	942	0	0	A diluuio & Dynaſt. 16.
D	5199	4619	4160	5657	3184	2242	0 C	Ab Adam & condito mūdo

Bottom column headers (read from below):
Ad Chriſtum. — Ad captiuitatem Babyl. & Dynaſt. ZXVIII. — Ad quartum annum Salomonis & Dyn. XXI. — Ad exitum Iſraëlit. de Ægypto & Dynaſt. 18. Polit. — Ad ortum Abrahæ & Dynaſt. XVII. Paſtorum. — Ad diluuium & Dynaſt. XVI. Thebæorum. — Ad Adamum.

Bottom-left box: Numeri Annorum iuxtà computum Euſebij ponuntur intra triangulum ADC.

Bottom-right box: Ab hac parte ingredieris Abacum pro numeris annorum iuxtà Euſebiū.

SYNTAGMA II.

De Politica Aegyptiorum, Imperijque eorundem tùm propagandi, tùm conseruandi modo, & ratione.

INTER coeteras Mundi nationes & populos nulla vnquam gens inuenta fuit, quæ maiori curâ & vigilantiâ, quàm Ægyptia in rectè beatèque instituendæ Reipublicæ ratione incubuerit. Hi enim, vti veras gubernandi rationes adinuenerant, ita absolutissimũ quoq; veluti exemplar, & idea totius politiæ, omnium Scriptorum testimonio, Regibus, & Principibus vniuersæ terræ ad imitandum proposita, nullo non tempore fuerunt. Nam cùm omne imperium, & dominatum in Deo Opt. Max. & supremi Numinis prouidentiâ fundatum cognoscerent; hoc vnicum præ coeteris summopere curasse visi sunt, vt totam Monarchiam ad normam supremi Numinis, & Deorum, vt aiunt, immortalium amussim dirigerent; sat benè secum geri opinantes, si per religiosum cultum, honorem, & reuerentiam Dijs exhibitam, eos sibi conciliarent, apud quos rerum omnium esset constitutum arbitrium. His enim vel per omissionem patriorum rituum, vel per dissolutorum morum impunem licentiam ad indignationem concitatis, nihil aliud sibi superesse rebantur, nisi populorum dissidia, rebellionum periculosas machinationes, ac tandem vltimum regnorum, imperiorumque ruinam & exterminium. Ad quæ quidem præcauenda, sapienti sanè consilio homines non perturbationibus animi deditos, non idiotas, & rerum inexpertes, vitiorumque contagioni subiectos, sed sacerdotes & philosophos sapientiâ conspicuos, longo rerum vsu & experientiâ doctos in patrijs ritibus, diuinísque coerimonijs probè exercitatos, quorum prudentiâ, & consiliô omnia in Regno ritè administrando gererentur, constituere soliti erant, quos & in virtutis, & sapientiæ palæstrâ comprobatos tandem in demortui Regis successores designabant, minimè eos regno aptos arbitrantes, qui sibi priùs non imperassent, aut perturbationes, pernitiosósque animi affectûs moderari non nossent. Atque hâc curâ, & assiduâ vigilantiâ factum est, vt regnum populari frequentiâ, vrbium magnitudine, subditorum sapientiâ, omni denique rerum humano generi necessariarum affluentiâ nulli secundum, iam indè à turris fabrica, vsq; ad Cambysis in Ægyptum irruptionem, annis 1582. quod nulli alteri Monarchiæ contigisse constat, in summa semper concordia, pace, & tranquillitate constiterit.

Recensitis itaque vetustorum temporum vsque ad Amasin Ægypti rebus, nunc ordinis ratio postulare videtur, vt & de moribus, institutis, ac vita politica pari passu nonnihil quoque differamus. Multa enim veterum Ægyptiorum acta non solùm ab indigenis æstimabantur magni, sed & apud Græcos non parùm admirationis habebant. Quamuis etiam scirent

Politica Ægyptiorum fundata in cultu Dei.

Ratio.

P

rent

rent Ægyptij adytum externis difficilem ; eò tamen veluti ad omnium artium ac difciplinarum Emporium, ad vitæ, morumque integritatem. addifcendam difcedere plurimi ex præftantiffimis philofophis non intermiferunt. Quô verò modô, quâ induftriâ, & arte, tanto tempore regnum ab omni exterorum inuafione immune conferuarint, hoc Syntagmate_ exponetur ; quod vt quàm optimè fiat, à primo legum conditu affumptum thema ordiemur.

CAPVT I.

De prima Politices, feu Monarchiæ Aegyptiacæ inftitutione.

Mercurij Trifmegifti dotes. Ingenium.

ANno circiter trecentefimo ferè poft diluuium, ex ftirpe Cananæorum prodijt vir quidam omnibus naturæ dotibus ornatiffimus, quemque natura ad artium, fcientiarumque arcana exploranda finxiffe; Deus verò ad humanum genus eius ope erudiendum Mundo rudi adhuc & impolito dediffe videbatur ; quem Arabes *Idris*, hoc eft, *Difputatorem*, nominant ; Phœnices *Tautum*, Ægyptij *Thouth*, Græci *Mercurium Trifmegiftum* dicunt. Erat enim ingenij acerrimi, fubtilitatis admirandæ & naturæ fcrutator indefeffus, qui perpetuâ tùm Noëmi, tùm filiorum_, nepotumque conuerfatione de primæui Mundi ftatu, moribus , ac difciplinis certior factus, hoc vnicum fategit, vt traditas à primæuis Mundi Patriarchis difciplinas excoleret, excultas ad pofteros confignaret : quod vt exactiùs confequeretur, cum Ianigenis in Italia aliquantifper commoratus, omnem tùm politicam viuendi rationem, tùm artium, cœterarumque difciplinarum inftituta exactè didicit ; deindè ad Mifraimum, qui tum temporis rerum in Aegypto potiebatur, adijt ; qui cùm & ipfe rerum nouarum ftudiofiffimus fectator effet, animumque ad magna & ardua intentum perpetuò haberet ; oportunè fanè accedebat, vt eius ope fulciretur, qui & maghitudine animi ipfi haud impar, fcientiâ verò & intellectûs perfpicacitate multis quoque fuperaret parafangis ; atq; adeò meritò felix ille princeps exiftimari debeat, qui dùm magna, ardua, & vltra communem hominum vigorem prægrandia animo molimina concepit, talis ei adiungatur, cui à natura datum fit, magnos illos & prægrandes conceptûs & velle & poffe in executionem medijs conuenientibus deducere. Huic igitur Mefraimo Regi fociabatur Idris Scriba, & eiufdem. fupremus Confiliarius ; poftea regni quoque, Meframuthifi filio poft mortem patris Mefræ adhuc minorenni, particeps, fummus totius Aegyptiacæ Monarchiæ Rex vicarius, tefte Chron. Alex. conftitutus eft.

Eiufdem itinera.

Vtitur ope_ Mifraimi Regis Ægypti.

Cùm itaque regnum nullis adhuc firmis ftabilitum legibus, nec politicâ difciplinâ inftructum videret ; feriò fecum expendit, quomodò exactam viuendi formam regno libero adhuc & diffoluto inducere poffet ; fed hic Rhodus, hic faltus ; quis enim effrœni populo, & dominandi libidine veluti æftrô quodam percitô, dùm vnufquifque, quô voluntas & indomitus appetitus eum rapiebat, per fas & nefas pro libitu exequeretur,

tur, præfcriberet? Magnum itaque negotium fibi affumpfiffe videbatur, & vti erat peringeniofus,ita maturè omnia præponderans,dùm imperium qualecunque id tandem, fine religione confiftere minimè poffe cognofceret; facram quandam, atque oppidò myfteriofam doctrinam, quam & hieroglyphicam pofteri dixerunt, eò quòd faxis duriffimis, contra omnes temporum iniurias, ceu perpetuò duraturam, fummô ingeniô & ftudiô elaboratam aufpicatus eft; quâ legem diuinam humanis ita arctè vinxit, vt qui has corrumperet, illam meritò corrupiffe cenferetur, Metum enim Deorum plurimùm ad fubditos in officio continendos, valere nôrat. Cur leges in faxis infculpferit?

Hinc fubditi nouo illo fapientiæ inuento inftimulati, Mercurio vltrò manus dedêre, ac veluti diuinum Numen cœlitus in terram lapfum venerati, doctrinam politicam ijs exhibitam, ambabus, vt dici folet, manibus amplexati, eo rigore feruandam duxerunt, quantò pofteà totam Ægypti pofteritatem feruaffe,Scriptores luculentiffimis teftimonijs comprobarunt. Veruntamen, quia humanæ voluntatis in legibus feruandis caducitatem probè nouerat, & vt fuarum conditarum legum perpetuos fucceffores haberet, facerdotum hominum fagaciffimorum, ingeniô, fapientiâ & peritiâ rerum præcellentium,quibus folis ad regni fucceffionem aditus foret, inftituit Collegium; quibus artium, legumque à fe conditarum normam tradidit, eofque iuramento adegit, ne præter ordinis fui homines, eandem vlli alteri communicarent; præterea facrificiorum, rituumque in Numinibus quà colendis, quà placandis præfcriptas leges, ijfdem veluti optimam hæreditatem reliquit; & quia foli facerdotes tantæ moli infufficientes putabantur, ijs varios veluti coadiutorum regni ordines fubftituit: primi ordinis erant Cantores, qui dubia ex legum Mercurij digeftis circa Deorum hymnos, & laudes exorta foluerent, rationes vitæ regiæ ad fupremarum mentium ideas difpofitas edocerent. Secundi ordinis erant Horofcopi, quorum fymbolum erant horologium & palma, quos quatuor Mercurij de Aftrologia libros alto pectore imbibiffe oportebat;eorumque officium etat, temporum exactam diftributionem in Deorum cultu peragendam obferuare, legum traditarum certis anni temporibus, dierumque folennijs populo prælegere; feftorum ftatiuas folennitates iuxtà Solis, & Lunæ, fiderumque curfum difpofitas perpetuô & conftanti tenore conferuare, magni enim cum primis in regno rite adminiftrando momenti exactam temporum partitionem didicerat. Tertij ordinis erant Hierogrammatiftæ, id eft, Scribæ facrorum, qui ftatutis comitijs aderant pennis in capite confpicui; manibus & librum, & regulam, in qua & atramentum ad fcribendum, & iuncus, quo in exarando vtuntur, tenebant, quos quidem hieroglyphicorum notitia apprimè inftructos, fcientiam quæ eft de mundi difpofitione, terrarumque fitu, ordinem quoque Solis & Lunæ, vti & cœterarum quinque planetarum, Ægypti adhæc Chorographiam, Nili defcriptionem, verbo omnia, quæ quouis modo ad facrorum ritus & cerimonias, vti funt, inftrumenta, ornamenta, locorum fingulis Genijs dedicatorum notitiam, Collegio facerdotum communicat normam legum. Adiutores facerdotum Cantores, ipforum munus, & fymbolum. Symbolum & munus Horofcoporū Symbolum & munus Hierogrammatiftarum.

P 2   men-

mensurasque, iuxtà sacrarum sculpturarum præscriptum requiri videbantur, exacte callere oportebat . Quarti ordinis erant Stolistæ , qui iustitiæ
cubitu & calice ad libandum instructi, consuetis comitijs & conciliabulis
aderant, quorum officium erat, ea omnia, quæ ad sacras disciplinas, & instituta pertinebant,ad ea inuiolabili rigore seruáda,& illibato vigore cu-
stodienda sollicitare, & si quæ à primo rigore defecissent, summô studiô,
curâ, & sollicitudine instaurare ; prætereà sacrificia oportuno tempore
peragere, sacra μοχθεαγιςικὰ, id est , quæ Apides , seu Vitulos sacros,quà
consignandos, quà mactandos concernebant, disponere . Quinti ordinis
erant Prophetæ, quorum symbolum hydria erat in manu gestata ; atque
horum officium erat, de rerum in comitijs agitatarum euentibus iudicare, sinistros euentûs à prosperis per auguria, cæterasque diuinationis species discernere . Cæterùm vectigalium quoque distributioni præerant.

Atque hi sunt ordines sacerdotalis dignitatis, quorum authoritate,
consilio,& prudentiâ totius Monarchiæ Ægyptiacæ moles, veluti fundamento insistebat . Erat autem tota politicæ doctrinæ, & philosophiæ
Ægyptiacæ ratio 42. libris à Mercurio comprehensa, quorû 36. dictorum
quinque ordinum viri, potissimùm 10. quibus vniuersa sacerdotalis doctrinæ ratio,vti & hieroglyphicorum arcana scientia continebatur, mente tenere obligabantur ; vt obortis in Regno difficultatibus,dissidijsque,
quomodo secundùm traditas leges mature ijs occurrendum , promptâ
mente dispicerent. Sex verò reliquos ij tenere debebant, qui πας οφόροι,
Medici, siue Palliati dicebantur ; continebant autem omnem medican-
dorum corporum rationem, per vniuersam Ægyptum obseruandam, videlicet, de corporum constitutione, complexione , membrorumque singulorum anatomia, de morborum varietate & affectionibus , de instrumentis Chirurgicis, de medicamentorum vsu, qualitate , & præparatio-
ne ; de quibus fusè in Medicina nostra hieroglyphica . Quæ cùm omnia
fusis authoritatibus in Obelisco Pamphilio comprobata reperiantur, superuacaneum esse ratus sum, eas hoc loco repetere ; solùm adducam horum omnium testem Clementem Alexandrinum , qui l. 6. Strom. in hæc
verba omnem rationem in legum præceptis, & cœrimonijs obseruandam
pertexit ; quæ omnia,ex duodecim libris Philistij Siracusani religionem
Ægyptiorum continentibus, ipso teste, excerpsit :

Symbolum &
munus Stoli-
starum.

Symbolum
& munus
Prophetarum

Politica Mer-
curij 42.
libris com-
prehensa.

Clemens A-
lexandrinus
ex Philisto
Siracusano.

Μετίασι γὸ οἰκίαν τινα φιλοσοφίας Αἰγύπηοι. εὐθίκα τὸ περφαίνῃ, μάλιςα ἡ ἱερατεπής
αὐτῶν θρησκεία. πρῶτζ- μὸρ γὸ προσέχει) ὁ ωδὸς, ἐκ τῇ τῇ τῆς Μυσικῆς ὑπηρεσῇ μήνζ- συμφίλων.
τὰ τον φασὶ δύο βίβλυς ἀνειλημφέναι δᾶν ἐκ τῆ Ἑρμᾶ. ὧν θάτερον μὲν ὕμνες περιέχει Θεῶν. ἐπι-
λογισμὸν δὲ βασιλικῆ βίᾳ. τὸ δ᾽ ἕτερον μὲν δὲ τὸν ωδὸν ὁ ωροσπώπζ-, ωρυλόγιον δὲ κͅ χοͅεᾳ καὶ
φοίνικα ἀςρολογίας ἔχων σύμβολα, προσίειν. τὰ τᾳ ἀςρολογάμϸα τῇ Ἑρμᾶ βίβλίων, τέσσᾳ-
ρα ὄνͅα τον ἀριθμὸν, ἀει δϡ σόμαϯζ- ἔχειν χͅ. ὧν τὸ μὲν ἐςὶ περὶ τᾶ δϡμόσμῃ τῇ ἀπλᾳῶν
φαινομϸͅων ἀςͅερͅν τὸ δὲ περὶ τῇ συͅνόδων καὶ φωτιζϯϡ ἡλίͅ καὶ σῃμͅης. τὸ δὲ λͅπὸν, περὶ τῇ
ἀναϯλͅς λͅῶν. ἑξῆς δὲ ὁ ἱεͅργͅαμμͅατͅύς προσέχει) , ἔχͅων πͅͅερͅὶ ὀπͅὶ τῇ κεφͅαλͅῆς, βͅͅιβͅλͅίον τέ ἐν χͅερ-
σὶ, κͅ κͅᾳόͅνᾳ,ἐν ᾧ τͅό τͅε γͅρͅαφͅικͅό μͅέλͅανͅ, κͅͅ σͅχͅοͅῖνͅζͅ- ῇ γͅͅράφͅουͅσͅͅι. τͅͅοͅῦͅτͅͅον τͅͅͅͅᾳ τͅε ἱεͅͅργͅλͅͅυφͅικͅͅͅᾳ κͅͅᾳλͅͅᵐͅͅύͅͅμͅͅᾳ,
περͅὶ τͅέ ᴫͅ κͅͅοͅσͅμͅͅοͅγͅρͅͅᾳφͅͅίͅͅας,ͅͅκͅͅᾳͅῇ γͅͅεͅͅῳͅρͅͅγͅͅᾳͅφͅͅίͅͅͅͅͅας, ᴫͅ τͅͅᾴͅξͅͅεͅͅῳͅς τͅͅͅͅͅͅα ͅͅ

ἔτι τε παιδδευτικὰ παιδία, καὶ μορφοφραγιστικὰ καλεμμένα· ἃ κατὰ δὲ ὅτι τὰ εἰς τὰ τιμὰς ανήκοντα
τῶν παρ᾽ αὐτοῖς Θεῶν, καὶ τὰς Αἰγυπίίας φιλοσοφίας περιέχοντα. οἷον περὶ θυμάτων, ἀπαρχῶν, ὕμνων,
ευχῶν, πομπῶν, ἑορτῶν, καὶ τῶν τοῖς ὁμοίων. ὑπὶ πᾶσι δὲ ὁ Προφήτης ἔξεισι, προφανὴς τὸν ὑδρεῖον
ἐγκεκολπισμένος. δέπου δὲ οἱ τὰ ἐκπεμπ᾽ιν τῶν ἄρτων βαστάζοντες. δεῖ, ὡς ἂν προστάτης τοῦ
ἱεροῦ, τὰ ἱερατικὰ καλέμμα, ἢ βιβλία ἐκμανθανεῖ. περιέχη δὲ ἀπὶ τῶν νόμων, καὶ Θεῶν, καὶ τῆς
ὕλης παιδείας τῆς ἱερέων· ὁ γὸ τοῖς Προφήτης περὶ τοῖς Αἰγυπίίοις, καὶ τῆς διανομῆς τῆς προσόδων ὑπάν-
τάτης ὅτι· δύο μὲν καὶ τεσσαράκοντα αἱ πᾶντ᾽ αναγκαῖας τῷ Ἑρμῇ γεγόνασι βίβλοι. ὧν τὰς μὲν
λ´ς τὰν πᾶσ᾽ Αιγυπίίων περιεχ᾽σας φιλοσοφίαν, οἱ προειρημένοι ἐκμανθάνεσι. τὰς δὲ λοιπὰς ἓξ
οἱ παστοφόροι, ιατρικὰς ἔσας, περὶ δὲ τῆς σώματος κατασκευῆς, καὶ περὶ νόσων, καὶ περὶ ὀργανων,
καὶ φαρμάκων.

Suam enim quandam & peculiarem exercent Ægyptij philosophiam. Hoc Ritus cœrimoniarum Ægyptiarum
autem maximè ostendunt sacræ eorum cærimoniæ. Primus enim procedit Cantor,
vnum aliquod efferens ex symbolis Musicæ. Eum dicunt oportere accipere duos
libros ex libris Mercurij, ex quibus vnus quidem continet hymnos Deorum, alter
verò rationes vitæ regiæ. Post Cantorem verò procedit Horoscopus, qui in manu
habet horologium, & palmam, symbola Astrologiæ & signa. Eum libros Mercu-
rij, qui tractant de Astrologia, qui quidem sunt quatuor numero, oportet semper
habere in ore. Ex quibus vnus quidem est de ordine inerrantium, quæ viden-
tur, astrorum; alius verò de coitu, & illuminatione Solis & Lunæ, reliqui de eo-
rum ortu. Deinceps autem ἱερογραμματεὺς, id est, Scriba sacrorum, pennas ha-
bens in capite, & librum in manibus & regulam, in qua est & atramentum ad
scribendum, & iuncus, quo scribunt, progreditur. Hunc oportet scire, & ea
quæ vocantur hieroglyphica, & Mundi descriptionem, & geographiam, & ordi-
nem Solis & Lunæ, & quinque errantium planetarum, Ægyptiá chorographiam,
& Nili descriptionem, & descriptionem instrumentorum, ornamentorumq́ sacro-
rum, & locorum eis consecratorum, mensurasq́, & ea, quæ sunt in sacris vtilia.
Deindè post eos, qui prius dicti sunt, sequitur, qui dicitur σολιςὴς, id est, Ornator,
qui iustitiæ cubitum, & ad libandum habet calicem. Is scit omnia, quæ dicun-
tur παιδδευτικὰ, id est, ad disciplinam & institutionem pertinentia; & μοχοΞραγι-
ςικὰ, hoc est, quæ ad ritum mactandorum spectant vitulorum. Sunt autem decem
quæ pertinent ad honorem eorum, qui sunt apud eos, Deorum, & Ægyptiam con-
tinent religionem, nempè sacrificia, primitiæ, hymni, preces, pompæ, dies festi, &
quæ sunt his similia. Post omnes exit Propheta, qui apertè in sinu gestat hydriam,
quem sequuntur, qui emissos panes portant; is, vt qui sit sacrorum præfectus,
ediscit libros decem, qui vocantur sacerdotales, continent autem de legibus, &
Dijs, & vniuersâ sacerdotum disciplinâ. Propheta enim apud Ægyptios præest
etiam distributioni vectigalium. Sunt ergo quadraginta duo libri Mercurij valdè
necessarij, ex quibus triginta quidem & sex, qui continent omnem Ægyptiorum
philosophiam, ediscunt ij, qui ante dicti sunt; reliquos autem sex παςοφόροι, id est,
qui gestant pallium, vt qui pertinent ad medicinam, nempè de constructione
corporis, & de morbis, & de instrumentis, & medicamentis.

Atque ex hisce luculenter patet, totam Ægyptiorum politiam primò ex Regibus, deindè ex Sacerdotibus, qui, vt suprà dictum fuit, rursus in quinque classes diuisi fuerunt, & ex plebæis, qui triplici pariter militum, agricolarum, opificum classe distinguebantur, constitutam fuisse,
quorum omnium leges & instituta vt explicemus, tempus, locusque suo
veluti iure postulare videtur. CA.

CAPVT II.

De vita, moribus, & institutis Aegyptiorum.

REcensitis vetustorum temporum vsque ad Amasin Ægypti rebus, nunc ordinis ratio postulare videtur, vt & de moribus, institutis, ac vita politica aliquid breuiter quoque dicamus. Multa enim veterum Ægyptiorum acta non solùm ab indigenis æstimabantur magni, sed & apud Græcos non parùm admirationis habebant ; quamuis etiam scirent Ægyptij adytum externis difficilem, eo tamen, vt suprà diximus, ceu ad artium, ac disciplinarum emporium, ad vitæ morumque integritatem addiscendam discedere plurimi ex præstantissimis philosophis non intermiserunt. Tota itaque politia Ægyptiorum triplici hominum genere constabat ; Regibus, Sacerdotibus, Plebæis, qui erant, vel milites, vel agricolæ, vel opifices.

Reges Ægyptij, vt Diodorus meminit, vitam non aliorum regnantium more, quibus voluntas pro lege est, traducebant licentiâ, sed legum instituta in cogendis pecunijs, quotidianoque victu sequebantur. Eorum *Optimi Mini-* cultui obsequioque nullus deputatus erat neque emptitius, nec manci- *stri adiungun-* pium, neq ; seruus, sed nobiliorum sacerdotum filij, tùm vltra viginti an- *tur Regibus.* nos nati, tùm doctrinâ præ cœteris eruditi, vt horum corporis ministrorum die noctuque astantium conspectu motus Rex, nil turpe committeret ; rarò enim potentes rerum mali euadunt, vbi desunt suarum cupiditatum ministri ; institutæque erant diei noctisque horæ, quibus Regi, le- *Quid agerent* gis permissu, agere fas erat ; manè surgentem Regem primò Epistolas om- *singulis die-* nes missas capere oportebat, vt cognitis his, quæ sibi agenda essent, re- *bus Reges* sponso dato, singula in tempore, & ex ordine rectè agerentur. His actis, *Ægyptij.* cùm in virorum excellentium cœtu lauisset corpus, vestem præclaram *Singulæ ac-* indutus sacra Dijs faciebat. Mos erat Sacerdotum principi, iuxta aram *tiones eorum* hostijs deductis, astante Rege, magnâ voce, audiente populo, valetudinem *describuntur.* prosperam, omniaque bona precari, Regi iustitiam erga subditos exoptare, narrare insuper particulatim Regis virtutes, in Deos pietatem ac religionem, in homines summam humanitatem, tùm illum continentem dicere, iustum, magnique animi, veracem, liberalem, omnesqne frœnantem cupiditates, pœnas insuper mitiores, quam postularent errantis crimina, exigentem ; reddentem verò gratiam meritis ampliorem ; plura *Cultus Deo-* his similia orans, summam his execrationem in malos exequebatur. Tùm *rum.* Regem culpâ purgans, omne crimen in ministros, qui Regi iniqua suaderent, conijciebat. Quibus actis Sacerdos & Regem ad felicem Dijsque gratam vitam hortabatur, & simul ad bonos mores, agendumque non quæ suaderent mali, sed quæ ad laudem & virtutem maximè pertinerent. Demùm cùm Rex Dijs sacra fecisset, Sacerdos nonnulla è sacris libris clarissimorum virorum consilia, actaque proferebat ; quibus Rex monitus imperio piè & iustè aliorum exemplo vteretur. Non autem pecunijs congregandis, vacandi iudicandique legibus solùm antiquis : sed deambulandi

di quoque lauandique, & cum vxore cubandi, omnifque degendæ vitæ
tempus erat lege præftitutum. Cibo veſcebantur ſimplici, vt quorum
menſæ nil præter vitulum & anſerem inferretur; viui potandi certa con-
ſtituta erat menſura, quâ neque farcire ventrem, neque inebriari poſſent;
denique ipſorum vita eâ tenebatur modeſtiâ, vt non à legiſlatore, ſed à
peritiſſimo Medico ad conſeruandam ſanitatem compoſita videretur.
Mirùm ſanè eſt, Ægyptios non ex voluntate, ſed ex lege priuatam vitam
agere, nec iudicandi, pecuniam congregandi, aut quenquam ex ſuperbia,
ira, aut aliam iniuſtam ob cauſam puniendi, illis permiſſam licentiam, ſed
veluti priuatis teneri legibus; neque id ægrè ferebant, exiſtimantes
parendo legibus, ſe beatos fore. Nam ab his, qui ſuis indulgerent cupiditatibus, multa cenſebant fieri, quibus damna, periculaque ſubirent.
Scientes enim ſæpiùs ſe peccare, tamen aut amore, aut odio, vel alio animi morbo victi, ad hoc ſe induci confitebantur. Qui verò ſapientiâ, con-
ſiliôque vitam inſtituebant, in paucis offendebant.

Hâc vſi erga ſubditos iuſtitiâ Reges omnium beneuolentiam adeò
aſſecuti ſunt, vt non ſolùm Sacerdotibus, ſed ſingulis Ægyptijs maior Regis, quam vxorum, filiorumque aut aliorum principum ſalutis ineſſet cura. Vita verò his moribus defunctum, omnes communi mœſtitiâ lugebant, veſtes lacerabant; templis clauſis, fora non frequentabant; feſta ſolennia non agebant; dies 72. luto deturpantes capita, & ſindone ſubtus
mammas cincti, vnà viri, mulierefque ducenti ferè aut trecenti circum-
ambulabant, bis in die nouantes luctum, atque ad numerum cum cantu
virtutes Regis commemorantes: cibis animantium coctiſque, ac vino,
omnique menſæ apparatu abſtinebant: non lauacris, non vnguentis, non
ſtratis lectis, non venereis vtebantur, ſed tanquam defunctû filiû per eos
dies mœrentes lugebant. Hoc tempore, quæ ad pompam funeris ſpecta-
bant præparatis, poſtremo die corpus in arca conditum ante ſepulchri
aditum ponebant: ibi breuiarium in vita à Rege geſtorum de more
curabant; volentique facultas dabatur defunctum accuſandi. Aſtabant
ſacerdotes, mortui rectè facta laudantes: populus is immenſus erat, qui
exequias circumſtabat, applaudens veris laudibus, vt in reliquis magno re-
clamans tumultu.

Quo accidit, vt plures Reges, repugnante multitudine, ſolito carue-
rint ſepulchri honore & magnificentiâ; is timor coëgit Ægypti Reges iuſtè viuere, veriti poſt mortem plebis iram, atque odium ſempiternum.
Antiquorum Regum viuendi mos hic maximè fuit. Ægypto omni in
plures partes, quarum quælibet Græco verbo Νίμος appellabatur, diui-
ſâ: cuilibet Prætor aderat, qui omnium habebat curam; Ægypti vectigalibus trifariam partitis, priorem portioné percipiebat Collegium Sacerdotum magnâ apud incolas authoritate; tùm propter Deorum curam,
tùm propter doctrinam, quâ plures erudiuntur. Hanc partem tùm ad
ſacrificiorum miniſteria, tùm ad priuatæ vitæ commoda impertiebant;
neque enim Deorum cultum omittendum putabant, neque publici con-
ſilij vtilitatiſque Miniſtris æquum cenſebant, vitæ commoda deeſſe; ade-

rant enim grauibus in rebus hi femper confilio atque opere Regibus, tùm
aftrorum peritiâ, tùm verò facrificijs futura prædicentes. Ex libris præ,
tereà facris priorum gefta referebant, quibus Reges in agendis nofcant,
quæ fint profutura. Non enim quemadmodum apud Græcos, vnus ho.
mo, aut vnica mulier facris præeft, fed plures in cultu Deorum honoreque
verfabantur, qui eandem facrorum curam filijs tradebant. Hi omnes im.
munes erant, fecundumque poft Reges honoris dignitatifque locum te.

Reges. nebant. Altera portio ad Reges peruentiebat, quam & ad bella, & ad
vitæ cultum, tùm ad liberalitatem erga ftrenuos viros pro meritis impen-

Milites. debant. Qua ex re fiebat, vt populares nullô grauarentur tributo. Tertiam
percipiebant milites, & qui belli onerabantur minifterio, vt hoc ftipen-
dio accepto paratiorem haberent animum ad pericula bellorum obeun-

Agricultura. da. Agricolæ verò paruâ quâdam mercede à Sacerdotibus Regeque aut
militibus agros mercati, per omnem ætatem ab ipfa pueritia rei rufticæ
fine intermiffione vacabant; quo fiebat, vt agriculturâ coeteris, tùm ob
doctrinam à parentibus perceptam, tùm ob continuum vfum, præftarent.

Paftores. Eodem modo & paftores curâ atque arte regendi pecoris à patribus ac-

Artes. ceptâ, femper in eo gubernando ætatem agebant. Artes quoque apud
Ægyptios admodum excultæ videbantur, & ad fummum perductæ. Nam
foli Ægyptij opifices, omiffa Rerumpublicarum curâ, nullum nifi aut legibus permiffum, aut á patre traditum opus exercebant: vt neque eos
docentis inuidia, neque ciuile odium, neque aliud quid ab inftituto im-

Iudicia. pediret exercitio. Iudicia verò eorum non cafu fiebant, fed ratione:
exiftimabant enim rìtè facta plurimum vitæ mortalium prodeffe. Nam
punire nocentes, auxilium ferre oppreffis, optimam ad prohibenda mala
facinora viam putabant; poenam verò delicti, aut pecuniâ, aut gratiâ
tolli, confufionem vitæ communis fore exiftimabant.

Iudicum
felectus. Quam ob rem è ciuitatibus clarioribus, vt Heliopoli, Memphi, Thebis viros optimos eligebant, quos iudicijs præficerent; qui Iudicum con-
feffus, neque Athenarum Areopagitis, nec Lacedæmoniorum Senatui,
longo tempore poftea inftitutis, cedere videbatur. Poftquam conuene-
rant triginta numero, inter fe eligebant optimum virum, quem iudicij
principem conftituebant, in locum cuius ciuitas alium iudicem fubftitue-
bat; his omnibus victus, fed principi opulentior à Rege dabatur: is auream catenam fuæ dignitatis fignum, varijs ornatum lapidibus, à collo fu-
fpenfum, quod veritatem dicebant, geftabat. Cœptis iudicijs, ac figno
veritatis à principe Iudicum propofito, omnibufque legibus, quæ octo
libris continebantur, in medio eorum conftitutis; mos erat accufatorem
ea, in quibus alium accufabat, modumque patratæ iniuriæ, aut damni facti, quanti eam æftimaret, fcribere; reo tempus dabatur refcribendi ad
fingula; quibus aut fe id non feciffe, aut rectè feciffe, vel purgando, aut
iniuriam, vel damnum minoris æftimando, proteftabatur. Rurfus accu-
fatori reoque inuicem refpondendi locus erat. Ita bis auditis litigatori-
bus, cùm iudices de controuerfia quæfiuiffent, princeps figno veritatis in
partem veriorem verfo, fententiam ferebat; hic mos iudiciorum erat.

Quo-

Quoniam verò de legum inſtitutione mentio incidit, haud alienum ab inſtituto fuerit, antiquas Ægyptiorŭ leges etiam referre, quo cognoſcatur, quantum cœteris præſtent, & rerum ordine, & vtilitate. Primùm periuri capite mulctabantur, tanquam qui duplici tenerentur ſcelere : vt qui & pietatem in Deos violaſſent, & fidem inter homines tuliſſent, maximum ſocietatis vinculum. Si quis iter faciens, aut hominem à latronibus cædi, aut quamlibet iniuriam perpeti compererit, neque ſi potuiſſet, ſubueniſſet auxilio, mortis erat reus. Si auxilium ferre non poſſet, denunciare latrones tenebatur, & iniuriam accuſatione proſequi ; qui ea negligebat, plagis ad certum numerum plectebatur, triduoque carebat cibo. Falſo quempiam accuſans, ſi poſtmodum ad iudicium delatus eſſet, talionis pœnam calumniatoribus ſtatutam ſubibat. Cogebantur Ægyptij omnes ſcripta nomina ſua ad præſides, & ſimul quo exercitio quiſque viueret, deferre ; quà in re, ſi quis mentiretur, aut ſi iniuſto viueret quæſtu, in mortis incidebat pœnam. Si quis ſpontè aut liberum, aut ſeruum occidiſſet, eum morte damnare leges iubebant, quæ non fortunæ conditionem, ſed conſilium facti pendentes, homines à ſceleribus deterrebant, & ſimul vindicatâ ſerui morte, reddebantur liberi ſecuriores. Patribus, qui filios occiderent, non erat pœna mortis indicta, ſed tribus diebus, noctibuſque continuis iubebantur defuncti corpori aſſiſtere publicâ etiam cuſtodiâ aſtante. Non enim iuſtum putabant, eum priuari vitâ, qui vitæ filijs author eſſet, ſed potiùs continuô dolore, factique pœnitentiâ affligi, quô cœteri à ſimili facto auerterent. Parricidis exquiſitam impoſuerunt pœnam ; nam articulatìm peracutis calamis cœſos, iubebant viuos ſupra ſpinarum aceruum comburi, maximum inter mortales iudicantes ſcelus, ei mortem per vim inferre, à quo vitam accepiſſet. Mulierum, morti deſtinatarum, ſi prægnantes eſſent, partus expectabatur, exiſtimantes penitùs iniquum eſſe eum, qui nihil commiſiſſet, vnà cum facinoroſo pœnam pati, aut duos plecti, cùm vnus deliquiſſet. In bellis, qui aut ordinem reliquiſſent, aut non parerent Ducibus, non plectebantur morte, ſed maximâ omnium ignominiâ, quâ poſtmodum virtute, & rectè factis deletâ, ad priorem ſtatum redirent. Ea lex & homines aſſuefaciebat, vt id dedecus, peſſimum malum, morteque ipſâ grauiùs cenſerent. His, qui ſecreta hoſtibus reuelaſſent, linguam lex iubebat abſcindi ; & qui monetam circumciderèt, aut adulterinam cuderet, aut pondus, vel ſigna mutaret, aut literis inſcriberet, aut de ſcripto demeret, aut falſas ſyngraphas adferret, ambæ amputabantur manûs, vt quæ corporis pars peccaſſet, per vniuerſam vitam lueret pœnam. Cœteri quoque aliorum calamitate moniti, à ſimili ſcelere abſtinerent. Aſperæ etiam pœnæ circa mulierum delicta ſtatutæ erant. Nam ei, qui mulierem liberam violaſſet, virilia exſecabantur, quoniam vno crimine tria haud parua ſcelera complexus eſſet, In adulterio ſpontaneo deprehenſus, virgis cædebatur ad mille plagas, mulier naſo mutilabatur, quo dedecore vultus maculatus, eâ multaretur parte, quâ maximè facies exornantur.

Legum, quæ ad commercia hominum pertinent, Bocchorum Legiſlato-

Q

Margin notes:
- Leges Ægyptiorum.
- Pœnæ ſceleratorum.
- Mulctatio & ſupplicia.
- Adulterium ; fornicatio vt puniatur.

latorem fuiſſe ſcribunt. Mandant autem: ſi creditæ abſq; ſcriptura mutuò
pecuniæ negarentur, ſtandū debitoris iuramento, vt quæ iuſiurandum veluti religioſam rem magni æſtimarent. Nam cùm certum eſt ijs, qui ſæpiùs iurant, abrogari fidem ; plurimi dicunt, ne boni viri nomen amitta-
tur, rarò ad iuramentum deſcendendū. Legis inſuper lator omnem fidem
in virtute conſtituens, bonis moribus iudicabat aſſuefieri homines ad pro-
bitatem, ne indigni fide viderentur, debere. Iniquum etiam putabat
eis, quibus abſque iuramento credita pecunia eſſet, de re ſua iurantibus,
non præſtari fidem. Fœnus, quod ex ſcripto contrahebatur, prohibebat
vltrà contractûs mutui duplum exigi; ſolutio è bonis debitoris ſolum fiebat. Corpus non poterat addici creditori, putabat enim oportere bona
tantùm ſubdita eſſe debitis. Corpora, quorum opera, & bello, & pace
vterentur, ciuitatibus addicta eſſe. Non enim æquum eſſe videbatur milites, qui pro patriæ ſalute pericula ſubirent, pro vſuris in carcerem duci;
quam etiam legem Solon videtur ad Athenienſes tranſtuliſſe, quam Siſa-
team appellant ; decernitq; ne ob vſuras ciuium corpora caſtigarentur.
Lex præterea de furibus apud ſolos Ægyptios hæc erat. Iubebat eos, qui

Lex de furi-
bus.

furari volebant, nomen ſuum apud Principem ſacerdotum ſcribere, atq;
è veſtigio furtum ad ſe deferre ; ſimiliter, quibus res furto ſublata erat,
ad eundem rei ſublatæ tempus, diem, & horam ſcribere tenebantur. Hoc
modo facilè inuento furto, qui rem amiſiſſet, quartâ multabatur parte,
quæ daretur furi ; ſatiùs Legiſlator eſſe ducens, cùm impoſſibile eſſet,
prohiberi furta, alicuius portionis, quàm totius rei amiſiſſe homines, iacturam pati. Nuptiarum non idem apud Ægyptios mos erat. Sacerdo-

Nuptiæ.

tibus vnam tantùm vxorem ducere licebat, reliqui pro voluntate, & facultatibus plures habebant. Nullus ex eis, nec ex ſerua quidem empta
ſpurius habebatur. Solum enim patrem exiſtimabant generis Authorem ;

Educatio li-
berorum.

matrem, & nutrimentum, & locum infanti præbere. Natos adeò paruâ
educabant facilique impenſâ, vt vix credi poſſit; nam tùm ſcirporum,
tùm alijs radicibus, quas ſub cineribus coquebant, tùm caulibus paluſtri-
bus, quas partìm coctas, partìm aſſas igni, partìm crudas pro cibo præbebant, liberos nutriebant. Diſcalceati, nudique maiori ex parte ob patriæ
temperiem vitam agebant. Omnis ſumptus in pueros, quouſque ad ætatem peruenirent, à parentibus impenſus, non excedebat drachmas vigin-

Eruditio.

ti. Erudiebant Sacerdotes filios & literis, quæ appellantur ſacræ, & alijs,
quæ ad communem ſpectant doctrinam, vt plurimùm Geometriæ, Arith-
meticæque ſtudio intenti. Muſicæ verò, in quantum ea ad naturæ ordinem, rerumque conſenſum in Mundo contemplandum conducit, vaca-

Medicatio.

bant. Morbos, vel ieiunio curabant, vel vomitu, idque aut quotidiè, aut
tribus diebus, aut quatuor interiectis: aſſerunt enim è ciborum ſuper-
fluitate omnes creari morbos, eam ergò, ad valetudinem curam eſſe optimam, quæ morborum principia auferat. Milites aut peregrini nullâ im-

Militia.

penſâ mercede curantur. Medici enim ex publico victum ſumunt; ægros
ſecundùm legem curant ; ab antiquis medicis comprobatiſque authoribus traditam. Si quis normam ſacri libri ſecutus, infirmum curare nequi-

uerit,

uerit, omni caret crimine ; fi præterea,quæ libris continentur alijs,illum   Medendi
curauerit, morte punitur . Credebat enim Legiſlator,eâ medendi curâ,   ratio.
quæ plurimo tempore ab antiquis Medicis obſeruata,profeſtaque ſit,haud
facilè meliorem reperiri poſſe .

Colebant Ægyptij animalia quædam præter modum, non ſolùm vi-   Cultus Deo-
ua, ſed & mortua, ſicut Feles , Ichneumonas, Canes, Accipitres, Ibides,   rum .
Lupos, Crocodilos, & huiuſmodi plura ſuprà in propylæo recitata , ho-
rumq; cultum palàm profiteri non ſolùm non erubeſcant, ſed tanquam in
honores Deorum effuſi , id laudi ſibi & dedecori ducebant. Cùmque
ſignis illorum proprijs vrbes, & varia loca circumeant , procul oſtentan-
tes, quæ feruent animalia,ea more ſupplicum ſinguli venerabantur. Cùm
aliquod eorum moreretur , findone contectum cum vlulatu pectus percutientes, ſale liniebant, ac cedri liquore, vnguentiſque odoriferis , quo
diutiùs feruaretur corpus,vnctum in facris locis ſepeliebant. Si quis aliquod horum animalium ſponte occidiſſet, morte damnabatur ; Æluro &
Ibide exceptis, quas animantes ſi quis ſponte, vel ſeciùs occidiſſet, accur-
rente turbâ, & abſque iudicio, hominem occiſorem varijs ſupplicijs affe-
ctum, interficiebant. Quô timore, qui has mortuas conſpexiſſet, procul
aſtans, lamentabatur, teſtificans animal abſque ſuâ culpâ mortuum eſſe .
Nutriebantur hæc animalia ſummâ curâ atque impenſa in templorum am-   Nutritio ani-
bitu à viris haudquaquam contemnendis , quæ ſimilagine & alicâ, varijſ-   malium.
que epulis lacte conditis cibabant, anſeres tùm elixos , tùm aſſatos appo-
nebant quotidiè; his, quæ cruda ederent, aues captas præbebant; denique ea omnia magnâ ſuſtentabant curâ, atque ſumptu ; eorum mortem
æquè ac filiorum lugebant, ſepeliebantque ſumptuoſiùs, quàm eorum facultas ferret,ita vt, Ptolomæo Lago Ægyptum tenente, cùm bos in Memphi ex ſenecta mortuus eſſet, qui illius nutriendi curam cœperat, pecuniam, quæ in eum data erat, permagnam, ac inſuper 50. talenta argenti   Sepulturæ
mutuò à Ptolomæo ſumpta, in eius ſepulturam impenderit .   ſplendor.

Videbuntur forſitan hæc, quæ diximus, miranda , ſed nequaquam
minùs mirabitur quis,ſi,quod apud quoſque Ægyptios ſit, conſideret in
funere mortuorum . Nam vbi aliquis defunctus eſt, propinqui omnes
amici, qui deturpato luto capite lugentes ciuitatem, quoad mortuus ſe-   Funera.
peliatur, circumibant, interim neque lauabantur , neque vinum capiebant, aut cibum, niſi vilem, neque veſtibus vtebantur ſplendidis. Sepulchrorum tres habebant ſpecies, ſumptuoſas, mediocres , & humiles. In
prima argenti talentum exponebant, in ſecunda minas viginti, in vltima
pauciores ſumptus fiebant . Qui funera mortuorum curabant, eô exer-
citiô à maioribus traditô, funeris impenſam domeſticis deſcriptam ferebant, ſcrutantes quanti vellent celebrari funus ; conuentione factâ, corpus eius tradebatur, vt iuxtà impenſam curaretur funus. Primus Grāma-
ticus (ita enim appellatur) poſito humi corpore,ſignū circa ilia deſcribe-   Mos condien-
bat, quantùm à ſiniſtra parte incideretur ; deinde qui dicitur Sciſſor ha-   di ,ſeu condi-
bens lapidem Æthiopicum, quantum lex finebat , latus aperiebat, ſubito-   tio cadauerū.
que curſu à proſequentibus, qui aſtabant , lapideſque cum execratione

Q 2 in

in eum iacientibus, fugiebat . Exiftimabant enim odium inhærere, quicunque amici corpus vulnere illato violàrit . Curatores verò corporis, hos Salitores appellant, honore, exiftimationeque digni habebantur. Vtebantur enim Sacerdotibus, templaque pariter ingrediebantur. His penes cadauer aftantibus, vnus per fciffuram corporis interiora præter renes & cor educebat; quæ fingula alter vino Phœniceo è rebus odoriferis lauabat, deindè corpus totum primùm è cedro, tùm alijs pretiofis vnguentis vngebant dies amplius triginta; Myrrhâ deindè ac cinnamomo, cœterifq; rebus liniebant, quæ non folùm id feruare diuturnè, fed odoriferum reddere valerent . Curatum cadauer cognatis tradebant defuncti, ita fingulis eius partibus etiam fuperciliorum palbebrarumque pilis integrè feruatis, vt omnis corporis fpecies, dormientis more integra perduraret . Antequam fepeliretur corpus, prædicebatur à cognatis tùm iudicibus, tùm defuncti amicis fepulturæ dies, afferentes illum mortuum paludem tranfiturum, aftantibus iudicibus amplius quadraginta numero, fedentibufque in præparato vltra ftagnum Hemicyclio, tradebatur nauis ad id compofita ab his, quibus ea cura iniuncta erat, tùm antequam corpus in arcam conderetur, permittebatur, lege volenti, accufare mortuum. Si quis probabatur malè vixiffe ; iudices fententiam ferebant, quâ corpus eius fepulchro priuandum iudicabatur. Qui deprehenderetur iniuftè crimen obieciffe, magnâ multabatur pœnâ. Cùm deeffet accufator, aut per calumniam accufatum conftabat, cognati finito luctu ad laudes mortui vertebantur, nil de genere eius, ficut Græci confueuerunt, narrantes. Exiftimabant enim Ægyptij, omnes fe pariter nobiles effe ; fed ordientes à pueritia, in qua vitæ inftitutionem, eruditionemque recenfebant, ad viri ætatem defcendebant, eius erga Deum religionem, iuftitiam, continentiam, virtutefque cœteras commemorantes, inuocatis verò inferis Dijs precabantur, vt eum inter pios locarent ; ad quæ verba omnis multitudo correfpondebat, gloriam mortui extollens, tanquam apud inferos cum beatis femper futuri . Sepeliebant poftea quique fuos, hi in proprijs fepulchris; hi, quibus ea deerant, domi apud firmiorem parietem arcâ corporis erectâ . Qui verò crimine aliquo, aut fœnore fepulturâ prohiberentur, domi abfque arca ponebantur ; quos pofteri ditiores facti, ac debita crimina foluentes honorificè fepeliebant. Mos eft apud eos, defunctorum parentum corpora dare in pignus creditori. Summa illos, qui non redimerent, fequebatur infamia, & fepulturâ carebant. Mirabitur quis meritò eos, qui hæc inftituerunt; non folùm, quæ ad viuentium mores fpectarent, profecutos, fed etiam quæ ad mortuorum fepulchra, cultumque pertinerent ; adeò hoc pacto ad bonos mores, quantum fieri poffet, componi vitam hominum exiftimabant . Græci fanè, qui fictis fabulis, ac Poëtarum dictis fidem excedentibus de piorum meritis, malorumque pœnâ tradiderunt, nequaquam potuerunt fuis fcriptis traducere homines ad virtutem . Quin contra potius derifi, contemptique funt ab improbis . Apud Ægyptios verò non fabulis, fed vfu, impijs pœna, iuftis laus impertiebatur. Singulis diebus vtrofq; eorum, quæ vitæ vtilia exiftebant,

bant, admonebant; cuique pro his, quæ egerat, debiti præmij memoriam
impendentes, quâ ex causa ad meliorem singuli vertebantur viuendi normam. Eas enim optimas esse leges putabant, quibus non diuites, sed honesti, prudentesque homines fiant. Atque hæc sunt, quæ de Ægyptiorum
moribus, vita, institutis summatim dicenda existimaui, quæ quidem ne
ad tot citationes astringeremur, ex Herodoto, Diodoro, Pausania, Porphyrio, Eusebio, Xenophonte, Strabone, Plutarcho, Iamblicho, Luciano, alijsque verbotenus, ne quicquam apparatui deesse videretur, deprompsimus.

CAPVT III.

Totam politicæ philosophiæ doctrinam, per Osiridis, Isidis, Hori, Ty-
phonis, siue historiam, siue fabulam allegoricè fuisse
significatam.

Q Vomodò Regna & Imperia in sua subsistant foelicitate, quomodò
ab ea excidant, pulchrè nobis ob oculos ponunt Ægyptij per vitam Osiridis, Typhonis, Isidis, & Hori. Fuerunt quidem Osiris
& Typhon ex eodem patre sapientissimo progeniti, tametsi vtriusque
maxima ingenij, morumque disparitas extiterit, quod & in hisce Ægyptijs fratribus statim ab ortu aliquot indicijs significatum, & in adultis
postmodum euidentissimè comprobatum est, vti ex sequentibus ferè ex
Synesio depromptis patebit. Ex his enim qui iunior erat diuinâ quâdam
sorte editus atque educatus, iam tùm à puero audiendi auidus, fabula-
rumque studiosus erat, fabula enim puerorum studium atque disciplina, | *Osiridis inge-*
est, ac iam grandior factus, eius semper eruditionis desiderio flagrabat, | *nium & natu-*
quæ tempora, ætatemque superaret, patrique non modò aures præbue- | *tem flexa.*
rat; sed & quod quisque solers, aut exquisitum haberet, id verò auidè de-
glutiebat, & caninô quidem primùm more, raptim omnia, ac simul nôsse
cupiebat: quod in his sanè ingenijs vsu venit, quæ eximium de se aliquid
magnumque repromittunt. Gestiunt enim, atque ante tempus impatien-
ter exsiliunt, quasi optatum iam tum animo sibi finem polliceantur. Deinceps verò longè ante pubertatem probo & benè morato sene sedatio-
rem se præstitit, vt omnia non solùm modestè audiret, sed & si quid di-
cere, aut de ijs, quæ audierat, aut quæ quoquo modo occurrerent, scisci- | *Obsequium*
tari vellet, cunctantem ac rubore perfusum cognosceret, quin & de via, | *erga seniores.*
ac sede Ægyptijs senibus facilè cedebat; cùm tamen eo esset parente natus, qui summum apud suos imperium administraret. Ad hæc accedebat
æqualium reuerentia, naturáque insita in eo erga homines cura, adeò vt
vel in ea ætate vix inter Ægyptios vllus reperiri posset, cui non ab adole-
scente aliquid boni à patre esset impetratum. Alter verò qui ætate maior Typhon appellabatur, ineptus, vt vnô verbô dicam, ad omnia, planè-
que rudis. Nam à Rege quidem Osiridi filio adsciti erant non Ægyptiæ
modò, sed peregrinæ cuiusuis sapientiæ Magistri: sed id ipsum Typhon
mente

mente penitùs auerſabatur, ludibrioque habebat, quòd eâ re inertes ac ſeruiles animos fieri exiſtimaret: fratrem verò cùm animaduerteret honeſtè moderatèque præceptori operam dantem, ingenuâque animi verecundiâ præditum, metûs hoc eſſe, ac formidinis arbitrabatur; propterea quòd nemo illum vnquam aut pugnos impingentem, aut iactatis calcibus cuiquam inſilientem, aut indecorô curſu agitatum viderat, præſertim cùm agili ac repurgatô eſſet corporis habitu, quod erat eius animæ tanquam leue quoddam onus circunfuſum. Sed neque Oſiris vnquam auidis faucibus tractimque haurire, nec in cachinnos erumpere, nec immodicô riſu toto corpore quati, aut ſuccuſſari ſolebat, quæ & in dies à Typhone agebantur, & ea ſola facinora liberorum hominum arbitrabatur, quod quiſque vellet, aut quod cuiquam pro re nata occurreret, perpetrare. Proindè nec generis ſimilis & indoles, nec vllius omninò hominum, & vt ſemel dicam, neque ipſa ſui, ſed varium erat, ac multiplex malum. Nunc quidem ſegnis atque hebes, & telluris inutile pondus eſſe videbatur, tantundem à ſomno euigilans, quantum aluo explendæ, infarciendoque, iterum ſomni commeatui ſatis eſſet: nunc verò vel mediocria ex ijs, quæ naturæ neceſſaria erant, negligebat, vt & inconcinnè ſaltaret; & æqualibus iuxtà ac ætate prouectioribus negotium faceſſeret. Corporis quoque robur, tanquam bonorum omnium perfectiſſimum in admiratione habebat, eòque perperam vtebatur, aut ad effringendas fores, aut ad glebis impetendos obuios quoſque, acſi cui vulnus inflictum, aut damni aliquid ab eo eſſet illatum, de eo, quaſi de teſtimonio quodam virtutis exultabat: quin etiam intempeſtiuâ libidine, ac præter ætatem turgebat, miraque erat in inuadendis mulieribus violentia. Itaque & inuidiâ in fratrem, & in Ægyptios odiô exardeſcebat, quod populus quidem Oſiridem ſuſpiceret, eumque in omni cantu ac ſermone celebraret, nec domi tantùm, ſed & in publicis etiam ſacris bona in omnia ſupplex à Dijs poſtularet, ipſe verò & eiuſmodi eſſet, & ab omnibus eſſe videretur; quę cùm videret Typhon, contubernalium quoddam ſodalitium inſtituere cœpit hominum furioſorum, nec aliô quidem conſiliô (nec enim is erat, qui quenquam ex animo diligeret) ſed vt ſuæ factionis ſatellites, & ab Oſiride alienos ſibi compararet; eratque cuiuis facilè Typhonem ſibi demereri, & ab eo nihil non impetrare, quæ pueris ex vſu ſunt, ſi quid tantùm in Oſiride contumelioſè inſuſurraſſet. Ea igitur in pueris naturæ diuerſitas vitæ quoque diſſidium pollicebatur. Sed vt primum viarum diuor-

tium, ſenſìm diductum, protracto vlterius diſcrimine, in longiſſimum tandem interuallum definit, ita in pueris accidit, quos vel minima ſtudiorum diſparitas progredientes illos, plurimum à ſe inuicem diſſociat. At illi non pedetentim, ſed ſubitò contraria in ſtudia deflexerunt, cùm vtrique perfectam eſſent virtutem, ac vitium quâdam ſorte conſecuti. Vna ergò cum ætatis incremento animorum contrarietas inualeſcebat, quam euidentioribus indicijs opere ipſo, factiſque comprobarunt. Cæterùm Oſiris vix pubertatem egreſſus, cum his, qui Duces creati erant, imperij militaris collegam agebat, nondum quidam lege arma tantillis permittente,

te,

te, fed is confilio iudicioque imperabat, cùm mentis inftar effet, & exercitus præfectis, quafi manibus vteretur; tam deinde naturâ eius plantæ
in modum augefcente, maturiores in dies fructûs edebat. Prætorianis verò militibus præpofitus, Regique ab aure factus, & Præfecturam vrbis ac
Senatus principatum adeptus, auguftiorem longè, quàm acceperat, magiftratum reddebat : alter ærario præfectus (vifum enim parenti erat
vtriufque in minori occafione periculum facere) fibiipfi pariter, atque
illi, à quo electus fuerat, dedecus labemque afpergebat, publicæ pecuniæ
interuerfæ fordiumque, atque in ærario adminiftrando ftoliditatis con-
uictus; deinde in alium magiftratum tranflatus; fi forte ei capeffendo   Typhon ad
Magiftratus
affumptus pe
tulantèrfe
geffit.
idoneus effe poffet, multò fefe turpiùs gerebat, & ea fœliciffimi regni
pars, cui gubernandæ Typhon præfuerat, totum hunc annum prò nefafto
atq; inaufpicato habebat; fimul verò ad alios fefe contulerat, vna in eos
calamitas omnis ac pernicies traducebatur. Is fuit in regendis hominibus Typhonis animus. Priuatim quidem inconcinnè ac lafciuè faltabat,
vnaque cum eo ex Ægyptijs aut peregrinis petulantiffimus quifque, qui
eos fecum cogebat, qui quiduis dicere, aut audire, patique aut perpetrare penfi nihil haberent; ita vt eorum cœnaculum omnis impudicitiæ officina effet. Vigilans porrò & ftertebat ipfe, & ftertentes alios libentiffi-
mè audiebat, admirabilem quandam eam effe Muficam exiftimans : laudes quoque, præmiaque ei delata, qui petulantem hunc fonum longiùs
produceret, ac longiùs, contortiùfque efferret. Ex his autem vnus aut
alter, idemque omnium ftrenuiffimus, frontem ad omnia perfricuerat,
nullumque genus turpitudinis detrectans, multa fortitudinis præmia au-
ferebat, fuppetebantque infuper in propudiofæ licentiæ mercedem Magiftratûs, atque imperia. Eiufmodi ergo domi fuit Typhon. Pofteaquam
verò fumptis publicæ rei gerendæ infignibus, habituque confederat, tunc
apertè idipfum declarabat : variam ac multiplicem effe nequitiam ; hæc
enim à virtute iuxta, ac feipfa diffidet, eiufque partes fibi inuicem aduer-
fantur : quippè infolens ille, fuique opinione inflatus, fubinde in furorem   Crefcit'auda-
cia Typhonis.
agebatur, ferociùfque Epirotico cane allatrans, aliam priuato homini,
aliam familiæ, aliam vniuerfæ ciuitati noxam infligebat, ac eò magis exultabat, quo grauiùs aliquod damnum ac calamitatem incufferat, quafi demùm dedecus ex domeftica focordia conflatum, hominum lacrymis elue-
ret. Sed hoc tamen vnum ex his malis commodum fuppetebat; fæpè
enim cùm mox alicui periculum creaturus effet, aut temerè raptus in ab-
furdas atque inauditas fufpiciones tranfuerfus agebatur, vt lymphatis, ac
fanaticis fimilis effe videretur, de Delphica vmbra peruicaciffimè con-
tendens. Reus verò interim effugiebat, de quo nullum poftmodum verbum, aut veterno elanguerat, capitifque per aliquod tempus grauedine
torpefcebat, adeòque quæ agebantur, animo penitus excidebant. Dein-
cepfque vbi fefe receperat, nihilo tamen feciùs omnis effluxerat rerum,
mox præteritarum recordatio. Ille autem cum difpenfatoribus obnixè
hifcè de rebus altercatur, quotnam Medimnus tritici grana aut longiùs
cyathos contineret, fuperuacuam quandam & importunam animi foler-
tiam

Xius fomno-
lentia & in-
fcitia.

tiam præfeferens . Nonnunquam & fomnus opportunè Typhonem in-
uadens hominem eripuit imminenti exitio, quo quidem correptus ille
ex fella in caput deturbatus effet, nifi abiecta eum lampade aliquis ex li-
ctoribus fuftentaffet : ita factum, vt tragica pernoctatio fæpiùs in comœ-
diam defierit ; nec enim interdiù ius dicebat, vtpotè natura Solis & lucis
inimica, tenebrifque accomodatior . Ac cùm id intelligeret , neminem
effe, vel mediocri prudentiâ præditum, qui non fummam in eo infcitiam
effe iudicaret, non ille quidem fuam ftoliditatem accufabat , fed commune in fapientes odium profitebatur, quafi accepta ab illis iniuria, quod
iudicio, & fagacitate valerent; homo vt confilij planè inops, fic infidia-
rum callidiffimus artifex . Erat in eo vecordia cum furore coniuncta ,
quæ duo animi exitia , fi mutuis opibus inualefcant, nullum aliude ft in
rerum natura, nec effe poteft grauius malum, aut ad profligandum genus
hominum efficaciùs . Hæc fingula & videbat pater, & intelligebat , Æ-
gyptiorumque vtilitati prouidebat ; Rex enim vnà & Sacerdos, & fapiens erat , eundemque & Deum extitiffe Ægyptiorum monumentis traditum eft ; nec enim Ægyptijs incredibile eft, infinita apud fe Numina
figillatim imperaffe, priufquam ad mortales terrarum imperium perue-
niffet, Regumque genus à maioribus, vt Piromidis à Piromide recenfe-
retur . Igitur poftquam ille Deorum in maiorum gentium Deos tranflatus eft, ac præfinita iam dies aderat, ad eam quidem ex omnibus Ægyptiorum ciuitatibus , quod per præconem pridem edictum fuerat , tùm
Sacerdotum familiæ omnes; tùm militaris indigenarum ordo conuenerat,

Electio noui
Regis.

quos omnes legis neceffitas conuocabat ; reliquæ verò plebi, vt abeffe
liberum fuit, ita omnibus adeundi poteftas conceffa eft, non vt in crean-
do Rege fuffragatores, fed vt fpectatores effent, fubulcis tamen fpectaculum interdictù, & militibus, qui aut peregrini ipfi, aut ex peregrinis nati apud Ægyptios ftipendia merebant, quam quidem ob caufam filiorum
natu grandiori longè inferior conditio fuit, ex fubulcis enim & peregri-

Typhoni fa-
uet plebs.

nis hominibus Typhonis factio conftabat , efferâ videlicet & nnmerofâ
plebe, quæque inueteratæ confuetudini morem gerens, nec contra quicquam aufa, non graue illud aut indignum dedecus, fed fibiipfis quafi debitum arbitrabatur, vtpotè iure ac legibus irrogatum , & eorum generi
quodammodò naturale .

Erat porrò Ofiridi vxor Ifis nomine, quem & prudentem naturæ
progreffum interpretantur, fœmina moribus , vitâ & religione marito
fuo minimè difpar. Hæc exemplum mariti fecuta, hoc vnicum fatage-

Prudencia
Ifis cum pie-
gate coniun-
cta.

bat, vt humanum genus beneficentiâ & inuentione rerum, & quibufcunque tandem alijs modis deuinciret ; Regni bono non minùs ac Ofiris intenta; Numina perpetuô Religionis cultu placabat, facra inftituebat;
pro falute mariti, fceptrique commiffi incolumitate affiduò Deorum aures follicitabat, Typhonem quibufcunque modis marito reconciliatum,
ad cor reducere ftudebat; prognatus verò ex ijs erat filius Horus nomine, qui paternâ inftructione ad fumma quæuis formatus , altô pectore falubria fapientifsimi patris confilia & monita, tanquam fibi fuo tempore
viui

vſui futura imbiberat. Porrò Oſirin,toto peragrato orbe, rerumque vti-
liſsimarum inuentione clariſsimum , quem deinde Græci Dionyſium dixerunt,atque ob efficaciſsimam illam perſuadendi vim , dicendique facultatem pingere ſolebant cum catena,ex ore eius, ad auditorum aures
perducta, vnde & fabulam poſtmodum de Herculo Ogmio ortam,tradit
Plutarchus . Porrò Oſiride peregrinante,nihil nouarum rerum Typhon
molitus eſt, Iſide callidè ad eius excubante machinationes ; at redeunte
Oſiride, ac rerum geſtarum gloriâ orbi iam conſpicuô, inuidiâ ſtimulatus
nihil non egit & tentauit, niſi vt tyrannidis œſtrô percitus, Oſiri elimina-
to expulſoque,regnum Ægyptiacum in vltimam ruinam deduceret; fraude enim & aſtutiâ eluſum Oſiridem, atque intra arcam intruſum, Nilo
abduxit ; quod intelligens Iſis omnium inops, omnia latè pererrans,ne-
minem prætermittebat, quem de Oſiri non percunctaretur , quin & pueros etiam ſuper arca rogabat, quorum aliqui rei geſtæ conſcij, quid de
arca factum, prodiderunt ; ex quo tempore vim prælagiendi pueris in-
eſſe ſuſpicati ſunt, eorumque diuinationem obſeruant ; dùm ludunt, gar-
riuntque in templis ſine diſcrimine, quicquid in mentem venit . Ex quibus nonnulli Anubim fuiſſe putant ; Typhon verò cognito aduentu Iſidis, ac callidas mulieris machinationes pertimeſcens, ne Oſiridis manu-
miſsi ſalus ſibi exitium foret, in quatuordecim partes diſcerptum abiecit; Iſis inuentas partes in integrum coagmentans,dum pudendum de-
eſſet, cereum eius loco ſubſtituit, & hoc pacto, veluti Numen Sacerdotibus colendum propoſuit . Oſiri itaque Typhoniâ malignitate extincto,
Horus à Matre inſtructus, Typhonem aperto bello aggreſſus,tandem vicit,vinctumque matri tradidit ; Iſis verò non ita ſolutum dimiſit ; quin in
eius machinationes continuò intenta, certis quibuſdam eum repagulis
coërceret; hæc eſt ſumma Oſiridis & Typhonis ἀντιτεχνία, quâ quid Ægyptij indigitârint, videamus . Oſiris ſceptro in formam oculi concinnato
ſublimis, Architectonicus Regis cuiuſpiam omni virtutum genere inſtru-
ctiſsimi intellectus,ſiue ratio eſt,cuius bonitate,iuſtitiâ,pietate,ſollicitudi-
ne & religione,regnû omni felicitate compleatur. Typhone verò contrà,
Rex notatur tyrannus; cuius pro ratione voluntas, iuſtitiæ deſertor, Regni inuerſor iniquus, propriorum commodorum amator , ſubditorum,
oppreſſor,ſanguinum dipſas, totius iniquitatis officina ; cuius ambitione,
libidine, auaritiâ, ſuſque deque ſerantur omnia, quique tandem conuul-
ſis iuſtitiæ fundamentis, vaſtatiſq; religionis propugnaculis,imperium in
vltimum deducat exitium . Huic ſe Iſis vxor Oſiris, id eſt, prouidentia
ſiue pronida voluntas, ſeu prudens in omnibus progreſſus ſummâ curâ &
vigilantiâ, & labore indefeſſo, ardente boni communis deſiderio oppo-
nit; cuius perſpicaci dictamine omnia Regia munia & miniſteria rectè di-
ſponuntur, Typhoniæ machinationes explorantur,tumultus & ſeditiones
ciuiles Typhonis malignitate obortæ maturè ſupprimuntur,atque extin-
guuntur . Quibus quidem ſic prudenter conſtitutis, miſùm non eſt, naſci Horum, pulchram illam politici Mundi harmoniam; quæ, vti eſt ordinis diſciplina, rerum amuſsis, actionum humanarum baſis, conſeruationis

R

inuul-

Iſidis elo-
quentia.

Oſiris inclu-
ſus in arca
committitur
Nilo.

Oſiris propo-
ſitur coden-
dus veluti
Numen.

Quem prin-
cipem deſi-
gnet Oſiris.

Quem prin-
cipem deſi-
gnet Typhon.

Prouidentiam
denotat Iſis.

Quid indigi-
tet Horus.

mundanæ fulcimentum; ita, dum clementiam iuſtitiæ, pietatem fortitu-
dini, modeſtiam magnanimitati nectit, hoc idem præſtare videtur in
Mundo politico, quod in vniuerſi conſeruatione Author naturæ Deus, dùm
mala bonis, conſona diſſonis, ſummâ proportione temperat. Hinc Typhonem ab Horo filio captum, non quidem omninò liberum dimiſit. Iſis,
apprimè gnara, quantum aduerſarij alicuius zelus, principis acuat ingeniū,
ad ſe quouis modo, contra technas & callidas artes aduerſæ partis defendendum. Verùm hæc omnia fuſiùs exponamus.

Regni alicuius diuturna pax, et beatitudo ſemper ſuſpecta eſſe debet.

ITa humanæ conditioni comparatum eſt, vt nihil ſub Sole firmum, nihil ſtabile, nihil diuturnum, nulla tàm exactis legibus pax firmata ſit,
quæ non tandem ſuæ patiatur beatitudinis naufragium. Docet hoc
ipſum Oſiridis regnum, totius fœlicitatis exemplar, quod tandem à Typhone ſubactum, de ſummo fœlicitatis faſtigio, in vltimam confuſionem
deductum, memorant hiſtoriæ; vbi enim ſumma ſine metu pax, ibi neceſſariò ſecuritas; vbi ſecuritas, ibi liberior viuendi licentia; vbi hæc, ibi
creſcentibus longâ pace bonis mox naſcitur proſperitas, cuius comes luxus eſt, luxus inuidiam veluti lucem vmbra ſequitur, inuidia, iurgia, diſſidia, perſecutiones ac bella mouet; bella tandem, vti ſeditionibus & tumultibus inteſtinis omnia concutiunt, ita vltimum quoque regno exterminium minitantur. Typhon exoritur, qui corpus Oſiridis, ſiue regnum
per ſeditioſorum hominum factiones, veluti in partes diuiſum, dùm corpus vnione ſuâ diſſoluit, illud in pernitioſam multitudinem diſtractum,
tandem in ruinam ducit; quam haud dubiè incurreret, niſi Iſidis prouidentia, obortis regno procellis, maturè conſuleretur; niſi per Horum, con-
clamatis penè rebus, conſiliô, & prudentiâ media pararentur conuenien-
tia, atque ſic Regnum inductâ temperie, ſuæ harmoniæ, id eſt, Horo re-
ſtitueretur. Interuenientibus in huiuſmodi calamitatibus vt plurimum
ſpe & metu, amore & odio, ſic vt in calamitate acerbiſsima, tanquam in
fundo Pandoræ pyxidis ſubindè inſit ardentiſsimus ſpei vigor. Namvti in
fortunæ maximis blandimentis, rerumque vberrimo ſtatu, ſummus eſt metus, maiori interdum afficiens cruciatu, quàm vel ex poſſeſsi perditione
dolor afficiat; ita ferè extremum gaudij luctus occupat, & à luctus acerrimi puncto, fœlicitatis auſpicia reducuntur.

Harmonia
Reip. conſi-
ſtit in obedię-
tia ſubditorū
Principi fa-
cienda.

Porrò tam diù Reſpublica harmonicum ſtatum conſeruat, quamdiù
membra capiti, hoc eſt, ſubditi, Principi, perfectâ concordiâ & pace fuerint confœderata: tota verò harmonia Imperij, & Reipublicæ mox de-
ſtruitur, vbi diffidentia, diſſidiumq; vbi Religionis mutatio, & animorum

Diſharmonia
Reip. in quo
conſiſtat.

contra Principem factiones fuerint exortæ; ſi præterea Princeps quoque
in Tyrannum degeneret, ſubditorum bonum non quærat, ſi moribus &
inclinationi ſubditorum non condeſcendat, ſi luxu, ſuperbiâ, & auaritiâ
diffluat; ſi iuſtitiâ ſepoſitâ, omnia promiſcua, & impunita quædam peccandi

candi licentia confundantur; vbi non verè viuitur, vbi quifque fuo emolumento bonum metitur publicum, vbi falutem propriam alterius duntaxat excidiô meditatur, vbi omnis iuftitia torpet, omnis ordo & difciplina difcerpitur, fides abrumpitur, laxatur pietas omnis, vbi erga proximum quemque humanitas plufquam barbaricâ feritate refrixerit; dùm
enim vnius Reipublicæ membrum, alterum alteri non compatitur, mar-
cefcit totum, atque in tabum diffluit, & ficuti corpus harmonicum mox
deftruitur, vbi vehemens humorum difcrafiâ fuas habenas laxauerit, ita
Refpublica vbi iniuriâ Regum, morumque peffimorum confuetudo in-
furrexerit; contrà, vti corpus per animam perficitur, ita Refpublica per
religionem, (loquor autem hìc de vera illa, & folùm falutifera religione
orthodoxa Catholica). Nam vti anima eft tota in toto, & tota in qualibet parte, ita ad harmoniam Reipublicæ conferuandam, religio vna, vni
ab omnibus fidei articuli, quos credant, tenendi, & obferuandi funt, fine qua religione, nec Princeps fuum officium, nec fubditi faciunt, fine ea
nulla focietas, quia nulla fides; non iuftitia, non virtus, fed fraus, licentia, proteruitas, & vno verbo hominum rerumque omnium nafcitur confufio, & quemadmodum inter animam & corpus, ita inter Regem & fubditos, inter Principem & populum, fumma debet effe confpiratio, fine
qua meritò totius ciuitatis fundamenta, veluti periculofo fulmine di-
fcinduntur. Nam quòd regnum tutum, cuius cuftos populi metus eft ?
quæ ciuitas falua, in qua multitudo vi & armis fuppreffa viuit ? vt igitur
Refpublica perfectè fibi confonet, tritonus tollendus, euitandus tritonus
cum diapente, diateffaron cum femitonio aut ditono prorfus eradicanda,
diapafon cum diateffaron, fimiliaque maximæ diffonantiæ monftra omnibus modis fugienda, hoc eft, diffidia, tumultûs, morum peffimorum vigor, dictæ religionis in varias hærefes difciffio, haud quaquam permitten-
da ; fuerunt enim hæc nullo non tempore, maxima ingentium calamitatum, euerfionifque Regnorum Imperiorumque feminaria .

Religio Rei-
publicæ con-
feruandæ ne-
ceffaria.

Sub fpe metuque, id genus alia multa conuerfionis feminaria in extremorum alterutro fæpiùs occultantur ; nam & peccatis grauiffimis, pœ-
nitudo fumma fuccedit, rebus præclarè geftis, vt plurimùm faftus & info-
lentia vel obliuio fui; vrget vnius gloria alienus liuor, infortunium
leuat commiferatio ; egeftati ingenium fauet atque induftria ; opulentiæ
inquieta follicitudo ; affiftit ftultitiæ fumma fecuritas, doctrinæ vel fa-
fapientiæ, periculum multiplex, & ærumnarum feges . Atque hoc eft,
quod Ifis Typhonem, Hori fortitudine captum, non vndequaque liberum
dimifit, fed detinuit ad cautelam, tanquam curæ & vigilantiæ in Regno
adminiftrando incitamentum . Typhone enim prorfus extincto, regnum
focordiâ ciuium veluti concuffum, fuapte mole cadere neceffe foret ; fat
regni perfecutio eft; calcaria ad prouidè in omnibus vigilanterque agendum, funt occultæ hoftium machinationes ; quibus fit, vt regnum tandem
priftino vigori reftitutum confiftat .

Verùm hanc fabulam Ofiris & Typhonis fub perfona Iouis & Typhonis exhibentes Poëtæ, ad politicas confiderationes hoc pacto traducunt.

Fabula Poë-
tarum de Io-
ue & Typho-
ne.

R 2

cunt, Iuno indignata, quòd Iuppiter Palladem genuisset ex se, sine adiutorio suo, Deos omnes, Deasque precibus fatigasse dicitur, vt Pallas sine Ioue partum quoque ederet ; victa itaque importunitate Iunonis, terram concussit, ex quo motu Typhon natus est, monstrum ingens & horrendum, qui & mox serpenti, vti belluini eiusdem mores ferebant, ad alendum nutritio datus est ; postquam adoleuisset, bellum Ioui mouit, in quo & superatus, victusque in potestatem Typhonis venit, qui & eum in humeros sublatum in regionem obscuram, desertamque transportauit, ibidemq; neruis manuum & pedûm concisis, mutilum mancumque reliquit. Mercurius autem neruos Typhoni suffuratos, Ioui restituit. Iuppiter vigori pristino restitutus, Belluam rursus aggressus fulmine verberauit ; ex cuius sanguine serpentes nati feruntur ; tùm demùm ruentem, fugientemque, Æthnam super eum iaculatus, monte oppressit. Hanc fabulam aptè sanè variæ fortunæ Regum & vicissitudini applicant. Reges enim regnis suis non secùs ac Iuppiter Iunoni, matrimonij vinculis iuncti rectè censentur.

Sed accidit nonnunquam, vt imperandi consuetúdine deprauati, & in tyrannidem vergentes, òmnia ad se trahant, & contempto Ordinum & Senatus sui consensu, ex sese pariant : id est, ex arbitrio proprio & imperio mero cuncta administrét. Id populi ægrè subindè ferentes, & ipsi mo liuntur caput aliquod rerum ex sese creare & extollere. Ea res ex occulta solicitatione nobilium & procerum ferè initia sumit, quibus conuenientibus, dùm populi solicitatio tentatur, ex ea tumor quidam rerum (per Typhonis infantiam significatus) sequitur. Atque iste rerum status ab insita plebis prauitate, & natura maligna (serpente Regibus infestissimo) nutricatur. Defectione autem viribus coalitâ, postremò res in
apertam rebellionem erumpit ; quæ, quia infinita mala & Regibus, & populis infligit, sub dira illius Typhonis effigie repræsentatur, in qua centum capita, ob diuisas potestates; ora flammantia, ob incendia; anguium cingula, ob pestilentias (præsertim in obsidionibus;) manûs ferreæ, ob cædes; vngues aquilini, ob rapinas ; corpus plumis contectum, ob perpetuos rumores, & nuncios, & trepidationes, & huiusmodi. Atque interdum rebelliones istæ tam præualidæ sunt, vt Reges cogantur, tanquam à rebellibus transportati, relictis regni sedibus, & vrbibus primarijs, vires contrahere, & in remotam aliquam, & obscuram prouinciam ditionis suæ
se recipere, neruis, & pecuniarum, & Maiestatis accisis : sed tamen non ita multò post fortunam prudenter tolerantes, virtute & industriâ Mercurij neruos recipiunt, hoc est, affabiles facti, & per edicta prudentia, & sermones benignos, reconciliatis subditorum animis, & voluntatibus, subindè alacritatem ad impensas conferendas, & nouum auctoritatis vigorem excitant. Nihilominùs prudentes & cauti aleam fortunæ tentare plerumque nolunt, & à pugna abstinent, sed tamen operam dant, vt aliquô facinore memorabili existimationem rebellium frangant. Quod si ex voto succedat, illi vulneris accepti conscij, & rerum suarum trepidi, primò ad fractas, & inanes minas veluti serpentûm sibilos se vertunt.

Dein-

Deindè rebus defperatis fugam capeffunt. Atque tùm demùm, poftquam ruere incipiunt, tutum tempeftiuumq; Regibus eft, copijs & vniuerfâ mole regni, tanquam Æthnæ monte, eos perfequi & opprimere.

Confectaria politica.

EX his patet, omnes qualefcunque tandem illi fint ftatus, mutationibus obnoxios effe ; vti enim fummæ contrarietati expofiti funt, ita continuô quoque rancore, æmulatione, inuidiâ, fufpicione, & ambitione laborant, continuis ardent odijs, infidijs, proditionibus, bellis, ôffenfis ; inibi deftructio alterius, cedit in augmentum & conferuationem propriam ; inftrumenta, ex quibus conftruuntur ftabilimenta quietis, ita funt fubtilia, ita delicata; vt, dùm varijs fubijciuntur euentibus; dùm occultis caufarum catenis connexa funt, periculofis ad hæc improuififque occafionibus fubftant, fieri non poffit, vt non varias humanæ conditionis fortes experiantur. Quantas Rerumpublicarum mutationes, quot Regnorum euerfiones, Imperiorum deftructiones, Monarchiarum ruinas, nouimus, accidiffe ? Quis Principum adeò felix eft, vt difcordias, & τεχνάςματα vicinorum Principum, infidias remotorum euadat ? quis à factionibus potentum, à coniurationibus fubditorum, à perniciofiffimis populi feditionibus, à difcordijs cognatorum, ab infidelitate gu- bernatorum regni, à perfidiâ principum militiæ, ab ipforum militum rebellione, ab inuafione exterarum & barbarum gentium inundatione fe immunem exhibeat ? fi potentiâ, robore munitus fuerit, plures contra fe veluti factô agmine, concitabit ; fi inferior, exteri Principes in auxiliares manûs inuocati, demptâ libertate, mox eum fui iuris fubijcient ; fi debilis, vel primô ictu conuulfus, viribufque potentiorum in vltimum calamitatis barathrum præcipitatus, omnium bonorum iacturam faciet. Solus itaque is beati titulo exiftimabitur Princeps, qui bonitate caufæ fretus, iuftitiâ armatus, religionis ardente zelo impulfus, fuâ, fummâ intentionis finceritate & rectitudine, omni paffionis impetu liber & folutus adminiftrârit. Hôc pactô hifcè medijs Ifis infirma cœteroquin ac imbecillis fœmina, Gygantæam Typhonis immanitatem, Titanumque atrociffimas machinationes elufit, proftrauit, ac regnum penè extinctum fuæ integritati reftituit.

CAPVT IV.

Ex Mundorum difpofitione, & fubordinatione Aegyptij Rempublicam fuam adminiftrabant, & hac vnicâ ratione illud perpetuò ftabiliri poffe contendebant.

AEgyptij profundiffimis animi contemplationibus affueti, cùm admirandum quendam rerum ordinem in trium Mundorum, Archetypi, Angelici, & Senfibilis huius Mundi ex aftrorum orbibus, & elementorum

torum quaternione constituti seriebus elucescentem aduerterent; illud
ceu vnicum & oportunum politicæ gubernationis exemplar ob oculos
sibi propositum crediderunt. Supremum enim omnium Numinum Numen, Archetypus, inquam, seu idealis Mundus, dùm Vniuersum tantà legum æquitate gubernat, tantâ prouidentià disponit, tantò amore & be-
nignitate conseruat; quid aliud nobis exhibet, nisi veluti quoddam Mo-

Deus perfe-
ctissimum
Monarchici
status exem-
plar.

narchici status absolutissimum exemplar? Quid Genialis, siue Angelicus
Mundus, in tot classes distributus, in tam varia munia & ministeria distin-
ctus, tam admirabili ordinum dispositione conspicuus; in quo tametsi va-

Per vnitatem
Angelici
Mundi desi-
gnatur feli-
citas politici
status.

rij atque disparati dominij, & subiectionis gradus sint, omnes tamen hoc
vnum satagere videntur, vt omnes vnâ voluntate, & scopô concatenati,
in vniuersi conseruationem conspirent. Quid, inquam, aliud nobis hoc
ipso, nisi Aristocraticæ politiæ status designatur? cuius tota felicitas est
vnio & concordia optimatum; stabilimentum eius, boni communis in singulis cura & amor: quid denique sensibilis hæc Mundi machina, ex astro-

Per mobilita-
tem sensibilis
mundi desi-
gnatur demo-
craticum do-
minium.

rum orbitis, elementorumque corruptibilium mobili & instabili miscellâ
composita, aliud nobis, nisi Democratici status, seu plebæi dominij statum
proponit, tantò periculosiorem, quantò maiori mutationi, & factioforû
hominum turbationi magis sum obnoxium videmus. Ægyptij itaq; hæc

Monarchia
perfectissimus
status.

attentiùs considerantes, illum non immeritò statum côseruationi aptiorê
censuerunt, qui Archetypæ Monarchiæ similior, & mutationibus minùs
obnoxius foret; in qua cùm Angelici Spiritus vnius Monarchæ summi re-
rumAuthoris nutui pareant, horum verò singulæ rerum creatarum in hoc
sensibili Mundo classes, absoluto & perfecto dominio subijciantur; summô studiô incumbebant, vt ad hanc monarchici status, veluti ad exemplar
quoddam suam adornarent Monarchiam.

Quod est
mens in cor-
pore, est Mo-
narcha in
populis.

Quemadmodum enim in vno corpore physico, membrorum concordiâ & colligatione, actiones suas harmonicas mens exerit & perficit,
vnoque spiritu, eadem membra colligat; haud secùs vnum imperium,
dùm potestate vnius, vel plurium vnitorum in Republica regit, imperat,
cuique prouidet, leges dicit, firmat concordiam, humanæque societati
necessaria exequitur, communicat commercia, actiones & amicitias conuenientibus præceptis, quæ vel natura, vel necessitas suadet, inuiolata

Harmonia
politica.

conseruat; pulcherrimam in hoc politico Mundo, Mundo vtrique paulò ante descripto prorsus analogo, harmoniam deducit; & sicuti in fidi-
bus, & tibijs atque cantu ipso concentus est quidam tenendus ex distin-
ctis sonis, quem immutatum ac discrepantem aures eruditæ ferre non possunt, ijsque concentus ex dissimillimarum vocum moderatione, concors
tamen efficitur & congruens; ita ex summis, infimis, medijs, interiectis
ordinibus ac sonis, moderatâ ratione ciuitas consensu dissimillimorum
consistit; & quæ harmonia à Musicis dicitur in cantu, ea est in ciuitate,
seu Republica, concordia, arctissimum atque optimum omni in Republica incolumitatis vinculum, quod sine iustitia nullo pacto esse potest: iustitia autem, nisi ab authoritate alicuius, qui supremam habeat potestatem dependeat, suum effectum, consequi non potest. Quot verò sunt

Rei-

Reipublicæ fpecies, tot debent effe fupremæ poteftates , in vnaquaque
vna, ficuti in vnoquoque corpore phyfico vna, quæ imperat anima , vna
vitalium operationum, per totum corpus diffufarum moderatrix , non
duæ ; in Mundo vnus Deus, qui ineffabili fuâ prouidentiâ omnia in eo, *In Republica*
concentu moderatur & dirigit ;   duas autem in Republica poteftates ef- *vnitas amari*
fe fupremas, æquali potentia & imperiô res adminiftrantes, fieri non pô- *debet.*
teft ; cùm fupremum in fuo ordine, prærem non admittat, nifi fubor-
dinetur ad aliquid ; fi duas conftituas, iam diffonantia politici corporis
in foribus eft, dùm ciuili corpore diuifo, ex vna duæ, vt fint Refpublicæ,
neceffe fit .   Nec obftat fupremam poteftatem adminiftratores , diftribu-
torefque admittere plures ; hi enim non fupremam, fed vnam omnes , vt
in Ariftocratia atque Democratia fit, habent poteftatem ; in Monarchia
verô pénes vnum rerum omnium poteftas eft, à quo reliqui , qui fub eo
Rempublicam, principatum, vel regnum per partes fibi creditas mode-
rantur, pendent; fuamque Rex per præpofitorum minifteria, non fecùs ac
vis animæ per totum corpus diffufaque membra , veluti per inftrumenta
quædam, fuam exercet authoritatem ; ficuti harmonia in hoc vnico confiftit, vt vna chorda aut fiftula femper grauiùs aut acutiùs , & acutiùs
ὀξύτονος fiue tonatim fonet, ex quarum denique artificiofo fymphonifmo
intenta melodia nafcatur .

Hinc fummus ille rerum Harmofta, mox ac magnum illud Mundi
fyftema harmonicum ineffabili quâdam regiftrorum varietate condidif- *Politicus fta-*
fet, veluti Archichoragus, fingulis quibufque creaturis, cœlis, elementis, *tus imago gu-*
animalibus, arboribus, frondibus, & fluminibus, reliquifque, quæ fecit, *bernantis*
operibus, proprios fui generis principes & choragos conftituit . Specta- *Dei.*
mus huius rei neceffitatem in omnibus penè rerum naturalium claffibus ;
homo dùm nafcitur, ne pereat, alio, qui ipfum dirigat , indiget ; omnia *Exemplum*
animalia vnus regit homo ; hominem ipfum in eo diuinior pars anima, *rerum natu-*
in ipfa anima duæ partes, irafcibilis & concupifcibilis rationis dictamini *ralium.*
fubijci debent .   Inter membra corporis, vnum eft præcipuum, cuius arbitrio omnia reliqua mouentur, idque illud fit caput, fiue vt alij, cerebro co-
gnatum cor : hoc pacto Angelis Angelum Principem , fpiritibus Spiritum, fideribus fidus, Dæmonem dæmonibus , auibus autem , beftiam beftijs, ferpentem ferpentibus, pifcem pifcibus, hominibus præfecit hominem, qui eft Verbum incarnatum Chriftus IESVS . Sitque adeô imperare,
regere, fubijci, regi, & gubernari iuris naturæ, diuinôque & humano gentium, & ciuili prorfus confentaneum . Certè cùm mira hæc Mundi diuerfitas ex quatuor elementis, contrariarum qualitatum fpiritualium,
corporaliumque rerum fubftantijs conftet , nifi is certa fubordinationis
harmonia & fymmetria colligaretur, certifque legibus fubiectionis regi-
minifque temperaretur, pulcherrimum Mundi harmonicum corpus breui
confumi neceffe foret ; nec enim poffent partes tam diuerfæ in eo perfe-
uerare , fi fingulæ per fe promifcuo & indifferenti regimine opera fua
perficerent, quin poteftas poteftati æquali occurrens, perpetuâ difcordiâ
& irreconfiliabili diffidio omnia poffideret , alienaque quæ regere non
nouit, nec conueniunt, in fuam perniciem vfurparet .   Ordo

Ordo itaque in omnibus necessarius est, vt pulchrè Bonifacius relatus à Gratiano: Ab hoc, inquit, dispensationis diuinæ consilio, gradus diuersos & ordines constituit esse distinctos, vt dum reuerentiam minores potentioribus exhiberent, & potentes minoribus dilectionem impenderent; vera concordia fieret, & ex diuersitate contextio, & rectè
officiorum gereretur administratio singulorum. Neque enim vniuersitas
aliâ poterat ratione subsistere, nisi huiusmodi magnus eam differentiæ
ordo seruaret: quia verò quæque creatura in vna eademque qualitate,
gubernari, vel viuere non potest, cœlestium militiarum exemplum nos
instruit, quia dùm sunt Angeli sunt & Archangeli, qui quidem non sunt
æquales, sed in potestate & ordine, sicuti notum, differt alter ab altero:
sicuti enim, vt suprà quoque dictum est, ex diuersi toni sidibus, melodia_,
nascitur suauissima, ita societas in Republica imperantium & obedien-
tium; diuitum, pauperum; nobilium, plebeiorum; doctorum, artifi-
cum, & id genus diuersorum graduum, personarum, statuum efficitur
pulcher quidam concentus, concordia laudabilis, felix, & penè diuina.
Quod enim vni voci deest, ex alia suppletur, & quod vni deest, ab alia_,
communicatur; neque enim bona harmonia nasci potest ex vnius toni
chordis, vel ex instrumento, cuius omnes in vnisonum extensæ sunt sides.
Ita Respublica consistere minimè posset, si omnes essent æquales; appa-

ret harmonica hæc æqualitas ex ipsis diuersis statibus, quibus Diuina prouidentia homines constituit, dùm alium summum Sapientiæ apicem attingere; alium omni virtutum genere refertum; alium nullo animi ornamento præditum esse; alium item ad summum dignitatis apicem, alium
ad incitas & infimam paupertatem depressum, alium abundare, egere_,
alium, alium diuitem, pauperem alium, alium perpetuis delicijs opum-
que affluentia gaudere, alium perpetuis laboribus vitam miserabilem_,
agere, videmus. Cur itaque bonitas Dei non omnes æqualis conditionis fecit? Hanc, inquam, mortalium sortem nobis obijciunt ij, qui omnem prouidentiam impiè negantes, omnia casu euenire arbitrantur;
Quæro ego ex ipsis contra, Cur ipse Opifex non fecerit omnia animalia_,
Angelos, aut omnes planetas Solem, siue omnia membra oculos? Si enim

omnes artus essent oculi, vbi manús, vbi pedes, vbi ós, stomachus, aliaque
membra corpori necessaria? Et si omnes planetæ, Sol, vbi Luna, suscipiens siderum genituram, vt nobis partum edat? vbi Mars roborans,
Iuppiter æquans, Mercurius acuens, Saturnus consolidans, Venus amore connectens? Et si omnia animalia Angeli, vbi homo peculiaris imago
Dei? vbi equi ipsum portantes? vbi boues & oues humani victus ministri, imò cibus? vbi animalia, & iumenta, quæ ad mundi ornatum, &
hominis seruitium producta sunt. Sicuti igitur non est consonantia, si quilibet neruus instrumenti esset nete aut hypate, mese aut paramese; vel
quoddam huiusmodi ἰσόφωνον, cùm ex paribus disparibusque chordis aut
vocibus, prout harmonia Mundi requirit, consonantia generetur; si enim
omnes Doctores, Sapientes, Principes, diuites essent, mundú perire necesse
foret. In hac igitur diuersitate ingeniorum, professionum, in hoc diuerso for-

fo fortunæ iactu, politici Mundi fymphonifmus primariò confiftit , & ficut in humani corporis ftructura, diuerfa membra diuerfis officijs defti-
nata in bonum vnum, bonamque conferuationem indiuidui confpirant ,
ita & diuerfa politici Mundi membra in Reipublicæ falutem , concor-
dizæque conferuationem confpirare debent ; quocirca totius humani generis pulchritudo in indiuiduorum varietate eft , quæ diuerfiflima_,
fummus moderator, in vnius myftici corporis, fub Chrifto Θεανθρωπω, harmoniam traxit . Quæ confonantia & Mundi , & politici corporis tantâ
elegantiâ ac fuauitate conducta eft, vt nulla perfectior inueniri queat .

His igitur natura differentibus, affignata funt dona varia, vnicuiq;
iuxta propriam virtutem & difpofitionem, quibus etiam præmia red-
duntur fecundùm opera ipforum, proportione geometricâ , vt quæ fit
proportio munerum ad munera, & meritorum ad merita, eadem fit proportio præmiorum ad præmia,atq; hâc proportione non Deus duntaxat
reddet, fingulis præmia, fed & Reipublica ciuilis ; quæ mundani, imò
archetypi mundi imago quædam eft, gubernationem fuam inftituit .

Quoniam verò vt ad Ægyptios reuertamur, maximi in benè beatæq;
inftituendæ Monarchiæ ratione, momenti eft, archetypam rationem continuò ob oculos pofitam expendere, atque hinc iuxtà intentam analogiam corpus politicum formare & elaborare . Ægyptij huius tam diuinæ artis minimè ignari, ftatim a primis nafcentis imperij incunabulis, vniuerfam Ægypti Monarchiam , ad totius vniuerfi normam & ideam , in_
certos quofdam Nomos feu Curias, aut præfecturas myfticâ quâdam & arcanâ ratione, vti in præcedentibus dictum eft, diuiferunt ; quibus fingulis totidem ex Optimatibus facerdotes, religione & fapientiâ confpicuos, qui à nutu, & arbitrio Regis Monarchæ dependerent, præfecerunt;
quorum officium erat, populum, cui præerant, in cultu Deorum inftrue-
re, facrificiorum ritus & cœrimonias in Geniorum, qui præfecturis præerant, placatione, fine qua Regnum confiftere non poffet , inuiolabili vigore feruandas edocere ; fummô rigore in mores degeneres animaduer-
tere ; milites ad patriæ defenfionem ; agricolas ad agrorum, camporum-
que, humanæ vitæ perneceffariam culturam ; opifices ad ciuitatum templorumque ornatum , ad ciuili denique neceffitati , pro artis vnicuique
propriæ conditione, fubueniendum excitare ; omnes eos , qui rem fuam_,
præclariùs egiffent, oblatis præmijs honorare ; denique quotannis Regi
de cunctis gubernationi eorum fubiectis ritè adminiftratis rationem reddere. Sic fiebat, vt regnum, Sacerdotum operâ, quibus folis ad regni fucceffionem aditus effet, fummô amoris affectu, vnanimique omnium confpiratione adminiftratum, in perpetuo vigore confifteret . Porrò vniufcuiufque Nomi præfidem Genium cognofcere & explorare difcebant ;
quem cognitum, per rerum fpecies ei analogas, facrarumque fculpturarum apparatus, ita fe flectere poffe credebant ; vt dùm particulari inclinatione in commiffi fibi Nomi curam & tutelam fefe impendit, regnū non
tàm humanâ, quàm Deorum immortalium prouidentiâ adminiftratum ,
fine vllo externæ inuafionismetu, feipfo confifteret ; adeòque non pri-

ta tantùm fingulorum Nomorum templa, fed tota Ægyptus ftatuis fuper-
narum mentium confpicuis', veluti totidem aris, Archetypi & Genialis
Mundi templum exactiffimè exhiberet ; in quibus continuis facrificijs,
hymnis, precibufq; pro falute patriæ,&.pro cōmunium calamitatum procellis aüertendis Numina follicitabantur ; fiquidem nihil religione habebant antiquius, nulla res ardentiùs in facris libris ijs inculcabatur ; qua
ftante, ftare regnum, Genios naturali amore ad id conferuanduem fuccur-
rere ; quâ per improbos mores vacillante regnum diù confiftere non
poffe, atque adeò Genios regni fibi commiffi tutelam curamque prorfus
deferere opinabantur ; quo facto, quid regnum Geniorum præfidio de-
ftitutum, aliud, nifi vltimum exterminium expectare poterat .

Confectarium primum politicum .

Cur fubditi
naturaliter
timeant prin
cipes fuos ?

P Atet hinc horrendarum nullo non tempore in Imperiorum ftatuum-
que mutatione cataftrapharum caufa . Nonnè Rex homo eft cœteris hominibus fimilis ? Videmus tamen omnes ei fe fummâ reuerentiâ &
timore fubijcere, quod quidem fieri nullâ ratione poffet, nifi Deus illi
timoris fui characterem impreffiffet , quô Principi fignato euectoque,
cœteri timore quodam reuerentiali, & occultâ quâdam vi compulfi, fub-
fint. Quod totum per principatuum illorum,fupremorum Principum
ordinem exequitur . Quod fi verò per indignam , fceleribufque conta-

Vndè ruinæ
& translatio-
nes regnorū
& imperiorū.

minatam vitam fibi Reges, Principefque tùm Dei , tùm Principatuum in-
fluxui obicem pofuerint, ecce protinùs,veluti per peccata publica dele-
to in Principe charactere timoris Dei, populus à confono in diffonum
deflectitur, rebelliones mouentur, iugique Principis tanquam charactere
timoris Dei indigni, fit abiectio : vt proindè mutationes imperiorum ,
regnorumque tranflationes, principatuum, rerumque publicarum extir-
pationes, aliam, quàm diximus, originem non habeant ; meminerit igitur Princeps ita vitam fuam inftituere, ita iuftitiam & pietatem colere,vt
principatus fiue præfides Archangelos femper fibi propitios inueniat ;

Cur ferociffi.
mæ quæuis
belluæ homi-
ni fponte fe
fubmittant ?

vtpotè,fine quorum perpetuâ tutelâ & affiftentiâ nec regnum, nec re-
gnator fubfiftere queant. Eâdem caufâ Deus animalibus etiam ferociffi-
mis characterem amoris impreffit, vt videlicet homini , propter quem
condita erant,fubeffent, eique obedirent . Videmus debiliorem robore
puerum, vel ingentem Elephantum, ferociffimumque Leonem manudu-
cere, regere, verberibus, & quocunque voluerit imperiofè ducere ; bel-
luamque ei in omnibus obedire, eidem fe in omnibus fubmittendo . Certè non alia de caufa, nifi quòd ordinis ratio præfcribat, & quia homini,
character timoris Dei impreffus, omnia eidem fubeffe cogit . Eadem in
ordine animalium fpectantur; quod enim vnum animal aliud timeat , etfi
robore & magnitudine multò eô inferius (vt Elephas arietem , gallum
Leo) caufa eft, quod fub præfidio fint ordinis altioris, characteremque
principatus gerant, quem inferiora naturali inftinctu , dùm cognofcunt,
reuerentur ; vides igitur quàm omnia mirabili nexu coniuncta confo-
nent.

nent. Relucet & hic concentus vel in ipfis fortuitis rebus (fi tamen aliquid in rerum natura fortuitum & cafuale dici poteft) vt cum tempore Pauli V. Pontificis, Aquila vinculis foluta auolando paulò ante dicti Pontificis electionem Draconis imagini, quam Burghefiorum gentilitia infignia continent, infidens, ex eadem familia Pontificis electionem defignauit ; voluit enim vt nonnullis in mentem venit, Deus per Angelos principatus, principis volucris augurio, principatum orbis indicare. Nonne etiam in admirationem trahit, quod accidit etiam Vrbano huius nominis Octauo ? Nam dùm Cardinales de eligendo Pontifice tractabant in conclaui ; fuper tectum cubiculi Maffei Barberini inuentum eft examen apum, hoc eft ftemma Barberinæ familiæ, perindè ac fi eius apes gentilitiæ ad fupremum faftigium prius defignaffent Cardinalem Maffeum, quem Patres purpurati adorarent Vrbanum. Quia verò principatus terrenus diffonus ex fe eft, & deformis, nifi confonus fit in feipfo, & cum alijs, & per hanc confonantiam decorem & pulchritudinem acquirat ; ideo fuperiorum minifterium, Principi neceffarium eft, & hoc virtutum efficit ordo, quarum fauore comparatâ conftantiâ ac robore, fortes contra vitiorum voluptatumque irritamenta efficimur. Sed vt & contra has aëreas poteftates inuidiâ & malitiâ plenas præualeamus, fupercœleftium diuinarumque Poteftatum præfidium nobis neceffarium eft ; ne etiam mundanis affectibus præpediamur, fed illos appetitui rationali harmonicè fubijcientes, dominemur nobisipfis, Dominationum affiftentia nobis erat neceffaria. Omnium itaque inferiorum obtento dominio, reftat, vt ad Deum conuerfi ipfi foli vacemus : quod fit, fi memoriam fupercœleftium, per Thronorum fubfidium, retineamus, eademque Cherubicâ illuftratione contemplemur, donec cognato tandem parentique fummo, Monadi diuinæ per ardorem Seraphicum vniamur ; vndè quemadmodum per Angelicos gradûs Opifex rerum in nos fuâ virtute defcendit, fic & per eofdem ad ipfum, à quo proceffimus, redeamus, veluti per quofdam virtutum gradus, quorum primus rationalis naturæ gradus, per fenfus nos coniungit Angelis, imaginatio Archangelis, timor Virtutibus, Poteftatibus dolor de peccatis, ratio Principatibus, vt enim hæ Spiritibus, ita ratio fenfibus, & affectibus præeft ; amor Dominationibus, Thronis intellectus, Cherubinis intelligentia, fpes denique vniat Seraphinis, hi enim proximè conducunt ad Deum, qui eft fpes omnium finium terræ.

Vides igitur, vt Miniftri hi Ordines, Harmoftæ fummo tribunali affiftentes, vt fidi fint, omnia in confonantiam cum Principe eorum deducere fatagunt ; præueniunt enim coniuncti pfallentibus, & ipfi ἀρμονίζοντες tanquam cœleftis Odœi modulatores, omnes chordas vocefque in fummo illo Dei monochordo adaptantes, vt illud reddant concinnum fuâuiffimumque, vt fi quæ fint inutiles fides, vel moduli diffentientes, eas abijciant, refcindant, reprobentque, ne in mundano, cœlefti, vel humano polychordo aliquid diffonum reperiatur ; gaudent itaque omnia mouente patre, tefte Dionyfio, à Deo fiquidem moti mouent orbem, & ifti corpora noftra, cœteraque inferiora ad eam confonantiam difponunt, quam iubet ipfe primus rerum omnium Motor.   S 2   Con-

Euentus mirus in electione Pauli V. Pontificis.

Portentü circa electione Vrbani Octaui.

Quid Virtutes infimuant in homines ?

Poteftatum influxus.

Dominationü influxus.

Angeli cœleftis Odæi modulatores.

Confectarium secundum politicum.

PAtet hinc vana quorundam de grege Epicuri porcorum præsumptio, qui pernitioso eiusdem dogmate, veluti temulenti atque in transuersum acti, ad ἀπάθειαν quandam, mortalium animos redigere satagebant; cùm enim animaduerterent duos esse præcipuos huius orbis Tyrannos atque carnifices, spem scilicet & metum, vt pacarent hominum mentes, iam omni excusso Numinis metu (cui dùm alligantur, putant, quietas esse non posse) conati sunt rerum omnium, quæ quotidiè spectarentur, naturales reddere rationes, atque ex vno cœlo, per intermedias classes, fatorum necessitatem demonstrare; quibus nę assentiamur temerè, purioris philosophiæ Antistites monent; atque ipsa Veritas, seu Christi viua doctrina præmonstrat. Quanquam ex abundanti eiusdem bonitatis sinu, illa etiam contestantur, quæ quidem sensibus obuia, præter tamen communem naturæ cùrsum, quàm rarissimè fiunt. His enim ostenditur, Deum penes se alium habere ordinem prouidentiæ suæ nobis occultum, cui sæpè consentit Ordinis characterismus mundanis rebus infusus, sæpè plurimùm discrepat propter hominum necessitatem, atque vt diuinæ gloriæ maiestas libera, nullis naturæ vinculis alligata, nullis circumsepta carceribus, demonstretur. Neque verò à bono summo præter bonum aliquid fieri, aut dimanare credibile est, eùm sit circulus bonus, à bono in bonum perpetuò reuolutus, etsi ea, quæ sæpè obtingunt, pro meritis nostris, mala & tristia vulgus existimet; non inferunt Dì nobis iniurias, (vt Iamblichus ait) sed iusta supplicia, quæ tamen finem optimum spectant, & multa nos latent peccata, quæ Deos minimè latent; Deus quoque quid iustum sit, aliter sæpè perpendit, ad vnam animam spectans; aliter ad totam cognationem animarum, & bonum Vniuersi. Quin etiam à totis Mundi partibus (vt verbis illius vtar) descendit per membra singula quædam actio multiformis; descenditque facillimè propter potentiarum similitudinem inter agens & patiens, vt corporis sola necessitate contingat, quæ quidem in totis bona fuerant & salutaria, atque harmoniæ Vniuersi consona, sæpè tamen ex delapsu in hac vel illa parte corrumpi, vel quia delegatricis facultatis impetum sustinere non possunt, vel propter commistionem inferius accedentem, imbecillitatemque infimis naturalem; vel quia humana mens superstitione quadam, & metu panico perculsa, dùm insolitum & ignotum sibi effectum considerat, illum causæ omnis expertem opinatur; vel quia partes partibus, agentia principia passiuis proportionata non sunt. Ita quæ in intellectu diuino species sunt, ac purissimæ rationes, in Vniuersi natura materialem quandam induunt deformitatem & ἀταξίαν, & quæ in totis vnita fuerunt, in singulis dissident. Ex quibus constat, bona Deorum corrumpi alias materiæ vitio, alias per intermedios Duces vel Dæmones malos, quibus tamen nihil efficitur, nisi diuinitùs permittatur, nisi sic mereamur. Habent ergò & cœli sæpè, quod multis prodigijs conferant; atque vt prodigia res decernunt humanas, ita interdum & concursus siderum ceu prodigiosarum

rum

Marginalia:
In vanitatem Astrologicam
Ordo alius immutabilis in mente diuina.
A bono nil nisi bonum.
Cur multa præter ordinem fieri videantur.
Mali species à materie proficisci.
Quatuor impedimenta circa materiem.

rum rerum, & figna, & caufæ à phyficis memorantur : vt in Cometis, terræ motibus & monftrofis partubus infinitis . Eâdemque ratione, quâ virtus diuina videtur falsò caufa efficiens mali, de cœleftium corporum poteftate dici fimiliter pofsit, etfi modo quodam inferiore : nam fi quid ab illis durum aut calamitofum videatur, omne id debetur materiæ receptrici.

Vndè nihil in hoc mundo adeò fortunatum effe poteft, quod non in occultis diuinæ prouidentiæ penetralibus lateat reconditum ; itaque neque fubitaneæ mirandarum rerum cataftraphæ, improuifi Principum cafus, familiarum extinctiones, barbarorum irruptiones, fatali cuidam necefsitati fubijci cenferi debent; fed ex occultis diuinæ rationis feminarijs originem fuam vt plurimùm habere, vt D. Aug. lib. de ciuit. pulchrè probat, quifquis vera Chriftiani nominis profefsione gloriatur, fentire debet ; neque Deus, cuius natura bonitas eft, tot malorum exorientium caufa dicendus, cùm hæc omnia iam in deprauata humanæ voluntatis deliratione, Principum iniuftitiâ & atrocitate, cœterifque occultis delictis, ad tantam malorum iliadem paulatim difponentibus, præcefferint; deferit Deus Principes, qui ab ipfis defertus eft ; pœnas infligit, quia ad hoc faciendum prouocatur ; Præfides regnorum Angeli influxum conferuatiuum fufpendunt, quia qui præfunt, obicem, ne influant, ponunt . Ceffet itaque in animis multorum nimium implantata fatua illa de fatali necefsitate opinio ; quod fiet, fi & nos, & noftra omnia diuino arbitrio abfque vlla vel perturbatione infigni, vel futurorum varia follicitudine commiferimus.

Mala cœlitus non immitti nedum diuinitus.

CAPVT V.

Hieroglyphicorum doctrina Imperij Aegyptiaci perpetuam felicitatem
& conferuationem magna ex parte refpiciebat ; & cur
tanto filentio eam fuppefferint?

MIrantur multi, cur Ægyptij totam penè terram Ægypti innumeris, quà Obelifcis, quà ftatuis Deorum admirandâ arte conftructis repêlrint . Legimus enim, in omnibus Ægypti limitibus, terrarumque exterarum confinijs potifsimùm fimulachra huiufmodi fuiffe pofita, cuius myfterium vt intelligatur

Sciendum eft, Hieroglyphicam doctrinam non tantùm rerum fublimium, altifsimarumque de Deo, de Angelis, de Mundi difpofitione, fignificatiuam fuiffe, fed præterea apotelefmaticam, id eft, miros quofdam effectus in attractione Geniorum præftitiffe ; hifce enim fculpturis tùm ad naturæ, tùm ad mundorum idealium exemplar & prototypon fummô ingeniô fabricatis, fieri non poffe credebant, vt Numina & Genij confimilibus, appropriatis, & naturæ eorum congruentibus fymbolis allecti, facrificijs potifsimùm & expiationibus facris accedentibus, fuis prouocatoribus ad regnum, ab aduerfis poteftatibus defendendum, non fubuenirent.

Doctrina contenta in Obelifcis eft multa ex parte apotelefmatica.

rent. Hinc Obelisci non tantùm sacræ doctrinæ schemata, sed veluti apotelesmata, seu efficacissima quædam Amuleta habebantur; auerruncam aduersus Agathodæmonum Antidæmonas vim obtinentia; idem de simulachris Numinum hieroglyphicis nullo non Ægypti loco conspicua, fieri credebant; de quibus fusissimè in tertio Tomo.

Cur Ægyptij doctrinam & ritus sacros tanto silentio suppresserint. Cur verò tantô silentiô tùm ipsam doctrinam, tùm ritus & cœrimonias, nonnisi in subterraneis adytorum antris celebrari solitas, suppresserint? Cur non nisi Sacerdotibus, eorumque successioni notas voluerint, causa est, quòd timerent, ne, si Geniorum nomina, cœrimoniasque in ijs placandis adhibendas propalarent, exteri populi ijsdem ritibus, & cœrimonijs facilè in suas eos partes traherent, aut oppositis, Antitechnos Dæmonas in regni ruinam sollicitantes, Ægyptum Numinibus suis viduatam, in vltimum deducerent exitium. Nouerant hoc Græci & Romani; Græci & Romani Simiæ Ægyptiorum quorum vtraque Natio Ægyptiorum simia, summô semper studio cauit; ne tùm Atheniensis, tùm Romanæ Vrbis tutelaris Genij nomen, vlli præNomen Genij tutelaris Romæ occultum plebi, terquam ijs, quibus ratione officij, ad eidem quotannis (vel quoties publica, ob repentinam quandam exorientem calamitatem necessitas id exigebat) sua vota nuncupanda, solennia celebranda, nomenq; eius tacitè inuocandum, incumbebat, pateret; ad silentium autem hoc Numinis promulgandi iureiurando seuerè alligabantur, quòd si quis sacrilegâ propalatione fidem datam violasset, nonnisi atrocissimâ morte delictum expiandum arbitrabantur, non ob aliam, nisi quam dixi, causam. Vide, quæ de hisce alibi passim in hoc opere copiosè tradidimus.

Hinc singulis Nomis singuli Sacerdotes, non alij præfecti, suos particulares locisque appropriatos Genios, ijs, qui ad Sacerdotium seligebantur, asseclis, colebant; ibidem arcanis cœrimonijs pro salute populi, pro vbertate terræ, pro regni incolumitate operam dantes. Quæcunque hucusque dicta sunt, adeò clarè exponit Hermes in Asclepio, vt nihil ad dictorum hucusque confirmationem aptiùs adferri possit; sic enim loHermes in Asclepio.quitur in citato libro: *Minùs autem miranda, etsi miranda sunt, quæ de homine dicta sunt: sed omnium mirabilium vincit admirationem, quod homo potuit inuenire naturam, eamq; efficere. Quoniam ergò proaui nostri multum errabant contra rationem Deorum increduli, & non animaduertentes ad cultum, religionemq; diuinam, inuenerunt artem, quâ Deos efficerent: cui inuentæ adiunxerunt virtutem de Mundi natura conuenientem, eamq; miscentes; & quoniam animas facere non poterant, euocantes animas dæmonum vel angelorum, eas indiderunt imaginibus suis, diuinisq; mysterijs, per quas sola idola, & benefaciendi, & male-* Templum erectum in honorem Asclepij Medicinæ inuentoris. *faciendi vires habere potuissent. Auus enim tuus, ò Asclepi, medicinæ primus inuentor, cui templum consecratum est in monte Libyæ, circa littus Crocodilorum, in quo eius iacet mundanus homo, id est, corpus, reliquus enim vel potiùs totus, si est homo, totus in sensu vitæ melior, remeauit in cœlum; omnia etiam nunc adiumenta hominibus præstans infirmis numine suo, quæ ante solebat Medicinæ arte præbere. Hermes, cuius nomine auitum mihi nomen est, sibi cognomen patrium consistens, omnes mortales vndique venientes adiuuat, atque conseruat. Isim verò & Osirim, quam multa bona præstare propitia, tantum obesse scimus irata. Terrenis*

cnim

enim Dijs atque mundanis facilè est irasci, vtpotè qui sint ab hominibus facti atque compositi, extraq́, naturam. Vndè contingit ab Ægyptijs hæc sancta animalia nuncupari, & per singulas ciuitates coli eorum animas, quorum sunt consecratæ viuentes, ita vt eorum legibus incolantur, & eorum nominibus nuncupentur.

Per hanc causam, ò Asclepi, quæ alijs colenda videntur atque veneranda, apud alios dissimiliter habentur, ac proptereà bellis se lacessere Ægyptiorum ciuitates solent. **A S C L E P.** *Et horum, Trismegiste, Deorum, qui terreni habentur, cuiusmodi est qualitas ?* **T R I S M.** *Constat, ò Asclepi, de herbis, de lapidibus, & aromatibus, vim diuinitatis naturalem habentibus in se, & propter hanc causam sacrificijs frequentibus oblectantur, hymnis, & laudibus, & dulcissimis sonis, in modum cælestis harmoniæ concinentibus, vt istud quod est cælesti vsu & frequentatione illectum in idola, possit lætum humanitas patiens longa durare per tempora; sic Deorum autor est homo. Et ne putes fortuitos effectus esse terrenorum Deorum, ò Asclepi, Dij cælestes inhabitant summa cælestia, vnusquisq́ per ordinem, quem accepit, complens, atque custodiens. Hi verò nostri sigillatim quædam curantes, quædam præuidentes, quædam sortibus & diuinatione prædicentes, his pro modo subuenientes humanis, quasi amicâ cognatione auxiliantur. Species verò Deorum, quas conformat humanitas ex natura vtraque conformata est, ex diuina, quæ est prior multoq́ diuinior, & ex ea, quæ intra homines est, id est, ex materia, quâ fuerunt procreatæ vel fabricatæ : & non solùm capitibus solis, sed membris omnibus, totoq́ corpore configurantur. Ita humanitas semper vicina naturæ, & origini suæ in illa diuinitatis imitatione perseuerat, vt sicut Deus ac Dominus, vt sui similes essent, Deos fecit æternos, ita humanitas Deos suos, ex sui vultus similitudine figuraret.* **A S C L E P.** *Statuas dicis ò Trismegiste ?* **T R I S M.** *Statuas, ò Asclepi. Videsne quatenus tu ipse diffidas, statuas animatas sensu & spiritu plenas, tanta & talia facientes, statuas futurorum præscias, easq́ fortè vates omnes somnijs, multisq́ alijs rebus prædicentes, imbecillitatesq́ hominibus facientes, easq́ curantes, tristitiamq́ pro meritis. An ignoras, ò Asclepi, quòd Ægyptus imago sit cæli, aut quod est verius, translatio & descensio omnium, quæ gubernantur, atque exercentur in cælo ? Et si dicendum est, verius terra nostra totius Mundi est templum. Et quoniam præscire cuncta prudentes decet, istud vos ignorare fas non est. Futurum tempus est, cùm appareat Ægyptios incassum piâ mente diuinitatem sedulâ religione seruasse, & omnis eorum sancta veneratio in irritum casura frustrabitur. E terris enim ad cælum est recursura diuinitas, linquetur Ægyptus, terraq́, quæ fuit diuinitatis sedes, religione viduatâ, numinum præsentiâ destituetur. Alienigenis enim regionem istam, terramq́ complentibus, non solùm neglectus religionum, sed quod est durius, quasi de legibus à religione, pietate, cultuque diuino statuetur proscriptâ pœnâ, prohibitio. Tunc terra ista sanctissima sedes delubrorum atque templorum, sepulchrorum erit mortuorumque plenissima. O Ægypte, Ægypte, religionum tuarum solæ supererunt fabulæ, & æquè incredibiles posteris suis, solaque supererunt verba lapidibus incisa, tua pia facta narrantibus, & inhabitabit Ægyptum Syrus, aut Indus, aut aliquis talis. Diuinitas enim repetet cælum, deserti homines toti morientur, atque ita Ægyptus Deo & homine viduata deseretur. Te verò appello sanctissimum flumen, tibique futura prædico, torrenti sanguine plenus ad ripas vsque erumpes, vndæque diui-*

ne non

Quomodo Dij compellantur in Idola.

Quomodo Homo Deorum author.

Ægyptus imago cæli & templum mundi.

næ non solùm polluentur sanguine, sed totæ rumpentur, & viuis multò maior, erit numerus sepultorum, superstes verò qui erit, lingua sola cognoscetur Ægyptius, actibus verò videbitur alienus. Hactenus Hermes. Quæ quidem adeò luculenter iam suprà memoratis congruunt, vt fusiùs ea exponere superuacaneum existimem.

CAPVT VI.

Osiris, Isis, Horus, Typhon, moralis Philosophiæ hieroglyphica expressio est.

Arist. lib.
Ethic.

Tres partes
Ethicæ.

Plato lib. 2.
de prouiden-
tia.
Synesius de
prouidentia
lib. 1.

Quid in Ethi-
ca Sol & Lu-
na?

Horus & con-
cordia & pax
in politico
Mundo.

MOralis philosophia, teste Aristotele, tripliciter considerari potest; vel enim, respectum dicit ad homines priuatos, & mores formandos spectat, & ita dicitur *ἠθική*: vel familiæ alicuius gubernandæ leges præscribit, & hoc modo Oeconomia appellatur; vel denique Rempublicam seu communitatem aliquam spectat, & vocatur Politia: quæ tres partes Philosophiæ iunctæ constituunt integrum illum & politicum *κόσμον*, seu mundum omnibus numeris absolutissimum, vt rectè lib. 1. de Rep. Plato docet. Hinc pulchrô sanè Synesius discursu monstrat, hanc de Osiride, Iside, Horo, Typhone historiam Speculum quoddam esse moralis disciplinæ omnibus propositum, vt in eo quid amplexandum nobis, quid fugiendum sit, videamus. Sicut enim in maiori Mundo Solis & Lunæ inoffensâ coniunctione & operatione omnia inferiora reguntur & sustentantur, ita in politico Mundo iuxtà analogiam quandam Sol & Luna quædam datur; quorum vnanimi consensu, totum reliquum politicum corpus foueatur & sustentetur: Solem verò hunc & Lunam in Philosophia morali nihil aliud dicimus esse, quàm intellectûs & voluntatis concordiam per Osiridem & Isidem repræsentatam. Sicut etiam Osiris seu Sol illuminando & calefaciendo, tùm reliquum inferiorem Mundum idoneum facit ad generationes: sic intellectus illuminando voluntatem, seu Isidem, eamque per veri boni repræsentationem ad amorem incitando, habilem reddit ad bonorum operum productionem. Ex quorum mutuâ concordiâ nascitur Horus, verus ille Apollo, Musicæ & harmonicarum proportionum inuentor, quo concinente, summa imis, ima summis, ima denique ac summa medijs, summâ vbique proportione respondentibus; hoc est, exteriores potentiæ interioribus subiectæ, appetitu sensitiuo rationali se conformante; seq; voluntate intellectui subijciente, reliquis potentijs in vnũ veluti consentientibus, ac in bonũ vnanimiter intentis admirabilê quandam menti pacem, non malè per adiunctũ Apollinis cornucopiæ, floresq; adumbratũ, parere comperiuntur. Cùm verò omnia in rebus humanis mista sint, & bona contemperata malis, atque, vt Homerus scripsit, duo in Iouis limine dolia, quorum dispensatorem, ac veluti institorem non vnum credi par est, sed duobus contrarijs principijs, & repugnantibus potentijs, erogari; quorum hæc dextrorsum recta prouehatur, sinistrorsum illa obliquè feratur; sit vt harmonia illa Microcosmi subindè

tur-

turbetur, Ofiris à Typhone occidatur, & difperfus in mare conijciatur ;
Ifis lugeat, & fimulatâ corporis eius inuentione in artus deluforió quo- Quando Ofi-
dam fimulachri figmentô reftauret ; hoc eft, potentia rationalis ab appe- ris occiditur.
titu fenfitiuo & brutali, vero Typhonis fymbolo , fuperetur, obnubile-
turque fplendore luminis eius in brutorum affectuum caligine extincto.
Verè enim tunc à Typhone Ofiris occidi dicitur, cùm intellectus vanâ
concupifcentiâ illectus, & à brutali appetitu victus, id quod legi naturæ,
feu rectæ rationis dictamini è diametro contrarium faciendum effe iudi-
cat ; Ifis lugere dicitur & Ofiridem quærere , cum obnubilato intellectu
& proftrato, voluntas bonum quærens, idque verum, ob ducentis & pro-
ponentis defectum, reperire nequit. Falfum Ofiridem deluforia arte fingit, cùm in bono apparente, & falfo fibi acquiefcendum putat . Adum-
brarunt hanc difcordiam olim appofitè fymbolicis fuis figmentis Mercurius termaximus & Zoroafter , qui rationalem & fenfitiuum dictos ap- Horomazes
petitus fibi adeò contrarios fub Deorum nomine, quorum ille bonorum, & Arimanius
hìc malorum opificem dixit, indigitauit; meliorem Horomazen , Arme- Dij
nium verò deteriorem vocans, illumque fimilem luci, hunc obfcuritati & apud Ple-
caligini affimilabat ; inter hos verò. Mithram medium ftatuebat . Prio- tarchum.
rem precibus & facrificijs continuis exorari ; alteri amuleta auerrunca-
tiua, & facrificia funefta, execrationibus adhibitis, offerri debere ftatuit .
Inter coetera etiam herbam quandam Omomi nomine in mortario con-
terunt, inuocantefque Ditem & Scotum, hoc eft, tenebrarum Numen, ad-
mifcentefque lupi fanguinem, in locum opacum deferentes proijciunt ;
quâ quidem defcriptione nil aliud infinuare vult, quàm cœrimonias, quibus Ægyptij Ofiridem & Typhonem; illum veluti Genium optimum, facrificijs, fuffimentis , alijfque innumeris ritibus : hunc veluti dæmonem
infortunatum, execrationibus, ac luctuofis fiftrorum ftrepitibus depellen-
tes, quid in potentiam difcordia, in œconomicis controuerfijs, ac dèniq;
in Rerumpublicarum tumultibus, ac feditionibus faciendum effet, fubobfcurè fignificare volebant . Cùm enim, vt fuprà diximus , Philofophia
moralis tripliciter confideretur, vel quoad priuatas perfonas, vel quoad
œconomiam aliquam , vel denique quoad Rempublicam , rectè infer- Comparatio-
tur. Quod Ofirin inter & Ifin, contumax ille ac perduellis Typhon eft in nis parallelæ.
anima rationali ; hoc in œconomica Republica maritum inter & vxo-
rem diffidentia, zelotypia, fufpicio . In politico verò Mundo. Magiftratum, feu Principem inter, & fubditos rebelles, detrectatorefque, bellum ,
tumultus, feditiones, legum falubrium contemptus ; & vt à primo inci-
piam ; fi enim potior pars hominis, id eft, fuperior ab inferiori fubiuge-
tur, occiditur à Typhone Ofiris , totius perit harmonia animi ; ita fi in
œconomia quapiam coniuges fint diffidentes, zelotypi, fufpicaces; nullam
inter fe habentes confidentiam ; Ofiris occiditur à Typhone, & eius corpus difcerptum in varias partes abijcitur, hoc eft , qui debebant effe veluti duo in carne vna, adulterijs ac vagâ quâdam fornicandi libidine in
diuerfa, ac varia commiftione maculati, veluti in multas diftrahuntur
partes. Ifis luget, id eft, ob timorem, fufpiciones, dolores, aliaque acci-

T

den-

dentia fimilibus propria coniugibus . Fugandus itaque Typhon , fiftris , execrationibus, alijíque medijs, Ægyptijs confuetis . Denique fi Magiftratûs, Rex aut Princeps à fubditis diffonet, fi leges ad bonum commune conditæ contemnantur ; occiditur à Typhone Ofiris, id eft, Architeƈonicus legiflatoris intelleƈtus fit in recipientium fubditorum animis difformis, & ex varia & iniqua legum interpretatione difcerpitur Ofiris, vndè bella , feditiones ciuiles, cædes inhumanæ, aliæque malorum Iliades , quæ hanc difcrepantiam, veluti corpus vmbra concomitari folent, exoriuntur ; de

Synef. lib. de prouid. Marfilius Ficinus lib. de legibus. Plutarchus.

quibus egregiè difcurrentes vide Synef. lib. de prouidentia , Marfilium. Ficin. lib. de legibus . Inter cœteros autem eleganter fanè Plutarchus diƈta fub fabula Deorum ειπιτέχνων oftendit : ita enim, vt fuprà citauimus, tradit, duos effe dæmones Horomazen & Arimanium, illum è puriffimo lumine, hunc è tenebris genitum, & vtrumque ad inuicem pugnare , ex Horomaze fex prodijffe Præfeƈtos, quorum primum beneuolentiæ , alterum veritati, tertium optimis legibus præfuiffe fingit, è reliquis verò vnum

Fabula de Horomaze & Arimanio.

fapientiæ, alterum opulentiæ, poftremum deliciarum , fuauitatumque, Opificem ; aduerfus quos Arimanius totidem, æquato numero protuliffe memorat . Horomazen itaque fefe attollentem, tantùm fupra Solem eueƈtum, quantum Sol ipfe è terra, abfceffiffe ; mox alios quatuor & viginti Deos molitum effe, quos omnes in ouo condidit . Tùm Arimanium ex aduerfo totidem procreaffe ; qui perforantes ouum, eodem fefe conieccerunt loco, atq; ita mala permifta bonis, antipathiam & diffonantem iftum Mundi concentum prodidiffe : addit, fecutum poftmodum fatale tempus, quo fubduƈto Arimanio, malifque depulfis, terram æqualem, & folidam faƈtam effe, vnamque felicium hominum Rempublicam euafiffe. Quæ omnia haud incongruè prædiƈtis adaptari poffunt . Pulfo enim Typhone Arimanio redit pax, reftauratur Ofiris Horimazes, Horus ad immortalitatem reuocatur, lætatur Ifis de nunquam fatis quæfito Ofiride tandem inuento, leges falubriter latæ, ab omnibus beneuolè recipiuntur . Vitâ denique omnis doloris, & malorum experte viuitur : omnes denique intentam, diuque concupitam tranquillitatem, pacemque adepti , ea feliciter & fine tædio perfruuntur ; fed hæc de morali explicatione fufficiant .

C A P V T   VII.

Ofiris, Ifis, Horus, Typhon, hieroglyphica expreffio eft prouidentiæ Mundum gubernantis.

Cicero.

CVm à Dijs immortalibus, dicit Tullius, omnia bona peti oporteat, tùm maximè eam, quæ de ipfis conftat fapientiam, querere decet, quà imbutus magnus ille Macedonum Rex Alexander dicere folebat, multò fibi iucundiùs de Dijs reƈtè fentire , quàm vel multis gentibus imperare . Nam neque maiùs quicquam à Dijs dari, nec ab homine præclariùs quicquam ac digniùs accipi poffe , illa , quæ in fummi illius ac incomprehenfi boni cognitione confiftit veritate, ac fapientiâ, reƈtè ac fapienter

pienter iudicabat. Hinc Ægyptiorum sapientes viri ingenio subtiles, & ad sublimium rerum scrutinia aptissimi, cùm abominandam illam ac planè ridiculam superstitiosæ gentis in Deorum cultu rationem intuerentur, nec inueteratam iam idololatriæ consuetudinem, ac imbibitam semel pertinacis turbæ de ridiculis Dijs conceptam opinionem adimere sese posse viderent; sub hisce fabularum figmentis, maxima quæuis mysteria de Deo, de Mundo, de Angelis, & Dæmonibus, teste Iamblicho, ad anagogicas confugientes explicandi rationes, exprimere sunt conati; indignum enim esse rebantur, ijs rebus, quæ vel ex natura sua imperfectæ sunt, aut ex diuersis compositæ speciebus, vel quæ corruptione, aut etiam prauis animi affectionibus, vt libidine, inuidia, timore, obnoxiæ essent, ei, quod intellectu concipi potest, optimum, nobilissimum, atque excellentissimum, Diuinitati nimirùm affingere; tùm maximè ijs rebus, quæ cùm à ratione, tùm sensu longè sint remotissimæ, vti salax ille Apis, seu Mneuius Taurus, Mendesiorum Hircus, immanis Crocodilus, insensatus, vitaque carens Nilus, olera hortorum Numina, bestiarum pabula, similiaque portenta Deorum; quæ non res sacras duntaxat in risum contemptúmque vocabant, quæ minima improbitatis pars esse poterat; sed mera & intolerabili superstitione, varijsque dæmonum imposturis aliorum mentes implicabant, aliorum autem in ferinam & pudendam impietatem, ac conclamatam denique peccandi licentiam trahebant. Quis enim adeò philosophicæ disciplinæ ignarus, qui ιερακόμορφον, κυνοκέφαλον, similiaque πολύμορφα simulachra, Deos credat? Deos autem, vti Ægyptij putabant, vim Typhonis formidantes in diuersa transformatos, nunc Ibium, Canumue; nunc Accipitrum, Vaccarumque corpora induere, omnes fabulas, omnia excedit portenta. Nequaquam ergò existimandú est, sapientissimos Ægyptiorum Sacerdotes, hisce aut quicquam tribuisse, aut falsa quàdam opinione persuasos, ijs quicquam diuinitatis inesse sensisse; sed hisce duntaxat fabulis veluti symbolis quibusdam, ad sublimium rerum sacramenta, ab indignis contegenda vsos, altiorem philosophiam indicasse. Tantùm enim lumine naturæ valebant, vt illud Ens, quod nos Deum dicimus, finitum, corruptibile, mobile, multiplex esse, ἀδύνατον crederent. Ac primò quidem infinitatem Dei naturali mentis ratiocinio, vti ex Zoroastre, Trismegisto, alijsque apparet, colligebant e rerum omnium conseruatione, rerúmque creatarum essentiali à Deo dependentia: quod finito & mobili enti conuenire impossibile est. Hinc sapienter Orpheus in hymno Saturni. *Qui omnes Mundi partes habitas, generationis expers*: quem secutus Parmenides Pythagoræus, Deum dixit Ens vnum, immobile; infinitum; præterea fatetur Trismegistus, Deum non misceri alicui: nullius proprium esse Ducem, sed communem existere; si communis ergò est, commune eidem competet munus, etsi esse commune sit rebus omnibus; esse igitur, vbicunque sit, pendebit ab eo. Quod mysticè tangens Zoroaster dicit: *Omnia esse vnô igne genita*; & Orpheus Deum ideò appellat necessitatem, cùm necessitatem vbique dominari asserit. Sed audiamus Trismegistum clariùs de infinitate Dei tractantem Dialog. 12. *Deus*, ait,

Fabulosæ nar rationes ad mysteria diui na transformatæ.

Veteres sapientes non credebant πολυθείας.

Zoroaster. Trismegistus.

Deus vnus.

Zoroaster.

Trismeg. dial. 12.

circa omnia simul, atque per omnia, actus enim est omnia atque potentia, nihil etiam est in omni, quod non sit ipse Deus; itaq́ nec magnitudo, neque locus, neque qualitas, neque figura, neque tempus circa Deum, omne enim est. Quem secuti Plato, Pythagoras, Plotinus, alijque Ægyptiacæ sapientiæ alumni, non absimilia de prædictis (vt interim Aristotelem sileam) retulerunt. Compertum est in animalibus neruum quendam esse circa Nucham, quem qui traherint, cuncta simul animantis membra ita mouet, vt singula proprijs motibus concitentur; & sic Ægyptij, & post eos Aristoteles lib. de Mundo; à Deo causarum causâ Mundi membra moueri, tradidêre. Cùm igitur vnum Deum dicerent Ens necessarium, infinitum, immobile, circulum illum æternum & immensum, cuius centrum vbique, circumferentia nusquam, à quo, & in quem, quicquid est, prodeundo reuertitur; Deorum pluralitatem consequenter consistere, impossibile arbitrabantur; quia lumine naturæ docti ductique, plura principia præter vnum esse posse, ἀδύνατον existimabant. In quolibet enim rerum genere, illud quod est generis illius summum, vnum esse duntaxat sciebant, & si plures essent Dij, vnum alterius perfectione cariturum, & consequenter defectui alicui obnoxium, quod diuinæ naturæ repugnat, cognoscebant. Vnum igitur Deum, Naturam naturantem, seu Essentiam essentiantem, principium & finem rerum omnium confitebantur; motus autem, ordoque per tot secula adeò æqualis, tam ingentis, ac multiplicis machinæ, eos docebat, indefessam esse, adeòque infinitam quandam in Gubernatore potentiam; finita enim, vt rectè Aristoteles docet, potentia, tempore finito siue infinito motum sine fatigatione continuare nequit. Sed vt ad scopum tandem veniamus; hunc Deum, cuius multiplices virtutes & perfectiones Ægyptij sapientes, subobscurè nobis per Osiridem, Isidem, & Horum indicare voluerunt, dùm illum omnium rerum principium & authorem, sapientiam verò eiusdem per Isidem, (quam suprà ex vi nominis, nil aliud nisi prudentem naturæ progressum significari, è Plutarcho retulimus) omnia moderantem & disponentem adstruxerunt. Per Horum denique, exteriorem illam ac sensibilem Mundi fabricam, à Deo summa sapientiâ productam innuere voluerunt. Atque hoc ita sese habere testatur Iamblichus, dùm de mysterijs Ægyptiorum tractat; nam cùm discipuli eius quærerent, quidnam primam causam esse iudicaret? vtrum intellectum, an aliquid supra intellectum? vel vtrum vnum aliquid solùm? an vnum cum alio quodam sine alijs? vtrum corporeum, aut incorporeum? vtrum cum Opifice Mundi idem, an eo superiùs? similiaque circa primum principium quererent. Iamblichus respondisse fertur hisce verbis: *Ego verò,* ait, *causam inprimis tibi dicam, ob quam sacri & antiqui Ægyptiorum scriptores de his varia senserint, & insuper huius sæculi sapientes non eadem de his ratione loquántur. Cum enim multæ in Vniuerso sint essentiæ, ac simul multifariam inter se differant, meritò earum, & multa earum tradita sunt principia habentia ordines differentes, & ab alijs Sacerdotibus alia principia quidam tota Vniuersaliáq́, vt narrat Seleucus; Mercurius ipse tradit 20000. voluminibus, vel sicut Manethon refert 30000. & in his perfectè omnia demonstrauit.*

Neruus in animali quo moto omnia in animali mouentur.

Arist. l. 4. physic.

Per Osiridem Isidem, Typhonem, Horū, Deitatem expresserunt veteres.

Iamblichus de myst. Ægyptiorum.

Mercurius 20000. rationibus scripsit principiorum rationes. Seleucus. Manethon.

ſtrauit . Oportet igitur de his omnibus veritatem breuiter declarare, atque primum
quod primò quæritis . Primus Deus ante Ens & ſolus, pater eſt primi Dei, quem
gignit manens in vnitate ſua ſolitaria, atque id eſt ſuperintelligibile, atque exemplar illius, quod dicitur ſui pater, ſui filius, vnipater, & Deus verè bonus ; ille
enim maior & primus, & fons omnium, & radix eorum, quæ prima intelliguntur
tur & intelligunt , ſcilicet idearum . Ab hoc vtique vno Deus per ſe ſufficiens
ſui pater, per ſe princeps . Eſt enim hic principium, Deus Deorum, vnitas ex vno
ſuper eſſentiam, eſſentia principium, ab eo enim eſſentia ; proptereà pat r eſſentiæ
nominatur ; ipſa enim eſt Ens, intelligibilium principium ; hæc ſunt principia
omnium antiquiſſima ; quæ Mercurius proponit de Dijs Ætherijs, Empyreis, Cœleſtibus, componens de Empyreis libros centum, totidemque de Ætherijs, mille de
Cœleſtibus . Secundum verò alium ordinem proponit Deum EMEPH , Dijs cœleſtibus tanquam Ducem, quem ait intellectum eſſe ſeipſum intelligentem , atque
in ſe intelligentias conuertentem . Huic vnum impartibile anteponit , quod
primum exemplar, aut expreſſionem, vel effigiem, quod ICTHON appellat, in quo
eſt primum intelligens, & intelligibile primum, quod ſolo ſilentio colitur . Præter hos autem, rerum apparentium opificio Duces præſunt . Nam Opifex intellectus, qui & veritatis Dominus eſt, atque ſapientiæ, quatenus in generationem pro-
grediens, occultam latentium rationum potentiam traducit in lucem, AMVN
Ægyptiacâ linguâ vocatur ; quatenus autem ſine mendacio peragit omnia, & ar-
tificioſè ſimul cum veritate, PHTA nuncupatur . Græci hunc Vulcanum
nominant, artificioſum duntaxat conſiderantes . Quantum verò effector eſt bonorum omnium, appellatur Oſiris ; qui ob ſuum principatum multas alias habet
denominationes, propter potentias, actioneſq́, quas exercet, differentes . Atque
hactenus Iamblichus . E quibus apparet, Ægyptios diuerſitate nominum,
quæ Deo affingebant, nil aliud, niſi diuerſos vnius Dei in Mundo producentis effectus innuiſſe ; ab Hebræis & Chaldæis, vt ego arbitror, edocti,
qui omnes Dei effectûs notabiles, totidem nominibus exprimebant. Hinc
ex eſſentiali Dei nomine Tetragrammato, & vt ipſi vocant שם המפרש deducunt duodecim alia Dei nomina , ex hoc iterum 42. & demùm 72.
Cùm itaque, teſte Marſilio Ficino, in citatum Iamblichi locum, multiplices illi Ægyptiorum Dij nihil aliud notent, quàm diuerſam vnius Dei vim
& potentiam, nec aliud conſequenter Phta , Amun, Emepht, Ichthon,
Oſiris ſit, niſi intellectus opifex, mundanorum opificum proximus Dux
omnia diſponens, optimè dicemus Oſirin ſupremum illum rerum omnium Archetypon intellectum eſſe . Iſidem verò, eius prouidentiam &
amorem, quorum virtute Horus Apollo natus eſt, ſenſibilis ille Mundus ,
& admirandus ille rerum omnium concentus & harmonia, ab antiquis
ſub fabula, qua Harmoniam Apollinis filiam ex Marte & Venere natam
finxerunt, myſticè indicata. Ex Marte ſimiliter & Venere Harmoniam,
ob ſimilium videlicet rerum cum diſſimilibus conuenientiam, & ob rerum
latentium conſenſum diſſenſumque ; in quibus ſola Mundi pulchritudo &
Muſica conſiſtit , natam finxerunt. Oſirin autem Archetypon intellectum eſſe, oſtendit ipſum nomen , quod pulchrè ſanè ideo πολυόφϑαλμον
ſignificare tradit, id eſt, multioculum, ob multiplices nimirùm virtutes,

& ope-

Scripta Mer-
curij de Dijs
Emeph quid?

Icthon quid?

Amun.

Phta.

Oſiris.

Marſilius
Ficinus.

& operationes, quas exercet, & diuinorum radiorum omnia penetrantem
potentiam ; atque ob eandem caufam Ofirin ipfum Solem effe, atque Ifi-
Ofiris intelle-
ctus Arche-
typus. dem Lunam imaginem Solis, eiufque in ordine ad Horum genitum influxu fuo conferuandum coadiutricem dicebant. Sicut. enim lumen Solis
idem totum continuum eft, neque in partes diuidi poteft, neque alicubi
claudi, neque à fonte proprie feparari, neque licèt ei adfit, aëri mifceri ;
ita Dei lumen totum indiuiduum, toti Mundo penitùs adeft, licèt parti
cuidam præcipuæ, vim fuam fibi accommodatæ impertiat. Intereà tamen
omnia quodammodo implet ob perfectam potentiam, & dominium in
omnia penitùs immenfum. Vnde perficit omnia, vnitque cum extremis
extrema, per media comprehendens in fe omnia, & fe ad fe reflectens fibi prorfus vnitum ; quod quidem munus imitatur, & Mundus circulari
motu, partiumque in vnum connexione & conciliatione quâdam, elementa viciffim in elementa, virtutemque fuperiorum ad inferiora mitten-
Ifis amor &
prouidentia. te. Quòd autem de lumine Solis feu Ofiridis dictum eft ; de Ifidis feu
Lunæ quoque dictum fit ; eft enim Ifis nihil aliud, vt dictum eft, quàm
fapientia illa, amor, & prouidentia intellectus Archetypi, quo Mundus
feu Horus nafcitur & conferuatur ; quæ quidem femper infeparabiliter
funt connexa : qui enim videt lumen Lunæ, videt & lumen Solis à Lunæ lumine indiftinctum, cùm lumen Lunæ nil aliud fit ; nifi reflexum ad
nos Solis lumen. Ita igitur qui videt fapientiam, prouidentiam, & amorem Dei, in hoc Mundo elucefcentem, ipfum Deum videt ; tefte enim
D. Dionyfius. D. Dionyfio, omnes res creatæ nihil aliud, quàm fpecula quædam funt, diuinæ fapientiæ, radios ad nos reflectentia. Hinc Ægyptij fapientes Ofirin rerum curâ commiffâ Ifidi, totum Mundum incognitum peragraffe
finxerunt, quo nihil aliud fignificatur, nifi virtus Dei inuifibilis, intima,
quæuis penetrans ? Ifis enim feu fapientia Dei, & prouidentia in rebus
ἀπηχήμα-
τα. omnibus apparet ; intellectus verò à quo procedit, feu Ofiris inuifibili-
ter omnia mouens, nonnifi per imaginem eius in Ifide expreffam appa-
ret ; fed audiamus illuminatiffimi Plotini de hifce opinionem, fic enim in
Plotinus lib.
de 3. hypoft. libro de tribus hypoftafibus: *Mundum*, ait, *hunc fenfibilem, fi quis admire-*
tur magnitudinem, pulchritudinem, & perpetuum motus ordinem confiderans, &
Deos qui funt in eo alios vifibiles, alios inuifibiles. Dæmones etiam atque anima-
lia, plantas, cæteraque omnia, ad primitiuum exemplar mente afcendunt, & ibi
cuncta intellectualia contemplantur, eorumque omnium æternam mentem atque fa-
pientiam præfidentem. Et paulò poft : *Quis igitur hunc genuit ? ille fimplex*
fcilicet, qui in ordine ante hunc eft, qui caufa eft, vt ille fit, & tantus fit, qui nu-
merum facit ; Non enim numerus primus eft, ante dualitatem enim vnum eft ;
deinde dualitas eft ab vno nata. Et paulò poft : *Amat autem omne quod ge-*
nuit, & maximè quando fola funt generans & generatum. Quando etiam opti-
mum eft illud, quod genuit, neceffariò cum illo eft, vt in eo folummodo, quod alius
Plato
Terna omnia
circa Regem. *eft, feparetur.* Ideò **Plato** quoque *terna omnia effe circa Regem dicit, primum*
circa prima ; deinde circa fecunda, & tertia circa tertia, ipfam quoque caufam re-
rum patrem habere dicit, caufam rerum intellectum appellans, Creatorem enim in-
tellectum effe cenfet, & ab hoc animam effe creatam in illo cratere. Cùm itaque

caufa

causa intellectui sit ipsum bonum, quod vltra intellectum, & vltra substantiam, est, patrem eius appellat, multis autem in locis ipsum Ens, & intellectum ipsum, ideam nominat. Hæc Plotinus. Hinc Numenius citat Zoroastrum dicentem, Deum per sapientiam & amorem suum omnia produxisse: cui subscribit Thargum Hierosolymitanum, vbi loco בראשית ברא אלהים את השמים id est, *In principio creauit &c.* habet Thargum Hierosolymitanum:

Deus per sapientiam suā omnia producit.
Thargum Hierosolym.
Cabalistæ in arbore Sephiroth.
R. Abraham.
Parallela comparatio.
Pallas è Iouis cerebro nata.

בחוכמא ברא אלוה יתשמיא וית ארעא

In sapientia creauit DEVS cœlum & terram. Hinc in arbore Sephiroth apud Cabalistas ג' מדות seu tres proprietates Deo affinguntur, quibus Deū omnia fecisse memorant, suntque כתר. חכמה. בינה. *Corona, Sapientia, Intelligentia*; quas R. Abraham in Iethsira appellat ספר מספר סופר id est, *numerantem, numerum, & numeratum*; quæ tria exactè respondent tribus suprà à Iamblicho citatis nominibus, *Amun, Phtha, Emepht*. Quemadmodum enim Hebræi אין סוף illud suum בלי החילה ראש אב סבה הסבות sine principio patrem & causam causarum statuunt. Ita Ægyptij Emepht primum intellectum, Opificem, quem & in secunda causarum sensibilium serie per Osirin seu Solem præfigurant; Iterum sicut Hebræi חכמה Sapientiam dicunt Mundi creatricem; ita Ægyptij Sapientiam intellectus primi vocant *Phtha*, quô nomine Isidis Consiliarium Mercurium, quin & ipsum Isidem vocant, quæ est plena Osiridis primi intellectus imago ac exemplar, quam ideò Orpheus non inconuenienter Palladem dixit, & ob dictam quoque causam ex cerebro Iouis natam finxerunt antiqui. Amun verò respondens Hebræorum בינה seu intelligentiæ, est vtriusque vis actiua ad extra, quâ producitur Mundus HORVS. Vndè varia ista

supellectilis hieroglyphicæ, quibus Horum sensibilis mundi typū Hieromanthæ passim exprimebant, schemata; Baculus videlicet κκκκὸμορφ⊙-, id est, vpupæ insignitus capite: lituus quoque & gnomon, à tergore verò triangulum, cui circulus annexus est, quæ nil aliud indicant, quàm Mundum à Deo per Sapientiam suam productum, admirabili rerum varietate per vpupæ caput significatâ; summâ harmoniâ per lituum, concinnô denique ordine per gnomonem indicato, elucescere; verùm quandoquidem hoc hieroglyphicum schema fusius alijs in locis prosequimur, eò Lectorem remittimus; nos mystica resumamus. Horum itaque ab *Empht*, per *Phta*, & *Amun* productum, Plato studiosus Ægyptiorum discipulus sat hisce verbis, dum Mundum hunc sensibilem ex Archetypo illo Trigono profluxisse asserit, demonstrat; quod & Triangulus ille cum globo affixo inter cœtera Hori symbola luculenter indicat, & admodum pulchrè

SYMBOLA HORI.

ele-

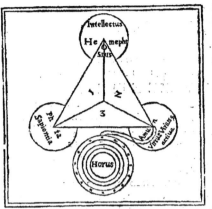

eleganterque præfenti Schemate exprimitur.

Atque ex his apparet, & omnibus manifeftum fit, facrofanctam, & ter benedictam illam Triadem fidei Chriftianæ myfterium, vti maximum, fic terfublime, nullo non tempore, etiam fub obfcuris fabularum figmentis adumbratum effe.

Quòd porrò Ofiris nihil aliud fit, quàm primus intellectus, Sol ille æternus, ac primus rerum omnium productor, qui per Ifidem coniugem Sapientiam fuam Horum Mundum videlicet produxerit, Hieromanthæ varijs hieroglyphicorum fchematifmis indicabant, quemadmodum columnæ multis in locis erectæ teftantur, vnius celebrem infcriptionem Authores referunt his verbis.

Qui fufiùs huius hieroglyphici interpretationem defiderat, is tabulæ Bembinæ expofitionem, quam in tertio Tomo exhibemus, confulat; ibi enim Lectoris voto plenè fatisfactum iri confidimus.

ICIC

Ego omne eft fuit meum plum mor lium re

ΕΓΩ ΕΙΜΙ
ΠΑΝΤΟ ΓΕ
ΓΟΝΟΣ ΚΑΙ
ΟΝ ΚΑΙ ΕΣΟ
ΜΕΝΟΝ ΚΑΙ
ΤΟ ΕΜΟΝ
ΠΕΠΛΟΝ
ΟΤ ΔΕΙΣ
ΤΩΝ ΘΝΙ
ΤΩΝ
ΑΠΕ
ΚΑ
ΛΥ
Ψ
Ε
Ν

Ifis quod erit & & pe nemo talium vnquam texit

Quæ fanè apprimè æternæ Dei fapientiæ congruunt ; intellectum autem fupremam fapientiam generantem, pulchro hieroglyphico prænotant in tabula Bembina ; vbi præter hieroglyphicas infcriptiones, Ofiris fiue Hemphta apparet, throno infidens variegato, accipitrinâ facie, formidabilis, alijfque fymbolis operationes eius declarantibus ; per accipitrem, fupremum Archetypon intellectum; per tabulam forma calathi confpicuam capiti impofitam, cui Perfeæ fructus infertus, potentiam fœcundatiuam indicant ; capiti imponitur, ad notandam intellectus fœcunditatem, velo nigro cingitur caput, ad indicandam naturæ diuinæ caliginem inaccefsam, manu extenfâ imperium in omnia; per fceptrum, quod alterâ manu gerit, fuperiùs incuruatum, influxiuam in omnia fuperiora, hoc eft, cœleftia, potentiam ; fedi variegatæ infidet, ad authoritatem in omnia inferiorum Mundorum , demonftrandam . Horus verò pingitur

HORVS MVNDVS

puer, vt oftenderetur, Mundum in tempore veluti infantulum à Dei fapientia, productum, cum cornucopia verò exprimitur; vt indicaretur varietas, abundantia & plenitudo rerum in Mundo creatarum; in cubo ftat, ad Mundi indicandam ftabilitatem foliditatemque. Trigonus cum globo cubo infcriptus fignificat Horum è trigono archetypo profluxiſſe ; Baculus vpupæ capite infignitus , indicat Mundum rerum varietate veluti fulciri & fuftentari ; lituus harmoniam Vniuerfi ; Gnomon ordinem, & admirabilem rerum difpofitionem defignat . Horus denique labra premens, digitoque filentia fuadens, ad ineffabilitatem myfteriorum indicandam.

Vide fchema figuræ præcedentis.

Interpretatio fymbolorum Hori.

E præcedentibus itaque infcriptionibus omnia ea, quæ hactenus de fecreta Ægyptiorum Theologia per Ofiridem, Ifidem, Horum, fignificata diximus , luculenter fanè demonftrantur . Porrò quòd Ofiridem in partes à Typhone difcerptum, & arcæ inclufum fingant, fuâ nequaquam carent fignificatione, dùm nihil aliud hifce indicari volunt, nifi intellectus humani ignorantiam & tenebras , qui cùm ineffabilem illam & fimpliciffimam Dei effentiam , ingenij viribus comprehendere non valeat, per analogias & fimilitudines rerum creatarum, quæ funt veluti quædam, vt cum Horatio loquar, diuinæ particulæ auræ, eum cum rebus corporeis corruptibilibus, imperfectifque confundendo, quafi in partes quafdam, diftrahere videatur. Fuit enim hoc, tefte Porphyrio, Ægyptijs folenne , vt fupremum illud Numen cum eo animali , in quo eximia quædam vis & proprietas elucefceret, compararent . Hinc Zoroafter Deum accipitris caput habere dixit, non alia de caufa, quàm vt infinitam perfpicacitatis vim in Deo vigentem indicaret; quod fymbolum in hunc diem fuperftes, apud Ægyptios receptam fuiffe videmus, hominem videlicet ιεϱκόμοϱφον vti in præcedente Schemate patet, quo Ofiridem feu Hemepht,

Quid in Theologia Ægyptiorum Ofiridis ofcifio?

Zoroafter. Deus accipitris caput habet.

V pri-

Multiformes
Ægyptiorum
Dij quid ?

primum illum archetypum intellectum significare volunt ; quod hieroglyphicum alibi interpretabimur . Hinc tot multiformes Deorum imagines, ac simulachra ; quæ quidem nihil aliud , quàm multiplicem Dei
virtutem,diuersis animalium proprietatibus adumbratam notant . Distra-
hitur igitur Osiris in partes, cùm per ignorantiam, intellectusque caliginem, Deum cum rebus creatis confundendo, rebusque corporeis appli-
cando, id quod ei non conuenit, nec conuenire potest, tribuentes, veluti ex toto in partes distrahunt . Siquidem rectè Plato dicit, Deo pluralitatem nequaquam conuenire, cùm omnia quæ multitudinem important,
ab vnitate recedentia, tantò sint imperfectiora, tantòque peiora , quantò
ab ea magis distiterint . In arca Osiris concluditur à Typhone, cùm intellectus hominum terrenarum, ac carnalium rerum cupiditate obscuratus ,
cœlestium rerum, diuinorumque amori, & contemplationi nuntium mittens, sibiipsi obstaculum ponit, seque incapacem facit ad diuinos Osiridis

Quomodo
restaurandus
Osiris.

radios percipiendos . Quæritur autem Osiris perditus per Isidem , & inuentus mutilatusque in integrum restituitur, hoc est , per veram sapientiam & amorem, cum sistris, id est, crebris laudum canticis, indè in creaturis, veluti per partes quasdam dispersus, recollectus, ac in vera fide
adoratus, vnitati suæ restituitur . Quo facto mox ingens menti exoritur
iubilus, quæ per Ægyptiorum cærimonias non inconuenienter in cele-
bri illa τῷ Οσιελδ Θ- ἀηλοϛ repræsentantur.

Applicatio
ad fidei no-
stra mysteria

Atque ex hoc discursu patet, quàm hæc concinnè & fidei nostræ
mysterijs adaptari queant. Quid enim aliud Osiris indicat, quàm Solem
illum æternum, intellectum primum Archetypon, vitam primam ac fœ-
cundissimam, patrem illum maiestatis prorsus immensæ, qui intelligendo
seipsum,& in seipso tùm omnia,tùm perfectam totius sui,& omnium per-
fectionum notionem concipiendo, producit æqualem, plenam, perfectam, &consubstantialem sui imaginem, ac vitam , & quoad naturam in-
distinctam ideam, quod est Verbum Patris, & Sapientia æterna, repræsen-
tata per Isidem. Vtriusque autem virtute consubstantiali producitur
Horus, id est, admirabilis illa Mundi machina, absolutum pulchritudinis
& perfectionis eminentissimæ exemplar. Quod Hebræorum secretiores
Theologi in 1. Gen. confirmant, asserentes א per ב , hoc est, Aleph per
Beth creasse Mundum , id est, pater per filium. Explicat ea clariùs Pi-

Hebræorum
Theologi qui
exprimant
sacram Tria
dem.
PicusMirand.
in Heptaplo
circa finem.

cus in Heptaplo suo in voce בראשית ,quod mathematica quadam Cabalisti-
cæ disciplinæ resolutionis methodo hunc efficit sensu , אב בבר דאשית שבת
id est, *Pater in filio principium,quietem,fi-* ברא ראש אש שא רב איש ברית חוב
nem ; creauit caput, ignem, fundamentum hominis magni (subintellige Microcosmi)*fœdere bono.* Quibus nihil aliud insinuatur, quàm admirabilis
ille trium Mundorum, Angelici, magni, & parui pulchra quædam analogia sibi correspondentium ordo, dispositio, ac concentus absolutissimus ;

Mundus ad
SS. Trinitatis
imaginem
factus.

Diuinæ Triados exemplar simillimum ; dùm ad trinam hanc imaginem,
tres in Mundo Angelico exhibet Hierarchias , in qualibet tres ordines.
In maiori Mundo tria spatia, elementare, sydereum, empyreum , tribus
qualitatibus , figurâ, luce, motu distincta . In quouis composito mixto-
uc ,

ue, materiam, formam, virtutum in omnibus mensuram, numerum &
pondus, præterea principium, medium & finem. In Microcosmo videlicet in teipso, memoriam, intelligendi vim, & voluntatem; in scientijs,
naturalem, rationalem & moralem facultatem; in qualibet Triadum
serie, primum, Dei potentiam per Osiridem repræsentatam; secundum,
sapientiam per Isidem; tertium, amorem, Spiritum videlicet illum
מרחפת על פני המים incubantem aquis, Ægyptiacè *Amun*, ac fœcundo illo
Diuinitatis suæ flatu Mundum fœcundantem, adornantemque vtriusque
virtutem, quâ *Horus* productus est, commonstrat. Sic *inuisibilia Dei per
ea, quæ facta sunt, conspiciuntur*. Pater igitur æternus cum Filio suo æterna sapientia ineffabili gloriæ maiestate refulgens, cum maiori Mundo
producto, minorem seu Microcosmum hominem ad imaginem & similitudinem suam creatum, ac omnibus gratiæ & naturæ talentis instructum,
eius veluti præsidem introduxisset; ecce Typhon, qui iam ob suam in
Deum rebellionem, omni gratiâ & luminis splendore priuatus, vnà cum
asseclis suis & confœderatis Titanibus in abyssum erat datus, inuidiæ, ran-
coris, & indignationis plenus, vindictæque repetendæ percitus œstro,
Osiridis gloriam, nullis non machinamentis euertere pertentare cœpit.
Erat autem (vt Apollodorus scribit) *Typhon formidandus vel solo aspectu,*

Figura Ty-
phonis.

*horroris imago. Nunc enim inusitatâ quâdam humanæ staturæ formâ, ita vt om-
nium montium cacuminibus altior esse videretur, apparebat. Sed & caput sæpe
numero astra pertingebat, manu eius alterâ in Hesperum; alterâ in Orientem
vsque pertingente. Ex his centum Draconum capita eminebant; in cruribus maximas viperarum ille spiras continebat; quarum volumina ad verticem ipsum
vsque extendebantur.* Talis itaque Typhon humani generis hostis contra
Osiridem, & supremum Iouem ibat, hisce maleuolentiæ, inuidiæ, malitiæ,
ac summæ peruersitatis symbolis depictus, candentes in cœlum iaculans
lapides, cum sibilo virulento, & boatu horribili, magnam ex ore ignis pro-
cellam eructans, cùm frustra supremum Numen lacesseret, fraudulentâ

Allegoriæ
Typhonis
descriptio.

quâdam ac callidâ adinuentione, Osiridem in arcam conclusum, post
in frusta discerpsit; quo facto in *Horum* quoque filium iram exercens, interfectum in mare proiecit. Sed quid sibi hæc velint, videamus. Condi-
tus est Osiris in arcam, cum protoplasti parentes maligni Typhonis per-
suasione inducti, legem diuinam transgressi sunt: quo facto, teste D. Augustino, è lucis filijs, tenebrarum filij facti sunt, humanusque intellectus,
qui admirabili quodam gratiæ fulgore coruscabat, in extremam ignorantiam, cœcitatem, errorumque caliginem delapsus, ac quasi lethæo quodam intoxicatus poculo, cùm Dei, tùm omnium cœlestium obliuionem
incurrit. Porrò non cessauit hic Typhonis sæuities; corpus Osiridis ab-
sconditum, in partes discerptum, in flumen abiecit, Horum quoque interfecit, quo quidem nil aliud nisi idololatria significatur, quâ genus humanum maligni spiritus suggestione infectum, à vera Dei cognitione cultuque declinauit, factumque est, vt simplicissima illa Dei entitas, natura
siue essentia pluribus rebus attributa, veluti in partes distraheretur.
Hinc alij Solem, Lunam, & reliquorum astrorum exercitum; alij homi-

V 2

nes

nes virtute, ac rebus geftis confpicuos, alij beftias & bruta animantia, refque nomine indignas diuino honore profequebantur. Alij denique, quicquid vel malignus Genius fuggerebat, aut ftolida phantafia vnicuique perfuadebat, Dei nomine, & colebat, & facris placabat. Vndè diuerfi ritus & cœrimoniæ gentium, abominanda facrificia ac fuperftitiones penitùs ridiculæ, quibus Mundus, veluti ferpentinis quibufdam Typhonis fpiris intricatus mifere detinebatur, ac fub potenti hoftis tyrannide & dominatu incaffum luctabatur, veluti ex equo Troiano profluxerunt. Hinc Regius Pfaltes cataftrophen hanc olim contemplatus, plenus admiratione clamabat: *Deus de cœlo profpexit fuper filios hominum, vt videat, fi eſt intelligens, aut requirens Deum, omnes declinauerunt, fimul inutiles faſti funt ; non eſt qui faciat bonum, non eſt vfque ad vnum.* Atque hìc eft Horus ille proiectus in mare ; tunc enim Horus, Ofiridis, & Ifidis filius proijcitur in mare, cùm Mundus humanus ad imaginem & fimilitudinem Dei factus; peccatis à Deo deflectens, in æftuante terrenarum voluptatum Oceano fubmergitur ; dùm itaque Typhon tyrannidem dicta ratione exercet, Ofiride difcerpto, atque idololatriâ per Mundum vniuerfum diffeminatâ; Horo itaque omni iniquitate fubmerfo, æterna Dei fapientia humanos miferata labores, Ifis, inquam, illa cœleftis, æternitatis fuæ regiam derelinquens, in hunc Mundum, lugubri humanitatis noftræ veftimento induta venit, innumeris laboribus, perfecutionibufque fubiecta, partes Ofiridis, hoc eft, gentes diuerforum Deorum cultu diffentientes, ad veri Dei vniufque cognitionem, atque in vnius Dei, vnius fidei, ac vnius legis profeffione infignem afcifcens recollegit ; quâ diuinâ vocatione contigit, vt partes difperfæ in vnum corpus veluti myfticum iterum coaluerint. Horum etiam à Typhone interfectum ad immortalitatem reuocauit, id eft, Mundum peccatis fubmerfum, verbo virtutis fuæ ad vitam re, uocans, priftino nitori, coërcito extinctoque Typhone, reftituit ; quibus omnibus peractis, electis duodecim Apoftolis Sacerdotibus, quibus certas de Deo Ofiride reftituto, colendoque leges feruandas præfcribens, illa vndè venerat, in cœlum, cum Ofiride æterno Patre æternùm regnatura, poftliminio remeauit. Atque totum hunc difcurfum, ideò fufiùs pertexuimus vt oftenderetur, quomodo Ægyptij iuxtà archetypas has Dei vnius rationes, politicam fuam adornârint. Sicuti enim Archetypus intellectus Dei, per fapientiam fuam omnia ligat, & per amorem vnit ; ita Regem per falubria fapientum & philofophorum confilia, per omnia regni membra in vnionem adaptare oportet ; quod fit, fi religionis cultus viguerit, fi leges regni ad archetypas rationes conditæ, vnanimi mentium confpiratione fufcipiantur feruenturque ; quo quidem præflito regnum in fuo perfiftet vigore, fecùs, omnia per diuifionem mentium, vnione diffoluta, vltimæ ruinæ patebunt ; Ofiris à Typhone, id eft, rebellione, in partes difciffus in arcam concludetur; vndè regni interitum confequi neceffe eft, vt in fequentibus patefiet.

Ifis æterna
Dei fapientia

CAPVT VIII.

*Sententiæ & hieroglyphica, quibus ad veram politicæ gubernationis
rationem alludebant.*

VT verò leges regni Ægyptij, æternæ rationis legibus aftrictæ maiori
cultu, ac veneratione ab omnibus reciperentur; atq; ob oculos perpetuò veluti mnemofynon quoddā verfarentur; fymbola quædam congrua
in hunc finem templorum valuis, domuum fuperliminaribus, publicifq;
vrbium locis exfculpta ponebant, quibus intuentes officij commoneren-
tur, & ad perfectam legum obferuantiam excitarentur; adeòque nihil
Dijs quicquam gratiùs fe facturos exiftimarent, quàm fi æternæ legi in omnibus fefe perfectè conformarent. Symbola horum ex multis pauca ad-
ducam. Primò pofitum erat in more Ægyptijs, figuras canum templo- Canes infcul-
pti in valuis
templorum,
quid deno-
tent?
rum valuis infculpere; quibus quidem nihil aliud indicabatur, nifi curâ
& vigilantiâ, quâ præfides Regni inftructos effe oportebat, ad omnem
externam inuafionem, quâ latratu, quâ morfibus cohibendam. quod &
Horus lib. 1. cap. 37. expreffis verbis oftendit :
Ἐπιδ'ἄπερ Τὸν βελόμλνον ἱερογραμματέα τέλειον γίνεδζ, χ πολλὰ μλετᾶ, ὑλακτᾶν τε συνε-
χῶς, κỳ ἀπηγειώδζ μηδ'ενὶ χαριζόμλνον, ὥσπερ δ' κυἱὸς. *Qui quicunque voluerit, vt par
eft, abfolutiffimi Scribæ* (erant enim Scribæ ex genere Sacerdotali, & regni Confiliarij) *munere fungi, eum oportet multa meditari, affidùèque omnibus
canum more allatrare, & ferum effe, nulliā gratificari.* Sed hæc omnia fufiùs
in Obelifci Lateranenfis interpretatione, exponentur. Erat, tefte Horo
citato loco, hic facrorum Canum mos, vt fimulachra Deorum fixis femper oculis intuerentur; quo quidem nihil aliud indicabatur, nifi quos
fuprema regni cura premit, identidem in fupremi Numinis prouidentia,
animum fixum tenere, nec vllâ ratione permittere, vt quicquam eiufdem
honori contrarium eueniat; quod fiebat, fi religionis cultus legibus præ-
fcriptus, incuriâ, aut hominum maleferiatorum, aut exterarum contrarijs ritibus imbutarum gentium furore, & infaniâ, pollueretur; fiquidem
animos regni & religionis contentione diffociatos ægrè coalefcere poffe
optimè nôrant; & ficuti domus alicuius immunitas in canum effero-
rum vigilantiâ confiftit, ita religionem, cui tota politicæ fabricæ ftructura meritò incumbit, vigili curâ & folicitudine præfidum fubftituram.
Quæ omnia pulchrè quoque Regio fceptro, in oculi formam concinnato Quid per
fceptrum in
oculi formam
adaptatum
indicant.
indicabantur; ita vt fceptrum fupremam poteftatem, oculos verò proui-
dentiam, vigilantiamque in cura regni tùm propagandi, tùm conferuan-
di, adhibendam fignaret. Non fecus diuini Solis poteftas vniuerfi Mundi machinam folo oculorum intuitu peruidet, animat, fouet, conferuat.

Inter cœtera pronunciata politica præfidum fuperliminaribus infcri-
bi folita, & hoc, tefte Cœl. Rhodigino vnum erat: *Ichneumonem timet Cro-
codilus* : quo quidem aptè indicabant, nihil tam firmum, & robuftum in Quid per
Crocodilum
fignificabant
Ægyptij.
rebus humanis effe, cui non vel ab inualido periculum immineat. Per
Crocodilum intelligebant gubernationem politicam, tyrannidi Typho-
nicæ

nicæ fubiectam, quem remis velifque, quifquis regno cum pace & tranquillitate potiri velit, vitare debet. Eft Crocodilus bellua ferox, humani fanguini infatiabili auiditate inhians; in fugientes audax, pauida
in fe perfequentes; fomno tandem dedita, Ichneumonis contemptibilis
animalis aftutiâ perimitur. Rex iuftitiæ, pietatis, & clementiæ femitas
derelinquens, & perturbationum animi arbitrio viuens, fubindè vel ex leui occafione, offenfione, vel fcandalo imprudentiæ commiffæ, fuccrefcen-
te paulatim indignatione populi, tandem & fuiipfius, & Regni iacturam
facit. Regi igitur hoc ipfo, omnem vel leuiufculam offenfionem, aut fe-
uerius quid iniuftè contra populum committere fummô ftudiô fugiendum
innuebant; fat importunè eum lædi, cuius fide opus habeas, exiftiman-
tes; & tametfi poft datam offenfionis occafionem remedia quærantur
mitigationis, attamen ingenia odijs enutrita, nouo conciliata beneficio,
veluti dimiffam ab hauftu lactis viperam in finum demittere, tutum minimè rebantur; ignem paulò ante extinctas faces facilè concipere, experi-
mento compererant. Quæ parua initio putantur, latè manant incrementis.

Nafcitur exiguus, fed opes acquirit eundo,
Quifque mouet multas accipit amnis aquas,
Quem Taurum metuis, vitulum mulcere folebas,
Sub qua nunc recubas arbore, virga fuit.

Ab hirundinibus murum, qui & indè chalidonius dicitur, contra
alluuionis nocumenta conftrui, Plutarchus tradit. Glaucus puer Bœotius
cum agriculturæ operam daret cum patre, & dilapfum vomerem manu
pro malleo vfus reftituiffet, coniecit parens ex eo, fortem fore, duxitque
eum in Olympia, in quibus certauit; cùmque ab aduerfario, vt certami-
nis imperitior grauiter vrgeretur, exclamauit pater, ὦ παῖς τὴν ἀπὸ ἀρότρου.
O puer iftum ab aratro, fcilicet ictum inflige; hâc voce inflammatus adole-
fcens, ingenti plagâ aduerfarium percuffit, & vicit. Opportunum fane
minimorum non defpiciendorum exemplum. Hinc & in regio veftibulo

aries cum Elephanto incifus fpectabatur; Elephas tametfi robore fummô, & ingenij dexteritate à natura fit inftructum animal, vifo tamen
Ariete, mox in fugam naturali quodam diffenfu fe conuertit. Per Ele-

phantem Regem notabant, per Arietem ftoliditatem & infipientiam,
quam fummô ftudiô Regi vitandam effe, dicta fymbola monebant: quæ &
Horus l. 2. c. 81. hifce verbis confirmat:

Ἄνθρωπον Βασιλέα φεύγοντα μωρίαν, καὶ ἀφροσύνην βαλόμενοι σημῆναι, ἐλέφαντα, καὶ
κριὸν ζωγραφοῦσι· σκαιὸν γὰρ Θεωρῶν τὸν κριὸν φεύγει. *Regem fugientem ftultitiam, &*
imprudentiam fignificaturi, elephantem cum ariete depingunt, hic enim vifo arie-
te fugit; fiquidem probè nôrant, effe minimis quoque rebus fuam &
vim, & aftutiam, quibus potentium machinationes eludere valeant;
exemplo hydræ & ranæ Niloticæ docti, quem contra inimicum potentif-
fimum aliud natura non docuit refiftentiæ genus, nifi ftipulam ori tranf-
uersìm impofitam; hac enim hydra exterrita, ab eadem infequenda mox
defiftit.

Prætereà Reges Ægyptiorum vtplurimùm in publicis comitijs, vel etiam bellicis expeditionibus, capitibus nunc aspidem crispato vertice sublimem, modò Leoninum caput ferocibus oculis formidandum, ianu canis, nonnunquam Ibidis simul, tùm ad reuerentiam, amorem, timoremque in subditis conciliandum, gestabant; erantque politicarum virtutum, quibus Regem imbutum esse, decebat, occulta quædam symbola; siquidem Aspis diuini Numinis præsidium, Leo fortitudinis, vigilantiæ canis, Ibis pietatis index. Hinc cum regnum delicto quodam graui præuaricatum esset, vel aspidem, vel Leonem exhibebat, ceu commissi sceleris vindices; si res iuxtà præscriptas leges in regno probè gererentur, Ibidem, aut canem monstrabat, veluti pietatis, indulgentiæ, vigilantiæ, & amoris tesseram; atque adeò Regnum tandiù in sua pace, tranquillitate, & beatitudine perstiturum credebant, quamdiù Rex quadruplici virtutum, pietatis, vigilantiæ, fortitudinis, diuinique præsidij custodia diuinitùs fuerit munitus. Hanc eandem ob causam, Synesio teste, Sphynges in Isiacorum fanorum crepidine collocari solebant, vt Principes prudentiam sibi cum fortitudine iungendam esse discerent; Sphynx enim τῷ συνδυασμῷ τῶν ἀγαθῶν σύμβολον, τὴν μὲν ἶσον Θήεων τὴν δὲ φρόνησιν, αἰθρωπΘ. Combinationis bonorum Sphynx sacrum est symbolum, robore fera, homo prudentia. Huc pertinet illud Hori, gruis lapillum gestantis, videlicet vigilantis prudentiæ omnia sagaciter explorantis, & instabilitatem vitæ grauitate consiliorum firmantis symbolum.

Si quod in Regno publicum scandalum exortum esset, Rex summâ sollicitudine exorti mali causam seipso inquirere consueuerat; si culpa id sua ex defectu vigilantiæ accidisse comperiret, palàm suum confitebatur errorem, rectè existimans, principem, dùm errata culpâ ministrorum tegit, bis peccare; sacris itaq; expiatus cœrimonijs, magno animo ad imposterum cautiùs procedendum, ferebatur.

Porrò vnica cura Regum erat, regnum quod tantô labore comparauerant, tot præcellentibus legibus stabilierant, vnione, concordia, & vnanimi mentium conspiratione conseruare; vbi enim dissolutio per discordias suas in regno radices egerit, ibi regnum ruinæ proximum, vt fatiscat necesse est; huius symbolum erat Ibis in medio serpentum coaceruatorum. Est autem huic aliti ita à natura comparatum, vt vnitos serpentes alicubi latentes nostri crepitaculo primò terreat, territos ab inuicem separet; atque in fugam conuertat, ac sic, quos vnione coniunctos primò aggredi non audebat, dissipatos atque in diuersa distractos, mox conficiat, atque deuoret. Nil sanè in rebus humanis animorum disiunctione est perniciosiùs, ex qua vnica, velut ex equo quodam Troiano omnes calamitatum Iliades processerunt; cùm autem hanc vnionem ex diuersis morum religionisque institutis procedere comperirent, omnem cum exteris Regibus nationibusque consuetudinem lege lata vetabant; ex hac enim hominum natura, ingenio, legibusque discrepantium miscella perniciosam illam discordiæ, & discrepationis mentium, regnorum perturbatricem hydram vnicè nasci probè nouerant; nouerant & illud,

Non

Aspis, Leo, Canis symbolice designabant virtutes Regias.

Princeps bis peccat, dùm errores suos Ministrorum culpa tegit.

Ibis in medio serpentum deuorat vnionem.

Cur Ægyptij excludebant à Regno exteris nationes.

Non minor est virtus, quàm quærere paĉta tueri ; non enim femper intendi-
tur potentia cùm extenditur, neque femper ftringit benè, qui multa am-
pleĉtitur. Hâc curâ, & fummâ follicitudine Ægypti regnum, nulli fiue
vrbium vaftitatem, fiue populorum frequentiam, fiue denique rerum humano generi neceffariarum vbertatem fpeĉtes, fecundum, fuum ab imme-
morabili tempore vigorem obtinuit; ad quod plurimùm momenti confe-
rebat lex, quâ arcanorum regni præter Sacerdotalis ordinis proceres,

nullos alios, confcios effe, vetabatur, nec immeritò, cùm tunc confilia
principum verè tuta fint, cùm teĉta fuerint. Horum fymbola erant rana
feriphia, (genus id eft ranarum mutum) vnà cum fimulachro Harpocratis, qui digito labra premeret, nutuque filentia fuaderet, præ foribus curiæ pofita : tantò ergò regnum firmiùs conftitutum credebant, quantò
maiùs foret in eius arcanis occultandis filentium. Non dicam hìc de innumeris alijs inftitutis, quibus Ægyptij in Republica benè beatèque ad-
miniftranda vti folebant, fed cùm hæc fparsìm in hoc opere adduĉturi fimus, Leĉtores eò remittimus.

Difcent ex his, ni fallor, Reges & Principes, quomodò cum dignitate rebus publicis præeffe & valeant, & debeant ; cognofcent, quibus
virtutibus potiffimùm principem ad regni gubernacula reĉtè adminiftran-
da, inftruĉtum effe oporteat ; videbunt, quid fugiendum, ne perdantur,

quid amplexandum, vt feruentur. Difcent & ex his, religionem vnicam
effe totius gubernationis bafim, & fundamentum, quo nutante omnia nu-
tare neceffe eft. Experientur continuas rerum humanarum periodos,
quibus nihil ftabile, nihil firmum, nifi in eo, qui rerum omnium centrum,
requiefcere ftudeant. Quòd cùm perfpicerent prifci philofophi, vt fa-
pientiffimus Solon, dici beatos crediderunt, ante obitum nullos, fuprema-

que funera poffe. Nam quotumquemque mortalium, vel inter fupremos
vel infimos putes, qui fortis fortunæ gyrum mirabilem, fi vixerit diu, interdum non experiatur ? Quid aliud apud Poëtas defignat Ixionis ro-

ta ? quid refluentes aquæ Tantali ? ambefum Promethei iecur & fuc-
crefcens perpetim ? quid, qui congeftis montibus conati cœlum refcinde-
re, fulmine deieĉti, fundo voluuntur in imo ? qui faxum voluunt ingens,
radijfque rotarum deftriĉti pendent ? Cur adeò inter figmenta perfifti-
mus ? in domum fuam fe quifque recipiat, & vel fortunam priuatæ praxe-
os animaduertat : nonne vbique varietas fumma, vel ex negotij ipfius

inftabili vultu, vel ex agentis animo, qui iuftos tranfcendat limites rei,
vel ex fufcipientis incertâ fluĉtuatione, quæ citò præfentium fatur, ca-
ptandis inhiat nouis affiduè, præteritorum oblita facilè, futurorum femper ignara, vix vnquam aureâ rerum mediocritate contentâ. Pulchrè
igitur Euripides. Παλλάς, aiebat, ἄτε ῶς μορφὰς τῷ δαιμονίων. *Multæ funt
dæmonum laruæ.* Quod fufè Plautus: nam in hominum ætate multa eueniunt iftiufmodi, capiunt voluptates, mox rurfum miferias : iræ interue-
niunt, redeunt rurfus in gratiam. Verum iræ, fi quæ fortè eueniunt huiufmodi inter eos, rurfum fi reuentum in gratiam eft, bis tantò amici funt
inter fe, quàm priùs. Atqui cùm tantam viderent rerum humanarum,

incon-

inconſtantiam, vt cuncta cunctis ferè in vita promiſcuè obuenirent, idcircò nunc Deos cum homine tanquam pilâ ludere , nunc ſortes omnium ,
ceu iactu teſſeræ pendere ſunt arbitrati : imò de Dijs poſtremò , Deûm-
que prouidentia cœptum eſt dubitari . Nam ſi à caſu eueniant ſingula ,
prouidentiam tollas oportet; ſin prouidentiam ſtatuas , eidem ſæpè &
abſona copulabis ; niſi omiſſis diſputationibus , mentem captiuam fidei
reddas, & in vnius paſsim conſenſus antiquiſſimi inuiolabili auctoritate
perſiſtas : alioqui certè in Epicuri opinionem, ſublatis primis principijs
transferemur, perluſtratoque rerum circuitu , & Mundum conceſſum diſputationibus noſtris, & vanos cum ſapiente dicemus omnes conatus hominum, etiam in ſapientia Mundi, vaniſſimam vanitatem. Nam ex errore
paulatim in opinionem, & hinc in veriorem ſcientiam trahimur . Scientes denique, vbi nos cognouerimus, delapſi iterum, nihil nos ſcire penitus
intelligimus, ſtatuentes propèmodum in non ſapiendo iucundiſſimam vitam, eumque felicem maximè rati, qui natus morienſque fefellit .

Eatur verò ab hominibus ſingulis ad collectionem plurium ; primò
quidem ad viros atque familias, indè ad ciuitates, & regna , vel vſque ad
abſolutiſſimam Monarchiam ; ſuis cuique per vicem aſpirat Genius bonus, ſua viciſſim ex inſolentia peſtis , & expurgandæ fœci ſalutare diluuium ; modò per ignem, & aquam, modò per epidemicos morbos , per
bella, aut ſeditiones mutuas ; ſic vt vix abſque certamine pax læta perdu-
ret ; vt & quietem externam, interna diſſidia comitentur, pacemque do-
meſticam hoſtes extranei foueant ; Mundus denique vniuerſus contentione non minùs, quàm amicitiâ viuat, & gubernetur .

*Fortunæ cir-
culi in rebus
politicis, fami-
lijs, regnis, &
ciuitatibus.*

*Diluuia Mun-
di.*

Magna igitur ſit prouidentia Dei, vt cùm ex vbertate nimia , nimis
increuerit vel hominum genus, vel luxus & inſolentia ; conflictus illicò, &
contentiones oriantur. Vndè mox ſumma annonæ caritas , & peſtilen-
tia, quæ ſæpè tam crudeliter ſæuit, vt vniuerſam penè ditionem Orbis in-
uadat : cuiuſmodi duas ſub M. Antonio quondam viguiſſe commemo-
rant, quæ penè humano generi παωλεθρίαν minitari viderentur . Qualem
& maiores noſtri referunt obtigiſſe anno Chriſti 1450. vix vt mortalium
tertia pars ſuperſtes euaſerit . Atqui concupiſcentiæ hominum inſatiabi-
li, terræque onuſtæ liberis & alumnis perditiſſimis, quodnam potuit dari
vel remedium vel purgamentum maius ? Id ſi vnquam, certè ex vſu fuit,
nunc iſti ætati, quà nihil miſeriùs , prorſus eſt neceſſarium . Hâc enim
cauſarum viciſſitudine, & mores, & ſtudia, reſque omnes humanæ optimè
permutantur, delapſa etenim, ac quaſi neglecta vileſcunt omnia : at poſtquam attritis iterum ſumma recepta eſt inſtauratio, creſcunt in pretio
ſingula, rurſuſque ad ſuum vigorem properant, aliquando denuò colla-
pſura . Sed illæ fortunæ tam æſtuariæ vices, tyrannos proximè Regeſque
potiſſimùm vexant & perſequuntur. Hoc enim habet potiſſimùm tyrannorum vita, vt quibus fidendum eſt, metuant ſemper , fidantque quibus
nihil eſt fidei probæ ; vndè hinc immeritis irrogatæ iniuriæ , hinc indignis erogata beneficia, amicos ex hoſtibus, hoſtes ex ciuibus faciunt : &
per ambitionem, crudelitatem, luxum, auaritiam, turbatis ordinibus re-

*Diluuij mun-
dani neceſſi-
tas.*

*Cauſæ viciſſi-
tu inum ma
xima im a.
tyrannide.*

X   rum,

rum, raptim è faſtigio deturbantur : tandemque ad vſitatum perueniunt fabulæ finem, venenô, aut gladiô , aut ſatis miſerioribus occumbentes , iuxtà Satyrici dictum .

Ad generum Cereris ſine cæde & vulnere pauci
    Deſcendunt Reges , & ſiccâ morte tyranni .

Nemeſis violentia .

Videmus autem ex ipſa Nemeſis violentia , peruerſum populum iniquis tandem à Regibus caſtigari . Reges autem, cum vltra fas plebem diutiùs afflictârint, ab eadem denuô ſuccenſâ in rabiem , & vita quandoque , & Regni ſupremis viribus ſpoliari . Lege, te obſecro, Dauidis hymnos pulcherrimos præſertim 17. 33. 37. 73. 94. potiſſimùm verò 73. pſalmo quam eleganter ? *Vtique bonus eſt Deus Iſrael ijs qui mundo ſunt corde . Mei autem penè moti ſunt pedes &c.* Hic primò faſtum improborum , & apparentem felicitatem verbis diſertis exprimit. *Poſuerunt in cælum os ſuum &c.* Deindè & animi ſui morſum, dùm peccatorum pacem contemplatur. Sed mox ab ipſa cataſtrophe rerum ſe conſolatur : vbi ſic ait : *Certè in lubrico poſuiſti eos &c.* Omnem verò humanæ viciſſitudinis circulum accuratiſſime pinxit pſalmis 78. & 107. vbi Iudaica gens bonorum ſatura, Dei cùm obliuiſcitur , in omnem calamitatem protinus ruit ; afflicta, diuinam opem rurſus implorat : quâ conſecutâ, denuô cultum diuini Numinis negligit, iterumque percuſſa & ſanata, ſupplex & peruicax , à duris pœnitens, à proſperis inſoleſcens, æui præſentis imaginem optimè repræſentat. Nos ſere totius conuerſionis capita ita paucis complexi ſumus .

Gentis Iudaicæ miræ viciſſitudines

Conuerſionis humanæ capita.

Circulus Platonicus.

Pauperies pacem dat , opes pax , copia luxum :
    Sed luxus bellum , bellaq́ pauperiem .
Fons amor eſt odijs , vitæ mors , turba quietis :
    Stant quæ deciderint , quæq́ ſtetere , cadunt.
Et capti capiunt , & qui domuere domantur :
    Fit victi ſupplex, qui modò victor erant .
Rege ſero fera plebs punitur , plebe tyranni ,
    Sic fatum alternas verſat in Orbe vices .

Sed plura in hanc ſententiam libris diuinæ ſapientiæ, & paſsìm in pſalmis Dauidicis leges : quorum omnium fructus is longè vberrimus recenſetur, vt vitam, moreſque formemus, & in iſtis vtriuſque fortunæ ludibrijs ſanare ægrotum animum, amare proximum vnumquemque , & vitam inter conciues agere ſocialem, res nimis caducas ſpernere, cunctis verò operibus Deum auctorem præponere conſueſcamus; non autem, vt diſputemus, quemadmodum de naturæ rebus philoſophis datum eſt , neque vt Mundum trahamus in controuerſiam, quo plures reſpiciunt hâc ætate; neque vt ferre duntaxat inter mortales videamur , & obſirmatis animis contra maiorum leges & placita, feneſtram omni licentiæ , ſub libertatis euangelicæ titulo recludamus ; cuiuſmodi verè Theologia ſophiſtica hanc nobis chymæram peperit, cuius afflatu res omnes laborant, priuatæ & publicæ, peruerſſíque paſsìm ordinibus rerum, in Mundi antiquum chaos iterum præcipitamur.   Quare

Quare cùm hodiè & summa deorsum maximè fluant, & inferna sursum repere, præter honesti speciem moliantur; ea quoque, quæ supra
naturam sunt constituta, gyrum consimilem facere, diuinæ iustitiæ con-
sentaneum fuit: aufertur enim & lumen mortalibus, & vnitatis robur,
& per consequens omnis serè hactenus concessa felicitas, iísque confertur,
qui vitam in luctu supplices diù, & in profunda mersa caligine viluerunt.
Lustrabis hìc omnem politici Mundi historiam: æterna quidem est Monarchiæ species: æternum sanctæ religionis & fidei regnum: æterna apud
mortales Christi Ecclesia; sed tamen hæc ipsa propter materiæ susceptri-
cis ineptitudinem successione temporis mutat & locum, tanquam per terræ segmenta demigrans, & subobscuram cum nostris moribus conuersio-
nis speciem trahens; quod & in illo perpendes prauarum opinionum ex-
ortu, augmento, statu, & declinatione, iuxtà totius viciniæ in Orbem
continuum tractus, & sæui contagij quandam versatilem vim cessante minimè, donec prophana cum sacris vndique, & summa cum infimis confusa, penitùs in plenum circulum agitârit.

Sufficiat interim nobis huius politicæ fructus longè vberrimos, vt
nosmet nosse, & gubernare discamus, ascensu quodam mentis veluti ex
vmbra in lucem translati; vt cùm multiplicem humanæ vicissitudinis circulum perspexerimus, nunc bono caduco malum consitum, & malum bono assiduè cogitemus. Amamus hæc omnia tanquam osuri; oderimus
tanquam amaturi, læti in aduersis, in felicibus successibus anxij,
nunquam tamen nec spe inani, nec nimiô metu,
nec vllâ cupiditate transuersi, ceu ruptis
repagulis efferamur.

Primus istius calamitosi sæculi fons.

Translatio fidei, religionis & Monarchiæ

Fructus Politicæ,

SYNTAGMA III.

ARCHITECTVRA SEV THEOGONIA DEORVM,

IN QVA

De Origine superstitionis & idololatriæ Aegyptiorum, cœterarumq; Orientalium gentium, potissimùm Græcorum, qui ab Aegyptijs eam veluti hæreditate quadam acceperunt, agitur.

CAPVT I.

De prima hominum origine, & primis idololatriæ inuentoribus;

Ouid. l. 1. Met.

NTE mare & terras (& quod tegit omnia cœlum)
Cùm vnus adhuc esset naturæ vultus in Orbe ,
Quem dixere chaos : rudis indigestáq, moles
Nec quicquam nisi pondus iners, congestáq, eodem
Non bene iunctarum discordia semina rerum ,
Obstaretque alijs aliud ; cùm corpore in vno
Frigida pugnarent calidis , humentia siccis ,
Mollia cum duris , sine pondere habentia pondus .

Mundi rudimenta.

Cùm, inquam, immortales Dij (vt cum Poëtis loquar) propriâ felicitate contenti, nullâ adhuc rerum humanarum curâ tangerentur. Ecce post secula tandem felix illa illuxit dies, quo, vt Platonis verbis vtar , in diuino Deorum immortalium concilio conclusum est, vt Mundus ille indigestus, atque incompositus ab informi illa rerum omnium promiscuâ confusione squallentium וְהוּ וָבֹהוּ *tohu va bohu* vindicatus, lucem aspiceret, formis splendesceret omnigenis, atque in varias rerum facies abiens, propriæ felicitatis gaudiô perfrueretur. Conclusum est , & in opus deductum ; Mundus itaque conditur, atque à rerum commixtarum confusione solutus, mox in formam exurgit liberaliorem ; virium, proprietatum, aliarumque qualitatum , quæ singulis creatis debebantur , distributionis officium prouidentissimo committitur Prometheo . Prometheus seu prouidentia diuina, vti omnia debitis suis formis instruit, ita omnes sapientissimi Prouisoris partes expleuit .

Mox cœlo terras , & terris abscidit vndas ,
Et liquidum spisso secreuit ab aëre cœlum ,
Quæ postquam euoluit , cœcoque exemit aceruo,
Dissociata locis concordi pace ligauit ,
Ignea conuexi vis, & sine pondere cœli
Emicuit, summâque locum sibi legit in arce ;
Proximus est aër illi leuitate , locoque

Deu-

Densior his tellus, elementaque grandia traxit.
Et pressa est grauitate sui circumfluus humor
Vltima possedit, solidumque coercuit orbem,
Tum freta diffudit, rapidisque tumescere ventis,
Iussit, & ambitæ circundare littora terræ,
Fluminaque obliquis cinxit decliuia ripis,
Iussit, & extendi campos, subsidere valles,
Fronde tegi syluas, lapidosos surgere montes,
Vix ita limitibus discreuerat omnia certis,
Cum quæ pressa diu massâ latuere sub ipsa,
Sydera cœperunt toto fulgescere cœlo,
Neu Regio foret vlla suis animalibus orba,
Astra tenent cœleste solum, formæque Deorum,
Cesserunt nitidis habitandæ piscibus vndæ,
Terra feras cepit, volucres habitabilis aër.

Cœlo itaque terraque formis debitis iam imbutis, cœterisque omnibus prudentissimè dispositis.

Sanctius his animal, mentisque capacius altæ
Deerat adhuc, & quod dominari in cœtera posset.
Natus homo est, siue hunc diuino semine fecit
Ille Opifex rerum, mundi melioris origo,
Siue recens tellus, seductaque nuper ab alto,
Æthere cognati retinebat semina cœli,
Quam satus Iapeto mistam fluuialibus vndis
Finxit in effigiem moderantùm cuncta Deorum,
Pronaque cùm spectent animalia cœtera terram,
Os homini sublime dedit, cœlumque tueri
Iussit, & erectos ad sidera tollere vultus.

Homo itaque solus ore sublimi, ad cœlumque erecto intuitu præditus, diuinum animal naturæ iuxtà mortalis & immortalis confinium; ceu sola cœlestis planta in terris constituta (cuius radicem conditor hiscè infernis sedibus vinxit, comam verò atque perpetuò frondentem verticem supra anni & Solis viam, supra cœli extremam circumferentiam ad nunquam interituros ambitûs relegauit) hic, inquam, homo cum lucidissima illa Mundi lumina, ad quæ contemplanda, atque in ijs factorem laudandum creatus erat, curiosiùs intueretur, pulchritudine eorum paulatim illectus, verâ & rectâ religionis semitâ derelictâ, eo dementiæ deuenit, vt ea, quæ sui gratia condita essent, sui veluti conditores crederet, & sanctè veneraretur. Auxit dementiam hanc traditionum salubrium de Mundi origine à prædecessoribus factarum obliuio, quà inualescente nouas de Deo, de Mundo, de hominis productione, alijsque rebus opiniones imbibit, cùmque cœlestis ille ignis præcipua humanæ mentis portio vigens,

[margin note: Hominis productio.]

[margin note: Idololatriæ origo.]

vigens,ad Numinis alicuius cultû eum inſtigaret; mox verô derelicto Deo, ad falſorum Numinum, vnoquoque ex eius familia ſibi nouas idololatriæ rationes comminiſcente cultum prolapſus eſt ; factumq;, vt corruptibilia ſimulachra pro Deo incorruptibili adorârit, rebuſq; externis contentus, cùm inſenſibile Numen intueri deberet, ad ſenſibilia, & terrena fuerit diffuſus. Atque huiuſmodi præuaricationem erroremque primùm Hebræi tribuunt Nepotibus Chami, Miſraim videlicet, Chuſio, Phuto & Canaano, qui per Aſiam & Africam vniuerſam in nouas colonias diffuſi, nouas paſsìm Deorum colonias introducentes, noua & ridicula dogmata Mundo pepererunt ; cuiuſmodi ſunt, Adamum è Luna prodiiſſe, Prophetam inibi ex maſculo & fœmina procreatum, atque in hunc Mundum venientem, primùm cultum Lunæ docuiſſe. Verùm quoniam hæc opinio non ita obuia forſan multis eſt ; viſum eſt, eam hic ex R. Moſe Ægyptio, vulgò Rambam, depromptam adducere, ſic enim dicit in More nebuchim .

Marginal note: Nepotes Chã primi idololatriæ inuentores.

Marginal note: Rambam l. 3. c. 19.

כי הם שארית אומות הצאבה כי היא היתה אומה שמלאה כל הארץ ותכלית מה
שהגיע אליו עיון מי שהתחפלסם בזתנים הם שידמו שהשם רוח הגלגל וכוכבים הם
גופות והבורא רוחם זכר זה אבוככר ערבי בפירוש השמע ולזה האמינו הצאבה כולם
קדמות העולם שהשמים אצלם הם אלוה וחשבו שאדם איש נולד מזכר ונקבה כשאר
בני האדם אלא שהם מגדילים איתו וחיי אומרים שהוא נביא שליח הלבנה ושהוא
קרא לעבודת הלבנה וחבר לו ספרים חבוריים בעבודה האדמה וחשבו ששה חלק על
דעת אדם אביו בעבודתו הירח ואמרו על אדם כי כאשר יצא מן הירח ועל מאקלים
קרוב להודו יוצא וננכנם בקהלים בכל הביא עמו פליאי תמהם אילן של זהב צמיח בעל
עלים וסעיפים ואילן של אבן בך והביא עלה של אילן לח שלא ישרפהו חאש וחגיד על
אילן שתחת צלו על עשרת אלפים איש ארכו בקומת אדם והביא עמו שני עלין כל
עלה היי מתכסין בו שני אנשים וזה כל מה שמייחסים אליו היא לרווק דעתה בקדמות
העולם עד שימשך אחד זה שהכוכבים והגלגלים הם האלוח :

Hoc eſt: *Iſti ſiquidem reliquiæ ſunt gentis Zabæorum (à Zaba*, *e progenie Chami orto, & filio Chuſij, qui ſecundùm Iam Suph, id eſt, maris rubri ſinum ad ortum, & occaſum, atque ad dexteram & Aquilonem littora coluit ſic dictæ) quia iſta gens totam repleuit terram. Finis autem & perfectio illius eâ ratione iſtis temporibus philoſophantis fuit ? quod putaret creatorem eſſe cœli ſpiritum ſeu animam ; ſtellas verò corpora eſſe ipſa ſubſtantia Dei informatas. Meminit huius prauæ opinionis quoque Abubacer Arabs in expoſitione de auditu. Et ideò quoque credit tota gens Zabæorum Mundi antiquitatem (ſeu quod idem eſt, æternitatem) quoniam cœlum eſt Deus iuxtà opinionem eorum. Et dicunt quod Adam primò natus eſt ex maſculo & fœmina ſicuti cœteri homines : ſed honorabant eum multum, & dicebant, quoniam è Luna egreſſus, Propheta, & Apoſtolus Lunæ fuit, & quod prædicauit gentibus, vt ſeruirent Lunæ, & quod compoſuit libros de cultu terræ. Dixerunt etiam quod Seth contradixit opinioni patris ſui in ſeruitio Lunæ ; narrauerunt etiam de Adam, quod quando egreſſus eſt de Luna, & de climate vicino Indiæ, ad clima Babylonis profecturus, multa mirabilia ſecum tulerit : ſcilicet arborem auri, quæ creſcebat cum ramis, & folijs : & arborem lapidum, & folia cuiuſdam arboris viridis, quæ non comburebatur ab igne ; & dixerunt, quòd ſub ipſius arboris vmbra decem millia hominum continebantur ; & altitudo arboris ipſius ad ſimilitudinem ſtaturæ huma-*

Marginal note: Zabæi primi putarunt Aſtra Deos eſſe.

Marginal note: Abubacer.

Marginal note: Miræ de Adamo fabulæ.

Marginal note: Adam Propheta & Apoſtolus Lunæ.

Marginal note: Mira ſecum tulit de Luna.

ræ.

næ . Attulit fecum etiam duo folia, quorum vtrumque duos homines cooperiebat.
Intentio verò eorum in loquendo de Adam primo, & de hominibus, quæ attribuun-
tur ei, fuit, credulitatem fuam de antiquitate Mundi ftabilire, & quod indè proue-
nit, cælos & ftellas effe Deos .

Atque hæc eft de primæua hominum origine, & idololatria Zabæo- _{Propagatio}
rum digna Lunaticis hominibus opinio ; ex qua velut ex Equo quodam ^{dogmatis Za-}
Troiano omnia antiquorum philofophorum de æternitate Mundi, de ^{æternitate}
Mundorum pluralitate, de Aftrorum vitâ & diuinitate, de Metempficho- ^{mundi.}
fi denique, ac animarum reuolutione abfurda dogmata, ad omnem impie-
tatem feneftram aperientia prodiiffe videntur . Hinc Adamum eiufque ^{Adami, filij}
progeniem, & nepotes filiorum Dei nomine veluti aftrorum æternorum, ^{Dij funt dicti}
quæ ipfi Deos appellabant, filios indigitabant, quæ omnia confirmat ^{filij.}
Chronicon Alexandrinum :

Οὓς ἄντω ἀγγέλυς Θεᾶ ὠνόμασιν τῶν ὑπ̀ πάλαι ὑδίως τὸ ὄνομα Κυρίε τᾶ Θεᾶ . Τᾶτάς καὶ υἱὸς τᾶ ^{Chronic. Ale-}
Θεᾶ ἐνᾶνϑα προσηγόρευσεν . Ταῦτα μὲν ἡ γραφὴ . ὅτι δὲ ἔτοι οἱ ἀγγέλοι πρὸς τίσι Θεοὶ ὠνομά- ^{xandr.}
ϑησᾶ . Et paulo poft . Ἐντεῦϑεν ἤρξατο ἡ κακομηχανία ἐν κόσμῳ γίνεϑι . Καὶ ἀπαρχῆς μὲν
διὰ τὸ Ἀδὰμ προβαίνει· ἔπειτα δὲ διὰ τᾶ Καὶν ἀδελφοκτονίας . νῦν δ᾿ ἄτα δὲ ἐνεχόντις τᾶ Ἰα-
ρεδ᾽, καὶ ἐπίκεινα φαρμακεία, καὶ μαγεία, ἀσέλγεια, μοιχεία. κ᾿ ἀδικία ἐχρημάτισεν . Ἀλλὰ κᾳ
τίνες τὸν Ἀδὰμ σὺν τῇ Εὔᾳ, κᾳ τὸν ὄφιν γένεϑι Θεᾶς προσηγόρευσε . ἀλλ᾿ ἰδῶ κᾳ τὸν Καὶν, κᾳ τὸν Σὴϑ.
Quos, inquit, fupra Angelos Dei inuocantes nomen Domini Dei nominârat , hos
quoque filios Dei hic appellauit ; atque hæc quidem fcriptura. Hi verò Angeli
apud quofdam deinceps Dij vocati funt . Cæpit autem improbitas ab ipfo Mundi
exordio per Adami contumaciam ; mox per Cainum parricidii ; deinde tempeftate
Iared, fequentibufque feculis veneficia, magia, lafciuia. & omne nefas regnarunt ; ^{Adam & Eua}
quin & nonnulli Adamum & Euam cum ferpente, Cainumquoque & Sethum ^{Dij dicuntur.}
Deos fuiffe dictitarunt . Horum porrò commentorum , & inanium deli-ra-
mentorum caufam ergo arbitror effe ; quo primi illi homines cum pro- ^{Caufæ idolo-}
prio arbitrio relicti nullâ certâ lege fcriptâ ante Mofis tempora teneren- ^{latriæ, & opi-}
tur, cùmque proindè certæ quædam fententiæ de Deo , de creatione ^{nionum .}
Mundi, de diluuio, & fimilibus rebus, ac mutationibus grauioribus, inter
primos tantùm humani generis Patriarchas referrentur, factum eft, vt ab
eis veluti à primis hominibus acceptas, pofteri quafi per manus alijs alij
tradiderint ; quibus pofteriora fecula & homines, vti quique à primis remotiores fuêre, ita fubindè alia, atque alia quoque haud abfurda affinxe-
runt, donec res ipfæ totæ in fabularum commenta abiêrint . Hinc diuerfitas illa opinionum originé habebat ; indè maxima & relationum con-
fufio propè inextricabilis. Æthiopes enim, tefte Diodoro, primos homi- ^{Diod. l. 1.}
nes in Æthiopia veluti in medio terrarum natos afferebant : caufam in ^{Vbi primi ho-}
vicinitatem Solis omnium generabilium parentis coniicientes. Theodo- ^{mines nati}
retus ex relatione antiquorum primos homines in Arcadia natos afferit , ^{fint.}
iuxtà illud : ^{Theodor. l. 5.}
^{de affect. Græ-}
^{cor.}
    Ante Iouem genitum terras habuiffe feruntur . ^{Arcades pri-}
    Arcades, & Lunâ gens prior illa fuit . ^{mos mortaliũ}
^{nonnulli di-}
^{cunt.}
^{Quidam Athe-}
Cœlius verò & Mercator ex Ariftide primam hominum genitricem ^{nienfe folum}
terram aiunt, fuiffe folum Athenienfe ; Arabes , quemadmodum videre ^{primorum}
^{hominum}
    eft ^{productor.}

eſt in eorum Geographia , hanc prærogatiuam Arabiæ felicis ſolo attribuebant . Ægyptij denique firmiter crededant,primos homines in Ægypto natos ; cauſam huius aſſignabant, tùm aëris temperiem bonitatemq;
vndequaue perfectiſſimam, tùm Nili fœcunditatem multas res naturaliter
& ſuaptè ſpontè producentis , productaſque benigniſſimè conſeruantis ;
auxit opinionem eorum monſtroſus ille Soricum ſeu agreſtium murium
in Thebano territorio prouentus, quorum aliqui ſuperiori ſuâ parte murium ſpeciem referentes animati, ab inferiori verò, Diodoro teſte , infor-
mes, & ὁμόχθοιες adhuc reperiebantur . Herodotus narrat, Pſammeticum
Ægyptiorum Regem,cum ingenti deſiderió teneretur ad cognoſcendum,
quænam Mundi prouincia primos homines produxiſſet , illum ſequenti
induſtriâ id inueſtigare attentaſſe. Duos infantes recens natos ab omni
humanæ vitæ conſuetudine remotos, certo loco incluſos, & à capra alen-
dos paſtori cuidam commendauit, cum ea clauſtri cuſtodia , vt omni eos
accedendi aditu intercluſo, nec videre , nec humanâ voce loquentem
quenquam mortalium audire poſſent ; ſibi indubitanter perſuadens, futurum, vt ætatem congruam nacti, eius prouinciæ, quæ primos homines
Mundo dediſſet . lingua loquerentur ; itaque poſt certam annorum re-
uolutionem infantes de cauea extracti, mox exporrectis brachijs identidem in hæc verba prorupêre : Bec , Bec : quas voces, vtpotè peregrinas,
cùm nullus aſtantium intelligeret; inueſtigatione tandem factâ deprehen-
ſum eſt,Bec in Phrygum lingua nil aliud ſonare, quàm panem ; concluſit-
itaque Rex Pſammeticus, in Phrygia primos homines fuiſſe productos .
Tempus me deficeret, ſi ſingularum gentium, de huiuſmodi prima hominum origine deliria hìc adducenda forent , quare ; qui plura deſiderat,
conſulat Beroſum, Varronem, Euſebium, Hieronymum, Polydorum , Ariſtophanem, Pererium, Poſtellum, alioſque ; nos his relictis ad ea nos, quæ
primam idololatriæ originem concernunt, poſtliminio conferemus.

Certum itaque, & indubitatum eſt , nullo vnquam tempore in hoc
mundo extitiſſe populum adeò barbarum, nationem tam peregrinam,
clima tam rude & impolitum, quempiam denique hominem adeò ferum
ſylueſtrem, & ἄλογον, qui non, vel naturæ lege, ſeu rectæ rationis dictante
lumine, vnum aliquod rerum omnium principium, Numen dico vniuerſam rerum obtinens moderationem, certo & peculiari religionis ritu cœrimonijſque colendum agnôrit . Certum quoque ſtatui debet , nullo vnquam tempore, aut ſine Deo ſacrificium , aut ſine ſacrificio religionem
fuiſſe,omnibus,cum ſacerdotio veluti nexu quodam inſeparabili in vnum
coëuntibus, adeò vt hominem religio, religionem ſacrificium, ſacrificium
ſacerdotium ἀ̓ναγκαί ως comitari videantur, quod apparet tùm ex innumera propè religionum ſtatim ab ipſo naſcentis Mundi primordio, ad noſtra vſque tempora deductarum multitudine ; tùm ex falſorum ſimulacro-
rum cultu, diuerſis temporibus, diuerſiſque gentibus, ac populis nullo
non tempore, conſueto; tùm denique ipſa Ægyptus maximè oſtendit,
quam præ cœteris omnibus gentibus eiuſmodi falſorum Deorum cultui
addictiorem fuiſſe, monſtrant infinita propè Pantamorphorum Numinum

mon-

monſtra & portenta, quorum deſcriptionem in ſerie huius Syntagmatis exhibebimus.

Lact. Firm. divinarum. inſtitut. l. 2. c. 3.

Lactantius Firmianus oſtenſurus, quâ ratione introducta fuiſſet idololatria in Mundum, tùm potiſſimùm in Ægyptum omnis ſuperſtitionis veluti fontem, ait; Chamum Noëmi filium, cùm ob impudentiam in parentis verendis detegendis commiſſam, maledictionem incurriſſet; in Arabiam Ægypto finitimam profugiſſe, ibique primùm idolorum conſtructione totam circumiacentem viciniam infeciſſe; cùm verò immenſam hominum multiplicationem, anguſtiæ locorum non caperent, hinc indè in varias ſedes diſperſos, paulatìm inſulas, mare, omneſque Mundi partes repleſſe. Cùm verò à ſancta radice ſeiuncti eſſent, vnumquemque iuxtà arbitrìum, ac voluntatem ſuam nouos ritûs, cœrimonias atque religiones conſtituiſſe, quæ ad Ægyptios potiſſimùm dimanarunt; Arabes verò idololatriam ante diluuium incepiſſe referunt. Nam inter cœteros mortales hoc improbô cultu maximè deditos fuiſſe notiùs eſt, quàm dici debeat, quem plurimùm delicioſa illius terræ conſtitutio promouiſſe videtur. Cùm enim in ædibus, ac tugurijs ſuis rarò ſeſe continerent, totam noctem ſub cœlo ſereno, ac nullis malignis impreſſionibus obnoxio, dormiendo conſumeret, è frequenti cœleſtium corporum aſpectu, atque tam conſtanti lege procedentium ſtellarum curſus, motuſque multiplicis ac varijs planetarum, Solis, & Lunæ contemplatione, in eam paulatìm deuenêre opinionem; Aſtra Deos eſſe, & rerum vniuerſi conſeruatores; quos variô ritu & cœrimonijs colebant, & venerabantur; id quod & Euſebius in Chronico ſuo quoque affirmat. S. Ioannes Damaſcenus verò idolorum fabricam Serucho Nepoti Chami aſcribit; *Seruch*, inquit, *primus idololatriam inuenit, cùm enim omnes cultum communi conſenſu conſtituiſſent, mos ſimulachrorum hominum generi ponendorum ortum habuit; Vndè incipiebant primò coloribus certis adumbrare, & depingere viros alicuius nominis & famæ, poſteà celebriores, vti Principes, tyrannos, Reges, qui vel rerum geſtarum gloria, aut virtutum, operumque memorabilium gloriâ in hac vita eminuiſſent, poſitis ſtatuis cohoneſtare.*

Ac primò quidem figuli è creta, argilla, ſimilique materia ſtatuas vitâ functorum fingebant; ſculptores verò figulina ſimulachra imitantes, è lapidibns efformabant. Fuſores denique eminentiori cultu digna reputantes ex auro, argento, ære, alijſque metallis fundebant; atque ſimpliciori plebi veluti Numina adoranda proponebant, teſtante Chronico Alexandrino:

Ἑλληνισμὸς ἀπὸ τῶν χρόνων τῆ Σερὺχ ἐναρξάμεν. διὰ τ῀ εἰδωλολατρίας, ὡς ἑστοιχουεῖτο τηνικαῦτα ἕκαστ. κỳ τινα δ᾽οιδ᾽αιμονίαν, ὅτι τὸ μᾶλλον πολιτικώτερές ν ἐπὶ ἔθη, κỳ ἐπὶ θεσμὸς εἰδώλων ᾽ἔλθον. ἐπὶ ἀνθρώπων γένη. οἷς ὅτε σοιγήζαντες ἐποίευν διὰ χρωμάτων διαγράφοντες τὸ ἀρχὴν, κỳ ἀπεικάζοντες τοὺ πάλαι ᾽βαυθῖς τετιμημένας, ἢ τυράννος, ἢ ἡγεμόνας, ἢ τινας τι δραζαντες ἐν βίῳ μνήμης δοκουῖ ἄξιον, διὰ ἀλκῆς τ᾽ σώματ. εὐερσίας &c.

Græciſmus, inquit, *ſeu Gentiliſmus tempore Seruch cœpit per idololatriam, cum ſua quiſque ſuperſtitione quâdam ductus hominum ſecula ad politicam potiſſimùm viuendi rationem, & vſum, ſeu conſuetudinem, cultumque Deorum informaret, quibus tùm progreſſu, magiſtratus, & tyrannos, aut duces, aut ſi quid euo memo-*

Lact. Firm. divinarum. inſtitut. l. 2. c. 3.

Cham primus idololatriæ inuentor.

Ægyptij ducti a Chamo.

Cauſa idololatriæ ex inſpectione aſtrorum.

Euſebius. Ioan. Damaſcenus.

Seruch idolorum primus faber. Progreſſus idololatriæ.

Chronicon Alexandr.

Y

memoriaue dignum faelitasse viderentur , quod vel pugnam , vel corporis robur commendaret , pictura effigiabant . Posteà verò temporibus Tharæ parentis Abrahæ per statuas etiam & simulachra errorem idololatriæ propagarunt, dùm maiores suos per effigies suas coluerunt , fatoque functos primùm per figulinam expresserunt, mox cœteri artifices secuti primos ; architecti quidem lapidem cædebant, argentarij verò & auri cælatores pro sua quisque materia simulachra fabricati sunt : ærarij & sculptores etiam pro suo ingenio artificij opus variabant ; postremò fabri , & alij deinceps opifices .

Ægyptij porrò, Babylonij, Phryges, Phœnices primi censentur idolorum fabricandorum inuentores ; quæ ars postmodú ab his ad Græcos translata,ingentes progressùs habuit ; nam mox Saturnum, Martem, Iouem, Apollinem, cum reliqua, quæ hosce secuta est falsorum Deorum , Dearumque turba, statuis erectis, diuinis honoribus prosecuti sunt ; queis consentit id, quod Cicero asserit de natura Deorum ratiocinans. *Suscepit*

autem, inquit, *vita hominum consuetudoque communis, vt beneficijs excellentes viros, in cœlum fama, ac voluntate tolleret .* Et indè subiungit ille : *Sicuti Deus fuit adoratus Hercules, indè Castor & Pollux, indè Æsculapius in Libero patre , indè alij, quales Reges potentissimi, qui ob nominis sui celebritatem in omnibus prouincijs mundi celebrabantur.* Vltra hæc vnaquæque natio , ac populus priuatô cultu primum Vrbis alicuius fundatorem, aut singulari virtute præpollentem Principem, aut dominum prosecuti sunt. Ægyptij itaque terram deliciosam incolentes, cùm solo intellectus naturalis lumine, inuisibilem illam magni Dei essentiam comprehendere nequaquam valerent, conuersis oculis, animisque ad cœlorum ornamenta, motusque eorum, & ad Vniuersi naturam ; cùm deprehenderent,omnes sublunarium rerum mutationes, temporum distinctiones, similiaque à duobus principibus astris Sole & Luna prouenire ; hæc astra æternos Deos esse existimarunt. Po-

steaquàm vero crebrò repetitâ cœli inspectione aduerterent quoque cœterorum planetarum harmoniam, in varia illa & admirabili ad Solem & Lunam configuratione elucescentem, eos veluti maiorum Deorum coadiutores eiusdem diuinitatis participes in Numinum album retulêre. Le-

uantes post hæc oculos suos ad reliquum stellarum exercitum , & ad quatuor elementa, & ad Horoscopos genios,eorumque Pantomorphum,præter innumeros minores Deos duodecim præcipuos,iuxtà signorum in Zodiaco obseruatorum numerum constituerunt, quæ confirmat Herodotus :

Δυοδ'εκα , inquit, Θεῶν ἐπωνυμίας ἔλεγον πρῶ'(ους Αιγυπ'ίως νομίσαι. κỳ ἕλλωας πα'ρὰ σφέων αἰαλαβεῖν · βωμές ﬞε,κỳ ἀγάλμα'α, ỳ ϖὴς Θεοῖσι ὀ'πονεῖμαι σφέας, πε 'ωπες, κỳ ζῶα ἐν λιθοῖσι ἐγγλύ-ψαι. *Duodecim Deorum nomina primos Ægyptios existimasse , atque Græcos ab illis cœpisse, eosq, primos aras, & imagines, & templa Dijs sibi erexisse, animalia primos lapidibus incidisse .* Neque horum tamen solùm rationem extruen-

dorum in Græciam Ægyptij transmiserunt ; sed etiam ipsa nonnullorum Deorum nomina, vt idem Scriptor eodem in libro testatur : Σχεδοὺ δὲ κỳ πάν'α 'ὰ ὀυόμα'α ϖῆ Θεῶν ἐξ Αιγύπ'ε ἐλήλυθε ἐς τὴ ἐλλάδα . *Omnia ferè Deorum nomina* (subintellige Iunonis, Vestæ, Themidis, Charitum, Nereidum,Bacchi seu Diony sij), Herculis, Mercurij, aliorumque , quorum nomina paulò

post

poſt adducit) *ex Ægypto in Græciam commigrârunt.* Longum eſſet omnium nationum, ac populorum opiniones de Dijs hic recenſere , qui cùm religionis originem ab Ægyptijs accepiſſent, vel antiquam non retinentes Theologiam, deriſerunt Magiſtros poſteà, vel ipſi in peiores ſuperſtitiones inciderunt . Hanc igitur Deorum notionem cùm homines primùm habuiſſent, perſpicerentque , quod Mundus prouidentiâ gubernaretur; neque tamen cuius, intelligere poſſent ; rem diutiùs inueſtigantes, & cognitionis deſperatione capti, paulatim à religione in ſuperſtitiones delapſi ſunt: atque alij alios Deos introduxere, vti dictum eſt . Eſt enim ita à natura comparatum, vt cum nimio Deorum metu homines opprimantur, ad humilia & ſordida quæque declinent , nihilque poſſe committi tam paruum putent ; quod Dij maxima cum iracundia & ſupplicio non vlciſcantur, hæc res fecit, vt ijdem Græci, qui Ægyptiorum, aliarumque nationum acceptas ab alijs ſuperſtitiones deriſerant, in multò maiores opiniones poſteà collapſi ſint; nam & adulteros, & latrones, & ebrioſos, ac facinoroſos homines, qui multò erant brutis impuriores, pro Dijs coluerunt; de quibus in ſequentibus fuſiùs paſsim dicemus.

CAPVT II.

De Deorum Aegyptiorum multitudine & varietate.

REctè & ſapienter aït S. Eccleſiæ Doctor Ambroſius , errorem humanum idololatriæ cauſam fuiſſe, cui aſtipulatur Mercurius Triſmegiſtus, errorem & incredulitatem proauorum ſuorum deteſtabilis Ægyptiorum idololatriæ fuiſſe originem, cui Ægyptus nullo non tempore immerſa ſqualebat . Nam cùm animos ſuos non applicarent cum debita reuerentia, & conſideratione ad veri Dei cultum, & ad religionem diuinam, deſiderio nihilominùs alicuius religionis tenerentur , artem idolorum fabricandorum inuenerunt, ſed cum ea animare neſcirent, malis artibus, & diabolicis vſi coniurationibus, euocatiſque dæmonibus , eos in ea conſtringebant, & vt plùs virtutis, & roboris ijs accederet, iſdem diuerſi generis animalia conſecrabant, quæ ſancta appellabant, adorantes in ijs animas illorum, qui vel virtutibus, ac rebus geſtis claruiſſent , ciuitateſque eorum nomine intitulantes, quæ fuiſſent vel ab ijs, quibus animalia illa dedicabant, conditæ, vel ſalubribus legibus, ac inſtitutis imbutæ . Horum in honorem varia quoque inſtituebant ſacrificia, cuiuſmodi ritus & cærimonias elegantiſſimè ſanè in ſua philoſophia Syra deſcribit Mor Iſaac Maronita, verba eius Syriaca ſunt ſequentia :

S. Ambroſ.
ep. 1. ad Cor.
c. 10.
Mercur. ad
Æſcul. c. 13.

Idola dæmonibus animat
Ægypti.

Mor Iſaac
Maronita in
philoſophicis
tractat. c. 6.

ܚܐܙܦ ܡܕܠܐ ܐܕܐ ܘܡܥܕܗ ܐܢܩܐ ܡܬܚܕܠܐ ܘܡܕܣܚܠܐ ܕܚܣܐܘܗ ܦܚ ܠܐ
ܡ ܕܚܐ ܘܡܚܚܚܝ ܠܗܐܐ ܘܬܚܐܘܐ ܘܐܚܕܗ ܕܘܘܗ ܘܐܗܚܙܗ ܡܕܡܪ ܣܚܦ ܡܘܡܪ
ܘܐܗܚܙܗ ܘܘܘܬܚܕ ܡܣܐܘܐܐ ܡܚܚܗܡܐܐ ܚܐܡܐ ܐܣܐ ܚܘܘܗ ܘܡܕܠܢܐ ܡܚܠܐ
ܝܠܐܐ ܐܢܘܗ ܗܘܡܠܐ ܚܘܡܕܐ ܘܐܗܚܙܗ ܚܠܚܘܗ ܘܚܕܦܡܐ ܡܚܚܕܘܪܐ ܐܣܐܚܣܘܗ

ܡܥܡܕܗ ܠܠܐܝ ܡܢ ܡܕܗܢ ܥܡܐ ܘܠܟܘܐ ܠܗܢ

*Deindè adduxit tempus , & surrexerunt homines (è semine Chami)
corrupti moribus, quorum mens corrupta erat ab ignorantia, & opere dæmonum
qui eos seduxerunt, ac arbitrati sunt vnum pro alio, & existimauerunt astra spiritu intelligentiæ prædita, libertatem habere ex se, & potestatem, & paulatim
errare eos fecit diabolus, donec existimarent astra esse creatores, & factores, impo-*

**Singulis side-
ribus impo-
nunt Dei no-
mina.**

*sueruntq́ singulis sideribus Dei nomen, varijs quoque cærimonijs ea colebant, ante
ea prostrati & adorabundi ; constituebant quoque sub eorum nomine idola varia,
quæ super columnas sublimes, & murorum seu parietum fastigia collocabant, eorum figuras varijs modis repræsentantes ; his quoque victimas & sacrificia offerebant, incensantes ante ea aromata ; Diabolus verò certis temporibus loquens ex*

**Diaboli fraus
loquentis per
idola.**

*singulis eorum petentibus responsa dabat, futura prædicens, & abscondita reue-
lans, & bonum nuncium de ijs, quæ in remotissimis locis fiebant, citò indicabat ;
inducebat quoque, in corda eorum cogitationes, quas alijs reuelabat ; atque eiusmodi plurimos seduxit vsque in hodiernum diem . Fuerunt autem hi ritus proprij
Ægyptijs, qui postea ad alios transmigrantes totum paulatìm Mundum infecerunt.*
Atque hactenus Mor Isaac . Porrò Ægyptij potissimùm Solem & Lunam

**Sol & Luna
principales
Ægyptiorum
Dij.**

adorabant, illum Osiridem appellantes, hanc Isidem . Osiris autem, &
Isis coniuges, Ægypti Reges potentissimi, cùm ob prudentiam maximam
ac gerendarum rerum dexteritatem incomparabilem, in omnium oculis
essent ; contigit, vt ex applausu hominum, & laruatâ, vilique populi
adulatione, passìm iste Soli, hæc Lunæ compararetur . Verùm cùm præteritis iam aliquot annorum lustris, vita functis Osiride & Iside, eorum
fama continuò cresceret ; atque de eorum excellentia, ac illustri dignitate præconcepta opinio magis magísque in animis hominum, ex se ad omne superstitionis genus propensissimorum radicaretur, stultâ & ridiculâ
quâdam opinione persuasi, Osiridem & Isidem, illum in Solem, hanc in
Lunam transformatos, & ad cœlum terramque gubernandam assumptos

**Hieroglyphi-
cum Osiridis.**

putabant . Hinc inquit Macrobius : *Ægyptij, vt Solem esse asserant, quoties
hieroglyphicis suis literis exprimere volunt, in sceptro speciem oculi exprimunt,
& hoc signo Osirin monstrant, signantes hunc Deum esse Solem, regaliq́ potestate
sublimem cuncta despicere ; quia Iouis oculum Solem appellat antiquitas .* Accessit huic errori, & quod in superstitiosis mentibus magnum sanè pondus
habuit, malè intellecta monumentorum, à philosophis, sapientibus ac Sacerdotibus prædecessoribus eorum, de Sole, Luna, stellis, elementis, quæ ij
cum Deo, Deorumque filijs immortalibus comparabant, lectio. Philoso-
phi enim quemadmodum, & Homerum fecisse legimus, sacras disciplinas

certis

certis fabularum, fimilitudinum, ac fymbolorum tegumentis ad inftillan-
dam mentibus hominum maiori cum voluptate veritatem, inuoluere conati funt; vt enim docerent fupremum illud Numen, quod Deum vocamus, non cœleftes tantùm fibi fedes vendicare; fed & adeò omnia, quæ
aut oculis metimur, aut intellectu percipimus, per hanc rerum vniuerfi-
tatem diffufum, fuâ præfentiâ, ac maieftate replere, Deos innumeros qui-
buflibet rebus locifque inferuerunt; hinc ætheri Iouem, Iunonem aëri, *Multitud. Deorum.*
mari Neptunum, terræ Cybelen præfecêre; qui iterum in varias fectas
abierunt: ita vt alij Dij cœleftes, terreftres alij, alij aquatici fint crediti;
& aquaticorum alijs, maris; fluuiorum alijs, alijs fontium cura fuerit com-
miffa, vti & terreftribus. Rurfus alij montani, alij fyluarum, & paftorum *Omnia Dijs plena.*
præfides, alij agricolarum fuerunt, atque hi in planis locis plerumque habitare putabantur. Cœleftium alij fummæ rerum humanarum præerant,
alij confultores, alij tempeftatibus, certifq; cœli regionibus veluti Ephori:
alij loca tantùm inferna habitare, & fceleratorum fupplicijs præefte fin-
gebantur; verbo ἑνὶ εἰδὲν μέϱῳ Ὁμήϱῳ ἄδειν vt cum Maximo Tyrio loquar, *Maximus Tyrius.*
adeò *nullus locus Homero Dijs vacuus* reperiebatur; Meminit huius
πολυϑεότητ⌐. Trifmegiftus ad Æfculapium his verbis:

Καὶ γὸ δαμόνων χοϱοὶ ἀεὶ ἀυτῷ πολλοὶ, καὶ ποικίλαις ςϱατίαις ἐοικότες οἱ συώοικοι, καὶ τῶν
ἀϑανάτων, ἐκ εἰσὶ πόῤῥω· ἔνϑεν δὲ λαχόντες τὲ τύτων χώϱας ἳ τὴν ἀνϑϱωπων ἐφοϱῶσι, καὶ
ὀρκυτῆϱσι, καὶ μεταβολαῖς πυϱὸς, σὺν σϑμοῖς, καὶ πολέμοις ἀμωομθροι τὲ ἀςέβϑαν.

Dij Ephoros humanos agentes.

Etenim, inquit, *circa ipfum quamplures funt Geniorum cœtus, varijs copijs con-
ferendi, ac familiares, humanis Ephoros agunt; quæ autem à Dijs iubentur exequi pergunt, turbinibus, procellis, præfteribus, ignifq; mutationibus, terræ motibus, infuper efurie & bellis impietatem vlcifcentes.* Et paulò poft: *Sol autem* *Sol Rex Deo-rum.*
*eft omnis generis conferuator & educator; & Mundi intelligibilis inftar fenfibi-
lem Mundum amplectens, ipfum varijs formis, & formarum omnium ideis ampli-
ficans explet. Sub hoc enim applicatur Dæmonum chorus, quin etiam chori; per-
multi namque funt ifti, ac varij fub aftrorum cufpides ordinati, cuilibet horum
numero æquales; funt autem iftorum nonnulli ex bono & malo temperati, hi omnes rerum terrenarum facultatem adepti funt, & rerum terreftrium tumultus, ac
variam difcordiam, in commune cient vrbibus, ac nationibus, & priuatim fingulis.*
Huc vfque Trifmegiftus; è quibus patet, non Deos tantùm bonos fingulis rebus affictos fuiffe, fed & malos bonorum Antagoniftas, quemadmodum apparet ex Iofeph. Gaftilienfi Hebræo, qui plurimos huiufmodi Genios in porta lucis recenfet, quæ quidem non, quod hic, aut vllus Hebræorum πολυϑεΐαν credat; fed, vt, aut multitudinem Dæmonum, & Angelorum,
aut vnius Dei multiplicem vim, & operationem exprimant, afferere folent. Verba eius funt fequentia:

R. Iofeph Ca-ftilienfis in porta lucis.

כי מן הארץ ועד הרקיע אין שום מקום פנוי אלא הכל מלא המונים מהם שחורים
מהם בעלי חסד ורחמים ויש למטה כמה בריאות טמאות מזיקות וכלם עומדים ופורחים
באויר ואין מן הארץ ועד רקיע מקום פנוי אלא המונים מהם לשלום ומהם למלחמה
מהם לטובה מהם לרעה מהם לחיים ומהם למות

*Id eft, Quòd à terra ad firmamentum vfque, non eft ibi vllus locus vacuus, *A terra ad firmamentū vfque plenæ Dijs omnia.*
fed omne plenum formis; ex ijs aliquæ puræ & diuinæ, aliquæ plenæ gratiæ &
mife-*

miferationum, & funt infrà quædam species malæ, fœdæ noxiæ, & omnes istæ stant & volant in aëre; & non est locus à terra vsque ad firmamentum, qui non plenus sit Genijs, quorum aliqui ad pacem, aliqui ad bellum, ad bonum aliqui, ad vitam denique, & ad mortem alij ordinantur. Atque huiusmodi Deorum numerum

ad triginta millia excurriffe fcribit Hefiodus, qui omnes Iouis fint mini-ftri, & obseruent quæ à fingulis hominibus fiant, fed audiamus verba:

Τρὶς γὸ μύριοι εἰσιν ὅπὶ χθονὶ πουλυβοτείρη
Ἀθάατοι Ζωὸς φύλακες θνητῶν ἀνθρώπων
Οἳ ῥαφυλαασκσὶν τέ δίκας, καὶ χέτλια ἔργα
Ἠ' εραιοσάμθροι πάντη φοιτῶντς ἐπ' ἄιαν.

*Millia triginta terras habitantia Diuûm
Sunt Iouis, hi obseruant hominum mortalia facta,
Obseruant pariter peragrantes fasque nefasque
Aëris induti velamine.*

Iambl. de
sapientia
Ægypt.
Trismegistus.
Psellus & dæ-
damon.

At Iamblichus & Trifmegiftus & Pfellus, & reliquorum fapientum complures non folùm 30000. Deorum feu Dearum effe cenfuerunt, fed ijs vniuerfum aëra, & cœlos plenos effe crediderunt, qui latè per aëra va-garentur, & ad nidores facrificiorum accurrerent.

Diuus Auguftinus in præclaro illo opere, cui titulum fecit de ciui-tate Dei, quofdam ex dictis Dijs ab antiquis Romanis *Confentes*, quofdam

Selectos fuiffe appellatos; verba eius hæc funt: *Quis non ferat, quod neque inter Confentes Deos, quos dicunt in concilium Iouis a Thiberi, neque inter Deos, quos Selectos vocant, felicitas constituta est? Ecce discrimen apertum inter Deos Confentes & Selectos; Confentes autem dicti sunt, quafi in eo quod gerendum est, confentientes.* Appellantur à Cicerone alio nomine Dij Maiorum Gen-tium, quafi inter omnes alios principatum obtinentes, ad differentiam illorum, qui Minorum Gentium dicuntur. Erant autem Confentes feu Maiorum Gentium numero duodecim; mares fex, & fex fœminæ, quos Ennius hoc difticho complexus eft:

*Iuno, Vesta, Minerua, Cerefque, Diana, Venus, Mars,
Mercurius, Ζεὺς, Neptunus, Vulcanus, Apollo.*

Pomponius Lætus diligentifsimus è Neotericis, antiquitatis indagator, fcribit horum fingulis fuum Menfem olim facrum fuiffe; nempè:

Ianuarius	Februarius	Martius	Aprilis	Maius	Iunius
Iunoni	Neptuno	Mineruæ	Veneri	Apollini	Mercurio
Iulius	Augustus	September	October	Nouember	December
Ioui	Cereri	Vulcano	Marti	Dianæ	Vestæ

Idque ad exemplum Chaldæorum, & Ægyptiorum, apud quos fingulis Dijs (colebant enim & ipfi, vti dictum eft, in præcedentibus, duodecim
Deos

Deos præcipuos) singuli menses erant attributi, vti in Astrologia Ægyptiorum videbitur. His autem duodecim Dijs Consentibus seu Maiorum Gentium,quemadmodum Cicero & Lactantius eos appellare maluerunt, additi erant Patricij, qui & ipsi magnos in Mundi administratione magistratûs gerere putabantur, veluti Ianus, Saturnus, Genius, Pluto, Bacchus, Sol, Luna, Tellus; vocabanturque isti Dij Selecti. Erant ergò Dij insigniores numero viginti; duodecim mares, & octo fœminæ; & inter eos, duodecim veluti principes. Coniungebant autem omnes illos viginti hoc modo: Iouem & Iunonem; Apollinem & Dianam; Mercurium & Mineruam; Liberum & Cererem; Saturnum & Tellurem; omnes illos propter officiorum communionem. Tùm Martem & Venerem Amasios; deindè duos ignes, Vulcanum & Vestam; & duo Mundi lumina, Solem & Lunam; Ianum verò Neptunum, Genium & Plutonem sine fœminis relinquebant. Et hæc quidem de Dijs Consentibus & Selectis; quos omnes ab Ægyptijs mutuasse in sequentibus luculenter patebit: erant præterea Dij quidam Incerti & Ignoti; Incerti dicebantur, de quorum diuinitate adhuc ambigebatur; quales sunt Panes, Syluani, & Nymphæ, de quibus Ouidius in principio Metamorphoseos, sub verbis Iouis.

Cicero de nat. Deorum. Lactant. l. 3. inst. Christ. Dij Patricij.

20. Dij principales.

Dij incerti & ignoti.

Ouid. l. 1. Met.

> *Sunt mihi Semidei, sunt Rustica Numina Fauni,*
> *Et Nymphæ, Satyrique, & monticolæ Syluani,*
> *Quos quoniam cæli nondum dignamur honore,*
> *Quas dedimus certè terras habitare sinamus.*

Ignoti autem non erant ijdem cum incertis; nam de Incertorum diuinitate dubitabatur quidem, sed tamen eorum nomina non ignorabantur, sicut Ignotorum. His sacras aras referunt primò in agro Atheniensi erexisse Epimenidem Cretensem, quarum & in sacris Apostolorum Actis mentio fit. Non dicam hìc de Medioximis, Heroibus, Semonibus, Patellarijs, alijsque passim obuijs apud Authores Numinibus; cùm ex his sufficienter pateat, vix locum fuisse, in quem non aliquam Deorum coloniam stulta introduxerit antiquitas. Nôrant quidem sapientiores, vnicum Numen esse ac Deum, rerum cunctarum Moderatorem, ac proindè πολυθεότητα veluti rem vnitati diuinæ inconsociabilem detestabantur. Sed homines imperitiores, succedentibus seculis, allegoricos de Deo sensûs ad literam explicantes, in detestabiles errores lapsi, tandem πολυθείαν introduxerunt; accessit stupor mentis, quô perculsi fieri non posse, Deum solo intellectu, non autem visu perceptibilem iudicabant; ac proindè Iudæos propterea irridere consueuerant, quasi incertum Deum, vti nominat Lucanus, colerent; aut vt ait Petronius, *summas cœli aduocarent auriculas*; ac videtur Dauid non semel in Psalmis conqueri, exprobratum sibi esse, vbi Deus suus foret, quasi nusquam esset, qui sub aspectum non caderet. Quapropter cùm nihil Sole pulchriùs, nihil formosiùs Lunâ, eos plerique gentium, vt in sequentibus dicetur, tùm maximè Ægyptij tanquam Deos Osiridem & Isidem referentes coluerunt, ex quorum multipli-

Medioximi. Heroes. Semones. Patellarij.

plicis virtutis confideratione poftmodum magna illa Deorum πολυσυμία & fabrica Numinum exorta eft. Et quoniam inter Maiorum Gentium, Deos, Ofiridi fuo principem locum Ægyptij tribuebant; ab eo aufpicabimur. Verùm ante admonendus eft mihi Lector, confueuiffe fubindè veteres, Dijs vtrumque fexum tribuere, quemadmodum Valerius Soranus hoc difticho teftatur,

Dij Hermo-phroditi feu vtriufque fexus ab antiquis habiti.

Iuppiter ge-nitor geni-trixque Deo-gum.

> *Iuppiter omnipotens, Regum, rerumque Deùmque*
> *Progenitor, genitrixque Deùm, Deus vnus & omnis.*

Et Virgilius ita legente Macrobio:

> *Difcedo, ac ducente Deô, flammam inter & hoftes*
> *Expedior . . . . .*

Vt fit, Deo, pro Dea Venere, & Caluus antiquus Poëta, *Pollentemque Deum Venerem*; & Leuinus, *Venerem igitur almum adorans*; Lunum quoque & Lunam apud diuerfos obferuo; quod fumptum videtur è Stoicorum dogmate, qui Numina dicebant vtriufque fexus, hoc eft in agendo mares, in patiendo fœminas; hinc & Hermophroditos à quibufdam appellatos comperio, quod & infinitæ ftatuæ, fœminæ virilem fexum mentientes, & écontra, quæ in hortis diuerforum hìc Romæ videntur, demonftrant; fed nos hifcè veluti pafsim tritis derèlictis, ad altiora tendamus.

Iunus & Lu-na. Venus almus & alma.

CAPVT III.

De Ofiride primo Numine Aegypti, de eius origine, ac πολυσυμία, ex Aegyptiorum, Græcorum, & Latinorum placitis.

Vndè deriue-tur Ofiris.

DE Ofiride eius etymo nominis varij variè fenferunt. Plutarchus libro de Ofiride & Ifide illud nunc ὑπὸ τῦ ὁσίϕ- κỳἱερϕ-, quafi diceres ·ὁιερϕ- aut Ο'σίϕ-, id eft, *Sacrofanctum*, nunc ab Ægyptiacis vocabulis ᴐᴄ & ιριᴄ quorum illud multum, hoc oculum, quafi diceres πολυόϕθαλμιν, feu multoculum fignificat, cum Diodoro, Horapolline, Eufebio, Macrobio, alijfque deriuat. Ego quantum ex antiqua Ægyptiaca lingua mihi colligere licuit, Ofirin fanè nihil aliud fignificare conijcio, nifi Dominum fanctum ᴨᴏᴄιᴘιᴄⳉ vt in Supplemento demonftrauimus, ignem vbique ardentem; qui tamen Hebraicam originem fectantur, dicere poffunt, idem fonare ac ⲱⲛ, id eft, ignem, & Græcû σύϕν, quod æftuare fignificat, quafi diceres Effires, vel Efires ab Efch & Syrin compofitum nomen; hoc vt credam me Abenephi Arabs mouet, qui Zoroaftre & Ofiride in vno Chamo confufis, illum Zoroaftrem, hoc eft, ftellæ fiue fideris figuram, fiue abfconditi ignis fignum, quorum illud à nomine Hebraico ארוד, & Græco ἀςήϕ, vel à Chaldaicis vocabulis סתר & צורא quod idem eft ac ignis abfconditus,

ditus, deducitur; Hebræi nomen Osiris ab Adris, quò nomine Henoch ap- Adris, Osiris idem.
pellant, deriuant; quasi diceres Asiris mutato d in s, quod Chaldæis fa-
miliare fuit. Sed audiamus verba Abenephi:

وكان حام لابن ذوح وهو راس من الاولين الذي اوري العبوبده الاصنام وادخل في
العالم الطلسمات وسحر الماس في الارض مصر واسمه ضور استبير وادرس التنيه اعني
نار ديتعن بكل مكان ✤

Hoc est: Et ipse fuit Cham filius Noë primus inter homines idolol t i a disse-
minator, & qui in Mundum telesmatum artem & Magiam introduxit, aliasque
superstitiones exercuit, ob quas & Zoroaster, & Adris Propheta dictus est, quasi
diceres, figuram seu simulachrum sideris, vel ignem vbique lucentem. Astipula- Greg. Turon.
tur huic Gregorius Turonensis, qui ex Clemente Alexandrino probat,
Zoroastrem nihil aliud significare, quàm stellam viuentem, & à Diogene
Laërtio ἀςρεοθύτης hoc est, sacrificator astrorum dicitur. Cùm autem Ægyptij Osiridem Solem esse credant, Sol autem veluti astrum viuens, igne
suo omnia viuificet, non male sideris simulachrum, & ignem veluti lucentem Chamum seu Misraimum sub nomine Zoroastris & Osiridis indigita-
runt. Sed quoniam de hisce nominibus in Obelisco Pamphilio fusiùs tra- Alia Osiridis deriuatio.
ctatum est, eò Lectorem remittimus. Alij quoque, ne hoc omittam, Osi-
ridem sic dictum volunt à pelle nebride, quà indutus fingebatur maculis
variegata, ad varietatem astrorum tacitò significandam. Siue itaque Osiridem figuram seu formam astrorum, aut ignem vbique lucentem, siue
πολυόφθαλμον dixeris, semper idem, nempe Solem indicaueris. Sol enim
communicando lumen cœteris astris, verè forma eorum dici potest, in.
quantum ea luce & spiritu animat; ignem quoque vbique lucentem, Solem esse plerique antiquorum philosophorum crediderunt. Πολυόφθαλμ.
autem non incongruè dicitur, eò quod radijs suis veluti oculis quibusdam
quicquid in hoc vniuerso comprehenditur, videat & perlustret, iuxtà illud
Homeri:

Ἠέλιθ. θ'ος παντ' ἐφοράς, καὶ παντ' ἐπακέιε.

Isidem porrò eius, hoc est Lunam, eius vxorem asserunt, de quibus ita Diodor. l. t. c. i
Diodorus: Hos Deos arbitrati, dicunt eos vniuersum circumire orbem, aut nutrire augereque omnia tribus anni temporibus motu continuò perficientes orbem,
vere, æstate, ac hyeme; hæc inuicem contraria, annum conficiunt firmâ concordiâ.
Quorum Deorum natura plurimùm conferat ad omnium animantium generationem. Cùm alter igneus, ac spiritalis existat, altera humida atque frigida, aër
vtrique communis; ab eis itaque generari, atque nutriri corpora omnia, rerumque
naturam à Sole & Luna perfici. Cuius virtutes, ac perfectiones tot nominibus expressæ comperiuntur, vt Plutarchus eos non immeritò μυειονύμυς. Osiris
Homerus autem illum eandem ob causam Deorum omnium patrem, hanc πολυόνο-μ@.
matrem appellârit; atque hinc inextricabilis penè Numinum confusio,
quà Osiridem alij cum Baccho seu Dionysio, Mercurio, Pane, Neptuno,
Ioue, Iano, Saturno, Cœlo confundunt; alij cum Hercule, Apolline, Hesychius.
Plutone, Horo, vnum faciunt; alij verò eundem esse volunt cum Nilo, Giraldus Synt. 1. de Diis.
Apide, Serapide, Hammone, Oceano, vti Hesychius: Giraldus denique

Z

ex

ex alijs proprio nomine eum Hyfirin, & Arfaphan appellat ; ecce Genea-
logiam Deorum omnium in vno veluti capite repræfentatam ; vndè porrò hæc polymorpha nominum congeries originem duxerit, variè fentiunt
authores ; Abenephius nofter, putat polyonomafiam hanc è commixtio-
ne Ægyptiorum cum Hebræis, aut è multiplici Solis affectu defumptam.
Nam cùm Ægyptij poft difperfionem gentium Hebræis permixti , multa
pafsim de primorum parentum rebus geftis, vt de Adamo, Eua, & Serpente in horto voluptatis ; de Abelis & Caini di.fidio, de Gygantibus , de
vniuerfali diluuio, de Noëmo, eiufque nauigio, de turris Babylonicæ fabrica, de Enoch mirabiliter tranflato, de tyrannide Nimbrod , de fanctí-
tate Abrahæ, alijíque fimilibus primorum patrum virtut.bus inaudiffent;
cùm præcereà omnes eos, qui vel virtute, fcientiâ, rerum geftarum gloriâ,
aut rerum humano generi necefiariarum inuentione clarerent, Ofiride;
Ægyptiâ linguâ, quafi bonorum omnium prouifores dicerentur; factum
Plures funt
Ofirides. effe arbitratur, vt apud Ægyptios Thebæos Adam & Henoch , de quo
tanta ex Noëmo, & filijs fuis perceperant, primi Ofirides fint habiti, quos
cùm rerum geftarum gloria fulgidos fequeretur alter veluti Mundi propagator Noë, eodem à pofterioribus Ægyptijs cohoneftatus nomine, fecundus Ofiris extiterit ; fecuti deindè Cham, Mifraim, alijque Reges, qui
prædeceflorum præclarè gefta in vita fua expreflerant, finguli hoc nomine
infigniti, Ofirides funt dicti ; quorum quidem res geftæ cùm à diuerfis di-
uerfimodè narrarentur, alijs plùs æquo eas exaggerantibus, fabulofas nar-
rationes mifcentibus alijs, quemadmodum in huiufmodi occafionibus ferè femper fieri folet, tota hiftoria à vero recedens, in fabulas, & poëtarum
commenta omninò abijt. Hinc Ofiris, & Ifis, in Adamo, & Eua , item in
Noëmo, & vxore eius Nioba, quorum vterque humani generis propagator, ac rerum inuentor fuit, aptè repræfentantur ; hinc quoque Abelis,
& Caini, Chami item ac Nimbrodi difcordia, cum Ofiridis, & Typhonis,
(quorum hîc fratrem fuum, Titanûm feu Gygantûm ope fretus, ac inuidiæ
æftró percitus interemit) contrarietate, pafsim promifcuè confunduntur .
In Setho denique iufto & fapiente Adami filio, in Iapheto feu Prometheo,
Sole, & Ioue, Horus Ofiridis filius non inconcinnè exhibetur ; fed hæc
meliùs in hîc adiecta tabella apparebunt .

ANALOGIA
Rerum à primis Mundi Patriarchis geftarum, geftis Ofiridis, Ifidis, Typhonis, Hori parallela.

Con-

Coniuges		Fratres contrarijs moribus		
Adamus Iared Henoch	Eua	Abel	Cain	Seth
Noëmus	Tellus seu Nioba	Sem	Cham vel Nimbrod	Iaphet seu Prometheus
Cœlus	Vesta	Saturnus	Mars vel Vulcanus	Sol
Osiris	Isis	Osiris secundus	Typhon	Horus
Fuerunt hi habiti				
primi Vrbium conditores, Agrorum cultores Artium inuentores Legislatores	*primæ* Matres viuentium. Hominum propagatrices. Deorum Matres Bonorum largitrices.	Filij Deorum Iustitiam appetentes. Sanctitatem sectantes. Religionem propagantes.	Malorum inuectores. Idolatriæ authores. Bellorum amatores. Cædem spirantes.	E sancto germine. Paternarum virtutum æmuli. Iustitiæ amantes. Diuinitatem meriti.

Cùm porrò Ægyptij hæc & similia de primis parentibus perciperent, & vehementer veluti gesta humanarum actionum metam longè excedentia suspicerent ; nil facilius fuit superstitiosæ genti, quàm eos apotheosi quâdam exoticâ cohonestare, præsertim cùm vt hæc facerent, magnum pondus in animis eorum habuerit, egregia illa primorum patrum sapientia, & rerum naturalium, quâ pollebant, cognitio , longaque vitæ productio ; Enochi quoque de hoc Mundo miraculosa translatio , similiaque quæ ipsis fabularum condendarum occasionem præbere poterant ; quæ omnia confirmabantur incantationibus frequentibus, ac magicis miraculis, quæ impia Chami progenies diuinitatem per se affectans vbique passim edebat ; queis ita Ægyptiorum animi percellebantur, vt eos veluti cœlestes Deos adorarent, ac rerum omnium moderatores sanctè venerarentur . Atque hinc prima illa Architecturæ Deorum fundamenta ; hinc origo Iouis, Herculis, Æsculapij, Bacchi , Neptuni, Iani , aliorumque Deorum, de quibus in serie huius Syntagmatis fuse dicetur . Verùm ne quisquam hanc nominum analogiam, seu æquiuocationem à nobis confictam arbitretur, testes adduco Lactantium Firmianum, & Eusebium, qui eandem nobiscum asserunt ; queis subscribit Archilochus Græcus Chrono-

Vndè Deorū origo.

Lactant. l. 2. c. 14. de orig. Euseb. l.1.c.1. præp. Euang. Archilochus.

Z 2

nologus. Verùm inter alios maximè nobis astipulatur Xenophon, quisquis ille fuerit, libro de æquiuocis, cuius verba cùm consideratione (vt
quæ nos ex infinitis tricis eruere possint) dignissima reperissem, ea hìc ad
longum apponere placuit. *Saturni*, inquit, *dicuntur familiarum nobilium
Regum, qui vrbes condiderunt, antiquissimi*. *Primogeniti eorum Ioues & Iunones ; Hercules verò Nepotes eorum fortissimi*; *Patres Saturnorum Cæli, vxores
Rheæ, Cœlorum Vestæ ; quot ergò Saturni, tot Cæli, Vestæ, Rheæ, Iunones, Hercules , idem quoque, qui vnis populis est Hercules, alijs est Iuppiter ; nam Ninus, qui Chaldæis extitit. Hercules, alijs est Iuppiter : & idem quod Ninus, qui
nomine proprio Assyrius est dictus, à quo & Assyrij appellati sunt*. Ex quibus
patet, Cœlum dictum esse patrem Saturni, & terram matrem ; vndè
Ægyptiorum fabulæ de Osiride & Iside promanasse verisimile est, vt benè
notat Minutius Felix. Nam illi, qui vel virtute, ac rerum gestarum gloria
in hoc Mundo eminent, aut qui subitò ex ignotis parentibus in sublimè
emergunt ; solemus è cœlo cecidisse, dicere ; quod & probat Lactantius
Firmianus authoritate antiquissimi Trismegisti, qui cùm diceret , admodum paucos extitisse, quibus esset perfecta doctrina; in his Cœlum, Saturnum, & Mercurium nominauit. Confirmat eadem Ennius in Euhemero,
qui ait, primum in terris imperium habuisse Cœlum ; hoc est, Saturni Æ-
gyptij patrem. Cur verò Reges Deorum , Cœlorum , Stellarumque nominibus cognominati fuerint, idem Lactantius suprà citatus ait, ob nominis fulgorem, & ad æternâ famam consequendâ id contigisse : nam Reges
cùm essent potentissimi, parentum suorum memoriam nomine cœli, terræque celebrabant, cùm hi priùs alijs nominibus appellarentur : sic Berosus, Noam, ob præclarè gesta, dictum asserit à posteris, Cœlum, Ianum,
Chaos, Semen Mundi; Seruius verò , ait , antiquos Reges nomina sibi
plerumque vendicasse Deorum , rationem assignans Lactantius , adducit
testem Ciceronem libro de natura Deorum . Nam cùm ante Cœlum &
Saturnum nulli fuerint Reges ob hominum raritatem, ipsum Regem, totamque posteritatem eius summis laudibus , ac nouis honoribus iactare
cœperunt, & Deos credere, ob causas superiùs indicatas ; & hoc videtur
clarissimè demonstrare Xenophon, cùm dicit : *Saturnos dictos, qui nobilium
Regum vetustissimi condiderunt vrbes & populos, ac proindè non vnum, sed plures
fuisse Saturnos, quorum patres dicti sunt Cœli : filij verò Ioues &c* . *Nomina igitur hæc fuerunt dignitatis & Deitatis cuiusdam apud rudes priscos, ob nominis celebritatem inuenta* . Deindè notat Xenophon, quod nomina ista sunt relatiua, vt Genitor & genitus; vndè Saturnus est is, qui à Cœlo & Vesta siue terrâ fuit genitus; & qui ex Rhea seu Opi sorore simul & vxore genuit
Iouem & Iunonem . Iuppiter verò is est, qui è Saturno & Rhea genitus,
genuit Herculem . Ergò ista nomina sunt magis analoga, quàm æquiuoca, quia de pluribus posterioribus dici videntur per habitudinem ad primum Cœlum, posteriores Cœli ; & ad primam Vestam, posteriores ; & sic
de cœteris . Vndè subiungit Xenophon : *Nimbroduss & Saturnus , cuius
filius Belus est Iuppiter Babylonius* (quæ & Diodorus notat) *similiter Camefes
apud Ægyptios* (quem Hebræi Cham, Ægyptij Chem proprio nomine ap-
pel-

pellant) *eſt primus Saturnus, cuius primogeniti Oſiris & Iſis, Ægyptius nimi-*
rùm Iuppiter & Iuno (quem nos ſuprà Miſraimum eſſe oſtendimus, & vxorem eius Rheam, ſiue Iſin . Item Oſiridis filius Lybius nomine , teſte
Diodoro, Ægyptius fuit Hercules, qui robore corporis erat admirabilis ,
& gradu Oſiridi genereque proximus . *Pari ratione Apteras Cretenſis fuit*
*primus Saturnus, qui Cœlo patri teſtes amputaſſe dicitur, & filius eius Iuppiter,
Iunoq́ primigenita . Alcæus quoque ex Alcmæna fuit Græcus Hercules, & ita*
*de alijs : nam cùm relatiua eius nomina ſint, vt poſſint vni diuerſa conuenire, idem
enim eſt, pater & filius reſpectu diuerſorum .* Idcircò idem eſſe poteſt , Cœlus , Iuppiter, Saturnus, & Hercules, quorum exempla ponit Xenophon .
Quemadmodum igitur plures memorantur Cœli, Saturni , Ioues , Hercules, Rheæ, Tellures, Veſtæ, Iunones, quæ ſic dicti ſunt, ob facinorum, quæ
perpatrarunt, ſimilitudinem ; ſic plures Zoroaſtres, Oſirides plures, plures Iſides, Hori item, ac Typhones iuxta geſtorum analogiam, à fabuloſa
antiquitate conſtituti ſunt . Iterum ſicuti M. Portius Cato , Ianum , &
Saturnum Scytharum, & Aſſyriorum facit Noëmum, & Chamum filium ;
ſic Italorum Ianum, Saturnumque conſtituit Zapho filium Eſau, Ben Gorion dictus Ioſephus . Verùm quandoquidem ea hiſtoria nullibi apud
Latinos, quantùm quidem cognoſcere licuit, extat, viſum fuit, eam hìc in-
terſerere, vt quâ ratione hìc Ianus cum Iano Oenotrio, ſeu Aboriginum
conciliari poſſit, faciliùs eluceſcat . Verba itaque Ioſephi Gorionidis
ſunt, vt ſequuntur .

בימים ההם ברח צפו בן אליפז בן עשו ממצרים אשר לכה יוסף בעלותו לקבור
את אביו בחברון ויוצאו בניעשיו לקראתו לשחק לו ותגבר יד יוסף עליהם וילכד צפו
בן אליפז וחביריו ויביאם מצרימה : ויהי אחרי מות יוסף ברח צפו ממצרים עם אנשיו
ויבאו אפריקאאל אגניאם מלך קרטיגניא ויקבלוחו אגניאם בכבור גדול וישימהו שר
צבאו .

*In diebus, inquit, illis, Tſapho filius Eliphaz, filius Eſau fugit de Æg ypto ,
quem Ioſeph, cùm iret in Hebron ad ſepeliendum patrem ſuum , cùm contumaciùs
in eum inſurgeret, interceptum vnà cum ſocijs in Ægyptum duxit : Tſapho verò
defuncto Ioſeph, ex Ægypto fugiens, in Aphricam ad Aganiam Regem Carthagi-
nenſem ſe contulit, à quo honorifice exceptus , tandem præſes exercitus factus in
Italiam penetrauit, vbi diuinos honores promeruit, Ianus dictus .* Quod Ioſeph
hiſtoriæ ſeriem continuando ſequentibus verbis oſtendit, ſic autem dicit .

ויהי היום ויאבד לצפו פר בן בקר וילך לבקש את הפר וישמע את געיית הפר
סביבות ההר וילך צפו וירא והנה בתחתית ההר מערה ואבן גדולה שומה על פיה וינפץ
את האבן והנה היה גדולה אוכל השור ומחצי ומעלה כדמות חיש ומחציה ולמטה דמות
אדם ויחרוג צפו את חחיה ויאמרו יושבי כתים מה נעשה לאיש אשר הרג חחיה אשר
כלחה בחמתנו : ויועדו כלם לעשות לו יום אחד בשנה חיום מוער ויקראו את שם חיום
החוא צפו על שמו וינסכו לו נסכים ביום ההוא ויביאו לו מנחות ויקראו את שם
חחיה ההוא יאנוס אל שם החיה אשר הרג . ויוסיפו עוד גדולי גונדלי לבא בארץ כתים
לשלול שלל לבו בן כפעם בפעם ויאסוף יאנוס צפו לקראתם וינוסי לפניו ויבריחם
ויצא הארץ מרודנא ויוסיפו עוד בני כתים וימליכו את יאנוס צפו עליהם וילבו לכבוש
בני חובל ואיי חים עד סביבותיה וימליכו את יאנוס ויוצא יאנוס בני מלכם בראשם
ויכבש ויקראו לו עוד צבי יאנוס על שם החיה סטורניס על שם הכוכב אשר חיום
עובדים

עובדים לו ב'מים הרם ושם הכוכב שבתאי ומלך זהמלך תחלה בבקע כנפניא בארץ כתים
ובנה לו היכל גדול מאד וישלוך על כל ארץ כיתים ועל כל ארץ איטאליאה וזיאים
אשר מלך יאנוס סאטורנוס כ' שנים וימה יאנוס סאטורנוס ויקבר בעיר גבנה וימלוך
חתיו יאנוס אחד הכשים שנה ויבנה גם הוא בבקעת כנפנייאה היכל עצום למושבו :

Contigit igitur, vt Sapho deperditum quodam die vituli quærens, audiret in latere montis vocem vaccæ, aut vituli similem: existimans itaq; vocem à perditi vituli, eam insecutus est, vsque dum ad inferiora montis peruentum esset: & ecce se se in pariete montis offert spelunca quædam ingenti circumsepta saxo, quod cum esset amolitus, è vestigio bestia quædam in antro, visu horrenda comparet: Bestia verò, eo ipso tempore boue deuorando occupata, ex media parte superiori hircum syluestrem, ex inferiori media, hominis referebat imaginem, quam Sapho mox inito prælio interfecit. Homines autem Cithim (hoc est Itali) opere Zapho comperto dixerunt: quid faciemus homini, qui belluam adeò nobis infestam interficiens omnes ab interitu vindicauit? & vnanimiter tandem concluserunt, vt dies in anno eius nomini consecratus, in memoriam facti celebraretur, offerentes ei libamina & sacrificia, ac in Regem electum, cùm totam Italiam ab hostium insultibus liberasset, Ianum appellarunt; exercitus verò Gundelorum denuò irrumpens in Italiam, omnem circa Regionem prædæ, & spolijs subijcere conatus est; Ianus verò se ei opponens totum in fugam conuertit, ac sic totam terram ab insultibus hostium liberauit; ob quam causam Ianum sibi filij Cithim in Regem elegerunt; & expeditione noua facta contra filios Thubal, & insulas circumiacentes, omnes paulatim à Iano subiugatæ sunt, eum Ianum Saturnum appellantes; Ianum quidem ob interfectam belluam hoc nomine insignitam; Saturnum verò ob stellam, quam tunc temporis Numinis loco colebant Cithim שבתאי Sabtai nomine, quod idem est ac Saturnus; erat autem primò Rex tantum vallis Campaniæ, sed Cethim postea templo in eius honorem ædificato, toti eum præfecerunt Italiæ; regnauit autem Rex Ianus (vndè à Iano Ianuenses) Saturnus 50. annos, & mortuus est, & in ciuitate Gauanæ (forsan Genuæ) sepultus, regnauit autem post eum Ianus. alter totidem quot prior annos, ædificauitq; & ipse in valle Campaniæ templum magnum & splendidum. Atque hucusque Ioseph Ben Gorion; cuius verba ideò hic ad longum proferre placuit, quia ijs, quæ de Aboriginibus, & Ianigenis primis Italiæ colonis Petrus Leo Castella asserit, maximè consentiunt.

Patet igitur ex his, sicuti primi Assyriorum vrbium fundatores dicti sunt Cœli, Saturni; Ægyptiorum Osirides, hoc est, Cœli seu Saturni Ægyptij; sic Italorum primos Reges Ianos denominatos esse; sed vt ad Osiridem redeamus.

Osiris itaque & Isis, teste Diodoro, à Saturno Vulcani ignis inuentoris filio, geniti, defuncto parente coniuges facti, toti imperasse feruntur Ægypto, eâ prudentiâ & moderatione, vt omnium in se oculos, animosque conuerterent; nam præter leges saluberrimas Ægyptijs datas, agriculturam, vsum instrumentorum mechanicorum, armorum, vinearum item, atque olearum plantationem docuère, literas quoque cœterasque scientias, vti Musicam, Geometriam, Astrologiam Mercurio adiutore introduxère primi, easque summô semper studiô coluère.

His itaque salubriter inuentis, Osiris ad maiorem gloriam aspirans, ingentem

gentem comparauit exercitum, omniumque rerum curâ Iſidi vxori commiſſa, Mercurium prudentiſſimum virum ei adiunxit in regno gubernando veluti adiutorem & Conſiliarium . Herculem quoque incomparabi-
lis roboris, ac fortitudinis virum militaribus negotijs præficiens , ipſe rebus ſic prudenter conſtitutis, cum Apolline fratre Lauri repertore , ac
duobus filijs Anube, & Macedone (quorum ille canem , hîc lupum inſignibus ſuis ferebant) in expeditionem proficiſcens , præter Pana (qui
poſteà diuinos honores in Ægypto conſecutus eſt) ſecum quoque ducebat Maronem, & Triptolemum, quorum ille vinearum colendarum , hîc
ſeminum terræ mandandorum rationem callebat ; Oſiris etiam cum muſica ſummopere recrearetur, nouem ſecum Pſaltrias, quæ poſteà à Græcis
Muſæ dictæ ſunt, vnà cum earum inſtructore Apolline, aſſumpſit . Saty-
ros verò ad pſallendum, cantandum , atque ad animi remiſſionem conciliandam aptos ſecum in caſtris habuit . Non enim bellicoſus, aut prælijs,
periculiſque deditus ſuit, ſed otio, & hominum ſaluti; quò beneficiô pro
Deo omnes cum gentes habebant; Æthiopibus agriculturam oſtendit,
inſignibus in ea vrbibus à ſe ædificatis. Nilum quoque longè latèque,
cum maxima hominum pecudumque iactura exundantem,per Herculem
intra alueum coarctauit ; vndè & fabula de Aquila (ſic enim ob velocita-
tem vocabatur) iecur Promethei depaſcente; erat autem Prometheus
Rex iſtius territorij,quod tantopere à Nilo exundante deuaſtabatur . His
peractis in Arabiam migrans, hinc ad Indos vſque peruenit ; vbi rebus
præclarè geſtis in ea æſtimatione fuit, vt indigenæ diuinos honores ei paſſim offerrent. Hinc diſcedens per cœteras Aſiæ prouincias,ad extremam
vſque Europam penetrauit, omnia ea,quæ adinuenerat,docendo:tandem
in Ægyptum remeans,ob facinorum magnitudinem in Deorum cœtum
adſcriptus eſt, factumque eſt, vt ſuccedentibus temporibus,cùm fama eius
creſceret, nominum quoque creſceret impoſitio ; nam à conditis vrbibus
Saturnus ; à ſupremo rerum dominio Iuppiter ; à vini,oleique inuentione
Bacchus ſeu Dionyſius; Hercules à ſumma fortitudine; ab orbis luſtratio-
ne Neptunus; à rebus inuentis Mercurius; Apollo à Muſicæ frequenti tra-
ctatione ; & Ianus denique à politioris vitæ cultu vocatus ὁ πολυονομίας
occaſionem præbuit; atque hoc ita ſe habere Vatum antiquorum teſti-
monia oſtendunt ; qui Oſiridem cum omnibus dictis nominibus confundunt   Ac primò quidem Saturnum cum Oſiride Orpheus in ſuo hymno
confundit, quem cum ſtyracis ſuffimento concinit his verbis :

Ὃς νέάς χⷱ ϖαῖϊα μέρη κόζμοιο γίναρχα
Ὃς δ'ἀπαιδᾶς μὼ ἁπανϊας, κγι αὐξⷦϲ ἔμπαλιν αὖτϲς .
Omnes qui partes habitas Mundíq̓, genarcha
Abſumis qui cuncta idem, qui ruiſus adauges .

Virgilius cum Iano & Saturno eum eundem facit,cum hiſcè verſibus ludit.

Vitiſator curuam ſeruans ſub imagine falcem,
Saturnuſꝗ ſenex, Ianíꝗ bifrontis imago.

Tibul-

Tibullus quoque Oſiridem cum Baccho ſeu Dionyſio, & Saturno
eundem eſſe ſequenti carmine manifeſtum facit.

Te canit atque ſuum pubes miratur Oſirim,
  Barbara Memphitem plangere docta bouem,
Primus aratra manu ſolerti fecit Oſiris,
  Et teneram ferro ſollicitauit humum.
Primus inexpertæ commiſit ſemina terræ,
  Pomaque non notis legit ab arboribus.
Hic docuit teneram palis adiungere vitem,
  Hic viridem durâ cædere falce comam;
Illi iucundos primùm matura ſapores
  Expreſſa incultis vua dedit pedibus.
Ille liquor docuit voces infleclere cantu
  Mouit, & ad certos neſcia membra modos.
Bacchus, & agricolæ magno confecta labore,
  Pectora triſtitiæ diſſoluenda dedit,
Bacchus & afflictis requiem mortalibus affert,
  Crura licèt durâ compede preſſa ſonent,
Non tibi ſunt triſtes curæ, non luctus Oſiri.
  Sed chorus & cantus, ſed leuis aptus amor.
Sed varij flores, & frons redimita corymbis
  Fuſa ſed ad teneros lutea palla pedes. &c.

Idem igitur Dionyſius eſt & Oſiris; hinc enim & Chenoſyris hede-
ra dicta eſt, hoc eſt, Oſiridis planta. Herculem porrò & Bacchum elegantiſſimè conſociat in quodam epigrammate Antipater, hoc triſtycho.

Ἀμφότεροι Θηβῆθε, καὶ ἀμφότεροι πολεμιςαὶ
  Ἐκ Ζηὸς· Θύρσῳ δ᾽ ἑνὸς ὁ δὲ ῥοπαλῷ,
Ἀμφὶν δὲ ξύλᾳ σωτήμονες εἰκελα δ᾽ ὅπλα,
  Νεβρὸς λέοντῆ κύμβαλα δὲ πλατάγη,
Ἥρῃ δ᾽ ἀμφοτέροις Χαλεπὴ Θεὸς· οἱ δ᾽ ἀπὸ γαῖς,
  Ἦλθον ἐς ἀθανάτις ἐκ πυρὸς ἀμφότεροι.

Hoc eſt:

Ambo Thebani, gnati Iouis, ambo ſtrategi,
  Hic clauâ gaudens, Thyrſiger alter ouat.
Ambo triumphantes varijs armisque columniſque,
  Hic cerui exuuias, ille Leonis habet,
Vtrique æra crepant; Iuno graue Numen vtrique
  E terra ad ſuperos ignis vtrumque tulit.

Mercurium verò alios Deos vnum conſtituere Oſiridem ſuprà diximus, & infrà dicemus; patet igitur hanc πολυωνυμίαν in vno Oſiride repræ-
ſentatam, nil aliud ſignificare, niſi vnius Solis multiplicèm & variam virtutem,

tutem, quàm in inferiorem Mundum obtinet. Multa mihi hìc dicenda essent de alijs fabulis Ofiridi affictis, & variâ eum repræfentandi ratione ; sed quia hæc omnia suis locis referuauimus, transeuntes, ad alia pergamus.

CAPVT IV.

De Iside vxore Ofiridis, ex mente Græcorum, & Latinorum.

Tanta est, ac tam diuerfa Authorum de Iside sententia, vt cui credendum sit, vix dispici possit, Græci eam filiam Inachi afferunt ; vndè fabula de transformata à Iunone in vaccam Iside, ob stuprum ei à Ioue illatum ; fabulam Græcis verbis narrat Chronicon Alexandrinum, nos versam, latinis sic referimus.

Picus seu Iuppiter Occidentis Rex, cùm de Inacho inaudisset, pulcherrimam Chronicon Alexandr. *ei filiam virginem Io dictam, per emissarios raptam compressit, grauidauitque, & filiam ex ea genuit appellatam Lybiam ; sed Io indignè ferens illatam sibi contumeliam, dedignataque porrò cum Pico Ioue consuescere, clàm omnibus, desertàque filiâ, ob ignominiam in Ægyptum profuga nauigauit, ingreßaque regnum Ægypti ibi sedem fixit. Verùm cùm aliquantò post accepisset Hermen, seu Mercurium Iouis Pici filium Ægypto cum potestate regia præeße, metuens Mercurium, fugâ in Sipilum montem euasit ; vbi Seleucus Nicanor Macedo posteà vrbem condidit, quam à filio suo Antiochiam magnam appellauit ; profecta verò posteà in Syriam Io, ibi extincta est, vti literi consignauit sapientissimus ille Theophilus. Alij contra tradiderunt in Ægypto defunctam. Inachus autem pater Ius ad eam inquirendam misit fratres suos & propinquos, nec non & Triptolemum cum alijs Archiuis, qui eam vbique vestigantes, tamen non repererunt. Posteaquam verò Archiui didicerunt eam in Syria mortuam, illuc ventitantes aliquandiu ibi hæferunt, singulas domus pulsantes dixerunt. Salua sit anima Ius, acceptoque per speciem quandam oraculo, visi sunt videre buculam humanâ voce secum ita loquentem : Hic ego sum Io. Exciti somno manserunt ibi admirabundi super vi somnij, secumque res pertractantes omninò censuerunt in monte Sipilo eam sitam, postoque ibi sano, sedes fixerunt, vrbemque condiderunt, quam Iopolim dixere, cuius ciues hodie apud Syros Ionitæ dicuntur. Ergò Antiocheni in Syria ex illo tempore, cùm Archiui Io quæritantes aduenerint, ad rei testandam memoriam, certo tempore, quotannis Græcorum feriunt ædes. Atque hactenus Chronicon.*

Hæc Io filia Inachi, etsi paßim cum Iside confundatur, nos tamen eam non veram illam Isidem Ægyptiam Ofiridis vxorem, sed Isidem Assyriam, vel Archiuorum esse asserimus ; causam aperuimus in Syntagmate primo, cùm de Regibus Ægypti egimus. Quæ igitur fuerit illa tot Scriptorum monumentis celebrata Isis, aut vndè oriunda, magnæ sunt inter Authores concertationes : alij ex Æthiopia eam oriundam affirmant. Xenophon in æquiuocis Ofiridem & Isidem Saturni liberos asserit, vti in præcedentibus ostensum quoque fuit : alij negant fuisse fratrem Isidis, Ofiridem, quod Xenophon, Diodorus, Eusebius, & alij affirmant : Dio-

dorus

Lact. Firm.
divinarum
inflitut. l. 2.
Minut. Felix
in Octa.

dorus enim & Martianus Cappella, maritum, fratrem, & filium fuiſſe aſſerunt: Lactantius & Minutius Felix tantùm filium. Alij quoque eam cum Semiramide confundunt, vti Chronici Alexand. Author, verba eius funt:

Ἐγενήθη δὲ ᾗ ἀςἐρασιν ἀπ Θερπ Θ, γιγανίο γενὴς ὀνόματι Κρόν Θ, ἀπαλπθεὶς ὑπὸ Δαμυς τῷ ἰδίω πατρὸς εἰς τὼ ὑποωνυμίαν τῷ πλαίντ Θ, ἀςἐρ Θ. Ἐγένετο δὲ δυνατὸς θεσ, ὅτις πρωτ Θ κατεδείξατο βασιλεύειν, ῄ τι ἄρχειν ᾗ κρατεῖν τῷ ἄλλων ἀνθρώπων. Et paulò poſt; Οὗτις ἄχι γυναῖκα τὼ Σεμιραμιὼ τὼ ᾗ ῥ᾽εαν καλεμθῶω. &c.

Extitit autem è gygantæo genere profatus Chronus ſeu Saturnus nomine, ab errantis ſtellæ nuncupatione à patre ſuo ſic vocitatus; qui ad magnam potentiam aſpirauit, primuſque cœteris imperandi & regnandi artem oſtendit. Et paulò poſt: Fuit huic vxor Semiramis apud Aſſyrios Rhea nominata. Quæ omnia & ijs, quæ ſuprà in capite de Regibus Ægypti; & hìc ex Xenophonte adduximus, optimè quadrant: hæc enim ſi quiſpiam benè inter ſe contulerit, facilè, quomodò Oſiris frater Iſidis, quomodò filius, quomodò maritus ſit dicendus, colliget: pendent enim hæc omnia ab æquiuocatione nominum eorum, qui huiuſmodi fuerunt inſigniti, ex qua ſola illa, quam apud Scriptores inuenimus, inextricabilis penè nominum confuſio originem duxit, vti diximus, & alibi fuſiùs probabimus.

Iſidis veneratio.

Quicquid ſit, Iſis in tanta apud Ægyptios fuiſſe fertur veneratione, vt capitalis ad inſtar delicti eſſet, dicere eam fuiſſe hominem, ac proindè in omnibus templis, vbi ſtatuæ Oſiridis & Iſidis collocabantur: Statua

Cur Harpocrates Iſidi ſu xta poſitus,
g. Aug. lib. de ciu.

quoque Hori ſeu Harpocratis filij ponebatur: vndè D. Auguſtinus referens in hoc authoritatem Varronis, ſubiungit: *Quoniam in omnibus templis, vbi colebatur Oſiris & Iſis, ſimulachrum erat, quod digito labijs impreſſo, admonere videretur, vt homines eos fuiſſe tacerent.* Plutarchus eam cum Luna eandem eſſe dicit, cum Macrobio, Euſebio, Luciano, alijſque innumeris, quibus aſtipulatur Abenephi, qui eam Lunam habitam his verbis indicat:

Abenephius.

وذكروا اعل الفلسفة فارس ومصر ان اوسيريس كما نكرنا اعماله هوكبكب الشمس وايسيس امراته هي القـمـ ـ ـ ـ ـ ـ ـ ـ

Memorant philoſophorum Perſarum & Ægyptiorum familiæ, quod Oſiris, de cuius operibus ante locuti ſumus; nihil aliud ſint, quàm Sol; vxor verò eius Iſis, Luna. Quæ cùm ita ſint, non malè à Plutarcho Iſis dicitur πασδεχὴς, hoc eſt, continens omnia, & κερα] οφόρ Θ, hoc eſt, cornigera, ad Lunæ falcatæ ſimilitudinem efficta; μελανόσολ Θ quoque, hoc-eſt, nigris veſtibus; ad occultationem, obumbrationemque eius ſignificandam, queis induta, & amore capta Oſiridem illum ſeu Solem continuò ſequi videtur. Hinc in amatorijs quoque eadem inuocabatur, & ab ea amatoria, vt Eudoxus refert, ſubminiſtrari dicebantur, quæ confirmat Abenephius dicens, Ægyptios maximè figuram Lunæ ſeu Iſidis congruo tempore materiæ aptæ impreſſam, ad amorem aliorum conciliandum portaſſe; ſuperſtitioſi operis methodum ſequentibus verbis docet:

Abenephi.

فلما كان الشمس في سمت والقمر والسرطان جمعين بطلعورب وان تكتب علي كاغذ بشرف القمر والطالع والسرطان وتختم به علي شي ابي من اران احمه وتخون به علامة القمر في ساعة القمر وفي شرف المشتري وتجمله عليه كل شي حبا شريدا حبن الحيوان تتره ـ ـ ـ ـ ـ ـ

Scribunt super pergamenum Sole absidem tenente, & Luna cum Cancro oriente, eum cuius amorem desiderant, & imprimunt in eo hora Lunæ competente, & Ioue in summitate constituto, figuram Lunæ, & portant super se, & dicunt, omnes eum amabunt vehementer vsque ad ipsa animalia, quæ amore tracta sequentur eum. Ecce somnia Astrologorum Ægyptiorum.

Sed ad Isidem reuertamur; Seruius eam Genium Nili existimat, qui per Sistri motum, quod dextrâ portare fingebatur, Nili accessum significabat; per situlam verò, quam sinistrâ tenebat, lacunarum affluxum ostendebat, eamque prædictus Author ait, nihil aliud significare Ægyptiorum lingua, quàm terram. Horapollo de ea sic scribit : *Ægyptij annum significare volentes, Isim pingunt hoc eodem signo, Deum intelligi volunt; nam apud ipsos Isis Stella est, Ægyptiâ linguâ Σῶϑις appellata, Græcâ verò ἀϛϱοκύων.* Macrobius autem ait Isidem cunctâ religione celebratam, quæ vel terra sit, vel natura rerum subiacens Soli. Hinc est, ait, *quòd continuatis vberibus corpus Deæ omne densetur, quia vel terræ, vel rerum natura alimento nutritur vniuersitas.* Fuerunt, qui Deam Syriam eandem facerent cum Iside; sed hi ex Luciano de Dea Syria facilè redarguuntur. Apuleius Macrobio consentiens, eam in elegantissima sua descriptione de triumpho Isiaco naturam rerum facit. *Necdum*, inquit, *satis compresseram, & ecce pelago medio, venerandos Dijs etiam vultus attollens, emergit diuina facies, at de hinc paulatìm eius mirandam speciem ad vos etiam referre connitar; si tamen mihi differendi tribuerit facultatem paupertas humani oris; vel ipsum Numen eius dapsilem copiam eloquutilis facundiæ subministrauerit. Iam primùm crines vberrimi prolixique & sensim intorti per diuina colla passim diuersi molliter defluebant. Corona multiformis, varijs floribus sublimem distinxerat verticem; cuius media super frontem planam rotunditas in modum speculi, vel imò argentum Lunæ candidum lumen emicabat, dextra leuaq́ sulcis insurgentium viperarum cohibita, spicis etiam cerealibus desuper porrectis : multicolor bysso tenui pertexta, nunc albo candore lucida, nunc croceo flore lutea, nunc roseo ruuore flammea; & quæ longè lateq́ etiam meum confutabat obtutum; palla nigerrima splendescens atrô nitore, quæ circumcirca remeans, & sub dextrum latus ad humerum læuum recurrens, vmbonis vicem deiecta parte laciniæ multiplici contabulatione dependula ad vltimas oras nodulis fimbriarum decoriter confluctuabat; per intextam extremitatem, & in ipsa eius planitie stellæ dispersæ corruscabant; earumq́, mediæ semestris Luna flammeos spirabat ignes, quaqua tamen insignis illius pallæ perfluebat ambitus, indiuiduo connexu corona, totis floribus, totisque constructa pomis, adhærebat; iam gestamina longè diuersa, nam dextra quidem ferebat æreum crepitaculum; cuius per angustam laminam in modum balthei recuruatam, traiecta mediæ paucæ virgulæ crispante brachio tergeminos ictus reddebant argutum sonum, leuæ verò cymbium dependebat aureum, cuius ansulæ, qua parte conspicua est, insurgebat aspis caput attollens arduum, ceruicibus latè tumescentibus; pedes ambrosios tegebant soleæ, palmæ victricis folijs intextæ. Talis ac tanta spirans Arabiæ felicis germina diuina me voce dignata est; en adsum tibi rerum natura parens, elementorum omnium Domina, seculorum progenies initialis, summa Numinum, Regina Manium, prima cælitum Deorum, Dearumque facies vniformis; quæ cæli luminosa culmina, maris*

salu-

Margin notes:
Isis Nili motus.
Sistri motus quid?
Horapollo l. 1. c. 3.
Macrob. Isis multimammea.
Isis natura rerum. Apul. l. 11. metamorph.
Sistrum.
Situla.

Varia nomina Isidis.

falubria flumina ; inferùm deplorata filentia nutibus meis difpenfo ; cuius Numen vnicum multiformi fpecie, ritu vario , nomine multijugo totus veneratur orbis . Iude primigenij Phryges, Peffinunciam nominant Domini Matrem, hinc Αὐτόχθονε, Attici, Cecropiam Mineruam ; illinc fluctuantes Cypri Paphiam Venerem ; Cretes, fagittiferi, Dictynnam Dianam ; Siculi trilingues, ſtygi m Proferpinam ; Eleuſini, vetuſtam Deam Cererem, Iunonem alij, alij Bellonam, alij Hecatem , Rhramnuſiam alij, priſcaq̃ doctrinâ pollentes Ægypty , cæremonijs me proprijs percolentes, appellant verô nomine Reginam Iſidem . Hactenus Apuleius , qui hoc loco tam luculenter omnem Iſidis defcribit myfteriofum habitum, vt eius figuram afpexiffe, omnia myfteria fub ea contenta vifus fit comprehendiffe . Figuram verò eius in fequenti facie contemplaberis .

Tot autem, & tam diuerfis nominibus Ifis non alia de caufa infignita eft, nifi vt diuerfitas & varietas effectuum, quos in Mundo operatur, fignificaretur ; hinc quemadmodum ex hic appofita imagine apparet, nunc Mineruam, Proferpinam, Lunam, Thetym, ficut Ouidius & Claudianus eam appellant ; nunc Deorum Matrem, Venerem, Dianam, Cererem, Cybelem, Iunonem, Rheam, Bellonam, Hecatem, Rhramnuſiam , Berinunciam, Πολύμορφον δ'αἴμονα, alijfque nominibus, vti ex citato Apuleio, Martiano, Eufebio, Plutarcho, Diodoro, Giraldo videre eft, prifci vocitarunt ; vt proindè non fine caufa in antiquo quodam marmore Gapuæ hæc Ifidis infcriptio legatur,

Infcriptio Iſidis,

TE, TIBI, VNA, QVAE ES
OMNIA, DEA ISIS.

Quam infcriptionem P. Ioannes Baptifta Fachineus noftræ Societatis Sacerdos, non minùs ingenio, quàm eruditione præclarus , ftudiorum meotum confors, dùm illac tranfiret, eâ diligentiâ , quâ femper huic meo Oedipo profuit, defcriptam mihi contulit . Quæ pulchrè fanè congruunt illi infcriptioni, quam Diodorus l. 1. c. 2. circa finem refert ,
quam cùm alibi retulerimus, fupervacaneum effe
ratus fum, eandem hoc loco repetere.

ISIDIS
Magnæ Deorum Matris
APVLEIANA DESCRIPTIO.

Nomina varia Isidis.

Isis
Minerua
Venus
Iuno
Proserpina
Ceres
Diana
Rhea seu
Tellus
Pessinuncia
Rhramnusia
Bellona
Hecate
Luna
Polymorphus dæmon.

Ἴσις πανδεχὴς πολύμορφ@. δαίμων.

Μυριώνυμ@ φύσις, ὕλη.

Explicationes symbolorum Isidis.

A Diuinitatem, mundum, orbes cœlestes
BB Iter Lunæ flexuosum, & vim fœcundatinam notat.
CC Tutulus, vim Lunæ in herbas, & plantas.
D Cereris symbolum, Isis enim spicas inuenit.
E Byssina vestis multicolor, multiformem Lunæ faciem.
F Inuentio frumenti.
G Dominium in omnia vegetabilia.
H Radios lunares.
I Genius Nili malorum auerruncus.
K Incrementa & decrementa Lunæ.
L Humectat. vis Lunę.
M Lunæ vis victrix, & vis diuinandi.
N Dominium in humores & mare.
O Terræ symbolū, & Medicinæ inuentrix.
P Fœcunditas, quæ sequitur terram irrigatam.
Q Astrorum Domina.
R Omnium nutrix.
S ⎫ Terræ marisque
M ⎭ Domina.

Ἀ᾽ περὶ Θεῶν Μήτηρ ταύτη πολύνυμ@ ΙΣΙΣ.

Interpretatio Statuæ Isidis multimammeæ, siue Cybeles Græcanicæ.

Orrò Ægyptij posteriores, vel potiùs Græco-Ægyptij, vt nihil arcanum omitterent, magnæ Deorum Matris simulachrum aliô hieroglyphicorum apparatu adornabant; cuiusmodi passìm hìc Romæ, tùm in diuersis Principum Musæis, tùm hortis spectatur; quale est quod sequitur.

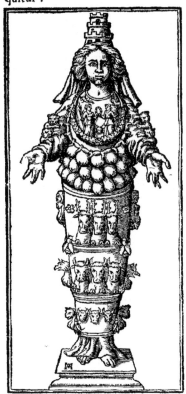

Statuæ descriptio.

Fœmina est turritô vertice, veluti triplicis coronæ diademate fastigiato, capillitiô velóque vndatim diffuso spectabilis; cuius pectus binis simulachris, corymbo inclusis, quorum vtrumque vna in manu palmę ramum, altera lauream tenent coronam, supra quorum capita Cancri & Capricorni figuræ eminent. Porrò simulachrum manibus extensis, veluti ad benefaciendum profunduntur; brachia quadruplici leonum accubitu grauantur; venter pectusq; multiplici vberum, mammarumque protuberatione turget; fœmora tibiæque conico vase triplici animalium serie induuntur; prima series hincindè duo idola Ægyptia; deindè tria ceruina capita binis floribus, & Apibus stipata continet; secunda, turbinatorum fœmoralium series binos dracones, quibus intermediant tria bouina capita, exhibet; tertiam seriem bina leonina capita, quibus tria pariter vitulina capita intermediant, subiunctis binis hinc indè apibus, constituunt; totum denique simulachrum extremorum pedûm lineô vestitu tectorum nuditatem pandit. Exhibuimus symbola, modò restat, vt latentem eorundem sensum paucis quoque enucleemus.

Quid notet turritus vertex.

In Isidis itaque simulachro, turritus vertex, trinâ turrium contignatione insignitus, indicat tres politices species, tùm politicam viuendi rationem, quam Isis primùm mundo introduxisse, tùm præsidium quô vrbes munire credebatur; iuxtà illud Lucretij.

Mura-

Muralef̄q̄ caput fummum cinxére coronæ,
Eximÿs munita locis quod fuſtinet vrbes,
Quo nunc infignis per magnas prædita terras
Horrificè fertur diuinæ Matris imago.

In editis enim, & excelfis locis vrbes ponére antiquis mos erat, non tàm diluuij metu, qui diù mortalium mentibus infedit,quàm vt difficilior hoftibus acceffus foret.

Siue denique faftigiato vertice firmamentum, fiue duodecim figna Zodiaci, quas veteres & etiamnum Arabes ڹروج berugs, id eft, arces vocant, quod influxus in œconomiam totius naturæ,per duodecim fignorum Deorumque ijs præfidentium arces peragantur ; quæ fi de Cybele quoque intelligas, perindè eft, omnia enim magnæ Deorum Matri Cybeli ϲυϞϗνυμα Ifidi applicari poffunt ; capillitio lumen, velô occultam eorum operandi rationem denotante. Atque hoc verum effe fymbola pectori infculpta fimulachri apertè indicant. Quid enim aliud binæ imagines palmis laureâque infignitæ cum fignis Cancri & Capricorni denotant ? nifi vti nos in Aftrologia hieroglyphica expofuimus, Herculem, & Apollinem, qui funt metæ fignorum cuftodes, id eft, tropicorum Cancri, & Capricorni, quorum virtute victrice,& folaris caloris æftu totius vegetabilis naturæ,per corymbum floribus & fructibus in circulum difpofitum,aptè denotatæ incrementum fignificatur ; cui robur addunt quaterni Leones Mophtæi, quo operatrix magnæ Matris potentia veluti roboratur & fuffulcitur : vndè ab antiquis à quatuor Leonibus in quadriga vehi fingitur. Atque hinc rerum omnium abundantia, & alimentorum vbertas, quæ aptè fanè per mammarum protuberantium congeriem exponuntur ; omnia enim, vt fuprà oftendimus, magna Mater Ifis fouet, nutrit,animat ; & profufâ quâdam liberalitate, quæ per manuum extenfionem notatur, inferioribus Mundi membris communicat neceffaria ad viuendum auxilia, vti fuprà ex Macrobio oftendimus.

Sequitur fœmorale in modum turbinis deorfum gracilefcens, tribus veluti zonis diftinctum, quo tergeminus inferior Mundus indicatur ; per duas prominentes Ægyptiacas ftatuas indicatur genialis tutela, in omne vegetabilis naturæ penuarium ; atque hoc pacto Diana vocatur (cui ideò Ceruus ab antiquis dicatus eft, & tria ceruina capita luculenter docent, vndè & triceps, & tergemina dicitur) & dominium fuum exerit in fyluas, prata, hortos, influendo. Nam, Homero tefte, Diana per iuga montium vagabunda gaudet telis, & capreis; ac fugacibus Ceruis delectatur, vndè & ab Elæis ἐλαφιᾳα dicitur. Sunt,qui vetuftam philofophiam fecuti, fagittas eas, quæ Ceruum affequantur, hieroglyphicè radios folares indicare velint, quorum fcilicet repercuffu cornua ipfa pro loci, vbi Luna eft, conditione & appareant & obducantur. Nam & Lucretius tela hæc ita interpretatur, *Non radÿ Solis, neque lucida tela diei.* Porrò Apes Regiæ tutelæ fymbolum funt, quâ Diana omnia fouet, & protegit vegetabilia, ea non fecùs ac apes luftrando, libandoque. Sequuntur deindè
tria

Quid duæ ſtatuæ ?

Quid corymbus ?

Quid Leones

Quid turbinatum fœmorale.

Tria capita ceruium.

3. Capita bo-
uina.

tria capita bouina, Dianam fiquidem magnam Deorum Matrem Taurio-
nem appellatam reperio, tauris enim opitulari putant ; dicitur & Ταυρόπο-
λ@ vt apud Apollodorum, & à cornuum figura ταί εϛπ@· ταυϱῶ verò apud
Taurios ; ταυϱόπολ@ dicitur, vel ὅτι ὡς ταῦ δ@ ϖϱείϛι πάϝτα, vel quia Taurum
à Neptuno in Hyppolitum immiffum, œftro affixo per vniuerfam terram
exagitauerit. Nos veriùs dicimus fecundùm Ægyptiorum mentem , Ifidem hanc, fiue Dianam Ægyptiam fic vocatam, quod in bouem transformata, fub eo varia humanum genus beneficia docuerit, vti agriculturam,
mellificium, quod & apes adiunctæ fat fuperque docent ; de quibus plura vide lib. 3. Obelifci Pamphilij, in hierogrammatifmo de Boue. Appin-
gitur hifcè tribus bouinis capitibus vtrinque Draco, fymbolum vigilantiæ

Quid Draco-
nes ?

in res fuæ fidei commiffas , quam Ifis , dùm gramina & plantas vitali accubitu fouet, Draconis officium præftare videtur: non nefcio quofdam
alios Draconem hortorum cuftodem pro radicibus arborum accepiffe ,
quod tortuofæ fint, vti Dracones, & in terram adactæ; perindè ac anguium genus in terræ vifceribus plurimum delitefcant ; ita verò Draconis fpeciem hanc plantis operam præftare ; radicibus enim aut cæfis, aut
exficcatis plantas etiam aufferri neceffe eft. Nonnulli à vifu , quem acu-
tiffimum habent Dracones, Plinio tefte; Ifidi autem eadem de caufa dicatur, quia ὄψΘ ᾳ παῖσα ἀθϱεῖν, ᾳ βλέϕειν, ᾳ ϖει παῖσα νοᾶν, quod factū nonnulli
tradunt, prudentiamque inde interpretantur ; eft enim Ifis, Plutarcho te-

Bouis fignifi-
catum.

fte, nihil aliud nifi prudens naturæ progreffus, vt quæ omnia perfpiciat,
& ante omnes intelligat. Sequuntur denique alia tria bouina capita, quæ
videlicet, arationis per boues iuxtà tripartitū anni fpatium factæ, fumma
in re frumentaria commoda declarant ; à βῶ, quod idem eft , ac nutrio;
bos enim obtinuit, cum labore fuo in terra exercenda continuò nos pa-
fcat; hunc etiam βέβαϱϛν Græci felicem agriculturam vocant, quibus φωεϛ
agricultura eft, & bouis etiam epithethon . Deflexit hic mos ab Ægyptijs, & Græcis adRomanos, qui bouilla capita exemptâ pelle, purgataque
carne, pro labore & tolerantia monimentis fuis infculpere folebant, à boûm
laboribus fimilitudine defumptâ ; quia verò in laborum tolerantia fortitudo neceffaria eft; hinc tria capita bouina, leoninum vtrinque caput fti-

Anacepha-
læofis dicta-
rum .

pat . Verùm vt totum hierogrammatifmum paucis complectar, indicabant Ægyptij Hieromanthæ per fimulachrum Ifidis fiue Dianæ Ægyptiæ
magnæ Matris Deorum, fupremum Numen ; fiue Ifidem archetypam prout in quadruplicem Mundum influit, & capite quidem turrito, Mundum
archetypum; per Genios pectori impreffos, Mundum Genialem; per mammarum multitudinem, Mundum fiderium; cuius ftellæ funt veluti vbera
quædam, quæ fœcundū influxum omnibus inferioribus largiantur: per fœmorale conicum trizonium, elementarem Mundum, tribus veluti zonis
inanimatorum, vegetabilium, & fenfitinorum diftinctum ; quibus omnibus vitam, nutrimentum, neceffariafque ad fe conferuandum facultates ,
ac fubfidia confert : cùm enim Ifis idem fit, ac prudens naturæ progreffus, vti Plutarcho placet, quo omnia Mundi loca perambulet, id aptè per
pedûm detectorum nuditatem fignificatur . Atque hæc funt, quæ de fi-
mula-

mulachro propofito exponenda duximus; quare ad intermiffum nobis
filum reuertamur.

Diodorus afferit, Ægyptios Ifidem quoque, vtpotè inuentricem
plurimorum ad morbos pellendos medicamentorum; medicæ arti plurimum fauentem credere; eamque immortalitate quoque potitam gaudere hominum fanitate, atque in eorundem valetudine reftauranda continuò
& præcipuè occupari; adeò vt vel in ipfo fomno, tùm ad Numinis præfentiam, tùm ad beneficentiam fuam erga homines commonftrandam, diui-
na quædam aptaque morbis curandis media auxiliaque fuggerat; eofque, *Ifis erga ho-*
qui monitis eius obtemperent, præter opinionem eorum, à morbis etiam *mine bene-*
uolenti.
irremediabilibus, curari; addit omnes eos, qui vel vifu, vel aliâ quauis
corporis parte languerint, eius Deæ implorato Numine, in priftinam re-
ftitui valetudinem; ab ea quoque medelam ad affequendam immortalitatem, aiunt, inuentam; nam Horum filium à Titanibus interfectum, ac
in aquis repertum, non in lucem folùm reftituit, fed & immortalem effecit, qui Ofiride patre inter Deos tranflato Regni gubernaculum vltimus
Deorum tenuiffe fertur.

Hunc Horum cum Apolline quidam non malè confundunt. Horus *Horus cur*
enim Apollo medendi, diuinandique artem à Matre Ifide edoctus, mul- *Apolline con-*
funditur.
tum hominibus, tùm oraculis, tùm medelis attulit vtilitatis. Ifis itaque
rerum geftarum gloria celeberrima, eam fucceffu temporum famam
eft affecuta, vt maiori in honore cultu & veneratione ab Ægyptijs, quàm
ipfe Ofiris fit habita; ac proindè fumma ab vtroque beneficia recepta,
Columnis infcripta æternitati commendarint Ægyptij, quas infcriptiones è Diodoro depromptas hîc apponere placuit. Eft autem monumentum Ifidis fequens. *Diod. l. 1.*

Ego Ifis fum Ægypti Regina à Mercurio erudita; quæ fum vxor Ofiridis.
Ego fum mater Ori Regis; quæ ego legibus ftatui, nullus foluere poterit. Ego
fum prima frugum inuentrix. Ego fum in aftro canis refulgens. Mihi Bubaftis
vrbs condita eft. Gaude, gaude Ægypte, quæ me nutriuifti.

In Columna Ofiridis hæc fcripta dicuntur.

Mihi pater Saturnus, Deorum omnium Iunior. Ego fum Ofiris Rex, qui
vniuerfum Orbem vfque ad defertos Indorum fines peragraui; ad eos quoque pro-
fectus fum, qui arcto fubiacent vfque ad fontes Iftri. Et iterum alias quoque Or-
bis vfque ad mare Oceanum partes: fum Saturni filius antiquior, germen ex pul-
chro & generofo ortum, cui non femen fuit; neque vllus eft in Orbe, quem non
accefferim, locus, docens omnes ea, quorum inuentor fui.

Atque hæ infcriptiones apprimè ijs, quæ fuprà commemoratæ funt,
congruere videntur.

Fertur denique Ifis præter inuentionem tritici & hordei, leges quo- *Ifis inuentrix*
que ftatuiffe, quibus iuftitia æquè omnibus feruaretur, vi atque iniuria, *tritici &c.*

Bb timore

timore pœnæ fublatis, vndè & à prifcis Legifera feu Legum inuentrix dicitur, quod & infcriptionis ante adductæ verba confirmant; alijs etiam
appellatur τιθλωνὶς, id eft, Nutrix, & παντέχνὶς, id eft, Sufceptrix, vt ex Platone Plutarchus recitat; quod totius generationis fufceptrix crederetur;
atque hinc factum videtur, vt Ifis, & ob fruges, & ob leges inuentas, cum
Proferpina & Cerere pafsìm fit confufa, iuxtà illud Poëtæ.

Prima Ceres vnco terram dimouit aratro,
Prima dedit fruges, alimentaq́ mitia terris,
Prima dedit leges, Cereris funt omnia munus.

Sed vt plura paucis comprehendamus, fciendum, quod quemadmodum in Ofiride tota Deorum genealogia repræfentatur; fic & in Ifide
Dearum; Ofirim tamen confiderando per modum principij actiui, & per
modum principij pafsiui, Ifidem. Ifis itaque in fapientia & legibus feren-
dis Minerua; à fœcunditate quam præftat, Venus; ab aëre, cui domina-
tur, Iuno; à dominio in fubterranea, Proferpina; Ceres ab inuentione
frugum; à præfidio fyluarum, & vim, quam in omnes feras obtinet, Diana; ab influxu, quo terram continuò beat, Rhea; Bellona à tempeftatibus, quas fufcitat, & à vi fua domitrice rerum. Πολύμορφ@ denique δαίμον,
eò quod in omnes fe formas tranfmutet, & quod Deorum omnium titulos
gerat, non immeritò Deorum omnium Matris nomen eft confecuta. Multa nobis de Ifidis rebus geftis in regno, de legibus ftatutis, de eius apo-
theofi, de myftica fignificatione fabularum ei affictarum, fed quoniam
vbique de ea in hoc opere pafsìm dabitur dicendi materia, fingula fuis locis referuauimus.

C A P V T V.

De Serapide, & Apide ex mente Græcorum.

EA eft Deorum, Dearumque omnium, non tàm re, quàm nomine à diuerfis effectibus impofito differentium fimilitudo, vt vnum aliquem
è Dijs, Deabufque défignantes, omnes alios veluti concatenatos afsignaf-
fe videamur: id quod & fuperiùs fatis oftendimus, & inferius pleniùs,
cùm de myftica & allegorica Deorum fignificatione tractabimus, oftendemus.

Quæ cùm ita fint, Serapis nihil aliud erit, nifi Ofiris ille fubterra-
neus, quem Plutonem Poëtæ appellant; liberiùs id pronuncio, cùm nullus ex antiquis habeam mihi non aftipulantem. Plutarchus enim eum cum
inferorum Deo Plutone pafsìm confundit; Archematus Eubæus præter
Serapim, alium Plutonem non agnofcit, ficut nec Ifidem præter Proferpinam; queis côfentit Porphyr: vnde & inter ea nomina, quæ ἐπιαγεόμματα
Græci dicunt, reponitur, cuius etiam fymbolum eft, Cerberus ille triceps,
dæmon perniciofifsimus, terræ, aquæ & aëri dominans. Tacitus cum ob

(margin: Serapis, Pluto.)

præ-

præclaras in re Medica inuentiones, cum Æsculapio eundem quoque asserit, non malè ; Serapis enim, quem & Ofiridem subterraneum, seu Plutonem, aut Ditem patrem interpretantur ; cum metallis, lapidibus, radicibus, alijfque subterraneis diuitijs præsit, virtutem earum rerum cor-
roborando ; certè quicquid ad valetudinem hominum curandam conferre
re potest ; eius distributioni & curæ commissum esse, nemo dubitat veterum; nec sine causa statua ipsius ex omnibus mineralibus ideò conflata
cernebatur, vti paulò post demonstrabimus. Hinc quoque Porphyrius
apud Eusebium, non malè malignorum spirituum principem Serapidem Serapidis sta-
tua.
esse dicit, & ex eiusdem Eusebij sententia Ioannes Baptista Leo, Serapin,
ait, *primùm symbola edidisse, quibus dæmones expellerentur, docuisseque, qui ra-*
tione dæmones assumpta brutorum figura insultarent, maximè verò eum apparere
cornibus arietinis ; vnde & Diodorus eum cum Ammone eundem esse, & Iupiter
Ammon.
cum Dionysio, ac Ioue Ægyptio, qui arietinis cornibus referebantur, indigitare videtur. Denique Heraclides Ponticus oraculum, quod Serapidis
fuit celeberrimum, Plutonis fuisse scribit, cuidam enim Regi Ægypti
consulenti, quisnam se esset beatior, ita respondisse fertur.

> *Principio Deus est, tùm Verbum, his Spiritus vna est ;*
> *Congenita hæc tria sunt, cuncta hæc tendentia in vnum.*

Ruffinus alios Serapidem Iouem putare dicit ; eò quod capiti mo-
dius superpositus ostendat, cum mensurâ, modioque omnia modera- Statua Sera-
pidis.
ri, vel vitam mortalibus frugum largitate præbere; vel Nili virtutem eum
etiam alios putare, cuius opibus, & foecunditate Ægyptus pascatur. Plutarchus iterum cum Diodoro eum alio in loco, Deum esse dicit, totius Vniuersi motus Authorem, Græca verba illius sunt :

Κυρώτερον δὲ ὥρα ὁ σώζω, καὶ ὁ σώζω τίω τ παντ. ἅμα Κίνησιν.

Subiungit autem, Sacerdos idem sensisse, qui Apin & Osiridem eundem
asserebant. *Nos,* inquit, *docentes, Apim esse animam Osiridis.* Cui congruit
oraculum à Serapide Nicocreonti Cypriorum Regi datum, cùm sic dicit:

Εἰμι Θεὸς τοιG. δὲ μαθεῖν, οἷα κ᾽ ἐγὼ ἀπω
ΟὐράνιG. κόζμG. κεφαλὴ, γαςὴρ δὲ θάλασσα,
Γαῖα δέ μοι πόδες εἰσὶ ᾧ δ᾽ ἔατ᾽ ἐν αἰθέρι κέικται,
Ὄμμα δὲ τηλαυγὲς, λαμπρὸν φάG. ἠελίοιο.

Sum Deus, inquit, *talis ad discendum, qualem & ego dico*
Cælestis ornatus caput, venter verò mare,
Terra autem mihi pedes præstat, at aures in æthere sunt ;
Oculusq́, eminùs splendens lucidum lumen Solis.

Quæ verba sanè ad instar ἀνακεφαλαιώσεως esse possunt, omnium eorum,
quæ de Serapide hucufque diximus, adeòque facilè cum Pane confunditur; cùm facillimè explicent, quâ ratione tanta nominum impositio
vni Deastro quadrare valeant; dùm capite Iouem, ventre Neptunum,
terra Plutonem, Ditem Dionysium, aliaque stygia Numina ; auribus Mer-

B b 2 curium,

Origo Serapi-
dis. curium, Apollinem oculis luculenter referat. Reſtat vt de origine Serapidis aliquid dicamus, in qua aſſignanda, magnam quoque inter Authores
diuerſitatem reperio. Cornelius Tacitus Serapidis imaginem, à Ptolomæo
Lago per ſomnium monito, ex Ponto Alexandriam adductam, & in templo magnificentiſſimè eius nomini conſecrato, ait, collocatam : Plutarchus
tamen in hiſtoria variare videtur. Euſtathius cum Tacito conuenit, qui
& Ptolomæum ex dæmonis apparitione monitum ſcribit ; quod eſt contra Gorionidem, qui multò ante tempora Ptolomæi Lagi, Serapidis ſimulachrum in Ægypto fuiſſe aſſerit : nam & Rege Ægyptiorum Nectanebo fuga elapſo, Ægyptij dicuntur Serapidis oraculum conſuluiſſe, verba
Gorionides. Gorionidis ſunt :

ואנשי מצרים בראותם כי נפקד אדוניהם וילכו אל צלם מצלמי חועבותיהם ושמו
סאראפים ויזבחו ויקרבו לבניו קרבנות וישאלוזו זכמיחים במלכם :

Viri verò Ægyptij cum vidiſſent Regem eorum nullibi comparere, abierunt ad ſi-
mulachrum Serapidis, & obtulerunt ſacrificia & victimas, interrogantes de Rege
eorum Nectanebo &c. Cùm verò Nectanebus, quemadmodum ſuprà oſtendimus, Synchronus fuerit Dario & Artaxerxi, queîs poſterior multò Ptolomæus Lagus ; veriſimile eſt, ſub eo Serapidem non primùm in Ægyptum
tranſlatum ; ſed multò ante ibi cultum fuiſſe ; alij porrò, Statuam Serapidis, è Seleucia vrbe Syriæ, non ex Ponto aſportatam volunt ; alij non
Alexandriæ, ſed Memphi collocatam arbitrantur. Nymphodorus, Apim
Taurum mortuum in Soro, quod latinè arcam dicimus, poſitum, Serapim
primò, ac deindè Serapim appellatum fuiſſe contendit, quæ reſpondent
etymo Ægyptiaco, nam vt in Supplemento oſtendimus, Σὼρ ἀπ · Σὼρ ci-
ſtam, ἀπ bouem ſignificat, vt ex Theſauro lìnguæ Ægyptiacæ patet. San-
S. Augu. l.18
de ciuit. Dei. ctus Auguſtinus verò, *His,* inquit, *temporibus Rex Archiuorum Apis nauibus*
tranſuectus in Ægyptum cùm ibi mortuus fuiſſet, factus eſt Apis, omnium máxi-
mus Ægyptiorum Deus. Ex quo patet Apidem & Serapidem paſſim, (ſicuti
hic, ita apud alios etiam Authores confundi ; cur autem Apis poſt mortem
Serapis ſit appellatus, Varro docet. *Quia arca,* inquit, *in qua poſitus erat,*
Græcè ſeu Ægyptiacè dicitur Σορὸς, *vndè* Σορᾶπις, *quaſi Arca Apis, deindè vna li-*
tera mutata Σέραπις *dictus eſt ; ille autem Bos, quem penè attonitâ veneratione*
Ægyptus in eius honorem alebat, non Serapis, ſed Apis vocabatur, quoniam eum
ſine arca viuum venerabatur. Suidas verò proſequens hiſtoriam, ait, Serapidem, Theophilo Epiſcopo Alexandrino Theodoſij magni tempore ſubla-
tum, aliquos Iouem ſeu Oſirim, alios Nilum dixiſſe, iuxtà illud Martiani
Capellæ in philologia ſua :

     Te Serapin Nilus, Memphis miratur Oſirim ;

Nilum autem dictum, eò quod modium haberet in capite, & πῆχυν,
id eſt, cubitum ſeu menſuram aquæ ; quo quidam habitu in varijs hinc
inde Muſæis Romanis conſpicitur. Abenephius Suidæ, & R. Abenezræ,
Serapim non-
nulli Ioſephū
volunt eſſe. alijſque conſentiens dicit, Ioſephum ob Ægyptum à fame liberatam, ſeu
ob ſomnij de ſeptem vaccis interpretationem, à poſteris Apim dictum ;
verba eius Arabicè ſic ſonant :

وقال

وقال يوسف للملك اقمني على كنز الأرض واكون حفيظ امين واقامه الملك على
كل خزائن الأرض ودوسف صار الملك في المصر واسمه افيس ـــــــــ ٭

Et dixit Iofeph Pharaoni, constituas me super thesaurum terræ, quoniam fi-
delis ego custos ero, & constituit eum Rex super omnia repositoria terræ, & fa-
ctus est Iofeph quasi Rex totius Ægypti, & vocauerunt eum Apis. Verùm alij
dicunt, teste Suida, Apim hominem fuisse beatum, & Regem in Memphi

Apis quis?

ciuitate Ægypti, qui facta fame, Ægyptijs, ex proprijs facultatibus nutri-
menta præbuerit; eò verò defuncto templum constituerunt, in quo Bos
nutriebatur, fymbolum gerens agriculturæ, & quafdam habens coloris
notas; est autem in lingua Ægyptiaca Apis nihil aliud nisi Bos. Quæ omnia ab Hebræis & Christianis interpretibus Iofepho adaptantur, quem &
ad condendum frumentum prodigiofas illas pyramidum moles in hunc finem exstruxisse Genebrardus vult. Giraldus & Martianus arbitrantur, nomen Serapis hilaritatem, & lætitiam significare Ægyptiacâ linguâ, & proindè hilaria festa Ægyptios appellare Σαιροι, eò quod communi vrbium

Σαιροι Ægyptiacè gaudere signi-ficat.

plausu & tripudiô peragerentur; sed & Εꞵραϊζοντες quidam Serapis, שרפים
Seraphim deducere conantur; dicunt enim fimulachrum Serapidis fuis-
fe ad fimilitudinem Seraphinorum, quos in templo pofuisse Salomonem
legimus, conftructum; sed hoc nos ipforum coniecturis relinquimus. Theraphim quoque idola Laban Serapides fuisse fufe demonstrabitur in Pan-

Quid Thera-phim Laban?

theo Hebræorum cap. de Theraphim. Nobis quoque non difplicet Varronis, Plutarchi, Luciani, aliorumque opinio, quæ Serapidem ab arca bo-

Serapis idem est ac Arca Bouis.

uinam fpeciem referente, in quam Ofiridem agriculturæ inuentorem feu
Apim, (quod nomen Ægyptiacâ linguâ bouem fignificare diximus) poft
mortem coniectum, & ab Ifide diuinis primùm honoribus cultum, fic ap-
pel'atum exiftimat; est enim hæc & hiftoriæ, & traditionibus Ægyptiorum congruentior. Cœterùm quâ ratione Apis, Serapis, Epaphus, Bufiris,
Ofiris, inter fe concilientur, quouè tempore prima bouini cultus fundamenta iacta fint, diximus in Syntagmate primo, capite de Regibus Ægyptijs, Dynastia pastorum. Restat iam, vt de imagine Serapidis aliquid
etiam dicamus. Macrobius in Saturnalibus: *Calathum*, inquit, *eius capiti*

Figura Sera-pidis.

affingunt, & fimulachrum fignum tricipitis animantis adiungunt; quod expri-
mit medio, eodemque maximo capite Leonis effigiem. In dextra parte caput canis
oritur manfuetâ facie, pars verò leua ceruicis, rapacis lupi capite finitur, eafque
formas animalium Draco connectit, volumine fuo capite redeunte ad Dei dexteram,
quâ compefcitur monstrum. Qui folem hinc interpretantur, ex capite Leonis, tempus præfens indicari volunt: quod eius conditio inter præteritum futurumque actu præfenti valida fit feruenfque? præteritum ex lupi
capite coniiciunt, quod animal fit oppidò obliuiofum, obliuio autem de
præterito est; futurum ex adblandientis canis effigie, quod est indicium
fpei, quæ nobis femper adblanditur; fpes verò femper de futuro est.
Quid verò ferpens fibi velit, Cyrillus manifeftat: *Temporis*, inquit, *fi-*
gnum ferpentem pingunt, eò quod in longitudinem porrigitur, & multis compli-
catur fpiris, quæ funt multæ dierum annorumque feries, tacitéq́ proferpit; nullo
edito ftrepitu, iuxta illud Maronis:

Atque

Atque in se sua per vestigia labitur annus.
Et alterius non incelebris.
Labitur occultè, fallitá, volubilis ætas.

SERAPIDIS
MACROBIANA DESCRIPTIO.

Typus Serapidis hic physicè expositus, ad alios sensus anagogicos, ethicos, mysticos, pari analogia applicari potest.

Explicatio symbolorum Serapidis.

A Calathus, fœcunditas Nili.

B Nuditas inuenilis, reflorescentiam post exundantionem Nili notat.

C Mensura incrementorum Nili.

D Temporis Author Serapis.

E Tempus præteritum.

F Præsens per canem adblandientem.

G Futurum per lupum obliuiosum.

H Temporum successio.

M Solis motus per humidum.

Verùm ea quoque caufa effe poteft fuppreffæ caudæ, quod tempus aut à præterito, aut à præfenti, aut à futuro confideretur ; quæ omnia incerta nobis funt ; præteritum fiquidem intueri minimè, neque morte quidem concipere poffumus ; futurum longè minùs, quod nondum fit, & finis eius prorfùs incognitus ; præfens verò cum fit inftabile, velociffiméque tranfcurrat, vix percipi poteft. Sed hoc potius Græcorum, quam Ægyptiorum figmentum eft ; vndè nos hac defcriptione derelictâ, quæ propriè eius imago fuerit, fcrutemur. Serapim fpiritum feu harmoniam Mundi interpretantes Ægyptij, fimulachrum eius ex omnibus Mundi rebus conftituebant. Erat autem fimulachrum tam grande, vt vtrinque Alexandrini templi latera contingeret, de quo fic Beroaldus in Apuleium. *Apud Alexandriam templum fuit Serapidis opere fornicario conftructum, & mirâ arte vifendum : in quo fimulachrum Dei ita erat vaftum, vt dextrâ vnum parietem, alterum lævâ perftringeret : quod ex omnibus metallorum lignorumque generibus compofitum ferebatur. Erat etiam dolo & arte compofita feneftella, ab ortu Solis ita aptata, vt radius folaris per eam directus, os & labra Serapidis illuftraret, ita vt infpectante populo, ofculo falutatus à Sole videretur.* Meminit huius Serapæi templi Ammianus quoque. *His, inquit, accedunt alia fuffulta veftigijs templa, inter quæ eminet Serapæum, quod licet minuatur exilitate verborum, atrijs tamen columnarijs, ampliffimis, & fpirantibus fignorum figmentis, & reliqua operum magnitudine, ita eft ornatum, vt poft Capitolium, quo fe venerabilis Roma in æternum attollit, nihil orbis terrarum ambitiofius cernat.* Cur autem ab Ægyptijs perpetuâ conftitutione feruatum fit, vt nunquam Saturni templa, aut Serapidis intra oppida admitterent, caufa erat : vt veluti peruigiles, & excubitores Deos extra pomærium, & in fuburbijs fedes habere finerent, tanquam illorum numine & fauore validis fepti præfidijs forent ; proque aris focifque, ac Deorum templis, & folo in quo nati effent, excubarent, illorumque minifterio & opera ab hoftili incurfu & clandeftinis infidijs fe tutos adnotarent.

Statua Serapidis mirâ arte facta.

Ammianus Marcellinus l. 6.

Cur Saturni & Serapidis templa extra vrbem.

De Apide.

BOuem verò, quem Apim Ægyptij appellant, fic Plinius defcribit : *Bos, inquit, ab Ægyptijs Numinis vice cultus Apis vocatur, ac candicanti macula in dextro latere, ac cornibus Lunæ κερατοειδῶς, fiue crefcentis infignibus, nodum fub lingua habet, quem Cantharum appellant. Hunc Bouem certis vitæ annis tranfactis (vltra quos nefas eft eum viuere) merfum in Sacerdotum fonte enecant ; interim luctu alium, quem fubftituant, quæfituri, donec inueniant, derafis capitibus lugent, inuentus deducitur à Sacerdotibus Memphim ; funt delubra ei gemina, quæ vocant thalamos, auguria populorum ; alterum intraffe lætum eft ; in altero ominofum portendit : Refponfa priuatis dat, è manibus confulentium cibum capiendo ; Germanici Cæfaris manum auerfatus eft, non ita multò poft extincti. Cætera fecretus cum fe proripit in cœtus, fummoto ftrepitu lictorum, grexque puerorum comitatur, carmen in eius honorem decantantium ; intelligere videtur, & adorari velle ; hi greges repentè lymphati futura præciniunt. Fœmina bos ei femel in* anno

Plinius.

Apis defcriptio.

Germanici Cæfaris manum auerfatus Apis.

anno oftenditur, fuis & ipfa infignibus ; quanquam alijs femperǵ eodem die & in-
ueniri eam, extinguique tradant ; Memphi eft locus à Nilo , quem à figura vo-
cant phialam, omnibus ibi annis auream pateram argenteamque mergentes , diebus
quos habent natales Apis, feptem nimirum ; mirumǵ eft, neminem per eos à Croco-
dilis attingi : octauo poft horam diei fextam, redire belluæ feritatem . Hæc ferè
Plinij verbis recenfuimus .

Cærimoniæ in Apidis in-quifitione. Diodorus Siculus : *Ægyptios mortuo Api, magnificéǵ fepulto, quærere per*
Sacerdotes ad id muneris deftinatos alium vitulum fimilem priori : quo inuento po-
pulus luctum finit ; Sacerdotes,quibus ea imminet cura,primùm in ciuitatem Ni-
li vitulum perducunt, in qua eum 40. diebus nutriunt , deindè in nauim conte-
ctam, habitaculum aureum habentem, introducentes, & in Memphim, vt Deum
ducentes in Vulcani fano collocant. His diebus, inquit, *folæ mulieres Taurum*
vident, reliquo tempore eius faciem videre prohibentur ; caufam verò bonis tanto
ftudio culti dant eam, quod anima Ofiridis in eum tranfmigrârit primò, deinceps

Cur Apis fub fpecie Bouis colatur. *ad pofteros transfuga.* Alij verò Ofiride à Typhone interfecto, Apim ferunt eius membra collecta in bouem ligneum corio bouis albo circumte-
ctum conieciffe, ideòque ciuitatem Bufiridem , vti in præcedenti Syntagmate meminimus, appellatam. Porrò Apis,Herodoto tefte, ab Ægyptijs,
à Græcis Epaphus appellatus, ab Æliano dicitur magnus & pollens,ab antiquis ex vacca, quæ fulgure afflata concepiffet,procreatus . Habet verò

Alia defcri-ptio Apidis. Apis hæc figna. *Toto corpore eft niger , in fronte habens candorem figuræ qua-*
dratæ, in tergo effigiem aquilæ, cantharum in palato, duplices in cauda pilos , ita
Herodotus in tertio; fed Aegyptij, tefte Aeliano,hifce non affentiuntur:
nam 29. notas huic boui facro aptas, & confentaneas, tot nimirùm, quot
dies menfis Lunaris periodicus dies, attribuunt, eumque fic pafsim exprimunt, vt ex Bembina tabula patet .

FIGVRA APIDIS
E TABVLA BEMBINA.

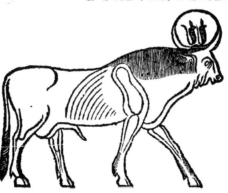

Ex Herodoto , Plinio,
Diodoro .

Cornua Lunæ.
In palato cantharus .
Figura T. in fronte.
Quadratum cando-
    rem in pectore .
Lunæ fplendor &
    motus.
Figura aquilæ in dorfo.

Varie-

Variegatus Apis, varia facies
 Lunæ.
Periapta seu fascinum.
Symbolum cœli.

- - - - - *Pubes*
Barbara Memphitem plangere docta
 bouem , Tibull.
Et comes in pompa corniger Apis erat.
 Ouid.
 - - *aut quo se gurgite Nili*
Mergat adoratus trepidis pastoribus
 Apis . Statius .

Pomponius Mela Apidem populorum omnium , & potissimùm Aegyptiorum Numen ait, *Bouem esse nigrum certis maculis insignem* , *diuinitus & cælesti igne conceptum, cauda linguaque dissimilem, alijs rarò illum nasci* , *nec coitu pecudis* , *sed fulgure conceptum* : *denique quo nascitur* , *genti maximum festum esse.* Epiphanius recitat, Cambysem & Ochum Persarum Reges , ob vel percussum, vel intersectum sacrum Bouem temeritatis pœnas dedisse : quô Apidem vulnerârat, propriô gladiô læsus calamitosa morte interijt , alter non absimili fine decedens; vterque, Herodoto teste, vltionis diuinæ ob irreuerentiam erga Deos commissam, exemplum extitit . Non coitu sed fulmine concipitur.

Porrò notandum, duos fuisse Boues Aegyptijs sacros, vnus Memphitis, de quo iam diximus ; alter Heliopolitanis Mneuis nomine, qui septo quodam nutriebatur, cuius Ammianus Marcellinus meminit . *Inter animalia ab antiquis consecrata, Mneuis* (*seu Μεῖαθϑικὸς Neumis*) *& Apis reponuntur* . *Mneuis quidem Soli, Apis verò Lunæ dedicatus* . Cui Ælianus subscribit dicens, *Et Veneri Vraniæ vaccam sacram custoditam in Præfectura Hermopolitana* . Qualia verò Mneuis Solaris, Apis Lunaris in Astronomicis mysteria indicârint, in Obelisco Pamphilio dictum est . Vnum hìc præterire non possum aduersione dignum, nempè hunc Bouis cultum, seu vt meliùs dicam, hanc μοχολάἐιαυ detestabilem, ita animis hominum fuisse insitam , vt electus etiam à Deo populus huiusmodi bruti cultus contagione infectus, eis aras exstruere, ac libamina offerre non sit verecundatus . Nam vt rectè Pererius: *Viderat superstitiosa gens Hebræa, Ægyptiorum in Bouis cultu solennitates* , *dùm in Ægypto commorans, ijs adhuc commisceretur* , *vidit & causam tanti cultus, nimirum bonorum terrenorum indè redundantiam ; quare dùm duriora in deserto jubirent ; eos sibi subitò Deos, qui inopiæ remediari possent, quales ipsi cum Ægyptijs Apides existimabant* , *asciuere* . Sed de hoc posteà in ἰδωλομαίια Hebræorum . Emanauit stupidi Dei huius cultus non ad Israëlitas solùm, sed & in viciniores paulatim regiones diffusus, totum Orientem peruasit: testantur id satis Persarum, Assyriorum, Gymnosophistarum , Duo boues Ægyptijs sacri.

Vnde vituli cultus in deserto.

Cc alia-

aliarumque gentium, nefcio quid bouinum affectantia Numina , quæ ita coecos mortalium animos oppleuére, vt maior adhuc Orientis pars etiam poſt ſalutis & veritatis æternæ aduentum , hoc improbò cultu corrupta videatur.   Nam & in Regno Mogorum, Bengala, Sumatra, Maldiuis, alijſque maris tractibus, huiuſmodi Apides paſsim adhuc erectos videas ; *Ridicula cæ-* eòque deuenerunt ſuperſtitionis, vt deceſſurus quiſpiam ex hac vita, bonam *rimonia In-* ſortem non ſe ſortiturum exiſtimet, qui caudam vaccæ non ſtringendo , *dorum.* deceſſerit.   Quæ omnia tradit Ioan. Maraccius Societ. noſtræ Indiarum procurator ἀυτόπτης, in relatione de rebus Indicis; ſed de his ſatis, ſuperque ; nunc ad alia .

CAPVT VI.

De Ammone ſeu Ioue Aegyptio.

Iuerſitatem nominum Deorum ab euentis diuerſis exortam , ſicuti alia omnia Deorum nomina,   ſic etiam Apis, & Hammon ſatis ſuperque oſtendunt ;   qui quidem nihil aliud ſunt reipſa,   quàm Oſiris ſeu Chamus, qui diuinitatem affectans, incantationibus & præſtigijs in varias ſeſe animalium formas, potiſſimùm autem in Bouis & Arietis transformando, vti in præcedentibus probauimus ;   ab Ægyptijs rei nouitate attonitis Apis ſeu Bos, à Lybibus vero Hammon à nomine Chami , à quo non multum diſcrepat, appellatus eſt ;   ſic ſentiunt poſt Beroſum , Genebrardus, Pererius, & Cornelius commentarijs in Geneſin.   Græci verò Hammonis nomen ab arena, quod Græcè ἄμμος dicitur, deriuant, quod & Pli-*Plin. l. 11.* nius innuit ;   cùm de Ammoniaco ita ſcribit : *Ergò Æthiopiæ ſubiecta Affrica, ammoniaci lachrymam ſtillat in arenis ſuis, indè etiam nomine Ammonis oraculo, iuxtà quod gignitur arbor .* Cui conſentit Sext. Pomp. qui ita ſcribit : *Etymon no-* *Hammo cognominatus, quia in arena putatur inuentus ;   cui cornua affiguntur* *minis Amun.* *arietis à genere pecoris, inter quod inuentus eſt .* Alij quoque ex Arabum Scola eum dictum eſſe volunt à vocabulo Arabico ﺣﻤّﻞ *Hammel*, quaſi dicas, arietem.   Sed quoniam certiora dicere videntur Aegyptij, quæ ipſi tradant, etiam afferamus : *Amun*, aiunt, *Iouis eſt nomen* ;   quod etiam Plutarchus notat in libro de Oſiride , & Iſide ; & notat Iamblichus , hoc nomen Amun in Ægyptia lingua nil aliud ſignificare , niſi vim quandam Numinis, arcanas latentium rationum vires in lucem agentem.   Cui con-*Amun no-* gruit aſſertio Manethonis, eò nomine arcanum, occultumque ſignificari *men quid ?* tradentis; Hecatæus verò vocem fuiſſe, ait, Deum inuocantium ; eaque vti ſolebant, cùm præcipuè incognitum arcanumque vocabant, quà ratione factum eſt, vt Deum illum ſummum rerum conditorem, vti abditum arcanumque, eâ voce Ammun appellarent, quod & hieroglyphicis literis, eâ, quæ ſequitur, ratione, exprimebant, quarum interpretatio ſequitur. Vndè & primi Ægyptij eum per figuram aliquam incognitam, vmbilicum, aut neſcio quid circulare, aut ſphæricum affectàntem, vti in libro tertio ſuſè probabimus, referebant.

Amun

Amun latentium
vires in lu-
Agathodæmon
& caloris mundani,
rerum per ascensum
tuò promo-

rationum arcanas
cem agens
Elementi humidi
quo generationes
descensúmq, perpe-
uentur.

Diodorus Siculus Ammonem Regem Lybiæ prodidit, qui Rhream
Cœli filiam duxerit vxorem, & Amalthæam adamârit, filiumque ex ea
Dionyfium fuftulerit, & quæ apud ipfum cœtera leguntur. Hyginius verò fic fabulam narrat ex Hermippo. *Quo tempore Liber Africam oppugna-* Hygin. in lib.
verit, deuenisse cum exercitu in eum locum, qui propter multitudinem pulueris fabul. nom.
Ammodes est appellatus: itaque cùm in maximum periculum deuenisset; quod Aries.
iter necessariò facere videretur, accessit eò, vt aquæ maxima penuria esset; quo fa-
Eto exercitus ad defeEtionem maximam venire cogebatur; qui quid agerent dùm
cogitant: Aries quidam fortuitò ad milites eorum errans peruenit, quos cùm vidif-
fet, fugâ fibi præfidinm parauit. Milites autem et fi puluere, & æftu preffi, arietem
fequi cæperunt, vfque ad eum locum, qui Iouis Ammonis templo poftea conftituto
eft appellatus. Quo cùm peruenisfent, Arietem nufquam inuenire potuerunt; fed
quod magis erat optandum,magnam aquæ copiam eo in loco naEti funt,corporibufque
recuperatis, Libero ftatim renunciarunt, qui gauifus,ad eos fines exercitum duxit,
& Iouis Ammonis templum cum Arietinis cornibus fimulachro faEto conftituit;
Arietem inter fydera figurauit, ita vt cùm Sol in eius fuerit figno, omnia nafcentia
recrearentur, quæ Veris tempore fiunt, hac re maximè, quod illius fugâ Liber re-
creauit exercitum. Prætereà duodecim fignorum principem voluit esse, quod ille
optimus exercitui fuerit duEtor. Sed & Leo, qui res Ægyptias confcripfit Exercitus
de Ammonis fimulachro ait: *Cùm Liber Ægyptum,& reliquos fines regno te-* Liberi in
neret, & omnia primus hominibus oftendisse diceretur; Ammonem quendam ex Lybiam.
Africa venisse, & pecoris multitudinem ad Liberum adduxisse,quo faciliùs & eius
gratia vteretur, & aliquid primus inuenisse diceretur. Itaq, pro beneficio ei Li-
ber agrum dedisse exiftimatur, qui eft contra Thebas Ægyptias; & qui fimulachra
faciunt Ammonis, cum capite cornuto inftituunt, vt homines memoria teneant,
eum primum pecus oftendisse. Qui autem Libero faEtum voluerunt affignare,
quod non petierit ab Ammone, fed vltrò ad eum fit adduEtus, fimulachra ei cornuta
faciunt, & Arietem memoriæ caufæ inter fidera fixum dicunt. Herodotus libro Herodotus l. 2
fecundo ait, quod Iuppiter cùm nollet ab Hercule cerni, ab eo tamen ex-
oratus, id commentus eft, vt amputato arietis capite, pelleque villofa,
quam illi detraxerat, indutus, fefe ita Herculi oftenderet, atque indè fa-
Etum, vt Ægyptij Iouis fimulachrum arietinâ facie confingerent,& ab Aegyptijs,Ammonios,aiunt, accepisse. Ab alijs Ammon traditur in bello
Cc 2 galea

galea vfus effe, cuius infigne fuerit arietis; vndè & fabula orta fit ; funt
qui ipfum tradant, cornua in vtroque tempore paruula habuiffe, ac propterea Dionyfium ipfius Ammonis filium eodem fuiffe afpectu; cognominatus eft & eâdem ratione κερασφόρΘ., hoc eft, corniger; vndè Pheſtus
Poëta Græcus.

Ζᾶς Λιβύης ἄμμων κερασφόρε κλῦθι μαῖτι.

O Lybiæ vates exaudi corniger Ammon, Iuppiter.

Sic & Lucanus cornigerum appellauit, & Statius. Fuerunt, qui Ammonem, Arietem Frixi, & Helles putarent, vt Pherecides prodidit. Euftathius in Dionyfium de fitu Orbis, confimilia Herodoto fcribit. Seruius
Grammaticus, ideò eum arietinô capite ait confingi, quod eius effent inuoluta refponfa. Hebræus Scriptor R. Iofeph Ben Gorion ei attribuit cornua
bouina, & barbam caninam, facie nec iuuenem, nec fenem, rectum ftatu-
râ. Cùm enim Olympias vxor Philippi Macedonum defideraret videre
Deum illum, cuius congreffu effet genitura filium, quemadmodum ei
Nectanebus prædixerat ; fic cum Nectanebus defcribit :

ויאמר אליה נקתנביזורדעי כי אחד מן האלהות אשר אמרתי לך כי יחשק
במלכה הוא יחשק בך וידרשך לאלוהות אליו והיא יעזרך בכל אשר תרצי : ותאמר
המלכה מי הוא האלהים הזה ומה תארו : ויאמר שמו האלוה אמן חזק : ונקרא בשם
זה כי הוא יחזק ויעזר כל הנשענים עליו : ותאמר הודיעני תמונתו וצורתו כי יבוא :
ויאמר אלוה האלוחות חזה הוא איש בינוני בקומה לא זקן ולא בחור ובמצחו קרנים
כקרני השור וזקן כלב וממנו יולד לך בן :

Hoc eſt: *Et dixit ad Reginam Nictanebus : fcias quòn vnus de maioribus Dijs, de
quibus tibi dixi, amplexabitur te, & ipfe quæret te, & adiuuabit te in omnibus,
quæ defideras. Et dixit Regina; quis eſt iſte Deus, & quæ forma eius? & dixit, nomen illi Deo eſt Ammon fortis, & vocatur hoc nomine, quia ipfe confirmat
& adiuuat omnes confidentes in eum. Et dixit illa : Oſtende mihi ſpeciem, &
figuram eius, qui venit ; & ille dixit ad eam : Vir eſt rectus ſtatura, non fenex,
nec iuuenis, & in fronte eius cornua, ficut cornua bouis, & barba eius ficut barba
canis, & ex illo nafcetur tibi filius.*

Ferunt, Alexandrum cùm intellexiffet Perfeum, & Herculem ad
Ammonis oraculum afcendiffe, & ipfum eò afcendere voluiffe; cœterùm
cùm incumbente validiùs auftro repulfus fuiffet, diùque per arenas erraf-
fet, tandem duobus coruis iter commonftrantibus ad deftinatum locum
perueniffe ; Iouifque Sacerdotem Regi blandientem, eum Ammonis filium vocaffe; & ambitiofum Regem hâc compellatione ita fuiffe delectatum, vt poſtea non aliter, quàm Ammonis filius & dici, & haberi voluerit. Quod Olympias mater admodum ægrè tuliffe memoratur; cuius
extat apud Gellium epiftola ad filium de hoc argumento fcripta, vt ne
pergeret, ipfam Iunoni inuifam reddere. Cur autem Olympias ægrè ferre potuerit hanc Alexandri compellationem, facilè ex fuperiùs Gorionidis citatis verbis liquebit ; erat enim Alexander filius Nictanebi, qui
Olympiadem fub affumpta figura Ammonis comprefferat ; vndè meritò
fibi timebat Iunonem coniugem Hammonis Iouis, fub cuius figura falfò &
per dolum malignum fuerat vitiata. Sed vt eò reuertamur, vndè digreſſi

fumus ;

Lucanus.
ſtatius.
herecydes.
Euſtathius.

Goriondides
c. 6.

Ammonis
figura.

Alexander
magnus adit
Ammonis
oraculum.

Alexander
ambit vocari
Ammonis
filius.

fumus; Formam Ammonis quadratæ figuræ fuiſſe Pauſanias teſtatur in Arcadicis, & Arietinis cornibus inſignem; alij per Arietem integrum, alij arietinâ pelle indutum, vti in ſequenti figura apparet.

A Ammon arietinis cornibus.
B Mitratus.
C Tetragonus Hermes.
D Pellis.
E Inſtar vmbilici pingebatur.
F Integrô ariete referebatur
G Pelle ſeu exuuijs arietis.
H Et in ſtatura hominis extendentis manum ad dandũ parati.

Sed audiamus Pauſaniam: Ἐςὶ δὲ ἄγαλμα Ἄμμων(Θ πρὸς τῆ οἰκία Τοῖς τεζαγώνοις Ἑρμαῖς εἰναζ μῦον, κέραζα ὃλί δὲ κεφαλῆς ἔχον κριῦ. Et paulò poſt; Ἐςὶ ᾑ Ἀπόλλων(Θ ἄγαλμα ᾑ σὺν Ἑρμᾶς σὺν τεζαγώνως τέχνιω. εἰσὶ δὲ ὑπακαζαβαῖτι ὀλίγον Θεοὶ, παρέχον᾽ δὲ ᾑοι ἕται χῆμα τεζάγωνον. *Eſt autem ante domum eius ſitum Ammonis ſimulachrum, quod eadem quæ Hermæ quadrati figura, Arietis cornua capite præfert; eſt & Apollinis ſimulachrum eodem quo quadrati Hermæ opificio elaboratum, pauxillum deſcendentibus Dij ſeſe oſtendunt è quadratis lapidibus, Ergatæ, id eſt, operarij cognomento. Minerua inter eos Ergane & Agrieus (quaſi compitalitium dicas) Apollo.* Alij porrò donant eum præter cornua arietina, veſte adhuc lanitia, vti Martianus Capella: *Ammon, inquit, apparuit cum arietinis cornibus & veſtimento lanitio, ac ſitientibus fontis vndam exhibuit.* Sidonius quoque ei mitram tribuit, vt in Hendecaſyllabo ad Felicem:

Non

Non hìc Cyniphius canetur Ammon,
Mitratum caput eleuans arenis .

Alij eius fimulachrum fuiſſe manibus repandis & ingentis ſtaturæ , & in. finibus orarum, aut in vijs publicis collocatum, cuiuſmodi ſtatuas paſsìm. Hermas vocant ; Meminit huiuſmodi idolorum Geographiæ Arabicæ Author verbis ſequentibus :

Geographia Arabica p. 1, clim. 1.

ان هذا الاقليم الاول ممدوده من حهة المغرب من البحر الغر في المسمى بحر الظلمات
وهو البحر الذي لايعلم في خلفه وفيه هناك جزيرتان تسميان بالخالدات ومن عزه
الجزيرتين بدا بطلميوس داخل الطول والعرض وهاذان الجزيرتان فيما يذكر في كل
واحدة منهما صنم مبني بالحجارة وطول كل صنم منها مايقدراع وفوق كل صنم
منها صوره من نحاس يشير بيدها الى خلف وهزه الاصنام قيمايذكر ست احدهـا
صنم قايس الذي بغر في الاندلس ولايعلم احدشيا من المغمور خلفـ 🙚

Hoc eſt ad verbum : *Incipit hoc clima primùm ex parte Occidentali, à mari Occidentali, quod appellatur mare obſcurum ſeu tenebroſum; & illud eſt mare , de quo non ſcitur quid poſt ipſum, & ſunt in eo inſulæ bonitatis (intellige fortunatas) & ab his inſulis incipit Ptolomæus longitudinem ciuitatum; memorant autem in hiſce inſulis idola quædam eſſe ex lapide fabricata, & longitudo vniuſcuiuſq́; ex ijs centum cubitorum eſt, & ſupra vnumquodque horum figura , ſeu aliud*

Statua prodigioſa.

fimulachrum ex ære, manibus repandis, ſeu retrotortis ; Dicunt autem huiuſmodi idola ſex eſſe ; vni ex ijs in manu vas quoddam habens oras acuminatas , & nemo ſcit quicquam de habitationibus, quæ ſunt poſt dictas inſulas . hactenus Arabs. Certè huiuſmodi Ammonis ſtatuas non Lybicam tantùm, ſed & totam Africam, & inſulas Oceani ei circumfuſi peruaſiſſe, hiſtoria Indica abundè teſtatur , in qua non infrequenter huiuſmodi fimulachrorum mentio fit ; quod & Æthiops quidem de ſimilibus à me conſultus affirmat , dùm ſic Æthiopicè ſcribit, verba latinis literis exhibeo, cùm characteres Æthiopici defuerint. Aſma ſalacha amneia chama aſabe lacha vchutat imlachta

Verba Æthiopicæ.

achzia, baEtiupia taamzu be aſma abahinhe tadamaru maſla achzab vamgobramu tamaharu vagabra imlachta vaſagadu bagolfa. vaamalchatihomu baamſala lahamu , vacharugata, vachalabata , varaaſu bazunon baEtiupia baBarnagaſch baraas anbas, vacharugata ſamahomu, Amun . vaalaba lach aſma Salumun vaZaba , vatafazumu baalimlachta, Amun, varachuſata medor Etiopia bamogbihomu .

Hoc eſt: *Quoniam à me petijſti tibi dicere aliquid de Dijs Æthiopum. Noueris quòd Patres noſtri (ſic enim legitur in noſtris Annalibus) cum gentilibus & paganis paſsìm commiſcerentur, inceperunt diſcere opera eorum ; & fecerunt ſibi Deos priuatos, & adorauerunt eos, ſculpturam manu hominis perfectam . Erant autem idola eorum ad ſimilitudinem animalium, vituli, arietis, canis , aliorumque . Et ego adhuc multa in Æthiopia in Barnagaſch huiuſmodi vidi ; erant autem magna ex parte referentia caput Leonis & Arietis ; nomen eorum , Amuna ; & dicitur a prædeceſſoribus noſtris, quod Salomon & Saba quoque in ijs præuaricati ſunt ; & prodierunt ab antiquis Magis Ægypti .* Huic conſentiunt Pigafettæ, Hondij, Mercatoris, aliorumque omnium propè, qui Æthiopiam

hoc

hoc feculo defcripfère, relationes, qui & circa partes Cyrenaicas plurima adhuc monumenta antiquorum Deorum videri tradunt;ad quæ veluti ad oracula in neceffitatibus refugerent, refponfa accepturi de futuris rerum euentibus Aethiopes. Quæ apprinè concordant cum ijs, quæ hucufque de Ammonis fimulachro diximus: Fuit enim illud oraculum vnum è maximis, antiquiffimis, & famofiffimis, quæ vnquam fuerunt; cuius originem tradens Herodotus: *Hæc*, inquit, *Thebis è Sacerdotibus audiui; Antiftites Dodonæorum aiunt, geminas Thebis Ægyptijs columbas nigras aduolauiffe, vtramque nigram, vnam quidem in Lybiam, alteram ad ipfos; quæ fago infidens, humanâ voce elocuta fit, eo loci Iouis oraculum condi debere, & fe interpretatos effe, quod ipfis annunciaretur id effe diuinitus, & ob id fe ita feciffe. Eam vero, quæ ad Lybios abijffet columbam, iuffiffe illos, vt Ammonis oraculum, conderent, quod & ipfum Iouis eft.* Locus verò huius celebris Ammonis à Strabone defcribitur. *Fuit quoque*, inquit, *vltra Cyrenem in extimo finu apud Garamantes, Iouis Ammonis auguftiffimum & antiquiffimum oraculum in vaftis folitudinibus & campis torridis, ficcitate fterili ac nudo folo; ad quod Sole exurente, æftu fragrantiffimo per immenfas arenarum moles, vaftamâ, planitiem calore & fiti infeftam, vix iter cuiquam tolerabile fuit; fiquidem ventus eas ficut fluctus nunc huc, nunc illuc agitare, & campos veluti maria infeftare folet; nubes enim pulueres vehit & fœdâ tempeftate vexat; poft quæ, nemus frequenti fyluâ, oleaâ, & proceris arboribus, fontibufâ, pafsim manantibus amœnum, in medijs arenis, & fitu arido, haud plùs quadraginta ftadiorum, oraculi fepta claudebat, vltrà verò latè deferta Regio, veftigio humano inacceffa; circà verò Ammonij pafsim loca incolunt. Ipfe verò Ammon hircinô capite & pelle amictus, multis cœrimonijs colebatur. Hunc Sacerdotes, cùm refponfa petunt; auratô nauigio vectare, & patrium carmen cantare, eoâ, propitiato, petentibus refponfa dare folebant; quæ non verbis, fed nutu, fignifâ, fubobfcuris ab Ammone edebantur. Quod quidem ad tantæ maieftatis faftigium, vt illuc poft Cambyfem, Alexandrum Macedonem per ingentes æftus penetraffe, miraculo fuerit.* Multa mihi hìc dicenda forent de facrificijs, & myfteriofis Actionibus, cœrimonijfque, queîs Ammonem illum fuum Arietinum colebant; fed quia illa omnia alijs locis referuauimus; ad alia tractanda ftylum conuertamus.

C A P V T   VII.

De Canopis, Horo, Harpocrate, Mithra, alijfque Aegyptiorum Numinibus.

C A N O P V S.

C Anopus iuxtà Plutarchum, Gubernator feu Temonarius fuit Ofiridis nauis, quam Græci Argos vocant. *Imperatorem*, inquit, *nominant Ofirin, & Gubernatorem Canopum, cum quo ftella idem nomen habeat; & nauim, quæ Argo dicitur Græcis, inter fidera relatam, in honorem nauis Ofiridis, non procul ab Orione & cane ferri.* Eft autem Canopus ftella primæ magnitudinis

Plin.l.6. c.22.

Canopus Europæis inuisum sidus.

Canopus Nauclerus Menelai.

Canopus morsu serpentis obit.

tudinis, omnium fixarum maxima & fulgidissima, teste Plinio, vbi vocat Canopum astrum ingens & clarum. Europæis autem est incognitum ob vicinitatem, quam habet ad polum antarticum. In insula Rhodo in Meridiano constitutum, horizontem radere videtur; verba Plinij sunt: *Nec Canopum cernit Italia. Canopus quartam ferè partem signi vnius, supra terram eminere Alexandriæ intuentibus videtur. Eadem à Rhodo terram quodammodo ipsam stringere.* Alij volunt Canopum fuisse Menelai cuiusdam supremi Græcorum Archistrategi Nauclerum; hunc cùm ab expugnatione Troiana, vnà cum Helena in patrios Lares remearet; casu in vnum de Nili brachijs ventorũ impetu coniectum incidisse; exscensione verò in paruam quandam ei vicinam insulam, serpentibus, alijsque venenosis bestijs refertam factâ; Canopus nescio, quò casu ab Hemorrhoide virulento serpente morsus, breui post ibidem extinctus est. Menelaus itaque cùm eum summò amore prosequeretur, acerbèque casum viri calamitosum ferret, sepulchro eodem in loco magnificentissimè exstructo, summis eum honoribus affecit. Ciuitatem quoque eius nomine insignitam, iuxtà ostium Nili, quod eius nomine Canopicum posteà appellatum fuit, ædificauit: quam posteà Alexander Magnus ita ampliauit, vt vnam quasi vrbem, cum vicina Pellæa constituere videretur. De quo Virgilius:

Virgilius.

Nam qua Pellei gens fortunata Canopi
Accolit effuso stagnantem flumine Nilum.

Strabo l. 17.

Cornel. Tacitus in Germ. Cæsaris.

Strabo quoq; inter alia, peculiarẽ huius facit mentionem, verba eius sunt. *Ab Alexandria terrestri itinere 120. stadijs distat Canopus, sic dicta, à Canopo Menelai ductore ibidem morsu serpentis extincto.* Cornelius Tacitus, Germanici Cæsaris euntis in Ægyptum ad antiquitates perlustrandas, recensens iter, hæc dicit inter cœtera: *Nilo subuehebatur orsus ab oppido Canopo; condidêre id Spartani, ob sepultum ibi Rectorem Nauis Canopum; quà tempestate Menelaus Græciam repetens, diuersus ad mare, terramq; Lybiam delatus.* Hunc itaque Canopum, siue is Osiridis, siue Menelai Nauclerus extiterit, certè maximam superstitiosæ genti fabularum, & commentorum materiam præbuisse, apparet ex attonita illa veneratione, & sedulo stolidoque, quo eum nullo non tempore prosecuti sunt, cultu; qui eò excreuit, vt post Osiridem, Serapidem, & Isidem, Nauclerus Canopus, etiam inter maxima Aegyptiorum Numina fuerit relatus. Colebatur autem potissimùm in ea vrbe, quam in eius honorem extruxerat Menelaus, & à nomine eius Canopus dicebatur; in qua templum quoque magnificum ei dedicatum conspiciebatur. Erat quoque, teste Clemente, hoc in loco Schola totius Aegypti celeberrima, fons & origo omnis Theologiæ Aegyptiacæ; docebantur hic literæ sacræ, quas ἱερογλυφικὰς vocant; Sacerdotes initiabantur; mysteria sacra nullo loco accuratiùs tradebantur, ac proindè ab omni hominum genere, maximè à Græcis frequentabatur. Idola verò Canopi, quæ colebant Aegyptij, erant forma nunc Hydriæ, turbinata superficie in basin euntis, nunc pueri reticulatâ veste inuoluti; nunc Hermæ for-

Schola Canopica celebris.

Clemens Alexandr. l. 6. stromat.

Idola Canopica & eorũ figura.

ma,

ma, omnibus tamen in hoc conuenientibus, vt in turbinatam superficiem desinerent. Originem verò cultus horum idolorum Canopicorū Suidas, & Ruffinus recitant, ijsdem penè verbis, quæ sunt: *Ferunt aliquando Chaldæos ignem, quem ipsi Numinis loco adorabant, circumferentes, cum omnium prouinciarum Dijs habuisse conflictum; quo scilicet, qui vicisset, hic esse Deus ab omnibus crederetur. Reliquarum prouinciarum Dij æris, & auri, argentiq́; aut ligni, vel lapidis, vel ex quacunque materia constabant, quæ per ignem procul dubio corrumperetur; ex quo fiebat, vt ignis locis omnibus principatum teneret.* (Quæ omnia pulchrè exhibentur in gemma quadam, vt sequitur, ex Musæo Ste-

Suidas verb.
Canop.
Ruffin. l. 11.
Eccl. hist.

Chaldæi :

Τὸ πῦρ πάντων τῷ Θεῶν Νικητής.

Ægyptij :

Τὸ ὕδωρ πάντων τῷ Θεῶν Νικητής.

phanonij olim extracta.) *Hæc cùm audisset Canopi Sacerdos, callidum quiddam excogitauit. Hydriæ fieri solent in Ægypti partibus fictiles vndique crebris & minutis foraminibus patulæ, quibus aqua turbida defudans defæcatur, ac purior redditur. Harum ille vnam cerâ foraminibus obturatis, desuper etiam varijs coloribus pictam & aquis plenam, vt Deum statuit, & amputati ex simulachro veteri caput, quod Menelai esse dicebatur, desuper positum diligenter adaptauit. Adsunt post hæc Chaldæi, itur in conflictum, circa Hydriam ignis extinguitur; Sacerdotis fraude, Canopus Chaldæorum Deorum victor ostenditur; vnde ipsum Canopi simulachrum, pedibus perexiguis, ac vix comparentibus; attracto collo, & quasi sugillato, ventre tumido in modum hydriæ cum dorso æqualiter terete formatur.* Cui fidem faciunt antiquissimæ Statuæ in Romanis Gazophylacijs adhuc superstites, quarum figuræ & mysteria fusè suo loco enucleabuntur; Sequens verò Statua constans marmore albo ex Cimeliarchio DominiGerardi Reinst, Senatoris & Scabini Amstelædamensis, ab eruditissimo Berthodo Nihusiomihi transmissa, sub alia forma exhibetur.

Origo cultus
Canopici.

D d   Hanc

Pars anterior.   Pars poſterior.

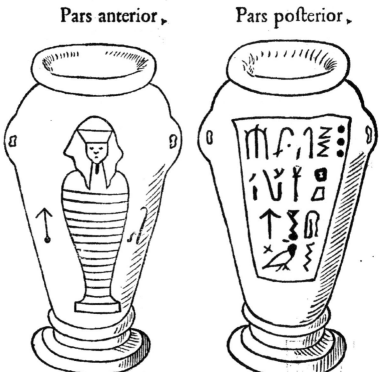

Per appoſitum itaque hoc loco vas, nil aliud intelligetur , niſi vrna
Canopica ſeu Niliaca,quàm myſticam quandam in formam,formæ Numinis Canopici conuenientem, ad myſteria, quibus di&tum humidæ ſubſtan-
tiæ præſidem ſignabant, inſinuandæ, data opera adaptant , vti tùm ipſa
Canopi figura eidem inſerta, tùm hieroglyphicorum inſcriptio quam tomo III. interpretati ſumus, ſatis, ſuperque docet.

Et tametſi paulò ante recitatam hiſtoriam Goropius Becanus
tanquam fabuloſam,nulloque veritatis fundamento nixam ſine vlla cauſa
rideat . Ego tamen quantum ex obſeruatione variorum colligere licuit,
hanc hiſtoriam Canopicis myſterijs maximè congruam inueni , quicquid
dicat Goropius,cùm vel ipſa vaſorum forma,ac ratio illa colendi,eam quaſi tacitè aſſerere videantur . Cùm enim eô honore Aegyptij, Nili aquas
proſecuti ſint, qualé decere videbatur Deum tanta beneficia præſtantem ;
Nilus vt Deus
colitur in
vaſculis. certè veriſimile eſt, vnumquemque Aegyptiorum in domo ſua ſaltem va-
ſculum aliquod habuiſſe, quo exceptas ſacri Nili aquas veneraretur ; ea-
que vaſcula fuiſſe tam vſitata, vt ex hac occaſione in ſacrorum ſymbolo-
rum

rum numerum etiam fuerint relata ; nam tria vafcula Nili fymbolum fuiffe fuprà diximus . Habitis itaque vafis,nihil facilius fuit,quam accedente
dolo,& aftutia Sacerdotum Canopicorum,aquem illum Deaftrū fuum eâ,
quâ citauimus callidâ inuentione fuper alios Deos extollere , & victorem
facere omnium; imò Abenephius Arabs luculenter docet,idola Canopica,
quæ in multas mammas protuberantia efformabant , myfticis rationibus
ideò fic difpofuiffe, vt intro receptis aquis per vbera refufis,eum infinua-
rent, qui veluti vberibus quibufdam omnia nutriret ; verba eius Arabicè
fic fonant : *Canopi mul-timammes.*

واهم الصنم اسمه كنوقيس اوكنوف وكان الصنم دمثل الانا ودعر ان صمملوا دالا

وڤزل من التفروع الدين جه وكان علامه النصبه الطي ─────────────────ع

Et habent ipfi idolum quoddam Canopis nomine , & eft in modum vafis tu-
midum, & quando aquis plenum fuerit, aqua per vbera , quæ in eo effinxerunt , re-
funditur, & indicatur eo fluxu, proceffus naturæ omnia nutrientis . Fuiffe autem
Canopos olim multis vberibus effictos,teftatur nummus antiquus ex Gazophylacio Francifci Menedrij,in quo Canopus apparet, mammis turgi-
dus, & reticulato indutus tegumento , cuius imagi-
nem præoculis habeto.

Certè Ifis ifta multimammea, quam in præcedentibus explicauimus,quæq; in pluribus locis Romæ vi-
fitur, nihil aliud referre videtur, nifi Canopum ali- *Canopus mammatus.*
quem fimiliter μαςοδία, feu mammatum ; cum ei tō-
tius Canopi defcriptio facillimè accommodari poffit.
Nam vt Canopus in turbinatam fuperficiem definit ,
vberibus tumet, varijs picturis hieroglyphicis forin-
fecus exornatur. Ita Ifis habitu fuo proximè accedit ad Canopica
myfteria ; In nullo denique differunt, nifi quod hic, Græcorum fuerit figmentum ; alter Canopus, inquam, Aegyptiorum ; per hanc, magnam illam omnium matrem ; per illum, magnum illum omnia nutrien-
tem Oceanum, quem & Nilum dicunt, indigitantes. Eft enim Canopus
idem apud Aegyptios Numen,quod apud Græcos Neptunus,feu Tethys, *Canopus quod Neptu-nus.*
primum afferit Abenephius Arabs hifce verbis :

وس هدروهمثل الله الذي ملكبوكه على البحار وعلى النهار وكانوا ڤصصدوه جسم النهر
جى─────────────────────────────────── س ل

Et adorabant eum (fubintellige Canopum) *veluti Numen, quod præfi-*
det mari, fluminibus,& toti humidæ naturæ,& vocauerunt eum nomine fluminis,
Nilum. Hoc ita fe habere monftrant plurima humoris fymbola, vti funt,
cymbia, fitulæ, pixides, hydriæ,aliaque vafa in hieroglyphicis pafsìm occurrentia ; quæ alteri quam Ofiridi, in quantum Nilus eft , nequaquam
apta funt . Exiftimabant enim Aegyptij omnium corporearum rerum
effentias in humore confiftere, in qua opinione Thales quoque Milefius
fuiffe legitur ; qui aquam primum rerum principium effe putauit , atque
ex ea omnia Mundi elementa,ipfumq; Mundum,ac ea,quæ in eo gignun-
tur, exiftere ; vt proindè mirùm non fit , eos Nilum , vti vitæ venam , &

D d 2   omnis

omnis boni fcaturiginem, tantô honore profecutos fuiſſe . Vocauerunt
autem idola huiuſmodi Canopos ab Oſiridis Temonario , qui cùm alter
quaſi Neptunus mari dominaretur,& in humidis inſuper vitam ageret ;fa-
cilè poſt mortem cum Oſiride , cuius miniſter erat, confuſus,à gente ſuperſtitioſa diuinos honores meruit .

HARPOCRATES.

Duplicis ge-
neris Canopi.

SVnt autem duplicis generis Canopi, quorum illi, qui figuram eius,
quem ſuprà litera B ſignauimus, referunt, teſte Goropio., in Scholis
Ægyptiorum ponebantur,vnà cum Harpocrate; per hunc inſinuantes,ſtu-
dioſos literarum ſilentij obſeruantes eſſe debere ; per illum ſymbolicè totum id , quod homo ab infantia vſque ad extremam ſeneſtutem debeat
facere, indicabant ; verba Goropij Becani ſunt : *Hic Canopus haud aliter*

Gorop. l. 8.
hieroglyph.

in ſcholis Ægyptiorum pingebatur, quàm Harpocrates ; & vt hic Deus paulatim
ex hominum ignorantia euaſit, ita & Canopus in errorum materiam traſtus, varias
vulgò præbuit fabulas . Hinc ego arbitror, Laurentium Pignorium virum
cœteroquin omni antiquitatis genere eximiè verſatū , huius tamen generis Canopos, cum Harpocrate ſeu Oro Iſidis filijs,confundendi occaſionem
accepiſſe, non alia de cauſa,quàm ſimilitudine idolorum deceptum. Cœterùm Canopos ab Harpocratis ſtatuis maximè diuerſos eſſe, ex ſequentibus patebit . Pingebantur enim varijs modis Harpocratis ſtatuæ, non ſecùs ac Canopi ; ita tamen, vt Harpocrates omnes, à Canopis in eo diſtin-
guerentur, quod hi craſſioribus ventribus tumidi,in turbinatam dein ſuperficiem deſinerent, vti ex imaginibus eorum ſuprà relatis liquet;i lli verò inſtar imberbis pueri,& nudi, aut ſuper lotū
reſidentis , vt hic; ſemper digito prementis labra, aut etiā infantis faſcijs inuoluti, vti ex ap-
poſitis hic imaginibus apparet , efformarentur .
Verùm Canopicarum imaginum typum , vide
III. Tomo, iuxta omnem diuerſitatem exhibi-
tum .

Fuit autem Harpocrates Deus ſilentij apud
Ægyptios in ſumma veneratione : ita vt nunquam ab Oſiride , & Iſide abeſſet ; pingebatur
duplici ratione ; primò imberbis puer, nudus,
qui dextræ indice digito os ſignabat, digito ſi-
lentia ſuadens . Siniſtra verò deorſum extenſā
ſuſtinebat Cornucopiæ , ſurſum ad aures per-
tingens, frugibus refertum, inter quas eminebat Nux pinea; Dei verò caput mitra redimiri videbatur, quæ aliquantum in altum erecta deſinebat
in duas quaſi volucres, vti in figura ſequenti videbis.

Altera ratio pingendi non differebat à ratione depingendi Canopos,
puer nimirùm, reticulatâ veſte indutus, vel potiùs inuolutus faſcijs quibuſdam cum lituo, gnomone & baculo vpupæ capite inſignito, vt in figura

ra apparet. Fuit verò **Harpocrates** filius Ofiridis, & Ifidis, quem Plutarchus fcribit poft mortem Ofiridis ex Ifide genitum vnà cum Helitomeno, imbecillemque natum membris inferioribus; alibi tamen idem Author negat puerum fuiffe imperfectum, neque aliquod leguminum exiftimandum; fed Deum iuuenilis adhuc, imperfectæ, atq; inarticulatæ orationis præfidem & moderatorem; ex quo digito ori admoto ipfum effingebant, vtpotè filentij & *Plutarch. in lib. de Ofiride & Ifide.*

& taciturnitatis fymbolum; huic quoque menfe Mefori, id eft, Augufto, legumina offerentes, ita canere folebant Ægyptij.

Γλῶσα τυχή, Γλῶσα δαίμων.

Hoc eft: *Lingua fortuna, lingua dæmon.*

Natum autem Harpocratem circa Solftitium hybernum, afferit Plutarchus, lentibus & frugum primitijs cultum. Sed & Perfeâ arborem ei dedicatam, quod eius arboris frondes, linguæ; fructus autem cordi fit fimillimus. Sacra porrò, quæ huic Deo puero in ciuitate Buto fieri folebant, fanè maximè ridicula, S. Epiphanius narrat; nam Sacerdotes illum nutrire fimulabant inftar nutricum; in omnibus verò templis, vbi colebatur Ifis, & Serapis, vti fuprà diximus, fimulachrum erat digito labris impreffo, quod multi interpretantur, tacendum effe; illos itidem mortales fuiffe. Figmentum hoc porrò totum Ægyptiacum fuit, quod digito labris impreffo, filentium fignificaret de Dijs immortalibus habendum, in quos ne licentiofi loquendo fimus, à Platone etiam monemur legibus. Alias Harpocratis figillum in annulis geftari folitum à veteribus ea de caufa tradit Plinius, vt filentium de agendis rebus indicarent. Angeronæ autem effigies obligato, obfignatoque ore fuit apud Romanos; vt filentio prætereundum innuerent, in cuius tutela Numinis vrbs Roma effet, quodque proprium illi nomen: ob eam nimirùm fuperftitionem, ne tutelares Dij facris quibufdam auocarentur deuouerenturque. Hinc Valerium Soranum neci traditum conftat, quod arcanum hoc propalare aufus effet. Eaque de caufa Plinius de Roma loquens ait: *Cuius nomen alteri dicere, arcanis cœremoniarum nefas habetur.* Vide, quæ de hifce alibi vberiùs tractauimus. *Cur tutelaris Romæ nomen propalare nefas fuerit.*

Atque ex hoc capite Harpocrates quoque Ægyptiorum in omnibus pafsìm templis, adytis, facrarijs, alijfque locis ponebatur; filentium indicens.

Quiá premit vocem, digitoá filentia fuadens. *Ouid. Met.*

Silentia, inquam, eorum facrorum, quæ tunc peragebantur, varijfque cœremonijs, adiuratione dæmonum quoque adhibita, & prouocatione Geniorum, inftituebantur. Verùm, inquit Martianus, *inter facrificandum quidem puer ftabat, ad os compreffo digito falutare filentium commonebat.* Et in 7. *At tunc oborto terrigenis mufsans tibi puer ille piceus, iufsus monere filentium.* *Martianus Cappella in Philol.*

Vbi

Vbi notandum piceum illum puerum fic appellatum à coloratis Ægyptijs:
ab Aufonio vocatur Sigaleon, ἀπὸ τῦ σιγάω, καὶ λεῶς.

At tua Sigaleon Ægyptius ofcula figet .

Sed de Harpocrate, eiufque myfterijs, & quid filentium eius, quid
fymbola cum quibus depingitur, quid ftatuæ eius, & amuleta fignificent,
alibi fufè dicetur .

H O R V S.

HOrus & Harpocrates apud Authores pafsìm pro ijfdem fumuntur,
cùm vterque filentij Deus, ijfdem fymbolis infignitus comperiatur.
qui error indè exortus effe videtur .

Tradunt Ægyptij Deum, & Harpocratem digito ad labia appreffo,
coalitoque in lucem editos ; fed qui intentionem Ægyptiorum benè per-
penderit, facilè videbit, Horum cum Harpocrate confundi nec poffe, nec
deberi, nec Horum filentij Deum effe ; cùm vterque & imagine , & fymbolis, & fignificatione myfticâ maximè differant . Imò ijs , quæ vni congruere nequaquam poffunt, diftinguantur ; illum enim Scriptores vege-
tum & fanum ; hunc debilem & imperfectum membris ; illum filentij fua-
forem , hunc vocis & Muficæ maximum commendatorem afferunt ; quæ
quantum differant, quis non videt ? Addo Horum Apollinem pafsìm ab
Ægyptijs vocari, quod pluribus oftendit Plutarchus in Ifi & Ofiri . Vndè & eò nomine Sol etiam ab ijfdem vocatus, tefte Macrobio , & Cenfo-
rino ; à quo & Horæ dictæ diei partus, & annitempora . Videtur tamen
Plutarchus Horos duos conftituere, primum quidem antiquiorem, ob tenebras cœcum, qui Arueris dictus, natus fecundo die, cùm necdum Mundus effet perfectus ; fed & Mundi fimulachrum erat, & effigies quædam;
alterum autem Horum perfectum & abfolutum; cuius fimulachrū in vrbe
Copto tradunt fuiffe ; quod alterâ manu Typhonis pudenda contineret.
Hunc, Diodorus ait, Ifidis filium effe, per Titanum infidias interfectum,
inter aquas repertum, à matre ad vitam reuocatum, ac tandem immortalitatem confecutum effe . Hunc etiam Apollinem interpretatur , medendi-
que atque diuinandi peritiffimum ; vndè & manaffe videtur Hermionen-
fium ille Ὅριος Apollo, id eft, Terminorum præfes, quem, tefte Paufaniæ,
olim colebant .

Hori Sacerdotes, fcribit Epiphanius, & Harpocratis, capite rafos, idola eorum geftare, circumcurfantes , & faciem pulticulis oblitos, ea in ebul-
lientem lebetem demittere ; & ferre impudenter feruile , ac deteftabile
puerile fignum, & cœtera, quæ ridet idem D. Scriptor. Sed & alia plura
de hoc Horo Apolline produntur, quæ ad occultam rerum interpretationem, & naturæ pertinere credebant ; quæ alibi proferemus ; hìc enim
fufficiet declaraffe tantìm, Horum Ofiridis & Ifidis filium allegoricè con-
fideratum nihil aliud effe, quam omne id , quod ex Sole & Lunâ generatur

Aufonius.

Macrob.
Cenforinus
in l. de die
nat.

Diod. l. 1. c. 1.

Epiph. l. 4. hær.

generatur in Mundo ; quemadmodum in toto hoc opere pafsim dicetur ;
quod & imagines eius abundè teftantur; quæ femper vel fub forma pueri
ftantis, vel lactentis, vel fafcijs veluti inuoluti, indifcretis pedibus effor-
mabantur ; quas tanta in veneratione habebant, vt nulla domus, nullum
compitum, nullum templum ijs vacuum reperiretur ; has collo philacte-
riorum loco portabant; has loco Penatum habebant, & Larium. Hunc
Horum veluti intercefforem & placatorem apud Ofiridem, Ifidemque
frequentibus votis, & facrificijs interpellabant ; hoc genios Mundi tra-
hi arbitrabantur. Cùm itaque imagines, feu idola Hori tantam obtine-
rent virtutem, mirùm non eft, Sacerdotes ea tàm ftolidis & ridiculis ritibus, quales erant, ea Nutricum ad inftar applicare pectori, & fimulatâ la-
ctatione reficere, alijfque, quæ pafsim apud Authores leguntur, cœremonijs ea fibi deuouere. Idola autem iuxta eam diuerfitatem, quâ hic videntur, ab Ægyptijs apparabantur.

IMAGINES HORI.

Nummus Adriani.
C.

Itaque Hori imagines omnes nefcio quid puerile fapiunt ; infantes
funt fafcijs inuolutæ, & indifcretis pedibus, quo ftatu Deorum fimulachra
apud Ægyptios fingi, teftatur Heliodorus ; huiufmodi funt Icunculæ fictiles A. B. E. quas pafsim in thorace conditorum funerum, ex Ægypto ad
nos aduectorum Aromata, reperiunt : vt fufpicari liceat, Herodotum
de funeribus Ægyptiorum loquentem, religione aliquâ impeditum, Ori
nomen confultò reticuiffe. Huius farinæ quoque fuiffe Theraphim idola
Labani (quæ Rachelem patri furatam effe facræ paginæ docent) è Rabbinorum traditionibus alio loco oftendetur. Inuafit & huiufmodi idololatria quoque Bafilidianorum, feu Gnofticorum impiam Scholam : in qua pi-
cco illo Sigaleone nihil penè erat fanctius ; huius idola varijs fymbolis &
arithmanticis notis infigniebant ; his adolebant, ab his refponfa petebant;
& fexcentas huiufmodi fuperftitiones exercebant, quæ quia ab Epiphanio
reci-

Heliod. l. 3.
Æthiop.

R. Elias Thif-
bites.
R. Eliezer.

Idola Bafili-
dianorum feu
Gnofticorum

recitantur, nolo illis repetendis hìc esse longior: hoc vnicum addam, tantam fuisse horum idolorum similitudinem, vt vix à Canopi, aut Harpocratis imaginibus distinguerentur; quæ & causam dedit, vt Canopos, Harpocrates, Horos etsi diuersissimos, promiscuè tamen passim Authores sumerent pro ijsdem; quæ ideò hìc repetere placuit, vt si quandoque apud Authores ea confusa reperias, id idolorum similitudini ascribas.

MYTHRAS.

MYthras seu Mytrius Persis idem est, quod Ægyptijs Osiris, seu Sol primus eorum Deus, vt ait Hesychius; quod nomen non malè à
Mythras idē quod Misraim Mythraim, qui primus fuit Ægyptiorum & Persarum Rex, & incantationibus diuinos honores consecutus, Zoroaster dictus est; vti suprà deducitur; quamuis alij à vocabulo μυδρος, quod candefactum lapidem significat, id nomen deducant; quæ significatio tamen non multum discrepat à significationibus nominis Osiridis & Zoroastri: (quorum illud ignem vbique ardentem, hoc stellam viuentem, quæ omnia Soli optimè congruunt, significat.) Ex quo patet, Mithram, Osiridem, Mythraim, Zo-
Figura Mythræ. roastrem eundem esse; nam Mythras, vt Osthanes, & ab eo Lactantius Grammaticus, in antro colebatur, cuius simulachrū fingebatur Leonis vultu, habitu Persico cum tiara, qui ambabus manibus, reluctantis bouis cornua retentabat; quô significabatur, Lunam ab eo lumen recipere, cùm incipit ab eius radijs segregari; ipsa enim indignata sequi fratrem, occurrit illi, & lumen subtexit, obscuratque; ideoque in antro esse dicitur,
Mythras Sol Leonis vultu, quid? quia ecclipsin patitur Sol, id est Mythras; ideò Leonis vultu, quia Sol Leonem signum principale habet; vel quod, vt Leo inter animalia, ita Sol inter sidera excellit; Luna verò, quod Tauro propiùs adhæreat, vaccâ, siue, boue figurabatur; quæ omnia quam simillima sunt Ægyptiorum mysterijs de Osiride, & Iside, imò eadem omninò Statius ostendit cùm canit in primo Thebaidos:

Stat. I. Theb.

> - - - - - seu te roseum Titana vocari
> Gentis Achemeniæ ritu, seu præstat Osirim,
> Frugiferum, seu Persæ sub rupibus antri
> Indignata sequi torquentem cornua Mythram.

Et Claudianus quoque, cùm ita canit:

Claudianus.

> - - - - - - defixǽq; hospite pulchro
> Persides, arcanum suspirauere calorem,
> Thuris odoratæ cumulis, & messe Sabæa,
> Pacem conciliant aræ penetralibus ignem,
> Sacratum rapuere adytis ritúq; iuuencos,
> Chaldæo statuere magi: Rex ipse micantem,

Incli-

Inclinat dextrâ pateram, secretaq́, pellis,
Et vaga teſtatur voluentem ſydera Mythram.

Huc alludit quoque ſimulachrum in Villa Ludouiſia, & Burgheſia, nec non ad orientalem Palatij S. Marci plagam muro inſertum, cœteriſque paſsim locis obuium, vbi Mythras Tauri inſidens proſtrati dorſo, pectus pugione transfodit. Sol enim Aprili menſe, in ſigno Tauri conſtitutus terram tumentem aperit, eiuſque genitalia ſemina, caloris ſui augmento producit in propatulum; in oppoſito verò ſigno Scorpionis eadem, viribus amiſsis, in terræ penetralia denuò frigus recondit; quod Scorpius Tauri teſticulos complexus demonſtrat; animalia verò Serpens & Canis ſanguinis guttas ex Tauri vulnere lambentes, nutrimentum terrigenis animantibus conceſſum indicant, vide figuram hìc appoſitam.

A Signum Tauri in
　Aprili, ſeu Terra.
K Mythras, Sol.
M Vis Solis penetra-
　tiua eliciens geni-
　talem humorem.
N〉Terreſtrium ani-
　〉malium nutri-
O〉mentum.
Q Vis confortatiua
　Solis.
R Vis genitalis ab-
　ſcondita.
S Sole in Scorpione
　conſtituto, vis geni-
　talis frigore com-
　primitur.
T Sole in Scorpione
　exiſtente, calor mi-
　nuitur, vnde corru-
　ptio.
X Sole in Tauro, igneus
Y calor inualeſcit ad
Z generationem ve-
　getabilium.

Mythræ quoque huius Strabo meminit, & Suidas, item Martianus ad Solem. *Memphis,* inquit, *veneratur Oſirim; diſſona ſacra Mythram.* In Perſidis montibus Zoroaſter primus antrum floridum Mythræ dicaſſe fertur propè fontes: ex quo poſteà manſit religio, vt vbicunq; is coleretur, antrum, vel ſpecus ſimiliter eius, templi loco ſtatueretur.

Scribit D. Hieronymus ad Athletam. *Ante paucos annos propinquus veſter Gracchus nobilitatem patritiam ſonans nomine, cùm præfecturam gereret vrbanam, nonne ſpecum Mythræ, & omnia portentoſa ſimulachra ſubuertit?* Por-

Strabo.

Zoroaſter
primus My-
thræ templū
dicat.

E e
phy-

Porphyr.

phyrius quoque in Commentario antri Nympharum ex 13. Odyſſ. *Pri-*
mum, inquit, Zoroaſter apud Perſas , vt narrat , qui Mythræ hiſtoriam multis

Eubulus de-
ſcripſiſſe hiſto-
riam Mythræ

voluminibus ſcripſiſſe traditur Eubulus, naturalem ſpeluncam.in proximis Perſidis
montibus conſecrauit in honorem rerum omnium Authoris parentiſq́, Mythræ, vt
per ſpeluncam quidem Mundum ſignificaret fabricatum à Mythra ; per alia verò
quædam intus congruis interuallis diſpoſita, elementa & plagas Mundi deliniaret .
Et paulò poſt ſubiungit : *Mythræ verò congruum aſſignare locum ad æquino-*
ctia ; quapropter gladium fert arietis, quod Martium animal eſt, inuehiturq́; Tau-
ro Venereo , quod ſcilicet , vt Taurus , ſic & Mythras generationis dominus ſit .
Hæc ibi Porphyrius philoſophus. Scribit Origines Adamantius libro ſex-

Origines l. 6.
contra Celſum

to contra Celſum de Mythriacis ſacris ; ipſius Celſi verba afferens in
hunc modum : *Hæc quidem Perſarum diſciplina oſtendit & Mythræ ſacra,quæ*

In ſacris My-
thræ circum-
actio ſtellarū.

apud hos ſunt ; & in his duplex circumactio ſtellarum prætenditur , fixarum, er-
rantiumque, & per has animæ tranſitus ; cuius in rei argumentum ſcala erigitur
altior,in ea ſeptena ſunt portæ ex plumbo prima,ſecunda ex ſtanno ; tertia ex ære ;

Scala ſeptem
portaru n.
Singulæ portę
ſingulis pla-
netis compa-
rantur.

è ferro quarta ; quinta è numiſmatis corio ; ex argento ſexta ; ex auro demũ
ſeptima conſtat . Primam Saturni eſſe ſtatuunt ; plumbo, aſtri tarditatem ſigni-
ficante; Veneris ſecundam, cui & ſtanni cùm ſplendorem, tum molliciem compa-
rant . Tertiam Iouis, vt æreis gradibus ſolidiſſimam . Mercurij quartam, operum
enim omnium & negotiorum tolerantiſſimum , lucraque faclitantem callidum ſem-
per & eloquentem Mercurium dicunt . Martis quintam, ob inæqualem admiſtio-
nem & variam . Sextam Lunæ, argenteam . Solis ſeptimam , quæ aurea ſit per-
indè atque aſtrorum hæc imitetur colorem & cæli. Hæc è Celſo Origines. Porrò à Mythra Mythriaca ſacra dicuntur apud Lampridium in vita Commo-
di; quæ qualia eſſent, cùm explicare Crinitus ſatagat ; mihi cauſa fuit,

Suidas.

vt hiſtoriam altiùs multò repeterem: Suidas : *Mythram, inquit, exiſtimant*
Perſæ eſſe Solem, cui & multas conſecrant hoſtias ; neque quiſquam eius ſacris ini-
tiari poteſt, niſi per quoſdam gradus conuity, quibus oſtendat ſe & ſanctum eſſe ,
nec perturbationibus affici . Quorum & Tertullianus meminit, & D. Grego-

Greg. Nazian.
l. de corona.
12. Contu-
meliæ perſe-
rendæ, vt
quiſq; am ſa-
cris eius ini-
tietur.

rius Nazianzenus in priore in Iulianum Cæſarem oratione ; quo in loco,
qui Græcè eius collegit hiſtorias : *Mythras,inquit, id eſt, Sol, cui celebrita-*
tes fiunt, & imprimis à Chaldæis,cui Deo, qui volunt initiari, duodecim contume-
lijs afficiuntur . Et per verbera, calorem, frigus, & alia huiuſmodi; vndè à
Theologo, inquit, hæc contumelia vocatur ἐνδυάγ. κόλασις : quod ſcilicet
iuſtè eâ pœnâ afficiuntur, verba hæc ſunt : *Neque Mythræ apud nos crucia-*
tus, & iuſta ſupplicia his, qui talibus ſacris initiantur, perſuadentur . Mythræ
meminit, & Procopius . Hæc igitur ipſe ſacra Mythriaca eſſe puto , quæ
homicidio Commodus Cæſar, vt eſt apud Lampridium, polluit . Scribit

Duris in po-
lyhiſt. apud
Athenæum.
Dion.

Duris in 7. hiſt. apud Athenæum . Perſarum Regibus vno tantùm diè
permitti, vt ebrij ſint ; quo Mythræ Deo ſacra fierent. Eſt & apud Dio-
nem in hiſtor. Tiridatem Regem Neroni dixiſſe, ſe perindè ac Mythram
eum adoraturum. Xenophon in œconomico , ita Cyrum iurantem indu-

Xenophon.

cit. *Iuro, inquit, tibi, ò Lyſander per Mythram, quem nos omnium Deorum ma-*
ximum habemus . Diuus etiam Epiphanius contra Marcionem agens : *Di-*

Epiphan. lib,
contra hæreſ.
3. contr. Marc.

xit, inquit, quidam proprius ipſorum Poëta, Cretenſes ſemper mendaces , male be-
ſtiæ,

ſtiæ, ventres pigri : per quæ verba Epimenidem indicat, veterem philoſophum , & templi Mythræ,ſiue Solus apud Cretenſes Sacerdotem. Hæc quidem Epiphanius; quibus ex verbis colligimus, non apud Perſas ſolùm & Chaldæos ; ſed & alibi etiam Mythram cultum fuiſſe ; quin & Mythræ quoque templum fuiſſe Alexandriæ, & ſacra ſummô cultu exhibita ; ſed de Mythra hæc ſuf-ficiant, qui plura de eo deſiderat, conſulat Obeliſcum Pamphilium , vbi multa & rara,forſan haud ita paſsìm cognita de eo inueniet .

CAPVT VIII.

De Typhone.

CVm de Oſiride, Iſide, alijſque Dijs Ægyptiorum hucuſque dictum ſit,nonnullaque non niſi incidenter de Typhone attigerimus,ſcor-ſim de eodem hoc loco tractandum duxi . Diodorus è Titanibus Ty-phonem ortum eſſe aſſerit. Plutarchus eum non aliorum more , ſed è la-tere matris,vulnere adacto profilijſſe ; fratremque fuiſſe Oſiridis, & Iſidis, in libro de Oſiri & Iſi fuſè tradit. Alij eum cum Nimbrodo, ob vitæ,mo-rumque peruerſiſſimorum ſimilitudinem, confundunt . Quidam Typho-nem Regem Ægypti fuiſſe putant, hominem inhumanum,ob cuius crude-litatem vniuerſa penè Ægyptus deuaſtata, & euerſa fuerit ; vocatum au-tem Typhonem à Draconis crudeliſſima natura ; vel quia more Draconis Ægyptum popularetur ; aut etiam,quia è ſanguine Draconis & Serpentis genitus putaretur ; alij Draconem inſignem fuiſſe Typhonem comme-morant, ſic dictum,ob ſingularem veneni efficaciam; quâ omnia combu-reret,faceretque vt contacta areſcerent. Non deſunt,qui dicant Typho-nem terra percuſſa à Iunone procreatum , metuque Iouis in Ægyptum profugiſſe, vbi cùm æſtum ferre non poſſet , in lacum merſum interijſſe ; quam fabulam multi ad res naturæ totam detorſerunt . Nam , vt Strabo tradit, vniuerſum tractum à Cumis in Siciliam vſque & Æthnam, & inſu-las Liparas & Puteolanum, Neapolitanum, Baianumque agrum , Pithecu-ſaſque inſulas,quaſdam profundas , & in vnum coëuntes ſub ſe habere ca-uernas, quæ in Græciam quoque porrigerentur,in quibus multa vis ineſ-ſet ſulphurea . Idcircò cum ventis ſpirantibus ſubterraneis, terræ motus fierent frequentes in ijs locis, & flammarum, feruentiumque aquarum profluuia, igniſque exhalationes , & cineres cum fauillis atrociùs emitte-rentur, fabulati ſunt antiqui ſerpentem illum , ſiue Ægypti tyrannum perpetuo ſupplicio damnatum,ſub ijs locis iacere, qui quoties moueretur, ignem ac cineres eructaret ; & ex commotione humerorum,Epomæum natum ; ſunt,qui vim ventorum non ſubterraneorum quidem ; ſed è ſubli-mi loco ſpirantium eſſe Typhonem crediderint, qui & orientis & occi-dentis plagam manibus pertingeret , capite ſideribus ipſis illato . Sed audiamus Heſyodum .

Verùm vbi Titanas cœlo turbaſſet ab alto,
Iuppiter hinc genuit mox alma Typhœia tellus,

Ee 2

Poſtre-

Diod. l.1. c 2.

Plutar. l. de Oſiride & Iſide Fabuloſa na-tiuitas Ty-phonis.

Typhonis ortus.

Typhon à Dracone ap-pellatus.

Strabo. Ager Puteo-lanus, Lipari-tanus & Ætn nexus canales ſubterraneos habet, cum Græcia cor-reſpondentes.

Typhon ven-tus quomo-do dictus.

Figura Ty-
phonis.

Poſtremum ex Erebo Veneris dulcedine captá;
Huic palmæ ad quæuis miranda negotia duro
Robore erant, promptiq́ pedes, centum capita olli;
Ex humeris ſæui ſurgebant torua Draconis
Ora, ſub hinc linguis lambentia cœca triſulcis
Igne coruſcabant, cilijs ſub lumine tetris;
Omne caput demùm flammam ſpirabat, & ignem.
Omnibus his inerant voces, variumq́ ſonabant.
Horrendumq́ dabant gemitum, ſæpe ora tonabant,
Numinibus magnis, vt ſint concurrere viſa:
Interdum ingenti Tauri mugire boatu,
Interdum gemitum ſæui dare viſa Leonis.
Interdumque canum latrantùm emittere voces.
Rurſus & horrendum ſonitum à radicibus imis,
Mittebant montes vmbroſi luce, ſed illa;
Denique viſa potens nimium foret iſta propago,
Atque viros, ſuperoſq́ Deos viciſſet ab alto,
Ni pater omnipotens hominum ſator atque Deorum
Æthere det tonitru, atque frequentiæ fulmina mittat.

In quibus nihil aliud deſcribitur, niſi, vt ante diximus, ventorum diuerſæ qualitates, & vis quædam violenta, elementorum turbatrix, vti paulò poſt videbimus; imò idem indigitare videtur Apollodorus, cum Typhonis naturam eiſdem penè ſymbolis deſcribat, queis Heſiodus: *Poſt debellatos enim,* ait, *à ſuperis Gygantes, terram longè atrociùs indignatam, Tartaro immiſtam, Typhonem duplici naturá, humaná ſimul atque beſtiali conſtantem in Sicilia peperiſſe; ſiquidem Typhon corporis vaſtitate & ròbore cæteros omnes, quos terra genuerat, antecellebat; erat ei crurium tenus, immenſa humanæ formæ magnitudo, adeò vt omnium montium cacuminibus altior eſſe videretur; cuius etiam caput ſæpenumero aſtra pertingebat. Sed & eiuſdem manuum altera ad Heſperum vſque, & altera ad Orientem pertinebat. Ex his centum Draconum capita eminebant; in cruribus maximas viperarum ſpiras ille continebat; quarum volumina ad verticem ipſum vſque protendebantur, eæq́ viperæ ingentem ſibilum excitabant. Typhonis corpus totum erat pennis circumdatum; ſquallentes autem è capite crines, ex mento barbá impexá, prolixáq́ ventilabant; igne oculi emicabant. Talis itaque tantuſque Typhon candentes in cœlum lapides iaculatus, cum ſibila ſimul atque boatu ferebatur; magna etiam ex ipſius ore ignis procella deſeruebat; hunc vbi Dij in cœlum proſpiciunt irrumpentem, acti in fugam in Ægyptum properabant, & vbi illum inſequentem vident, in varias animantium formas ſeſe quiſque tranſmutabat.*
Hæc Apollodorus.

Apollodorus
l. 1.

IMAGO TYPHONIS
IVXTA APOLLODORVM.

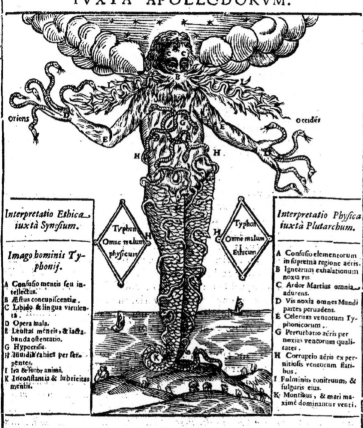

Oriens *Occidés*

Interpretatio Ethica iuxtà Synesium.

Imago hominis Ty-phonis.

A Confusio mentis seu in-tellectus.
B Æstus concupiscentiæ.
C Libido & lingua virulen-ta.
D Opera mala.
E Leuitas mentis, & iacta-bunda ostentatio.
G Hypocrisis.
H Inuidiæ tabies per ser-pentes.
I Ira & furor animi.
K Inconstantia & lubricitas mentis.

Typhon Omne malum physicum

Typhon Omne malum Ethicum

Interpretatio Physica iuxtà Plutarchum.

A Confusio elementorum in suprema regione aëris.
B Ignearum exhalationum noxia vis
C Ardor Martius omnia adurens.
D Vis noxia omnes Mundi partes peruadens.
E Celeritas ventorum Ty-phonicorum.
G Perturbatio aëris per noxias ventorum quali-tates.
H Corruptio aëris ex per-nitiosis ventorum flati-bus.
I Fulminis, tonitruum, & fulguris eius.
K Montibus, & mari maxi-mè dominantur venti.

Terribilis postquam Iunonis creuit Alumnus
Anguineis pedibus, sublimi vertice cœlum
Tangebat, corpus plumæ anguesque tegebant
Innumeri, plagas orientis dextera Soli
Cùm staret, plagas tangebat læuà cadentis,
His centum capita expirantia naribus ignem,
Ausa Iouem contra, cœlumque insurgere contra.

Tri-

Natalis Co-
mes l. 1. my-
thalog.
Interpretatio
phyſica Ty-
phonis.

Tribuit itaque fabulóſa antiquitas Typhoni ſtaturam ſidera tangen-
tem; quia venti latiſſimè vagantur; plura capita illi conceſſerunt, ob varias ventorum vìres; barba ipſi impexa, & crines ſqualidi;quia ventorum
vi aër conturbatur, & malignis impreſſionibus impletur; erat flammiuo-
mus;quia ventorum vi,aër ſpiſſior ſæpè in flammas exardeſcit,vndè igneos
enſes, ſpicula ignea, & fulmina aër vomere videtur. Corpus erat pennis
obtectum, ob ventorum celeritatem; circa crura frequentes viperarum
ſpiræ,propter noxiam vim ventorum,aëris telluriſque corruptricem;ocu-
li ignei,flammaſque ex ore ſpirabat ; ob materiam ventorum,quæ fit è ſic-
cis calidiſque exhalationibus. Fingitur in montem Caucaſum confugiſſe,
quia in præcelſis montibus venti plerumquè dominantur.

Plutarchus,
Typhon om-
ne noxium.

Interpretatio
Typhonis
phyſica,

Plutarchus quoque Typhonem nil aliud eſſe dicit, quàm vim illam
ventorum, quâ Nili aqua exſiccatur, & ſterilitas terræ inducitur. Alij
Typhonem,peſtiferam aëris malè affecti,ob nimium calorem, naturam
putarunt; quippe cùm vis calida æſtatis plurimùm obſit humanis corporibus, eaque imbecilliora faciat,ad reliquas temporum mutationes perfe-
rendas. Mox cum,recedente Sole per ſigniferum, aliquantulum ceſſat
æſtus; magna imbrium atque tonitruorum copia fit ; dùmque per calorem imbres coire non poſſunt, tùm fulmina frequentia cadunt ; quare
Iuppiter fulminibus Typhonem primò in Ægyptum fugauit, & in loca
calidiora ad meridiem, deindè ſub Æthnam truſit. Dicitur autem, Typhonem,Dijs fugientibus, & in varias ſeſe formas transformantibus, Iouem ad Caucaſum vſque Syriæ montem inſecutum fulmine ſauciaſſe; queis
nil aliud inſinuatur, niſi quod regiones cœli ſeu aëris, quæ ſunt veluti Dij
quidam (& Numinum, vti Comes ait, habitacula) Typhoniorum ventorum vi varias ſuſcipientes impreſſiones, variaſque in formas, figuraſque
condenſatæ; à Ioue ſeu Sole,virtute radiorum,aëre multiformi diſſipato,
emundentur, atque Typhone interfecto in priſtinam ſerenitatis faciem
reducantur.

Synesius de
prouidentia
Typhonis in-
terpretatio
Ethica.

Quidam totam hanc fabulam ad mores trahere videntur; vti inte-
gris duobus libris, quos prouidentiam intitulat, facit Syneſius; inter cœtera verò ſic ait : *Sed neque generi natura ſimilis erat Typhon, neque omnino ali-*
cui homini, & in ſumma, neque ipſe erat ſibiipſi ſimilis , ſed varium quoddam ma-
lum ; nunc quidem videbatur eſſe ſegnis, & telluris inutile pondus , in tantum à
ſomno recedens,quantum ventri inſeruiret, & alia ingereret dormienti inſtrumen-
ta, nunc verò etiam moderata negligens ex his,quæ neceſſaria ſunt naturæ, ob quæ
exultabat inconcinnè, & negotia exhibebat tùm æqualibus, tùm maioribus natu ;
Admirabatur enim robur corporis, vt perfectiſſimum bonum,& ipſo malè vtebatur,
& fores effringens, & glebis impetens,& ſi alicui vulnus eſſet,aut aliud malum
perpetraſſet, gaudens veluti ob teſtimonium virtutis . Atque ſub hiſce & ſimilibus, quæ paſſim per duos libros fuſe proſequitur, Syneſius nil aliud,
quàm hominem vitioſum,inconſtantem, ſtultum, temerarium, bonorum
contemptorem, malorum ſtudioſum deſcribit, vt legenti ea patebit; quod
& ij faciunt,qui Typhonem dicunt hominem fuiſſe ferocem, ac ſtrenuum,
qui Iouem de regno,collectâ magnâ exulum,& inuidorum manu, conatus
ſit

fit deijcere, quare ob potentiam illi tantam corpus tribuunt, quod inflammauit nonnullos aduerſus Iouem perſuadendo. Dicunt ignem ex ore proflare ſolitum, & neruos Ioui concidiſſe. Hos illi furatus eſt Mercurius ac Ioui reddidit, quoniam Iouis oratione poſteà reconciliati ſunt animi illorum, qui à Ioue deſciuerant. Etſi multi hanc quoque ad animos ab ambitione reuocandos, fabulam effinxere, qui cùm ſignificare velint, illam peſſimam omnium propè vitiorum eſſe; filiam Erebi, & ignem ex ore efflare dixerunt. Hæc aduerſus Iouem inſurgit, quoniam nulla eſt religionis, nulla humanitatis, nulla iuſtitiæ cura, vbi pullulat ambitioſus furor; quæ cùm multa habeat capita; multos modos, multas ſollicitudines, multas moleſtias eius ſignificarunt. Hunc Typhonem, ſiue hanc ambitionem huc illuc fugientem Iuppiter tandem opprimit, ac labefactat: quia etſi cupiditas aliquandiu rationi, ſapientiæque reſiſtat, tamen ab illa denique vincitur. Sed vt paucis multa comprehendamus, quicquid vel in morum diſciplina vitioſum, corruptum, violentum, ſtultum, temerarium, & præſumptuoſum; aut in naturæ conſideratione noxium, violentum, pertinax, ſæuum, aduſtiuum, & corroſiuum, omne quod rerum interitum minatur, Typhonis nomine antiqui appellarunt. Vndè & vim quandam dæmoniacam eum dicebant. Fuit huiuſmodi Typhon Nimbrod, Eſau, Achab, alijque, de quibus ſacræ literæ; ambitionis mancipia, & totius iniquitatis officinæ; ſunt & huiuſmodi Typhones in ſublunari mundo, noxiæ impreſſiones, violentæ ignium eruptiones, venti impetuoſi, nimia ſiccitas, ſimiliaque ſexcenta elementorum portenta. Multa hìc mihi dicenda eſſent de ortu Typhonis, de conſpiratione in Oſiridem fratrem facta, in diuiſione corporis Oſiridis à Typhone peracta; de interitu Typhonis; item, quà ratione hæc naturæ rerum applicuerint Ægyptij; ſed quoniam tùm in ſequentibus, tùm alijs in locis de hiſce tractabimus, àd ea conſulenda Lectorem amandamus.

Moralis interpretatio.

Ambitionis malum.

Typhoniæ proprietates.

CAPVT IX.

De cæremonijs, & ritibus Ægyptiorum, quos tùm in ſacrificijs, tùm alijs in ſolennitatibus obſeruabant.

OSiris à Typhone fratre impio, & totius, vt cum Syneſio loquar, improbitatis officina, interfectus, deteſtandorum ſacrificiorum Ægyptijs vſitatorum exordium præbuiſſe videtur; quam hiſtoriam, cùm in præcedenti capite omiſerimus, hìc è Diodoro depromptam adducere viſum eſt. Oſiris itaque Rex Ægypti, cùm ſapientiſſimè Ægyptum adminiſtraſſet in multos annos, eam ſibi apud omnes comparaſſet exiſtimationem, vt etiamdum viuus inter Deos, & Numina recenſeretur. Typhon verò rabie, ac inuidiæ æſtro percitus in fratré Oſiridem, & odio aduerſus Ægyptios irreconciliabili arderet; quod hi quidem, & maximè populus admiraretur Oſirim, & in ſermonibus, & cantilenis, & domi, & in communibus ſacris, bona omnia ipſi vbique omnes peterent; hoc, inquam,

furore

Diffidium Ofiridis & Typhonis.

furore agitatus Typhon, affertis fibi in focietatem Titanibus, fceleris futu-ris complicibus ; nihil non machinabatur, quo de medio fratrem tolleret; eo tandem fraudulenter, & dolofè interempto regnoque adepto ; Typhon Ofiridis corpus in 26. vel vt alij dicunt, in 14. partes diffectum, in-

Ofiris diffe-ctus à Typho-ne. Ifidis cura & prouidentia.

ter eos, qui fceleris participes, ac facinoris commiffi confcij fuerant, fin-gulis vna corporis parte relictâ diftribuit . Verùm Ifis vxor, & pruden-tiffima, & mariti cumprimis amans, fcelere cognito, ope filij fui Ori & A-nubidis, mortem viri fui vlta, Typhone, fcelerifque affeclis interfectis, re-gnum recepit . Ifis hifcè peractis de mariti corpore follicita, cum omni-bus Ofiridis partibus confultò per Typhonem difperfis, nil præter puden-

Ifidis callidi-tas.

da reperiffet, cupiens incertum effe viri fepulchrum, ab Ægyptijs autem & fingulis hominibus honori haberi, ex aromatibus, & cera fingulas eas partes in formam hominis viro fimilem compofuit . Conuocatis deindè Ægypti Sacerdotibus, fingulis dedit Ofiridis imaginem, afferens eis folis corpus illius creditum, atque adiurans, vt nunquam apud fe effe fepul-chrum Ofiridis vlli panderent, illam in abditis, vt Deum colerent, eique animal, quod mallent, dicarent; quod & veluti Ofiridem viuum colerent, & poft obitum confimili cœremonia, ritibufque obferuarent ; imò vt eos maiori beneuolentiâ fibi obftrictos promptiorefque redderet ; fingulis certos redditûs ad cultum intentum promptiùs exequendum affignauit ; Sacerdotes Ifidis allecti beneficio præftito, nil non ad honorem Ofiridis, cultumque promouendum moliti funt ; nam & fubitò animum ad nouas idolorum fabricandorum, colendorumque rationes adiecerunt . Vndè &

Origo facrifi-ciorum im-piorum.

mox celebria illa Phallophoria, Pammelia, Dionyfia, alijque portentofi facrorum ritus & cœrimoniæ, de quibus mox dicemus, vti ex equo quo-dam Troiano, ftolidifsimaque facrificia, ac innumeris plena impietatibus prodierunt; quæ poftea non per Ægyptum tantùm, fed per vniuerfum Mundum opera dæmonum diffeminata viguerunt . Ritus verò huiufmo-

Ritus in in-quifitione corporis Of-ridis.

di ab Authoribus commemorantur . Sacerdotes ftatutis anni diebus in occultis templi recefsibus corpus Ofiridis, & idolum fingebant habere fepultum, fed ignoto loco hominibus, quem & eo ipfo die cum fumma mœftitiæ fignificatione, enormibufque lamentationibus plangebant; in fignum verò luctûs fummi, capita radebant, percutientes pectora, carnem crebro repetitis ictibus tranfuerberabant, veterumque plagarum cicatri-

Crudelitas Sacerdotum in feipfos.

ces (ò cœca mortalium pectora !) fummo doloris fenfu renouantes, in-cidebant; idque in memoriam Ofiridis adeò pœnitendâ morte fublati . Tranfactis autem poft certum aliquod dierum interuallum, planctibus & lamentationibus, veluti diuinitus reperto Ofiridis corpore, de luctu ad diffolutiones extremas, de planctu ad cantus, hymnofque ac gaudia

Sacra Ifiaca.

tripudiaq; de repentè tranfiliebant ; atque hic fuit ritus Ægyptiorum in inuentione corporis Ofiridis obferuatus . In Ifiacis verò facris Sacerdo-tes die eius facris peragendis inftituto, ciuitatis plateas oberrantes vaga-bantur . Summis gemitibus ac ciulationibus, mortem Ofiridis in memo-riam reuocantes plangebant ; veftiti longâ, eaque lineâ togâ, portabant fupra caput ftatuam Anubis κυνοκεφάλε· iterum dextra ramum de abfyn-

thio

thio marino vel pinu ; in finistra fistrum instrumentum sonorum & per-
streperum, quo Ægyptij maximè diebus festis vtebantur, vel ad populum
in planctu continendum, vel ad Genios malignos auertendos ; figuram
porrò huius instrumenti, alibi depictam contemplare; quod tibi ex antiquitatum Gazophylacio Clarissimi viri Domini Augustini Gualdi deprompsimus.

Porrò de hoc fistro mentionem secére Virgilius :   *Virgilius.*

. . . . *patrio vocat agmina sistro.*   *Sistrum Ægyptium.
Ouidius.*

Et Ouidius eleg. 8. in amor.

. . . . *quid nunc Ægyptia profunt*
Sistra ?

Et Martialis lib. 12. epig. 28.   *Martialis.*

Linigeri fugiunt calui, sistrataque turba .

Sacerdotes autem supradicti sacrorum peragendorum die, vario habitu
induti, vagabundique variam scenam peragebant ; aliqui venatorum habitu Syluanos ; alij fœmineo mundo ornati Musas; alij denique fasci-
bus, securibusque instructi gestuoso gressu Magistratum referebant , statuam Isidis circumportantes. Hos ingens vtriusque sexus hominum se-
quebatur multitudo, corymbis, cornucopijs, speculis, pectinibus, lucernis,
lampadibus, similibusque rebus ad solennitatem diei peragendam, instru-
cta. Huius pompæ solennitatem, non ita pridem inuenimus in columna
rotunda incisam, quæ spectatur in hortis Mediceis montis Pinciani, è regione obelisci ibidem erecti, vbi in prima figura instrumentũ Musicũ por-
tatur in formam Psalterij; sequitur alius in manu portans statuam Hori ;
Et alius hunc consequens statuam Harpocratis & Ibidis. Succedit alius
Apidis figuram , fœcundum Ægyptiorum Numen sustentaculo fixum
portans . Denique alius sistro & seriphio instructus. Vltimus tandem
orbem manibus torquens, mysterioso gestu tandem claudit agmen. Quæ
omnia apud Apuleium, scitè & eleganter, in sua metamorphosi describun-   *Apuleius l. 11
Metam.*
tur. Vide quoque, quæ de mysteriosa hac Isidis pompa in Obelisco Pamphilio tradidimus fol. 433. Figuras verò in sequenti facie contemplare.

Porro detestanda hæc Ægyptiorum superstitio non fuit patrijs contenta finibus, sed serpendo paulatim, primò quidem Græciam , tempore
verò Syllæ Dictatoris, Romam quoque infecit, ita vt pigeat, pudeatque
referre, Romanos rerum Dominos, quibus fœdera , leges & sacra exteris
nationibus dare imperium fuit; tam in hoc turpiter aberrasse , tantoque
in errore, & in tetra caligine versatam fuisse victricem illam gentium, &
totius dominatricem Orbis, vt stolida hæc & abominanda Isiacorum sacra
suscipere non erubuerit. Valerius Maximus scribit, Senatus decreto sæ-   Sacra Isiaca
à Romanis
proscribuntur
pè constitutum , vt Isiacorum delubra deuastarentur ; artifices verò ob
religionem, ac consuetæ reuerentiæ respectum manus non fuisse ausos ad-
mouere; nisi Paulus Æmilius Consul exemplo præiens, securi primus templi portas Isiaci aperuisset, & initium ruinæ fecisset. Quamuis Tiberius
quoque Imperator ob abominandam Sacerdotum auaritiam , & summam

Ff   luxu-

Tiberius tem-
pla Iſiaca de-
ſtruit.

luxuriæ infamiam, templa huiuſmodi deuaſtari curârit, ſecuti ſunt tamen
hos, qui ſacris Iſiacis non modo fauerent; ſed & ipſi ſua præſentia, vt Sue-

Pompa Iſiaca iuxtà Apuleij deſcriptionem, ex hortis Mediceis.
PARS PRIOR.

PARS POSTERIOR.

tonius de Domitiano refert, ea honeftantes, ab inferis reuocata ftabili-
rent, id quod Lucanus exprobrare videtur Romanis, cùm dicit:

> Nos in templa tuam Romana accepimus Ifim,
> Semicanefque Deos, & fiftra mouentia luctum.

Et Tertullianus maximè Romanis videtur objicere, fummam illam
leuitatem, ac inconftantiam, in Dijs recipiendis & mutandis, cùm dicit:
Etiam circa ipfos Deos veftros, quæ decreuerant patres veftri ijdem vos obf-quen-
tiffimi refcidiftis. Liberum patrem cum myfterijs fuis, quæ Confules, Senatus Au-
thoritate, non modò Vrbe, fed & vniuerfa Italiâ eliminauerunt, Serapidem & If-
idem & Harpocratem cum fuo Cynocephalo, Capitolio fuo prohibitos inferri, id eft.
curiâ Deorum pulfos ; Pifo & Gabinius Confules non vtique Chriftiani, euerfis
etiam aris eorum abdicauerunt, turpium & otiofarum fuperftitionum vitia cohi-
bentes ; his vos reftitutis fummam maieftatem contuliftis, &c. Refert etiam
Ælius Spartianus & Eutropius cum Lampridio, Commodum, & Antoni-
num Caracallam tanto fuiffe ftudio hifce facris deditos, vt ipfimet rafi
capite cum fiftris, ciuitatis vicos & compita, furibundâ quâdam animi diffolutione oberrantes, viliffimæ turbæ mifceri non fint dedignati. De Apide porrò, & Serapide Ægyptiorum, eiufque facris ridiculis, ac vanis ritibus in præcedentibus capitibus fatis dictum eft ; reftat, vt aliquid de Phal-
lophorijs, Pammelijs, ac Dionyfijs, quamuis non nifi valdè fobriè & ieiunè dicamus. Præftat enim enormia illa, non facrificia, fed fcelera ; non
cœremonias, fed iniquitates, facra, inquam, ignominiofiffima, veras Diaboli ad animas in omne vitiorū genus præcipitandas, adinuentiones æternis tenebris damnare, quàm illis recitandis caftis auribus officere. Phallophoria itaque ab inuentis Ofiridis pudendis, cultuque diuino affectis
exorta funt, vt paulò ante diximus. Phallus enim priapus dicitur, & veretrum fignificat ; quare, cùm Herodotus ait, in facris Dionyfij fuiffe
Phallos, priapos intelligimus, hoc eft veretra, quæ ex collo Apidis pendent
& fupra dorfum eius, quemadmodum ex figura ipfa, quam fuprà capite
quarto exhibuimus, apparet. Diodorus in facris Ægyptiacis, pudendum
Ofiridis phallum dixit, & in eius rei memoriam cubitales ftatuæ factæ, eodem nomine dicebantur ; quæ præcinente tibiâ circumferebantur. Herodotus huius ritum exponit, Melampumque oftendit Græcis id ex Ægypto monftraffe ; Lucianus phallos, pro foribus Deæ Syriæ fuiffe fcribit,
quos ait Dionyfio Nouercæ Iunoni pofitos. Alij dicunt cum Stephano:
Ξύλον εἰσίμηκες ἔχον ἐν τῷ ἄκρῳ σκύτινον αἰδοῖον. id eft, *ligna oblonga*, *quæ in fummo*
pudendorum figuram referrent ; de quibus vide Suidam, & interpretationem
Ariftophanis in Acharn. aliofque ; atque hinc φαλλία celebritas & pompa, quæ Dionyfio agebatur, ex phallis dicta eft, tefte Hefychio, quæ &
φαλλολογία, vt Theodoretus & Phornutus aiunt, dicebatur, id eft, dies, &
feriæ Priapo dicatæ ; vndè & phallouitrobuli nuncupati, ex vitro Priapi,
quamuis etiam ex alia materia fierent, ex ebure, auro, & fi Dijs placet, è
ferico & panno lineo, queîs mulieres vtebantur.

Ritus autem & cœrimonias, quas in huiuſmodi ſacris obibant, alto
praeſtaret ſilentio ſupprimere, quam hiſcè abominationibus recenſendis
caſtas ,& pudicas aures vulnerare. Ab hoc etiam ἰθύφαλλοι, de quibus ſic
Suidas. *Phalli, inquit, ſunt ficulnea veretra, figura pudendi virilis; poſt è rubro
corio confecta, quibus de collo & medijs fœmoribus ſuſpenſis, feſto Dionyſiorum, in
honorem Bacchi ſaltabant.* φαλλοφόροι ἀυτοκάβδαλοι *ſunt genera Muſicorum; Aci-
thyphalli ebriorum laruas habebant, & manicas varias, & tunicam demiſſam ad
thalos, Phallophori autem, libro arboris, aut pelle tegebant faciem, hædera &
violis coronati.* Haec Suidas. Hinc quoque ποιήματα ἰθυφαλλικά quibus quotannis Ægyptij Priapum, veluti generationis Deum còlebant, de quibus fuſiùs Diodorus, Lucianus, & Herodotus. Ponebatur autem Priapus in horto veluti ſymbolum vbertatis & generationis; hinc Columella carmine
de hortis :

Suidas; Quid phallus.

> . . . ſed truncum fortè dolatum
> Arboris antiquæ numen venerare Ithyphalli.

Et Horatius in ſermone de Priapo:

> Olim truncus eram ficulnus inutile lignum,
> Cùm faber incertus ſcamnum faceretne Priapum
> Maluit eſſe Deum, Deus indè ego, furum, auiumq́;
> Maxima formido; nam fures dextra coërcet,
> Obſcœnoq́; ruber porrectus ab inguine phallus,
> Aſt importunas volucres in vertice arundo
> Terret fixa, vetatque nouis conſidere in hortis.

Horatius.

Priapus volu-
crum formidu
maxima.

Quod hìc Horatius ex ficulneo trunco dixit confectum Priapum,
idem & Theocritus in epigrammate de eodem aſſerit: Συκίνον ὦ ξείνε με ὄρῃ τηλε-
φὲς ξόανον. De natiuitate porrò Priapi conſule Apollonium Rhodium in
Argonaut. Phornutum in hymno Protogoni, Stephanum, alioſque. Hoc
vnum de Ithyphallis ex Athenæo, quod ibi non aſcripſeram, tantùm aſſe-
ram. *Semus Delius, inquit, in libro de Pæanibus, quos Autocabdalos nominant,
ij coronati hædera pedetentim ac compoſito inceſſu gradientes, verba tanquam irrora-
bant; eos poſterius ſeculum, eorumq́; poëmata, Iambos appellant, quos Ithyphallos
nuncupant, perſonas ebriorum induunt, coronas geſtant, & manicis anthino colore
tinctis manus operiunt, tunicis veſtiuntur, alba diſtinctis; Tarentino amictu praecin-
guntur ad malleolos vſque demiſſo, taticèque per veſtibulum ſubeuntes, cùm in mediam orcheſtram peruenerint, ad theatrum conuerſi dicunt :*

Athenæus
l. 14.

Semus Delius
Autocabdali
quid?
Autocabda-
iorum habi-
tus;

> Abſcedite de via; laxum Deo ſpacium praebete
> Erectus Deus, malleo ductus, per medium theatrum ambulare vult.

*Phallophori perſonam, inquit Semus apud Athenæum, facies non admouent,
ſed hæderaceum integumentum circumponunt è ſerpillo, acantho ſuperiniecto; corona è denſis floribus, ac hædera ornati amiciique lana accedunt, ſtatim quidam in
thea-*

Ornatus
Phallophorū.

theatrum aduenientes : alij per mediam Orchestram transeuntes in scenam , ordinato Rhythmis gressu dicunt :

Hâc te splendidâ nos Musâ Bacche honoramus
Vario simplices numeros fundentes carmine,
Intentatos sanè alijs . Non enim vsitatos prius ·
Cantus afferimus ; sed illibatum exordimur hymnum .

His recitatis accurrentes Sannionum instar ,quos volunt derident ,stantesq́, id agunt Phallophorus autem incedit rectâ, oppletus fuligine . Hæc Semus Delius apud Plutarchum. Ridiculi gestus.

Porrò Pammeliorum celebritas valdè fuit affinisei , quam ante descripsimus, phallophoriorum ; in qua simulachrum Osiridis propositum circumferebatur ; erant in eo tres testiculi seu phalli affixi ,eò quod ipse generationis principium, vt anteà diximus, esse putaretur omnium, quæ à generatione proueniunt ; quin & Priapo similis Pammeles, Hesychio teste, dicebatur . Plutarchus ait simulachrum illud fuisse humanâ formâ effictum cum arrecto phallo & flammeum ; ad generationis penetratiuam virtutem significandam. Ex phallo itaque Osiridis vel perdito , vel inuento,eiusque singulari ab Iside instituto cultu, omnes reliquæ orientalium foedissimæ superstitiones veluti è perenni quodam fonte profluxisse videntur ; hinc apud Græcos Dionysia Ithyphallia. *Quibus* , inquit Arnobius, *in Liberi honorem Patris, Ithyphallos subrigit Græcia, & simulachris virilium fascinorum territoria cuncta florescunt.* Apud Cyprios abstrusæ illæ Veneris initiationes, quarum participes pro stipe collata phallis donabantur ; hinc Satyrorum, Faunorum, Syluanorum Ἀποθέωσις ; neque aliunde effluxerunt propudiosa illa Priapi secreta, quæ traducere nefas fuit ; hinc Veneris Eleusinæ arcana, & Mercurij fascinus à Cyllenijs cultus, Atheniensium religione sacer, hinc Neurospasta apud Lucanum , & Remedium, Præbiaque in collo pueris res turpicula, fascinus videlicet, quem, infantium custodem appellat Plinius . Fuerunt autem & phallica quædam alia in honorem Dionysij ab Atheniensibus instituta ; in quibus cantabant Dei, in vrbe Atheniensi à morbo liberata beneficentiam, & bonorum plurimorum largitionem. Fama est enim, quod Pegasto, imagines Dionysij ex Eleutheria ciuitate Bæotiæ,in Atticam regionem portante, Athenienses Deum neglexerint, neque vt mos erat, cum pompa receperint ; quare Deus indignatus pudenda hominum morbo infestauit ; qui erat illi grauissimus ; tunc eis ab oraculo, quo pacto liberari possent petentibus,responsum datum est,solum esse remedium malorum omnium ; si cum honore & pompa Deum recepissent : quod factum est. Ex ea re tùm priuatim, tùm publicè lignea virilia thyrsis alligantes, per eam solemnitatem gestabant ; sed hæc siue fabula sit, siue historia, certè originem suam ex sacris literis traxisse videtur ;in quibus Philisthæi ob arcæ detentionem vlcere pessimo in secretioribus partibus percussi, phylacterij loco vsi dicuntur aureis anis ; sed de his & similibus hucusque traditis, cum, multa

Simulachrum Osiridis.

Tnde origo Phallophoriorum,

Arnob. l. 5. aduers. gent.

Plin. l. 28.c.4

Cuttus Phallici origo.

E sacris literis multa hauserunt Gentiles.

multa toto hoc opere paſsìm ſimus diƈuri; plura hìc dicere ſuperuacaneum eſſe ratus ſum; quare ad particularia ſacrificiorum paulatìm de-
ſcendamus.

CAPVT X.

De Sacrificijs diuerſis Dijs attributis, eorumque proprietatibus.

VT autem pateat, Elementorum, rerumque naturalium virtutes, &
vires dæmonum eorum, qui in ijs inhabitarent, qui Dij à multitudine imperitorum ſunt exiſtimati, his nominibus vocatas fuiſſe à ſapien-
tibus; non erit abs re, ſi ſacrificiorum Dijs ſingulis attributorum rationes
breuiter explicâro; quippè cùm multa ſacrorum genera fuerint ab antiquis, pro ſingulorum Deorum natura, inſtituta, & victimæ variæ, & varia
ſuffimentorum ratio, & non idem habitus ſacrificantium; neque enim
omnibus molæ offerebantur, neque omnibus accendebantur lucernæ, neque
ſacra fiebant ſemper ſuper ſublimibus aris, neque ſemper per diem;
diuerſa denique pro ſingularum nationum more, pro varietate temporum, pro creditorum Deorum natura, ſacrificia vbique offerebantur, quod
alia cœleſtibus, alia terreſtribus; aquaticis alia, alia Dijs inferis conueniebant: quorum alia priuatim, alia fiebant publicè. Primum igitur
omnium ſcire conuenit, non ſolùm in animalibus, aut in plantis ad vires,

Terreſtres Dij.

bonitatemque ſingulorum conferre ciborum vim, aëriſque temperiem;
ſed etiam in illis dæmonibus, quibus plenum eſſe hoc vniuerſum, quod intuemur, tradiderunt ſapientes. Qui enim in cauernis habitant, ſunt magis & immites, & feri, & ſylueſtres, & craſſiore quàdam materia quippè,
quæ propiùs ad corpus accedat, (vti Pſellus in ijs libris, quos de dæmonibus edidit, parum cautè aſſerit) quam illi ſint Dæmones, qui regionem
ignis vel aëris inhabitant. Quod accidit (vt ait) ob habitationis naturam, ac vim ſiderum. Quid enim perperam, inquit, Natalis Comes, mirùm eſt, aſtra in his plurimùm poſſe, cùm & metallis, & duriſsimis lapidibus,
& plantis dominari dicantur: aut quis neſcit, alia metalla Soli, alia Lunæ,
alia Veneri, Mercurio alia, alia alijs aſtris propter quaſdam proprietates,
ac ſimilitudines, quod alijs etiam contingit corporibus, eſſe attributa? omnem igitur vim ſacrorum, omniumque Deorum rite expiandorum rationem, in cognoſcenda dæmonum natura conſiſtere arbitrantur. Quare

Dij ignei ana Iogis rebus colebantur.

cùm cœleſtia corpora ignea eſſe crederent, in horum ſacrificijs, & lumina
& figuras, & multa ad viſum ſpectantia addiderunt, quorum aræ ſublimes
ſtruebantur, ſuper quibus accendebantur lumina, & victimæ cæſæ immolabantur. Cùm itaque ſacra fierent Superis, ac Ioui præcipuè, aræ in ſublimibus exſtruebantur, vt inquit Melanthes:

Πᾶν δ᾽ Ο᾽ρ℗ τῶ Διὸς ὀνομάζετ᾽), ἐπεὶ ἔ℗, ἢ τοῖς παλαιοῖς ὑψίςῳ ὄντι τῷ Θεῷ ἐν ὑψηλῷ θυσίας ποιεῖσθ. Omnis, inquit, mons, mons Iouis appellatur, quoniam mos fuit antiquorum, vt altiſſimo Deo exiſtenti in loco ſublimi ſacrificarent. Sic Apollonius

ingenti

ingenti exstructa ara, sacra imposita montibus, quoniam Iuppiter ipse *Apollon.*
volebat; quin & eosdem, vbi nullus mons, sublimem in littore aram ex- *R ad. in ar-*
struxisse, vndè & profluxisse videtur etymon altaris, quasi diceres al- *gonaut.*
tam aram. Erat præterea illis, in templorū fabricis erigendis consuetudo, *Altaris ety-*
mon.
vt non modò sublimia & ampla exstruerentur; sed etiam, quæ orientè So- *Erigendorum*
templorum
lem statim exciperent (quod suprà in Serapidis templo fuisse memini- *ratio.*
mus) vt ait Plutarchus in Numa Pompilio, neque vlla re impedirentur,
sed forent vndique libera, & minimè occupata, vt testatur Promachides,
Heracleota, atque Dionysius Thrax his verbis: *Promachides.*
Heracleota.
Dionysius
Thrax.

Οἱ γὸ ναοὶ τῶν παλαιῶν, καὶ τὸν ἥλιον ὑπερεκλάμψα τὰ εἴ.Θυς ἀπολήχεως εἰώθεσι, καὶ τὰ φω-
τὸς εἴ.Θυς ἐμπιπλάωσι, τῶν Θυρῶν ἀναπετατ α υδίων, ὅπου καὶ τα ἱερα ἐρρέζετο.

Antiquorum enim templa exorientem Solem statim excipere solebant, & statim
ortò lumine fenestris, ac foribus patefactis repleri, vbi sacrificia fiebant. Neque il- *Ædificia ad*
Deorum ana-
logiam con-
debantur.
lud sanè prætermittendum duxerim, quod voluerint antiqui, genera quo-
que ædificiorum, Deorum illorum naturæ, quibus dicabantur, plurimùm
conuenire; nam Ioui, Marti, Herculi, non nisi Doricum genus fabricatum; Baccho, Apollini, Dianæ Ionicum; Corinthiacum virgini Vestæ
conuenire præcipuè creditum est; quamuis aliquando omnibus hiscè generibus in eodem templo vterentur. Nam in delubro Mineruæ Aleæ,
cuius Architectus fuit Scopas Parius apud Tegeatas, cùm triplex esset
columnarum ordo, primus erat Dorici operis; secundus Corinthiaci;
tertius, qui iuxtà templum erat, teste Vitruuio, Ionicó artifició elabora-
tus erat; illud autem fiebat, cùm delubra essent Dijs varijs consecrata;
vel cum Dijs illis essent dicata, quorum multiplex esset facultas, & ad mares, & fœminas, elementa spectarent; cuiusmodi fuére Iouis Olympij, &
Iunonis Triphyliæ, vtrumque ab Oxilo artifice, teste Pausania, Dorico
opere columnisque elaboratum. Maximè vero hanc templorum con-
struendorum rationem seruabant Ægyptij, vti dictum est de templo Serapidis, aliorumque Deorum, de quibus Possidippus Græcus ἐπιγραμματο- *Possidippus.*
γραφ@.

> *Vulcani, inquit, & phœbi radios cœpére priores*
> *Surgentis Solis, foribus delubra reclusis.*

De quibus Virgilius quoque eleganter non minùs quàm peritè: *Virgilius l.12.*
Æneid.

> *Illi ad surgentem conuersi lumina Solem.*

Erat præterea antiquorum consuetudo, vt non quouis tempore *Tempus sa-*
crificiorum.
promiscuè, sed singulis Dijs, temporibus naturæ eorum congruentibus sacra fierent. Hinc superis manè, oriente Sole, inferis Sole occidente lita-
batur; hinc Ægyptij, Plutarcho teste, singulis diebus, manè, meridiè, &
vesperi, ad Numina allicienda, vti solebant, odoramentis quibusdam, in-
censisque ex varijs aromatum speciebus compositis; cuius suffumigatio-
nis mysteria in Encyclopædia Ægyptiorum prodentur. Hinc eandem
ob causam dicti quoque Ægyptij diuersis Dijs, diuersos menses attribue-
runt,

Veftes diuer-
fæ diuerfis
Dijs.

runt, vt eo,quifque Deorum,tempore,quod conditioni naturali eiufdem maximè effet confentaneum, coleretur . Prætereà veftes quoque alijs Dijs aliæ, habitus ratio diuerfa; nam Dijs inferis atræ veftes , vt Eumenidum & Plutonis habitus fatis oftendunt ; cœleftibus feu aërijs purpureæ,feu fubceruleæ colore cœlis congruo,vti Menander obferuat, conueniebant ; quibufdam verò albæ, vt Cereris facrificijs iuxtà illud Nafonis :

Alba decent Cererem, veftes Cerealibus albas
Sumite ; nunc pulli velleris vfus erit .

Ægyptios maximè in facrificijs fuis albis , pullis,& ceruleis veftimentis ex lino vfos reperio ; de quibus fusè agetur in explicatione Bembinæ Tabulæ .

Ignis diuer-
fus in diuerfis
facrificijs
Deorum.

Porrò & ignis quoque rationem obferuabant in facrificijs ; alius enim ignis erat cœleftis, alius aërius, alius denique terrenus ; quorum primùm cœlitus ex vnitis in concauis,politiffimifque fuperficiebus folis radijs accendebant ; alterum ex allifione duorum corporum eliciebant, quem aëreum dicebant, eò quod ex attritu aëris effet genitus . Tertij denique generis ignem accendebant ex alio igne , quem terrenum dicebant , eò quod ex impuro igne, & variâ mixtione terrenâ imbuto exarfiffet.

Ligna diuer-
fa diuerfis
Dijs.

Porrò igne iam procurato & difpofito, non parua diligentia adhibebatur in eligendis lignis, quæ conuenirent fingulis facrorum generibus; quoniam non ex quibufuis lignis ignis accendebatur, nec è quouis ligno, vt dici folet, fiebat Mercurius ; fed ex lignis in legibus facrificiorum nominatis . Sic in Serapidis facris, omnibus lignorum generibus vfos teftatur Paufanias ; quod & ftatua eius ex omni lignorum & mineralium gene-

Statua Serapidis ex omni lignorum & mineraliú genere.

re conflata abundè demonftrat . In Ofiridis facris,Lotus & Chenofyris feu hædera ; in Ifidis, Seriphium feu Abfynthium marinum ; Iuncus & Cyllocyperus, quem κι ϛει appellant, adhibebatur ; de quibus vide in explicatione tabulæ Bembinæ . Ab his Græci edocti,in facris Bacchi antiquitùs

Virgil. l. 1.
Georg.

nulla ligna nifi Oporobafilidis, aut Phibalææ ficus , aut viticis cum folijs vitium vrebant, vt ait Hegemon . In facris Veneris Myrtus vrebatur ; at apud Sicyonios ignis non fiebat nifi è lignis Iuniperi, quibus folia addebantur pæderotis, vt ait Paufanias : in Iouis facris ilicis ligna, in Martis,

Paufan. in
Coriuth.

fraxinorum; in Herculis,albæ Populi, Æfculi aut Corni ; vti fcriptum eft ab Ephoro, & ab Epigene in Heroina . Sunt autem huic rei argumento illa, quæ fcripta funt à Timæo Siculo,libro fecundo hiftoriarum ; vbi Locren-

Ephor. l. 1. de
pondera̧t,
Afiæ.
Epigenes in
Heroina.

fium virgines,fic iubente oraculo,à Troianis iugulabantur , & fterilibus agreftibufque lignis comburebantur . Eft quoque illud argumento,quod fummam diligentiam adhiberent in eligendis lignis ad facrificia ; quod cùm Ædituis, Auguribus, Fœcialibus, Interpretibus,Lignitores etiã vocati præerant facrificijs , quibus id tantùm curæ erat, vt legitima ligna pararentur, & concinnè igni comburerentur . Nam nifi omnia feruarentur legitima in facrificijs, publicas inde calamitates oriri putabant ; cuius vel illud eft argumento, quo fi quis in Iouis Lycæi templum, aut etiam in

areám,

aréam, minimè peractis primò luftrationibus legitimis, ingreffus fuiffet ;
intra annum omninò moriturus erat , vt Hegefander , & Paufanias tradiderunt: meminit Theagenes libro de Dijs; & Paufanias in prioribus Eliacis, in Lidijs Perficis, fic enim ob defectum legitimæ luftrationis duas vrbes Hypæpam & Hierocæfaream abforptas effe , in quibus ait , fuiffe templum ampliffimum cum cellis & aris, fuper quibus erat cinis longo diuerfo colore à cinere communi; huc ingreffus Sacerdos linguâ Græcis ignotâ aris ligna imponebat, caput tiarâ velabat, implorabat Dei ignoti cognomen; cùm recitaffet carmen ex libro lingua planè ignota Græcis , ac peroraffet, fponte fuâ è lignis, nullo igne admoto , purifima flamma omnibus procul abfiftentibus emicabat . Hæc fiue fabula fit, fiue hiftoria, originem fuam fanè non aliundè traxit , nifi ex Efdra, qui templo à Cyro vaftato, demûmq; inftaurato, cùm ignis facer abeffet, quo facrificia fua peragerent, inftantibus precibus vnà cum reliqua Synagoga Dominum rogaffe fertur, de ignis facri prouifione, queis orantibus ait Gorionides :

*Theag. l. de-
Dijs.*

Quòmodò
ignis euoca-
retur.

ויהי בהתפללם כדברים האלה ושם היה זקן אחד מהכהנים ויזכר את המקום אשר
החביא שם את האש הקדושה ירמיהו הנביא ויצב זקן וילכו אחריו כל הזקנים והנה
הוא רואה תחת החומה בור אחד ואבן גדולה עליו וחיתה משוחה בטיחה של סיד
ויהי את הטיחה ויגללו אבן מעלפי הבור ויראו בו מים כשמן עב וכדבש ויאמר
עזרא אל הכהנים וקחו מחמים וירדו אל הבור וישאו מן המים וילכו
אל ההיכל ויזרקו מים על המזבח ועל העצים ויהי כעשתם כן ותבער פתאם אש בלהב
גדולה ואדיר ותלהט הלהב ואש אוכלת וחזקה מאד :

Orantibus autem ijs inftantibus verbis apud Dominum, vnus è fenioribus Sacerdotibus recordatus loci,in quo à Propheta Hièremia fuerat reconditus facer ignis; & egreffus cum facerdotibus, & ecce fub muro cifterna lapide grandi fuperimpofito munita calce incruftata, quam cùm calce, faxóq, remoto aperuaffent,apparuit mox aqua inftar pinguedinis craffæ feu mellis ; & mandauit Ezra facerdotibus , vt defcenderent, & aquam haurirent ; quo peracto progreditur facerdos ad altare, & cùm de aqua victimas, & ligna altari impofita afperfiffet ; mox ignis in ingentem flammam exarfit .

Gorion,d. c. 5.

Miraculo ac-
cenditur
ignis.

Ex quo apparet Græcos fummô ftudiô hiftorias facras ad fabulas fuas trahere conatos effe . Vti de facris in Lydijs Perficis peractis , paulò ante adductis oftendimus.

Erant aquæ præterea propriæ fingulis facrificijs magis aptæ creditæ; nam in facris, & in nuptijs Athenis nullâ aquâ , nifi Callirhoës fontis,vti, mos fuit ; in Delo aqua templi,nulla alia in re,nifi in facris, vti folebant, ac neque fluuiorum quidem aqua cœterorum omnium aquæ omnibus facrificijs aptæ putabantur; fiquidem Ioui Olympio aqua Alphei grata fuit , vti in Arcadicis rebus teftatur Paufanias . At Amphiarai fontis fic vocati, quòd effet in Oropiorum agro,Amphiarai & Apollinis templo proximus , aquâ neque ad luftrandum,neque ad lauandas manus vti,fas effe cenfebant. In Ægyptiorum facris Nili lymphâ, & nulla aliâ vtebantur,eaque præfertim quam Ibis pede turbidam reddidiffet . Tanta erat antiquorum in rebus facris ritè peragendis induftria, ac diligentia, aut fi mauis fuperftitio.

Aquæ diuer-
fæ diuerfis
Dijs.

Coronabantur autem in ipfis facrificijs, & victimæ & altaria , & ho-

Coronæ di-
uerfæ.

Gg   mines

mines facrificantes; quæ pulchrè defcribuntur in verfibus Oraculi Del-
phici apud Demofthenem in oratione contra Mydam. Quoniam verò aliæ
arbores Dijs alijs fuerunt confecratæ, idcircò Dijs varijs facrificaturi Sacerdotes, varijs coronis ornabantur; vtpotè in Dionyfiacis myrto, vti notat Timachidas in lib. de coronis, & Ariftophanes in ramis :

Timachidas.

Ariftophanes.

| Πολύκαρπον μδὺ τιζασων ἀμφικρατισῶ βρύοντα ςέφανον μυρτῶν. | hoc eft | *Fructiferam quidem quatiens circa caput tuum virentem coronam myrtorum.* |

*In facris Ce-
reris.*

At in cerealibus quercu coronabantur, ad perpetuam accepti ab illa Dea
beneficij memoriam, iuxtà illud Virgilianum. In quo appofitè fanè dicta
hucufque defcribuntur :

*Virgil. l. 1.
Georg.*

　. . . . . *neque ante*
　Falcem maturis quifquam fupponat ariftis,
　Quam Cereri torta redimitus tempora quercu,
　Det motus incompofitos & carmina dicat .

*In facris Her-
culis.*

In facris Herculis Populo coronabantur, iuxtà illud Virgilij ante citati :
erat enim Populus roboris & fortitudinis fymbolum.
　Populeis adfunt euincti tempora ramis .

*In facris Apol-
linis.
Apollonius 2.
Argonaut.*

In facrificio Apollinis lauro coronabantur, quemadmodum notat Apollonius Rhodius. Cùm enim Apollo Sol effet, aptè ei folarem plantam
attribuebant.
　Flauaque funt viridi redimiti tempora lauro .

*Ægyptiorum
facra quibus
coronis vfa.*

In facris Ægyptiorum, hædera, fcryphio, lauro, loto, perfea, &c. corona-
tos legimus. Scribit Andreas Tenedius in nauigatione Propontidis antiquos triplici ordine coronandi vfos fuiffe in facris; quem locum etiam
declarauit enarrator Apollonij, cum alij capiti fuperiùs coronas impone-
rent, alij ad tempora vfque deprimerent, alij ad collum vfque detrahe-
rent; verùm non folùm coronabantur in facris facerdotes aut facrificantes; fed etiam vafa, quibus vtebantur, & victimæ, quæ fuerant immolan-
dæ, quibus coronæ circa collum apponebantur, earumque cornua inau-

*Victimæ di-
uerfæ diuer-
fis Dijs.*

rabantur. Erat denique non parua diligentia in eligendis victimis in fingulorum Deorum facrificia, cùm aliæ Deis bonis, vt prodeffent; aliæ malis, ne obeffent, cæderentur. Nam malis nigræ, bonis albæ conueniebant;
fterilibus fteriles, fertilibus prægnantes; maribus mares, fœminis fœminæ;
cœleftibus fubtilis & cœleftis naturæ, aëreis aëreæ; aquaticis aqueæ, terreftribus terrenæ naturæ victimas offerebant; vel ob quampiam fimilitudinem; vt Soli equus propter celeritatem &c. quæ omnia luculenter patent ex Ægyptiorum facris; colebant ipfi ex omnibus Dijs maximè Ofiridem, Ifidem, Horum Nilum, Canopum, Apidem feu Serapidem, Rhream
feu Veftam; quos tamen non promifcuè colebant, fed vnumquemq; certis
　　　　　　　　　　　　　　　　　　　　　　　　　　　riti-

ritibus, & cœrimonijs vniufcuiufque naturæ confentaneis: nam Ofiridem   Dij cœleftes.
Lucernæ.
& Ifidem veluti cœleftes, & igneos quofdam Deos, lucernis, luminibus,
lampadibus, herbis, lignis, aqua, floribus, volucribus, Solem ignemque
affeftantibus, figuris quoque radios Solis exprimentibus, venerabantur.   Aërij.
Horum verò, Mercurium aëreos Deos credebant; ac proindè pennis, mu-
ficâ, fimilibufque rebus aërem referentibus eos ornabant; victimis quoque
vti inferiùs videbimus, naturæ eorum congruis; præter ignem cantile-
nas etiam adhibuerunt, cùm illos harmoniâ delectari arbitrarentur. His
etiam præter lumina dicta, victimarum Cæfarum nidores, cantus etiam, &
odores multos, & thus adhibebant, iuxtà illud Virgilij:

. . . . *plenâ fupplex veneratur acerrâ.*   Virgil. l. 3.
Æneid.

De forma & figura acerræ, vide quæ alibi vberiùs tractauimus.
Ideò Medea pharmaceutria, facrorum rituum peritiffima, cùm ventis fa-
crificaret, tefte Apollonio Rhodio, maximè odorifera, ac fuauia offert facrificia: Apollon. l. 4.
Argin.

Tantum effata leues, mulcentia pharmaca ventis
Æthereaq̃ infperfit, procul illa è montibus altis.
Deduxère feram fylueftrem, quo illa cupiuit.

Pro depellenda quoque aëris contagione, nidores victimarum Apollini
Homerus obtulit his verbis: Homerus.

Si vult caprarum, fi vult nidoribus illæ
Obuius agnorum fieri, ac depellere peftem.

Cùm enim Apollo medicam Solis vim fignificaret; aptam morbis
pellendis materiam illi adhibebant. Et quoniam cantus & harmonia mu-   Aërij dœmo-
nes cantu de-
lectari crediti
ficorum inftrumentorum foni non fine quadam voluptate aërea permo-
uent; illa de caufa cantu etiam delectari illi dæmones crediti funt, iuxtà illud Homeri:

Phœbæas iras placabant carmine Graij
Per luces totas pulchrum Pæana canentes,
Cantantes Phœbum; huic mulcebant gaudia pectus.

Sic in facris Ifiacis, tibijs, fiftris, varijfque crepitaculis omnia refonabant;
in facris etiam matris Deorum mufica inftrumenta adhibita, Ouidius tradit:

Ante Deûm Matrem cornu tibicen adunco   Ouid. l. 1.
de ponto.
Cùm canit.

Illud autem efficere putabantur, vt tibijs vterentur in facris, quo animi
præfentium hominum diuertérentur à priuatis cogitationibus, ad Deorum immortalium reuerentiam, nefcio enim, quid diuinum in animis noftris imprimit vis mufica. Ioui quoque, cùm mens illa fuprema diuina
crederetur, non adhibebant nifi lumina in facrificijs; at cùm Iuppiter

G g 2   pars

Hori inquisi-
tio siftris per-
ficiebatur.

pars esset summa aëris, tunc adhibebantur musica instrumenta . Hinc Hori inquisitio sistris perficiebatur & cymbalis. Hinc eandem ob causam Mercurio & Apollini instrumenta musica non attribuuntur, nisi in quantum considerantur esse vis Solis in aërem dominantis . Quapropter legi-

Strophe &
Antistrophe.
Aristoxe. l. de
foram. tibiar.
Bito.

mus in antiquis huiusmodi sacrificijs Strophes & Antistrophes modulos fu-isse cantatos ad imitationem motus stellarum, vt Aristoxenus dicit libro de foraminibus tibiarum ; & Bito libro, quem scripsit ad Attalum de musicis instrumentis : nam modò huc, modò illuc inter illa sacra voluebantur, atque per Strophen, motum primum huius Vniuersi; per Antistrophen, proprias singulorum planetarum motiones significabant .

Cantus quid
mysticè no-
taret?

Erant autem cantilenæ in sacris nihil aliud , quàm commemorationes eorum beneficiorum , quæ Dij ipsi in homines benignè contulerant : cùm virium ipsorum Deorum, & clementiæ, & liberalitatis amplificatione,

Philochorus
l. de sacrifi-
cijs.

& cum precibus, vt benigni, ac faciles precantibus accederent, vt ait Philochorus .

Dij aquatici
quibus dele-
ctarentur.

At verò, quoniam dæmones illi, qui aquis præerant , pro natura loci crassiores esse putabantur ; idcircò in eorum sacris, crassiora quædam corpora, quàm essent vel nidores, vel cantus offerebantur, quæ ad gustum pertinerent, corpusque haberent magis solidum . Hinc Nilus Canopus & Oceanus, varijs symbolis aquas denotantibus exprimebantur olim ab Ægyptijs; erant enim hi aquei Dæmones apud ipsos ; à Græcis verò iugulatarum victimarum sanguis collectus, in mare è patera fundebatur cum

Apollon. l. 4.

precibus, iuxtà illud Apollonij :

Ille preces fundens, iugulauit in æquoris vnda
Mox de puppe iacit .

Virgilius.

Cui & illud Virgilij respondet , dùm sacrificiorum rationem indigitat :

Stans procul in prora pateram tenet, extaq́; salsos
Porrigit in fluctus, ac vina liquentia fundit .

Nymphæ.

Nymphæ item cùm aquarum Deæ esse putarentur, crassiora quædam & ipsa sacrificia requirebant, quibus mel & lac offerebatur, & mulsum . Sacrificia verò, quæ Serapidi seu Plutoni Ægyptio , Rhreæ, Proserpinæ, alijsque Dijs terrestribus, & inferis fiebant, non solùm tempore, sed etiam colore victimarum, & ritu plurimùm differebant : nam vt diximus, hæc sacrificia non nisi per noctem fieri consueuerunt, teste Virgilio :

Virgil. l. 6.

Tum Regi Stygio nocturnas inchoat aras .

Quod autem nigræ victimæ Dijs huiusmodi immolarentur, idem tradit Virgilius :

. . . . huc casta Sybilla
Nigrarum pecudum multo te sanguine fundet .

Vti

Vti autem victimæ, quæ Superis mactabantur, cogebanturque iugulum
superiùs vertere; ita quæ mactabantur inferis, caput ad terram depressum
tenebant, vt ait Cleon in primo Arginauticorum, & Myrtilus in secundo
rerum Lesbicarum his verbis:

Cleon in 1.
Argin.
Myrtilus in 2.
rerum Lesbiarum.

Ἐώθασιν οἱ ἱερεῖς τὰ μὲν τοῖς κατὰ θεοῖς ἐναγιζόμενα ἐν τῇ γῇ ἀποτέμνοντες τὰς κεφαλὰς
ἔτω γὸ θύωσι τοῖς ὑποχθονίοις τοῖς δὲ οὐρανίοις αὐῶ ανασρέφωσι τῷ ἱερείων τὸν φάγηλον σφάζοντες.
Consueuerunt, inquit, sacerdotes victimis, quæ mactantur inferis, humi capita
incidere, sic enim subterraneis sacrificant, At cœlestibus immolantes, colla sursum
conuertentes iugulant. Victimæ quoque horum Deorum in effossis foueis
iugulabantur, sanguisque vino mistus effundebatur in terræ foueas ad id
destinatas, vti notat Apollon. & Ouidius.

Ouid. l. 3i

In Ægypto verò cum sacra fierent Serapidi seu Plutoni inferorum,
Argiuo, isque mens diuina putaretur, quæ in vniuersam terræ molem esset diffusa, omniaque gubernando penetraret, sicuti Oceanus per mare
penetrare creditus est, eius sacra non prorsùs abhorrebant à Superorum
sacrificijs; ignis enim adhibebatur, oleumque pro vino, iuxtà illud Virgilij:

Plutonis sacrificia.

> *Tum Regi Stygio nocturnas inchoat aras,*
> *Et solida imponit taurorum viscera flammis,*
> *Pingue superq, oleum fundens fumantibus extis.*

Omnibus prætereà Dijs beneficis albæ victimæ, & placidæ mactabantur; maleficis verò ne nocerent, & nigræ, & ferociores putabantur
conuenire (vti Typhoni asinos præcipitabant, vaccas rufas offerebant
Ægyptij) hos vestibus quoque atris placare conabantur. Fuit autem
causa cur inferis Dijs sacrificaretur, quod illi omnium malorum Authores
esse putabantur, vt significat Sophocles in Electra. His sacra fieri solebant ab ijs, qui ab aliquo morbo còualuissent, tanquam pepercissent, quod
genus καθαρμὸς, quasi lustratio nominabatur. Verùm qui ritus sacrorum
singulis generibus Dæmonum conueniant, & quæ victimæ singulis fuerint
dicatæ, atque omnia propè, quæ seruabantur in his dictis sacris, non solùm
in legibus sacrificiorum fuerunt diligenter perscripta, sed etiam ex oraculi mandato ad vnguem seruare cogebantur antiqui, quorum omnium
leges ita traduntur ab Apolline.

Dijs beneficij albæ, maleficij nigræ victimæ mactabantur.

> *Hæc age, qui nutu Diuorum ingressus amice es,*
> *Huius iter vitæ, mactanda est hostia cunctis*
> *Multa Deis, seu qui terras, seu qui mare vastum,*
> *Aëra; seu qui habitant latum, seu qui æthera, seu qui*
> *Alta tenent cæli, seu qui infima regna barathri,*
> *Quæ quibus obseruanda modis sint singula dicam,*
> *Tu memori præcepta animo mea dicta teneto.*
> *Terna quidem Diuis cœlestibus hostia, & ipsa*
> *Candida mactanda est; terna, & terrestribus, atque*
> *Atra eadem; gaudent porrò & capiuntur apertis*

Oraculum Apollinis.

Cœle-

Cœlestes aris, faueas cùm Numina contra.
Expofcant atro imbutas inferna cruore,
Nec placeat, nifi quæ terræ mandetur humatæ
Hostia ; mel verò Nymphæ, atque liquentia vina,
Offerri lætantur, at ignem accendier aris ,
Quæ circumuolitant terram fibi Numina quærunt ;
Imponiq̓, atrum corpus, tùm thura fimulque,
Inijcier falfas fruges & dulcia liba ;
Hæc facito. Verùm quibus est data cura profundi ;
His ipfo femper fer facra in littore, totum,
Porriceque in fluctus animal, cœleftibus autem
Extremas reddes partes, atque igne cremabis .

In quibus omnia, quæ hucufque dicta funt , veluti in anacephaleofi quadam continentur ; vt in particulari tamen cognofcatur , quæ victimæ cuiuis Deo fuerint oblatæ, vifum fuit breuiter hìc eas exhibere ; à Ioue principium ducturi.

Iovi itaque Ægyptio Bouem confecratum Plutarchus , & Seneca, fatis oftendunt:

Primus fceptriferis colla tonantibus
Tauro celfa ferat tergora candido .

NEPTVNO & APOLLINI . Tauros oblatos Virgilius tradit :

Taurum Neptuno, Taurum tibi pulcher Apollo .

Quos Homerus, ζωύρυς vocat παμμέλφνας, quo loco interpretes, Tauros , in-quit, ob maris violentiam ; nigros verò ob aquæ calorem ex maris pro-fundo apparentem .

PLVTONI . De nigra pecude facra faciebant, eidemque pocula mix-ta mero & lacte libabant, vndè Tibullus .

Intereà nigras pecudes promittite Diti ,
Et niuei lactis pocula mifta mero .

DIONYSIO feu BACCHO . Hircus feu Capra mactabatur, quod hoc ge-nus animalium vites maximè rodat, iuxtà illud Virgilianum :

Vite Caper morfà Bacchi mactatus ad aras .

ÆSCVLAPIO, de Capra res diuina fiebat, rationem affignant, quia Capra nunquam fine febre effe dicitur, falutis verò Deus Æfculapius : Gallus quoque ei immolabatur ; quemadmodum & Mercurio Anubidi &

& Hermanubidi, de quo fic Plutarchus : *Ad hunc*, inquit, *inferiora, ficut ad*
                                                                          illum

illum superiora pertinent, ideò illi candidum Gallum, huic croceum immolabant; sed & Pyrrhus quoque Rex cùm splenè laborantibus mederetur, albo Gallo sacrum peragebat.

VVLCANO, cùm sacra fierent, omnia igne consumebantur, id quod proteruiam dicebant; nam nisi victima, & quodcunque superesset, igni datum fuisset, sacrificium pollui putabatur.

Vulcano sacrificium_, igne consume batu..

MARTI, alios Equum, alios Canem obtulisse scribit Apollodorus; Latinos Lupum, & Picum; Lusitanos Hircum; Gallos Verrem.

Marti Equus, Canis, Lupus, Hircus, Gallus sacer.

HERCVLI, Bos olim sacrificabatur, sic Liuius, Ouidius, Dionysius Halicarnassæus, alijque.

Herculi Bos.

SATVRNO, apud Romanos fuluus Bos & niger immolabatur; at Cyrænæos cinctos coronis tempora ex ficu recenti Saturno sacra instituisse proditum est, mellitasque placentulas mutuò sibi misitasse.

Saturno niger Bos.

IANO, sacra fiebant ex libo, quod ab eo Ianual antiqui dicebant, erat enim placentæ genus; interdum thure, aut vino; forsan ob vini inuentionem, quæ Iano siue Noëmo atribuitur.

Iano ex Libo sacra fiebant.

Iane tibi primum thura, merumá̃ fero.

Ouid.

PANI Deo Hircus coleatus sacrificabatur, qui quidem Hircus ad specum agebatur, in quo Pan ipse diuersari putabatur, vt docet citatus Lucianus. Pani verò Lycæo in Lupercalibus canis immolabatur, vt ait Plutarchus, quoniam gregis & custos, & amicus canis; alij Capram albam dicunt; nonnulli Hircum, ex cuius corio Luperci sacerdotes flagella conficiebant; quibus vndique per vrbem sœminas seriebant.

Pani Hircus.

SYLVANO & FAVNO, sacra faciebant illi ex lacte; huic ex hœdo vel agno, aut vino.

Syluano sacra ex Lacte, Fauno ex hœdo, vél agno, vel vino.

PRIAPO, naturæ & hortorum Deo Asinus hostia fuit; ob veretri magnitudinem, de quo Ouidius:

Priapo Asinus.

Cæditur & rigido custodi ruris asellus.

Ouid.

Alij tamen ei lac libumque offerebant, quemadmodum Virgilius indicare videtur.

Virgili

Sinum lactis & hæc tibi, liba Priape quotannis
Exspectare sat est, custos es pauperis horti.

IVNONI, de Iuuenca sacrificium factum scribit Seneca in Medea; alij Pauonem offerebant & Anserem, alij Porcam vel Agnam, alij flores & Coronas.

Iunoni Iuuenca.

CERERI, antiqui spicas dicabant, & ex eis coronas, sed & de porca rem sacram fecisse testatur Xenophon; huic & frugum primitiæ offerebantur, hinc cum lampadibus tædisque succensis, mense Aprili sacerdotes albis induti, mactatâ porcâ sacram peragebant.

Cereri Spicæ

Prima Ceres grauidæ gauisa est sanguine porcæ.

Ouid.

Proferpinæ
fterilis victi-
ma.
Virgil.

PROSERPINÆ fterilem victimam oblatam ob eius fterilitatem, ait Macrobius, cui fubfcribit Virgilius :

. . . . *fterilemq̃ tibi Proferpina vaccam* .

Erat enim Proferpina fignum inferiorum partium terræ , fterilium ; cui pulchrè confonat illud Prudentij :

Prudent.

> *Rapta ad Tartarei thalamum Proferpina Regis*
> *Placatur vaccâ fterili, ceruice refectâ* .

Mineruæ
Taurus albus.

MINERVÆ, Taurus albus offerebatur ; DIANÆ, Cerua ; LVNÆ, Taurus mactabatur , quia crefcendo cornua Tauri referre videretur, iuxtà illud Claudiani :

Claudian.

> . . . . . *at Numina Memphis*
> *In vulgus proferre folet, penetralibus exit*
> *Effigies, breuis illa quidem ; fed plurimus infra*
> *Liniger, impofitâ fuſpirans veſte facerdos*
> *Teſtatur fudore Deum , Nilotica fiſtris*
> *Ripa fonat ; variofq̃ modos Ægyptia ducit*
> *Tibia, fubmiſſis admugit cornibus Apis* .

Hecatæ Ca-
nis.
Veneri Co-
lumba,
Iunoni Vac-
ca.
Cibelifeu
Rheæ fanguis
humanus.

HECATÆ Deæ , Canis, teſte Plutarcho .

VENERI Archiuæ, albæ Columbæ, vel Ægyptiæ

IVNONI, Vacca immolabatur .

RHEÆ feu CIBELI Deorum matri, proprio fanguine litabant facerdotes ; imò vt mundiores effent in peragendis huiufmodi facrificijs, genitale fibi quodam acuto lapide abfcindebant ; & Athenis alibi cicutam bibebant, vt vim libidinis extinguerent, & mulieres ex viticis folijs lectos fibi ad illicita defideria refrænanda , fternebant .

Veſtæ Bos
grauida.
Arnob.

VESTÆ & TELLVRI , Bos forda feu grauida dicabatur ; funt qui Telluri nigras victimas oblatas dicant ; de quibus Arnobius ait , Telluri fcropha ingens fœta immolatur .

Bellonæ facra
Sacerdotum
cruore per-
agebantur.

BELLONÆ facra non beſtiarnm victimis ; fed fuo ipforum facerdotum cruore peragebantur ; gladijs enim diſtrictis, quos vtraque manu tenebant, humeros fibi ac lacertos feriebant .

Lunæ Sus.

Ægyptij denique LVNÆ tantùm & LIBERO Suem , reliquis Dijs boues mares, vitulofque, & anferes immolabant, capram tamen & hircum nullo modo .

Stellis Volu-
cres.

ASTRIS & STELLIS Volucres dicatæ fuerunt ; Ifidi anfer, gallus Nocti & Laribus, nonnunquam porcus . Apud Tuſſas in Ægypto cornutæ Veneri bos ob fimilitudinem dicabatur .

Atque ex his omnibus apparet, eam cuique Deorum dicatam victimam, quæ naturæ eius magis confentanea foret.

CA-

CAPVT XI.

De Brutorum cultu Aegyptijs proprio.

REcté & sapienter lapsuum, errorumque humanorum causam philosophus statuit leuitatem, & humanæ mentis inconstantiam; quâ instigati homines, animum ad nouos sacrificiorum ritus, cœrimoniasque condendas, applicuerunt, vnoquoque id, quod ei proprium ingenium, Geniusque suggerebat, instituente; quæ omnia facta esse existimo, partìm stultorum hominum inscitia, & ignorantium, quantum ratio & religio requirat; partìm falsis insidijs sacerdotum, qui per varietatem cœrimoniarum rem in precio retinere, cùm res ridiculæ potiùs iure videri possent, quæ fierent rectè intuentibus, quàm vllam sanctitaté continere videbantur. Partìm etiã fiebat hoc dæmonũ malignorũ fraude, cùm esset adhuc potestas tenebrarum, qui per has ambages homines in seruitute alienâ retinere, & perpetuò falsæ religionis atque idolatriæ vinculo astringere nitebantur; neque vllam liberè respirandi animis illis superstitionibus oppressis concedebant facultatem, vt possent tantum fallaciarum secum parumper considerare, & aliquando cognoscere, quam absurdam, quam vanam, quam ridiculam, quam omni scelerum genere contaminatam religionem complecterentur.

Inter cœteros autem mortalium Ægyptios potissimùm hâc cœcitate laborasse, Plutarchus testatur; ac proindè mirùm non est, eos in ridiculas & stolidas superstitiones prolapsos, tam inuisa Deorum monstra peperisse. Nam cùm ij (vti dictum est in præcedentibus) præcipuos Deos Solem & Lunam, seu Osiridem & Isidem, totius Vniuersi moderatores venerarentur; præter innumeras fabulas, & anilia deliramenta eis afficta, eò passìm stolidâ quádam opinione persuasi deuencrunt; vt omne id, quod similitudinem aliquam ad Solem aut Lunam obtineret; aut quod proprietatibus polleret phœbæis, id veluti solaris animæ particulam sandè obseruarent; ex quo multiplex ille pantomorphorum Deorum cultus originem inuenit. Hinc quoque Dij isti ridiculi, quos in hunc diem ceu gentilis vesaniæ testes intuemur, κυνοκεφάλες, ἱερακοκεφάλες, αἰλεροκεφάλες, ἱφικεφάλες, ὀρνιθοκεφάλες, ταυροκεφάλες; aliaque sexcenta huius farinæ monstra, & portenta prodierunt, in quorum cultum Sedulius egregiè inuehitur, cùm canit:

Heu miseri, qui fama colunt, qui corde sinistro,
Relligiosa sibi sculpunt simulachra, suumq́,
Factorem fugiunt; & quæ fecere verentur.
Quis furor est; quæ tantá animos dementiâ ludit,
Vt volucrem, turpemq́, bouem, tortumq́, draconem,
Semihominemq́, canem supplex homo pronus adoret.

Tertullianus similiter in Senatorem ex Christianâ religione ad idolorum seruitutem conuersum, inuectus, vanam hanc Religionem sic increpat:

H h   Quis

(marginal notes:) Cœcitas Ægyptiorum in cultu Deorũ. Sedulius.

Quis patiatur enim te magnam credere matrem
Posse Deam dici, rursusq́, putare colendam,
Cuius cultores infamia turpis inurit.
Res miranda satis, deiectaq́, culmine sacro,
Si quis ab Isiaco Consul procedat in Vrbem,
Risus oris erit; quis te non rideat autem,
Qui fueris Consul, nunc Isidis esse Minister
Brutorumq́, Deûm seruus.

Diodorus porrò ait, maximam fuisse Ægyptiorum in brutis colendis dif-
sensionem. Nam Lycopolitani abstinebant à pecoribus, ne lupum, quem
veluti Numen adorabant, debito pabulo priuarent; Oxyrinchitæ piscem; Cynopolitani canem Numinis loco habebant.

Narrat Plutarchus suo tempore crudele bellum inter Oxyrinchitas
& Cynopolitas exarsisse, eò quod hi Oxyrinchum piscem, quem diuinis
honoribus colebant, Oxyrinchitæ, deuorassent;illi verò canem apprehen-
sum, cui veluti Numini litabant Cynopolitæ, vltione facta, mactassent.
Meminit huius dissidij quoque S. Athanasius: *Omne,* inquit, *dissidium,*
bellumque continuum inter Ægyptios æstuans, originem à diuersitate animalium,
quæ adorabant, duxisse arbitror. Crocodilus enim, qui ab alijs, vt Deus colebatur,
ab alijs velut summum malum, ac execrandum animal, (in quod Typhonem fra-
tricidio commisso commutatum credebant) odio erat & abominationi. Leo-
politani Leonem adorabant, quem Collimitani vti crudelem bellam ad perden-
dum inquirebant; in diuersis enim partibus, diuersas bestias cultas ostendit Dio-
dorus. Bos quidem in Memphi; Mnenis in Heliopoli; Hircus in Mendete, ad
lacum Meridem Crocodilus, Leo in Nomo Leontopolitano. De Boue seu Apide
culto suprà abundè dictum est, à quo, teste Lactantio, Israëlitarum Mo-
scholatria in deserto profluxisse videtur. Sic enim ait: *Israëlitæ deposita*
iam Ægyptiacâ seruitute, iam fame sitique depulsâ, in luxuriam prolapsi ad profa-
nos Ægyptiorum ritus, animos transtulerunt. Nam Moyse in montem ascenden-
te, illi aureum caput Bouis, quem Apim vocant, quod eos signo præcederet, figu-
rarunt. Herodotus ait Latopolitanos, piscem huius nominis veneratos,
Hermopolitanos Cynocephalum vel Simium; Cœpas Babylonios; The-
banos Aquilam; Leontopolitanos Leonem; Mendesios Capram; Atre-
bytas murem & ranam, cultu diuino prosecutos, queîs astipulatur S. Athanasius. *Tantopere,* inquit, *quidam mente prolapsi sunt, tantisque tenebris ani-*
mum suum inuoluerunt, vt quæ nullâ ratione esse poterant, aut vnquam conspecta
essent, ea excogitârint & Numina fecerint: quippè qui bruta rationabiliaque
animalia inuicem permiscentes, & in vnam speciem contrahentes, pro Dijs colant.
Quales sunt apud Ægyptios, Canicipites, Serpenticipites, Asinicipites, & in Ly-
bia Iuppiter & Ammon veruecino capite configuratus. Hæc S. Doctor.

Sed quod magis mirùm non irrationalia animalia tantùm, sed & res
etiam vita sensuque carentes, vti Nilum, terram, porrum, cœpas, allium,
aliaque similia, Numinum loco stulta gentilitas tenebat; de quibus eleganter sanè & festiuè ludit Iuuenalis:

Quis nescit Volusi Bithynice qualia demens
Ægyptus portenta colat ; Crocodilon adorat .
Porrum, & cœpe nefas violare, ac frangere morsu ,
O sanctas gentes ; quibus hæc nascuntur in hortis
Numina .

Sedulius quoque ad maximam hominum stoliditatem, atque in bestijs colendis insanum zelum alludens, sic canit:

Nonnulli venerantur olus, mollesque per hortos,
Numina sicca rigant, veriqúe hac arte videntur
Transplantatorum cultores esse Deorum .

Stolidam quoque hanc Ægyptiorum superstitionem non minùs docte, quàm festiuè depingit Comicus argutissimus Anaxander de Rhodiano hoc enneasticho:

Haud esse queo vobiscum commilito
Concordibus ; nec moribus, nec legibus
Per maxima interualla differentibus :
Bouem colis . Deis ego macto bouem ;
Tu maximam anguillam Deum putas, ego
Obsonium credidi suauissimum .
Carnes suillas tu caues, at gaudeo
His maximè ; canem colis, quem verbero
Edentem vbi deprehendo fortè obsonium .

Non stetit hìc Ægyptiorum vanitas, cùm eas res quoque , quæ sine pudore & verecundia recenseri vix possunt, Numinis loco habuerint, vt testatur Lactantius his verbis: *Num priùs nos destruimus Religiones, quàm Natio Ægyptiorum? qui turpissimas bestiarum ac pecudum figuras colunt?* quædam etiam pudenda dictu, tanquam Deos adorant. Testatur idem Minutius Felix in Octauio his verbis: *Ægyptij cum plerique vobiscum, non magis Isidem, quàm cœparum acrimonias metuunt : nec Serapidem magis , quàm strepitus per pudenda corporis expressos extimescunt.* Astipulatur huic Origines: *Taceo nunc,* inquit, *eos Ægyptios, qui venerantur ventris crepitus, ad quorum imitationem , si quis philosophatur , seruando ritus patrios , ridiculus philosophus erit , faciens quæ philosophum non decent.* Meminit quoque ridiculæ huius latriæ S. Hieronymus his verbis: *Vt taceam de formidoloso, & horribili cœpe, & crepitu ventris inflati, quæ Pelusiaca religio est.* Cuius quidem olidæ religionis aliam causam non reperio, nisi vanam superstitionem & obseruantiam Ægyptijs quasi innatam . Dùm enim panico quodam Deorum metu perculsi, nihil non in humanis actionibus ominosum putarent ; mirum non est, eo dementiæ eos deuenisse, vt indecoris huiusmodi strepitibus nonnihil diuinum inesse existimârint . Accedebat frequens dæmonum illusio, qui oraculis,

Iuuenal.

Sedulius, Transplantatores Deorū Ægyptij.

Anaxander de Rhodiano.

ἀντίστασις cultus Deorum .

Res pudendas Numini loco habent.

Lactantius.

Minutius Felix.

culis, fimulachrifque fe infinuantes, confulentibus refponfa non ex ore, fed ex ventre promebant; de quo Ifaias c. 29. conqueri videtur, dùm dicit : *Et Ægyptij fcifcitabuntur Idola, & apud Magos, Pythones, & Gnoftas.* Vbi loco (Pythones, & Gnoftas) habetur אבוֹב ידְעֹנִים Oboth vaidgonim ; Oboth autem idem fignificat ac vtres, ita Iob 32. *Ecce venter meus eft, ficut vinum non apertum, ficuti oboth, id eft, vtres noui, ita rumpetur.* Ex quo nonnulli non leui côiectura arbitrantur, Pythones ab vtribus dictos, quod qui tali fpiritu afflati effent, ore claufo ex ventre, perindè acfi ex vtre feu lagenula refponfa fua depromerent : non incongruè ; indè enim à Græcis ἐγγαςρίμυθοι, quafi diceres ventriloquos, appellati funt. Eft enim fallaciffimo rum immundorumq; fpirituû propriû, humano generi impuriffimis actionibus illudere, id eft è pudendis corporis partibus refponfa dare. Quod fuperftitiofæ & imperitæ genti, dùm nefcio quid facrum videbatur : mirùm non eft, & crepitus inter diuini cultus ritus ab Ægyptijs fummâ quâdam animi ftoliditate repofitos fuiffe. Sed præftat has fordes alto fupprimere filentio , quàm fœtore eorû abominando teneris mentibus naufeam concitando, officere. Qui plura de his & fimilibus , potiffimùm tamen de cura maxima, quam in beftijs alendis feruabant, defideret, confulat Diodorum, & Plutarchum, qui fufè eas, eorumque alendorum, colendorum , fepeliendorumque rationem defcribunt.

Quid Python & ἐγγαςρίμυθοι.

SYNTAGMA IV.

QVOD DICITVR

ΠΑΝΘΕΩΝ ΗΕΒRΑΕΟRVΜ,

SIVE

De Dijs, varijsque Hebræorum, Syrorum, Chaldæorum,
Babyloniorum, Perfarum, Samaritanorum, Arabum,
aliarumque Aegypto vicinarum gentium idolis,
lucis, aris, facrificijs, ac cœrimonijs.

CAPVT I.

De Idolis Hebræorum, fiue de falforum Numinum cultu, ab Ægyptijs ad Hebræos propagato.

VANDOQVIDEM in præcedentibus Capitibus de Origine, & diuerfitate Deorum, de facrificijs deniq; atq; falforum Numinum cultu Ægyptijs vfitato fusè tractatum eft, operæpretium me facturum exiftimaui, fi hoc loco ftylum ad antiqua Hebræorum idola, eorumque originem conuerterem; cùm enim, tefte Clemente, Hebræorum myfteria, ritus, cœrimoniæ, cœteraque sacramenta quam fimillima fint Ægyptiorum myfterijs; Ægyptij quoque plurima ab Hebræis, ficuti hi ab illis mutuata, reciproci iuris fecerint. Hinc futurum fperamus, vt ex huiufmodi myfteriorum vtrique populo communium comparatione, Oedipus hic nofter illuminatus, maiora indies in indagandis Ægyptiorum arcanis incrementa fit capturus.

Clemens Alex. l. 5. ftromat.

Notandum itaque duo fuiffe hominum genera, quorum ftudio & & machinatione idololatria Ægyptiorum ad Hebræos deuenerit. Primi generis fuit reproba illa Chami progenies, de qua in præcedentibus capitibus varijs locis dictum eft; vti & Ifraëlitæ, qui inter Ægyptios commorabantur, fuperftitiofâ eorum doctrinâ infecti. Secundi generis fuerunt Salominis pellices, mulieres alienigenæ maximè Ægyptiæ, quarum blanditijs & dolofo amore facræ literæ, aiunt, irretitum Salomonem, fana, aras, lucos exftruxiffe; idola queis adoleret, erexiffe. Cuius prauo exemplo feducti cœteri fucceffores eius Reges Ifraël, fi paucos exceperis, omnes huic improbo cultui adhæfere, vt in fequentibus de Ieroboamo, Achabo, Manaffe, alijfque oftendetur. Sed ad Archidololatras reuertimur.

Chami progenies & Concubinæ Salomonis Ægyptias fuperftitiones Hebræos docuêre.

4. Reg. 23.

Cham itaque, Mifraim, Chus cum filijs fuis Nimbrod, Canaam, & Zaba, vti primi fuerunt Ægypti incolæ; fic primi quoque omnis fuperftitionis, ac idololatricæ impietatis extitêre Authores; quorum impro-

Cham primus idololatriæ poft diluuium inuentor.

bis

bis moribus, prauiſque diſciplinis imbuti Ægyptij, ſucceſſu temporum, tùm aliàs ſibi vicinas gentes, tùm vel maximè Hebræos, quibus cum ducentis penè annis morabantur, inſtituti ſui habuére ſectatores; neque difficile fuit carnali populo, ac ſenſuum voluptatibus immerſo, ea amplexari dogmata, quorum ope ad totius felicitatis apicem ſe peruenturos ſperabant. Accedit, tranquillam illam, pacificam, ac denique fortunatiſſimam Ægyptiorum vitam, quam indefeſſo idolorum cultui, ſacrificijs alijſque impijs artibus ceù vnicæ cauſæ acceptam ferebant; in animis hominum maleſeriatorum, magnum pondus habuiſſe. Quod vel ex hoc vnico manifeſtum eſſe poteſt; cùm Ægyptiacâ hâc felicitate, ac famâ rerum memorabilium exciti non Hebræi tantùm, ſed & Perſæ, Arabes, Phœnices, Syri, Babylonij, Græci, eo animo in Ægyptum ſeſe contulerint, vt mirifica illa diſciplinarum ſacerdotalium cognitione imbuti, earumque ope arcanorum Iſiacorum facti participes, eam quoque, quam, Ægyptij felicitatem conſequerentur.

Erat moris in Ægypto, varijs contra malorum incurſus vti phylacterijs; horum itaque vſu, cum Hebræi aduerterent, ſecuram Ægyptios vitam ducere; & ipſi vt hanc ſecuritatem conſequerentur, animum inceperunt adijcere ad ſuperſtitioſas illas imaginum ſculpturas, quas ſub certo ſiderum poſitu, ex varia materia, aſtris conueniente, confectas, in collo, manibus, cingulis continuò portabant. Iterum Ægyptij terrenorum bonorum, quâ fruebantur, abundantiam, ſedulo Apidis cultui aſcribebant; hinc Iſraëlitæ in deſerto commorantes ſqualido, & aquarum penuria laborante, cum cœpæ, allia, ollæ carnium, ſimiliaque carnalium hominum oblectamenta deeſſent; memores Ægyptiacæ felicitatis, & ipſi Apidem erexerunt, ſperantés ſuturum, vt eius aſſiduô cultu, dicta terræ bona conſequerentur. Hinc quoque Portatiles illi Dij, quos Theraphim appellant, ac ſexcenta alia idolorum monſtra, de quibus in ſequentibus tractabimus, emerſiſſe videntur; quæ quidem breui tempore eos in electa gente fecerunt progreſſus, vt illuminatiſſimus Doctor dubitantium R. Moſes, dictus Rambam, cùm hanc gentis ſuæ ad gentilium ritus propenſionem conſideraſſet, legem non alia de cauſa Moyſi datam luculenter demonſtret, niſi ad impias Ægyptiorum conſuetudines ab Hebræis imbibitos, ſalutari lege abolendos.

Verùm quandoquidem citati Doctoris verba ingens hieroglyphicis rebus lumen adferre poſſunt, viſum fuit hìc ea ad longum per partes tamen producere; cùm non tantùm ea, quæ in præcedentibus diximus, confirment; ſed & dicenda impoſterum veluti in Synopſi quadam fideliter & erudite exhibeant. Verba eius ſunt ex libro manuſcripto Hebraico, quem מורה נבוכים hoc eſt, Doctorem dubitantium appellant, deſumpta. Rambam in more nebuchim l. 3. c. 3.

R. Moſ Egyp. Ben M ymou ſeu Rambam l. 3. c. 3. more nebuchim.

המצוות אשר כלל אותם זה הכלל השני הם מצוות אשרסספרנום בהלכות ע'ז ומבואר

הוא שהם פלם להציל מטעות ע'ז ומדעות אחרות בלתי אמתיות ותתגלגלו עם

כמעוכן וסנחש ומכשף:

Præcepta, inquit, *quæ continet pars ſecunda, ſunt omnia illa præcepta, quæ*
                                                                              reſpi-

respiciunt idololatriam. Notum est autem, quod ratio & causa omnium talium praeceptorum est euadere errores idololatriae, aliasáq, fallaces opiniones, & iniqua dogmata; & continentur inter ista praecepta de augurio, de diuinatione, & de arte magica, & de omnibus alijs similibus.

His itaque præmissis Rambam in hunc modum sua verba prosequitur :

Præcepta Moyse præscri pta contra idololatriam Ægyptiorum.

Rambam.

וכשתקרא כל הספרים אשר זכרתי לך יתבאר לך שהכשוף אשר חשמע אותו הוא
פעולות שהיו עושין אותם הצאבאי הכשדיים והכלדיים ויותר היה בכנים ובמצרים
היו מביאים לחשוב בהם או היו חושבים שהם יעשו מעשים נפלאים במציאות אם לאיש
אחד או לאנשי מדינה :

Cùm verò, inquit, legeris omnes libros, quos commemoraui tibi ; explicabunt illi tibi ; quod ars Magica, de qua audiuisti, quam colebant, Zabæi, Casdijm siue Babilonij, Chaldæi, & plura adhuc eorum operum erant apud Cananæos, & Ægyptios, quibus decipiebant alios ipsi decepti, & putabant, quod in illius virtute opera miranda patrarent, in esse vel aliter homini, vel hominibus alicuius ciuitatis. Ex quibus primò patet, Zabæos, qui sunt ex progenie Tsaba filij Cus, Ægypto vicinas gentes, vti & Chaldæos, Babylonios, Chananæos, pleraque dogmata ab Ægyptijs primis hausisse; quod indicatur clarè hisce verbis ; plura operum erant apud Aegyptios, quibus decipiebant alios, & quibus mirabilia se facere posse arbitrabantur. His itaque propositis Rambam discursum suum sic prosequitur.

Ars magica Zabæorum.

Rambam.

ותדע שכוונת החורה כלה וקטבה אשר עליו תסוב הוא הסרת ע'ז ומחות זכרה ושלא
יחשב בכוכב מן הכוכבים שהוא מזיק או מועיל בדבר מאלה העניינים נמצאם לבני
אדם שזה הוא הסבא לעבדם התחייב בהכרה שיהרג כל מכשף כי מכשף הוא עובד
ע ז בלא ספף אמנם חתנה ברובם שיעשום הנשים ע'מ מכשפה לא תחיה ועוד למחלת
בני אדם בטבע להרוג הנשים ולא באר גם כן בע'ז לבד איש או אשה וכפל ואמר את
האיש או את האשה פה שלא בא כמו זה לא בחילול שבת ולא בזולתו וסבת זה רוב
החמלה עליהם בטבע וכאשר היו המכשפם חושבים כשופיהם שהם עושה מעשה
ושהם בפעולות ההם מגרשות החיות הרעות מן העיירות כאריות ונחשים וכיוצא בזן
ויחשבו גם כן שהם בכשופיהם ידהו מיני נזקין מצמח מאדמה כמה שנמצא להם
פעולות יהרגו החולעת מן הכרמים עד שלא יפסידם וזכר האריכו בהריגת חולעת
הכרמים ר'ל הצבאא ודרכי האמורי הנזכרים בספר העבודה גובשיה :

Scito igitur, quod intentio legis totius, & columna, super quam posita est, fuerit, euellere idololatriam & destruere : vt si credatur, quod aliqua à stellis nocet & officit, in aliqua istarum rerum, quæ inueniuntur in singularibus hominum ; & quoniam illa opinio inducit homines ad seruitium illorum ; secutum est necessario, quod occideretur omnis magus, quid talis seruit Idolis sine dubio ; quamuis eius seruitium sit in vsu aliarum rerum extranearum, & separatarum à via seruitij gentium respectu idolorum ; & quoniam illa in pluribus talium operum non admittebantur ad faciendum ea, nisi mulieres, idcircò dixit, Magam non patieris viuere : quamuis in natura hominum inueniatur pietas, vt non occidant mulieres, & propter hoc in ratione idololatriae fecit mentionem de viro, & de fœmina. Et iterum dixit, Virum & mulierem. Non est autem tale dictum aliquid in violatione Sabbathi, nec in alijs prohibitionibus praeterquam in ista. Et intentio fuit propter pietatem hominibus naturaliter insitam respectu mulierum. Et quoniam

Astrolngia Aegytiorum

Magi

Magi putant, quod ars magica potentiam habet, ad exterminanda nociua animalia de ciuitatibus, ſicut ſerpentes & ſcorpiones , & alia huiuſmodi ; & putant quod magica prohibeant genera damnorum, quæ plantis accidunt ; ſicut inueniuntur opera, per quæ credunt ſe grandinem repellere, & alia opera ad occidendos vermes vinearum ; & multa dixit gens Tſabæorum Ægyptiorumque , & interfectionem

vermium vinearum per vias Amorrhæi, de quibus fit mentio in libro de ſeruitio Ægyptiaco . Et ſimiliter putant, ſe habere opera, per quæ prohiberi poſſit caſus foliorum, nucum, & aliarum arborum ; & propter hæc omnia nota, dixit in verbis firmationis legis . Si ambulaueritis in ſeruitio idolorum , & in operibus magicis , de quibus putatis, quod remouebuntur à vobis damna, propter ipſa, occaſiones accidunt vobis & damna, ſicut dictum eſt. Immittam vobis beſtias agri, & nocebunt vobis &c . Summa igitur iſtius rationis eſt, quod omnia, quæ facere putant idololatræ ad confirmandum ſeruitium ſuum, per illa effugere poſſint damna; vt inducant homines in hanc incredulitatem; illa ſunt, de quibus fecit mentionem in verbis firmationis, quia in faciendo talia ſeruitia, deficient prædictæ vtilitates. Oſten-

ſum itaque tibi, quæ fuerit intentio legis in proponendis benedictionibus & maledictionibus, quæ continentur in verbis confirmationis in iſtis particularibus ſeparatis, & non in alijs, & intellige menſuram huius vtilitatis magnæ ; eodemq̃ modo, vt elongaret homines ab omni opere magico, prohibuit omnia, quæ pertinebant ad magicam artem, etiam illa, quæ dependent à cultura terræ, & de ſcientia eius, ſcilicet omnia, quæ dicunt eſſe vtilia in hoc, quæ non cadunt in conſiderationem naturalem ; ſed ſunt conſueta ſecundùm conſiderationem illorum in vſu talium rerum, & idcirco dictum eſt in lege : Non ambulabitis in ritu gentium, & conſuetudinibus earum, quæ vocauerunt ſapientes vias Amorrhæi, quæ ſunt rami artis magicæ, quæ attribuuntur rebus Aſtronomicis neceſſariò, & quaſi per quendam circuitum

procuratur honor ſtellarum, & ſeruitus earum . Dixerunt etiam ſapientes palàm, quod omnia medicinalia, non haeſitabimus in illis per vias Amorrhæi. Item omnia, quæ conſideratio naturalis exigit , ſunt licita, & alia ſunt prohibita; ſecundùm quod dictum eſt, Arbor cuius fructus cadit, oneretur lapidibus ; & vngatur tinctura . Sapiens autem conſiderans iſtud opus dixit : Bonum eſt vt oneretur lapidibus, & virtus eius debilitetur : ſed quare vngetur tinctura ; patet igitur, quod ſi tingatur tinctura rubea dicta Arabicè Almagra; vel cum aliquo ſimili, cuius cauſam non apprehendit ratio ; prohibitum eſt fieri per vias Amorrhæi. Similiter

dixerunt de abortiuo, vbi ſepeliatur : & dixerunt , non ſuſpendetur in arbore, nec ſepelietur in biuio, quia illud eſt de vijs Amorrhæi. Non videatur tibi contrarium, quod videbatur licere, ſicut clauum in latibulo ſuſpendi ; quoniam in tempore illo putabant, quod per viam experimenti fiebat hoc , & intellexerunt , quod talia erant medicinalia, vſque ſunt herba quâdam, quam ſuſpendebant de ceruice dementis, & vocatur Femura, & dabant ſtercus caninum in potum laborantibus ſcrophulis, & ſubfumigabant cum aceto, & cum alia medicina, quæ vocatur Marteſica, in infirmitate genuum vehementi : quorum omnium vtilitatem experti erant; licet ratio cauſam non apprehendat : & idcircò licita fuerunt nomine medicinæ .

Ex quibus omnibus liquet, totam legem Hebræorum fuiſſe quaſi parallelam legibus improbis gentiliū, eiſque veluti è diametro oppoſitam,

tam, intentionemque legis fuiffe primariò ad idololatriam difperdendam,
& ad delendum nomen eius, omniumque rerum pertinentium ad eam;
& quicquid inducit ad aliquod opus eorum, ficuti אב Ob, & ידעון Ideon,
& traducere filios per ignem, & magum, & augurem, & diuinum, & re-
quirentem mortuos, & prohibuiffe generali præcepto affimilari operibus
eorum; in tantum, vt ne veftibus quidem aut cibis, aut coloribus confimilibus veftimentis Aegyptiorum, vterentur; quod citato loco teftatur
Rambam dicens:

Rambam.

והנה ביארנו בחבורנו הגדול שהקפת פאת ראש ופאת זקן אסור מפני שהוא חקון כומרי
ע"ז והיא הסבה גם כן לאסור והשעטנו כי כן היה החקן הכומרים גם כן היו מקבצים בין
הצמח ובעלי חיים בלבוש אחד וחיה חותם אחד בין המוצאים בידו חמצא זה כתוב
בספריהם וחוא הסבה גם כן באמורו לא יחיה כלי גבר על אשה ולא ילבש וג'ו חמצאהו
בספר קנטיר יצוח שילבש האיש בגד אשה צבוע שיעמר בכוכב נוגה ותלבש האשה
השריון וכלי בעמרה למאדים ובו גם כן אצלי סבה אחרת וחוא שזח חפועל מעורר
חהאוות ומביא לידי זנות

Nunc igitur, inquit, *audi mirabilia noftra magna, quoniam rafio comæ &*
barbæ prohibita eft; quia feruus idolorum apud Ægyptios fic folebat incedere.
Eadem quoque ratione in prohibitione fuit; ne quis induat veftem, de lino vel la-
na, vel contextum, quia tali vefte vtebantur feniores idolorum; qui coniungebant
in veftibus fuis de plantis & animalibus; & faciebant fignum in manu fua de ali-
qua fpecie metallorum; & hoc eft fcriptum in libris eorum. Illud autem eft pro-
pter quod dicit; non accipiet mulier arma viri, neque vir induatur vefte mulie-
bri. Innenies autem in libro artis magicæ feu abfconditorum, quæ compofuit Cen-
tir; quia dicitur ibi, vt vir induatur vefte muliebri picta, cùm fteterit coram
ftella, quæ vocatur Venus, & mulier affumet loricam & arma bellica,
cùm fteterit coram ftella, quæ dicitur Mars. Eft etiam hic alia ratio,
quoniam opus illud fufcitat concupifcentiam, & inducit genera fornicationum.
Atque hactenus Rambam. Cui Abenephius Arabs ita confentit, vt huiufmodi antiquorum Aegyptiorum opiniones ex vno Authore collegiffe
videantur. Nam & ipfe oftendit fufe Ægyptiorum facras difciplinas apud
Hebræos manfiffe, ac proinde ne totam gentem, hæc falfa Ægyptiorum
religio inficeret; Legem à Deo datam, quâ fuperftitiofi Hebræorum animi in nimia profecutione cultus externi cohiberentur. Verùm quandoquidem eius animaduerfiones dignæ funt, vt fedulò expendantur; eas hîc
adducere voluimus, & fimul monftrare, quanti in Arabum, & Hebræorum monumentis adhuc lateant thefauri, Latinis incogniti, quantumque
ea conducant, ad quamuis reconditarum rerum explorationem; fic itaque dicit Arabice:

Cur barba ra-
fa in facra
fcriptura
prohibita.

Centir author
Arabs libro
artis magicæ.

ذبتدي بشرح تعليم الكيما مصر التي معرفتها مهمة لكل من قربد ويرغب
للكيمة الفلسفة مصر وتعلم لان من اخل عبادة الاصنام الكيما مصر تمنعنا وايضا
كل عبادة الاصنام والسحر ومن الاحكام والغايب وايضا لجميع العبادة الرد به ذي
تجوز وعوض ذلك امرنا اذما نعتقد ونعبد وثوقر الالة الواحد ولاجل ذلك وامرنا
في الوصية الاولى ان لانسجد لالة غيرة لان كثيرين من اسرييل حطوا مع موسيسنا
وغير الومنين في مصر دسجدون هم للجلمقة دون الخالق وخطوا ايضا مع المنجمين والسا

Abeneph l. de
myfterijs Ae-
gyptiorum.

حرون

I i

حرون الذين يعمرون الشيطان كالهي

Incipimus iam explicationem doctrinæ sapientum Ægypti, cuius cognitio necessaria est omni philosophorum Ægyptiorum sapientiam scire exoptanti. Scias itaque quod ob idololatriam spiritum Ægypti, Deus lege data prohibuit omnem seruitutem alienam & magiam & diuinatorias, que's occultæ res discernuntur; omnem denique cultum improbum & illicitum; & loco illius præcepit nobis, vt confiteremur & seruiremus ei , & honoraremus Deum vnicum , & propter hoc mandauit nobis in primo præcepto, ne adoraremus Deum præter ipsum ; quoniam multi ex Israël peccarunt, & præuaricati sunt cum Gentilibus & Paganis Ægyptijs adorando pro Creatore creaturam, præuaricati quoque sunt in improbarum artium exercitio, cum Magis, Ariolis, alijsque diuinatoribus, qui seruiunt Dæmoni sicut Deo eorum; Et ideò tota lex opponitur erroribus antiquorum. Nam notum est, quòd Ægyptij solebant imagines exstruere, & idola disponere in montibus excelsis. Et ad orientem conuersi ea adorare, maximè verò Solis simulachrum ; ideò lex abrogat excelsa, & conuersionem versus orientem , & ideò dicunt Sapientes gloria in occidente est. Iterum Ægyptij solebant in summa veneratione habere boues, arietes, hircos, & ea animalia occidere grauissimum piaculum arbitrabantur. Hebræos verò, vt ab hoc ritu auerterentur, lex contrarium docuit; immolationem nempè boum, arietum, hircorum. Præterea illi Solem, Lunam, Stellas, planetas veluti Numina colebant. At lex Israëlitica docuit non scandalizari in aspectu siderum, & militiæ cœli. Porrò in sacrificijs Ægypti sacerdotes fermento & melle vtebantur, salem verò, quem Typhonis spumam dicebant, abominabantur. Verùm lex fermento & melle neglecto in sacrificijs salem adhibebat. Erat denique frequens in Ægypto vsus phylacteriorum varijs imaginibus insignitorum, que's se fortunatos futuros esse credebant ; que's adiungebant statiunculas quasdam, quis auertentes nuncupabant ; quas nunc in collo, pectore, manibus portare, nunc in angulis domuum, alijsq; locis veluti custodes eorum collocare solebant. Quos vsus omnes, lex in Thephilin & Mezuzoth & Totaphot conuertit ; quæ quidem nihil aliud erant, quàm coria ex mundo animali, in quibus verba Dei legis seruandæ continuam memoriam suadenti: & præcipientis scribebantur, ponebanturq; super frontem, & brachia, & postes portarum. Vides igitur quo modo ex occasione variorū rituum Ægyptiorū, quæ iam totum orientē occupabant ; lex eos prohibens resultarit.

Atque hucusque Abbenephi, quæ ita propè ad illa , quæ supra ex Mose Ægyptio adduximus, accedunt; vt penè eadem dicas; vnde colligo hosce duos Authores, hæc de antiquis Ægyptiorum consuetudinibus ex ijsdem Authoribus Arabicis, qui tùm temporis ob antiquitatem eorum in summa æstimatione erant, desumpsisse ; crebro enim ab vtroque liber Centir, de Magia Ægyptiorum, & Mauri cuiusdam Arabis de seruitio Ægyptiaco, & Ezechias denique de medicaminibus eorum, citantur. Sed hæc alibi maiori studio discutiemus. Qui verò plura de huiusmodi modo recensitis ritibus Hebræorum, & Ægyptiorum desiderat, Thosaphta Thalmudica, R. Sampsonem, R. Eliam Misrachi, Iudam Tibonidem. Gedalæ Catenam Cabalisticam, aliosq; Commentatores Hebræos, quos infra citabimus, consulat, in ijs enim omnia, quæ supra diximus, confirmata reperiet.

CA-

CAPVT II.

De particularibus Idolis Hebræorum, & de comparatione eorum
cum Idolis Ægyptiorum, à quibus primùm
ea dimanarunt.

De cultu Ignis.

CVm nihil in hoc mundo cœlestibus istis ignibus, Soli, Lunæ, Stellis, igne nostro elementari similius sit, vtpotè, quem ignis solaris omnibus in rebus sparsim latentis particulam antiqui crederent; mirùm sanè non est eum ab omnibus Orientalibus tantò studio, curâ atque solitudine cultum esse. Fuerunt autem huius cultus Authores primi Misraim, & Chus Chami filij; quorum hic per filium Nembrod eum ad Babylonios, Assyrios, Phœnices; ille per posteros ad Ægyptios, Persas, Arabes, Lybios primus perduxit. Inter cœteras autem gentes post Ægyptios, ignem à Chaldæis & Persis maximè cultum; testatur de illis cuidem historia Canopi superiùs ex Ruffino, & Suida relata. De his verò Agathias, qui ignem maximum Persarum Deum fuisse asserit, eumqu à Zoroastre, quem nos suprà cum Mithra, seu Misraim, & Osiride confudimus, introductum primùm; à Perseo verò propagatum esse demonstrat, cui astipulatur Georgius Monachus:

Chus & Misraim primi cultores ignis

Agathias l. 2. hist.

Ἐδίδαξε Περσὰς αὐτὸς καὶ τὴν μυζαρὰν θρησκείαν, καὶ μαγίαν τῆ λεγομένης Μεδόζης, ἰφ' ᾧ καὶ τοὺς ἐκ τῆ ἐρανῦ καταλθόντος, ἐν τῇ Περσίδι, οἷς δὲ καὶ αὐδαλψας, καὶ κτίζας ἱερὸν ἔθηκεν αὐτὸ ἐν ὶωτῷ καλίζας τὸν ναὸν πυρὸς ἀθανάτε, καταζήζας δ' αὐδὲ ει· Σλαβᾶς δξαμνειν αὐτῷ, καὶ φυλάτΊὲν ἐκῄλωζε (legendum puto ἐκήλωζε vel ἐκάλεζε) τὸν μάγυς, ὅπερ ἱως ἄρτι ἐν πολλῇ τιμῇ ἔχοντες οἱ Πέρζαι, πυρολαζρῦσοι. Id est: *Docuit Persas ipsos Persis execrandas cærimonias & magiam, quæ dicitur Medusæ, quo regnante ignis in Perside cœlo delapsus, ex quo alium ignem accendens, & fanum extruens in eo reposuit, vocauitque templum ignis immortalis, & constituens viros prudentes, vt seruirent, seruarentq. ignem, Magos eos appellauit, quos ritus in multa dignatione habentes Persæ colunt ignem.* Hæc ijsdem penè verbis Cedrenus de Perside memorat, quamuis Diodorus Siculus ea Vulcano attribuat; vt vt sit, Persas magicis sacris, & ignis cultu imbuisse Zoroastrum (siue is Cham fuerit, siue Misraim, siue Nembrod, quos hoc idem nomen vsurpasse diximus) in præcedente Syntagmate ostensum est, à quibus Perseus edoctus, nouas ignis colendi rationes, teste Tzeze, adinueniens Iopoli, & in omni reliqua ditione constituit ignem vt Deum, de cœlo lapsum colere, Magos ignis sacerdotes vocans. Vnde Persæ & Magi cœteris elementis ignem anteponunt, eo vtentes ad Mithræ cœrimonias, tùm quia Solem (Mithram) ignium Ducem, ac luminum parentem; tùm quia, Niceta teste, Mithram ipsum, ignis quasi renem esse perhibebant. Erat igitur ignis in cultu summo Persis & Babylonijs, quin & ipsi etiam plebeculæ, vt patet ex eleganti & falso illo epigrammate, vbi Persa quidam plebeius libentiùs se vitam, quàm ignem violaturum ostendit:

Georgius Monachus.

Cedrenus. Diodorus l. 1. & 2.

Ioannes Tzetzes chil. 1. c. 67.

πῦρ

Antholog. l. 3.

- - - - - πῦρ δὲ μῆναι
Ἦμιν τοῦ χαλεποῦ πικρότερον θανάτου.

Hinc non Solem duntaxat (quem μύδρον seu candefactũ lapidẽ dicebant) & ignem hunc elementarem; sed & quicquid ignis speciem præseferebat, colebant, Eustathio, Πάντα πυροειδῆ σεβαζομένους Πέρσας, afferente. Quam ob causam Pyropo quoque quasi flammas emittenti, vti Strabo notat, honorem habebant; quem & ab Ægyptijs, ad igneam Solis naturam indicandam, obeliscis & pyramidibus ideò impositum, alibi probabitur; imò eò superstitionis deuenêre, vt nihil denegaretur ijs, qui ignem in fluuium detulissent, & ni voti compotes fierent, ignem se mersuros in aquam, minarentur, vti Plutarchus meminit. Non autem à plebecula tantùm, sed maximè à Regibus colebatur ignis in ædibus ad eam rem sanctè comparatis; idque quotidiè, ait Theodoretus; quem & τὸ πῦρ ἄσβεστον vocat, sicuti templa ipsa πυρεῖα, in quibus Procopius ait, eum ad diuinationes seruabant, ab eo, non secùs ac à Vesta & Iano sacra omnia Romani, auspicantes. Strabo: Ὅτῳ δ' ἂν θύωσι θεῷ, πρώτῳ τῷ πυρὶ εὔχονται. *Primò*, inquit, *igni vota nuncupabant, eumq; deprecabantur.* Maximus Tyrius quoque notat quoties sacrificabant igni, *igni pabulum adferentes dicebant, Ignis Domine, comede.* Θύουσι Πέρσαι τῷ πυρὶ ἐπιφορῶντες αὐτῷ τὴν πυρὸς τροφὴν ἐπιλέγοντες, πῦρ δέσποτα ἔσθιε. Hunc tantô honore afficiebant, vt eum flatu suscitare, aut cadaueribus, alijsque immundis rebus iniectis polluere, teste Strabone, & Laërtio, delictum crederent non nisi morte piandum. Omnem igitur ignis cultum à Chami progenie maximè à Chus profluxisse, ait Gregorius Turonensis, verba eius sunt. *Primogenitus Chami fuit Chus. Hic totius artis magicæ imbuente Diabolo, & primus idololatriæ repertor, primusq; statuunculam adorandam statuit; stellas & ignem de cœlo labi magicis artibus mentiebatur. Is ad Persas cùm transijsset, ob id vocatus est Zoroaster, & stellam viuentem interpretantur.* Cui congruit id, quod Clemens libro 4. recognitionum tradit; *Persas genus suum ducere ab vno ex filijs Cham, qui Mesraim dicebatur, quem post obitum Zoroastrem, id est, viuum sidus appellarunt.* Ex quibus apparet, quod & vbique passim in hoc opere insinuamus; Filios & Nepotes Chami à parentis nomine, ob similitudinem actionum, morum, siderumque, ignisq; cultum institutum, Zoroastres vocatos; quam æquiuocationem nominum si benè expenderis, difficile non erit, multa loca historiarum dissona, aptè inter se conciliare. A tribus itaque hiscè Magis Chamo, Misraim, Chus, sicuti astrorum, ita ignis quoque cultus per vniuersum orbem propagatus est. Ac primò quidem Misraim à Chamo doctus, in omnes regiones Ægypto vicinas, marisque insulas per filios suos Ludim, Laabim, Anamim, Phetresin eum disseminauit. Nembrod verò filius Chus cum Chanano, eum in Babyloniam, Assyriam, Phœniciam inuexit primus, qui clarissimus Astronomus, cùm vouisset, aptassetque igne de cœlo tangi, præcepit Persis, vt ossa sua post exustionem legerent, seruarent, & colerent, pollicitus Regnum Persis ereptum non iri, quamdiù ossa sua colerent. Cùm igitur fulmine Zoroastres in cineres redactus esset, reliquias eius Persæ coluerunt, quibus neglectis imperio exciderunt; quam historiam ijsdem

Eustath. in Dionys. de situ Orbis.

Plutarchus

Theodoretus l. 5. hist. eccl.

Strabo l. 15. Max. Tyrius 36. serm.

Greg. Turon. Ignis cultus à Chamo.

Clemens Alexand.

Ignis cultores.

penè

penè verbis Cedrenus recitat ; noñ defunt tamen, qui hunc Zoroaftrem _Cedrenus._
multò pofteriorem fuiffe volunt Nimbrodo . Cedrenus enim originem
eius non ex ipfo Belo, quem nos eundem cum Nimbrodo facimus, fed ex
eius genere deducit . Verùm cùm hæ omnes difficultates ex malè intelle-
ctâ nominum æquiuocatione ortæ fint, ijs longiùs inhærere nolumus ; hoc   _Nimbrodus_
vnicum certum eft, Nimbrodum ignis cultui maximè deditum fuiffe ,   _ignis cultui_
addictus.
eòquè non fuam tantùm, fed etiam Semi progeniem, vti Nachor, Seruch,
alioſque infeciffe ; quem Cyrillus Arbelum quoque vocans, primum, ait,
iñ Aſſyria regnaffe, & hominum primùm à cœteris imperij fui cultoribus
Numinis exiftimationem venatum, in eiufque cultu Aſſyrios , finitimaſq;
gentes perfeueraffe ; Nini patrem fuiffe , & Belum vulgò appellatum .   _Conſtantinus_
Conftantinus Manaffes in Polit : eum Belum quoque vocans , fortem &   _Manaſſes._
& robuftum gygantem tempore Abrahami vixiffe afferit . Vnde pleríque
Hebræorum Doctores autumant, Abrahamum de Vr Chaldæorum , quæ
ignis ciuitas erat ; ideo à Deo ereptum, quòd cùm ignem adorare nollet,
à Chaldæis in ignem coniectus fit . Cui D. Hieronymus fubfcribit libro   _Hieron. l. 9. in_
quæftionum in Genefin . Verùm non erit, opinor , lectori moleftum, fi   _Geneſ._
Iudæorum traditionem , cuius meminit D. Hieronymus, ex antiquiſſimis
Iudæorum monumentis feruatam illuftremus . R. Salomon Iarki ex an-   _R. Salomon_
Larchi int. eu.
tiquo Commentario refert . Tharam Abrahæ filio fuo coram Nembrod   _11. v. 28._
fuccenfuiffe, quod ipfius idola confregiffet, atque adeò in igneam forna-
cem immiffum fuiffe , quæ confirmat Mofes Gerundenfis eodem loco .
R. Chaia filius Adda aliter hanc hiftoriam refert ; _Mulierem ,_ inquit , _of-_
fendit Abrahamus paropſidem manu tenentem . Cùm autem ipſum interrogaret
mulier, an munus aliquod Dijs offerre vellet ? baculum accepit, mulieriſǵ; quæ ſe-
cum habebat idola confregit , & baculum proiecit . Pater autem ſuperueniens ,
quid hoc rei ſit, percontatur . Reſpondit Abraham, an litare vellet , ipſum interro-
gaſſe, atǵ; eo quod priùs comedere ſe velle dixiſſet, iurgia orta eſſe, quibus ingraue-
ſcentibus, iſta confregiſſe . Verùm pater, rem aliter ſe habere , conuitiaǵ; mul-
ta in Nembrodum audita fuiſſe . Lite autem ad Nembrodum Regem Babel de-
ducta, Abrahamum ignem adorare iuſſit :   _Raſi._
R. Chaia.

אמר ליה אברהם ונסגוד למיא דמספין נורא אמר נמרוד נסגור למיא: אמר ליה אם
כן נסגד לענגא דטעין מיא: אמר ליה נסגוד לענגא: אמר ליה אם כן נסגוד לרוחא
דמבדר ענגא: אמר ליה נסגוד לרוחא: אמר ליה ונסגוד לבר אינשא דסביל רוחא:
אמר ליה מילין את משתעי: אני איני משתחוה אלא לאור דרי אני משליכך בתוכו
ובא אלוה שאתה משתחוה לו ויצילך היפני: הוה תמן הרן קאים פליג: אמר מה נפשך:
אם נצח אברהם אנא אימר מן דאברהם אנא: ואם נצח נמרוד אנא אימר דנמרוד אנא:
כיון שירד אברהם לכבשן האש וניצול: אמרין ליה דמאן את: אמר להון מן דאברהם
אנא: נטלוהו והשליכוהו לאור ונחמרו בני מעיו ויצא ומת על פני תרח אביו:

Cumǵ; propoſitum ignem adorare iuſſiſſet Nembrod, regeſſit ei Abraham ; ſi ſic,   _Abraham_
adora igitur aquam, aquam, quæ ignem extinguit . Dixit ei Nembrod, adora   _ignem adora-_
re noluit.
aquam ; ſi ita eſt, adora nubes, quæ aquas deſtillant . Dixit Nembrod , ergo nubes
adora . Ad hæc Abraham, ſi ita eſt, adorandus eſt ventus , qui nubes agitat &
diſgregat ; iterum Nembrod, adora ventum . Abraham verò, ſi ſic, multò magis
adorandus homo, qui ventum intelligit . Tandem Nembrod excandeſcens , verba

*inquit, effutis . Ego folum.ignem adoro , ideò iam in medium eius ce præcipito ;
veniat Deus, quem tu adoras, & liberet te dextera eius . Stabat ibi Aran litigans ;
interrogatur quid illius ferat animus ? Respondit, fi superat Aoraham , illius ego
fum; fi verò Nembrod, fum Nembrodi . Postquam ingreffus eft Abraham forna-
cem ignis, & liberatus eft; dicunt Aran, à cuius partibus ftas ? Respondit, Abrahæ : tum apprehendunt eum, & conijciunt in ignem, combuflaq; funt omnia vi-
fcera eius, & egrediens mortuus eft in conspectu patris fui.* Hucufque R. Chaia . Ex quibus patet multos ex femine Semi huic improbo ignis cultui
deditos fuiffe . Quæ enim ratio mouit Ægyptios, Perfas, Affyrios, vt Solem & ignem de cœlo lapfum eximiè præ alijs colerent, eadem impulit
eos, vt Lunæ, ftellifque honorem haberent, vtilitas puto, vel voluptas,
quæ ex illis ignibus in homines deriuatur , iuxtà illud Corippi ad Iufti-
nianum .

Corippus ad
Iuft.

*Ille etiam Solis qui fe fubiectat amicum
Ardua fuspiciens minuentis cornua Lunæ,
Noctiuagofq; colens , astrorum confulit ignes .*

Hinc omne ipfi analogum dedicabant, ftatuas, pyramides, obelifcos, ignis
figuras, & typos erigebant ; ex ijs denique cœleftibus ignibus veluti ex
fonte quodam omnis non Hebræorum modò, fed & aliarum gentium idololatria emanauit. Hanc poft Chami progeniem primi inter Hebræos
exercuerunt, Nachor & Saruch ; qui & idolorum fabricandorum rationes nouas, nouas ignis cœrimonias inuenerunt ; hi primi diabolicis artibus freti, ftatuas Solis, Lunæ, fiderum, dæmonibus aduocatis, animare do-
cuerunt ; de quibus in ferie huius tractatus, volente Deo, agemus.

Nachor, &
Saruch pyro-
latræ.

CAPVT III.

De Theraphim primis Hebræorum Idolis.

Certè idololatriam antiquiffimam effe, & à reproba Noëmi ftirpe
primis ftatim poft diluuium annis in orbem introductam ; tùm ea
de quibus paulò ante loquebamur ; tùm idola, quæ Theraphim Hebræi
vocant, abundè teftantur ; horum idolorum nomen facræ fcripturæ authoritas primùm, vt benè notat Rupertus, memorat capite 31. Genefeos,
his verbis:

Rupert. com.
in Genef. c 31.

ולבן הלך לגזז את צאנו ותגנב רחל את התרפים אשר לאביה

Abijt, inquit, *Laban ad tondendas oues, & furata eft Rachel Theraphim, hoc eft
idola patris fui .* Quæ variè à varijs fumuntur Authoribus . Alij , vt Pererius hoc loco ; Theraphim nihil aliud effe vult, quam, genericè, imagines, fiue fimulachra, fiue figuras quafcunque, & qualiumcunque rerum fiue hominum, fiue Deorum, quæ idola vocantur: imagines dico & figuras
qualefcunque, vel per picturam, vel fculpturam, vel texturam expreffas ;
cui fauet & paraphrafis Chaldaica, R. Onkelos, quæ loco תרפים Theraphim,
legit צלמניא Tfalmanaia , hoc eft, fimulachra, verba eius funt:

Theraphim,
hoc eft imago
quæcunque.

Onkelus in
par ph. Chal-
daica.

ולהן

ולבן אול למיגז ית עניה ונסיבת רחל ית צלמניא די לאבוהא

Et abijt Laban, vt tonderet oues, & abstulit Rachel simulachra, quæ erant patris sui. Consentit & huic Syriaca lectio:

ܡܠܟ ܐܘܠ ܠܡܓܙ ܚܬܗ ܘܒܓܒ ܢܣܠ ܪܚܠ ܘܐܚܕܗ ܀

Et Laban abijt ad tondendas oues, & Rachel furata est simulachra patris sui. Græca lectio μορφώματα habet, teste S. Augustino, qui in epistola 113. ad Marcellum super voce Theraphim discurrit hisce verbis: *Scito Theraphim* S. Hieron. *ab Aquila* μορφώματα *interpretari, quæ nos figuras siue figurationes possumus dicere: nam primo Regum, vbi dicitur Saul misisse nuncios, vt caperent Dauidem,* 1. Reg. 19. *septuaginta sic verterunt; Et venerunt nuncij, & ecce κενοτάφια in lecto; pro Cenotaphijs in Hebræo est Theraphim, significans puluinum de Caprarum pelle consutum, qui intonsis pilis caput inuoluti in lectulo hominis mentiretur.* Apud Oseam quoque capite tertio, vbi Hebræa lectio habet בלי איפוד ובלי תרפים *sine Ephod, & sine Theraphim.* Septuaginta vertunt: *sedebant filij Israël sine sacerdotio & manifestationibus.* Ex quibus apparet, hanc vocem תרפים non vbique semper eandem significationem obtinere; sed καθ᾽ ὁμωνυμίαν, ad multa transferri; quod & R. Abenezra hoc loco aduertit, verba eius sunt: R. Abenezra.

ולא אוכל לפרש והער שהתרפים מן התרפים ששמה מיכל בת שאול במטה עד
שחשבו שומרי הבית שהם דוד והפסוק שאומר אין אפוד ותרפים יש לו ב' פירושים האחד
שאמר אין מלך ואין שר בישראל כי השם לא בחר מלך רק ממשפחת דוד אל כן אמר
בפסוק השני ובקשו את יי אלהיהם ואת דוד מלכם ואין זבח ומצבה לע'ז ואין איפוד
שהיו עובדי הבעל עושים כדמות איפוד אפוד ירד בידו איננו אפוד שעשה משה :

Non possum, inquit, *explicare illa simulachra, quæ Michol filia Saul, vt inquisitores Dauidem esse crederent, ad illidendum in lecto recondidit, propriè fuisse Theraphim; iterum versus ille (non Ephod, nec Theraphim) duas habet explicationes: prima quæ explicat, non Rex nec princeps in Israël; quia Deus è familia Dauid tantùm elegit Regem; ideo dicitur in versu secundo, & quærite Dominum Deum vestrum, & Dauid Regem; & non sacrificia, nec altare, aut statuas seruitutis alienæ, neque Ephod, quia illi seruiebant Baali facientes ad similitudinem sacri Ephod, Ephod suum, & non fuit Ephod illud opus Mosis.* Varie itaque sumitur in diuersis sacræ scripturæ locis, hæc vox Theraphim. Nam & Theraphim variæ significant. apud Oseam, vt audiuimus modò, pro manifestationibus sumitur, apud Ezechielem & Zachariam, Prophetas, pro imaginibus cultus diuini. Libro verò Regum pro simulachro quouis ad alios fallendos apto, cuiusmodi est Priapus ille Hortensis apud Horatium, furum auiumque maxima formido; & Cenotaphiũ Michol, inane scilicet quoddam terriculamentũ, hominem sepultum, aut ad sepeliendum tumulo impositum referens, vti Pierius vult. Theraphim verò Labani, quæ Rachelem patri furatam sacra pagina commemorat, propriè significant idola diuinis honoribus affecta, vel potius ipsos Deos, quos Laban ab Ægyptijs, & Babylonijs edoctus colebat, vti ex citati capitis Geneseos versiculo trigesimo apparet, in quo Laban de sublatis Theraphim Iacobum increpans: *Quare,* inquit, *furatus es Deos meos?* Quæ verba in lectione seu versione Copta seu Aegyptiaca, magnam energiam obtinent. Verba Copta hic adscribenda duximus
ximus

ximus ex Pentateucho Aegyptiaco, qui in Bibliotheca Vaticana conseruatur, decerpta, vbi sic habetur ; ⲉⲟⲃⲉⲟⲛⲁⲕⲕⲱⲓⲛ ⲛⲛⲁⲟⲩϯ ⸱ *Quare*
furatus es maximos Deorum meorum . Sunt enim in lingua Copta seu Aegyptiaca ϥϯ & ⲛⲓⲛⲟⲩϯ essentialia Dei nomina, quibus maxima quæuis
mysteria, vti in Prodromo nostro Copto-Ægyptiaco indicauimus , significant . Non igitur sine ratione Laban Iacobum ita rigidè de mysteriosis-
simis Dijs furto sublatis increpat; æstimabat enim eos, & ita quidem æstimabat, vt ijs sublatis , omnem simul fortunam, felicitatemque sibi abla-
tum iri arbitraretur: testantur id studiosa idolorum inquisitio, luctus Isia-
cus, insana illa debacchatio, quæ omnia signa sunt hominis idololatriæ
deditissimi .

    Verùm his ita prælibatis, nunc videamus, cuiusnam figuræ fuerint
hi Theraphim, & quales propriè fuerunt imagines . Abenezra, quem secutus est Arias Montanus, arbitratur, voce Theraphim significari imagines cœli, astrorumque certa obseruatione confectas , & ritu Ægyptiaco
sacratas, ad augurandi diuinandique vsum ; vel etiam fuisse veluti auerruncos quosdam Deos, quos vbique secum ad infortunatos euitandos oc-
cursus portabant . Verùm cùm verba eius magnæ considerationis sint, li-
buit hic ea subiungere, sic enim dicit:

ואמר שהוא כלי נחשת חעשוי לרעת חלקי השעות :
ואחרים אמרו כי יש כה בחכמי חמזלות לעשות צורת
בשעות ידועות ותרכר הצורה והעד שלהם כי חתרפים דברו
און ואומרים שהתרפים׳הם על צורת בני אדם וחיא עשוייה
לקבל כה עליונים

Dicitur , inquit Abenezra, *quòd Theraphim sit instrumentum æneum ad*
cognoscendas horarum partes ; *Alij verò dicunt, Theraphim nihil aliud esse , quàm*
vim illam seu potentiam in ijs, qui cognitionem habent astrorum , qua certis tem-
poribus, & horis sibi notis figuras fabricantur , aptas diuinationibus , loquebatur
enim figura Theraphim ; & erat facta ad similitudinem hominis ad superiorum cor-
porum vim hauriendam directa . Toltatus quoque consentiens Abenezræ
hoc loco narrat, quomodo istiusmodi imagines per artem Astronomicam
& Necromanticam idonea ad responsa conficerentur . *Erant, inquit, quæ-*
dam capita ex metallo in quodam certo tempore, & sub certis siderum aspectibus
& coniunctionibus planetarum facta ; vt indè virtus è cœlo deriuaretur in illud
caput, fieretq́ potens respondendi consulentibus, & interrogantibus ipsum : idque
fiebat partim per Astrologiam, & partim per necromentiam ; fecit huiusmodi caput
Albertus magnus de Ordine Prædicatorum, quod discipulus eius S. Thomas quo-
dam die confregit . Sic Toltatus . Sed fabulæ sunt, quæ dicit de Alberto &c.
Elias verò Thisbites ait, Theraphim nil aliud esse, nisi futura enunciantia
simulachra, taliaque fuisse κενότ̔αφια Michol ; Theraphim quoque sacerdotibus, apud Hoseam & Zachariam pro similibus imaginibus habita, ex textu probat; ostenditque eorundum instrumentorum rationem hanc esse:
Accipiebant caput alicuius pueri primigeniti & sacrificati in honorem Dæmonis ,

istud-

iſtudǭ caput abſciſſum ſale & aromatibus condiebatur, vt à putredine illæſum diu perduraret, & ſuper linguam eius lamina aurea ponebatur, dæmonis cuiuſdam nomine inſignita; & ſic dabat reſponſa conſulentibus & interrogantibus. Ve-rùm ne quicquam à nobis confictum videatur, ſubdemus hîc verba dicti Eliæ aliorumque :

Elias Thesb.

וּתגנב רחל את התרפים תרגום אונקלוס צלמניא וכן תרגום יונתן של מיכל בת
שאול והם צלמים המגידים עתידות וכן ואין איפוד והתרפים אפודו ומחוי פירוש מגידים
וכן אומר הפסוק צלמים דברו את שקר ומצאתי כי נעשו כן : שוחטין אדם בכור
ומלקין את ראשו ומולחין אותו במלח ובשמים על ציץ זהב שם רוח טומאה ומניחין
אותו תחת תחת ראשו ונוהבים אותו נקיר ומדליקין לפניו נרות ומשתחוים לפניו : ולבן חיה
מדבר עמהם *Et furata eſt Rachel imagines patris ſui; Thargum Onkeli habet :* צלמניא *id eſt, imagines, quas Michol filia Saul in lecto poſuit : fuerunt autem ima-gines, quæ futura annunciabant. Huc etiam reſpicit verſus iſte. Quoniam ſimulachra locuta ſunt vanitatem ; porrò inueni, quod in hunc modum fierent Theraphim ; ma-ctabant hominem primogenitum, cuius caput torquendo præſcindebant, quod po-ſteà ſale & aromatibus condiebant, ſcribebantǭ ſuper laminam auream, nomen ſpiritus immundi, qua ſuppoſita capiti eius ponebant illud in pariete ; incendentes coram eo, atque cum iſtiuſmodi locutus eſt Laban. Thargum Hieroſolymi-tanum huiuſmodi cruentas cœrimonias iiſdem penè verbis refert Chaldai-*

Thargum Hie-roſolymit.

cè, ſic enim ait :

ולבן אזל למיגו עניה וגניבת רחל ית צלמניא דהוון נבסין
גברא בוכרא וחזמין רישיה ומלכין ליה במלחא ובוסמין
בתבין קוסמין בציצא דדהבא ויהבין תחות לישניה ומקמין
ליה כבותלא וממליל עמהון :

Et Laban abijt ad tondendas oues, & furatâ eſt Rachel idoli, quæ ſic fie-bant ; accipiebant hominem primigenitum, & amputatum caput ſale & aroma-tibus condiebant, & diuinantes ſcribebant in lamina ſeu fimbria aurea, & pone-bant ſub lingua eius, & ponebant in lecto vel ſimili aliquo receptaculo, & loque-bantur cum eo. Quomodo verò ea idola locuta ſint, pulchrè monſtrat Mor Iſaac Maronita in philoſophia ſua Syra cap. 6. vbi ſic de ſimilibus diſcurrit.

Mor Iſaac Maronita in philoſ Syra c. 6.

[Syriac text, several lines]

Conſtituebant, inquit, idola varia, varijs cœrimonijs ea colentes, & nomi-nibus eorum inſignita ſuper columnas ſublimes, & murorum faſtigia collocabant, ea varijs modis repræſentantes. His quoque victimas & ſacrificia offerebant, in-cenſantes ante ea aromata; Diabolus verò certis temporibus loquens ex ſingulis

eorum

eorum petentibus responsa dabat, futura prædicens & abscondita reuelans. Et, etiam, quæ in remotis fiebant ; mortem quoque & secreta quoque cordium, vt putabant , prodebant, atque sic quamplurimas decipiebant animas , quas rerum nouitate in seruitio suo miserè detinebant. De his vide vlteriùs Baal Aruch.

His igitur ita suppositis iam restat, vt horum Theraphim originem, de qua Hebræos Doctores variè sensisse reperio, perscrutemur. Alij eum à Nachor & Seruch ; à Zoroastre Chamo alij, quem primùm statuunculas exstruxisse, easque adorandas proposuisse, suprà ostendimus ; alij à Babylonijs, alij denique ab alijs deriuant. Vt vt sit, hunc Theraphim cultum ab Ægyptijs primùm ad Hebræos dimanasse, adeo certum est, vt ad id demonstrandum nullis alijs rationibus opus sit, quam quas paulò post ad veritatem huius comprobandam adducemus. Quæ quidem vt à quouis facilius percipiantur.

Notandum est, primis Ægyptijs à Misraim, & eius successoribus instructis, solennem admodum fuisse quarundam fictilium imaginum cultum ; quas imagines Ægyptiacâ linguâ primi quidem, Apes, & Serapes, posteri verò nunc Canopos, nunc Horos, aut Harpocrates appellabant. Erant autem huiuscemodi Serapes statuunculæ quædam ad instar puerorum fascijs inuolutorum, huiusmodi formâ concinnatæ ; vel ad Osiridem aut Apidem cistæ inclusum (est enim Serapis Ægyptiacè loquendo nihil aliud, nisi Apis cista, vel os bouis, vel constrictus Apis) ostendendum ; vel vt Horum referrent Osiridis filium, quem eundem cum Osiride in præcedentibus demonstratum est, & quem vbique sub pueri inuoluti, aut lecto, vel cistæ impositi forma in tabula Bembina reperimus ; vel vt Osiridem à Dijs enutritum infantem adhuc inter cœlites translatum monstrarent. Horum itaque idolorum è varia materia , & sub certo siderum positu constructorum tanta vbique copia in Aegypto reperiebatur ; vt præter templa, quæ ijs scatebant, nullus vicus, nullus angulus, aut semita ijs carere videretur ; hæc etiam Larium ac Penatium loco, ac veluti Deos auerruncos non domi tantùm forisque colebant , obseruabantque ; sed etiam, vt cultus ille Dijs esset gratior, capite, collo, brachijs , cingulis suspensa, quocunque tenderent, vt in opere hoc passim videbitur , gestabant ; hæc mumiarum inserebant cadaueribus, cuiusmodi vna, dùm hæc scribo, ex Aegypto ad me translata fuit ex Cedrino ligno confecta, & hieroglyphicis conspicua, quam suo loco proponemus.

Hâc itaque idolomania in Aegypto vigente, contigit, vt Abrahamo (qui eo ipso tempore è terra Chanaan ob annonæ charitatem migrârat) in Aegypto commorante, domestici eius Aegyptijs commixti ; tùm multa alia, tùm maximè Serapides hosce, queis mira Aegyptios patrare videbant, admirarentur, & suspicerent ; siquidem dæmone eos animante, varia consulentibus, & interrogantibus responsa dabant, felicitatemque eorum cultoribus in omnibus spondebant actionibus . Curiositate itaq; ac felicitatis participandæ desiderio instigati Hebræi Abræ. vernaculi, subitò ad hosce Aegyptiorum cultus animum adiecerunt . Abrahamo verò in patriam redeunte, serui, comparatis idolis & imaginibus dictis, reduces

in

in patriam fuam facti, conceptos in Aegypto errores paulatìm diffemi-
nantes apud Chaldæos feu Alphaxadæos, Babyloniofque, mox ingentem
execrabilium Deorum fobolem pepererunt . Chaldæis verò (qui cùm
antehac eo improbo cultu à Nachor & Sarug imbuti effent, ac ad omne
fuperftitionis genus admodum procliues) nihil faciliùs fuit, quam alienæ
huic feruituti fefe fubmittere, quamque, fuperftitionem addentes fuper-
ftitioni, continuò ita propagarunt, vt ab illo tempore ad Dauidis vſque
Regnum apud Hebræos pofteros nunquam hic Theraphim, aut Serapûm
cultus defierit . Verùm ne quicquam dictorum ex noftro penu depromp-
fiffe videamur, audiamus verba Abenephij, dicta ijfdem penè verbis con-
firmantis; fic enim Arabicè fcribit:

Abenephi si.

وكان للمصريين الاصنام مثل صورة الصبيان وجسمي جسمهم سارافيش وكان يسجدونهم
ويسالوا منهم من اسرار الطبعه ومن المستقبل ويضعونهم بكل مكان المدينات
يحذرون بجحذرور امامهم ويحملو نهم معهم مثل الطلسمات ضد كل شــــرة وهذة
الاصنام مثل الطارقيم الذين كانوا لبني اسرائيل سجن لهم لبن وقيال انه اقدوم اهل
بيت ابراهيم من مصر ٭

Hoc eft: *Erant autem Ægyptys fimulachra quædam pueri ſpecie, quæ vo-*
cabantur nomine Ægyptiaco Serapis ; hæc adorabant illi, de futuris & abſconditis
ea interrogantes . Omnibus in locis celebrioribus Vrbium ea collocabant adolentes
ante ea, ſecum quoque ea contra euentus malorum portare ſolebant . Atque hæc
idola fimilia funt Theraphim, quæ Iſraëlitæ colebant , & quæ Laban adoraſſe ſcri-
ptura memorat, & dicitur, quod domeſtici Abrahami in Ægypto commorantes, ea
ſecum reduces attulerint . Atque ex his colligitur, hos Hebræorum Theraphim nihil aliud fuiffe, quàm Serapes Ægyptiorum, cùm non duntaxat
nomine, fed & forma, ritibuſque, queis colebantur, huiufmodi idola in
omnibus fibi exactè correfpondeant . Verùm ne & hìc aliquis in animo
dubitantis Lectoris ſcrupulus relinquatur, dicta confirmamus fequentibus.

Theraphim Hebræorum quid ?

Ac primò quidem fciendum eft, hanc vocem Theraphim nequaquam Hebraicam (etfi formam idiomatis Hebraici aliquo modo affectare
videatur) fed merè externam effe & adfcititiam ; quod vel indè patet ,
quod hæc vox extra fcripturam apud Hebræos Doctores nunquam vſurpe-
tur, nec cum hac fignificatione vllibi in fingulari reperiatur; teftem huius rei adduco Oleaftrum, qui huius vocis interpretationem maximè pro-
bans: *Non connenit, inquit, inter Hebræorum Doctores , quid fignificet dictio*
Theraphim, quàm idola vertimus ; hoc tamen certi de iſta voce habemus , quod fi-
gnificet imagines hominum,quæ loquebantur . Cui fubfcribit Eliezer hoc loco:

Etymon The-raphim.

Oleaſter in comm. huius loci cit. Gen.

לא מצאתי במדקרקים מהחעניין הרפים :

Non, inquit, *inueni adhuc apud Grammaticos,quid fibi velit hæc vox Theraphim .*
Quæritur igitur, qualis hæc vox fit ? Refpondeo effe Ægyptiacam vocem, idemque effe, quod Serapis, quod haud obfcurè infinuat Abenephi
in præcedenti citatione, dùm non fic ratione Theraphim cum Serapi
comparat . Quod vt meliùs intelligas, fcito proprium effe Chaldæorum
ש aut צ, vel ס in נ vel ש mutare, fic תלת pro שלש, כתר pro קשר, מחרא pro

Eliezer in c. 32. Gen.

Abenephius lib. 1. de relig. Aegypt.

מצרא

מצרא naturali linguæ vitio impediti proferunt; vti gnaris Chaldaicæ linguæ notum est.

Cùm itaque Hebræo-Chaldæi in Ægypto Serapidis cultu imbuti, Serapis nomen frequenter ingeminari audirent; & ipsi idola eius vnà cum nomine in Chaldæam adducentes, id sibi proprium fecerunt, eas imagines, quas Ægypti Serapes illi צ aut סin ת mutato, חרפים Theraphis appellarunt, quæ vox postmodū penitus iuris Hebraici facta, & ס finali ob similitudinem in ם mutato, pro Therapis Theraphim dicta, tandem inter reliquas voces Hebræorum annumerata est. Ex his itaque manifestum est, Serapis & Theraphim idem esse nomen. Altera ratio, qua Theraphim & Serapis idem esse credamus, est rituum in peragendis eiusmodi sacrificijs similitudo. Quemadmodum enim Theraphim ex varia materia sub certo astrorum positu construebantur; sic & Serapis ex omni lignorum, lapidum & metallorū genere constituebatur. Theraphim non fiebant sine sanguine humano, vti in præcedentibus ex Abenezra ostendimus, nec Serapidis idola in Mithriacis sacris. Iterum Theraphim passim phylacteriorum loco gestabantur; quod & de Serapis idolis legimus, factum esse. Per Theraphim denique diuinabantur, & abscondita inuestigabant, quod vel è verbis Abenezræ citato loco apparet, vbi cùm examinat causam, ob quam Rachel Theraphim patris abstulerit, tandem eam fuisse concludit, quod Rachel timeret, ne parens more solito idola sua consulendo, ex eorum responsis, quorsum Iacobus, & per quam viam fugisset, cognosceret; verùm audiamus verba Abenezræ sic discurrentis:

marginalia: Serapis & Theraphim idem.

marginalia: Chaldæi vocabula ab S incipientia, pronunciabāt vt T.

marginalia: Theraphim phylacterio-rum loco armat.

marginalia: R. Abenezra in c. 31. Gen.

והנה התרפים קראם לבן אלוהיו ויש אומרים שרחל גנבתם לבטל ע'ז מאביה
ואלו היה כן למה חולכיה אותם עמה וע'א טמנהם בדרך והקרוב שעל כן גנבה אותם
רחל כי היא יודעת שהיה לבן אביה יודע מזלות ופחרה שאביה יסתכל במזלות לדעת
איזה דרך ברחו:

Ecce, inquit, Theraphim, quas Laban Deos suos vocauit, dicunt ideo à Rachel sublata esse, vt patrem ab idololatria auocaret. Quòd si hoc ita, cur illa secum abduxit, & non potiùs abscondit ea in via vicina domui Laban, ideo igitur ea abstulit; quia cùm parens esset Astrologiæ peritus, timebat Rachel, ne forte ea astraq; consulendo, quo Iacob fugisset, cognosceret. Erant itaque Theraphim idola, quæ consulentibus responsa dabant, cuiusmodi & Serapes seu Isias statuas fuisse, alibi fusè probabitur. Porrò nec formâ dissimiles fuisse Theraphim Serapis imaginibus, iam nobis incumbit, vt probemus. Ac primò quidem Theraphim non secùs ac Serapes Ægyptiorum varias referebant figuras. Aliquæ enim eâ industriâ adornabantur, vt præter alios vsus, horarum quoque discrimina ostenderent, atque hoc est, quod R. Abenezra suprà insinuauit, cùm dicit:

שהוא כלי נחשת העשוי לדעת חלקי השעות

marginalia: Figura Theraphim,

Theraphim fuisse veluti instrumentum quoddam æneum, factum ad dignoscendas horarum partes. Apparet huius rei vestigium in antiquissima illa tabula hieroglyphica, quam thesauro suo hieroglyphico inseruit HerWartius, in qua tertium schema hieroglyphicum A exhibet virum togatum, qui ferulâ porrectâ simulachrum quoddam minutum in formam adaptatum pu

sionis

fionis demortui, cœteraque præter caput inuoluti : quafi gradus 24. horarum, qui in eo deliniati videntur, demonftraturus indigitat . In Roma_, quoque fubterranea frequenter hæc figura depicta reperitur , quâ aliqui Lazari refufcitationem fignificare volunt, quod negare nolumus . Dicimus enim hic folùm, Theraphim ύδόμεζον vel fimile quoddam inftrumentū fuiffe, quare figuram eius hìc apponendam duximus .

Theraphim iuxta Eliezeris defcriptionem .

Theraphim Hebræorum

Theraphim ὑδρόμεζρον

A Theraphim in vfum horologiorū.
B Teraphm Laban portatiles.
C Theraphim fimile imagini Hori Ægyptiorum.
G Caput primigeniti muro.
F Lamina aurea_ fub lingua.

Hebræorum itaque Theraphim fubindè vfum quoque horarum cognofcendarum præbebant ; quod & de Ægyptiorum Idolis Serapicis oftendit Horus Appollo, apud quem Cynocephalus è pudendo aquam_ deftillando, ex incremento aquæ in vafe fubiecto horas monftrabat . Cui confentit Macrobius, qui huiufmodi idola ύδρομεζãνῷ fufe defcribit, quam confuetudinem abfque dubio Hebræi ab Aegyptijs docti, eam facris quoque fuis interferuére .

Præterea idola Theraphim ferè femper formá inuoluti pueri, vt dictum eft, & ad portandum idoneâ apparabantur, hinc fine manibus & pedibus ferè videntur conftructa ; timebant enim Aegyptij maxime fimulachrorum defectum ex ruptura quapiam prouenientem ; cuiufmodi figuram_ quoque habuiffe Serapes, teftantur ftatuunculæ illæ partim fictiles, partim lapideæ & ligneæ, quarum ingens copia quotannis à Mercatoribus ex antiquis Aegyptiorum monumentis eruta, in Europam deuehitur . Quod autem Eliezer dicat Theraphim fuiffe caput primigeniti fale & aromatibus conditum, quod muro impofitum venerabantur , ab illo refponfa_ poftulantes, varijfque de rebus diuinationes inftituentes ; illud certè totum ab Aegyptijs quoque dimanauit, qui corpora Regum fuorum condita veluti Deos adorabant ; ab ijs dæmone animatis futurorum poftulantes fcientiam . In Mithriacis quoque facris nihil quoque fine cruentis huiufmodi ritibus geftum, alibi oftendemus . Atque ex his omnibus hactenus allegatis colligitur ; Hebræo-Chaldæos, ficuti idola hæc portatilia_ (quæ Theraphim, aut Aegyptiacè Serapim dicunt) ita omnia alia fuperftitionum genera quoque ab Aegyptijs doctos in Synagogam fuam_

Cur Aegyptij fuos Theraphim fine_ manibus & pedibus conftruerent.

intro-

introduxiſſe, quod vel continuus idolorum cultus Hebræis conſuetus ſatis ſuperque oſtendit . Huiuſmodi εἰδωλομανία ſemel introducta, tam altas
radices fixit , vt nec maximis etiam miraculis , varijſque prodigijs à diuerſis Patriarchis exhibitis, ex obcœcatorum hominum animis euelli poſſe videretur . Hinc ſcandaloſa Hebræorum vita , hinc vituli , Apides in
deſerto ; hinc aurea ſimulachra Ieroboam ; hinc exelſorum exſtructio ,
hinc Theraphim in domo Iacobi radicatus cultus ; de quibus appoſitè
Oleaſter ; fuiſſe idola in domo Iacob, etiam poſt digreſſum à Laban , &
diſceſſionem ex Meſopotamia, ſcriptura ipſa indicat infra Geneſ. 35. vbi
Iacob admonens domum ſuam : *Abijcite Deos alienos, qui ſunt in medio ve-*
ſtri ; & mundate vos, & mutate veſtimenta veſtra; & dederunt ipſi Iacob, om-
nes Deos alienos, qui erant in manu ſua ; & inaures, quæ erant in auribus ſuis, &
abſcondit ea ſubter quercum, quæ erat apud Sichem . Non eſt autem credibile
fœminas & ſeruos, alioſque comites Iacob idolis aſſuetos , tam facilè omnia reliquiſſe, cultûſque Deorum ſuorum ſic eſſe oblitos ; vt non ſecum
idololatriæ aliquod veſtigium deſerrent ; præſertìm cum Theraphim, id
eſt idola illa, futura prædicerent, quorum omnes erant auidiſſimi. Hæc
Oleaſter. Sed hæc de Theraphim Hebræorum ſufficiant. Nunc ad reliqua
idola Hebræorum tranſeamus .

C A P V T   IV.

De Baalim Hebræorum.

CVm mirùm in modum ſe torqueant Authores ob hæc monſtruoſa
Deorum nomina, Baal, Bel, Baalim, quid propriè illa ſignificent,
& vndè originem traxerint; operepretium me facturum exiſtimaui, ſi
antequam vlteriùs progrederer ; de ſimilium nominum origine paucis
præluderem ; quod dùm facio

Sciendum eſt : Eo tempore, quo poſt mundi diluuium humani generis propago ingentia vbique incrementa ſumebat , Miſraimum , qui
tunc temporis rerum in Aegypto potiebatur , nouas ſubindè colonias ad
prouinciam hominibus exonerandam , aliò miſiſſe ; inter cœteros verò
colonos Nembrodum quoque in Babyloniam deſtinaſſe ; qui cùm calli-
dus eſſet & ingenio verſutus, impotenti ad hæc regnandi cupiditate inſti-
garetur, nihil non moliebatur, vt artibus malignis , quibus iam à patre
ſuo imbutus erat, animos ſubditorum faſcinando , diuinos ſibi compararet honores ; quemadmodum eos iam Miſraimum patrem in Ægypto ſimili agendi ratione adeptum nôrat, vti in præcedentibus dictum eſt. Nec
defraudatum eſt ſpe ſua verſipelle ingenium ; nam regnandi imperitan-
dique arte inuenta, cùm primus Monarchiæ faſtigium aſcendiſſet, eam
nominis famam apud Aſſyrios adeptus eſt, vt templis, ariſque in honorem eius exſtructis, eum Belum paſsìm appellarent. Eſt autem Bel nihil
aliud Babylonicè niſi Dominus, patronus & potiens rerum, quo nomine
eos appellare ſolebant, qui virtute rerumque geſtarum gloria diuinos
hono-

Quam tenax
cultus Idolo-
rum fuerit
populus He-
bræus.
Hebræorum
in idololatriâ
Aegyptiacam
pronkat.

Origo Idolo-
latriæ.

Nembrodus
dictus Bel,
hoc eſt Do-
minus.

בעל
ſiue Baal, aut
Bel quid ſi-
gnificet.

honores meruerant. Bel itaque Babylonius dictus est Nembrod , quemadmodum Misraimus Bel Ægyptius; eò quod ille in Assyria , hic in Ægypto rerum potitus, variarumque rerum inuentione apud posteritatem diuinos honores meruerit.

Hoc autem ita se habere, primò monstrat Diodorus Siculus ; Osirim *Diodorus Siculus.* ait, multis colonijs institutis , Belum Neptuni & Lybies filium, qui propè Euphratem sedem posuerat, & Sacerdotes Chaldæos instituerat primùm in Babyloniam traduxisse . Osirim autem nos in primo huius Syntagmatis capite eundem demonstrauimus esse cum Misraimo. Hic autem Belus cum insigni astrorum cognitione polleret , à posteris בעל שמים *Baal schamaim,* hoc est, cœli Dominus dictus est ; de quo Philo Biblius, & Eusebius scribunt, eum à Phœnicibus nuncupatum *Beelsemen,* quod Phœnicum lingua significat cœli Dominum . Diuus quoque Hieronymus li- *D. Hieron.* bro primo in Oseam, Semiramin, ait, cùm Zoroastrem Magum & Bactrinorum Regem prælio superasset, ad tantam peruenisse gloriam , vt patrem suum Belum referret in Deum, qui Hebraicè dicitur Beel : hunc Sidonij & Phœnices, inquit, appellabant בעל Baal, qui idem sit quod Belus. Latinos verò vnanimi omnes consensu Baal, Bel, Belum Iouem interpretatos esse reperio, de quo lege Chronicum Alexandrinum , quod fusissimè de *Belus & Iup-* huiusmodi nominibus tractat ; nec immeritò, vtrúmque enim præferocis *piter Babylo-* ingenij, vtrúmque infræni regnandi libidine, vtrumque omni vitiorum *nius idem.* genere contaminatum, & Iouem, & Belum fuisse, ex veterum monumentis constat ; quorum tamen vtrunque Deum appellare plerosque non puduit, optimú, maximú dicentes, teste Cicerone, quò tamen nihil minus meruit. Tanta igitur hic Belus seu Iuppiter Babylonius ambitione fuit, quanta nemo per omnes ætates inuentus est , aut inuenietur ; quare alij ipsius iussu, alij, vt eius gratiam aucuparentur, altaria & templa ei insti- *Cultus & cœ-* tuebant, & Sacerdotes, & proprios cœrimoniarum ritus . At qu_ ? non- *rimoniæ sta-* nè maximum ambitionis indicium est , quod scribitur à Lactantio libro *tuta Beli,* de falsa Religione, quod in Olympo, quem non malè turrim illam Baby- *Lact. l. de,* lonicam, vrbemque excelsam, quam primus ædificauit, plerumque versa- *falsa relig.* batur, veluti in montibus Iuppiter, omnesque, propositis præmijs, qui nouum aliquod inuentum humano generi vtile excogitasset, inuitabat , vt ad se primùm deferrent, cuius ipse posteà inuentor creditus est, & idcircò huic, vt multis prætereà rerum vtilium inuentoribus, 'diuini honores sint habiti ; quod & templum Beli amplissimum, ac magnificentissimum, quod Diodorus describit, apud Babylonios fuisse ; satis demonstrat .

Huius igitur Beli seu Iouis, tanta fuit nominis apud omnes nationes *Bel Iuppiter.* celebritas, & reuerentia, vt non multò post cœperit audire mortalium vota, & ad multorum sacrificiorum conuiuia inuitatus, fumantium patinarum nidoribus exsaturaretur. Quid igitur ? inter infinitum votorum numerú si cuipiá fortuna aspirasset, vt voti fieret compos, is à Belo seu Ioue se id consecutum ratus, continuò aras & templa erigebat , & ab euentu, vel à loco, in quo id euenisset, cognomen Ioui aut Belo seu Baali imponebat. Hinc innumera mox Deorum portenta exorta, variam passim malè

seriaferiatis hominibus fabulandi præbuére materiam, vt fatis oftendunt Bel, Belus, Baal, Baalim, Balaam, Beelphegor, Beelfephon, Beelteem, Beelzebub, Beelmeon; & ex Baal Hebraico deducta, Baalberith, Baalgad, Baalhamon, Baalhafor, Baalhermon, Baalpharafin, Baalthamar, aliaque fexcenta huiufmodi, de quibus nos in fequentibus differemus.

Quid fibi velit Baal.

בעל *Baal* itaque Hebraicum nomen, æquiualens Babylonio Bel בעל, nihil aliud fignificat, nifi eum, quo nihil maiùs meliùfque ab homine concipi poteft, Deum videlicet, in quantum potens eft, paratufque ad in. necellitatibus, hominibus fuccurrendum; qualem Iouem fuiffe ipfum nomen quoque indigitat, quod à Iuuando quidam deducentes, noftræ opinioni luculenter aftipulari videntur.

Belus itaque Iuppiter exiftimatus eft à Babylonijs & Affyrijs, cuius non modò in profanis hiftorijs mentio, fed in facris; quare vifum eft ea aliquantò altiùs ex varijs Authoribus, quæ de eo comperi, repetere. Scri-

Hel Beli etymon.

pfit inprimis Seruius, Beli nomen ratione non carere; quippè Affyriorum linguâ Solem fignificare; vndè afpiratione adiectâ Græcè ἥλιος eft vocatus; alij non Affyriorum linguâ, fed Phœnicio nomine *Hel* vocari volunt; אל vnde Helius deducatur, qui mox & Belus dictus fit; quin & Seruius tradit; quod Hal Punicâ linguâ Deus dicitur, apud Affyrios Hel dicebatur, quâdam ratione myfticâ Saturnus & Sol. Verum qui vel medioeriter in. Hebraicis & Chaldaicis inftructus fuerit, omnes huiufmodi longè petitas deriuationes, & nihil ad rem facientes etymologias facilè repudiabit. Porrò plures fuiffe Belos & Baalim, facra fcriptura non vno in loco oftendit, quin & colligi poteft ex illo primo Æneidum:

Virg. 1. Æneid.

> . . . . *cœlatáq̃ in auro*
> *Fortia facta patrum, feries longiffima rerum_*
> *Per tot ducta viros, antiqua ab origine gentis.*

Per tot, inquit, *ducta viros*, à primo Belo Affyriorum, vt ab antiquo *durantia Cinnama Belo*; & hinc *Regina grauem gemmis, auróq̃ repofcit, Impleuítq̃ mero pateram, quam Belus, & omnes. A Belo foliti* &c. Ergò hæc eft generis feries, Iuppiter, Epaphus, Belus prifcus, Agenor, Phœnix, Belus minor, qui & Metres. Sanchoniaton autem in Phœnicum theologia, Belum inter Saturni filios connumerat, & Iouem fuiffe afferit, id quod & Eufe-

Eufebius.

bius. Legimus, & alterum Belum Iouis nepotem, Epaphi Regis Ægypti filium, qui & alium Belum genuit. Mifraim quoque Belum Ægyptiû dictum ab Affyrijs fuprà infinuauimus, non fecùs ac Nembrod Belum Babylonium, cui &, referente Plinio, gemma ab Affyrijs dedicata fcribitur,

Cyrillus.

Beli oculus indigitata. Cyrillus verò libro tertio contra Iulianum Cæfarem, Belum etiam Arbelum nuncupatum prodit, & primùm à fubditis hominem, Dei nomen accepiffe, eique Affyrias gentes & finitimas facrificia impendiffe, coluiffeque, quod & Eufebius fcribit in Chronicis. Ab hoc itaque celebris illa & frequens Hebræorum Baalatria originem duxit. De qua modò differemus, à celebratiffimo Numine Beelphegor initiû facturi.

CA-

CAPVT V.

De Beelphegor, qui est Deaster siue Idolum Ammonitarum.

BAalphegor Hebræis בעל פעור seu quod idem est, Dominus hiatus seu aperturæ; idolum fuit Moabitarum; cuius meminit Oseas, & mentio fit eius Numerorum 25. Deut. 4. Iosue 22. sæpenumero quoque omisso Baal, phegor tantùm dicitur aut phogor, vti ad Hebræos 17. Cuiusmodi porrò idolum fuerit, variant sententiæ. Theodoretus SS. Basilius, & Chrysostomus eum à Græcis Saturnum appellatum tradunt; in qua opinione Apollinarem quoque fuisse reperio; addit Chrysostomus Baal esse nomen generale idoli, Phogor nomen loci; præterea particulare illud idolum appellari Bel; Consentit in reliquis Rhodiginus, sed cum Hieronymo Bel, Beel, Baal commune ait, ac idem idolum significare; nimirùm quod Belus primus Assyriorum Rex Nini filius (nos patrem dicimus) primus etiam Dei nomen à subditis acceperit, vti relatum est. Quicquid sit; constat pro singulari aliquo idolo & Baal poni, & pluraliter Baalim pro varijs idolis, aut pro eodem illo Assyriorum, quod diuersis deindè modis gentes aliæ figurarunt, aut cognominauerunt. Vndè malè intulit Scaliger, Baal nunquam sine adiuncto reperiri asserens. Repugnat enim hoc sacro textui, qui sæpè solius Baal, nullo ei alio adiuncto nomine meminit.

(marginalia: Theodor. Basilius. Chrysost. in Genes. / Rhodiginus. / Scaliger.)

Dicimus itaque nomen בעל Hebraicum & בעיל Beel seu Bel Chaldaicum, generali loquendi ratione nihil aliud significare, quàm quodlibet falsum Numen, non secùs ac apud nos nomen idolum, vel Deus, quod commune est ad Iouem, Saturnum, Mercurium; ita quidem, vt illud Baal generis locum obtineat, adiunctum verò nomen speciei. Sic Beelphegor alius dicitur à Beelzebub, & Beelthemar, aliisque suprà indicatis.

(marginalia: Quid significet Beel?)

His itaque suppositis, quæritur, Quid propriè fuerit Beelphegor, & quale illud idolum fuerit? Quod vt decidatur, pudicum Lectorem mihi, si forsan castas aures obscœnitate rerum verberari contigerit, condonare velim; aliud enim superstitiosæ originis inuestigatio non suadebat; sint omnia munda mundis, noueritque Lector, nihil me verbis proprijs adducturum, sed verbotenus ex sacris literis, SS. Patribus, cœterisque Scriptoribus, tùm ad cautelam, tùm ad radices superstitionum ostendendas, omnia allegaturum. Non desunt primò, qui id cum Sole, Saturno, Ioue, Baccho confundant, vti ex superiùs dictis patet. Nos concludimus, nullum alium fuisse, quàm Priapum; idq; ex etymo nominis primò patet; est enim Priapus Hebraicè nihil aliud, quàm פה פעור pehorpeh, hoc est, os nuditatis; sic ait Baal aruch: ובעל פעור פירושה בעור פה Et nomen Beelphegor, inquit, explicatio eius est os nuditatis. Ex quo patet Priapus, cùm Græcum non sit, originem suam sanè à nullo alio, nisi ab Hebræo Peorpè sumpsisse, cui vox Priapus admodum affinis. Accedit, quod Peorpè apud Hebræos propriè significet veretrum, & eam quidem partem, quæ glans dicitur; qua figura Beelphegor effigiatus fuisse, scribit S. Hieronymus, quem consule; atque

(marginalia: Beelphegor quod idolum fuerit? / Beelphegor idem ac Priapus.)

L l aperté

Ojeas c. 4.

apertè alludere videtur Oseas verbis indignatione plenis, quibus Hebræorum filijs exprobrat conuersationes cum meretricibus, & sacrificia cum effœminatis. Sunt autem meretrices & effœminati (vt benè exponunt Cyrillus, Theophylactus, & Hieronymus) turpes mulieres colentes obscœnissimum idolum Beelphegor seu Priapi ; vndè 3. Reg. 15. scriptum

3. Reg. 15.

est de Asa ; *Insuper & Maacham matrem suam amouit, ne esset particeps in sacris Priapi, & in luco eius, quem consecrauerat. Subuertitq; specum eius, & confregit simulachrum turpissimum, & combussit in torrente Cedron;* vbi notandum, loco sacrorum Priapi & idoli turpissimi, Hebraicam lectionem habere מפלצת, quod rem horrendam & fœtore abominandam denotat, eò quod,

R. Leui com. in l. 3. Reg. 15.

vt rectè commentatur R. Leui hoc loco : שהוא מביא פלצות רבות לעובדיו horrorem & calamitates multas suis cultoribus eiusmodi idolum adducat; formam eius hoc loco describit R. Salomon Iarrhi his verbis:

R. Salomon Iarrhi cit. 1. reg. loc.

כי עשתה מפלצת אמרו רבותינו מפלי"א ליצנותא במין
זכרות עשתה והיתה נבעלת בכל יום:

Dicunt sapientes nostri mira de fabrica huius idoli, erat enim ad speciem virgæ virilis effectum, cui maritabant se tota die. Hoc igitur idolum in summa veneratione habebatur apud mulieres, hoc summa insania appetebant viri effœminati, iuxtà illud Oseæ cit. loco. *Et cum effœminatis sacrificabant.* Pro effœminatis in Hebræo est קדשה, quod quoniam fœminini generis est, nonnulli scorta interpretati sunt ; Viri enim huiusmodi קדשים dicuntur.

S. Hieron. Cyrillus.

S. Hieronymus tamen effœminatos vertit, & Sacerdotes Beelphegor siue Priapi esse docet; cui subscribit Cyrillus, qui hos quoque Sacerdotes Beelphegor intelligit viros quidem, sed in fœminas mollicie mutatos, qui muliebri vociferatione & cymbalis vtentes, facesque ferentes circ i ncurrebant.

Aquila.

Aquila verò ἐκκλασμένας interpretans, id est, mutatos, hoc o tendere voluit, quod suam naturam mutauerint, & de viris factæ sint fœminæ. Fuisse porrò hunc Beelphegor obscœnissimè effigiatum, ex ipso nomine patet, quo eum Hebræi passìm Dominum turpitudinis, vel Dominum apertionis, aut nuditatis appellant. Hinc Theophylactus cum Beelphegor seu Priapo initiatis sacrificare, illum dicit, qui opere peccatum carnis perficit. Cultores autem eius varijs cœrimonijs eum obseruabant.

Theophylact. c. in Num. 25.

Cultus Beelphegor qualis ? Oleastrin 25. Numer.

Verùm vt quanta hominum corda cœcitate diabolus opplêrit, & quam abominanda in suis non cœrimonijs, sed nefandis sceleribus perpetrauerint, cognoscas; leges Oleastrum, qui in 25. Numerorum caput, detestabiles huiusmodi, auribusq; prorsùs intolerabiles ritus fusè describit, vti & Rassi in citato loco his verbis, sic dicit :

ושמו פעור שפוערים לפניו פי הטבעת ומוציאים רע"י זו
עבודתו:

Hoc est : *Et nomen eius,* subintellige idoli, *Phegor, eò quod denudarent ante eum posteriora, aluum soluentes, hæc enim eorum erat religio.* Quæ quidem non sacrificia, sed abominanda scelera non semel Deus per Prophetam corripit, iuxta illud : *Omnem abominationem, quam abominatus est Dominus,*

R. Moses.

fecerunt idolis suis. Aitque R. Moses dictus Rambam libro 3. Moreh, ob

impia

impia & fceleratiflima facrificia Beelphegori exhibita, facerdotibus hoc
præceptum effe datum, vt tempore facrificij braccati incederel t , ne ir-
reucrentiam aliquam Deo, nuditate apparente facerent ; verba eius adducam :

וֹיָדַע פֵּרְסוּם עֲבוֹדַת פְּעוֹר בִּזְמַנִּים הָהֵם שֶׁהָיְתָה בְּגִלּוּי הָעֶרְוֹת מִפְּנֵי זֶה צִוָּה הַכֹּהֲנִים
לַעֲשׂוֹת מִכְנָסַיִם לְכַסּוֹת בְּשַׂר עֶרְוֹה בְּעֵת הָעֲבוֹדָה וְשֶׁלֹּא יַעֲלֶה עִם כֹּל זֶה לַמִּזְבֵּחַ
בְּמַעֲלוֹת אֲשֶׁר לֹא תִגָּלֶה עֶרְוֹתָם :

*Tu verò ſcis , quod ſeruitium idolorum Phegor in temporibus illis erat , vt
locum turpitudinis ante eum diſcoperirent , & idcircò præceptum eſt ſacerdotibus ,
vt facerent braccas & ſæmoralia ; quibus carnem turpitudinis in hora ſacrificij coo-
perirent , & propterea non aſcendebant ad altare per gradus, ne diſcooperirentur .*
Hæc Rambam.

Expenſis itaque omnibus ijs, quæ de Baalphegor ſeu ritibus impijs
priſcorum tradunt monumenta ; nunc ad inſtitutum noſtrum reuertamur, quod eſt, monſtrare, totam hanc phegorolatriam , ac impiorum rituum colluuiem aliundè non promanaſſe, niſi ab Ægyptijs, queis phallum
ſeu pudendum Oſiridis in ſumma ſemper veneratione, Iſidis inſtitutione
& monitu habuiſſe, Diodorus docet . Et nos totam eius hiſtoriam ſuprà
capite de Oſiride & Apide fuſè ex Authoribus oſtendentes ſatis ſuperq;
inſinuauimus. Eſt autem communi omnium Mythologorum ſententia, **Phallus & Phegor idem ſunt. Herodotus.**
phallus idem,quod priapus ; hos igitur priapos ſeu phallos tanto in hono-
re habebant, vt nulla actio ſine illis peragi videretur; hos , teſte Herodoto , in ſacris Dionyſij collo ſuſpenſos circumferebant ; erant autem
cubitales ſtatuæ, quæ in honorem Oſiridis, teſte Diodoro, tibiâ præcinente in feſtis ex varia materia, vitro, ebore, auro, ſerico, & panno confectæ
circumportabantur ; quibus mulieres potiſſimùm ad explendam Veneris pruriginem vtebantur . Hine Ithyphallia quoque originem traxiſſe
videntur ; Eſt autem ἰθύφαλλ@, vti iam ſæpè in præcedentibus diximus , **Quid ſit Ithyphallium.**
& impoſterum dicemus ; nihil aliud niſi priapus cum phallo erecto, qui,
teſte Diodoro,Luciano, Herodoto, ab Ægyptijs quotannis ſummâ inqui- **Diod.l.1. c.2. Lucianus in Dea Syria. Herod. in Euterp.**
ſitione & culto celebrabatur ; cuius imago fuit, quæ arrectam mentulam
teneret , teſte Suida . Horum quoque & Typhonem Priapi nomine inſignitum Lucianus demonſtrat . *Ægyptij,inquit, Priapi ſimulachrum, quem
Horum & Typhonem appellabant, humanâ effigiabant formâ , dextrâ manu ſce-
ptrum tenebat, quod ab ipſo terram & mare in lucem edita exiſtimarent . Leuâ
ſuam ipſius mentulam arrectam , quod ſemina humo tecta in apertum emittat ;
pennæ autem motus celeritatem indicabant, & diſcus Orbis circumferentiam (eun-
dem enim cum Sole putabant) ſignificabant .* Faſcinum quoque pro Pria- **Phallus Faſcinum. D.Auguſt. l.6.de ciu.Dei**
po ſeu phallo poſitum apud Authores reperimus; meminit inter coe-
teros eius D. Auguſtinus . *Quid hoc, inquit, dicam ? cùm ibi ſit priapus , nimirùm maſculus, ſuper cuius immaniſſimum & turpiſſimum faſcinum ſedere noua
nupta iubebatur , more honeſtiſſimo & religioſiſſimo Matronarum ;* de quo &
Horatius : **Horatius.**

> *Ruber ſedere cum rubente faſcino*
> *Minuſuè languet faſcinum .*

Quo loco Porphyrion ait, quod fafcinandis rebus hæc membri deformitas adderetur, & in facris Athenienfium Libero celebratis frequens erat, tefte Paufania : *Stipes nimirùm rectus in modum fafcini adornatus*. Quem & apud alios Mutonem vocitatum reperio, & Mutinum quoque, vt habetur in Priapæis , *Rubricato minare Mutino*. Tertullianus in Apologetico legere videtur Mutunus, ita enim ridens Romanorum religionem : *Sterculus*, inquit, *& Mutunus, & Laurentina prouexit imperium* &c. Arnobius item in quarto : *Etiamne*, inquit, *Mutunus , cuius immanibus pudendis, horrenti á, fafcino veftras inequitare Matronas, & aufpicabile ducitis & optatis*. At verò Lactantius Firmianus in 1. *Sterculus*, inquit, *qui ftercorandi agri rationem induxit ; & Mutinus, in cuius finu pudendo nubentes præfident, vt illarum pudicitiam prior Deus delibaffe videatur*. Augustinus etiam in quarto, Mutunum, & Tutunum legere videtur , tametfi in codicibus Lactantij quibufdam, nunc Futinus legatur & Tutunus ; quicquid fit, omnia huiufmodi nomina Priapo afficta, immundiffimæ pollutionis, queis facris eius nefandis initiati contaminabantur, effectus oftendunt.

Cur porrò poft Ægyptios Græci, Romanique, qui ea à dictis Ægyptijs hauferant, tantò femper ftudiô huiufmodi facra coluerint, apud Authores reperio factum effe ; tùm quod huius cultu ea mala, quæ generationem impedirent ceû fafcinata auerterentur ; tùm verò ob eam corporis partem, à qua fit omnium origo ; ac ob primam rationem, eum in hortis pafsim, arboribus, alijfque locis frugiferis collocatum legimus, iuxtà illud Ouidij :

> *Pomofifq ; ruber cuftos ponatur in hortis ,*
> *Terreat vt fæuâ falce Priapus aues.*

Columella :

> *Arboris antiquæ Numen venerare Ithyphalli .*

Hoc enim pofito, falfâ quâdam fuperftitione moti rerum omnium fibi fpondebant vbertatem . Altera ratio eos mouebat , vt ad auertendam inductam per maleficia impotentiam, mulierumque fterilitatem auertendam phylacteriorum loco, collo, manibus, cingulo , auribus portarent , quæ & eandem ob caûfam animalibus brutifque affixa effe, ex hieroglyphicis patebit, in quibus hoc phallo nihil occurrit frequentiùs.

Eafdem itaque ob rationes gentem quoque Hebræorum facra turpiffima amplexatam effe, tantòque libentiùs auidiùfque, quantò ad omne fuperftitionis genus, ac luxuriæ , omnigenæ inquinamenta erat propenfior, afferimus. Nam cùm huius Priapi feu Ithyphalli cultui Ægyptij omnem fœlicitatem, terræ ad hæc hominum brutorumque fœcunditatem afcriberent ; nil facilius fuit genti, apud quam nihil fterilitate erat probrofiùs, quæque laxatis temperantiæ habenis, in omne libidinis genus miferè fefe, etiam fub honeftæ propagationis humanæ prætextu præcipitabat, quam ea facra fibi afcifcere, quibus id fub larua religionis tutò & impunè liceret, quibufque fterilitatem illam probrofam, & in lege maledictam, Ægyptiorum exemplum fecuti, priapæo cultu auerterent . Quod vt fa-

(marginalia:)
Paufanias.
Tertull. in Apolog.
Arnobius.
Lactant. Firmian.
August. in 4. de ciu. Dei.
Cur Hebræi, Græci, Romani tantù phallico cultui ftuduerint.
Columella.
Ouidius.
Cur Hebræi facra turpiffimi Priapi acceperint.

vt faciliùs & libentiùs facerent, mouebat eos Ægyptiorum fœcunditas, summæque, quas ex hoc cultu percipiebant, voluptates, peccandique impunis licentia; ex superstitiosis quoque non deerant, qui hoc cultu infatuati, omnem illam mulierum Hebræarum in Ægypto prodigiosam fœcunditatem alteri non ascriberent, nisi fœcundo illo suo Beelphegori, turpissimorumque idolorum cultui, cui in tantum erant irretiti, vt nullis miraculis, minis, vltionibus, mandatorumque obstaculis, ab hac mentis proteruia insaniaque abduci posse viderentur; quod vel indè patet, quod post insolita ac inaudita per Mosen à Deo, in gratiam ingrati populi patrata miracula beneficiaque innumera, queis quotidiè fruebatur in deserto duræ ceruicis populus, ac in malo obstinatus, manna spretâ, cœlesti ac veluti super cibo leuissimo nauseans, nihil aliud, nisi voluptuosam Ægyptum, eiusque cœpas, allia, asphodelos, ollasque carnium (quas egregius quidam Rabinus non malè interpretatur meretrices, quibus insidebat insatiabiliter fornicans) meditaretur; quæ grauissima scelera ingrati populi, Deus apud Prophetam ijs non semel exprobrare videtur. Cùm omnem abominationem, quam abominatus est Dominus, cum idolis suis Venereis eam fecisse dicit. Augebat has brutas concupiscentias multu commixtio cum mulieribus alienigenis Moabitarum, Ammonitarum, & Madianitarum, in quas filij Israël effrœni quâdam libidine, teste sacra Scriptura, ferebantur. *Morabantur autem*, inquit, *eo tempore Israël in Setim, & fornicatus est populus cum filiabus Moab, quæ vocauerunt eos ad sacrificia sua, at illi comederunt, & adorauerunt Deos earum, initiatusq; est Israël Beelphegor*. Erant autem hæ dictæ mulieres ex incestuoso Loti partu reliquiæ, quæ cùm vicinæ essent Aegypto, carnales hosce Priapi seu Phogoris ritus amplexantes, summô studiô ad Israëlitas primùm transfuderunt, qui ea breui incrementa sumpserunt; vt plerique, teste sacra Scriptura, abominationibus hisce dediti, scalpendis phallis Deastrisque huiusmodi effingendis distenti, omnem de cultu Dei veri optimi, ac beneficentissimi memoriam deposuisse viderentur. Ritus autem colendi eiusmodi probrosissimos Deastros nobis appositè describit רשׁ Rasi, siue R. Salomon Iarchi supra ea verba (*& adorauerunt Deos earum*) citato loco numerorum commentans: *Cùm*, inquit, *mulieres prurigini Veneris exstimularentur; accedebant Israëlitas dicentes: habeo quod dicam tibi, attende me quæso, & hoc dicto, è sinu statuam Phegor producentes aiebant; adora hunc: quo facto operi Venereo sese accingentes, Deastrum illum impudicum & nefandum summô honore illo se actu efficere existimabant, atque hic fuit egregius ille, si Dijs placet, ritus.* Sed audiamus verba ipsius Authoris ex Hebraico:

וכשׁחקף יצרו עליה ואמור לח חשׁעי לי והיא מוציאה לו דמות פעור מחיקה
ואומרת לו חשׁחוה לזה:

Cùm, inquit, *quispiam vehementiori tentatione vexeretur, dicebat mulieri, attende me, seu exaudi me, qui in concupiscentia tui sum; & illa subitò è sinu producebat simulachrum Phegor, & dicebat ei, adora hunc &c. quo facto actus secutus est.* Quæ eadem ab Ægyptijs factitata in Isiacis sacris, varijs in locis huius operis, volente Deo, monstrabimus.

Patet

Numer. 25.

Filiæ Moab ritus colendi Beelphegor ab Ægyptijs traduxerunt ad Hebræos.

R. Salomon siue Rasie cit. Num. loco.

Turpis consuetudo Hebræorum.

Patet igitur omnem illum impium ritum ab Ægyptijs dictis proceffiffe, quod non tantùm ex ijs, quæ hactenus diximus, fed & iam ex fumma illa vtrique genti communium cœrimoniarum affinitate , luculenter
apparebit . Verùm vt origo meliùs confpiciatur, eas collatione inter fe
facta comprobandas ratus fum .

Ac primò quidem Ægyptios è Diodoro nouimus, fummó femper
ftudiô hunc phallum Ofiridis coluiffe, quod & ab Hebræis factum in præcedentibus oftendimus. Erat autem Priapus feu phallus ifte ftatua paruula in penis formàm effigiata, quam contra fterilitatem, tùm in publicis
hortis, agris , alijfque campeftribus locis ponebant ; tùm in priuatum
emolumentum collo, auribus, cingulo, fœmoribus, phylacterij loco cir-

Priapus phal-
lus phegor
idem.

cumferebant; quod & Hebræos in cultu Phegor obferuaffe ex præcedentibus patet. In quibus ex R. Salomone oftendimus , imaginem Phegor,
כמרות , id eft, ad veretri humani fimilitudinem efformatum , à meretricibus, alijfque impudicis fœminis finu circumlatum fuiffe.

Præterea Aegyptios phallos huiufmodi in Dionyfiacis per compita

Phalli in feftis
Dionyfij por-
tati.
Herodotus in
Euterpe .

Vrbium, infanâ quàdam mentis diffolutione ac vociferatione, tibiarumq;
clangoribus circumexiffe triumphi in fpeciem, teftatur Herodotus. Quas
cœrimonias Aegyptiorum more, Hebræos quoque obferuaffe, fupra docuimus ex Cyrillo , cùm de effœminatis Priapi Sacerdoribus verba face-

Ægyptiorum
priapæa fefta.

mus . Moris erat Aegyptijs mulieribus, tefte Plutarcho, Diodor, Suid,
Apidem in Ithyphalliorum facris (quæ fingulis annis femel folenni pom-
pâ celebrabantur) accedere, eique fublatis veftibus pofteriora denud re.
Quod in facris Beelphegor celebrari folitis, Hebræis fœminis vficat.

Rambam in
nepreb.

fuiffe, ex Moreh nebuchim, Rambam , alijfque tradidimus . Præterea
Priapæa facra feu Pamelia fefta plerumque in locis ab ditis , fpelu.e s, lo-

Paufan. in
phociceſ.

cis, antrifque celebrata, Paufan.as tradit ; quod Hebræos quoque velle
Troglodytas imitatos è libro tertio Regum probauimus ; vbi de Afa
Rege fic dicitur . Et abftulit effœminatos de terra, purgauit que vn iuerfas fordes idolorum, quæ fecerant patres eius ; infuper & Maachæn matrem juxta eo-
uit, ne effet princeps in facris Priapi , & in luco eius ,quem confecrauerat, fubuer-
titq̃ Specum eius, & confregit fimulachrum turpiffimum , & combuffit in torrente Cedron . Denique Aegyptij phallis ad fafcinanda mala generationem

Phalli erant
amuleta con-
tra fafcina-
tionem.
Hebræus Si-
mia Ægyptij
populi.

impedientia, philacterij loco vtebantur . Quod Hebræas mulieres ad fummum fterilitatis malum auertendum feciffe è dictis liquet. In fumma
Hebræos Aegyptiorum Simias nemo negabit, qui hafce noftras compara-
tiones diligenter expenderit. Ithyphallia itaque, Pammelia, feu Priapæa
facra in Aegypto primùm exorta, vicinos fibi Hebræos primùm infecerunt ; deinde in Græciam vfque propagata, ingentem ibidem nouarum
fuperftitionum fobolem peperêre; quæ à Romanis poftmodum, coaptatâ,
diffufâq; conclamatæ fuperftitionis propagine, totum mundum replete-
runt ; quæ quidem in tantùm breui excreuerunt, vt poft Salutis aduentum, etiam non defuerint, qui eiufmodi facris abominandis initiati, e tur-
piffimo Phegori manciparent; quemadmodum ex dereftabili Gnofticorum fecta apud Epiphanium, Philaftrium, aliofque Heræfeologos legitur.

Ex

Ex hoc fonte quoque profluxiſſe videtur impia illa Mahumetis lex
ſeu Alkoranus, qui dùm ſupremam beatitudinem in fruitione brutarum
voluptatum, Epicuræorumque delicijs conſtituit, quid aliud agit, quàm
vt turpiſſimos hoſce phegorios ritûs, cœrimonialq; renouet. Hunc denique Beelphegor pro Deo habent omnes ij, qui æſtro libidinis perciti ,
brutorum irrationalium inſtar miro modo mente vacui, corde confuſi, &
ſummè fanatici, vèrique Penelopes proci, aut meliùs immundi porci toto
die, dulci hoc veneno ſauciati, circumuagantur ; & ſiue bibant , ſiue
manducent, ſiue cubent, huic Venereo idolo ſemper intenti mentem fu-
neſtant; vt qui nihil aliud cogitent, non ſua , nec ſcipſos, phanatico quodam morbo catenis ignorantiæ ac turpitudinis aiâè conſtriâi ; vera libidinis prodigioſæ monſtra; deteſtanda Phegoris mancipia, quæ quidem
alto præſtat ſilentio ſupprimere, quàm ea proferendo caſtas aures pericu-
loſiùs vulnerare . Quare ijs dimiſſis ad ea, quæ de Baalim dicenda reſta-
bant, progrediamur, inter quos non immeritò ſecundum locum obtinet
Beelzebub, quem in Euangelio principem dæmoniorum nominari legimus.

**Omnes luxu-
rioſi Phego-
rolatræ.**

C A P V T   VI.

Beelzebub Idolum Accaronitarum.

DE nomine huius ſiue Dei, ſiue Dæmonij magnam apud Authores
controuerſiam reperio, quam tamen aliundè exortam non arbitror, niſi è locis iſtis Euangelicis, quèis Iudæi Chriſtum de Dæmone, non
niſi in Beelzebub principe dæmoniorum eieâo inſimulant . Nam hoc
loco pro Beelzebub alij legunt Beelzebul; quæ lectio, vti paulò ante
diximus, variam paſſim vti opinionum, ita fabularnm occaſionem præbuit ; vt & modò dicemus, vbi priùs varias huius loci verſiones adduxe-
rimus . Ac vulgata quidem editio Beelzebub habet, quam ſequuntur
Hebraica, Syra, ac Perſica tranſlatio, vti in ſequentibus patet:

Hic non eijcit dæmonia niſi in Beelzebub principe dæmoniorum.

**Latina vul-
gata.**

: בזוב ובעל אם כי השטנים את מוציא אינו זה

Hic non eycit dæmonia niſi in Beelzebub .

Hebræa.

Hic non exire facit Satanas, niſi in Beelzebub.

Syra.

Hic non eijcit dæmonia niſi in Beelzebub .

Perſica.

Alij verò hoc loco pro Beelzebub vertunt Beelzebul ; quemadmodum
è Græco 70. Interpretum verſione, quam Arabica, Copta ſeu Ægyptia,
Æthiopica ſeu Abyſſina, aliæque ſequuntur, apparet ; verſiones omnium
apponendas duxi.

Oủt Ꮐ

Græca.

ΟὗτΘ ἐκ ἐκβάλλϵὶ τῶ δαμϵνα αῢ μὴ ἐν τῶ Βϵλζϵβὰλ ἀέχοντι τῶ δαιμωνίων .

Arabica.

هذا لايخرج الشياطيـــن الا بِباعل زبول ⚹

Hic non eijcit diabolos niſi in Beelzebul.

Copta.

⳪ ⲫⲁⲓⲍⲉⲃⲁⲗ ⲙⲡⲉϥϩⲓ ⲛⲓⲃⲁⲓϧ ⲗⲟⲥ ⲉⲃⲏⲗ ϧⲉⲛ ⲃⲉⲗⲍⲉⲃⲉⲗ Ⲥⲁⲭⲟ

Hic non eijcit diabolos niſi in Beelzebul.

Æthiopica.

ዘኢ ዘዋዘ : አጋናንታ : ዛአባላ : በበኤል ዘቡል ::

ZaiiWazaa agananta zaabala baBeel zebul.
Hic non eijcit dæmonia niſi in Deo ſtercoris.

Origenes.
Chryſi Homo.
Athanaſius.
Cyrillus.
Prudentius.

Hiſcè Authoritatibus ſacris aſtipulantur Origenes, SS. Chryſoſtomus, Athanaſius, Cyrillus, alijque veterum, qui omnes hoc loco pro Beelzebub legunt Beelzebul. Prudentius quoque ϖϵὶ ϛεφαίων, hymno quinto Vincentio Martyri ſic canit:

> *Sed Beelzebulis callida*
> *Commenta Chriſtus deſtruit.*

Verùm hanc difficultatem vt enodemus, notandum eſt, Beelzebul hoc loco Chriſtianos Orientales, non niſi in Idololatrarum contumeliam adinueniſſe; nam quemadmodum זבוב בעל, in Hebraica lingua à בעל & זבוב deducto nomine, Deum ſeu Dominum muſcæ; ita بعلزبول Beelzebul in Arabica lingua (quâ Chriſtiani dicti paſsim vtebantur) à بعل *beel*, & زبول *zabul*, vel زبل *zabel* deriuato nomine, nil aliud ſignificat, niſi Belum ſtercoreum, aut Deum, ſeu Dominum ſtercoris & fimi; quo nomine per contemptum vocabant idolum ſeu dæmonem Beelzebub; quod & teſtatur Abraham Ben Kattun, vbi verſum 33. cap. 23. Exodi, ad hunc modum explicat. *Non ſines apud te habitare, qui colunt Deos peregrinos vel ſter-coreos .* Stercoreos hic in opprobrium dictos, nihil dubito.

R. Abraham
Ben Kattun.

Atque hoc ita eſſe, nos duo docent, primùm eſt, quod hoc nomen Beelzebul nullibi, niſi in nouo inſtrumento reperiatur; quod manifeſtè indicat, hanc appellationem à Chriſtianis primò in ignominiam idololatriæ excogitatam, Euangelioque eandem ob cauſam inſertam eſſe. Alterum nos Hebræorum mos docet, quos in fictorum Numinum contemptum huiuſmodi appellationes olim fieri præcepiſſe, varia paſsim in eorum libris occurrentia huiuſmodi vocabula demonſtrant. Hinc mendaciſsimum illum impoſtorem, Meſsiæ ſibi nomen ſub Traiano venditantem, Barcocebam, ſcilicet filium ſtellæ prius dictum, Barchozibam filium videlicet mendacij appellare cœperunt. Huiuſmodi nominum exemplis nec vetus teſtamentum caret; Mons enim Oliuarum, poſtquam eſt idolis inquinatus הר המשחית *har hamaſchith*, id eſt, mons corruptionis dicitur, vno ſolùm

Quis fuerit
Barcocebas.

Contumelio-
ſæ nominum
impoſitiones.

הר המשחת *har hammischat*, scilicet mons oliuarum seu vnctionis, mutata
litera & Iod addito, vt nimirùm ad nomen alludatur, nec opprobrium
desit; sic quoque blasphematuri sanctissimam legem nostram, eam appellant און גיליון Euangilion, hoc est, volumen iniquitatis, ab און *auen* &
גיליון *gilaion*, quorum illud iniquitatem, mendacium, fraudem; hoc volumen denotat. Plura huius farinæ hic adducere possem; verùm quia illa
passìm indoctis etiam nota sunt, de ijs sileo. Cæterùm non ignoro Iouem Græcis quoque vocatum quasi stercoream seu fimo delibutum, vt videre est in illo Orphei carmine:

margin: Orpheus.

Ζεὺς κύδιστε, μέγιστε Θεῶν, ἐιλυμένε κόπρῳ.

Idque citat S. Nazianzenus in steliteut. 1. Verùm hoc nequaquam intelligendum est, quasi per ignominiam id fecerint; cùm ἐιλυμένῳ κόπρῳ,
non magis ad Iouem stercoreum ibi attineat, quàm illud Virgilij:

. . . . . . *Totamá̧ infusa per artus*
Mens agitat molem, & magno se corpore miscet.

Interpres enim seu Paraphrastes est Virgilius, ad illud Orphei intelligendum; ab vtroque arcana naturæ duntaxat docentur, & Deus veluti inuolutus existimabatur; quo nomine memoratur apud Senecam natural.
quæstion. Deorum quidam ordo, ex Hetruscorum monumentis. Porrò
ob quam rem Beelzebub aut Beelzebul appellatus sit princeps dæmoniorum, difficilè est asserere. Origenes fatetur nescire se, vndè æui istius
homines didicerint τ̃ πεὶ βεελζεβὺλ; sed vide, si placet responsa, quæ Iusti-
no Martyri tribuuntur, vbi nomen hoc ab ipsis dæmonijs sacrificulos &
ἐπαοιδὰς didicisse scriptor ille, quisquis fuerit, autumat. Neque hunc
faciunt Hebræorum monumenta dæmoniorum principem, sed Ashmo-
dæum potiùs, quem Chaldæus Paraphrastes in Ecclesiaste vocat אשמדי
מלכא דשידים *Aschmadai Regem dæmonum*; dictus autem à אשמדי שמד, quod
est, perdidit, siue exterminauit, & nominibus illis Angeli abyssi, Abaddon
nempè & Απολλύων perquam est congruum. Hunc memorat Elias Thesbites, Samaël quoque vocatum fuisse; volunt autem Samaël proprium
esse Diaboli nomen, qui primos parentes fefellerit, colubro, cameli speciem habente, vectum; cuius meminit R. Moses Ægyptius in more nebuchim; verba eius sequuntur:

margin: Cur Beelze- bub dicatur Princeps dæ- monio. um

margin: Leviathan paraphrastes in Ecclesiast. c. 1. Asmodei no- minis ety- mon.

הנה כבר נתבאר זה וממה שצריך שתודיעהו שביארוהו במדרש וזה שהם אמרו
שנחש הודכב והוה היה כשיעור גמל ושרוכבו היה אשר הסיא הוה והשהרוכב היה
סמאל וזה השם הם יתירוהו על השטן חמצאם אומרים במקומות רבים שהשטן רצה
להכשיל אברהם אבינו עד שלא יאבה להקריב יצחק וכן רצה להכשיל יצחק שלא אחר
רצון אביו : וזכרו עוד בעניין הזה בעקידה בא סמאל אצל אבינו אברהם ואומר לו
למה באת במקום זה : והנה כבר שסמאל הוא השטן וזה השם גם כן לעניין כמו ששם
הנחש לעניין : ואמרו בבואו להסיא חוה היה סמאל רוכב עליו והקב"ה שוחק על
גמל ורוכבו :

margin: Rambam moreh. i. 2. c. 30.

Hoc est: *Et ecce iam explicabitur id quod necessarium est, vt cognoscas*
eius explicationem in Midras, quæ est ista; dicunt quod coluber seu serpens ille

margin: Serpens qui Euam dece- pit fuit forma Cameli.

Mm *qui*

qui Euam decepit forma cameli erat, super quem sedit Samael, quod nomen præcisè de Diabolo dicitur, & inuenies eos in multis locis dicentes, quod ipse inhibere voluit Abraham patrem nostrum, ne immolaret filium suum; & Isaac, ne obediret patri suo. Dicunt ergo hac ratione, quod Samael venerit obuiam Abrahæ, & dixit ei, quare venisti ad locum istum, & iam ostensum est, quòd Samael est Diabolus, & nomen illud ipsi impositum ob occultam rationem, sicut nomen נחש *nachasè, similiter; dixerunt etiam quod Samael, cùm ad decipiendam Euam veniret, supra colubrum* καμηλόμορφον *federit. Creator verò ridebat de camelo & equite eius, &c.*

quæ sequuntur. Hinc in veteri commmemoratione Sanctorum Ecclesiæ Orientalis legitur. Accusationis Samaëlis ne recorderis, memento autem defensionis Michaëlis. Est enim Samaël semita, quam nullum volatile cognouisse ait Thesbites, verba eius sunt:

סמאל לא ידעו עיט תרגום דלא חבכימיה סמאל דפרח חזיך
עופא וכן אמרו תנו שוחד לסמאל ביום הכפורים ויש
אומרים שאשמדי הוא סמאל ושני שמות נקראו לו וכבר
זכרתיו בשרש אשמדי

Hoc est: *Samaël, semita quam nullum cognouit volatile; Thargum quam non cognouit Samaël, qui volat tanquam auis; hinc est, quòd dicunt; Date munus ipsi Samaël in die expiationis; Alij dicunt, quod Aschmadai sit Samaël, atque ei esse duo nomina, de quo mentionem facit in radice. Ita Elias; alio verò in loco ait:*

ואומרים רבותינו כי נעמה אחות תואל קין היתה אם
אשמדי וממנה נולדו השדים:

Et dicunt nostri sapientes, quòd Noamath soror Thubalkain fuerit mater Aschmadai, & quòd ex ea dæmones fuerint progeniti. Verùm de his & similibus alibi copiosior dabitur discurrendi materia.

Sed vt vndè digressi sumus, reuertamur, quis ille Beelzebub? quod idolum eius? vndè ad Hebræos muscarius ille Deus peruenerit, explicandum restat.

Certè Accaronitarum idolum fuisse c. 1. lib. quarti Regum docet. Nam cùm disrupto fortè opere reticulato (ita enim volunt Iudæi locum illum de cancellis intelligi) cœnaculi sui, præceps decideret Achazias Rex Israël, & colliso corpore se malè haberet, de salute consulere voluit oraculum Beelzebub Dei Accaronitarum, quod idem est ac Deus muscæ; vndè F. Iosephus de Ahaziæ casu verba faciens, Τὸν Ἀκκάρων Θεὸν μῦιαν (quasi diceret Accaronitarum Deum muscam) eum appellat; quô nomine & septuaginta seniores, & Gregorius Nazianzenus orat. steliceut. secunda, & si qui sunt alij, versionem Septuaginta secuti, vtuntur. Vtrum verò ab Accaronitis inuentum fuerit hoc nomen, an à Iudæis in idoli opprobrium? disputatur. A Muscarum multitudine, quæ victimarum carnes plerumque sectantur, dictum, non desunt, qui opinentur. Veri Dei enim sacra muscas nequaquam infestasse traditur in Pircke Auoth.

*Samael ser-
penti sub for-
ma cameli in-
sidens Euam
decipit.*

*R. Elias Leui-
ta Askenaz
in Thisbe.*

*Idolum Beel-
zebub vndè?*

*Greg. Naz.
orat. stelic. 2.*

עשרה

עשרה נסים נעשו לאבותינו בבית המקדש לא הפילה
אשה מריח בשר הקדש ולא הסריח בשר הקדש מעולם ולא
נראה זבוב בבית המטבח וגו :

Decem prodigia dicunt, Patribus nostris ostensa sunt in Ægypto in domo   Muscæ non
sanctuarij. Nulla mulier ob odorem sacrificiorum abortijt; nidorem nullum aut   infestabant
maleolentiam efflauit caro holocausti. Ne minima quidem musca visa est in loco   sacra Ho-
occisionis hostiarum &c.   bcatium.

Alij volunt dictum Beelzebub, eò quod idola nidore carnium imbuta à muscis infestarentur; sunt etiam qui Baal zebahim, hoc est, Deum
victimarum, immolationum, sacrificiorum, ioculari vocabulo scripturam
Deum appellasse arbitrentur; vti Scaliger, *Id,* inquit, *quod diceba-*   *Ioseph. Scal.*
utr Baal zebahim, Deus victimarum, immolationum, sacrificiorum, ioculari voca-   *Elench. tri-*
bulo scriptura vocauit Deum muscæ, quòd in templo Hierosolymitano muscæ car-   *baref. Nu. 5.*
nes victimarum non liguriebant, cùm tamen gentium sana à muscis infestarentur,
propter nidorem victimarum. Sed mihi persuasissimum est, Accaronitis ipsis
eum Beelzebub proprio nomine dictum, vti & postea non infirmis rationibus ostendemus; quis enim ' ϑ σεβιζ μδρον ύβειζι ? Nonne enim veluti
Numinis venerandi illius mentio facta est ab Achazia? *Ite,* inquit, *& in-*
quirite Beelzebub Deum Accaronitarum, num superuicturus sim ab hac infirmita-
te? Ecquis Numen, quod coleret, ac de salutis instauratione consulen-
dum duceret, inhonesto & ioculari vocabulo compellaret? Accedit,
quod etiam Europæis Iuppiter & Hercules sub eodem ferè nomine colerentur.

Dico itaque Beelzebub idolum Accaronitarum idem fuisse quod   Beelzebub
Myagri muscarum Dei apud Pausaniam in Arcadicis. Nam cùm ait de   idem ac Deus
celebritate, quæ Palladi Tritoni apud Arcadas agebatur: Ἐrraῶϑa, ait,   muscarum.
τῇ πανηγύρει μυάγρῳ προϑύουσιν. hoc est, *In ea celebritate ante Myagro celebrant seu*   Paufanias.
sacrificant, preces inter sacra heroi effundunt, Myagrum inuocantes. Atque ita
facientibus nihil præterea molestiæ muscæ inferunt; mentio quoque est
Myagri in castigatis Solini exemplaribus, in quibus ita legitur: *Sacellum,*   A Sacello
inquit, *Herculis in foro Boiario est, in quo argumenta conuiuij latæ maiestatis ipsius*   Herculis ar-
remanent; nam diuinitus in illud neque canibus, neque muscis ingressus est; et-   ceri canes &
enim cùm visceratione sacricolis daret, Myagrum Deum dicitur imprecatus; cla-   muscas finxit
uam verò in adytu reliquisse, cuius olfactu refugerent canes. hactenus Solinus.   Solinus.
Idem scribit & Plinius. Sed Dei nomen non apponit, id quod & in ple-
risque Solini codicibus deesse videmus. Plinius l. 29. c. 6. dùm de alo-   *Plin. l. 29. c. 6*
peciæ remedijs agit, non Myagrum hunc Deum, sed Myodem vocauit,
ita de muscis loquens: *Nullum,* inquit, *animal minùs docile existimatur, mi-*
norisq intellectus; quò mirabilius est, Olympiæ sacro certamine nubes earum im-
molato tauro, Deo quem Myodem vocant, extra territorium id abire. hæc ibi
Plinius, qui tamen libro 8. capite 28. scribit quoque Cyrenaicos Achorem Deum muscarum multitudine pestilentiam afferente inuocare soli-
tos, quæ protinus quam litatum est, intereunt. Gregorius Nazianzenus   *Greg. Naz.*
in prima in Iulianum Cæsarem oratione non Achorem, sed Acaron, quod   *in Iul. Caf.*
  orat. 1.

nescio

nescio quam affinitatem cum Accaronitarum vrbe habet, vocare videtur. *Non amplius*, inquit, *muscæ quærent Deum Accaron, aut si quid muscæ est ridiculosius*. Hoc tamen planè ipse non assero, quando mihi in præsentia non suppetit Græci codicis facultas. Alibi tibi retuli apud Græcos, Iouis esse cognomen ἀπόμυι@, quem colebant à fugandis muscis appellatum; nam Solinus, vbi cùm potitiorum & pinariorum sacra instituerer, Myagrum Deum, scilicet Iouem ἀπόμ ιον imprecatus esse dicitur; Myagrus autem Myodes, vel potiùs Myiagrus & Myiodes, Apomyius & huiusmodi muscam in se signanter comprehendunt, & quasi Dominum muscæ explicant. Ita Hercules κορνοπίων à Trachinijs cultus; sic dictus autem, quod κορνόπας (scilicet παρνόπας eorum linguâ, siue locustas) abegerit. Erythræis idem ἰπόκτον@ appellatus, scilicet qui vermiculos vitibus infestos occidat, & Apollo Sminthæus μυοκτόν@ dictus à muribus, quæ memorat Eustathius ad 1. Iliados: *Anne verò hæc Diuum cognomina, minùs quàm illud Accaronitarum ridicula?* *An Accaronita, quam Græci & Romani pij magis censendi, aut in idolorum titulis religiosiores?* Certè à Beelzebub hæresin format Philastrius Muscicolarum seu Muscæ Accaronitarum, qui (vt verba eius sunt) *Muscam colunt in ciuitate Accaron dicta*. Verùm his omnibus ita ritè consideratis, iam ad id, quod ab initio nobis propositum erat, exequendum, videlicet ad huius Muscilatriæ originem perscrutandam, nos accingamus; quod vt solidiùs fiat,

Sciendum est, eam esse Ægypti naturam, vt post annuam Nili inundationem, ex aquarum stagnantium reliquijs, tùm animalia reptilia omnis generis; tùm maximè ingentia muscarum, culicum, similiumque molestarum bestiolarum examina exoriantur, quæ & homines & animalia miserandum in modum excrucient; adeò quidem, vt Ægyptij impudentiam & summum malum hieroglyphicè significantes, muscam pingere soleant, vt paulò post videbitur. Isaias quoque Propheta pœnas Iudaicæ perfidiæ destinatas commemorans, inter cœteras muscæ quoque Ægyptiacæ meminerit. ישרק לזבוב *Et sibilabit Dominus muscæ, quæ est in extremo fluminum Ægypti, & Api quæ est in terra Assur, & venient & requiescent omnes in torrentibus vallium, & in cauernis petrarum, & in omnibus frutetis*. Seu vt septuaginta habent: *in carechis, & in vniuersis foraminibus*. Rabbi Salomon hoc loco vocat מלחמת הזבובים exercitus muscarum Ægypti, qui rebellem populum inuadant. Ægyptij itaque cum muscarum multitudine non idola tantùm vellent confpurcari; verùm etiam sacra illa sua animalia, canes, boues, vaccas, capras, miserandum in modum cruciari viderent, de abactione muscarum oraculum consuluêre, quod respondisse fertur, muscæ cultu muscas pellendas, quod si facerent, futurum, vt muscæ imposterum reuerentiores essent; dictum factum, Ægyptij subito ad omnia muscis infesta loca Muscarium illum Deum posuerunt, cuius symbolum hieroglyphicum erat musca cum thyrso scyllocyprio, quod præterquam quod πολύμορφον δαίμονα, muscarum quoque abactionem, significaret.

Marginal notes:

Iouis sic appellatus à fugandis muscis,

Hercules dictus quod colligeret locustas & vermiculos è vitibus,

Accaronitæ adorabant muscam.

Inundatio Nili origo multorum animalium præsertim muscarum.

Apud Ægyptios symbolum summi mali musca.

Oraculum muscæ cultu muscæ pellendæ.

Amuletum contra muscas.

Atque

Atque huiufmodi hieroglyphico nihil in Obeliſcis frequentiùs hoc animalibus appendebant, Canopis, Sphyngi-
bus, cœteriſque idolis inſculpebant, hoc ſigno veluti pacto
quodam poſito aduocatus Dæmon, ſeu Genius muſcarius,
muſcas profligare credebatur. Verùm ne quicquam proprij
ingenij coniecturis aſſerere videamur, audiamus Abenephium de his hoc
pacto differentem:

Abenephius de ſeruituta Ægyptiaca

والذباب كزعم كل كورة المصر وكل حيوانات وينجس الاصنام واشيروا المصريون
الاعم وقال لهم بعمادة الذباب يرفع الذباب ويصنعوا المصريون على كلمة الاعم
ويدعوا الذباب بقوة صورة الذباب مع عشب اسمه في عربي السعد ووضعوه في مسلات
فرعون وفي اشط انهار وفي كل مكان الذي به الذباب كثير

Hoc eſt: *Et muſcæ infeſtare ſolebant omnem circa regionem, & omnia
animalia, & idola conſpurcabant; & conſuluerunt Ægyptij oraculum, & dixit
eis in cultu muſcæ muſca pelletur; & fecerunt Ægyptij iuxta verbum oraculi, &
muſcæ receſſerunt ob figuram ſeu imaginem magicam muſcæ, quam fecerant Ægyptij, ponentes eam in Obeliſcis & pyramidibus, in omnibus locis denique, quæ à muſ-
cis infeſtabantur. &c.* quæ ſequuntur.

Verùm de his & ſimilibus in Obeliſcorum myſterijs fuſiùs veluti
proprio in loco tractabimus, nunc hæc tantùm inſinuaſſe ſufficiat. Atque
ex his apparet, Ægyptios ſiue id oraculi ſuaſu, ſiue vt aliqui Rabbini
volunt, Moſis, Cyniphes productas profligantis imitatione, ſiue alia de
cauſa factum fuerit, certè primos Muſcilatriæ Authores fuiſſe & inuentores, à quibus Hebræi & Græci docti, Muſcarum ingentia illa examina
à fanis, aris, cœteriſque locis victimarum, nulla ſanè aliâ ratione arceri
poſſe crediderunt, quàm ſimil:s cultus inſtitutione, quemadmodum in
præcedentibus de Arcadicis ſacris atque Cyrenaicis meminimus; huiuſmodi enim cultu Hebræi ſuum illum Beelzebub, ſicuti Græci Iouem illum ſuum Muſcarium ſeu Myagrum placatum iri ſtolidè credebant. Atq;
hæc de Beelzebub ſufficiant.

Muſcilatriæ origo.

CAPVT VII.

Beelſephon.

Eelzephon vel Baalſephon à בעל & צפן quod Dominum abſcondi-
tum, ſiue Septentrionis ſignificat, deducit nomen; de quo varias
apud Authores opiniones reperio. Alij ciuitatem eſſe arbitrantur, vti
Adrichomius in theatro terræ ſanctæ & Ezechiel Tragædus, qui in ἐξα-
γωγῇ Iſraëlitarum ſub perſona Nuncij Ægyptij ſic dicit:

Ε᾽ ϖρ θ᾽ ὑπ᾽ αὐτὲς θήκα ρμѠ παρεμβολѠ
ΒεελΖεφὼν ϖὶς ϖλιῇ ϖόλις βροῖοις.

Alij nomen loci ſeu petræ eſſe arbitrantur, vti interpretes pleriq; alij
denique idolum fuiſſe Ægyptiorum opinantur, quemadmodum Rabbini;
quicquid ſit, ſiue Beelzephon nomen vrbis fuerit, ſiue loci deſerti, certè
                                                        aliun-

aliunde illam appellationis suæ originem minimè traxisse videtur, nisi ab idolo quondam ibi culto, vt postea dicemus; meminit verò huius nominis historia sacra Exodi 14. v. 1. his verbis: *Locutus est Dominus ad Mosen dicens: loquere ad filios Israël, vt redeant & remaneant ante Pihiroth inter Migdol & inter mare è regione Baalzephon, atque contra ipsum castra ponant iuxtà mare: nam dicet Pharao de filijs Israël, irretiti sunt in terra, conclusit eos desertum.* Hoc loco per Baalsephon omnes Rabbini quotquot in hunc locum commentantes reperire licuit, idolum intelligunt. Rabbi Abenezra ait idolum fuisse à Pharaonis Magis ad cœlestium corporum posituras fabricatum Ϗ τἱω μάγίαν; & iuxtà sinum Arabicū collocatum, ad obseruandos & retinendos Israëlitas, irretiandosq; seu infatuandos, & à destinata, diuinitusque datâ profectione auertendos vim habens magicam, verba eius sunt:

לפני בעל צפון : אמר כי הרטומי מצרים עשו בדברי המזלות צורות נחשת וזה
הוא באל צפון שלא יוכל עבד לברוח ממצרים לעבור הצורה :

E regione Baalzephon dicitur, quòd Magi Ægypti fecerunt iuxtà rationem Astrologicam imagines æneas, & illa sunt quæ vocantur Beelzephon, & non poterat seruus vllus fugere ex Ægypto; quin transeundo imaginis occultâ vi impediretur. Quæ verba vt meliùs intelligantur, sciendum est, Ægyptiorum antiquorum morem fuisse, idola quædam arte magicâ constructa omnibus ijs in locis, vbi facilis esset in Ægyptum irruptio, ad hostium impetus varia Dæmonis illusione coërcendos ponere, vt passìm in hoc opere probabimus. Atque ex horum idolorum numero Beelzephon quoque fuit, quem Beelzephon, quasi dicas Septentrionis Dominatorem dicebant, eò quod Septentrionalem plagam, ad Typhonios insultûs ex Septentrione potissimùm sæuientes respiceret; per Typhonios autem insultûs, omnia infortunata & calamitosa, Plutarcho teste, intelligunt; hunc igitur Beelzephon ea in parte, quâ ex mari rubro in Ægyptum facilis accessus datur, veluti loci portæ, vel (vt vulgò dicunt) passûs custodem potuisse videntur. In Angiportu, quæ est è regione maris rubri, inter Phihiroth & Migdol, quæ nomina singula nescio quid petrosum, & præcipitosum insinuant. Loci huius situm describit his verbis R. Salomon:

ויחנו לפני פי החירות : הוא פיתום וכשכר נקראת פי החירות על שם שנעשו שם
בני חורין וחם שני סלעים גבוהים וזקופים וחגיא שביניהם קרוי פי הסלעים :

Et castrametabantur ante Phihiroth, ille locus Pithom, iam vocatur Phihiroth, eò quod facta sunt ibi duo foramina, quæ causabantur per duas petras altas erectas, & vallis, quæ inter eas vocatur os petrarum. Thargum hierosolymitanum loco Phihiroth; habet קדם פונדק חירותא hoc est, ante hospitium foraminum seu cauponem. R. Ionathan Ben Vziel in Thargum Babylonico dicit, has petras fuisse figura quadrata in similitudinem hominum maris & fœminæ, in quorum supremitate foramina à natura producta speciem oculorum expresserant, ait locum illum Ægyptiacè fuisse dictum Thanes; verba eius hìc subiungam, ex Thargum Babylonico Syris characteribus scripto deprompta:

Margin notes:
Exodi c. 14. v. 1.
Beelzephon idolum aueruncum siue Telesma magicum.
R. Abenezra.
Beelzephon custos finium Ægypti.
Plutarch. in lib. de Osiride & Iside.
Iarchi.
R. Ionathan Ben Vziel in Thargum Babylonico.

*Thargum⸗
manuſcripta
Siriacis Con-
tradictibus*

ܡܕܐܠܠ ܚܡ ܕܬܒ ܐܚܒܐܠܐ ܘܠܐܚܕܘ܂ ܣܘܐܬܚܕܘ܂ ܘܠܚܒܘ܂ ܕܝܡ ܩܘܡܣ
ܣܚܙܐܠ ܡܙܕܚܕܚܐ܂ ܘܐܚܙܘܚܗ ܚܢܘܡܚܕ ܚܝܝܘܢܬ ܚܕܬ ܐܠܚܐ ܒܚܕ ܘܘܡܚܕܐ
ܚܚܕܬܚܝ ܩܚܣܒܝ ܚܗܘ܂ ܐܗܘ ܐܘܐܠ ܘܠܚܒܚܣ ܒܚܣܠܒ ܚܝܝܠܐ ܘܚܣܠܚܒ
ܠܐ⸗⸗⸗ܕ⸗⸗⸗ ✳ ܠ⸗⸗⸗⸗⸗⸗⸗⸗⸗

Hoc eſt: *Locutus eſt Dominus ad filios Iſraël , vt reuerterentur & ca-
ſtrametarentur ante* איהרא חירם **פומי** *phume hirta, vbi ingentia quadrangula facta ad
ſimilitudinem filiorum hominum maris & fœminæ, & oculi eorum aperti; iſte locus eſt Tanis, inter Migdol & inter mare .* Quod non intelligendum eſt, quaſi
ipſa Regia vrbs hoc loco fuerit ſita, ſed quod Taniticum territorium totum hunc tractum à Pythom & Phihiroth ad mare vſque comprehende-
rit . Beelzephon' itaque propriè erat inter mare & præcipitia Migdol , *Situs &locus
ſtationis Beel-
zephon.*
quibuſcum promontoria Phihiroth ex altera parte vallem cauſabantur ,
per quam via vnica erat ad mare Erythræum ; nec quiſquam deuiare poterat, ob ingentia rupium præcipitia , vtrinque viatoribus inacceſſa . .
Verùm Chorographiam huius loci hìc ad maiorem informationem apponendam duxi .

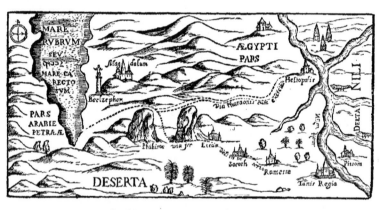

Atque ex appoſita hìc Chorographia clarè patet, locum hunc fuiſſe tùm ſqualidum, ſolitarium, & rebus omnibus ad victum neceſſarijs de-
ſtitutum ; tùm præruptis vndique montibus atque præcipitijs ita obſeptum; vt eum ingreſſis vix ſeſe extricandi daretur opportunitas . Apparet etiam idolum illud Baalſephon alio loco poſitum non fuiſſe, quam
quo id iuxtà vim verborum ſacræ Scripturæ poſuimus, quicquid dicat
Adrichomius . Cùm enim totum littus maris rubri montibus, paludibus,
carectorumque frequentia obſeptum, importuoſum redderetur & inac-
ceſſum, hoc vnico loco excepto, vbi ripa ſpacioſa erat, & via per angu-
ſtias montium è mari rubro in Ægyptum facilior patebat aditus ; certè
non importuno loco Beelſephon cuſtodem, illius portæ Ægypti poſuiſſe
cenſendi ſunt . Erat autem ille locus ſolis Ægyptijs notus, tùm ob dictam
causam

caufam, tùm ob diuitias gemmarum & lapidum pretioforum, aliaque maris reiectamenta,quæ pafsim ibi in deferto littore maris depofita inuenie-
bantur,cuiufmodi & filios Ifraël ibidem caftrametatos collegiffe,non obfcuris verbis oftendit Ionathas Ben Vziel, hoc loco fic commentans :

ואדביקו יתהון כד שרן על ימא כנשין מרגליין ואבנין טבן דדבר פישון מגינוניתא
עדן לגו גיחון וגיחון דבריינון לימא דסוף וימא דסוף רמא יתהון על גיפיה :

Et deprehenderunt, inquit, *eos iam caftrametantes iuxtà mare , occupatos in
colligendis gemmis, & lapidibus pretiofis, quos Phifon tulit ex horto voluptatis
(paradifo) in medium Gihon, & Gihon inuexit eos in mare rubrum , & mare
rubrum eiecit eo loco in fuam ripam.* Quæ verba etfi quoad circumftantias,

fabulofa appareant ; ex Strabone tamen & Arriano apparet,littus hoc loco fcatere rubinis, gemmis, aliifque pretiofis lapidibus, quæ mercatoribus magni queftus lucrique materiam fuppeditent. Ægyptios quoque
crebrò huc concedere folitos ad facrificandum Beelfephon, ex R. Abenezra colligitur, qui hoc loco commentans, ait, Mofen cùm cognouiffet
viam ad Beelfephon, Ægyptiorumque facrificia,ei quotannis illo in loco
fieri folita ; eò proficifcendi licentiam à Pharaone petiuiffe , vt facrificijs
verò Deo ibidem inftitutis, facrificia execranda Beelfephon deftrueret,
quod & ex his verbis colligit. *Dimitte populum meum, vt facrificet mihi in
deferto* ; *Deus enim Hebræorum vocauit nos, vt eamus viam trium dierum in fo-*

*litudinem, & facrificemus Domino Deo noftro ; ne forte nobis accidat peftis aut
gladius* ; verba Abenezræ fubiungo :

ובעבור זה כתוב כי בדה העם ולפי דעתי בעבור שאמר משה לפרעה דרך שלשת
ימים נלך במדבר נראה לפרעה מדבריו כי ידע משה הדרך אשר ילכו בה אל מקום
בעל צפון אשר יזבחו שם :

Et proptereà, inquit, *fcriptum eft, fugit populus, & iuxtà meam opinionem
ideò dixit Mofes ad Pharaonem, viam trium dierum eamus in defertum ad facri-
candum* ; *& ex verbis eius ad Pharaonem apparet ; quod nôrit viam, quâ ire
folebant ad locum Beelzephon, vt ibi idolo fuo facrificarent.* Cùm verò Pharao
Mofen Dei monitu reuertentem vidiffet,id virtuti Beelzephon afcripfiffe,
ac proinde dixiffe ; coarctati funt in terra,conclufit eos defertum,vbi pro
(coarctati)Hebraica veritas habet נבוכים , hoc eft, perplexi irretiti , &
vt cum Abenezra loquar :

באנשים אשר לא מוצאים עצה ולא יודעים מה יעשו :

*Inftar hominum omnis confilij inopum, & quid facere aut incipere debeant ,
ignorantium* , mente captorum, quod proprium eft ijs , qui incantatione
magicâ infatuati funt,quali Ifraëlitas virtute Beelfephon infatuatos Pharao credebat. Confirmant dicta verba Thargum Hierofolymitani, quæ

idolum in Ifraëlitas vim exeruiffe fafcini , manifefte indicant ; vti paulò
poft citabimus ; imò ipfe Pharao cùm iam Ifraëlitas in eas anguftias reda-
ctos videret, vt elabi non poffe viderentur , in confpectum Beelfephon
veniens, ad placandum idolum facrificia inftituiffe :

ופרעה חוא טעות צפון משתויב וקריב קורבנין :

Et Pharao videns idolum zaphan, veluti refugio fuo facrificia obtulit. Atque

que ex his omnibus fusè demonſtratis patet, Beelzephon non ab vrbe aut
alio loco, ſed ab idolo ibidem ab Ægyptijs culto denominationem ſume-
re; quæque hìc fuſiùs potiſſimum tractanda ſuſcepi, propter eos, qui neſcio qua de cauſa hæc veluti commenta Rabbinorum aſpernentur; hu-
iuſque loci interpretationem ab Hebræis factam non ſatis prudenter ca-
uillentur. Videtur nonnemo vel libros Rabbinorum non intellexiſſe, vel illam falſitatis, ac nugacitatis Rabbinicæ dicam in gratiam Magiſtri ſui Sca-
ligeri, Hebræis impegiſſe. Certè Rabbinorum ſcripta, præſertìm vbi fidem noſtram non cauillantur, & ſi ſuperſtitiones, quas frequenter incurrunt, eximas, prorſus contemnenda non putem, cum ſub nonnullis figmentis & ingenij, quibus indulgent luſibus, multa præclara non ſecùs ac ſub
Sileno quodam cimelia abſcondita contineantur; ſed hæc per tranſennam
dicta ſint; quare eò vndè digreſſi ſumus, redeamus. Porrò quale idolum
illud fuerit, quod ab Ægyptijs cultum, Hebræi appellarunt Beelzephon,
difficilè omninò eſt aſſerere. Thargum Hieroſolymitanum, id cum Phe- *Thargum Hieroſolymit. ſcriptum literis Syriacis.*
gore ſeu Beelphegore confundit.

ܘܐܡܪ ܦܪܥܘܢ ܠܒܢܝ ܐܝܣܪܐܝܠ ܒܚܣܪ ܐܠܘ ܚܒܝܕܝܢ ܗܢܘܢ ܒܡܕܒܪܐ
ܘܚܝܠܐ ܘܦܚܕܐ ܢܝܘܢ ܚܒܝܕܝܢ ܀

*Et dixit Pharao filijs Iſraël, errantes ſunt ij in ſolitudine, præualuit ſuper
eos idolum Phegor, quod eſt è regione deſerti.* Quod inconuenienter dici non
poteſt, præſertìm ſi Phegor hìc pro Priapo, vt hortorum, camporum, ſyl-
uarumque cuſtos & Deaſter eſt, accipiatur. Thargum Babylonicum multa
poſita fuiſſe huiuſmodi idola aſſerit; quibus tamen diuinâ virtute ſublatis & deſtructis, ſolum Baalzephon ex omnibus Ægyptiorum Dijs reman-
ſiſſe ait.

הוא אחרא דטניס דביני מגדול וביני ימא קדם טעות צפון דמשחיר מכל טעוון *Thargum Babylonicum.*
דמצרים בגין דיימרון מצראי בחור הוא בעל צפון מכל טעוותא דאשחיר ולא לקא
רייתון למסגד ליה :

Ille, inquit, *locus eſt Tanis inter Migdol & mare, ante idolum ẓaphan,
quod ſupereſt ex omnibus idolis Ægyptiorum, ideò dicunt Ægyptij, quòd illud idolum Beelzephan electum eſt præ omnibus alijs idolis quæ ſuperſunt, & non confra-
ctum fuit, & venerunt, vt adorarent illud.* Idola autem reliqua à Deo diſſipa-
ta deducit ex illo Numerorum 33. quo occiſis primogenitis, Deum & in
Dijs eorum vltionem exeruiſſe habetur. Qualia autem ea fuerint idola,
ſequentibus verbis demonſtrat:

ומצראי מקברין ית דקטל יי בהון כל בוכרא ובטעוותהון עבד מימרא דייי דינון: *Variæ formæ idolis Beelze- phon.*
דטעוון מכא חרון מחרככין טעוות אבנא מתגרעין טעוות פחרא מתעבדין בקיקין
טעוות דאעא מתעבדין קסם ודבעירי מייתין :

Ægypti, inquit Thargum, *
ſepeliebant primogenitos ſuos, quos Dominus in idolis Dijſq, eorum faciendo vlti o-
nem occiderat, idola verò fuſilia ſeu conflatilia liquefacta ſunt, idola lapide efformata, idola fictilia, vel teſtacea confracta & contrita; idola certâ diuinandi arte, &
Aſtrologicâ ſcientiâ conſtructa, facta ſunt in ſimilitudinem iumentorum ſeu brutorum mortuorum.*

Ex quibus ſolum illud, quod Baalſephon dicitur, remanſit; reliquis vel diuinâ vltione confractis, vel ab Hebræis difcedentibus furto fublatis, (erant enim multa illorum ex auro, argento, aliaque pretiofa materia, confecta) quæ fanè vnica caufa effe poterat tantæ in elapfos Hebræos, Pharaonis, reliquorumque Ægyptiorum exacerbationis & profecutioni continuatæ occafio ; fperabat enim futurum, vt & diuitias, & idola fua, recuperaret; idque auxilio Beelfephon folius reftantis adhuc, quod fciebat eo loco conftitutum, ad quod ægrè Hebræi peruenire poffent; vel fi peruenirent, vi occultâ tamen idoli impediti retrogredi cogerentur, ac fic inter angiportus iftos, veluti in montium quadam naffa deprehenfi, internecioni darentur. Errant hîc interpretes illi, qui aiunt Beelzephon fuiffe canem æneum latratu fuo Ifraëlitas arcentem ; & quamuis ipfi Authores huius faciant Rabbinos , mihi tamen neminem hactenus è Rabbinis, qui id affereret, videre contigit, quamuis fingulari ftudio id inquifiuerim; vndè patet, multa pafsìm Rabbinis, de quibus ne quidem fomniarunt, affingi. Cœterùm verifimile eft, Ægyptios non folùm in Phihiroth imagines magicas feu idola ; fed & in alijs Aegypti locis, quibus aut facilis effet in Aegyptum aditus, aut à quibus fuga Ifraëlitarum timeretur, pofuiffe ; cuius rei non obfcura argumenta præbent Iuppiter Ammon in arenis Lybicis iuxtà catabathmum Ægypti ; Sminthæus Appollo inter paludes & mare in ipfo ex Phœnicia in Ægyptum introitu, veluti loci cuftos conftitutus ; aliaque de quibus vbertìm in hoc opere pafsìm dicemus. Erat præterea moris Ægyptijs, Mercurium veluti viarum cuftodem terrarumque præfidem fub tetragonis lapidibus, quos Hermas vocant, colere ; num forfan celebris ille Hermanubis Ægyptiorum Mercurius, Beelzephon ille Typhonis Borei domitor, de quibus hucufque diximus ? Certè fi interpretes fuperiùs reprehenfi canem iftum æneum pro Hermanubi accipiant, rem acu tangere videntur. Ionathas fanè de quadrangulis petris fuperiùs loquens, non inobfcura Hermarum pofitarum indicat veftigia. Sed hanc difficultatem modò fufpendemus, vfque dùm maior lux affulgeat, magis enim ingenuum femper effe iudicaui, ignorantiam meam in rebus inexploratis adhuc fateri, quàm eam vagis coniecturis, & fine fundamento manifefto pertinaciter tueri. Satis enim me feciffe arbitror, hoc loco certis & folidis rationibus, Beelzephon idolum magicâ arte conftructum fuiffe, & ad impetus hoftium coërcendos dicto loco pofitum, demonftraffe. Quare his relictis ad alia ftylum conuertamus.

C A P V T   VIII.

De Baalgad Idolo Syrorum.

CVm Arias Montanus Baalgad interpretetur Idolum fortunæ, vel felicitatis, ficuti & omnes ij, qui in Iofue commentati funt, vbi capite 11. v. 17. & 13. v. 5. eius mentio fit ; operepretium me facturum exiftimaui, fi hoc loco eius quoque originem explicarem; præfertim cùm neminem, qui de hoc idolo Hebræorum aliquid certi tradiderit, reperiam.

Baal-

Marginalia:

Ægyptij multum confidebant in Beelzephon.

Canis figura fuiffe Beelzephon.

Iuppiter Ammon in Lybia. Sminthæus Apollo.

Mercurius viarum cuftos.

Arias Montanus in Hebr. & Chaldaic. Nominum interpret.

Baalgad igitur olim ciuitas ad radices montis Hermon, quæ mont's Libani pars est, sita fuit, cuius præter sacram Scripturam, aliosque interpretes sacros, meminit Beniaminus quoque Hebræus hisce verbis :

מלאורדיקיא באת ימים בבעל גד אשר חיא מדינה באפסי
ארץ הסן ושל יושבי ארץ מלך מכובר מהם כמו נביא
ובלעדו לא יודעים שר אחר

A Laodicea, inquit, *veni biduo in Baalgad, quæ est ciuitas in finibus terræ Hassin, est incolis princeps, quem venerantur vt Prophetam, & præter hunc, alium non cognoscunt.* Iosue vndecimo dicitur : *Et partem montis, quæ ascendit Seir vsque Baalgad per planiciem Libani, subter montem Hermon.* Vbi Paraphrastes Chaldæus loco Baalgad vertit גומישר, hoc est planiciem seu campum Gad; siue itaque Baalgad nomen vrbis, siue loci campestris, certè nomen suum aliundè non habet, nisi à Gad idolo, eo in loco culto. Est autem Gad apud Hebræos idem quod fortuna bona, quam in Syria olim cultum, colligi potest ex illo 30. Geneseos :

ותלד זלפה שפחת לאה ליעקב בן ותאמר לאה בגד :

Hoc est : *Et peperit Zilpha ancilla Liæ Iacobo filium, & dixit Lia Begad.* Vbi Latina editio habet *feliciter*; Hebræorum plerique, sicuti & Græci Fortunam bonam hic intelligunt. Liamque hoc loco locutam, quasi partui benè esset ominata. Dictis astipulantur in Thargum Onkelos ואמרה לאה : Et dixit Lia, venit Gad, אתא גדא id est fortuna, vel vt Hierosolymitanum habet אתא גיא *athagada*, quod in idem recidit. Cæteri Rabbinorum Gad idem esse volunt, מזם טוב *mazal tob*, hoc est, bona fortuna, siue sidus bonum, aut Genius bonus, voluntque idem esse quod stella Iouis, quam כוכב צדק *cochab zedek* appellant. Sic R. Abenezra hoc loco :

Onkelos.
Thargum Hierosolymit.

Gad idem quod Mazal tob, siue stella Iouis.
R. Abenezra.

ויש אומרים שפירוש גד מזל טוב כאשר הוא בלשון ישמעאל וכמוהו העורכים
לגד שלחן והוא כוכב צדק והנכון לחיותכמו גדודי שמים :

Dicunt autem, quòd explicatio vocis Gad, idem est, quod Mazal tob, sicuti in lingua Arabica etiam, & instruunt ipsi mensam, quam stellæ Iouis appellant & dirigunt eam iuxta militiam cœli. Cui consentit explicatio Rabbi Salomonis.

בגד פירוש בא מזל טוב כמו גד גדי וסינוק לא דימה לו העורכים לגד שלחן : ואגדה
שנולד מחול כמו גודו אילנא :

Bagad explicatio eius est, Mazal tob, siue bona fortuna venit, & dirigunt bonæ fortunæ mensam indicantes. &c.

Nota hìc בגד Bagad diuisim legendum esse, גד בא (cuiusmodi voces Masorethæ notant 15. quæ scribuntur vt vna, ac leguntur vt duæ) significatque Mazal tob, siue quod idem est, fortunam bonam. Vidi ego non semel in Germania Iudæorum ædibus hæc verba superscripta, queis bono Genio se domus custodiam deuouere intellexi. Significant etiam hæc verba idem, quod apud Latinos verba illa, quod felix, faustumque sit ; quibus vtimur, cùm rem magni momenti aggredimur ; his ita explicatis iam non exigua difficultas oritur, quæ sit illa bona fortuna, cuius auxilium auspicaturi opera sua Syri olim implorabant. Mùnsterus Rabbinis assiaftipulatus ait effe כוכב צדק hoc eft, *ftellam iuftitiæ*, quò nomine Iouem appellant Hebræi : *Cocheb Tʒedek*, inquit, *Stellam iuftitiæ denotat, eò quòd liberorum generationi fecundùm Aftrologorum dogmata, radijs fuis conducat, vndè etiam puellæ defponfatæ annulus traditur, in quo fcriptum eft* מזל טוב *Maʒal tob.*

Maʒal tob,
Stella Iouis.

Nam Maʒal eft fidus feu ftella ; vndè dicunt Rabbini, non effe aliquam herbam in terra, quæ non habeat proprium מזל *feu ftellam influentem, & dirigentem in cæ- lo.* Hæc ille. Mazal verò plurali numero nempe מזלות *Maʒaloth* (quod

Mazaloth 12.
figna Zodiaci.

& immutato nonnunquam ל in ר, מזרות *Maʒaroth* fcribitur) nunc plane- tas, nunc duodecim figna Zodiaci fignificat ; iuxtà illud 23. fecundi li- bri Regum ; adolebant incenfum Baal, Soli, Lunæ, planetis ; Hebraica le- ctio habet מזלות, feptuaginta verò interpretum τοῖς μαζουρωθ. & vniuerfæ militiæ cœli. Vndè Suidas :

Suidas.

Μαζουρωθ ἐστι συστήματα τῶν ἀστέρων ἃ ἐν τῇ συνηθείᾳ ζώ- δια καλοῦσι). *Maʒuroth fyftemata funt aftrorum, quæ pafsim animalia appellantur.* Hinc Hebræorum Aftronomi Zodiacum vocant אופן המזלות fcilicet cir- culum Mazaloth feu fignorum. Prætereà non defunt, qui δ Gad δαιμόνιον

Gad dæmo-
nium.

vertant, vt 70. Interpretes capite 65. v. 11. Nam hoc loco vbi Hebrai- ca veritas habet :

חעורכים לגד שלחן והממלאים למני ממסך :

70. Interpr.

Præparantes Gad menfam, & implentes Meni vinum mixtum . Illi vertunt: Ἑτοιμάζοντες τῷ Δαιμονίῳ ϛράπεζαν, καὶ πληροῦντες τῇ τύχῃ κέρασμα. *Præparantes dæmo- nio menfam, & implentes fortunæ vinum mixtum .* Quamuis alij etiam fic ver- tant, præparantes Ioui menfam, & implentes planetis libamen. Quic- quid fit, fiue Gad Iuppiter, fiue fortuna, fiue dæmon dicatur, femper in idem recidit ; cùm hæc nomina fæpè inter fe confundantur, vti ex dictis patet ; in quibus Gad, fiue Mazal tob idem effe diximus, quod Deus, Iuppi- ter, fortuna, Genius, fiue Dæmon. Ex quibus etiam patet, Gad & Baal-

Gad & Baal
gad idem.

gad idem effe, atque olim inter profana Numina, non Gentium folùm, fed & Iudæorum quoque, fi iudicio vetuftiffimorum Græcorum, Hebræo- rum, & Chaldæorum ftemus, recenfita fuiffe, imò & Latinorum ; nam veteri Ifaiæ editione ita etiam legitur : *Qui ponitis Fortunæ menfam, & li- batis fuper eam,* (vbi in Hebraico Legad habetur) In quæ verba fic com- mentatur R. Salomon.

Rafti in 65.
c Ifaia.

שם ע״ז העשוייח על שם המזל ובלשון משנה ישׁ גד גדי וסינוקלא אלמני למניין חשבון הכומרים היו ממלאים אגנות מזג יין ממסך יין מזוג במים :

Nomen eft alienæ feruitutis, cui impofitum nomen planetæ alicuius, vt pha- fi Thalmudica dicitur Gad, Gadi, Sinukla, & Meni, id eft, Aftrologico facerdo- tum calculo, implentes crateres mixtos vinô, libantes vinum mixtum aquâ. R. Dauid Kimchi paulò propiùs ad huius loci explicationem accedit, cùm dicit :

R.dak.

גד פ׳ מזל כלומר מקריבים למזל מן סלוך יאמרו רז״ל שהוא כוכב צדק כי כן יקרא בלשון ערבי והממלאים למני ממסך יין ממסך יין לנסך למני זהוא שם כוכב ויש מפרשים לכובבים מהם מנויים והם שבעה כוכבי לכת :

Et ponitis menfam Gad, quod explicant Maʒal, quafi diceret Propheta li-
tan-

*tantes Mazal, vni ex planetis ; & dicunt Rabb. mem. eorū in benedict. quòd illa
sit Stella Iouis sic vocata in lingua Arabica ; & implent libamen Meni, quasi diceret pacificas & victimas, seu libamen vini ad libandum τῷ Meni; & ipsa stella est,
quæ reuocatur ad septem, quas vo ant errantes . Atque hilcè ponebant*
mensas, in quibus positis idolis libabant, teite paraphrasi Babylonica, quæ
hic loço Gad & Meni haber :

וְהַמְסַדְּרִין לְטָעֲוֹת פְּתוֹרִין דְּרַחֲלַתְהֶם אָגְנִים׃

Et ordinant idolis suis mensis , & Dys suis terrificis crateres .

Nequaquam igitur censendum est, Liam cùm benè ominata partui
Zilphæ dixisset *Begad* ; hanc faustam tantum fuisse exclamationem . Sed
inuocationem Numinis Begad , quo iuxta Gentilium consuetudines &
mores, quibus adhuc irretita erat, inuocato, filium in vita prosperaturum
esse credebat, cui & in signum suæ erga Numen inuocatum fiduciæ , Numinis nomen filio imposuisse, verisimile est ; quasi diceret בָּא גֵד *Veni bona
fortuna , veni faustum Numen.* Quæ cùm ita sint, nihil sanè aliud modò restat, nisi vt vndè Numinis huius Baalgad, cultus, & inuocatio ad Hebræos
profluxerit, iam quoq; explicemus . Verùm cùm Numen hoc antiquissimum, & primis post diluuium temporibus Hebræis vsitatum comperiam,
certè id aliundè promanasse non arbitror, nisi ex Ægypto, quam idolorum Hebræorum Seminarium non incongruè dixero. Verùm vt hæc omnia non vagâ tantùm coniecturâ, sed eâ quâ par est, authoritate, compro-
bentur .

*Lia imponit
filio suo no-
men à Gad
stella felici.*

*Ægyptus gen
tibū Deorum
Seminarium.*

Sciendum est, Astrologorum antiquissimos Ægyptios fata eorum, qui
nascuntur à fortuna siue sorte seu à parte quam vocant, fortunæ, maximè
dependere putabant ; atq; indè περὶ τῶ οἴκ̔ἑς, de re, inquam, familiari, mili-
tiâ, peregrinatione, magistratu, coniugio, opibus, nobilitate, & quæ sunt
id genus alia, iudicabant. Constituto enim themate genethliaco à Solis
loco ad Lunæ, per signa consequentia putabant ; quot in eo numero tot
horoscopo adijciebant, & vbi earum finis, ibi sortem fortunæ collocabant.
Sortem hanc veluti alterum habebant Horoscopum , & alterum ab ea
thema formabant. Et quemadmodum à themate primo ea, quæ ad ipsum
natum, corpus nempè & animam, vti interna spectare possint, petebant,
ita in secundo illa, cuius prima sedes erat sors, fortunam, studia, labores,
& quæ sunt alia externa, quærebant. Hæc est illa fati ratio, quam in
vnam summam natura, vt ait Manilius traxit :

*Astrologorū
Ægyptiorum
optio.*

*Gentiliacum
systema.*

Nam quodcunq́ genus rerum, quodcunq́ laborum
Quæq́ opera atq́ue artes, quicunque per omnia casus
Humana in vita poterant contingere forte ,
Complexa est.

*Manilius l. 3
est ex.*

Labores autem illos, opera, artes, casus singulari vocabulo Ἆθλα vocat Manilius, it vt prima sedes, id est, sors fortunæ sit primum Ἆθλὸν; secundum, hoc est, sors militiæ, secundum Ἆθλὸν; tertia nempè sors rerum
vrbanarum, tertium Ἆθλὸν; eo modò deinceps ordine de reliquis . De
H'oro-

*Ἆθλα
in themata
genethliaco
quid?*

Horoſcopio thematis, quod diximus ſecundum, iuxtà illud :

> *Hunc fortuna locum teneat, ſubeuntibus Athlis*
> *Ordine naturæ ſicut ſunt cuncta locata .*

Nos verò Αʹϑλα non à Græcis mutuata, ſed ab Hebræa voce חתל *hatal* deriuata, aſſerimus . Eſt autem *hatal* idem quod ligare, & מחתלות *macht.t-*
loth idem quod ligaturæ, quaſi loca Syſtematis Genethliaci, ita vniri &
colligari debeant ad ſumendum iudicium, vt nulla deeſſe poſſit, quin,
totum inſtitutum irritum fiat .

  Vt Dodecatemoria autem (vnde duodecim loci ſeu thema gene-
thliacum) ita etiam priſcis illis ſeculis ſortes, vti videtur, in vſu fuerunt ;
vetuſtiſſimi Ægyptiorum Mathematici proprias ferè omnium rerum &
Scholiaſtes
in 3. tetrabi-
bli partem.
quæſtionum ſortes in aſtrorum poſitu capiebant. Teſtatur Scholiaſtes
priſcus ad tetrabibli partem tertiam : Εἴωϑασι ϑ, inquit, λαμβάϳν οἱ Αἰγύπτιοι
κλῆρας πάντων κεφαλαίων, vbi κεφάλαια pro capitibus ſiue angulis, aut titulis duodecim
locorum, ſiue rebus ſpeciatim à Mathematico quærendis ſumuntur . Verbum ſa-
Sors quid ?
ne, teſte Seldeno è Rhetorum vſu acceptum, κλῆρας autem omnes illos ſiue ſortes aut partes, vti nonnulli nominant, reijcit Ptolomæus, vt inutiles præter κλῆρον ſolummodò τ̃ τύχης ſcilicet ſortem fortunæ, quam vetuſtiſ-
ſimo Aſtrologorum dogmate nixam , eodem cuius meminimus modò, &
noꝗturnis & diurnis genituris deduci præcipit, non quidem vt perperam
aliqui interpretantur, à Sole ad Lunam, ſed ab hac ad illum per conſe-
quentia ſigna computatam. Nam ritè ſeruata ratione à Sole ad Lunam,
Seldenus de
Diſs Syris.
numerando, ita ſe habet Luna ad ſortem fortunæ, vt Sol ad Horoſcopum ;
& ſicuti hic & Solaris, ita & illa Lunaris, vt benè notat Seldenus , pars
eſt aſcendens , quod optimè ſanè conſonat thematis Athlorum figuræ
Manilianæ . Luna item apud Ægyptios antiquitus erat propria hæc ſors ;
& ἀγαϑὴ τύχη, quod Hebræorum טוב כזל, & Thargum Hieroſolymitanum
גדא טבא *Geda taba* vertunt, appellabatur . Planetarum enim ſingulis ſuæ
erant ſortes, vt

Saturno	Νέμεσις.
Ioui	Νίκη.
Marti	Τόλμα.
Soli	Ἀγαϑοδαίμων
Veneri	Ἔρος.
Mercurio	Ἀνάϳκη.
Lunæ	Ἀγαϑὴ τύχη.

Hermes Æ-
gyptius apud
Picum Mi-
randulanum.
Malæ aut
Bonæ ſorti
omnia olim
attribueban-
tur.
De quibus Hermes Ægyptius apud Picum Mirandulanum aduerſ. Aſtro-
log. 6. c. 18.
  Hanc itaque ſortem ſeu bonam fortunam tanti faciebant Ægyptij
Aſtrologi, vt penes eam omnes humanæ vitæ mutationes , omnemque facultatum, & honorum, & amicitiarum, & compodorum arbitrium eſſe
crederent . Hanc res humanas ſuſque deque vertere pro ſuo arbitrio; hanc
in ſingulos homines vim habere ; hanc ciuitates , regna ; hanc amicitias
euer-

euertere cùm libuerit ; hanc omnia illa euersa,& iacentia erigere,opulen-
tia,hominumque frequentia replere, & florentiffima efficere arbitrabantur . Quarè fi quid profperum, fi quid ex voto, fi quid felix ex obfcuris
caufis eueniret; aut contra, fi quid turbulentum, moleftum, calamitofum
contingeret,id totum Fortunæ fiue bonæ fiue malæ tribuebant. Hinc Æ-
gyptios Harpocrati leguminibus litantes (quem nos alibi Deum frugum ,
aliarumque rerum nondum ad perfectionem deductarum explicauimus)
exclamantefque Γλῶσα τύχη, γλῶσα δαίμων , *Lingua fortuna lingua dæmon* , vti
Plutarchus memorut, ad nihil aliud nifi ad præfides dictos refpexiffe verifimile eft; imò & id manifeftis verbis innuit Vettius Valens Antiochenus, quem apud Seldenum vide . Dicebant autem γλῶσα, tùm vt Harpocratem digito fuadentem filentia, Deum & fortunæ filium, hominem effe
dicere,morte piandum crimen fignificarent ; tùm vt his vocibus πολύμορφον
δαίμονα, Ifidem, inquam, Ægyptiorum fortunam,Harpocratis matrem facilius attraherent ; vti alibi dicemus . Cùm enim Ægyptij in omnibus
fuis actionibus electionibufque Aftrologicis ad Σηλωνιακον τον ωροσκοπον refpi-
cerent ; fiue προς τὴν ἀγαθὴν τύχην , vel fortem Fortunæ . Hanc autem
ab Hermete Lunæ feu Ifidi dicatâ suprà diximus . Certè non fine ratione
Harpocrati litantes,mediante filio,fortem fortunæ , feu fortunâ bonam, &
vitæ, & bonorum externorum veluti præfidem feu ἔφορον, in lucem pro-
deuntes,Ifidem,inquam, inuocaffe,cenfendi funt . Quam confuetudinem
Hebræi,vti in Aegypto didicerant;ita in Affyriam vicinafq; regiones eam
deferentes, cóferuantefq; ac fingulari cultu, vt 11 בעל fatis demóftrat,pro-
fecuti videntur; quamuis in hoc ab Aegyptijs differant Hebræi, quod hi
Iouem, illi Lunam fub fortuna feu ἀγαθῆς τύχης nómine colerent , & inuo-
carent . Hofcè fecuti funt poft Græcos maximè Latini, qui nullam Deam
maiori cura coluiffe videntur, quam fortunam ; vt infinita propè ei hìc
Romæ infcriptiones factæ teftantur ; quas videbis apud Gruterum, &
Lipfium in theatro antiquarum infcriptionum.

Quæ porrò fuerit fortuna Capitolina, quæ Exquilina , Nortia , Præneftina, Primigenia, Cœca,Seia,Rhamnufia Nemefis, aliaque fortunæ ludibria,noftri inftituti non eft explicare , quare de ijs auidus lector Giraldum confulat integro Syntagmate de ijs tractantem . Fuiffe autem bonam
fortunam eiufque fortem (a qua cæteræ omnes vti a radice deducebān-
tur) in thematis fecundi conftructione pro Dea habitam , delubra à
Græcis & Romanis, vti dictum eft, eius honori erecta fatis, demonftrant.
Solenne enim erat illis ΤΗ ΑΓΑΘΗ ΤΥΧΗ monumenta dedicare . De Romanis quidem Plutarchus in Romaicis n. 107. Διδτι Ρωμαῖοι τύχην σέβον; ωρι-
μιγενίαι λι᾽ αὕτη, ἕκαοι προσὸ γένίαι, ſcilicet, *quamobrem Romani venerantur fortu-*
nam primigeniam? De Græcis verò Chronicon Alexandrinum ijs huiufmodi cultum familiarem admodum fuiffe memorat, & infcriptiones tùm
Romæ, tùm maximè Prænefte *Veneri & Fortunæ primigeniæ* factæ, teftantur ; per primigeniam autem Fortunam, fane nihil aliud intelligi poteft,
nifi Nati Domina, quæ recenter geniti modum felicitatis, arcanis quafi
cœli tabulis defcriberet . Et Iuppiter puer, qui lactens cum Iunone in-
gre-

Harpocratis inuocatio.

Vettius Valens Antioch.

Ifidis inuocatio fub nomine bonæ Fortunæ intelligitur.

Luna bona Fortuna dicta Ægyptijs, Iuppiter Græcis.

Fortuna Capitolina, Exquilina, Nortia, Præneftina.

Plutarchus in Romaicis.

Chron. Alex.

Primigenia fortuna quid?

gremio Fortunæ Prænestinæ olim sedit, castissiméque à matribus cultus est ; idipsum satis aperire videtur. Atq; hæc de bona Fortuna sufficiant.

Ex quibus patet, Baalgad Hebræorum seu Gad , siue is fuerit Iuppiter iuxtà mentem Rabbinorum, siue Regina cœli, Luna, Isis iuxtà Ægyptios, siue vt alij גד pro שׁמים גזרד Gedud haschamaim , id est, militià aut exercitu cœlesti, quomodo eum explicat R. Abenezra, accipias ; certè fortunæ themati hactenus explicato non malè conuenire. Reginam cœli eandem cum fortuna cœli facit Philastrius : *Est*, inquit, *hæresis inter Iudæos, quæ Reginam, quin & fortunam cœli inuocat, quam & cælestem vocant in Africa, eiq́ sacrificia offerre non dubitabant*. Nec inconuenienter ; Luna cùm id est Regina cœli, & sors sua pro eodem possint vsurpari. Verùm de his omnibus fusiùs tractabimus , cùm de Ægyptiorum antiqua Astrologia, eiusque mysterijs verba faciemus .

CAPVT IX.

Thamuz, seu Adonis Idolum Hebræorum & Phœnicum .

Ezechiël, postquam nefarias Troglodytarum superstitiones , atque omnigenas Numinum effigies, quas veluti in Pantheo quodam adorandas Sacerdotes collocârant, monstrante Domino, conspexisset ; ecce ad portam templi Aquilonare, mulieres quoque sese offerebant, quæ considentes solennibus lamentis plangebant Thamuz. *Et introduxit me ad* **8. Ezechiëlis.** *ostium portæ domus Domini, quæ est ad Aquilonem, & ecce sedebant ibi mulieres* **70. Interpres.** *plangentes Thamuz*. Græca 70. Καὶ ἰδὲ ἐκεῖ γυναῖκες καθήμβοι θρηνᾶσι Θαμμῦζ.

Chaldaica paraphrasis. Chaldaica paraphrasis :

וחא תמן נשׁיא יתבן ויבכתן ית תמואָ:

Per Thamuz igitur hoc loco intelligitur idolum, quod tamen quale fue-
Quale idolû fuerit Thamuz. rit, variant interpretes ; putarunt quidam imaginem fuisse in cuius oculos plumbum imponeretur, & quæ admoto igne & plumbo liquefacto flere videretur ; sic R. Salomon Iarchi hoc loco ; verba subiungam.

Rasi in eis. locum Ezekiel.

מבכות את התמוז צלם אחד שׁמחממות אותו מבפנים
וחיו עיניו שׁל עופרת והם נתובין מחום ההיסק ונראה כאילו
בוכה ואומרות תקריבו הוא שׁואל תמוז לשׁון היסק כמו
על די חזה למויזה ואתונא אין יתירא מבכות את התמוז
פיישׁנט פלוריד לאלק אלפן בלעז:

Plangentes Thamuz, scilicet simulachrum quoddam , quod calefaciebant intus, & oculis eius ex plumbo, quod illi dolo infuderant ; plumbo itaque calore li-
Idolo indit plumbum , quo liquefacto flere videbatur. *quefacto imago videbatur quasi flere ; & dicebant mulieres accidite, ille petit quippiam, apparebat sicut species fornacis accensi*. quasi diceres Gallicè Fissantes pleurer , le Dieu escaillè. Quibus verbis R. Dauid Kimchi astipulatur hoc loco sequentibus verbis :

ושׁ

יש מפרשים כי מבכית הוא כנוי ר ל משמחות את התמוז בירח תמוז היו עושים
חג לע'ז והיו הנשים באות לשמחו ו'מ שהיו עושים בתחבולות שיבאו המים לעיני
ע'ז הנקראת חמוז והיו בוכה לומר שהיה שואל שעבודהו :

Explicant, inquit, quòd (flentes) reuocentur ad tripudia & gaudia, quæ
mense Thamuz in honorem Thamuz celebrabantur, nam hoc mense festum istuc
idolo faciebant, & venire solebant mulieres, vt gauderent: & explicant hic quòd
fecerint in dolo & fraudulentia, vt aquis ex oculis idoli Thamuz erumpentibus id
flere videretur, fletuq́; rogare, ac seruitium diligens extorquere à suis cultoribus.
Rambam in directore perplexorum ex mente Sabæorum ait, Thamuz
fuisse Prophetam quendam idolorum, qui à Rege quodam iniustè interfectus ab imaginibus ex omnibus mundi angulis in Babyloniam ad auream Solis statuam confluentibus sit tota nocte deploratus, verba eius
funt :

ובספר נזכר ספר על איש מנביאי ע'ז שהיה שמו תמוז קראו מלך לעבוד השבעת
כוכבים והשנים עשר מזלות והרגו המלך ההוא הרג משונה וזכר שליל מותו התקבצו
הצלמים מקצות הארץ אל ההיכל אשר בבבל אשר לצלם הזהב הגרול אשר הוא צלם
השמש והיה הצלם נתלה בין השמים והארץ ונפל באמצע ההיכל והצלמים כלם סביבו
והתחילו לקנות על תמוז ולהגד מה שקרהו והצלמים כלם בוכים ומקוננים כל הלילה
וכעלות השחר עפו הצלמים ושבו להיכליהם בכנפות הארץ והיה זה מנהג מתמיד
בתחלת יום מחדש תמוז יקוננו ויבכו על תמוד :

In prædicto verò libro, ait Rambam, narratur de quodam Sacerdote seu Pro-
pheta gentili (idolorum) qui dictus est Thamuz; qui cùm prædicaret cuidam
Regi, vt seruiret septem stellis & signis duodecim; præcepit Rex eum interfici
graui morte. Nocte verò mortis ipsius conuenerunt omnes imagines ab extremis
terræ in templo Babylonis ad imaginem auream magnam, quæ scilicet erat imago
Solis, & pendebat inter cælum & terram, & cecidit in medio templo, &
omnes imagines seu simulachra circunquaque; & narrauit eis quicquid contige-
ratThamuz; imagines verò flebant & lamentabantur per totam noctem, manè
verò euolauerunt omnes imagines ad templa sua vsque ad extremum terræ; & con-
suetum est in anno semper in principio die mensis Thamuz lamentari & flere super
Thamuz. Hæc Rambam. Atque huic Thamuz Prophetæ idolorum vi-
detur affinis esse Thamud iste toties in Alcorano decantatus; hunc enim
Apostolum & Prophetam dicit; hunc prædicasse ait, Deumque propitium omnibus ijs, qui fidem eius verbis haberent, reddidisse; hunc nullum
scire ait nisi Deum, sic enim surata 14. ادراهم dicta :

وقال موسي ان تكفروا انتم ومن في الارض جميعا فان الله الغني والحميد الم يانكم نبو
الزين قبلكم قوم نوح وعاد وثمود هورسول الله والزين من بعدهم لايعلمهم الا الله ﷺ

Et dixit Moses, si abnegetis vos, quicunque in terra simul, profectò Deus
diues laudabilis. Nonne venit ad vos fama eorum, qui ante vos populi Noé, Vaa-
di & Thamud sic Apostolus Dei, & qui post eos, non scit eos nisi Deus. Sed de
hoc inferiùs videbimus. Præterea Dauid Kimchi in octauum Ezechielis narrat, Thamuz à multis quoque sumi pro animali quodam, quod habebant ij, qui simulachrum Thamuz colebant:

ויש מפרשים התמוז שם היה שהיו עובדים צלם שלהם ותרגום ויערון תמוזין :

Explicant autem Thamuz idem esse quod animal, quo vtebantur Thamuz co-
latræ

Thamuzani-
mal idololat-
ris vsurpa-
tum.
Thamuz idé
qui Adonis.

latræ iuxtâ Thargum & obuiauerunt Thamuzin. Sed de hoc ille viderit;
quicquid fit, omnium optimè fentiunt ij, qui Thamuz eundé faciunt cum
Adonide, quemadmodum D. Hieronymus, qui hoc loco pro Thamuz legit Adonidem, verba eius funt : *Adonis fiue Thamuz,* inquit, *menfe Iunio
Amafius Veneris, pulcherrimus iuuenis occifus, & deinceps reuixiffe narratur ;
eundem Iunium menfem eodem nomine appellant Hebræi, & anniuerfariam ei celebrant folennitatem, in qua plangitur quafi mortuus, & poftea reuiuifcens canitur
atque laudatur.* Huic congruit Author Lexici Alexandrini, qui Adonidem cum Thamuz quoque confundit fequentibus verbis :

Lexicon Alex.

Τὖτῳ τῷ τεῖάϱτῳ ἐτί Μἰωὶ πέμπῖῳ Ἐζεκιὴλ Πϱοφητϱ̃ { ϖεὶ ὦν ἐποίᾳ ὁ οἶκϱ. Ἰζϱαὴλ αἰ-
μιῶν, κỳ δικάτη πάλιν τἒ αὐτἒ πέμπῖἒ ὁ αὐ̃τϱ̃ ὅπὶ πλείον αἰϱομούτων αὐτῶν, κỳ τἒ Θαμὖζ· ὅπιϱ
ἐϱμωαδὖᾳ) Ἀδωνϊς Θϱυνσαίτων ϖϱϱφητϱ̃ᾳ ἐλέγχων, κỳ ὀνϱδίζων τὸν Ἰζϱαὴλ τὰς αἰσφίας αὐτϖ̃ν.

Hoc quarto, inquit, *anno, quinto menfe vaticinatur Ezechiël de ijs, quæ domus
Ifraël impiè agebat. Et rurfus decima eiufdem quinti menfis, idem de maioribus
malis præuaricantium & lamentantium Thamuz, quod Adonis Græcè vertitur,*
&c. Præterea Thamuz & Adonidem eundem docent effe vtrique communes in folennitatibus eorum habitæ cœrimoniæ, communis menfis vtrique dicatus, communes vtrique planctus & lamentationes exhibitæ.

Adonidi &
Thamuz eæ-
dem folenni-
tates.

Adonis quidem ab apro occifus deploratur à Venere amante eum, quæ
cùm inferos enixè deprecaretur, vt viuus reftitueretur Amafius, ac eius
amplexibus ipfius denuò bearetur, inuidente Proferpina, tandem eft tranf-
actum, vt alternis vicibus vtraque Dea iuuenis amore fex menfibus frue-
retur. Meminit huius Adonidis eiufq; folennitatis Lucianus in Dea Syria.

Lucianus in
Dea Syria.

Λέγϱσι γὃ δὴ ἐν τῷ ἔϱχον τὸ ἐς Ἀδωνιν ὑπὸ τϖ̃ συὸς, ἐν τῇ χώϱῃ τῇ σφιτέϱῃ γϱνέϑỵ, κỳ μνή-
μίω τϖ̃ πάϑϱ., τύπῖον) κỳ ἑκάτϱ ἔτϱ., κỳ Θϱλνέϱσσι, κỳ τὰ ὄϱγια ὅπιτῖέϱσι, κỳ σφίσι μι-
γάλα πένϑϱα αἰα τἰω χώϱίω ἵνα). Ἐπὶεὶ δὲ ἀποτύψωϋ̃) τε κỳ ἀποκλαΰϱωϱᾳ) πϱϖ̃τὰ μ̀ρ ὑ̃
γίζϱσι τϖ̃ Ἀκωνίδ᾽· ὅκως ἐόντι νεκ ỵ. κỳ τῇ ἱτέϱῃ ἡμέϱῃ ζῴϳν τε μ̀ρ μυϑολογέϱσι, κỳ ἐς τὸν ἠέϱα
πέμπϱσι.

Adonis ab
Apro occifus.

*Dicunt enim in fua regione contigiffe, vt Adonis ab apro ictus fuerit, atq; ad
eius rei memoriam finguli quotannis fe plectunt & lamentantur, & diem celebrant, & magnus luctus in illa regione per id tempus exoritur ; vbi verò fe per-
cufferint, & luxerint, primùm Adonidi inferias perfoluunt, tanquam vitâ defuncto ; deindè altero die ipfum viuere inquiunt, & in cœlum mittunt.* Hæc Lucianus. Meminit quoque huius luctus Gratius Poëta libro de venatione.

. . *flet adhuc, & porrò flebit Adonim ,*
Victa Venus.

Thamuz ve-
rius nil aliud
quam Ofiris
Ægyptius à
Typhone oc-
cifus & plan-
ctus.
Stephanus de
Vrbibus.
Duo Adoni-
des Cyprius
& Byblius.

Hinc & Orpheus in hymno ab honore lachrymarum, qui illi impende-
bantur δακϱύτιμον Adonidem vocat. Quæ omnia cùm diligentiffimè confidero, certè Thamuz feu Adonidem nil aliud effe arbitror, quàm Ofiridem Ægyptium. Aftipulatur primò fententiæ meæ Stephanus de Vrbi-
bus : Ἀμαϑϱς ἣ πόλις τ̃ Κύπϱυ παλαμϱ̃ᾳτη, ἐν ἣ Στεφᾱρϱ ἐϳ Ἀδωνις Ὄσιϱις. *Amathus,*
inquit, *ciuitas Cypri antiquiffima, in qua colebatur Adonis Ofiris.* Qui cùm
Ægyptius effet, Cyprij & Phœnites proprium fecerunt : ex quo patet
quoque duos fuiffe Adonides, Cyprium vnum, alterum Byblium, qui vt

in.

in plerifque gentilium Deis fit, confunduntur. Iterum Thamuz & Adonidem eundem cum Ofiride teftatur mors, quam ἀφανίζμον, & reditus in vitam, quam εὕρεσιν appellabant, quæ vno eodemque menfe Ægyptijs, & quotannis celebrabantur; menfe nempe Athyr, qui poft annum Nabonaffareum ab Augufto fixum, in Nouembrem Iulianum incidit; vt bene notat Seldenus. Mortem autem Ofiridis & reditū, eodem quoq; tempore celebratum Plutarchus tradit, & vetus Romanorum Calendarium in Nouembri εὕρεσιν, feftum habet, quod repertū Adonim fiue Ofiridem denotat, ab Ægyptiorum moribus propagatum; Athyr Ægyptiorum fixus procul, vt vides, abeft ab Hebræorum menfe Thamuz, fcilicet Iunio, in quo luctus & εὕρεσις τῆ Thamuz inftituebatur; quod tamen, vt intelligatur Selden. in Synt.2. de Dijs Syris.

Anni vagi Ægyptiaci ratio.

   Notandum eft, in anno vago Ægyptiorum, nullum fuiffe feftum, nullum menfem (vt foli illi fciunt, quibus reconditior eft rerum Ægyptiacarum cognitio) qui non vnumquemque, non menfem folùm Iulianûm, verùm & diem totius anni pertranfibat in magna illa CIↃ CD LX. annorum periodo; poftquam autem figeretur ab Augufto annus, fefta fua vnufquifque menfium retinuit eâ ferie, eâ anni tempeftate, quâ tunc erant peragenda; fixo anno, figebantur menfes & fefta.

1460

   Iudæorum autem annus non ita vagus, menfem Thamuz ab æftiuo Solftitio nunquam difterminabat. Eadem igitur facra, & ob eundem planctus ille vtrifque videntur fuiffe. Et Ægyptijs menfe Athyr vago, ad morem patrium; Iudæis verò menfe fixo Thamuz; atque in hifce omnibus mecum confentit Seldenus.

   Non mirùm igitur, fi Iudæi vbi à vicinis traxerunt nomen Adonidis & Ofiridis, ita à menfe, in quo vterque celebrabatur, in Thamuz mutarunt; maximè cùm folennis etiā idem fuerit ritus in Ægypto. Alexandrini enim eô ipfo die, quô feftū planctus fiue Ἀδωνιαζμῶ apud Byblienfes in Phœnicia eft celebratum; quotannis epiftolam ollâ feu vafe iunceo, aut papyraceo inclufam, peractis rite cœrimonijs in mare mittebant, quæ fponte Byblum ferebatur, & repertum Adonim Ofiridem nunciabat. Hoc quamprimùm acceperunt Byblienfes, quæ expectabant mulieres, gemitus & lamenta ob amiffum Adonim, & iam denuuò repertum in facra commutabant gaudia; miràque lætitia, quod reliquum erat fefti, Deum excipientes peragebant. Meminit huius legationis Procopius in Ifaiam ad cap. 18. Feftum Adonis à Byblienfibus in Phœnicia celebratum.

Procop. in c. 18.

   Φησὶ γὸ Ἰεζεκιὴλ καὶ εἶδον, καὶ ἰδοὺ ἐκεῖ γυναῖκες καθὰ μόνας θρηνέσι Θαμάζ. ὅπερ ὀξὶ τὸν Ἀδωνῖν. Ἐποίεων δέ τι τοῖστον οἱ τὼ εἰρημένην πόλιν οἰκοῦντες. Κεραμὸν λάβοντες ἐνέβαλον ὅπις ὁλίω ποφ, ἧς ἐν Βύβλω γυναῖκας ὡς ἀφωθέντΘ ἈδωνιδΘ. Εἶτα σφραγίζαες ἐνέβαλον τῇ θαλάττῃ τῆς ἕτις τινὰς ἐπ᾽ αὐτῷ πωιζαμλμοι, καὶ ὡς οἱ πωιπωοῦντες ἔλεγον. αὐτομάτΘ εἰς Βύβλον ἀπεκομίζετο, καὶ πᾶσιν θρηνίαᾱ τᾶ ὲκεῖ γυναῖξιν ἀπερχζετο.

   Nam & apud Ezechielem in hæc verba legimus; Et vidi, & ecce fedentes mulieres Thamuz (id eft Adonim) lugebant. Tale verò quippiam erat, quòd vrbis illius ciues efficiebant; in teftam literas ad mulieres, quæ Bybli erant, tanquam Adonide reperto conijciebant; quæ obfignata poftea, facrifq; peractis in mare demiffa (vt dicebant qui mittebant) Byblum fponte deferebatur, lugendiq; ciuitatis mulieribus finem aduentu fuo faciebat. Ifidem penè verbis rem explicat Cyrillus. Vas verò illud feu ollam caput papyraceum vocat Lucianus βυβλίνω Cœrimoniæ in repertione Adonidis celebratæ.

Cyrillus.
Lucianus

κεφα-

Epiſtola diui-
nitus appellit
ſeptem dierū
ſpatio.

κεφαλù, eamque diebus ſeptem ex Ægypto Byblum ait, mari ac vento diuinitus præparatis tranſuehi ſolitam. R. Dauid Kimchi בלי גומא inſtrumenta iuncea, vel etiam ספינות גומא id eſt, naues iunceas vocat :

Radak.

השולח בים צירים הוא חמלך אשר מעבר לנהרי כוש
ישלח מלאכים דרך ים ובכלי גומא ישלחם ופי ספינות
עשויות מהגמא והם קלות ללכת עלפני המים :

Ille mittens per mare Legatos, ille, inquit, *Rex erat, qui trans flumen habi-*
tabat in Æthiopia, hìc mittebat nuncios via maris , & in inſtrumentis ſeu vaſis
iunceis; & explicant arcas ſeu naues factas è iunco, papyro, ſeu ſcirpo ; ſunt enim
R. Saadias l.
de fide.
huiuſmodi leues ad tranandum mare . Rabbi Saadias in libro de fide ea vocat
ערפות גומא ſcirpeas fiſcellas ; ab Ægyptiorum autem more de literis iunco incluſis, & per mare Byblum tranſmiſſis, interpretatur Procopius an-
Literæ iunco
incluſæ.
te citatus illud Iſaiæ c. 18. mittens per mare legatos, & in vaſis iunceis per
ſuperficiem aquarum, vbi ὑπιϛολὰς βυβλίνας habent Septuaginta. Huic igitur
Epiſtolæ By-
blinæ quid ?
ἀφανισμῷ και εὑρεσι Adonidis omninò reſpondet ζήτησις Oſtridis, de qua ſuprà
capite de Oſiride fusè diximus. Phœnices verò, Cyprios, Hebræoſque ab
Oſiris cum
Adonide
idem.
Ægyptijs mutuaſſe huiuſmodi cœrimonias, ex ijs, quæ hactenus de Adonide & Thamuz dicta ſunt, ſatis ſuperque demonſtratum eſt. Nam vt ſuprà
diximus, Sacerdotes Ægyptij ſtatis anni diebus in abditis ſe têpli partibus
corpus Oſiridis, & idolum fingebant habere ſepultum ; ſed ignoto loco
omnibus, quem & eo ipſo die veluti à Typhone (quem aprum ob fero-
ciam & immanitatem vocabant) interfectum, cum ſumma mœſtitiæ ſigni-
ficatione, atque enormi lamentatione plangebant. In ſignum verò la-
ctûs capitibus raſis, pectora percutientes per vicos & compita circumua-
gabantur ; quæ omnia apprimè congruunt ijs, quæ ſuprà ex Luciano de
planctu & cœrimonijs Adonidi fieri ſolitis adduximus.

Comparatio
parallela.
Quòd igitur Ægyptijs eſt Oſiris à Typhone interfectus, ab Iſide &
ſodalibus eius deploratus ; hoc Phœnicibus & Syris eſt Adonis ab apro
(quo nomine Typhonem dictum ante inſinuauimus) occiſus, à Venere
& Proſerpina deploratus, & ab inferis reuocatus. Iterum quemadmodum Aegyptij per Oſiridem eiuſque obitum myſticè intelligunt Solis
receſſum ; ſic & Phœnices per Adonim nihil aliud intelligebant, niſi Solem illum, qui rebus omnibus præbeat nutrimentum & germinandi facultatem, iuxtà illud Orphei :

Orpheus in
hym. Solis
hymn. in A-
donim.

Εὔβελε πολύμορφε ζωφὴ πάντων ἀείδηλε
Κύρη, και κόρε σὺ πᾶσι θάλθ᾽ ἀιος Ἄδωνι
Σβεννύμφυε λάμπων δὲ καλαῖς ἐν κύκλαισιν ὥραις.

Qui cunctis alimenta refers , prudentia cuius
Plurima, qui variô lætaris nomine Adoni,
Germinum & idem Author, pariter puer atque puella
Extincte, atque iterum ſplendens labentibus aſtris .

Hinc

Hinc Syriacè Adonim dicebant, quasi diceres Dominum, teste Hesichio : Ἀδωνὶς ἑαυτῆς ἀπὸ Φοινίκων· Laconibus quoque κῦεις & κῦεις Adonis dictus, id est, κυει⊙, eodem teste ; & Ptolomæus de Orientalibus, qui Trigono Aquilonari subsunt, Venerem adorant, & Martem Adonim, seu Dominum eum appellantes, Καὶ μυστήρια τίνα μὴ θρηνῶν ἀποδιδόντες αὐτοῖς. *Et mysteria* *eorum cum planctu celebrant.* Finxerunt enim antiqui, qui Adonim Solem esse putarunt, illum ab apro hirsuta & aspera fera ictum, quòd aspera sit & hirsuta hyems, per quam Solis vires paulatim deficiunt, ea res est omninò Veneri inimica, quoniam per aëris temperiem viget Venus, 'frigus verò, veluti inimicum naturæ opus abhorret. Cùm Sol igitur in signis sex australibus extiterit per signiferum incedens, breuioresque fuerint dies, ac longiores noctes, tunc dicitur Adonis apud inferos morari cum Proserpina; cùm verò signa Borealia longiores dies fecerint, tunc est apud Venerem, per quam omnis venustas, omnisque nidor aruis restituitur, iuxtà illud Orphei :

> *Qui modò sub terris habitas, & tartara nigra,*
> *Frugiferumá, refers in cœlum corpus.*

Hinc festum quoque Adonidis mense Thamuz circa Solstitium videlicet æstiuum, quô Sol Boreales partes relinquendo, ad Australes commeat, celebrantes, nihil aliud voluerunt ij, qui primùm has nœnias instituerunt, quàm Solis accessum & recessum, quem vt amissum nunc lugebant, & renatum lætis excipiebant auspicijs ; sed & de his, & similibus in sequenti Syntagmate proprio loco, & ex professo agemus.

Quare patet ex dictis, Osiridem, Adonidem, Thamuz, nomine quidem diuersum, re idem omninò esse ; cœrimonias quoque aliunde non nisi ex Aegyptiorum schola promanasse. His igitur rite sic consideratis, vna adhuc difficultas, quam quidem nemo hactenus attigit, restat discutienda, vt omnia, quæ hactenus dicta sunt, de plangentibus Thamuz omninò aptemus. Est autem sequens : Cur videlicet Osiris & Adonis ab Hebræis vocentur Thamuz, & vndè illud nomen ; num à mense ad idolum? num verò ab idolo ad mensem translatum sit? Quid igitur peregrinæ literæ de hoc nobis manifestauerint, videamus.

Abenephius in libro de seruitute Aegyptiaca, ait, Thamuz (quod nos vel mensem, vel idolum interpretati sumus suprà) deriuari à Rege quodam Aegypti nomine Tamusi, dicitque eum primùm fuisse rituum & cærimoniarum ; quæ in luctuosa illa Osiridis solennitate obseruari solebant, institutorem ; regnasse autem eum illo tempore, quo filij Israël in Aegypto commorabantur; cùm verò huiusmodi luctus maximè fierent circa Solstitium æstiuum, quo Sol æstiuâ conuersione retrogreditur ad Austri partes; Hebræos ritibus hisce & annuis lamentis assuetos, eos postmodum eodem tempore etiam, dùm extrà Aegyptum viuerent, frequentasse, ab eorum institutore Thamusi, non idolum solummodò, sed & mensem quoque Thamuz appellasse ; verba eius Arabica subiungimus :

تموز

Abinephi.

حين ما بني اسرائيل عمروا في الارض مصر كان بعض من الملوك مصر وعوعليهم

وفلسوفي اسما ثموزي هو اول من اقام العبره الاصنام والحدود الاههم الذين فتشوا

فيهم اوسبريس بمكا وعويل كثير وانا بني اسرائيل اختلطوا مع لمصربين واذعلوا

اعمالهم فلما رخعوا الى سكورتهم اقاموا لحدود المصردون واكملوا لرذابهم بمكا وذوح

كعادة المصردون وكان بسمون الشهر الذي بكوا فيه ثموز من الملك اسمه ثموزي

Eo, inquit, tempore, quo Ifraelitæ in terra Ægypti commorabantur, quidam
è Regibus rerum in Ægypto potiebatur nomine Thamuzi ; fuit autem iste Rex
primus, qui ritus & cærimonias in luctuosa illa Osiridis festinitate exhiberi solitas
Thamusi Rex primus instituit solennia Isiaci luctus. instituit, quotannis repetendas; Hebræi verò cùm Ægyptijs commixti, opera eorum
discerent ; ecce in regionem suam reuersi, & sacrificijs eorum initiati quotannis il-
la cum eo planctu & luctu, quò in Ægypto solebant, celebrârunt. Mensem autem
in quo hæc celebrari consueuerant ab eorum institutore primo Thamuzi , Thamuz
appellarunt. Sic Abenephius ; quæ sanè Chronologiæ Regum Aegypti,
quam in primo Syntagmate exhibuimus quàm optimè congruunt ; nam
& circa idem tempus , quo Thamuzi regnasse dicitur, reperio Tetmosis,
quem alij etiam Tamosin appellant, è quo sane magna Thamuzi nominis
vestigia apparent. Præterea tradit Eusebius ex Manethone, hunc Regem
Tetmosis idé qui Thamuzi persecutor Israeliarum. floruisse tempore persecutionis filiorum Israël. Ex quo concludi potest,
eum nimió zelo, quo erga patrios Deos, & cærimonias, sacrificiaque eo-
rum ferebatur, contra Ifraelitas veluti idolorum, rituumque Ægyptiorum contemptores, crudelem eam persecutionem mouisse; quin & Phi-
Philastrius. lastrius ad hunc quoque alludere videtur, dùm dicit : Tamur (lege Ta-
muz) filius fuit Regis gentilium , cuius Iudææ mulieres simulachrum cum fletibus adorabant, impietatemá gentilium colentes, ei offerre sacrificia non desinebant.
Adijcit autem, quasi ex Ægypto nomen peteret. Thamuz enim Pharao ille dicebatur Rex Ægyptiorum, qui sub beato Mose , Ægyptijs præsidebat illo tem-
Plato in Phæ-dro. pore. Certè Plato in Phædro Thamuz quoq; cuiusdam meminit regnan-
Taut quis ? tis, tempore Mercurij Trismegisti, quem Taut appellat ; quæ omnia simul
comparata , optimè ijs, quæ hactenus de Thamuz diximus, quadrare
videtur. Quod verò Rambam dixit, Thamuz fuisse Prophetam idolorum, qui mortuus ab omnibus terrarum simulachris in Babylonia conuenientibus fuerit deploratus ; hinc originem suam traxisse videtur, quod
Ægyptij putarent, omnes eos, qui seduli fuissent in vita patriorum Deorum cultores ; eos post mortem publico Deorum conuentu, Heliopoli aut
Memphi (quam vrbem multi Babyloniam Aegyptiam dixerunt) instituto honorari; ijsque cum fletibus inferias peragi; quibus peractis, eos ad vitam beatam perduci. Atque ex his omnibus apparet, quâ ratione tot, ac
Conciliatio sententiæ di-uersorum de Thamuz. tam diuersæ de Thamuz, eiusque cærimonijs allatæ sententiæ sint conciliandæ ; omnes enim Isiacam, Aegyptiacamq; solennitatem festiuitatem-
que respicere videntur ; Thamuz autem non propriè Adonidem, vel Osiridem significat, sed nomen ab eo Rege, qui cærimonias Isiacas , si Abenephio credamus, primus instituit, nomine Tamusi, deriuauit ; quæ si benè distinguantur, facilè ea, quæ paulò ante ex Philastrio, Rambam , Alcó-
rano, alijsque ab historica veritate cœteroquin absonis, adduximus , con-
cilia

ciliabuntur ; omnes enim illi, vti dictum Regem Aegypti Isiacæ festiuitatis Authorem, Thamusi nomine, in nominis impositione ; ita in luctu ritibusque Isiacorum consuetudinem obseruasse videntur .

CAPVT X.

Apis seu Vitulus aureus .

HEbræos olim in deserto Vitulum seu Bouem aureum adorasse ex illo Exodi 32. luculenter patet : *Videns autem populus , quòd moram faceret descendendi de monte Moyses, congregatus aduersus Aaron, dixit ; Surge, fac nobis Deos, qui nos præcedant . Et paulò post : Formauitq́, opere fusorio, & fecit eis vitulum conflatilem ; dixeruntq́, filij Israël, hi sunt Dij tui Israël, qui eduxerunt te è terra Ægypti.* Vbi etsi Hebraicum עגל, & Græcum μόσχ@, Vitulum sonent, sæpe tamen in sacra Scriptura hoc nomen עגל pro שור positum reperimus ; vt Psalm. 105. ועשו עגל בחרב *Et fecerunt vitulum in Horeb* , vbi pro עגל *ægel* שור *schur*, hoc est, Bos legitur, imò id satis paraphrastes ille Metricus Apollinarius in hunc locum demonstrat, cùm Vitulum hunc vocat κεραξικία μόσχον hoc est, cornibus iam apprehensibilem . In Exod. 32.

Εν δ' άρα χωρίβῳ κεραξικία μόσχον ἐτάξαι.
Omitto hìc Ionathanis paraphrasin Chaldaicam, qui in caput 13. Oseæ commentans pro עגלים traducit חוריא hoc est, Boues . Herodotus quoque famosissimum illum Bouem, quem Apim vocant, passim μόσχον, teste Diuo Athanasio, nominat ; pro eodem igitur sæpe sumuntur Vitulus & Bos ; quæ ideò præmittenda hìc duximus, ne Lectorem forsan scrupulus eius in lectione sequentium retardaret . His itaque intellectis, tria nobis in hoc capite potissimùm examinanda sunt ; Primum est, quodnam sculptile aut conflatile fuerit hoc idolum ? Alterum est ; vtrum hìc Bos verè fuerit idem ac Apis Aegyptiorum ? Tertium est ; quomodò hi ritûs Apidis ex Aegypto ad Hebræos promanârint. Vzielides in c. 13. Osee. Athan. contra Gentes.

Quale fuerit idolum Israelitici Vituli.

Ad primum, quod attinet, non desunt, qui putent Aegyptios non integrum Bouem, sed bouinum solummodò caput adorasse, sic antiquus Scriptor Tertullianus, qui libro tertio aduersus Iudæos, ex auro conflato Bubalum caput processisse ait ; cui astipulatur Optatus Mileuitanus ; *Temporibus*, inquit, *Mosis, populus Israel caput aureum vituli coluit .* Lactantius de vera Sapientia, c. 10. *In luxuriam*, inquit, *prolapsi ad profanos Ægyptiorum ritus, animos transtulerunt ; cùm enim Moses Dux eorum ascendisset in montem, atque ibidem quadraginta dies moraretur, aureum caput Bouis, quem Apin vocant, quod eis signo præcesserat, figurarunt .* Aureum itaque caput vituli dicti Authores ponunt, non quod idolum præcisè fuerit μοσχοκέφαλον, sed hoc loco iuxta idiotismum Hebraicę linguæ locuti videntur, quo sæpe pars pro toto sumitur, vt illud 2. Regum c. 3. *Nunquid caput canis ego sum ?* Accedit quod huiusmodi modus loquendi ferè originem suam traxerit è communi illo Gentilium dicterio, quo Christianos, meliùs dixeris , Iudæos, nunc caput asini, nunc porci adorasse blaterabant ; de quibus lege Tertull. aduersus Hebraeos l. 3. Optat. Mileu. l. 3. Lactant.

Vtrum caput tantùm Vitulinum adorarint.

2. Reg. c. 3.

Appio-

Appionem apud Fl. Iofephum, multa temerè de hoc Numine ὀνοκεφάλῳ effutientem. Diodorum Siculum de ftatua lapidea in templi Hierofolymitani adytis ab Antiocho Ehiphane reperta, figurâ humanâ, barbâ promiffâ, & quæ teneret manibus librum ; item Gnofticorum, quem infcribunt, ἡ γέννα μαρίας librū, in quo mira de Zacharia perempto ob afininū Numen, inter facrificandum, ab eo confpectum, & vulgò proditum, fcelefti oftentabant. Et quem Sabaoth inter Numinum portenta vocitabant, eorum nonnulli afini, alij porci figuram habere prædicabantur ; Φασὶ δ', fcripfit Epiphanius, Τὸν Σαβαὼθ οἱ μὲν ὄνε μόρφlω ἔχεν, οἱ δὲ χοίρε. Tacitus quoque loquens de effigie, qua monftrante errorem fitimq; depulerant, in penetrali facrato, afinum intelligit. Hic itaque cultus capitis Afini, Bouis, Porci, pafsìm apud Authores confufus cernitur ; vndè colligere poffumus id, quod ante innuimus, citatos Authores ex hac occafione Vitulum illum conflatilem caput bubalum quoque denominaffe. *Eft in Mufæo viri illuftris Torquati Alexandri Romani, de antiquitatum notitia benè meriti, munitionum Caftri S. Angeli Præfidis, inter alias antiquitates Ægyptiacas, quarum dexterrimus explorator eft, fimulachrum æneum, maxima præbens, huius in deferto peracti cultus Bouini veftigia, verùm cùm illud necdum incifum effet, confultius id in Tomum tertium, vbi omnia eiufdem hieroglyphica monumenta producemus, differre vifum fuit.*

Ad fecundum quod attinet, certum eft, Hebræos huinfmodi μοχολαζρέα nihil aliud indicare voluiffe, quàm Apidis cultum, quem dùm in Aegypto commorabantur adhuc, tantò ftudiò coli videbant ; confirmat hanc affertionem noftram D. Hieronymus in caput quartum Ofeæ : *Videntur,* inquit, *idcircò mihi populus Ifrael in folitudine feciffe fibi Vituli caput, quod coleret, & Icroboam filius Nabat vitulos aureos fabricatus, vt quod in Ægypto didicerant,* Ἀπὶν κỳ Μνεῦιν, *qui fub figura boum coluntur, effe Deos, hoc in fuperftitione feruarent.* Confonat huic id, quod fuprà ex Lactantio adduximus, teftimonium ; quibus porrò ritibus conflatus fit hìc Vitulus, & quâ arte, Authores variant.

Rabbini hunc Hebræorum Apidem à Magis Aegyptijs, dæmoniacis artibus productum in deferto effe afferunt ; ideo Rabbi Salomon Iarrhi id מעשה שטן, id eft, opus dæmonis vocat, & præftigijs Magicis tribuit fequentibus verbis :

כיון שהשליכו הזהב לאור בכור באו מכשפים ערב ורב
שעלו עמהם ממצרים ועשוהו בכשפים ויש אומרים מיכה
היה שם שיצא מתוך רמוסי בנין שנתמבמך בו במצרים
והיה בידו שם וטס שכתב בו משה עלה שור עלה שור
לעלות ארונו של יוסף מתוך נילוס והשליכו לתוך הכור
ויצא חעגל :

Cùm verò, inquit Raffi, *proijcerent aurum in ignem, in cuppam fuforiam, feu melitùs in modulos, venerunt Magi Arab & Rab, qui afcenderunt cum filijs Ifrael ex Ægypto, & fecerunt vitulum iftum arte magicâ dicentes ; Vbi eft Deus ifte, qui egreffus eft de medio operis lateritij, in quo exercitabantur filij Ifrael in Ægypto, & fuit*

Marginalia:
Appion apud Iofeph.
Statua ὀνοκέφαλος Hierofolymi.
Sabaoth Gnofticorum Numen caput Afini habuit. Epiphanius. Tacitus hift.5
Simulachrum æneum in Mufæo Torquati Alexandri Rom.
Cultus Vituli aurei refert cultum Apidis.
D. Hieron. in 4. c. Ofeæ.
Arab & Rab Magi.

& fuit in manu eius nomen & lamina, in qua Moses scripserat hæc verba, עלה שׁור
עלה שׁור *ascende bos, ascende bos, vt ascendere faceret in ijs arcam Ioseph è medio Nili; & his dictis proiecerunt in medium cupellæ fusoriæ, & egressus est Vitulus.*
Et paulò post clariùs sese explicat :

ולא נאמר אלה אלהינו מבאן שערב רב שעלו ממצרים
הם שנקהלו על אהרן והם שעשוהו ואחר כך הטעו את
ישראל אחריו :

Et non dicitur, isti sunt Dij nostri; eò quod Arab, Rab, qui ascenderant ex Aegypto, illi congregati sunt super Aaron, & illi fecerunt illum, & posteà prævaricare fecerunt Hebræos . Indicat hanc Dæmonis fallaciam quoq; Ionathan Chaldæus Paraphrastes hisce verbis :

Ionathan paraphrastes Chaldæus.

וחמא עמא ארום אשתהי משה למיחות מן טוורא ואתכנש
עמא על אהרן כד חמון דעבר זמנא דקבע להון ואזל סטנא
ואטעינון וחדר לבבהון והוהון ואמרו ליה קום עיבד לנא
דחלן די יטיילן קדמנא :

Et vidit, inquit, populus , quia retardaret Moses descensum de monte., & congregatus est populus ad Aaron, & abijt Satanas, & errare fecit eos, & exaltauit cor eorum superbum, & dixit ei (Aaroni) fac nobis Deos terrificos , qui præcedant ante nos . Huic consonat Thargum Hierosolymitanum :

והוה כד קרוב משה למשריתא וחמא ית עיגלא וחינגין ביזיואן דרשיעיא מחנגן
ומגחנון קדמוי וסטנא הוה בגוהון מטפז ומשוור קרם עמא :

Et Moses appropinquat castris, & vidit Vitulum & Israelitas, instrumenta Musica in manibus eorum pessimis, saltantes, tripudiantes , & repentes , incuruantesq́, se ante eum ; & Satanas ipse in medio saltabat , & choros agebat ante populum . Ex hisce colligitur, eos instrumenta musica more Ægyptiorum quoque adhibuisse, forte sistra illa fuerunt , & tibiæ , quibus maximè huiusmodi solennitas in Ægypto peragebatur .

Musica in conflatione Vituli adhibebatur.

Hunc itaque Vitulum aureum ad Apidis exemplar factum fuisse , non ea tantùm, quæ hucusque ex varijs Authoribus adducta sunt ; sed & cærimoniæ quoque ; queis illum conflatum venerabantur, satis superque demonstrant . Erat enim Apis iuxtà Herodoti descriptionem, varijs notis symbolicis insignitus, variasque in corpore suo gerebat imagines, quas supra, vbi de Apide egimus, exhibuimus ; similes notas aureo Vitulo ab Aarone impressas non inobscurè indicant verba illa textus Hebraici :

ויקח מידם ויצר אותו בחרט ויעשהו עגל מסכה ויאמרו אלה אלהיך ישראל אשר
העלוך מארץ מצרים :

Et accepit de manibus eorum (aurum scilicet) & formauit illud cum stylo & fecit vitulum conflatilem, & dixerunt , hi sunt Dij tui , qui te eduxerunt ex Aegypto . Super quæ verba sic commentatur R. Salomon :

ויצר צורה בחרט כלי אומנות הצורפין שהחרסין וחורתין בו צורות בזהב כעם
סופר החורה אותיות בלוחות פנקסין כמו וכתוב עליו בחרט אנוש וזהו שתרגם
אנקלוס ויצר יתיה בצוצפא לשון ציוף הוא כלי אומנות שהחורטין בו בזהב אותיות ושקורין
בלעז ני״ל ומזיפין על ידו חותמות :

Et

Et formauit, hoc est , *effigiauit illud aurum cum stylo , quod est instrumen-*

tum aurificum, cuius ope in auro incidunt & fcalpunt figuras varias , estq́; fimilis
stylo fcriptoris, quô in pugillaribus fuis fcribere folet literas, iuxtà id, Et fcribe
fuper eum stylo hominis . Et hoc est, quod dicit Onkelos ,et figurauit id בזיפא *in*
stylo, hoc est, instrumento opificij eorum, qui in auro varias eó perficiunt cælaturas ;
et Zoophora et Lemrifcos,quæ Gallicâ voce vocantur נייל *, et quo annulos quoque*
obfignatorios incidunt . Hoc itaque Aaron decircinaffe dicitur Vitulum illum fuum aureum ; vtrum verò figuras immediatè in aurea maffa ? vtrum
in modella feu forma argillacea priùs expreffèrit, dubitant Authores ; nos
quantum ex Interpretum Orientalium monumentis colligere licuit, arbitramur ; Aaronem poftquam inaures collegiffet , eas in vnam aliquam
maffam colliquaffe, atque hanc maffam in Vituli demùm figuram eâ ratione adaptaffe, vt effigiatus iam Vitulus argillaceæ materiæ impreffus, modellam feu formam præberet,quâ vituli multi poftmodum funderentur,
iuxtà petitionem Hebræorum, qui non vnum aliquem Deum , fed Deus
fibi multos fieri poftulabant , qui eos véluti per cohortes præcederent ;
atque hoc ita effe, clarè patebit ijs, qui huius loci verfum paulò penficulatiùs rimabuntur . Certè Thargum Hierofolymitanum, & Ionathan Ben
Vziel opinionem noftram ijfdem omninò verbis afferuerunt, vt fequitur :

ודנסיב מידהון יצר יתיה בשושיפא ורמא יתיה בטופרא ועבדיה עיגל מתכא
ואמרו אלין דהלתך ישראל דהנפקוך מארעא דמצרים :

Id eft : *Et formauit aurum illud stylo cælatório , et proiecit in modellam feu*
formam ad hoc præparatam, et fecit illis vitulum conflatilem ; et dixerunt, hi funt
Dij, qui te eduxerunt è terra Aegypti . Primò itaque Aaron omnes figuras in
Vitulo iuxtà Ægyptiorum confuetudinem, forfan notis hieroglyphicis
effigiauit ; deindè impreffo Vitulo fic effigiato in materiam præparatam
feu argillam, matricem feu (vt vulgò vocant) modellam coniecit; quâ faĉta tandem ipfis, vti vulgata editio quoque teftatur, opere fuforiô Vitulum conflatilem produxit, & iuxtà Rabbi Salomonem quoque : והשליכו
לתוך חבור ויצא העגל : *Et proiecit eum in medio moduli, et egreffus eft vitulus .*

Quòd autem Aaron modulum fecerit ad plures Vitulos fundendos,ex hoc
colligitur, quòd Hebræi ftatim,ac felicem primæ fufionis fucceffùm videbant, *Hi funt*, inquiunt, *Dij tui terrifici, qui te eduxerunt ex Aegypto* , in vno
denotantes plures alios fundendos (quos forfan fudiffent,nifi improbum
aufum Mofes aduentu fuo impediffet , vt Abenezra oftendit) qui iuxtà
confuetudinem Ægyptiorum in diuerfis deferti locis finibufque colloca-
ti, illis veluti Dij quidam effent Auerrunci ; & refpiciebant forte Hebræi,
ad celebratiffimos iftos Boues Ægyptiorum Apidem & Mneuium , quorum hic Soli, ille Lunæ dicatus, vterque veluti auerruncum Numen ado-
rabatur . Certè Ieroboamum ad hos quoque refpexiffe,cùm duos aureos

Vituli Iero-
boam, refe-
rebant duos
Boues ab Æ-
gyptijs coli
folitos .

Vitulos fabricatus, vnum in Dan, in Bethel alterum collocauit adorandos,
S. Hieronymus fuprà citatus non inobfcurè indicat . *Cùm enim , tefte fa-*
cra pagina,diù in Aegypto delituiffet, reuerfus in patriam regnumq́; adeptus; duos
vitulos aureos fabricatus eft, Numinifq́; patrij Ægyptiorum memor, Ecce , inquit,
Dij tui Ifraël, qui eduxerunt te de terra Ægypti .

Non

Non defunt, qui velint, Hebræos ideò pofuiſſe Vitulum, quod duorum planetarum fuperiorum eſſet coniunctio magna fub idem tempus,
quo Hebræi ex Ægypto migrabant ; hunc Vitulum poſitum eſſe veluti
ἀντίτεχνον Tauro cœleſti, quam tamen fententiam refutat R. Abenezra his
verbis :

וחכמי החזלות אמרו כי המחברת הגדולה לשני חעליונים היתה במזל שור וזה
כזב כי לא היתה רק במזל דליועל דרך חכמת המזלות הוא מזל ישראל ורבים נסו זה
חסוד דור אחר דור גם אני ראיתי ככה והנה טמוהו בחצי שמים :

Sapientes, inquit, *& Aſtrologiæ periti aiunt, quod coniunctio magna duorum*
fuperiorum fuit in figno Tauri ; ſed hoc verum non eſt, quia illa non fuit niſi in
figno Aquarij ; nam iuxtà Aſtrologicam rationem illud fignum propriè conuenit
Iſraëlitis, & multi tentauerunt fecretum hoc, fucceſſu temporum per varias pro-
genies, & ego etiam inueni ſic, & ecce poſuerunt illud in medio cœli. Hęc Abenezra.

Quicquid ſit, ſiue ille Vitulus Aſtrologicâ fuperſtitione,ſiue alia quadam ratione confectus fuerit ; hoc certè nobis luculenter patet, eum
Apidis omnibus numeris abſolutam fuiſſe imaginem . Quod & figuræ ab
Aarone in eo decircinatæ fatis oſtendunt, nec enim facilè intelligi poteſt,
quid ſtylô fecerit, niſi notas Apidis hieroglyphicis inſigniti,aut eiuſmodi aliquid inſculpſerit. Iterum cùm populus iam Vitulum conſlatum
erexiſſet, ait facra pagina, *Seditq́ populus , vt manducaret & biberet, & ſurre-*
xerunt vt luderent , id eſt , vt conflatile Numen cantu & choris celebra-
rent ; & paulò poſt in perſona Moſis dicitur ; *Non eſt vox,quæ reſonet for-*
titudinem, nec eſt vox, quæ reſonet debilitatem ; ſed vocem cantantium ego au-
dio,ſiue choros ducentium, aut τῶ̈ ἀρχόντων οἶνε , vt reddunt Græci, nempè commeſ-
ſantium ſeu vitulantium; Quid aliud hiſce verbis nobis refertur, niſi chori, ludi, conuiuia, ac gaudia publica ; quæ Aegyptij Apidi ſolenni pompâ Memphim à Sacerdotibus deducto pueris in facro illo comitatu carmen honori eius gregatim præcinentibus, celebrare ſolebant . Quid aliud
Moſes indicauit, cùm Vitulum igne combuſtum, contritumque in puluc-
rem aquis ſubmerſit, niſi Apidis in facri fontis ſeu Nili profundo ſubmerſi
mactationem, quam quidem non imitari, ſed in idololatriæ huiuſmodi
opprobrium exequi intendebat, quemadmodum & Ioſiam Regem feciſſe
in libris Regum videre eſt .

Porrò Bos ille ſeu Vitulus erat aureus, quod myſterio non carebat ;
ab Aegyptijs quippè totum didicerant , qui præter duos Boues Apim &
Mneuim, quos viuos in ſepto quodam, teſte Herodoto, nutriebant, vt in
præcedentibus fuſè dictum eſt ; aureus quoque Boum, Vitulorumque
imagines colebant, quas & publicè in templis, templorumque valuis collocabant, in collo, auribus, manibus, cingulo, inaurium , armillarumque
loco geſtabant,quemadmodum fuſè oſtendetur in practica hieroglyphicorum Obeliſcorum interpretatione . Ex auro verò erant conflatæ,quod
aurum eſſet analogum Soli, cuius imaginem referebat Vitulus . Hinc
multi arbitrantur è Rabbinis, inaures, armillaſque, quas Aaron fibi dare
petebat, fuiſſe reliquias è ſpolijs Hebræorum, dùm ex Aegypto migrarent
collectas ; fuiſſeque in ijs præter varias faerorum animantium, Apidum

Pp 2 quo-

Aſtrologica obſeruatio.

Abenezra.

Æmulaban-
tur in can-
tione Vituli
ſolennitates
Ægyptiorum

Cur Vitulus
ex auro con-
flatus.

Inaures au-
reæ pro Vitu-
li conflatione
cur?

quoque figuras incifas, quas in honorem Ofiridis feu Solis pafsìm portare
folebant, perpendant, qui hæc intelligunt, vtrum forfan Aaron aliquid
fimile ex ijs armillis veluti ex archetypo quodam, in conflato Vitulo for-
mauerit. Certè, qui ea, quæ fuperiùs diximus, cùm hifcè benè contulerit, magna fanè huius veritatis argumenta reperiet ; erat præterea mo-

Ofiridis oc-
cultationis,
& inuentio-
nis dies.

ris apud Aegyptios, folenniffimum illum τῆ ἀφανιζμέ κὴ ἀριζ εθ. Ofiridis
βυμόρϑα diem, præcone adhibito folenni voce proclamare, vt populus ad
facri Numinis fefta deuotè celebranda redderetur inftructior. Aaron
certè, dùm folennitatem craftinam conflato iam Vitulo, exftructifque al-
taribus Ifraelitis promulgans dixit; חג לייי מחר Feftum Iehoua cras, ad nihil
aliud refpexiffe videtur, nifi ad ritûs & cœrimonias Ifiacorum; nôrat
enim fuperftitiofi populi indolem, cui nil gratiùs effe poterat, quam ea
omnia agere & peragere, quibus tantopere afficiebantur , dùm in Aegypto adhuc degerent ; quod & indè patet, vt enim idololatris magis pla-

Seldenus de
Dijs Syris.

ceret, quemadmodum Seldenus quoque notat, Dei optimi maximi Nomen ineffabile, eiq; proprium, idolo tribuere voluit. Septuaginta ibi fcribunt, ἑορτὴ τῷ κυρίε. Notum eft autem tetragrammaton illud à Græcis iuxtà vetuftiffimum ritum nunc in κύριον, nunc in Ἀ᾽δωναὶ, quod idem Hebraicè fonat; verti, & pro eo Adonai legunt Iudæi ex veteri inftituto ; vtrum
verò tam antiquum fuerit Adonis nomen Ofiridi attributum, dubium eft;
nos fanè æquè antiquum arbitramur, cùm & Adonis Hebraicum fit, imò
& Byblius Adon Ofiris appellatus à Martiano Cappella, id fatis oftendat;
quem fecutus Aufonius in Myobarbum Liberi patris fic canit:

Aufon. in
Myob. epig.
29.

> Ogygia me Bacchum canit,
> Ofirin Ægyptus putat,
> Arabica gens Adoneum.

Ipfique & Adonidi eafdem cœrimonias, eadem facra fuiffe, fusè fuprà,
vbi de Thamuz tractatum eft, demonftrauimus.

Ex his igitur omnibus ritè inter fe collatis, tandem concludimus,
omnem illum μοχολαζείας Hebræis vfitatæ proceffum, ab Aegyptijs ad Hebræos immediatè profluxiffe ; probatione id non indiget, cùm & ritus in
conflando Vitulo adhibiti, tripudia, conuiuia, chori, infana vociferatio,
decircinationes figurarum in Vitulo ab Aarone factæ ; Magorum incan-

Martinus à
Baumgarten
in Itinerario
fuo Arabia.

tamenta, fimiliaque, de quibus in præcedentibus actum eft, ea fatis fuperque demonftrent. Scribit Martinus à Baumgarten, extare adhuc in
hunc diem fepulturam 3000. virorum ad præceptum Mofis poft adora-
tionem Vituli per filios Leui interfectorum ; Vitulum quoque lapideum
in memoriam aurei combufti, fuiffe eodem in loco deferti pofitum; aquam
etiam vicinam, in quam cineres difperfit Mofes , faxum denique rotundum, ad quod tabulas legis allifas confregit. Mofes Gerundenfis vilem
hanc idololatriam adeò Deo difplicuiffe ait, vt non fit vltio Ifraëlitis, in
qua non fit vncia de iniquitate Vituli.

R.ambam.

אין לך פורענות בישראל שאין בה אונקיא מעין העגל :

Non

Non est tibi Israël vltio, in qua non sit vncia de iniquitate vituli . Quantitatem autem Vituli aurei Hebræi ex voce מסכה, quæ per Geometriam , aut &c. resoluta, præstat 1 2 5. numerum talentorum auri,quibus constabat Vitulus. Sic enim reperio apud R. Salomonem:

לשון מחכת דבר אחד מאה עשרים וחמשה קנטרי זהב חיו בו בגימטריא של

מסכה :

Dictio hæc, inquit *, vnum verbum ; centum viginti quinque talenta auri iuxta vocis* מסכה *resolutionem arithmeticam in eo fuerunt ;* atque hoc etiam Eliam Thysbitem referre ex Thargum Hierosolymitano, Seldenus dicit , quamuis ego nihil horum in dicto Thargum inuenerim , etsi studiose inquisiuerim. Sed hæc de Vitulo aureo dicta sufficiant, nunc ad alia .

Marginalia:
Grauitas peccatis,quoIfraël præuaricatus est .
מ 40
ס 60
כ 20
ה 5
125 centenarij.
Quantitas auri in constitutione Vituli adhibiti.

CAPVT XI.

De Idololatria Salomonis, & quâ ratione ad ipsum ex Aegypto ea primùm deriuata , ingentia nullo non tempore apud Hebræos incrementa sumpserit .

Iximus in præcedentibus,quâ ratione improbus ille idolorum cultus, ac cœtera alienæ seruitutis dogmata, quæ in Aegypto didicerant Hebræi, post exitum è domo seruitutis, successiuâ traditione paulatìm propagata,magnos in Hebrçorum Ecclésia postmodum progressûs fecerint . Nunc verò dicendum est ; vndè multiplex ille idolorum cultus, qui post tempora Salomonis in populum Dei irrepsit , promanârit . Nunquam enim idololatriam magis floruisse apud Hebræos , quam post mortem Salomonis,tùm rituum & cœrimoniarum peregrinarum introductio, tùm lucorum, nemorum , saltuumque cultus , excelsorum ad hæc ararumque exstructio satis, superque ostendunt . Causam huius adeò frequentis idololatriæ varij variam assignant ; alij eam nefandis Salomonis sceleribus imputant ; alij impuni vitæ licentiæ, quæ apud Hebræos prauo Salomonis exemplo vigebat tunc temporis ; alij alias causas assignant, vt libidinem insatiabilem, & mulierum alienigenarum insanos amores, quibus inescatus paulatim,infatuatusq; ex summo sapientiæ fastigio in imum stultitiæ barathrum præceps factus,vnà secum,quotquot dissolutioris vitæ desiderio tenebantur, miserè traxit ; quæ omnia vt benè intelligantur ;

Sciendum est; nihil in sacrarum literarum sermone frequentiùs, quàm fornicationem & idololatriam & re, & nomine coniunctissima esse. *Ne vxorem,* inquit Deus, *de filiabus eorum , scilicet alienigenarum accipies filijs tuis, ne postquam ipsæ fuerint fornicatæ, fornicari faciant & filios vestros in Deos suos.* Etidem etiam sub auaritiæ nomine, quæ vt Hieronymus interpretatur ad Ephes. pertinet ad insatiabilem libidinem & luxuriam. *Fornicator,* ait, *Apostolus, auarus est , quæ est idolorum seruitus .* Et ad Colossen. *Fornicationem, immunditiam, libidinem, concupiscentiam malam , & auaritiam , quæ est idolorum seruitus .* Sed significantiori,quamuis magis arcanâ dicendi ra-

Marginalia:
Idololatria maximè floruit post mortem Salomonis.
Scelera Salomonis.
Exod. 34.
Ezech. 6. & 11.
Paralip. 31.
Leuit 19.
Ofea 1.
Isai. 1.
Luxuria & libido idololatria dicitur. .
Ephef. 5. v.5.
Colossi 3 v.5.

di ratione res eadem significata est, Numerorum 33. *Si nolueritis interficere habitatores terræ, qui remanserint, erunt vobis quasi clani in oculis , & lanceæ in lateribus* ; id est, mulieres alienigenæ, quæ stimulent inferiorem illam laterum partem, quæ pungant ilia, & ad rem turpem impellant . Et Io- sue 23. *Sint vobis in foueam, & laqueum, & offendiculum ex latere vestro , & sudes in oculis vestris* . Cur autem idolatria cum fornicatione comparetur, & cur vtrique commune nomen sit, non vna causa est ; alij dicunt Apostasiam, quà homo relicto Deo Opt. Max. vero animarum Sponso, ad alienam seruitutem desciscit, esse veluti fornicationem quandam, ita Theodoretus ; eoque detorquet id Ezechiëlis : *Fecisti tibi imagines masculinas, & fornicata es in eis* . Quidam ex ipso idolorum nomine hanc conuenientiam desumunt : nam cùm Baal fuerit primum & vniuersalissimum nomen cuiusuis idoli, vti in præcedentibus meminimus ; Baal autem si- gnificet maritum aut Dominum, qui rem propriam sibi subijcit, & quasi subiugatam habet . Ab eadem radice בעל quod est possidere aut subiugare rem aliquam instar mariti cum quodam potiendi ardore . Quare accipitur plerumq; pro coniugali, & vxoriare, & vertitur ab interprete, dormire cum vxore ; ergò ex suo nomine Baal , & idola Baalim , maritum , Dominum & subiugatorem significant . Cultores verò, quia illis se deuouebant, & addicebant, vt nomine ipso responderent , eleganter dicebantur instar fœminæ mariti dominio subijci, & quasi ab idolis subagitari, vim & dominatum in suos cultores exercentibus.

Non desunt, qui hanc conuenientiam ex certis quibusdam quasi cœrimonijs nuptialibus, quibus idololatria constabat, concludant. S. Augu- stinus certè inter alios idolorum ritus referens, quasdam in Capitolio fœ- minas sedere solitas, quæ se à Ioue amari putabant, nec Iunonis quidem iracundissimæ aspectu terrebantur . Strabo agens de Persarum, Medorum & Armeniorum Idolis sic scribit de Anaitide . *Hæc*, inquit, *est Venus in Oriente culta Armeniorum idolum* ; *Illustrissimi eius nationis filias suas Virgines ei dedicant, ac lex est, vt longo tempore apud Deum constupratæ , deindè nuptui dentur, nemine talis mulieris coniugium dedignante . Tale quippiam etiam Hero-* *dotus de Lydijs mulieribus scribit, omnes enim eæ, vt ait, meretrices sunt, & amatores ita blandè tractant, vt vel hospitium præbeant , & sæpè plura munera dent, quam recipiant ; vtpotè ex re lauta sumptum suppeditantes, non autem quosuis recipiunt, sed dignitate ipsis pares* . Quare huiusmodi mulieres turpissimæ subij- cientes se Dijs notari videntur ; Baruch 6. *Mulieres eorum decerpentes , & viginti nouem mulieres apponunt Dijs argenteis, & aureis, & ligneis , id est, sedulò ministrant, veluti vxores maritis* . Huc faciunt stuprorum infandorum opportunitates, & occasiones, quas impijssimi idolorum Sacerdotes tur- pissimis hominibus præbebant ; cuius nobile exemplum scribitur à Iosepho l. 18. c. 4. & Hegesippo l. 2. c. 4. *Scribunt de Paulina, non minùs probitate morum, quàm natalium claritate illustri, ad hæc opulenter formosa, vt quæ esset in ipso ætatis flore; cuius cùm pudicitiam Decius Mundus equestris ordinis* *iuuenis, nec prece, nec pretio ducentarum drachmarum millium pro vnica nocte oblata flectere potuisset ; fraude composita cum Sacerdotibus Isidis , cuius cultui vehemen-*

hementer addicta erat Paulina, fingunt Legatum missum ab Anubide, qui ipsius formâ captus, iubeat, vt ad se veniat: illa libenti animo suscepto nuncio, & marito quoque admonito, quod paratum sibi esset Anubidis cubile, in templum educta, & tenebris conciliantibus in latentem ibi Mundum incidens, totam noctem obsecuta est iuveni, Deo se gratificari existimans. Huc vsque Iosephus. Sed cùm hæc quæ diximus, non in cuiusque idoli religione fierent, alia magis communis ratio quærenda est, quæ in cuiusuis idoli cultum conueniat, vt fornicatio & impudicitia nominari possit; quam quidem certiorem dare non possumus, quàm eam, quæ à Sapiente indicatur. *Initium omnis fornicationis est exquisitio idolorum; & adinuentio eorum, corruptio vitæ est;* c. 14. 12. quod idola ijs cœrimonijs colerentur, quæ ad omnem obscœnitatem & quæuis enormia scelera homines impellerent; & hoc quidem permittente Deo in supplicium idololatriæ, iuxtà illud Apostoli: *Tradidit illos Deus in passiones ignominiæ,* &c. Vbi exponit S. Ambrosius, qui etiam addit Ambrosius. aliam non prætereundam rationem. *Quòd Deum incuriosiùs colentes, atque per hoc negligendum, magis ac magis hebetati sint, & ad mala omnia admittenda fierent promptiores.* Tum etiam, vt ait Athanasius oratione contra idola. Athanasius. *Instituta est idololatria desiderio eorum, qui stupris & propudijs pleni, figmentis repræsentantur.* Itaque turpissimam sibi suorum Deorum vitam idolorum cultores imitandam proposuerunt; addit pulchrè Athanasius originem idolorum inuestigans. *Malitiam præuiam fuisse anteambulonemq́, idololatriæ; cùm ea sola magnifaceret, quæ animo concupisceret; & cum voluptate aspectaret; in corporeis affectibus voluptatem sentiens rerum diuinarum oblita, & propemodùm omnes ciuitates, omnibus libidinibus scatent, ob immanitatem morum, quam in suis Dijs conspiciunt; neque est in hoc genere Deorum, quem castum appelles. Olim certè Phœnissæ mulieres ante idola prostituebantur, dedicantes Numinibus* Turpis cultus idolorum. *suum quæstum, persuase meretricatu ea propitiari, ac prosperitatem rerum indè nasci. Viri quoque abdicato sexu, nec se ampliùs mares esse ferentes, mulierum naturam affectauerunt, tanquam hoc pacto honorifici gratiâ Matri Deorum facturi essent; omnes autem in turpissimis viuunt, & certamen inter se prauitatis suscipere videntur; & vt dixit Sanctus ille Christi Minister Paulus: Mulieres eorum mutauerunt vsum.* Hæc S. Doctor.

Hinc iam sublucet alterius non omninò facilis quæstionis causa, quid Cur mulieres alienigenæ esset, quod alienigenas tam immensa tamque proiecta cupido incesseret, tanto studio suos ad cultū eos quibuscum consuescerent, Israëlitas, ad suorum idolorum religionem idolorum per traxerint? pertrahendi; illud videlicet, quod cum prauis voluptatibus omninò immersæ & excœcatæ tenerentur, quarum Magistros & fautores suos ipsos Deos arbitrabantur; priuandis ijs se credebant, nisi viros, quibus subiugatæ essent, suæ quoque impurissimæ religioni subijcerent. Atque hinc 3. Reg. 11. est asseueratio Sacræ historiæ. *Certissimè auertent corda vestra, vt sequamini Deos alienos.* Neque solùm propter improbitatem fœminarum; sed etiam propter nequitiam eorum, qui illarum desiderio & libidine capti, illud vel maximè primum sibi statuerunt, vt Numen non agnoscerent, nisi quod sibi deprauatæ vitæ impunitatem & præsidium aliquod polliceretur; iuxtà illud Orientis Illiberitani.

Quæ

Quæ furor impulerat, lafciuus duceret error,
Eſſet & hoc licitum, quod fuerat libitum .

Deceptrix itaque res, Cyrillo teſte, Mulier eſt , & idonea ad decipiendum ſemel ſuis captos laqueis ; nam inter arma alia habet voluptatem, quâ mens vincitur . His igitur laqueis, his pedicis irretitus Salomon in profundum idololatriæ cecidit. *Rex enim Salomon*, ait ſacer textus , adamauit mulieres alienigenas multas, filiam quoque Pharaonis, & Moabitas , & Ammonitidas, Idumæas, Sidonias, & Cethæas, de gentibus ; ſuper quibus dixit Dominus filijs Iſraël . *Non ingrediemini ad eas, neque de illis ingredientur ad veſtras ; certiſſimè enim auertent corda veſtra, vt ſequamini Deos earum ; his itaque copulatus eſt Salomon amore ardentiſſimo .*

Mirum ſanè, quod inter hos fœminarum greges, nulla mentio Iſraelitarum fœminarum fiat . Et quidem pulcherrimas habiſſe Salomonem, Ioſephus atque Theodoretus diſertis verbis docent : *Inſaniens*, inquit Ioſephus, *in mulieres, & in rebus Venereis immodicus, non contentus ſuæ regionis mulieribus, multas externæ originis duxit, Sidonias, Tyrias, Ammonitidas , Idumæas .* Quamuis Suidas in verbo Aſtarte ſic numeret, vt dicat peregrinas vxores ſimul cum Iſraëliticis impleſſe numerum illarum ſeptingentàrum, & trecentarum concubinarum ; ſed cùm nulla indigenarum in ſacra hiſtoria mentio fiat, ſubit animum ſuſpicio , ſuæ vel pauciſſimas, vel ferè nullas, aliarum tribuum aliquantò plures : peregrinæ tamen gentis & religionis plurimas, vt quarum nullo vnquam faſtidio afficeretur habuiſſe, cuius rei cauſa paulò altiùs à nobis eſt petenda .

Fuit ſanè Hebræorum genus, vt in libidinem incredibiliter procliuè, ita in idololatriam facilè, & ad adulteria proiectum, & omnis peregrini cultus ſiue animi ſiue corporis appetentiſſimum . Atque hoc vnum aliorum vitiorum caput & origo, animi quædam naturalis inconſtantia, & mentis mutabilitas, quæ propria & effrænium cupiditatum , ea quæ domi ſunt faſtidiens, & ſemper ex nouitate nouam voluptatem captans . *Nouis,* (inquit Seneca) *cupiditatibus occupati , non quod habemus ; ſed quid petamus, inſpicimus ; non id, quod eſt, ſed in id , quod appetimus intenti ; quicquid enim domi eſt, leue eſt .* Hinc illa in adulteria procliuitas Iſraëlitarum faſtidientium quod domi erat, ſitientium alienos fontes ; hinc illa quoque alienigenarum fœminarum concupiſcentia ; quod Hebræorum ingenium, cùm bene exploratum haberet Balaam, ſuggeſſit Regi Balac peſſimum illud conſilium obijciendi peregrinas fœminas peregrinanti populo, cuius meminit Ioannes in Apol. c. 2. *Doctrina Balaam, quæ docebat Balac mittere ſcandalum coram filijs Iſraël, edere & fornicari. &c.* Cuius rei hiſtoria narratur Num. 24. & 25. neque verò tantùm fuit vnicum Madianiticum ſcortum ; ſed vt Ioſeph narrat l. 4. c. 6. plurima & à Principibus Iſraël in connubium ducta, apud quem in hunc locum opportuna eſt huius rei narratio. *Si breuem* (inquit Balaam) *de illis conſequi quæritis, hoc conſiliô voti compotes efficiam, filiorum formoſiſſimas , quæ pulchritudine ſuâ mentes eorum expugnare poſſint, quantum fieri poteſt', cultas & ornatas mittite , vt circum-*

caſtra

castra obuerfemur, & iuuenibus complexus expetentibus faciles fe præbeant; vbi verò captos viderint, fubitò fefe proripiant . Cumq́ rogatæ fuerint, vt maneant, non annuant, nifi perfuafis, vt relictis patrijs legibus & cultu Dei, à quo illas acceperunt, Madianitarum & Moabitarum Deos venerentur . Res ita peracta eft ; Iamq́ adolefcentes blanditijs allectos, & cupidine feruentes, puellæ relinquere parant; tùm illi triftes mulierum difceffu, precibus inftant, ne fe derelinquant, fed futuræ coniuges, & omnium facultatum Dominæ apud ipfos maneant . Hæc promiffa iureiurando affirmantes, & lachrymas fundendo, quo magis eas ad commiferationem flecterent . Tùm illæ, poftquam confuetudine fuâ vinctos animaduerterunt, fic refpondent . Quandoquidem amare vos, & ambitionem noftram moleftè ferre affeueratis, fi beneuolentiæ coniugalis fidem dederitis, libenter vobifcum, vt legitima nuptæ nos coniuncturæ fumus; illis verò fe quolibet modò fidem daturos pollicentibus, & nihil præ amore nimio recufantibus . Neceffe eft, inquiunt, fi vultis nobifcum vitam degere, Deos noftros colatis ; neq̀ enim alio argumento perfuadebitis amorem iftum vos non fingere, nifi eofdem nobifcum Deos colatis, & adoretis ; neq̀ abfurdum fuerit, fi terræ, in quam veniftis peculiares Deos colere malitis ; præfertim cùm noftri per omnes Regiones honorentur ; veftrum nemo præter vos cultu dignetur aut cœrimonijs ; at illi cupiditate cœci, quo trahebantur fequentes, à religione patrum defcifcebant, & in mulierum gratiam nihil non contra legem faciebant: vt iam tota caftra iuuenum impietas inuaderet, & auita religio in extremum periculum deduceretur ; iuuentus enim guftatis femel peregrinis moribus inexplebiliter in eos ferebatur . Atque hæc ideò fufiùs ex Iofepho defcripfimus, vt appareret, quantum in Hebræos malum alienigenarum fœminarum confuetudo inuexerit .

Modus & ratio quâ Ifraëlitæ ad amorem alienigenarum trahebantur.

Neque folùm capiebatur populus peregrinâ pulchritudine, fed peregrino ornatu ; quare omnes illæ cœrimoniæ ducendæ vxoris captiuæ, quæ præfcribuntur Deut. 21. videlicet, vt radat cæfariem, circumcidat vngues, deponat veftem, in qua capta eft, deturpet faciem, deflendo patrê & matrem fuam vno menfe ; eo pertinebant, vt fi forte pulchritudine harum rerum victor captus foret, deferberet, aut extingueretur amoris concupifcentiâ capillis refectis, & ornamentis depofitis, quæ eft frequentiffima in eo loco obferuatio interpretum . Ex hoc eodem capite, id eft, ex illa ingenij Hebræi inconftantia, eft illa peregrinæ veftis tam curiofæ ex alijs nationibus imitatæ curiofitas & ftudium inter Ifraëlitas . Quod acerbiùs reprehendit Deus, Sophon. 1. *Vifitabo fuper omnes, qui induti funt vefte peregrinâ*. Cum qua fimul & peregrinum Deorum cultum induebat, quod propriè ex Hebræo dixerunt Septuaginta . *Qui induti funt veftimentis alienis*. Et interpretatur D. Hieronymus eos, qui pro Dei cultu venerati funt idola ; quafi peregrinitas veftium peregrinitatem etiam religionis adduceret . Cuius rei rationem eleganter & argutè indicauit Theodoretus ; cùm enim lex veftimenta ex lino & lana contexta prohiberet Deut. 22. verifimile eft, eos, qui inter Ifraëlitas diuitijs fefe offerrent, & delicijs diffluerent, finitimorum veftes imitatos effe, & in locum veftimentorum ex lino confectorum, ornatum ex purpura elaboratum, & artificiofum induiffe ; quod contra traditionem legis diuinæ fuit. Vides igitur

Hebræi mirum in modû externis rebus capiebantur.

Cultus veftium prohibetur in lege, & quare ?

Q q   fimul

simul cum peregrina veste diuinæ legis contemptum induisse. Ex quibus patet, non multa fuisse Israëlitica scorta Hebræis, eò quod externæ maiori essent in precio, & quod eas Hebræi insanè deperirent, iuxtà illud Comici:

Adeon' est demens & peregrina?

Hebræi viri amabant peregrinas.

Hæque peregrinæ voluptates ipsæ meretriciæ sunt, quibus incredibiliter capiebantur, molliebantur, & eneruabantur Hebræorum ingenia, & ad omnem peregrini cultus impietatem alliciebantur.

His itaq́ (ait Sacra historia) *copulatus est Salomon amore ardentissimo*, vel vt Septuaginta habent, *Ad eas adhæsit Salomon amando.* Quod quamuis simplici locutione dictum videatur, latet tamen illa ardentissimi amoris vis, quam expressit Latinus: *His laqueis Sapiens cor constrictum contabuit;* his incitatus amoribus omnia præclara, vilescente animo, despiciebat; his denique, vt placeret, à Deo ipso descistendo Apostata factus, Dijs alienis adhærere non est veritus; in quorum gratiam Fana quoque excelsa, aras exstruxit, magnificè exornauit, thura & libamina obtulit. Quæ cùm ita sint, nunc tandem videamus, quænam illa fuerint excelsa, & Fana, quæ Aræ, qui Luci, quos Salomonem in gratiam mulierum exstruxisse commemorat Sacra historia; quique sint Dij, quos coluit, & vndè eorum origo profluxerit.

Salomonis casus.

CAPVT XII.

De Fanis, Excelsis, Lucis, Aris à Salomone exstructis.

Duo perficiunt actum idololatriæ.

D Vo sunt potissimùm, quæ idololatriam perficiunt, internus adorationis cultus, externus honoris. Prior videtur cum quodam mentis errore coniunctus, tribuente Diuinum aliquid creaturæ. Posterior siue amore, siue metu aliauè mentis affectione exhiberi potest, nullo mentis errore, tametsi & hìc illicitus. Hinc orta dubitatio cuiusmodi fuerit ille Salomonis idolis exhibitus cultus; merè ne externus, an internus etiam?

Augustin. l. 14. de ciuit. c. 11. Raban. 4. Regum 23. Sedul. 1. ad Timoth. c. 2. Galatinus. Cyril. 7. contra Iulian. Greg. sup. id Iob c. 4. l. 12. Mor. c. 119.

Priorem partem amplectitur S. Augustinus, Rabanus, Sedulius, Galatinus, omnes Rabbini; qui omnes asserunt, sapientissimum Salomonem nequaquam adeò desipuisse, vt figmenta hominum adoraret; sed blanditijs muliebribus seductum eos externè tantùm coluisse, eisque Fana exstruxisse. Alteram partem tenent Cyrillus, alij quam plurimi, Gregorius l. 12. c. 12. Moral. *Qui priùs*, inquit, *Deo templum construxerat, assiduitate libidinis etiam perfidiæ substratus, idolis construere templa non timuit, vt ab assidua carnis petulantia vsq́ ad mentis perfidiam veniret.* Cùm itaque Salomon non extrinsecò tantùm cultu, sed & intrinsecò ac verò latriæ actu coluerit Deòs alienos, iustô Dei iudiciô id sic permittente. Illud sanè maximum pondus in animo Salomonis habere potuit, vanissimis superstitionibus ex foeminarum persuasionibus iam irretito, multum conferre posse putauit,

tauit, ad imperij dilatationem, si illarum Prouinciarum Deos, in quorum tutela essent, propitios sibi redderet, ac religioso cultu demereretur. Quod profectò persuasionis caput fuit, cùm scorta illa Ægyptia, & Madianitica ad suam religionem Israelitas pellexerunt;vt suprà ex Iosepho narrauimus ; sic enim inter cœtera dicebant : *Nec absurdum fuerit , aut vitio vertendum,si terræ,in quam venistis, peculiares Deos colere malitis : præsertìm cùm nostri per omnes Regiones honorentur, vestrum nemo præter vos,cultu dignetur aut cærimonijs ; aut igitur cæterorum more vobis est viuendum,aut alius Orbis quærendus, vbi soli iuxtà vestra instituta vitam agatis.* Ad quam rem alludere videtur illa Imperatoris Iosue oratio ad populum capite 24. *Eligite, cui seruire potissimùm debeatis, an Dijs Amorrhæorum , in quorum terra habitatis,* &c. Quare & singulas prouincias in singulorum Deorum tutela ponebant, & montes Dijs montium, valles Dijs vallium attribuebant, quorum præsidió fausta sibi, & felicia omnia , siue in montibus , siue in vallibus pollicebantur ; iuxtà illud : *Dij montium sunt Dij eorum ; ideò superauerunt nos ; sed melius est, vt pugnemus contra eos in campestribus , & obtinebimus eos.* At de his alibi pluribus.

Potuit ergo fieri, vt eâdem superstitione duceretur Salomon, qui Ægyptij, quibus cùm frequens illi intercedebat necessitudo, præterquam quod plurimas quoque Ægyptias mulieres in copulam sibi assumpsisset ; qui eum in patrijs ritibus & cœrimonijs Dijs exhibendis passim instituebant,& arte, quâ Romani posteà exterarum prouinciarum Deos sibi conciliantes, atque in suam vrbem euocantes conceptis verborum formulis, & solennibus ritibus alliciebant, eâdem Salomonem instructum Deos externos sibi conciliasse patet. Quam vanissimâ persuasionê exprobrare non obscurè videtur Sacra historia Regi Achaz 2. Paralip. 28. *Immolauit,* inquit, *Dijs Damasci victimas percussoribus suis, & dixit* ; *Dij Regum Syriæ auxilientur eis, quos ego placabo hostijs,& aderunt mihi.* Cùm è contrario ipsi fuerint ruinæ ei, & vniuerso Israël ; & clarius 2. Paralip. 25. 14. *Amasias post eâdem Idumæorum, & allatos Deos filiorum Seir, statuit illos in Deos sibi , & adorabat eos, & illis adolebat incensum; quamobrem iratus Dominus contra Amasiam, misit ad illum Prophetam, qui diceret ei* ; *Cur adorasti Deos, qui non liberauerunt populum suum de manu eius?* Quasi exprobraret illi persuasionem falsam, fore vt propitios sibi redderet illarum prouinciarum Deos , si illos coleret : contra quem errorem eleganter argumentabatur Propheta , & sapientissimè Rahab Iosue 2. 11. iam ad veri Dei cognitionem adducta, ex eadem re colligebat verum Deum Hebræorum non solùm cœlo, sed & vniuersis terræ prouincijs præsidere. *Dominus,* inquit, *Deus noster, ipse est Deus in cœlo sursum, & in terra deorsum.* Nequaquam igitur , vt ad institutum nostrum reuertamur , hæc aliena fuerunt ab ingenio Salomonis ; cùm curiosissimus esset, & sedulus rituum vicinarum gentium scrutator præsertìm Ægyptiorum,qui sapientiæ , & profundioris eruditionis famâ tunc temporis præ cœteris omnibus toto orbe clarebant; nam frequens mentio familiaritatis, quæ ei cum Vaphre Pharaone fuisse, cuius & filiam in vxorem duxisse, Sacræ literæ docent, satis ostendunt ; cum

multa

Marginal notes:

Cur Salomon fœminis assenserit.

Particulares Dij.

Orat. Iosue

Dij prouinciales.

3. Reg. 20.

Salomon ab Ægyptijs mulieribus sacra Ægyptiorum doctus.

2. Paralip. c. 28.

2. Paralip. 25 Amasias impius idololatra.

Salomon multa accepit ex adytis Ægyptiorum.

Salomon Ægyptiacis dogmatis imbutus.

multa ex adytis Ægyptiorum recondita , tùm relatione fœminarum Æ-
gyptiarum, quas sapientissimas connubio sibi copulasse verisimile est ,
tùm Pharaonis, Sacerdotumque familiaribus literis hausisse , quæ cum ad
dicta scelera impellerent ; imò Origenes hoc ipsum pulchrâ quâdam al-
legoriâ indicare videtur . *Ille,* inquit, *dùm esset sapientissimus , & ingentis*
apud Deum meriti ; tamen quia se tradidit multis mulieribus, deceptus est. Ego
puto quòd multæ mulieres multa dogmata , & multarum Gentium diuersæ philo-
sophiæ nominentur ; quæ cùm singula agnoscere & perscrutari , vtpotè & scien-
tissimus & sapientissimus voluisset, semetipsum inter diuinæ legis regulam tenere
non potuit . Similiter & Ammonitarum , sed & reliquarum Gentium (Moabitarum, Ægyptiorum, Sidoniorum, Tyriorumque) *quorum mulieres dicitur*
recepisse & ædificasse templa , vel imolasse idolis earum . Salomon itaque, vt
mulieribus, quas deperibat, attentiùs coniungeretur, ea studebat addiscere, quæ grata sciebat futura suis mulieribus , cuiusmodi erant sacra dogmata Ægyptiorum, aut vicinarum Gentium, quæ illæ ex ipsa Ægypto
veluti ex perenni omnis superstitionis fonte hauserant ; vt qui amore
flagrans vnum cum ipsis esse desiderabat, dissimilitudine morum, rituumque Religioni earum propriorum non fieret diuersus ; nôrat enim optimè, quantum in amore fouendo augendoque valeret mutuò se amantium
in omnibus similitudo . Hinc vt eam constanter in omnibus conformem
actionibus earum teneret, Fana erigere, & Excelsa , Arasque ædificare ,
vno verbo, nihil non agete in earum fauorem cœpit . Verùm qualia illa
Fana fuerint, & qualia Excelsa, Lucique, iam tempus, ordoque postulat,
vt dicamus .

Origenes.

Amoris vis.

Fana, Excelsa, Aræ, Luci .

FAnum siue à Fauno primo eius inuentore, siue a fando, vtpote in quo
fari & oracula reddere Dij solerent , sic dictum ; certè hoc loco
idem est, quod Excelsum, vti testatur textus tùm Hebraicus , tùm Græcus, quorum ille במה , quod Diuus Hieronymus vertit Fanum ; hic verò
ὑψηλὸν habet, quod omnes vertunt Excelsum, verba vtriusque textus subiungam .

ויבנה שלמה במה לכמוש שקוץ מואב ולמולך שקוץ
בני עמון׃

Salomon verò ædificauit fanum Chamos idolo Moab, & Melchom idolo filio-
rum Ammon . Vbi loco במה Græca lectio habet ὑψηλον . Καὶ ᾠκοδόμησε Σαλομὼν
ὑψηλον Χαμὼς εἰδώλῳ Μωαβ ἐν τῷ ὄρει καὶ προσώπον ἱερῷ Ἱεραλὼ, καὶ Μελχῶμ εἰδώλῳ τῶν Ἀμμων .
Fanum igitur & Excelsum hoc loco pro eadem resumuntur , videlicet ,
loco excelso & eleuato, vbi Dijs alienis à Gentibus sacrificia peragebantur.
Et tametsi Excelsum asserat eam loci celsitudinem, quam diximus;
alij tamen ideò sic dictum autumant, quod gentes in montibus excelsis,
& sublimibus collibus sacrificare solerent frequentissimè, quanquam etiam
aliquando in vallibus, vt eleganter notatur illo Ezechielis 6. 2. vbi populi su-

Quid Excel-
sum.

Ezech. 6. 2.

li fuperftitio frequens in excelfis perftringitur, aliquando in vallibus ; *Montes Ifrael audite verbum Domini Dei ; Hæc dicit Dominus Deus montibus, & collibus, & rupibus, & vallibus. Ecce ego inducam fuper vos gladium, & difperdam Excelfa veftra, & demoliar animas veftras , & confringentur fimulachra veftra .* Vbi non folum nomine vallium, fed etiam nomine rupium intelligi loca humilia, & conualles nemorofas interiacentes inter duos montes, aut duas rupes, indicat Hieron : alij ex fide dignioribus Rabbinis ; fed tamen frequentior fuperftitio in montibus ; vnde tam frequens & ardens omnium Prophetarum execratio montium & collium fub perfona meretricis in omni colle excelfo & frondofo . Nos tamen Excelforum appellationem non ad montes tantùm, & colles, & tecta, fed ad quafuis Bafilicas & ædes facras, quas templa feu delubra vocant præcelfa & magnifica reuocamus ; etfi non malè quoque pro ijs locis, in quibus fublimia altaria, fuper quæ etiam eleuabantur in altum, & imponebantur facrificia, fumi poffint, quod maximè indicant Excelfa in Topheth , qui locus erat profundus, & vallis Gehennæ ; ædificauerunt Excelfa Topheth, quæ eft in valle filij Ennom, ex quo elucefcit Excelfa & Fana fæpè numero pro re contenta, hoc eft, pro aris ᴓ τlυ καθ᾽ χησιν , fumpta fuiffe . Et quidem Altaris nomen Latinum ab altitudine dicitur ; tefte enim Ifidoro , Altare eft quafi alta ara, licet Feftus velit, altare non effe aram quorumcunque Deorum, fed in quo Dijs fuperis facrificaretur, quibus proindè aræ fuperiores & celfæ erigerentur, ficut Dijs terreftribus in terra ; Dijs verò inferis in effoffis terræ, aut in antris facra fiebant ; & pro diuerfitate locorum, quibus credebantur Numina præfidere, ftatuebantur aræ vel in montibus, vel in vallibus, vel ad flumina, vti in fuperiori Syntagmate fufè declaratum eft . Illud etiam peculiare notat Vatablus Ezech. 20. 39. *Bama* propriè effe altare valdè excelfum, ad quod per gradús afcendebatur, quale forte prohibetur à Deo Exod. 20. 26. *Non afcendes per gradus altare meum .* Et forte quale etiam templum defcribitur Iunonis à Virgilio :

. . . donis opulentum & Numine Diuæ
Ærea, cui gradibus furgebant limina, nixæq̃,
Ære trabes ; foribus cardo ftridebat ahenis .

Ego fanè in hoc noftro loco Fanum intelligo Excelfum feu Aram , Altareque erectum ad Deorum cultum, idque magnificum & regale , & non nifi ex marmore aut lapide, quale D. Thomas Gentiles habuiffe dicit. *Gentiles,* inquit, *conftruebant altaria magna & fublimia.* Hìc enim videtur fuiffe Gentium ritus, vt aras lapideas, ac marmoreas fuis Numinibus erigerent. Tales Aræ erant Ægyptiorum, quas Pyramides & Obelifcos vulgò dicimus, qui in Deorum honorem tàm in templis, quàm extra templum in locis publicis erigebantur plenæ facris & diuinis myfterijs, quemadmodum alibi fufiffimè declarabitur . Cùm enim Ægyptus humilis effet , & montibus careret, loco montium adinuenerunt excelfa illa Pyramidum, & Obelifcorum, quas proprió nomine appellabant ⲙⲟⲩⲧⲁⲗⲗⲟⲥ ⲓⲉϩ︦ϯ︦ⲝ̅

hoc

Sacrificia in locis altis.

Altare quid ?

Diuerfis Dijs diuerfa loca eligebant.

Vatablus. Quid Bama ?

Virgilius.

S. Thom. I. 2. q. 102. a. 7. 3.

Aræ Ægyptiorum Pyramides.

Cur Ægyptij Pyramidibus vfi funt.

hoc eſt, Deorum columnas ſeu aras; ad quas per gradûs aſcendebatur, intùſque extùſque plenæ erant omnigenâ idolorum varietate, iuxtà illud :

Marmoreas ſtant ſulua canum ſimulachra per aras .

Ex quibus patet, hanc Excelſorum appellationem Hebræis vſitatam aliam originem neſcire, niſi quam ab Ægyptijs hauſit ; qui Pyramides & Obeliſcos circa templa conſtitutos, aras ſeu columnas Deorum, vt dictum eſt, nuncupabant ; ſed nc ſoli coniecturæ inſtare videamur, audiamus Abenephium id manifeſtis verbis, cùm de Obeliſcis loquitur, oſtendentem :

Abenephi.

واقاموا الكهنة مصر هذا حجار مرتفعة بصورة لحن مدور ونقبوا بهم بحروفى
السرير الاسرار حكمتهم واسموهم من بجهات اللهى

Statuerunt autem Sacerdotes Ægypti hoſce lapides eleuatos & excelſos in figuram coni ſeu pyramidis faſtigioſæ, & incidebant in ijs literis ſymbolicis arcana ſapientiæ ſuæ, & nominabant eas altaria Deorum ſuorum . Cui aſtipulatur Iam-

Iamblichus.

blichus, qui Platonem de columnis Mercurij ſeu aris , aut titulis illi erectis, ſcientiam ſuam hauſiſſe ait ; hoc eſt, rationem cultus Deorum, & ar-

Columnæ Mercurij.

canæ Theologiæ, quæ fieri ſolebant circa huiuſmodi pyramides, aut etiam in ijs ſcripta legebantur ; accedit quod Poëtæ paſsìm pyramides Ægyptiorum vocent aras, iuxtà illud Lucani de ritu Ægyptiorum agentis.

Lucanus.

Votaq́ pyramidum celſas ſoluuntur ad aras .

Cùm itaque pyramis ſit veluti ara quædam præcelſa in Deorum honorem erecta, quæ & ob eminentiſſimum faſtigium non malè patria Ægyptiorum linguâ, vt ex Onomaſtico noſtro Copto ſiue Ægyptiaco antiquo patet ; vocetur ⲡⲓⲥⲧⲟⲁⲗⲟⲛ, hoc eſt, excelſum, ſiue columna præalta ;

Bamma, Raamoth.

veriſimile eſt ab Ægyptijs id Hebræos edoctos, eminentiora templa, araſue elatiores במה vel רמה, hoc eſt, excelſa vocaſſe, vel etiam , vt quidam volunt, Fana à φαίνω , eò quod faſtigijs ſuis elata in altum, facilè comparerent.

Placuit Salomoni myſtica ratio Ægyptiorum.

Placebant enim Hebræis omnes externorum, tùm maximè Aegyptiorum ritus, quos cùm ob raritatem, tùm ob affinitatem, quam in ijs ad ipſorum myſteria deprehendebant, ſummè æſtimabant . Atque hinc Salomonem cenſemus huiuſmodi aras tantò maiori voluptate ædificaſſe, quantò ſub ipſis maiora cognoſcebat rerum abſconditarum myſteria ; & ſub hoc prætextu eum Excelſa, Araſque extruxiſſe Rabbini volunt : ſuſcipiebat enim Aegyptiorum ſapientiam tùm temporis maximè florentem, & libenter de eorum rebus miſcere ſolebat ſermones , libentiùs verò de jis pellices ſuas Aegyptias varia referentes auſcultabat : præter hæc frequens ei quoque fuiſſe, tùm cum Pharaone, tùm cum ipſis Sacerdotibus literarum commercium, Pineda noſter multis probat . His itaque ritè perpenſis , nunc ab aris ad lucos progrediamur .

Luci,

Luci, Nemora Dijs consecrata.

NIhil frequentiùs in sacra historia, quàm Luci, vel plantati ab impijs, vel succisi à sanctis Regibus; ac proindè vti Prophetæ lucos & ligna frondosa, sic & aras insectantur: Vndè verò profluxerit iste lucorum cultus, nunc dicendum est.

Scimus priscam primorum Patriarcharum, qui verum Deum colebant, religionem fuisse in lucis & arboribus, locisque opportunis ad silentium & Deo vacandum, sicuti scriptum est: *Egressus est Isaac ad meditandum in agro.* Paradisus quoque nihil aliud fuit, quàm sacrum quoddam nemus, manu Dei consitum, traditum homini tanquam primo Sacerdoti, & templi illius nemorosi custodi, vt operaretur & custodiret illud; quod verbum operandi in Hebraico עבד satis demonstrat; propriè enim id significat operari seruiendo & administrando res diuinas; accedit quod Deus in hoc nemore sacram sibi peculiariter voluit arborem scientiæ boni & mali, omninòque intactam mysteriorum in ea contentorum contemplatione suspiciendam. Prætereà Abrahamum quoque nemus in Bersabæa plantasse legimus, ibique nomen Dei æterni inuocasse: Paradisus.

ויטע אשל בבארשבע ויקרא שם בשם יי אל עולם: Gen. 21.

Et plantauit lucum in Bersabæa, & inuocauit ibi nomen Dei seculi. Vel vt Septuaginta Θεὸς αἰώνιος, vbi Onkelos Paraphrastes Chaldæus:

ונציב נציבא בבארשבע וצלי תמן בשמא דיי אלהא עלמא: Onkelos.

Et plantauit plantationem in Bersabæa, & inuocauit ibi nomen Domini Dei æterni. Thargum verò Hierosolymitanum dicit: Abrahamum hortum plenum optimis fructibus plantasse, & peregrinos hospitio suscepisse, quibus gratis necessaria omnia suppeditabat; nihil aliud exigens pro pretio, quam vt scilicet orbis Conditorem agnoscerent, venerarentur, & timerent Rectorem cœli & terræ, cuius solius donum esset, quicquid comedissent vel bibissent; sicque vera religione institutos, & ad vitæ melioris instituta conuersos dimittebat, verba Thargum citabo: Thargum Hierosolym.

[illegible] Thargum Hierosolym. Syris characteribus scriptum Bibl. Vatic.
[illegible]
[illegible]
[illegible]
[illegible]
[illegible]

Et statuit, inquit Thargum, *in Bersabæa paradisum, posuitq́ in medio eius cibum & potum* (id est, præparauit conuiuium) *hospites verò qui manducârant & biberant, offerebant ei dona, eò quod comedissent & bibissent, & noluit accipere quicquam ab ijs: sed dixit eis pater noster Abraham: Orate patrem vestrum qui in cœlis est, de cuius manibus manducastis & bibistis, & non moti sunt locis suis, vsq́*

dum

dùm ad habitandum secum assumptos in via æternitatis, & cognitione veri Dei instruxisset; & confitebatur ibi, orabatá, in nomine Dei æterni. Hæc Thargum.

Caietanus.

Caietanus quoque disertis verbis ait, nemus illud fuisse tanquam templum & oratorium tàm Abrahæ, quàm alijs colentibus verum Deum. Abrahamum secutus est Iacob filius, qui & quercum summo Deo sacrasse legitur Genesis 35. & Iosue 24. *Iosue tulit lapidem prægrandem, posuitá, eum subter quercum, quæ erat in sanctuario Domini.* Vbi vides quercum siue quercetum esse sacrum Deo. Similiter religiosa quercus, aut quercetum videtur fuisse illud, sub quo Gedeoni Angelus Domini apparuit Iud. 6. quod ex ara, quæ in eodem loco fuit, colligitur; subditur enim: *Tulit omnia sub quercu, & obtulit ei,* &c. Fuit quoq; simul nemoris & arboris cuiusdam religiosæ vsus ad sepulchrum, quod violare non licebat, vt constat ex Genes. 35. vbi sepelitur Debora subter quercum, & 1. Regum 31. Habitatores Iabes Galaad sepeliunt ossa Saul, & filiorum eius in nemore Iabes; seruisse quoque quercetum ad inaugurationem principum, Iudicum 9. legimus. *Constituerunt Regem Abimelech iuxta quercum; quæ erat in Sichem.* Antiquos igitur Patres syluas & nemora, dùm templa necdum haberent, ad Diuini Numinis cultum & venerationem, intrasse, arasque exstruxisse ex dictis patet; causam dant Rabbini, quòd loca ab hominum consortio remota apparitionibus diuinis, quales syluæ sunt & nemora, aptiora sint, iuxtà illud: *Ducam eum in solitudinem, & loquar ad cor eius.* Hinc Mosen non nisi in solitudine montis Sinai, Dei alloquio fruitum legimus; Eliam quòque in deserto Deum vidisse sacra Regum historia monstrat. Hinc ob eandem causam, in lege gratiæ ad apicem Christianæ perfectionis tendentes, Christum secuti, eremos & solitudines ad faciliùs, & sine vllo impedimento diuinis contemplationibus vacandum petiuêre.

Cur deserta deuotionis gratia petierint antiqui.

Sed hæc omnia ad vanissimam idolorum superstitionem à Dæmone diuinitatis Simia delusa transtulit antiquitas; occupans montes, colles, valles, torrentes, nemora, & arbores frondosas, & opacas, iuxtà illud Isaiæ. *Qui consolamini in Dijs subter omne lignum frondosum, immolantes paruulos in torrentibus, super eminentes petras, in partibus torrentis pars tua.* Vel vt Ionathan vertit:

Diabolus Dei Simia.

Isaie c. 57.

דפלחין לטעוות תחות כל אילן ענוף:

Hoc est: *Qui colunt & venerantur idola sua subter omnem arborem floridam.* In quem locum sic commentatur R. Dauid Kimchi.

תחת כל עץ רענן כי אילן כלל לעצים כי כן היה דרכם לעבוד ע'ז תחת העצים הרעננים ועליהם להים שהטים הילדים וחיא עבודה שהיו זובחים לה הבנים וכן אמר יחזקאל הנביא ובשחטם את בניהם לגלוליהם וחיו עושים זה בנחלים מקום שהיו שם סלעים תחת הסעפים ופי סעפים שנים וכן בסעיף סלע עיטם כמו שן סלע נקרא כן לפי שהוא לסלע כמו הסעיף לאילן בחלקי נחל כשהיו מוצאים אבן חלקה ויפה באבני הנחל היו עוברים לה על דרך שאמרו רבותינו זכרונם לברכה חלקי שם חאר לאבן חלקה:

Subter omne lignum frondosum; quoniam Dij fiunt è ligno, sic enim vsitatum fuit seruituti alienæ, sacra sua peragere sub arboribus virentibus & ramis luxuriis.

riantibus (facrificabant pueros) *erat feruitus aliena, quâ filios fuos immola-*
bant Dijs fuis ; & faciebant hoc in vallibus, in loco , vbi erant petræ , & fubter
ramos, explicatur autem hæc vox עֵץ *duobus modis , & fic in ramo fiue dente*
fcopuli machinationes eorum ; ficut enim fe habet dens ad petram, ita ramus ad ar-
borem, vel in loco petrofo & ramofo. [*in partibus vallium.*] *Eò quod fimul ac in-*
uenirent lapidem leuigatum, & pulchrum afpectu inter lapides vallium, fubitò co-
lebant ipfum iuxtà id, quod de fimilibus Rabbini noftri dicunt ; Pars mea figura
lapidis leuigati. Hæc R. Dauid . In fyluis ergò locis vmbrofis, petrofis, ra-
mofifque templa fua prifca conftituit fuperftitio . Meminit huius quoq;
Plinius : *Hæ fuerunt quondam Numinum templa; prifcoque ritu, fimplicia rura*   *Plin. li. 12.*
etiam nunc Deo præcellentem arborem dicant, nec magis auro fulgentia, atque ebore   *c. 1.*
fimulachra, quam lucos ac nemora confecrant ; & in ijs filentia ipfa adoramus .

    Certè Ægyptios, lucos facraffe Dijs ; memorabile illud nemus Am-
monis in deferto Lybiæ honori eius confecratum, de quo fuprà in capite
de Ammone. Iuncofufque lucus , in quo Beelfephon ab Ægyptijs conftitutum fuprà quoque afferuimus ; cœterique luci locique frondofi diuerfis in locis, vrbibufque Ægypti, vt Heliopoli, Canopi, Sai, de quibus lege
Herodotum, Athenæum, Paufaniam, fatis teftantur ; quorum omnium
cultus cùm multò ante Salomonem viguerit, certum eft, Hebræos & Græcos ab Aegyptijs eum quoque ficuti cœtera omnia accepiffe ; ab his verò ad cœteras Gentes deriuatus huiufmodi cultus , totum orbem pafsim
peruafit . De Germanis nominatim fcribit Tacitus : *Lucos & nemora*   *Tacitus l. 1.*
confecrant, Deorumque nominibus appellant fecretum illud , quòd folâ reuerentiâ   *de morib.*
vident . His fimulachra Deorum addita, id eft, ftatuæ è ftipitibus rudibus & im-   *German.*
polito robore . Vt defcribit Lucanus in obfidione Maffiliæ.

> *Lucus erat longo nunquam violatus ab æuo*   *Lucanus.*
> *Arboribus, fuus horror ineft ; tùm plurima nigris*
> *Fontibus vnda cadit, fimulachraque mifta Deorum* ,
> *Arte carent, cæfifque extant informia truncis*
> *Ipfe fitus, putrique facit iam robore pallor*
> *Attonitos* .

Quanquam non dubium eft, quin pofteà etiam variæ Deorum formæ fcul-
perentur ex ligno, marmore, & fundetentur ex ære & metallis , ficque   *Luci cur in-*
adderentur lucorum aris . Porrò lucum facrum cædere, aut temerare ne-   *cædui.*
fas erat, ac proindè plerique à Poëtis memorantur incædui , iuxtà illud
Aeneid :

> *Lucus in vrbe fuit media lætiffimus vmbra*
> *Hìc templum Iunoni ingens Sidonia Dido*
> *Condebat* .

Vbi Seruius quoque obferuat, vbicunque Virgilius lucum ponit, confecra-   *Seruius in*
tionem etiam poni . Ac nefcio quam ex vmbrofa illa profunditate con-   *Virgil.*
cipiebant delufi præfentiam Numinis, vt ille dicebat.

Lu-

Lucus Auentino suberat niger ilicis vmbra,
Quo possis viso dicere, Numen inest.

Atque sub prætextu cultus Numinis conuiuia, choreas, & impurissimas quasuis cœrimonias adhibebant, vt sæpè iam diximus; quæ omnia euincunt Salomonem, vel in Lucis Fana & Aras constituisse, vel certè plantasse ritu profano; sed istud potissimùm, quod luci & nemora idolorum, seruirent impudicitijs, & operibus tenebrarum; nam vmbram quære-

D. Hieron. in 4. Osee.

bant teste D. Hieronymo: *Vmbram,* inquit, *querentes deseruerunt veritatem, tùm præterea quod pristina & voluptuosa religio austeritatem vnius & veræ religionis euerterat; inter vmbras enim & tenebras impuris voluptatibus obsequebantur.* Quod in hac ipsa re indicauit Philo. *Lucus nullus est intra eius*

Lucus impuritatibus feruiebat.

ambitum, quia lex id multis de causis vetuit; primò, quia verum templum amænitates non postulat, sed seueram castimoniam, præterea condensa syluarum maleficis conueniunt, ex latibulis securitatem & insidiarum occasionem quærentibus. Quod si in his lucis prisca illa superstitio luminarium, tùm etiam velaminum aliorumque donorum, quibus superstitiosissimæ fœminæ arbores & nemora exornare solebant, suppellectilem posuit, quam frequentes ibi lucernæ lucebant? quanta domuncularum, aut aliorum tegumentorum copia, & cura? quanta donorum opulentia sub Rege opulentissimo? de primo nomen ipsum admonet, dictum lucum, quod ipse careat luce per se; & propterea appensis lucernis luceat. De secundo videtur id 4. Reg. 23. cùm Iosias destruxit ædiculas effœminatorum, pro quibus mulieres

Biblia Complutensia.

texebant, quasi domunculas luci, vbi Complutenses legunt. *Destruxisti domum initiatorum, quæ in domo Domini, in quo mulieres texebant ibi stolas luco.* Et fortè de his siue domunculis siue velamentis arborum loquitur Arno-

Arnobius.

bius, cùm libro 5. vbi de Aedesii interfecto loquitur. *Quid lanarum,* inquit, *vellera, quibus arbores colligatis & circumuoluitis stipitem? nonne illarum repetitio lanarum est, quibus iam deficientem contexit genitrix Diuum, & teporis aliquid rata est se posse membris conciliare frigentibus?* Et quidem fabula ea Aedestis, turpis & obscœna similiter res, quam peragebant, aut patiebantur effœminati sub his domunculis ad truncos arborum, subijcit inde Arnobius: *Quid compti violaceis coronis, & redimiti arboris ramulis? Nonne illud indicant, vti mater primigenijs floribus adornauerit primum miserabilis indicem testimoniumq́ fortunæ?* De tertio id est, de donis & anathematis ex ra-

Rami arborum donis ornabantur.

mis luci suspensis, res peruulgata, de quo Arnobius l. 1. *Venabar (ò cœcitas!) nuper simulachra, veternosis in arboribus tænias.*

Quòd si deniq; roges, qui Luci, aut ex quibus arboribus plantati, an ex oleis, an alijs arboribus frugiferis, an ex syluestribus fuerint. Philo supracitatus tùm ex frugiferis, tùm ex syluestribus lucos costituisse ait. Apud Hebræos enim idololatras hæ arbores erant in vsu & pretio, secundùm il-

Quæ arbores lucis consecratæ.

lud Oseæ: *Subtus quercum, & populum, & terebynthum;* quia bona vmbra eius. Sed hæc de Lucis breuiter dicta sufficiant, nunc ad Deos, qui in huiusmodi locis lucisque colebantur, describendos, calamum conuertamus.

CA-

CAPVT XIII.

Aſtartha Dea Sydoniorum.

S Alomonem non Lucos tantùm plantaſſe, ſed & Fana, Araſque, & eas
quidem nequaquam vacuas; ſed varijs idolorum ſimulachris orna-
tas exſtruxiſſe, coluiſſeque, ex ſacræ hiſtoriæ contextu abundè patet:
Cùmq́ iam, inquit, *eſſet ſenex, deprauatum eſt cor eius per mulieres, vt ſequeretur
Deos alienos; nec erat cor eius rectum cum Domino Deo ſuo; ſed colebat Salomon
Aſtarthen Deam Sidoniorum, & Chamos Deum Moabitarum, & Moloch idolum
Ammonitarum.* Et paulò poſt: *Tunc ædificauit Salomon Fanum Chamos idolo
Moab, in monte, qui eſt contra Hieruſalem; & Moloch idolo filiorum Ammon,
atque in hunc modum fecit vniuerſis vxoribus ſuis alienigenis, quæ adolebant thu-
ra, & immolabant Dijs ſuis.*

Quinam itaq; hi Dij recenſiti fuerint, & vndè promanârint, nunc dicamus; ac primò quidem de Aſtartha, Aſtaroth, vel vt alij volunt, Aſtoreth,
variæ diuerſorum occurrunt ſententiæ. Quorum alij de nomine, alij de
re contendunt. Illi Aſtartha idem eſſe volunt quod Aſtaroth, aiuntque
nomen eſſe genericum ad omnes Deas, vt placuit Auguſtino quæſtione 16.
in Iudices; colligere id videtur potiſſimum ex 1. Reg. 31. capite, *Cùm
ſuſpendunt arma Saul in templo Aſtaroth,* & 1. Reg. 7. cùm iubet Samuel aufer-
ri de madio populi Baalim & Aſtaroth, quos adoraſſe fatetur populus, vbi
Septuaginta nomine plurali legerunt; *Seruierunt Baalim & Aſtarthibus,* vt
eleganter obſeruat & exponit citatus Auguſtinus citato loco. Porrò hanc
eandem eſſe, quæ Adagartes nominatur à Petro Crinito l. 14. de honeſta
diſciplina c. 8. de hoc tamen dubium reperio Giraldum. De vocis autem origine Montanus iam adducendus exiſtimat, eſſe vocem originis Hebraicæ. Alij aliter ab Hebræo deducunt: nam eadem vox 7. Deutero-
nomij, ſumitur pro gregibus ouium, quare dici Aſtarten volunt, quaſi ouil-
lum ſimulachrum. Sic R. Dauid Kimchi:

ואומרים ר' שהצלמים עשתרות עשויים בצורת הצאן:

Aſtaroth, inquit, *iuxtà RR. imagines ſunt factæ ad ſimilitudinem ouiũ.* Alij curio-
fiùs deducere nituntur ex עש quod Arcturum ſeu plauſtrum interpretantur, & תור quod ordinem ſignificat, quaſi ſit vnum ex aſtris gyrantibus, &
cùm pluraliter dicatur, ſignificabit duodecim ſigna Zodiaci; ſed hoc vt
nimis curioſum, ita minùs ſolidum & magis incertum. Suidas ab aſtro ei
nomen factum, Luciferumque eſſe autumat. Illud certum eſt, vocem eſſe peregrinam, & illius gentis, apud quem illius cultus vigebat: ſicut
enim religionem & ritùs peregrinos, ita ſanè & nomen ipſum peregrinum; & inter gentes vulgatum, Hebræis placuiſſe credendum eſt; & ſi
coniecturis agendum ſit, non malè Aſtaroth deriuare poterimus ab Arabico ſeu Punico الزهرة *Alzaharet,* vel meliùs ab Ægyptia voce ⲧⲟⲥⲡⲱⲧ
Tſſurot, quod Theſaurus noſter Copto-Arabicus Venerem interpretatur.
ⲧⲟⲥⲡⲱⲧ autem ab Aſtaroth non multùm differt. Ex quo colligo Aſta-
roth-

Rr 2

(marginalia:)
Aſtoreth, Aſta-
ruth, Aſtar-
tha idem
ſunt.

Aſtartha quæ-
nam fuerit?

Arias Mon-
tanus.

Radak.

Variæ deri-
uationes vo-
cis Aſtaroth.

ⲧⲟⲥ-
ⲡⲱⲧ
quid Ægypt. x
ce.

roth vocem esse Coptam seu Ægyptiam, variâ diuersarum gentium pro-
latione passim corruptam : confirmat opinionem meam Syrorum idioma, quod Venerem aliô nomine non indigitat, quàm voce **ܠܐ̣ܬܪ** *Asta-
ruth*, vel vt in Nomenclatore Syriaco quoque legitur **ܠܐ̣ܬܪ** *Ajeruth*, quæ
si paucula excipias, omninò ad Ægyptiorum seu Coptarum **ϯⲥⲣⲱⲧ**

Astaroth
idem quod
Isis.

sunt affinia . **ϯⲥⲣⲱⲧ** autem seu Astaroth , quam Astarthen Græci vocant, Reginam Ægypti fuisse, Isidemque in nutricem filij sui assumpsisse

Suidas.

Plutarchus testatur libello de Osiride & Iside ; hisce accedit authoritas
Suidæ suprà citati : *Astarthe* , inquit , *à Græcis Aphrodite, à Latinis Venus
dicitur ; nomen ab astro factum est, eius enim esse Luciferum fabulantur* . Lu-
ciferum verò , Hesperum & Venerem idem astrum esse , vel ex primis
Astronomiæ elementis patet ; sed de hoc in sequentibus vberiùs volente
Deo dicemus. Nunc ad eos accedemus, qui non tàm quid nominis Asta-

Alia deriua-
tio.

roth, quàm quid rei sit, perplexi variè confligunt. Montanus Iud. 1. vbi
de Astaroth scripturus dicit, nomen esse nulli proprium , sed commune ad
Deas, & eas omnes, quas in Deorum numerum referret antiquitas ; dedu-
citque nomen à radice אשר *Aser*, quod diuitem seu beatum significat ; ac
commodari tamen ad eas Deas,quæ in singulis locis colerentur . Sed càm
non videam,quâ ratione nomen Aioreth vel Astaroth deduci possit à radice
עשר ; nam tunc dicetur עשרת aut עשרות : & videri quidem nomen prorsus peregrinum , peritiores linguæ sanctæ docent ; certè ipso nouitatis
nomine suspicionem habet falsitatis ea Montani opinatio , in hoc vnum
consentientibus vniuersis interpretibus , esse nomen alicuius Dei proprium, id quod ipsa plana scripturarum verba præ se ferunt, & peculiare
prouinciæ nomen, quæ Numen aliquod profitebatur & colebat ; qualis
erat Ægyptiorum Isis seu Venus, quam & **ϯⲥⲣⲱⲧ** appellatam in præce-

Philastrius
c. 17.

dentibus diximus . Philastrius de hæresi asserit : Astar & Astaroth fuisse homines, & fœminas, quorum figuras post Mosis obitum plurimum colebant ; quæ nomina Regum Syrorum fuerunt & Aegyptiorum, quorum
filij filiæque, cùm à suis populis colerentur, post etiam templa ijs facientes, post mortem illorum progeniem ibidem sepelientes, Deorum, Dearumque nomina eis afferebant cum sacrificijs ; quæ, paucis exceptis, nequaquam dissentire videntur ab ijs, quæ suprà de Astarthe ex Plutarcho
adduximus . Non desunt qui asserant, Astaroth idem esse quod עשרות

Aseroth idem
quod Luci.

Aseroth seu lucos ipsos Dijs dicatos ; colligunt verò hanc opinionem ex

Sam. 7.

illo Sam. 7. vbi Septuaginta habet ⲅ̄ ἄλση Ἀσαρὼθ, scilicet lucos Astaroth,
& Hebraica veritas :

עזבו את יי ויעבדו לבעל ואת האשרות׃

Dereliquerunt Dominum & coluerunt Baal atque Astaroth . Verùm sequenti versu 7. legitur, *Obliti sunt Domini Dei sui colentes Baalim* , ואת האשרות &
Aseroth siue lucos,quod simul ad Astaroth ipso nomine alludere videtur,
& lucos significat . Septuaginta ibi, Καὶ λατρεύοντες τῇ Βααλ. καὶ τοῖς ἄλσεσι, scilicet *Baal & lucos colebant* . Verùm falluntur omnes ij , qui huic sententiæ
fauent . Aliud enim hìc quàm locum arboribus consitum intelligas oportet ;

tet; videlicet Afteroth, quæ & à luco, in quo colebatur, & à quernis folijs quibus ornabatur אשרה dicta, multis erroris materiam præbuit; erat enim proprium gentibus à lucis, vrbibus, montibus, antris, vbi colebantur Numina, nomina Deorum deriuare; vti Iuppiter ἐνδένδρ@ à Rhodijs sic dictus, & Nemorensis Diana, ᾽ρυώδης Bacchus, Albunea Dea, aliaque sexcenta huiusmodi, quæ apud Giraldum videantur amplè pertractata. אשרה autem hoc loco non lucum significare, sed ipsum simulachrum patet ex R. Dauid Kimchi, qui in radice אשר, omne lignum quod colitur אשרה dictum esse scribit, verba eius sunt sequentia:

אשר אשרה נאמר כל עץ נעבר בעבורה וזה:

Omne lignum quod colitur seruitute aliena barvar. אשרה Aserah dicitur. Aitipulantur huic Leui Ben Gerson, & R. Salomon, qui de idololatria Acnabi loquentes 1. Reg, c. 2 1. voce אשרה *Asera*, siue lucũ, aut quercũ, siue quercinum simulachrum, cui cultus exhibebatur, intelligi aiunt; sed & Iudic. 6. Gedeon destruxit altare Baal, & succidit האשרה *Asera*, quæ super Altare, ita enim verto Hebraicum עליו super ipsum, non iuxtà ipsum, quod & Septuaginta sic vertisse videntur, qui ἐπ᾽ αὐτῷ habent, id est, super altare; quin & Iosias l. 4. Reg. docuisse domus scortatorum legitur, quæ erant iuxtà domum Domini, vbi & mulieres cortinas texebant pro Asera. In quem locum sic cummentatur Rabbi Dauid Kimchi super hæc verba: ויהס את בתי הקדשים *Et succidit domus scortatorum & effæminatorum.*

ת'י את בתי הקדשים טעוותא וחענין מורה עליו אשר הנשים ארגות שם בתים לאשרה אבל האשרה שעשה מנשה בבית יי עשה שם בת סלנשים שארגו יריעות לכבוד האשרה בת'ם לאשרה יריעות הו ארגות שם והדיריעות הו בתים לאשרה כמו בתים לדברים אפשר שהיו אותן יריעות תלויות סביב האשרה וזה האשרה ב תומקוס ו'ת דינשיא מיתן תמן מכול ן לאשרה:

Exponuntur domus scortatorum, idoli, per quæ docetur, quod mulieres texebant ibi domos Asaræ, veruntamen Asara, id est, simulachrum, quod fecit Manasses in domo Domini, fecit ibi domus mulieribus texentibus cortinas in honorem Asaræ; iterum cortinæ fuerunt textæ ibi, & cortinæ fuerunt domus Asaræ, id est, in honorem Asara extructæ, & domus separatæ; verisimile autem est, huiusmodi cortinas fuisse appensas circa Asaram; & fuit Asara domus & locus, & expositio eius est quod mulieres sedentes ibi sollicitè quærebant & expectabant Asaram. Quæ verba sanè nequaquam de simulachro Numinis dici possunt; nisi quis forsan lucum in ipso templo plantasse Manassem, domosque ædificasse, & cortinas circa lucum extendisse dicat; quod imprudentis est asserere. Verisimile autem est, huiusmodi idolum Asaræ fuisse ligneum & ex quercu; vnde forsan sub luci seu quercûs vocabulis, in fictæ diuinitatis opprobrium designatur; nam & combustum est à Iosia Rege, & cineres eius dispersi sunt in sepulchra filiorum populi, vt habetur 4. Reg. c. 23. v. 6. Simulachra igitur lignea Astarthæ dicata Ascherim & Ascheroth seu feu lucos fæpiùs dicta fentio; vt & ad nomen fimul alluderetur, & tam impari diuinitati materiæ contumelia ipfo vocabulo exprobraretur; vti benè quoque obferuat Seldenus. Nos verò inferius alias quoque rationes huius appellationis indicabimus.

Seldenus Synt. 2. fol. 147.

S. Auguft. Iuno Aftartha dicitur.

    S. Auguftinus quæft. 16. in Iudices; Iunonem putat effe Aftarthen; fecuti funt eum Gloffa interlinearis Nicolai Lyrani, Abulenfis, & Dionyfij: & qui dicunt eandem effe cum Luna, ij funt Mafius, & Lucianus in Dea Syria. Probat Auguftinus locù indicatù ex eo, quod exiftimet Baal effe nomen Iouis, quem illo nomine Dominum vocabant linguà Punicâ fiue Arabica: vndè Baalfamen, quafi Dominum cœli intelliguntur dicere; Samen quippè apud eos cœli appellantur, videtur autem Baalfamen effe corruptum; apud Arabes enim non inuenitur Baalfamen, fed بعلسماي Baalfamai: cùm autem Iuno fuerit Iouis & foror & coniunx, profectò cùm tam frequenter iungantur in fcriptura Baalim & Aftaroth, oportet intelligamus fuiffe Iouem & Iunonem.

Cicero l. 3. de nat. Deor.

    Venerem autem Aftarthen præter Suidam Cicero quoque afferit, hîc enim inter quatuor Veneres, Aftarthen quoque computat, verba eius funt. *Venus prima è cœlo fpuma procreata, ex qua & Mercurio cupidinem fecundum natum accepimus; tertia Ioue nata & Dione, quæ nupfit Vulcano; fed ex ea & Marte natus, Anteros dicitur; quarta Syria, Tyróq; concepta, quæ Aftarthe vocatur, quam Adonidi nupfiffe traditum eft.* Rem eandem fecuti videntur pofteriores non pauci, Nicetas, Cedrenus, vbi agit de Salomone; cum quo facit, quod Eufebius l. 1. de præparat. c. 7. quod eft de Phœnicum Theologia, Aftarthen facit Amoris & Cupidinis matrem ex Saturno, quæ eft Venus; Theophylactum quoque Aftarthen cum Venere confundere, ex Comment. in 4. Ofeæ patet, vbi de ea fub hifce verbis, *Populus non intelligens vapulabit*, fic fcribit: *Hæc de duabus tribubus profert, nempè Regni Iuda, quandoquidem & ipfi exiftimati habere Dei cognitionem, vt qui Hierofolymis vrbe Dei regnarent; Aftarthes idolo facrificabant, feu Veneris; hanc enim fcortum nominauerunt; etenim imago eius nuda ftabat ipfo fuo fpectaculo, vel intuitu fornicationem & abominationem fpirans. Excitauit Aftarthes fimulachrum Salomon vxori fuæ gratum faciens.* Hæc Theophylactus; quæ aptè omninò ad inftitutum Salomonis quadrant; nam facra Veneris, cœteris multò opportuniora Salomonis effrœnatæ libidini, & turpiffimæ idololatriæ videntur; præfertim cùm Veneris Amafium Adonidem; vti in capite de Adoni dictum eft, vbi & eundem cum Thamuz confudimus, adamârunt etiam fœminæ Ifraëliticæ, illum plangentes, Ezech. 8. Et ficut Aftarthe fuit propria Phœnicum aut Syrorum Dea, ita fanè Adonis familiariter fuit cultus ab Affyrijs fummâ olim veneratione, tefte Macrob. 2. Sat. c. 21.

Nicet. in orat. 15. Naz. Cedr. in compend. hiftoriæ. Eufebius.

Theophylact.

Aftartha & Venus idem.

Aftartha cum Luna confunditur.

    Maxima denique Authorum pars Aftarthen cum Luna confundunt, eandemque effe aiunt, quam Phœnices Baaltim dicunt, Varro Ianam feu Couellam, Arabes الليلة Alilat; Syri ܡܘܠܝܬܐ Mulitha; Hebræi לילית Lilith; Chaldæi אממס Ammes; Græci Deam Syriam & Io, fimilibufque nominibus diuerfi infigniunt; nos, vt in tanta fententiarum, opinionumque diueruerſitate aliquid certi ſtatuamus, dicimus, Aſtarthen nihil aliud eſſe, quàm celebratiſſimam illam Ægyptiorum Iſidem, quam Plutarchus non immeritò *μυριώνυμον* appellat, omnium dictarum Dearum nominibus repræſentatam.

Ac primò quidem Venerem cœleſtem in Ægypto cultam fuiſſe, eamque eandem eſſe cum Iſide, teſtatur Ælianus ſequentibus verbis: *In Ægypto*, inquit, *Vico Schuſſa nuncupato, non magno illo quidem, ſed eleganti certè, quià in Hermopolitana Nomo id eſt, Præfectura ç cenſebatur, Venerem religioſe & ſanctiſſime colti ſolitam, quam Vraniam, id eſt, cæleſtem Venerem appellabant, atç Vaccam etiam ideo venerabantur, quia affinitatem & conuenientiam cum Dea ipſa habere exiſtimetur.* Vacca autem non offerebatur niſi Iſidi; patet ergo probandum.

Reperio apud Plutarchum hanc Vraniam Venerem quoque vocatam ab Ægyptijs Nephten, quam & quinto loco natam, & cum Typhone coli ait; Heſychius tamen hanc Venerem A'θὼς ait ab Ægyptijs vocari; vnde Athyr Menſis, qui in noſtrum Nouembrem ferè cadit, vt in noſtro Prodromo Copto oſtendimus; meminit huius Epiphanius lib. 3. aduerſus hæreſes. *Alij*, inquit, *Tithyrambo Hecaten interpretantes; alij Senephtibus, melius leges Nephtis, alij Thermutidi ſacra faciunt, alij Iſidi.* Strabo hanc Nephten l. 17. vocat Venerem Momemphitam à Nomo ſeu Præfectura, in qua colebatur ſic dictam. *Huic*, inquit, *Deæ ſacram vaccam alebant, quemadmodum Memphitæ Apim, & Heliopolitani Mneuin bouem, quos pro Deis nutriebant.* Vides igitur dictas Veneres vraniam, Nephtem & Momemphitam nihil aliud eſſe quàm Iſidem, quod & vaccæ cultus ſatis ſuperque demonſtrat proprius Iſidi; certè hanc eandem quoque eſſe, quæ in hiſtoria Thobiæ Dea Baal dicitur, quæ vaccâ colebatur; ſic enim habetur c. 1. v. 5. E'θυον τῆ Βααλ τῆ δαμάλι, ſcilicet, faciebant ſacra τῆ Βααλ, iuuencæ ſeu vaccæ, quod & alio loco videlicet l. 3. Reg. c. 19. vbi Baal legitur fœminino genere; Ο'κ ἐκαμ↓αι γόνα⌐α τῆ Βααλ. *Non incuruauerunt genu Baali.* Ego ſane arbitror ibi ſumi Baal pro Baali. Erat enim Baalis idem quod Baaltis Phœnicum, quam Megaſthenes apud Euſebium vocat Βασιλέα Βῆατις. Heſychius autem Βηλθῆς, inquit, ἡ Η'ρα ἡ A'φροδίτη. Belthes Iuno ſiue Venus eſt, cui cùm Iuuencam ſacrificârint Phœnices, veriſimile eſt, eandem eſſe cum Venere Ægyptia, ſeu Iſide, ſeu Aſtarthe Aſſyriorum; ſicut enim Baal eſt Iuppiter, ſic Baalis ſeu Belthis eſt Iuno ſeu Venus, cui parallela ſunt, Adonis ſeu Thamuz, & Venus ſeu Aſtaroth; (quorum ille Beel Aſſyriorum, hæc eorum Beltis eſt) quibus reſpondent Oſiris & Iſis, Iuppiter & Iuno ſeu Venus Ægyptiorum; iterum ſicuti בעל שמים *Baalſamim* eſt Iuppiter Olympius, ita בעלת שמים *Baalet ſamaim* eſt Iuno Olympia, ſcilicet, Domina cœli ſeu Regina; quemadmodum Ierem. c. 7. & 44. eam vocant Septuaginta Interpretes, quod nomen Iſidi & Aſtarthi & Iunoni Veneriue propriè connenit; vti ex varijs antiquarum inſcriptionum monumentis apud Ianum Gruterum videre eſt. Cùm verò per Reginam cœli propriè Luna denotetur, colligitur ex eo, Venerem, Iuuonem, Iſidem, Aſtarthen, vti ex ſequentibus patebit, paſsim Lunam quoque dici. Herodianus vbi

de

Ælianus.

Cœleſti Venerit vaccæ offerebatur.

Nephte eadem cum Venere vrania.

Eadem Athor dicitur, & menſis inde nomen habet.
Epiphan.
Strabo.
Venus Momemphitica.

Thobiæ.
Baal, Beltis, A'φροδίτη quoque dicitur.

Beltis Iuno ſicut Baal Iuppiter.

Aſtartha Luna eſt.

de fimulachro cœleftis fuæ Vraniæ Africanæ à Pfeud-Antonino Romam
tranflato agit lib. 5. Φασὶ δ᾽, inquit, αυτὴν Διδῶ τὴν Φοίνισσαν ἱδρύζαδξ, ὅτε δὴ τὴν
ἀρχαίαν Καρχηδόνα πόλιν ἔκτιζε βύρζ καξ σετέμνζα · Λίβυες μὲν οὖν αὐτὴν οὐρανίαν καλῦσι · Φοί-
νικες δὲ Ἀσεράρχην ὀνομάζεσι · Σεληνίω ἐξ Θέλοντες. Id eft: *Pofuiffe aiunt illud Dido-*
nem Phœniſam, cùm antiquam Carthaginem diffectò corio exſtruxerit; hanc Afri
Vraniam nominant ; Phœnices verò Aſtroarchen & Lunam eſſe affirmant ; τῷ
Aftroarche ficto ad Aftarthen defignandam vocabulo vfus eft, ac fi fiderum Reginam, aut cum Apuleio, matrem fiderum Lunam vocaret. Iunonem autem & Lunam effe Varro oftendit cùm Pontifices nonas menfium in Capitolio in curia Calabræ calantes, fic pronunciabant; *Dies te*
quinque Kalo Iuno nouella. Vel vt alij legunt, couella, hoc eft, cœleftis:
couum enim antiquitus idem erat quod cœlum,tefte Sexto Pompeio, Iunonem quoque eandem effe cum Luna, Virgilius oftendit hoc verfu :

Aſt ego quæ Diuûm incedo Regina Iouiſq̃;
Et ſoror & coniunx.

Vbi per Iouem Solem, & per Iunonem Lunam Mythologi intelligunt;
præterea Lucina dicitur Iuno, vel quod lucis præfes effet, fub quo fenfu
accipi poteft idolum אשרה, de quo fuprà locuti fumus , & fic cum Diana
confunditur: vel quod luce fuâ omnia perluftret, & fic pro Luna vti aëris illuftratrix eft, accipi poteft; non defunt, qui eam eandem cum Vefta
feu Tellure quoque fumant, & fic Iuno eadem erit quæ Ifis, quam Plutarchus, nunc Lunam, nunc Terram, nunc Nephtem effe indicat. Verbo
Minervæ, Iunonis, Veneris, Lunæ nomina ita funt, cùm ad Afiaticos
Deos refpexeris,confufa, vt qui Minervam Belifamam, Iunonem Belifamam, Venerem,Lunam, Ifidem Aftarthem dixerit, idem femper dixerit.
Nunc verò,quæ fit illa cœleftis Venus feu Vrania,quam Affyrij Milittam,
Arabes Alilat, Perfæ Mitram, vt Herodotus fcribit in Thalia, aut quam
Hebræi לירית vocant; Milittæ feu Molutho,meminit Mor Ifaac Syrus Epi-
fcopus in Cofmographia fua Syriaca; vbi eam eandem effe cum fidere
Veneris,quod Syri Aftaruth, vti fuprà manifeftauimus , nuncupant; di-
dictamque effe حمدلـ *Mialdotho* , hoc eft,quod parere faciat feu partu-
rire, aut obftetricem agat, vel حـلـد *Ialedotho* fic dicta, quod ipfa pariat
omnia, vel omnium genitricem agat; verba eius Syrieca hìc adiungam :

حدحلدحهب سا مں ضقدحا لحـا هنـدها حـعحد محـجاا اۀ ـكـنـا ‌‌
هم ـحـں اهدا مـجـاا هـهزحـنـدها هلهـهم ردحـحـ‌‌‌ ا ٠

Aſtaruth, inquit, *fidus eſt vnum de ſeptem errantibus, feu planetis , quæ*
etiam vocatur genitrix et obſtetrix, eò quod ipſa veluti mater fit omnium, omnium
produtrix rerum, omnium quæ in mundo funt nutrix et conſeruatrix. Hæc Mor-
Ifaac. Nos arbitramur Milittam eandem effe cum Ilethyia; eft autem
Ilethyia nihil aliud quàm Diana,feu quàm Megafthenes Hecatem prothy-
ræam appellat, Deam parturientibus & inimicam,nimiumque timendam,
ideòque fupplicationibus placandam. Huic proptereà Aeliaci imprimis
facri-

Marginal notes (left column):

Herodianus.

Aftroarche
& Aftarthe
deni.

Couum anti-
quis cœlum.

Virgilius.

Omnes Deæ
in Lunam re-
foluuntur.

Æquiuoca
Ifidn feu
Lunæ.

Mor Ifaac
Syrus in Co-
fmogr. Syria-
ca.

Ilethyia.
Hecate pro-
thyræa.

facrificabant, hymnofque cantabant; eademque de caufa in Attica terra
ἰλἰθυιᾳ inter Deas γενεθλίας collocabant, quæ Deæ generationi præeſſe_
putabantur; & ideo Venus quoque Genetyllis dicta eſt; atque ſic eadem
eſt cum Militta Aſſyriorum; quam & Diodorus filiam facit Iunonis. Meminit huis Pauſanias in Phocicis. vbi ait Ilythiæ templum in foro fuiſſe_,
& ſtatuam habuiſſe Tegeatas (quæ ἐγχώνασις ex hiſtoria vocabatur, quaſi
ingeniculata, vt parturientes ſolent) à capite ad pedes tenuiſſimo pannô
conteĉtam, cuius manus altera in rectum porrecta, altera facem teneret
accenſam; eâ ratione, quod partus dolores igni æquentur; vel potiùs
quod in lucem partus efferre videretur; hæc enim ſi propitia adeſſet, &
genitricem,& natum paruulum feruabat; fin aduerſa maneret, vtroſque
graui infortunió mactabat. Vocat hanc Pſellus l. de operat. Dæmon.
Θηλόμορφον καὶ γὸ, inquit, πολλῶν καθακόσας ἔχω Θηλόμορφον παῖζας τ̓ λέχοις ὁράᾳ.
Id eſt, A multis audiui,omnibus puerperis dæmonium fæmineâ figura comparere.
Ex quibus apparet, Ilethyam eandem eſſe cum Empuſa, Gellone, Lucina,
Lamia: de quibus lege Heſychium & Ariſtophanem cum Scholiaſte in_
Ranis. Plutarchum libro δεῖ ἐῖς τὰ ἐκ̈ρτα φιλοσοφίας.

Hebræorum quoque Lilith ſeu Hecate, aut noĉturnum dæmonium
dictæ Iunoni conuenire ex ijs, quæ iam dicturi ſumus patebit; eſt autem
Lilith לילית apud Hebræos idem quod Lamia: dicuntur autem quatuor
eſſe matres Dæmonum, Lilith, Naémach, Ogereth, & Machalath. Lilith
autem puerperis eſſe infeſtam. Verùm de his & ſimilibus audiamus Eliam
Leuitam,qui huiuſmodi aniles ſuperſtitiones,& inſulſa commenta,ſic in_
Thisbi deſcribit:

 לילית אך שם הרגיעה לילית רש׳׳ פירש שם שדה התרגום יונתן בלשון רבים וכן
בפסוק בימים הדם כשבת חמלך בחרגום ירושלמי שדין ולילין נמצא כתוב שאותן
מאה ושלשים שנה שהיה אדם פרוש מחוה באו שד ונתחממים ממנו וחולידו שדין
ורוחין ומזיקין ובמקום אחר מצאתי ארבע נשים הם אמות השידים לילית ונעמא ואגרת
ומחלת ובכפר בן סירה בשאלה חששית ששאל נבוכדנצר אותו רוח לשונו מפני מה
הבנים מתים כשהם בני שמנה ימים אמרו לו מפני שליח הרגם אותם והאריך שם
חרבה ואינני מאמין בהם אך מכהג פשוט ביניני האשכנזים שעושים עגול סביב כותלי
החדר ששוכבת בה היולדת עם נחר או גחלים וכותבים בכל כותל אדם חוה חוּץ
לילית ובפתח החדר מבפנים כותבים שמות שלשה מלאכים אלי סנוי וסנסנוי וסמנגלף
כמו שמסרה להם לילית בשעה שרצו המלאכים האלי לטבוע אותה בים :

*Lilith,quin et Lamia ibi requieſcet. R. Salomon dicit eſſe nomen Dæmonis,
atq̃ Ionathan tranſtulit* לילין *in plurali numero; ſic quoque et in iſto verſu; In
diebus illis cùm ſederet Rex etc. Thargum Hieroſolym. Sedim vellim, Dæmones et
Lamias habet; inuenitur porrò ſcriptum, quod in centum et viginti annis, quibus
Adam continuit ſe ab vxore ſua Heua, venerint ad eum dæmones, et conceperint
ab eo, ſicq̃, genuerit Dæmones, et Lamias et Lemures; et alio in loco inueni, quatuor eſſe matres Dæmonum, Lilith, Naémach, Ogereth, et Machalath; in libro
quoque Ben Syra quæſt. 60. legitur, quòd Nabuchodonoſor interrogauerit eum_
hunc in modum: quam ob cauſam pueri octo dierum moriuntur? Cui reſpondit ille; Eò quod Lilith eos occidit, quâ de re ibidem multa prolixè tractat, quæ huc
aſcribere non placuit, quandoquidem illis nullam fidem adhibeo ,ſicuti nec alios his-*

cè abſurdis figmentis fidem vllam habere velim . *Veruntamen mos inoleuit inter Iudæos præſertim Germanos , quòd faciunt circulum per circuitum in parietibus cubiculi, in quo iacet puerpera, cum creta, aut carbone, ſcribuntᵩ in ſingulis parietibus, Adam, Heua, Chutz Lilith . Atque in oſtio cubiculi interiori ſcribunt nomina trium Angelorum, qui ſunt Senoi, Sanſenoi, & Sammangeloph , quemadmodum illis tradidit ipſa Lilith eâ horâ, quâ voluerunt eam ſuffocare in mari.*

Atque hæc , quæ de Iudæorum Germanorum conſuetudine dicit , ego ipſe oculis meis vidi . Circulus erat depictus in pariete , in cuius interiori ambitu hæc verba continebantur : אדם חוה חוץ לילית *Adam Heua foras Lilith* ; intus verò nomina Angelorum dicta rubrica inſcripta cum nomine שדי *Schadai* ; vt in figura hìc adiuncta apparet .

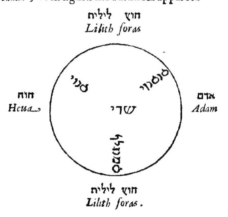

חוץ לילית
Lilith foras

חוה *Heua*

אדם *Adam*

חוץ לילית
Lilith foras .

Atque hoccè veluti amuleto auertere ſeſe credebant machinamenta Lilith .

Fuiſſe autem hanc conſuetudinem ex Ægypto petitam, non tantùm ſuperſtitioſæ hæ cœrimoniæ, quæ propriæ, vt poſt dicam, Ægyptijs erant, ſed & ipſa nomina Angelorum, quæ aliud idioma neſciunt , niſi Ægyptiacum, abundè teſtantur, ſignificat enim Sanoi iuxta Hebræorum interpretationem nihil aliud niſi primam diuinitatem , Sanſanoi ſecundam diuinitatem, Sammangalaph verò tertiam diuinitatem ; quorum dominio quicquid in mundo exiſtit, gubernatur & regitur . Meminit horum verborum quoque Raphaël Aquilinus in tractatu Italico de SS. Trinitate , quam ex Cabala demonſtrare nititur fol. 36. *Vn'altra,* inquit, *cerimonia fatta dalli Hebrei, la quale è molto miſterioſa , & io hò trouato già in vn libretto di vn mio Zio, nel cui vi erano ſcritti molti belli myſterij Cabaliſtici , de'quali vi ne hò poſti qui alcuni, & trà gl'altri è queſto. E vſanza d'Hebrei, quando lor donne partoriſcono,ſcriuere nelle Camere della infantata queſti trè nomi, i quali dicono eſſere nomi d'Angeli, propoſti contra tutti ſpiriti, e dicono queſta fauola : cioè, che Adam hebbe due moglie, la prima fu chiamata Lilith,e l'altra Heua ; Lilith ſigni-*

gnifica Strega notturna, & dicono che ella fi partida Adam, perche non voleua ef-
fere à lui inferiore, & che fuggendofi, & andando verfo la ripa del mare, fe le fe-
cero incontro trè Angeli, & la perfuafero, che ella ritornaffe al fuo marito; ma
non volendo per modo confentire a quefta lor dimanda, le promife epfa Lilith, che
ogni volta che vedeffe i trè lor nomi in quella camera, doue ftauano i fanciullini di
Adam, di non far alcuno danno in quel luogo, mà fe non vi erano detti nomi, che ,
purche lei poteffe, ne occiderebbe infieme con la fua compagnia, quanti ne po-
teffe hauere, & con quefta conditione la lafciarono andare, i cui nomi fono quefti:

SANOI, SANSANOI, SAMNAGALAPH.

Et poi vi fcriuono in detta camera il nome di Dio di trè lettere שדי Schadai, cioè,
mnipotente. Dico dunque che quefte trè fodetti nomi, che lor dicono, che fono no-
mi di Angeli; nelli fodetti fecreti di mio Zio fe dice altrimente, cioè, che
quefti trè nomi fono nomi in lingua Egittia detti, che Sanoi fignifica nella idioma
loro primo ramo della Diuinità; il fecondo nome Sanfanoi, fecondo ramo della
Diuinità; il terzo Samnagalaph, fignifica terzo ramo della Diuinità, & poi vi
coniongono il nome di trè lettere שדי. Hæc Raphaël.

Quæ cœrimoniæ certè cùm nefcio quid Ægyptiacum fapiant; in
eam nos deduxêre opinionem; vt crederemus illa tria nomina nihil aliud
fignificare nifi tres illos Genios, ac præcipuos Vniuerfi præfides, quos Æ-
gyptij Ofiridem, Ifidem, & Horum nuncupant; per Lilith autem intel-
ligeretur Typhon ifte peruerfus. quem Plutarchus obfcuram vim dicit, &
ad vexandum nocendumque aptam; ac proindè fupplicationibus pla-
cari folitum. Nec infirmis rationibus noftram hanc opinionem fultam
effe inuenio, vbi Plutarchum penficulatiùs rimor. Quid enim aliud ab
Aegyptijs Ofiris, nifi prima illa diuinitas rerum omnium obtinens moderationem; cuius coniunx Ifis altera nimirùm diuinitas, vt Aegyptij loquuntur, rerum omnium principium veluti paffiuum, ex quibus producitur Horus, tota hæc mundana domus, vt Plutarchus loquitur, tertia diuinitas; quibus Typhon nocturnum illud, & obfcurum dæmonium perpetuò aduerfatur; præterquam enim, quod Ofiridem interfeciffe dicatur, Horum filium quoque continuis infidijs interceptum fubmerfumque
è medio fuftuliffe traditur; quem tamen Ifis ad vitam immortalitatemque
reduxiffe alibi ex Plutarcho recenfuimus. Atque ex hoc capite puerperis Aegypti Typhon valdè fuit formidabilis; hunc veluti aduerfum dæmonium varijs modis, cœrimonijfque placare, amuletifque auuerruncare,
tefte Plutarcho, ftudebant; de quibus nos alió locó fufè dicemus; à quibus huiufmodi confuetudinem Hebræos accepiffe verifimillimum eft; cùm
& tria ifta fuprà citata Geniorum nomina Aegyptiaca fint, & cœrimoniæ fuperftitiofaque agendi ratio Aegyptijs propria, nefcio quid Aegy-
ptiacum fubindicet.

Accedit, quod Nephte Venus Aegyptia, quam fuprà cum Aftaroth
& Lilith confudimus, tefte Plutarcho, coniunx Typhonis dicatur; quam
cum Typhone, in maxima illa nominum varietate, fabularumque diuerfa recitatione confundere difficile non fuit. Sed redeamus ad Lilith,
quam ab Arabibus quoque celebratam, & الليلة Alilath à ليل Lail, quod

*Explicatio
nominum
peregrinorum*

Ofiris.

Ifis.

*Horus.
Lilith, Ty-
phon.*

*Puerperæ
placabant
Typhonem*

*Nephte con-
iunx Typho-
nis.*

noctem fignificat,deriuato nomine dictam reperio. Meminit huius Aben Sihal Affemoni in libro de fectis religionum in Oriente :

Aben Sihal Affemoni.

والقدمين يعبدون من الاهم اجدأ اللهء اسمها البلة وجقولون اذها القمر وچسمو

نها البلة لاذها السمرد وملكة اللج ـــــــــــــــــ ل ✶

Alilath noctis Domina.

Seruiebant, inquit, *antiqui inter alios falfos Deos etiam vni , quam Alilath vocabant, & aiebant illam Lunam effe, appellabant autem eam Alilath , eò quod ipfa Domina fit & Regina noctis*. Cui confentit Herodotus , qui in Thalia

Alitta Arabíi.

afferit, Arabes Deam nomine Alittam coluiffe; Alilath ego legendum cenfeo. Καλέεσι δὲ, inquit, Ἀσυρίοι τὴυ Ἀφροδίτηυ ΜυλίτΊαυ , Ἀράβιοι δὲ ἈλίτΊα, Πέρ-Cαι δὲ Μίζαυ . *Nominant*, inquit, *Affyrij Venerem Mylittam, Arabes Alittam, Perfæ verò Mitram*. Diffentit hìc Herodotus ab Aben Sihal , quod hìc Lunam, ille Venerem Alilath interpretetur; fed in tanta nominum æqui-

Alilath idem cum Hecate.

uocatione hoc illis ignofcendum eft; Alilath igitur Arabum , & Lilith Hebræorum idem Numen cum Hecate fiue Proferpina intelligi, ety-mologia nominis fatis demonftrat, cum à nocte nomen vtrumq; deriuetur; contra quam deriuat Seldenus; hìc enim vt Alilath faciliùs coniungat My-littæ, illam à ولد, *Valad*, hoc eft, à pariendo deflectit. Quidquid fit , fiue Mylitta à *Valad*, fiue à *Lail* Alilath ; certè omnia hactenus recenfita no-mina, Ilithya, Mylitta, Alilath, Lilith eandem Deam effe, fiue eam Vene-rem, fiue Lunam dicas, aut Hecaten, aut alio quouis nomine, ex dictis pa-tebit .

Aftarcha om-nibus Deorū nominibus infignitur. ⸗

Ex quibus omnibus ita fufè probatis tandem inferimus, decantatif-fimam illam Sidoniorum Aftarthen nihil aliud effe, quam magnam illam Deorum matrem, quam Ægyptij Ifidem, Archiui Io, Græci Cybelem, Lu-cianus Deam Syriam, aliique alijs nominibus nuncupant ; illam nimirùm, quæ incunabula, & femina omnibus ex humido præbuit, caufam & Natu-ram vniuerfalem, quæque principium omnium bonorum docuit morta-les ; vnum nimirùm diuerfis nominibus ob effectuum diuerfitatem, quas in diuerfis mundi partibus exerit indigitatam ; fic à virtute quam in Lu-na facit Luna, ab effectu in generationibus, Venus; ab effectu in aëre, Iuon; ab effectu in terra, Vefta, Tellus, Hecate, Proferpina, Lamia, Lucina, Li-lith, Alilath, Mulitha, Ilythia, Mitra, quod Perficè matrem fignificat, &

Cur Aftaroth dicta?

Amma Affyrijs dicitur . Aftaroth autem dicitur , eò quod ex gregibus ouium & caprarum ei facrificia fierent, עשתרית enim greges fignificat , cu-iufmodi Ifidi in Ægypto tùm facrificio oblatos, tùm religiofiffimè cultos , in capite de facrificijs Deorum diximus. Et fufè oftendit Lylius Gyral-

Afera quid?

dus Syntag. 12. verbo Ifis. אשרה Afera verò dicitur à folijs quercinis, vel ab ipfo quercu , fub qua Afteroth colere folebant; אשרה enim quercum etiam fignificat, vt fuprà ex R. Dauid Kimchi monftrauimus ; quam cœri-moniam ex Ægypto abfque dubio hauferunt; in ea enim ftatuas facras Ofiridis, & Ifidis Comafiarum tempore quernis folijs , floribufque ornatas in explicatione Obelifcorum ex Apollodoro, & Apollonio probabimus . Cœterùm Aftaroth, quam nunc Venerem, nunc Lunam diximus, magnam Deorum matrem effe Ptolomæus Ægyptius hifce verbis teftatur:

Πΐeἰ

Πεεὶ τὰς χώρας ταύτας σέβεσι μὴ ὡς ὑπὸ πᾶν τἰω Ἀφροδίτἰω ὡς μητέρα Θεῶν, ποικίλαις ἢ ἐξχω-
είας ὀνόμασι προςαγορεύοντες. *Qui has incolunt Regiones plerunq́, Venerem, vt ma-*
trem Deorum venerantur, & varijs patrijsq́, nominibus indigitant . Et Plutarchus de Dea Syria Hierapoli culta : Οἱ μὴ Ἀφροδίτἰω, οἱ τε Ἥ εῥν, οἱ δὲ τἰω ἀρχἰω,
κὴ σπέρμα τα πᾶσιν ἐξ ὑγρῶν πρεχεῦ αἰτίαν, κὴ φύσιν νομίζοσι. *Hi quidem Venerem,*
hi Iunonem, hi deniq́, causamillam atq́, naturam principia, & semina omnium ex hu-
mido præbentem dicunt. Quæ certè Dea Syria, siue Astaroth, si vtriusq́; sacra,
& effigies spectes, hæc nostra Deorum mater, siue ea cum Ægyptijs Iside,
siue cum Græcis Cybelem dicas; erit ; quemadmodum sceptra, tympana,
fulmen, turrigerasque vrbes, bijugosque ad frœna Leones , quin & ipsum
nomen Amma, quod Syrè matrem sonat ab Hesychio relatum, & sacra ei
peragendi ratio idipsum quoque indicat ; vide Apuleium lib. 8. vbi de
Matagyrtis agit, qui per plateas & oppida cymbalis & crotalis , sistrisque
personantes, Deamque Syriam seu Isidem circumferentes mendicare
compellunt Deûm matrem . Præterea bouina cornua, quæ Astaroth Ve- Astaroth bouinis corni-
neri Asyriæ apponebantur, non exigua præbent indicia, eam eandem cum busexhibe-
Io seu Iside fuisse ; quod Euripides de Phœnicijs & Thebanis verba fa- tur.
ciens, in Phœnissis de Astarthe sic loquitur :

Κοινὸν , inquit, αἷμα , κοινὰ τέκα ,
Τὰς κεραςφόρϱ πέφυκε Ιὖς.

Communis sanguis, communes liberi,
Cornigera Iûs soboles sunt .

Euripides.

Est hoc quoque fortissimum argumentum, quô comprobemus Astarthen Comparatio
eandem fuisse cum Iside; quod enim Belus & Rhea apud Babylonios, apud Isidis cum
Rhea.
Ægyptios Osiris & Isis, hoc apud Assyrios & Sidonios Adonis, & Astarthe.
Iterum sicuti Ægyptij certis solennitatibus anni per compita debacchan-
tes lugebant & deplorabant Osiridem ; sic & Assyrij suum illum Thamuz, seu Adonidem, cuius coniunx Venus illa Astartha, de qua modò lo-
quimur, non absimilibus cœrimonijs deplorabant ; sed quoniam de huiusmodi amplè in præcedentibus disseruimus, superuacaneum esse ratus
sum de ijs hîc plura dicere. Superest modò, vt aliquid de simulachro A-
starthæ dicamus ; quod iuxtà diuersitatem nominis ipsius diuersum quo- Theophy'aß.
que fiebat. Theophylactus superiùs adductus nudam eam constituit . Simulachrū
Astarthæ.
Suidas verò & Theophilus sub figura astri Dauid Kimchi, & post illum Suidas.
Theophilus.
Marinus Brixianus propter affinitatem significationis pecorum & ouium, Kimchi.
suspicatur fuisse figurâ ouis, & (vt Elias ait) nomen habuisse idolum ab Elias Thisbi.
vrbe Astaroth , quod in ea artifices reperirentur illius idoli conficiendi,
ant sculpendi periti . Ioannes Forsterus existimat hoc fuisse simulachrum Forsterus in
lexico.
Veneris Multimammiæ, quæ propter fœcunditatem prolis tanquam omnium nutrix habita & culta fuit ; & sic sumpta confunditur cum Mulitha
Assyriorum, & cum Iside mammata Ægyptiorum.

Ego arbitror eam iuxtà cuiusque Regionis superstitiosas sacrorum
leges esse cultam, & consequenter ad eas simulachrum quoque eius adapta-
pta-

ptatum . Nam qui eam tanquam Venerem colebant, eam penitùs nudam,
vt benè Theophylactus notat, effingebant quod quidem propensissimo, ad
omnem luxuriam populo non dicam difficile fuit, sed per iucundum ; atq;
huiusmodi simulachra quoque fuisse, quæ Salomon fieri curabat probabile
est . Qui verò Astartham Lunam arbitrabantur, eam ijs symbolis, queis
aut Ægyptij Isidem, aut Cybelem, & Dianam Græci, aut Deam Syriam
Lucianus descripsit, effinxerunt; vndè verisimile quoque est, eius insignia
fuisse tympana, sistra, fistulas, oues , leonem cornigerum, aut turrigerum
verticem, similiaque, quæ magnæ passim matri attribui solent, cuiusmodi
symbola adhuc in hodiernum diem visuntur saxo insculpta Pennis propè
Marsiliam, vt alibi monstrabitur .

Verùm cùm hæc omnia solis coniecturis innitantur, maluimus ea manere intacta, quàm incerta de ijs temerè affirmare. Sufficit nos hìc demonstrasse, omnem Astarthæ cultum ab Ægyptijs primùm profluxisse . Quare
ad alia procedamus .

C A P V T   XIV.

Chamos Idolum Moabitarum.

INter ea idola, quæ Salomon coluisse sacra narrat historia , secundum
locum occupat Chamos ; *Sed colebat Salomon Astarthen Deam Sidonio-*
rum, & Chamos Deum Moabitarum, &c. quod quale fuerit nobis iam disqui-
rendum incumbit. D. Hieronymus initio Isaiæ 15. vult Chamos eundem
esse cum Beelphegor & Priapo ; in qua sententia Seldenus quoque fuit;
vterque rationes assertionis subterfugit . Alij Hieronymi sequaces, Chamos ideò cum Beelphegor confundunt, quia Chamos idolum fuit Moabitarum, non secus ac Phegor, quorum sententiam ego libens quoque
amplectar, si nobis monstrârint Moabitas vnicum tantùm simulachrum
coluisse ; quod cùm falsum sit, vel ipsis sacris literis , in quibus passim
idolorum Moabiticorum fit mentio, testantibus; neque mihi sententia
ista placet ; nisi eâ ratione, quâ nos inferiùs facimus, reconcilietur. Melior eorum est sententia, qui hoc nomen à Græco κῶμ⊙ , quod nomen est
compotationis conuiualis, & commessationis crapulosæ, ex qua, in
profundum somnum, quem Græci κῶμα nominant , facilè sit incidere
eum, cui coniuncta sit lasciuia, luxuria, nequitia, Venus, Bacchus , atque
Veneris & Bacchi impetus, proteruia, saltationes, cantiones, & tripudia
omnia propudiosa. Certè Arias Montanus in Dictionario suo Græco-la-
tino ex hoc capite κῶμ⊙ non malè expliciut Deum commessationum
nocturnarumque saltationum præsidem; fortè secutus Aristophanem, qui
κῶμον iuuenilem procacitatem, & intemperantiæ festum vocat .

Ex quibus colligitur dictos Authores nihil aliud hâc vocæ κῶμ⊙ indigitare, quàm Bacchum, ebrietatis & temulentiæ Deum, cuius nocturna-
rum commessationum turpem & ebriosam religionem perstrinxit Apostolus Rom. 13. cùm dicit : *Non in commessationibus & ebrietatibus, non in*
cubi-

Chamos non-
nulli cum
Phegor con-
fundunt.

Chamos
Deus com-
messationis.

Chamos idē
cum Baccho.

cubilibus & impudicitijs. Hunc igitur Chamos eundem esse cum Baccho, multis ad id credendum inducor argumentis. Ac primò quidem vocis Chamos etymo, quod à radice כמס diductum, abscondere seu occultare significat, quasi diceresDeū absconditū. Nam Baccho noctu & in occulto sacrificabant cum ingenti bacchantium præcipuè fœminarum insania & clamoribus. Vnde illæ Bacchicæ religionis cœrimoniæ dictæ Nyctelia, quod noctu perficerentur; atque adeò eandem ob rem Bacchus dictus Nyctelius, cuius meminit Plutarchus in tractatu de inscriptione illa apud Delphos, vbi Nyctelij Bacchi orgya summatim colligit, & indicat fere, quæ ab alijs fusiùs, & in particùlari describuntur: canunt Baccho Dithyrambos, plena motuum animi & mutationum, cum varijs erroribus circumcursatione coniunctarum carmina; illum multiplici formâ, variàque figurâ, & specie depingunt atque fingunt; tribuunt admissos iocos & petulantiam, & furorem, & inæqualitatem, Euium, in montibus inter mulieres versantem ac currentem Bacchum vesanis honoribus inuocantes. Denique in Bacchi orgyis cistam ferunt, fructu illo plenâ, cuius decerptio Bacchum effecit sterilem, vt aduersus gentes describit Clemens: hæc cùm paulo pensiculatiùs rimarer, tandem ex varia collatione dictarum rerum cum ijs, de quibus in superiori Syntagmate tractauimus, facta cognoui; Chamos Hebræis nihil aliud significare, quàm Osiridem seu Dionysium Bacchum illum Ægyptium, quem Authores varijs passim nominibus intitulantes eundem cum Baccho faciunt; dictum autem esse Chamos, vel vti dictum est, ab Hebræa voce כמס quod occultatum significat, vel à Comasiarum solennitate & pompâ, quam in honorem Dionysij Ægyptij quotannis peragebant; dictæ enim sunt huiusmodi solennitates ἀπὸ τῆ κωμῆ à vicis & compitis, per quæ ἐργιάζοντες vagabantur, cum summa animi dissolutione & insania: vndè & verbum κωμάζειν exortum, ijs applicari solet, qui petulantiùs se gerunt: quemadmodum Ægyptij cum thyrsis & sistris, lineis stolis vestiti, rasoque vertice, cistam illam opertaneam circumportantes se gerere solebant; de quibus in superiori Syntagmate copiosè actum est; quare eò Lectorem, enucleatiùs ea scire cupientem relegamus. Lasciuiam autem omnemque impudicitiam huiusmodi festiuitatibus fuisse ordinariè coniunctam, ex propudiosis illis Ithyphallorum & Pammeliorum sceleribus non sacris, de quibus vide citato paulò ante loco, quæ Ægyptij in honorem phalli seu mauis Dionysij Ægyptij quotannis celebrabant; verùm cùm hæc omnia lucem refugiant, sanè digna sunt Chamos, qui suo nomine occultanda admonet, & non nisi nocturnis tenebris consignanda. Hebræis itaque vt sæpè dictum est, cùm ad omne huiusmodi dissolutionis genus, propudiosaque sacra essent quam maximè procliues, nihil faciliùs fuit, quam eiusmodi sibi licentiosum Deorum cultum vel ab Ægyptijs, dùm ijs adhuc commiscerentur in Aegypto; vel à Moabiticis scortis Aegyptiam seruitutem in omnibus profitentibus in deserto addiscere, propagatumque deindè ad posteros transmittere; (fuisse enim τῦ Chamos cultum antiquissimum ex Numerorum libro patet) quem in Ecclesia Dei iam deficientem, Salomon tandem ab inferis reuocauit; cultus enim huiusmodi

modi

Marginal notes

Dithyrambi,

Cœrimoniæ Bacchicæ.

Chamos idē qui Osiris, Dionysius Ægyptius.

Pompa Comasiarum,

Num. 21. 22. 24.
Indic. 11. 24.
Chamos antiquissimus Deaster.

modi Numinis voluptuofus, luxuriâ, lafciuiâ, commeffationibufque re-
fertus, meliùs quadrare non poterat, nifi homini mulierofo, ac voluptatibus carnis prædito ; qualem Salomonem fuiffe legimus ; mirûm igitur
non eft, fi per mulieres & pellices Aegyptias & Moabitidas, cum cultum
ex Aegypto accerfiuerit, qui & pellicibus & fibi cum primis gratus fu-
turus effet & deleĉtabilis, qualis erat Bacchicus ille furor & infania, luxuriam commeffationefque continuò fpumans; cœterum, qui Chamos ab
occultatione fic diĉtum cum Plutone confundunt, reprehendendi non
funt, cùm & Pluto, Dis, Ofiris, Dionyfius, Serapis pafsìm, vt diĉtum eft,
confundantur ; nec illi quoque, qui Chamos eundem effe volunt cum
Beelphegor ; fi cum hac moderatione intelligant, vt Beelphegor idem fit
ac Priapus aut phallus Ofiridis diuinô honore cultus ab Ægyptijs, quem
cultum maximè Moabitas profeffos effe legimus. Vides igitur quâ ratione diuerfæ diuerforum fententiæ conciliandæ fint ; fed hæc de Chamos
diĉta fufficiant.

Chamos cū Plutone confunditur. (margin)

CAPVT XV.

Moloch Idolum Ammonitarum.

MOloch fiue Melchom idolum Ammonitarum (quod Sepharuitæ
nunc Adramelech, nunc Anamelech nuncupant, iuxtà illud :
Comburebant filios fuos in igne Anamelech & Adramelech Dijs Sepharuaim)
non minorem etymi, quàm nominum fortitur diuerfitatem ; alij ab Hebraico מלך, quod regnare fignificat ; alij ab הילך, quod à verbo ילך, hoc
eft, ambulare, deriuatum in Hiphil, idem eft ac ambulare, pergere, ire,
tranfire fecit. הילך enim in Benoni מוליך eum fignificat, qui tranfitio-
nem promouet, qualem fe Moloch præbebat ; vtraque etymologia Molocho quadrat ; nam & Regem eum vocatum ex Septuaginta Interpretum verfione patet, qui pro Moloch Leuit. 18. 21. vertunt, ἄρχοντι, De-
femine tuo non dabis feruire Principi ; fubintellige idolo Moloch : & eodem
modo Leuit. 20. quanquam alibi ipfo nomine Moloch propriè vtantur ;
eft enim frequentiffimum, tùm apud vulgatam latinam, tùm apud Septuaginta Interpretes, vt nomina propria, tanquam appellatiua interpretentur ; ij verò, qui ab הילך id deducunt, non infirma opinionis fuæ argumenta reperiunt ; quæ vide apud RR. Shlomo, Abenezra, Kimchi, Ben
Gerfon in lib. 4. Reg. c. 21. fed hæc vtpotè facilia.

4. Reg. 17. (margin)
Etymon Moloch. (margin)
Leuit. 18. 21. (margin)
RR. Shlomo, Abenezra, Kimchi, Ben Gerfon. Quis & quid Moloch. (margin)

Maior difficultas eft, quifnam fuerit ifte Deus Moloch ? quodnam
idolum ? & vndè cruentæ huiufmodi facrificiorum confuetudines originem duxerint? Maxima Authorum pars cum autumat effe Saturnum,
eò quod Saturnus pafsìm humanâ hoftiâ placatus dicatur; non fecùs ac
Moloch à filijs Hebræorum, iuxtà illud Pfalm. *Immolauerunt filios fuos, &*
filias Dæmonijs, quos facrificauerunt fculptilibus Canaan. Vbi per dæmonia
idolum Moloch, & Anamelech, feu Adramelech idola Sepharuaim hoc
loco ad vnum omnes intelligunt interpretes ; perficiebatur autem
hu-

huiufmodi facrificatio in valle Tophet, filiorum Hinnam, iuxtà illud I. 4.
Reg. 23. *Contaminauit Topheth, quod eſt in conualle filij Ennom , vt nemo con-
fecraret filium fuum aut filiam per ignem Moloch.*   Duplici verò coniecturâ
ducuntur ij, qui Molochum cum Saturno confundunt; quarum prima
eſt, ex puerorum facrificio, vti dictum eſt, quò à parentibus colebatur , &
ex igne; altera ex ipſo Regis nomine, quod Saturno paſsim affingitur ;
nam & Diodorus Saturnum Cœli filium , Regem factum ait &c.   Eufebius quoque eùm Phœniciæ Regem facit , Aſtarthes fratrem &c. primam
coniecturam confirmant confuetudine Phœnicum & Carthaginenſium ,
quos Saturno infantes præcellentiores, regijſque ornamentis indutos hoſtias confecraſſe, tradit Plato in Dialogo de legibus. *Neque enim*, inquit ,
*leges noſtræ hoſtias humanas facrificare permittunt ; apud Carthaginenſes autem
iuſtum fanctumǵ habetur ; adeò vt eorum nonnulli Saturno filios litent.* Et Plutarch. in Imperatorum apophtegmatis feribit, Gelonem Tyrannum cum
Carthaginenſibus debellatis pacem compoſuiſſe eâ conditione , ipſos impoſterum liberos Saturno nunqnam immolaturos ; fed non piget eam rem
ipſis Tertulliani verbis in Apologet. c. 9. exponere & confirmare. *Infantes*, inquit, *penes Africam Saturno immolabantur palàm vſque ad Proconſulatum
Tyberij, qui eoſdem facerdotes in eiſdem arboribus templi fui obumbrantibus, ſcele-
rum votiuis crucibus expoſuit ; teſte militia patriæ noſtræ, quæ ad ipſum munus illi Proconſuli functa eſt ; fed & nunc in occulto perſeuerat hoc facrum facinus ;
non ſolùm vos contemnunt Chriſtiani ; nec vllum ſcelus in perpetuum eradicatur ,
aut móres ſuos aliquis Deus mutat, cum proprijs filijs Saturnus non pepercerit, ex-
traneis vtique non parcendo perſeuerabat, quos quidem ipſi parentes ſui offerebant,
& libenter exponebant, & infantibus blandiebantur, ne lachrymantes immolarentur.* Qua de re in annotationibus pluſcula erudite Pammelius ex Iuſtino,
Lactantio, Auguſtino, & alijs profanæ hiſtoriæ Scriptoribus .

Quod verò ad ritus huiuſmodi attinet , variè Authores fentientes
reperio. Non combuſtos aut mactatos pueros,fed duabus pyris extructis
per illarum medium traductos ſolummodo , & ad eum modum veluti fe-
bruatos eſſe, facerdotibus Moloch rem procurantibus, feribunt plerique
Hebræorum; ita R. Leui Ben Gerſon, verba eius in 23 cap. lib. 4. Regum
fubiungo :

וטמא את תפת חנה עשו שם בנין כדי להעביר בנו
וכתו באש למולך והיה אש מבאן ואש מכאן והבומרים
מעברים אותו בין שני האשים:

*Ecce fecerunt ibi fabricam, vt in ea offerrent filios aut filias ſuas in igne
Moloch Deo ſuo ; fuit autem ignis ab vtraǵ fabricæ parte inſtructus , facerdotes
autem idoli tranſire faciebant filios inter duos hoſce ignes.* Rambam quoque
lib. 3. perplexorum in eadem ſententia videtur fuiſſe, dùm ait :

ולזה פרסמו עוברי האש בומנים ההם שכל מי שלא
יעביר בנו ובתו באש ימותון בנין ואן ספק שמפני ואת
התרחקה ימהר כל אחד לעשותו לרוב חמלתו ופחדו על
הבו

Tt

Diod. l. 6.
c 15.
Eu[ebius.
Saturno in-
fantes offe-
rebantur.
Plato.

Plutarchus.

Tertullianus

Modus im-
molandi
pueros.

Ralbag

Rambam l. 3.
More.

הבן ולמיעוט הפעולה וקלותה שאין שם לא להעבירו על
האש ואחר כן וזרע שרושם הפעולה ההיא נשאר עד היום
לפרסומו בעולם הלא תראה המילדות יקחו הנערים
הקטנים בהתול וישימו עשין בלתי טוב תריח על האש
ויעשו הנער ההוא על העשין ההיא שעל האש וזה מין מן
העבדה באש בלי ספק ואין מותר לעשותו:

Ideò, inquit, cultores ignis in tempore suo fecerunt homines scire, quòd, qui non traduceret filium suum, aut filiam suam per ignem, morerentur filij & filiæ eius; & sine dubio propter illud, quod audiebant, quilibet festinabat illud facere; quia multum timebant super filios suos, & propter facilitatem operis, quia non erat nisi traducere illos per ignem, non quòd combureret ipsos. Et paulò post: Scito etiam, quòd signa illorum operum remanserunt vsque hodiè, & nota sunt in Mundo, sicut vides mulieres accipientes pueros per genua, & supponunt ijs suffumigia praui odoris, & mouent pueros super illum fumum super ignem; & illud est de modo traducendi pueros per ignem sine dubio, & prohibitum est, ne fiat.

Atque huic confentiunt RR. Iarhi, Moſes Mikotzi præcept.negat.4.

Maſ. Mikozi-lerum. 19.

Alij verè combuſtos & mactatos pueros aſſerunt; idque ex varijs locis ſacræ ſcripturæ colligunt; Ierem. 19. *Repleuerunt locum istum ſanguine innocentum, & ædificauerunt Excelſa Baalim ad comburendos filios ſuos igne in holocauſtum Baalim, quæ non præcepi vobis.* Quod autem hic de Moloch loquatur, indicat ſequenti verborum contextu. *Proptereà dicit Dominus, non vocabitur ampliùs locus iste Topheth, & vallis filijs Hinnom.* Vbi manifeſtè de igne Hinnom loquitur, qui erat conſecratus Moloch. Mitto de Achaz Rege hiſtoriam, quæ 4. Regum 16. reperitur, à Ioſepho l. 9. c. 12. relatam; & quod Philo innuit libro de Abrahamo. Et bene hac de re Philaſtrius: *Aram, inquit, collocant, ita dictam Tophet nomine alicuius, in valle filij Ennom, ibidem filios ſuos & filias Iudæi dæmonijs immolabant.* Atque hæc ſunt ſacra, quæ ſapientiæ voluminis Author vocat τεκνοφόνος τηθος; non igitur filij Hebræorum per ignem tantum traducebantur ſine vlla læſione in corpore accepta, vti Rabbini citati ſentiunt; ſed verè comburebantur, vti ex varijs paulò ante citatis locis apparet; vt tamen hæ duæ ſententiæ reconcilientur:

Philaſtrius.

Filij verè comburebantur.

Notandum eſt, Hebræos duplici fuiſſe ſuperſtitione imbutos; vnâ, quæ verſabatur circa cultum ignis, quem à Chaldæis vicinis pyrolatriæ Authoribus didicerant; cuiuſmodi erat, tranſeundo ignem quaſi februari & luſtrari; atque hac cœrimonia ſe liberoſque expiari falſò credebant; de qua cœrimonia omnes illi ante citati Rabbini intelligendi ſunt, qui filios non læſos, ſed traductos tantùm leui brachiô aſſerunt. Altera ſuperſtitio erat eorum, qui filios ſuos verè combuſtos offerebant Deo Moloch; idque contingere ſolebat in valle Tophet filiorum Hinnom, in qua concaua ſtatua fuiſſe memoratur, in cuius manus & ſinum iam igne plenum & incandeſcentem pueros concremandos imponebant; interim Sacerdotibus tympanis, & alijs Muſicis inſtrumentis perſtrepentibus; tùm vt nul-

Februatio per ignem.

Statua Moloch.

li puerorum miserandi gemitus exaudirentur ; tùm vt eiufmodi lætiffimâ
conclamatione fignificarent, pueros iam ad fuperos tranflatos; huius ftatuæ quoque meminit Diodorus l. 2. Bibl. *Erat ſtatua ænea Saturni , magni-*
tudine enormi, cuius manus in terram dependebant, ſic contortæ & inuolutæ, vt qui   *Diodorus de ſtatua Mo- lo.b.*
pueri admouebantur, in foueam inciderent igne plenam . Atq; de hoc cultu om-
nes ij intelligendi funt , qui liberos verè combuftos effe volunt. Vtrum
autem hic Moloch verè idem fuerit, ac Saturnus ille toties in Poëtarum   *Moloch idem qui Saturnus.*
fcriptis celebratus ; dubium eft. Seldenus certè id negare videtur, &
loco eius nefcio quem Adodum ex vetuftiffima Phœnicum Theologia
à Philone Biblio apud Eufebium depromptum fubrogare , perperam ;
nec enim Adodum, nec Adad, nec Hada cultum fuiffe à Syris fub nomine
Moloch ; patet ex hoc, quod ille Adad à Syris pafsìm cultus, vbique pro   *Moloch non eft Adad.*
Adonide confundatur. Hada autem cum Aftartha aut Adergate feu Iu-
none Aflyria : nec video quâ ratione Adadum hunc, vir cœteroquin iudicio pollens, ad Molochum detorquere poffit ; cùm nulla omninò nec
ignis, nec rituum, aliorumque Molocho conuenientium, in Adadi à Macrobio prolatâ defcriptione compareant, nifi forfan omnia Numina antiquorum ad vnum Solem reuocare contendat Macrobium fecutus ; quod
licitum effet, fi effectuum in Sole difcrepantium refpectum haberet ; prætereà quâ ratione ad fuum inftitutum Carthaginenfium Amilcan, & Pœ-
norum Herculem μελίκαρθον detorqueat, non video : nos congruentiùs lo-
quemur, fi Molochum eundem faciamus cum Marte Ægyptio, quem nos   *Moloch Mars Ægyptius.*
in fuperiori Syntagmate, nunc cum Typhone Ægyptiaco , nunc cum
Mythra confufum effe oftendimus ; atque eundem effe cum Mithra
Perfarum Numine, oftendunt facrificia vtrique eadem , eædem cœrimoniæ, idem idolum ; ac Mithram quidem humanis hoftijs placatum docet Socrates in hift. Ecclef. In fpelæis quoque, vallibus, locifque obfcuris,
ac folitarijs Mythriaca facra celebrata Tertullianus tradit, & Iulius Firmi.
de errore proph : relig.

>   . . . *Perſæi ſub rupibus Antri*
> *Indignata ſequi torquentem cornua Mithram .*   *Iulius Firmi ad l. t. Theb Rat.*

Hieronymus ad Athletam. *Veſter Gracchus ſpecum Mithr. & omnia protento-*
ſa ſimulachra ſubuertit ; Iuftinus in Tryphon : Σταυλϑον καλῶσι ϑν ϊϛϛον, ἐνϑα
μυέσι τῆς αφϑοριϐέας ἀυτϖ. Præterea quemadmodum in idolo Moloch feptem
veluti receptacula, vt paulò poft oftendemus, erant, feu portæ myfticæ ;   *7. Recepta- cula in idolo Moloch.*
fic & in Mythriacis facris duplex ftellarum circumactio prætendebatur,
affixarum, & errantium, & per has, tranfitus animarum, quæ omnia referebantur per feptem planetas, quarum prima è plumbo ; fecunda è ftanno ;
tertia ex ære ; ex ferro quarta ; quinta ex numifmatis corio ; fexta ex
argento ; feptima ex auro ; ad quarum fingulas earum rerum fiebant facrificia , ei ἀνάλογα ; fed de hifce vide Originem l. 6. contra Celfum, ex
quo hæc decerpfimus ; prætereà, qui Martem Ægyptium cum Mithra
confundunt, aiunt, Mithram effe vim quandam Solis , terræ inclu-

fam humano generi noxiam ; feu omnia comburentem,ficcantemque, quam ideò hoftijs humanis placandam cenfuére ; Perfæ, id ex oraculo

Moloch idem qui Typhon.

edocti, vt paulò poft dicemus . Atque hic idem effe perhibetur ac Typhon Ægyptius, quem Ægyptij varijs modis, veluti Numen fibi aduerfum, placare ftudebant, tefte Plutarcho ; is enim dicit, nihil aliud effe Typhonem, quàm totum id, quod in Sole vitiofum eft ; quale eft , aduftiua vis Solis nimia, quà Nilus feu Ofiris ficcus redditur , & in anguftam aluei fui ciftam mortuus videlicet conditur ; quo condito fterilefcat Aegyptia tellus . Cùm itaque Mythras feu Typhon nihil aliud fit, quàm Mars Aegyptius ; Mars autem Aegyptius antiquâ Aegyptiacâ linguâ, feu Coptâ

Moloch Ægyptiacum nomen.

dicatur ⲙⲟⲗⲟⲝ , vti ex Dictionario Copto, fiue Aegyptio ex Arabico in Latinum a me tranflato, patet ; in quo planeta Mars Aegypticè appellatur Moloch ; patet fanè Molochum Hebræorum , Perfarum Mythram, Typhonem Aegyptiorum Dæmonem, vnum & idem Numen fuiffe ; ficut enim vtrumque horum humanis hoftijs, tefte Plutarcho , placare veluti Numen aduerfum.; fic & Molochum, eandem ob caufam folebant, vti dictum eft .

Moloch Anamelech & Adramelech forma muli feu equi.

Quæ cùm ita fint, fupereft modò, vt quale fuerit idolum Moloch,dicamus ; Sepharuitas Molochum, quem alijs nominibus nunc Anamelech, nunc Adramelech vocabant ; fcribunt Rabbini fuiffe formâ equi,& muli, de quibus in fequentibus fuo loco proprio agetur .

Beniaminus in itinerario.

Beniaminus fcribit fuiffe fimulachrum auro obductum, vtrinque autem duo fœminea fimulachra fedentium habitu ; ante ipfum verò aram fuffitibus & facrificijs deftinatam ; verba eius funt: *Vno*,inquit,*itinere à Gebal diftat altera illa quæ filiorum Ammon terminus fuit ; eftque ditionis Ginotinorum , quorum Princeps Gilianus Embirenu vocatur ; repertufque eft ibi locus templi antiqui filiorum Ammon,in eoque idolum filiorum Ammon felle,quæ folium dicitur,infidens: fimulachrum autem ex lapide eft,auro obductum,vtrimque autem duo fœminea fimulachra etiam fedentia ; ante ipfum verò ara,in qua Ammonitarum tempore facrificia & fuffitus fiebant .* Theophylactus ad Actorum 7. Moloch ait fuiffe

Theophylact.

Λίθον διαφανῆ ἐπὶ μετώπους ἄκρους εἰς ἑωσφόρου τύπον. *Lapidem pellucidum in fummitate frontis ad imaginem Phofphori .* Quæ Mithræ non inconuenienter adaptantur ; forte Theophylactus ad lapidem mythradacem, qui,tefte Solino,Sole percuffus coloribus varijs micabat,in facris Mythriacis vfitatù refpexit;

Solinus c. 40.

fed hæc coniecturæ .

Verifimilior Molochi defcriptio habetur apud R. Dauid Kimchi in 4.lib. Reg. c. 2 3. in hæc verba : תפת את וטמא ; *Et contaminauit Tophet .* In quæ fic commentatur .

Radak.

שם מקום שהיו מעבירין שם בניהם למלך היה שם המקום תופת ואמרו שנקרא
כן כי היו מרקדים ומכים בתופים בשעת העבודה כדי שלא ישמע האב צעקת בנו
כשהיו מעבירים אותו באש וינחם לבו עליו ויקחהו מידם והמקום הזה היה גיא שהיה
לאום שנקרא חנם ונקרא גי הנם וגי בן הנם והכתוב בזה בגי הנם ולהקרי בן הנם כי
לבני הנם היה זה זה הגיא או לאחר מהם וטמא יאשיהו אותו המקום כלומר שם אותו
מקום טומאה להשליך שם נבלות וכל טומאה שלא יעלה עוד על לב איש להעביר
עוד את בנו ואת בתו באש למלך ומעשה המלך פירשו ואמרו רז"ל אף על פי
שחיו

שהיו כל בתי ע"ז בירושלם המולך היה הוץ לירושלם והיה עשוי צלם חלול ופניו
לפנים משבעה קנקלים וכל מי שהיה מקריב סלת פותחין לו אחד מהם תורין ובני
יונה פותחין לו שנים כבש פותחין לו ג' איל פותחין לו ד' עגל פותחין לו חמשה
שור פותחין לו ששה וכן מי שהיה מקריב בנו פותחין לו שבעה והיה פניו פני עגל
וידיו פשוטות בארץ שפותחה ידיו לקבל מחבירו והיו מסיקין אותו באש והכומרים
נוטלין את התינוק ונתנין תוך ידיו של מולך והתינוק מוציא נפשו :

Hoc eſt: *Ibi locus erat, vbi tranſire faciebant filios ſuos Moloch; fuit au-* Deſcriptio Tophet.
tem iſte locus Tophet, & dicunt, quòd à pulſandis tympanis, & ſaltationibus,
quas tempore ſacrificij, ad eiulatus, & ploratus infantium ſopiendos peragebant, ſit
dictus; ne fortè miſeranda filij voce pater commotus, abriperet de manu offerentium
filium, aut filiam, aut cruentis clamoribus auerteretur ab huiuſmodi ſacris. Fuit
præterea locus iſte vallis hominis, cuius nomen erat Hinnam, & vocabatur vallis
Hinnam, vel filij Hinnam, quia filiorum Hinnam fuit vallis iſta, aut alterius ex ijs,
& contaminatus fuit locus iſte, quaſi diceretur; locus in quem conijcerentur om-
nia cadauera & morticina, & quicquid immundum eſt, ne ampliùs vlla impoſte-
rùm nefandi huiuſmodi ſacrificij, ac funeſtæ filiorum immolationis ſupereſſet memo-
ria; opus verò Moloch explicant Rabbini noſtri memoria eorum in benedictione,
dicunt, quòd etſi omnia ſana ſeruitutis alienæ fuerint intra vrbem Ieruſalem, ſolus
Moloch extra vrbem ſua ſana, ſeu potius antra habuerit. Fuit autem ſimulachrum Sacrificia Moloch fiebant extra vrbem.
Moloch concauum, ſeptem intus tenens conclauia, ſeu potius receptacula; Primum
aperiebant ſimilæ offerendæ; alterum turturibus, ſeu columbis; tertium oui, ſeu
agno; quartum arieti ſeu capris; quintum vitulo; ſextum tauro. Qui verò fi-
lium offerre volebat, huic aperiebatur cubiculum; facies deniq́; huius idoli erat, vt
facies vituli. Manus planâ diſpoſitâ, & ad recipiendum aliquid ab aſtantibus ex-
tenſæ, & ſaltabant interim, quo pueri in idolo ſucceſſo igne cremabantur, percu-
tientes tympana, ne pueri eiulatus audiretur. Atque hactenus Kimchi; cuius
deſcriptio ſimulachri, cœrimoniarumque Molocho peragendarum ratio
ita quadrat Mythriacis ſacris, vt paucis exceptis omnia eadem reperias.
Nec te moueat, quod ſuprà Mythram eundem cum Oſiride & Sole fecimus; hoc enim non facimus, niſi in quantum per omnia nomina Numinum iſtiuſmodi paſsim confuſa, ſubſtantialiter ſemper vnam & eandem
rem cum Authoribus denotamus, in ſolis formalitatibus, vt cum Scola- Quomodo Moloch idem cum Oſiride intelligi debeat.
ſticis loquar, ſeu formalibus quibuſdam rationibus, quæ ſunt diuerſæ pro-
prietates & virtutes in Sole, ſeu Oſiride elucefcentes, diſtinctionem facientes; quemadmodum & de Mythra, Typhone, & Moloch dici quoque debet; qui nihil aliud denotant, niſi Oſiridis, ſeu Solis illam virtutem vehementem, quæ inferiori mundo nociua eſt; ſeu diuinitatem illam,
quæ temperie illâ benignâ diſſoluta diſcraſium rebus inducit, qualem inducere Typhoniam virtutem & Mythriacam paulò ante oſtendimus. Mirum igitur non eſt, ſi aduerſum hunc Solis Dæmonem hoſtijs adeò pre-
tioſis placare ſtudebant; verùm imaginem Moloch, iuxtà deſcriptionem
R. Dauid Kimchi hic apponendum duxi, vt eius ſeptem portas cum Mythriacis faciliùs Lector comparare poſſit.

Atque hæc eſt figura Molochi, quam nobis ſatis conuenientem Mythriacis,& Ægyptiacisſacris deſcripſit Radak; eſt autem adeò ſimilisfur-
no laterum, vt illud Sophoniæ c. 1. v. 5. iurant per Regem ſuum, id eſt
Hebraicè במלכם per Malcam; Maſorethæ מלך id eſt, furnum laterum;
ideò interpretati ſint, eâ voce Molochi figuram, quæ ſpeciem furni ad
conficiendos lateres inſtructi præſeferebat, inſinuantes.

His itaque ſic ritè demonſtratis, nunc ſupereſt, vt, qui principalis fi-
Origo ſacri-
ficiorum Mo-
loch.
nis noſter eſt, vndè funeſta hæc ſacrificandi ratio originem duxerit, oſten-
damus. Sunt, qui ab Abrahamo,cum iuſſu Dei filium ſacrificare conſti-
tuiſſet, huius funeſti ſacrificij deriuent originem; alij à Iephte filiam ſa-
crificante; Priores, rationem aſſertionis ſuæ deſumunt è Porphyrio apud
Saturnus
Phœniciæ
Rex filiam
immolat.
Euſebium præparat. Euangel. 1. & 4. Saturnum enim, quem Phœnices
Iſraël nuncupabant, Regem Phœniciæ vetuſtiſſimum, vt regnum ſuum à
ſummo imminentis belli periculo liberaret, ſuperoſque propitios haberet; vnicum μονογενῆ, quem ex Anobreta ſuſceperat, filium, regio ornatum faſtu, conſtructam ſuper aram immolaſſe; quod exemplum poſteritas poſtea ſecuta ſit; quod autem Porphyrius hic de Abrahamo loquatur,
Porphyrius.
inde patet; quod μονογενῆς, id eſt, vnicus filius ille appellatur à Porphyrio,
& à Philone, Ieoud; & in Geneſ: 22. Iſaac dicitur: בנך את יחידך ſcilicet
filius tuus vnicus, vbi in Iehid ipſum Iehoud ferè integrum legimus. Veriſimile itaque eſt, Gentiles indè, ſi non omnia, aliquam ſaltem ſuperſti-
tionum ſuarum partem traxiſſe. Etſi,vt in pleriſque profanorum Scri-
Gentiles ſcri-
Pturæ ſanctæ
hiſtorias miris
contamina-
bant fabulis.
ptorum,monumentis videre eſt, ſacram hiſtoriam falſis ſuis narrationibus
miſerandum in modum corrumperent, acdeſœdarent. Moſem enim,vti
Deum, & Patriarchas errore inextricabili coufundebãt; verba & res ſacras
ad impias Magorum operas arripiebant, & ex rebus diuinitùs geſtis, & ad
tabulas ſanctas relatis, profana Numina formabant; nouos, ridiculos, &
neſna-

nefandos cultûs inftituebant. Sed de his, & fimilibus alibi copiofiùs agemus. Verofimilem itaque effe arbitramur eorum fententiam, qui facra
Moloch à facrificio Abraham & Ifaac deducta effe fentiunt; multa enim Æ-
gyptios ab Hebræis defumpfiffe non facile negem, præfertim cùm alio loco
id oftendam multis argumentis. Verùm multò probabiliorem, certioremæ-
que eorum, qui omnes huiufmodi deteftabiles cœrimonias ex Ægypto, &
Perfia deducunt : quod quâ ratione factum, dicamus.

Poft mortem Mifraim, feu Ofiridis, cùm vniuerfam Ægyptum fames,
& annonæ caritas, ob fterilitatem agris inductam, fœdum in modum affli-
geret; contigit, vt diro malo preffi Ægyptij, ad Oraculum, vt quid in
publica calamitate agendum effet, cognofcerent, fubitò confugerent;
quod refpondit; defiturum malum, fi quotannis circa inundationis Niliacæ tempus, Ofiridi hominem fe facrificaturos promitterent. dictum, factum. Sacrilego peracto facrificio, Nilus fœcundâ egeftione terram ab
omni mox fterilitate vindicatam, ita fœcundauit, vt omnem fterilium annorum inopiam vnicâ fegete facilè compenfaret; atque hinc ortum eft,
vt quotannis huiufmodi facrificia fummâ celebritate peragerentur; quæ
confuetudo tamen à pofteris Regibus abolita, animalium immolando-
rum pofteà originem dedit. verùm audiamus de hoc Abenephium hifce
verbis Arabice differentem :

في تلك الايام كنا حوعا شديدا في كل مصر وكثيرين كافوا يموتون
بالجوع والكهنهم كافوا يمالون من الاهم في عرا الشغا واجابهم لان لجوع لايعطل
الا بازذبيحه الانسان التي تصير لله عطيم النار بكل سنة بزمان الطوفان النهر
الذي يسمي نيل فلما يصنعون كلكة الاهم لجوع يعطل في كل مصر وعزا بدا
ومن عونا جبتني الزدبيحه الناس في الارض مصر

In illis, inquit, *temporibus ingens fames inualefcebat in terra Ægypti, ita_
vt multi ex Ægyptijs fame enecarentur: Sacerdotes verò eorum de publica hac calamitate folliciti, confuluerunt Deos eorum, & refponderunt, non priùs ceffaturam_
annonæ caritatem, quàm Deo magno ignis facrificaffent quotannis hominem, idque_
circa inundationem Nili: ijs verò iuxta præceptum Deorum facientibus, ceffauit_
fames in tota terra Ægypti, atque exinde mos facrificandi homines exortus eft.*

Fuiffe autem hanc famem tempore Bufiridis (quem tempore Menæ primi
Ægyptiorum Regis vixiffe, eique fucceffiffe è Diodoro tradidimus) Apollodorus tradit, cuius verba egregiè quadrant verbis Abenephi, fic enim_
ait lib. 2. de origine Deorum:

Ἡ εκκλῆς δὲ Λιβύλω δὴ Αἰγυῆον ἐξήει· ταύτης ἐβασίλευζε Βυσίρεις ποσειδῶν(Θ) παῖς, καὶ
Λισιανάσσης ἠ᾽ ἐπάφω. Ἔαὶ οὖν ξένες ἔθυεν μωῖ βωμῷ Διὸς καζά τι λόγον, ἐνεία γὸ ἔτη ἀφορεία_
τωῦ Αἰγυῆον κατέλαβε Θεσίσ(Θ) δὴ ἐλθὼν εκ Κύπρυ μαῦης ἠ ἐπιςήμων. Ἔφη τωῦ ἀφορεία παύ-_
ζωζ, ἔαν ξένον αἰ δ᾽εχ τῷ Διῒ σφάζωσι καῖ᾽ ἔτ(Θ). Βυσίρεις δὴ ἐκείνον πρῶῆον σφάζας τὸν μαῦτιν_
τε̃ο̃υ κατιονζας ξένες ἔσφαζε.

Hercules, inquit, *Lybiam & Ægyptum peragrabat, regnabat tunc in Æ-
gypto Bufiris ex Neptuno ac Lyfianaffa Epaphi natus. Hic ad Iouis aram hofpites_
oraculo quodam præmonitus immolabat; annos enim nouem Ægyptus agrorum fterilitate laborabat, inter hæc Thrafias vaticinandi peritus è Cypro aduenit, qui_
hanc annonæ caritatem defituram effe pronunciauit; fi virum hofpitem quot_
annus*

Origo Mo-
loch fuper-
ftitionis ex
Ægypto.

Abeneph.
Fames in Æ-
gypto quan-
do profligata.

Bufiris imme-
lator primus
hominum.

annis Ioui *mactárint* ; *tùm Buſiris Vate illo priùs immolato* , *aduenientes deinceps iugulabat* . Quis porrò fuerit ille Buſiris, dubium eſt . Diodorus ipſum inter primos Ægypti Reges ponens Thebarum conditorem facit; Apollodorus eum Neptuni, & Lybiæ filium ; Agathon Samius Aganippes filium aſſerit, eumque tyrannidem in Ægypto exercuiſſe ; ego ſane ſi omnia, quæ de hoc Buſiride apud Authores ſcripta reperio , diligenter examinem, arbitror per eum nullum alium intelligi, niſi **Martem Ægyptium**, videlicet Typhonem ſeu Mythram, quem cum Mena, Minæo , Oſiride, Epapho, Apide paſsim confuſum, vti alias dictum, reperias ; vtpotè omnibus dictis συῖζρονον. De quibus, ſi placet, Lector ea conſulat , quæ de ijs ſcripſimus in primo Syntagmate huius ſect. Dynaſtia 16. Regum Ægypti ; nam, vt rectè Eratoſthenes quoque ſentit, veriſimile eſt , nullum vnquam fuiſſe hoc nomine Regem, ſed huiuſmodi crudelitatis nomen Typhoni irrogaſſe Oſiridis ſepulchrum, ad quod homines ruſi , teſte Plutarcho, necabantur, quod eo colore Typhon Oſiridis occiſor fuerat; deindè boues rufæ, vndè conflatum ſit Buſiridos nomen, quaſi dicas Boues Oſiridi conſecrandos, & aræ Buſiridis ; de quo mentionem quoque facit Virgilius :

> *Aut illaudati neſcit Buſiridis aras* .

Et Ouid. 3. de metamorph. argutè canit, his verſibus :

> *Dicitur Ægyptus caruiſſe rigantibus arua*
> *Imbribus, atque annis ſicca fuiſſe nouem ,*
> *Quum Thraſeas Buſirin adit, monſtratq́ piari*
> *Hoſpitis effuſo ſanguine poſſe Iouem*
> *Illi Buſiris, qui ſit Iouis hoſtia primus*
> *Inquit, & Ægypto tu dabis hoſpes aquam* .

Et Tertullianus de pallio buptuaria Buſiridis altaria ideò vocat, quod Iunoni Aegyptiæ Heliopoli, quam nos ſuprà eandem diximus eſſe cum Iω, Ione, ſeu Iſide Oſiridis vxore , humana hoſtia ſacrificium peractum fuerit, & amplè exprobat S. Athanaſius l. contra gentes, quæ ſacra alia non fuerunt niſi Buſiridis, cùm ſacra habuerint communia; quod & verba Abenephi ſuprà citata indicant, vbi dicit oraculum iuſſiſſe homines offerre magno Deo ignis ; quem alium non intelligimus niſi Oſiridis illius igneâ vim deſtructiuam, quàm Typhonem myſticè Plutarchus interpretatur, qui & Coptâ linguâ Moloch dicitur, Perſicâ Mythras ; quem candefactum lapidem interpretatur Suidas, hoc ſacrificio veluti placandum . A quibus Aethiopas didiciſſe ſuperſtitioſos huiuſmodi ritus teſtatur Heliodorus : Αἱ ἀπαρχαὶ τῶ πολέμω τοῖς Θεοῖς προςαγέσθαζ. *In Æthiopia*, inquit, *Soli & Lunæ*, *videlicet Oſiridi & Iſidi, quicunque ex hoſtibus primi capti fuerant , iure belli immolabantur* . Nolim tamen quempiam hiſce veluti mathematicè demonſtratis fidem adhibeat, cùm in tanta nominum, rerumque confuſione difficulter aliquid certi ſtatui poſſit : in tantum igitur fides ijs habenda eſt,

in

in quantùm Scriptorum fide digniſſimorum auctoritate & calculo ea comprobantur. Quorum traditione ſufficit nos hic demonſtraſſe, originem ſacrificiorum Molocho peragendorum aliundè non niſi ex Aegypto promanaſſe. Nam eum eundem eſſe cum Marte Aegyptio, quem & Typhonem, & Mythram dicunt Authores, item ſacrificia ſingulis eadem, ſatis indicauimus. Atque ab hiſce veluti Numinum antiquiſſimis, omnes reliquas ſuperſtitioſas ſacrificandi rationes pullulaſſe vicinę Gentes oſtendunt, quæ Ægyptios ſecutæ, paſsim Deos humanâ hoſtiâ placaſſe feruntur. Hinc enim Cyprij Aphrodiſio menſe Agraulo Cecropis filio hominem mactabant; In Chio dilaniatum hominem Dionyſio Homalio cædebant; quod & Tenedi factum. Lacedæmones ipſi humano ſanguine Marti litarunt, Curetes & Cretes Saturno pueros ſacrificabant; hinc, Lampridio teſte, Commodus ſacra Mythriaca homicidio vero polluit; Galli quoque Druides Eſum & Teutatem humanô cruore placabant; notum de Agamemnone & Iphigenia. Silius Italicus l. 4.

Varius apud Gentes mos ſacrificandi homines viguit.

> Mos fuit in populis, quos condidit aduena Dido,
> Poſcere cæde Deos veniam, & flagrantibus aris
> Infandum dictu, paruos imponere natos.
> Vrna reducebat miſerandos annua cenſus.

Silius Italic.

Imò modernis temporibus adhuc multis in locis Orbis huiuſmodi nefarias conſuetudines vigere teſtatur Ludouicus Viues. *Quo tempore*, inquit, *hæc edebamus, Inſula eſt à noſtris Nautis inuenta, quam de Principis nomine Corolenam appellant; in ea frequenter viſuntur ſtatuæ Deorum, quos gentes illæ colunt, æneæ, intrinſecus cauæ, manibus iunctis paſſiſque, in quibus infantes & pueros, quos Dijs illis immolant, ſtatuunt, ibique vruntur crudeliter igne in cauis ſimulachri incenſo, & ære immodicum æſtuante.* Similia tradit Aloyſius Froes in epiſtolis Iaponicis, de valle quadam, in quam innumeri homines quotannis in honorem Zacæ & Amidæ præcipitati immolabantur.

Ludouicus Viues in hiſt. Indica.

Aloyſius Froes.

> Tantum relligio potuit ſuadere malorum,
> Quæ toties peperit ſcelerum genus omne nefandûm.

Atque hæc de Molocho ſufficiant.

CAPVT XVI.

De Dijs Syrorum, Philistinorum, & Arabum;

QVI SVNT

Dagon, Derceto, Atergatis, Cabar, Venus Asiatica.

§. I.

Dagon Deus Azotiorum.

D Agon Philiftinorum feu Azotiorum Numen, etfi Scriptoribus profanis pafsìm incognitum, in facra tamen hiftoria id celebratiffi-
mum fuiffe, monftrant frequentes Interpretum de huius Numinis qualitate fufceptæ contentiones, quas omnes diuina gratia conciliare ftudebi-
mus, vbi priùs, quale Dagonis fuerit fimulachrum, inquifiuerimus. Rabbinos plerofque in affignanda huic Numini figura varios reperio. Ralbag
fiue R. Leui Ben Gerfon, ei tribuit figuram humanam, vocatum autem
Dagon, vel à pifcium fquamis, quas indumentum eius referebat, vel à frumento, quod Hebraicè דָּגָן, eò quod ei frumenti afcribebatur inuentio;
atque in hac opinione Philonem Biblium fuiffe dicetur inferiùs; verba
Ralbag funt:

Ralbag.

*Etymon Da-
gon.*

וְהִנֵּה בְּהָבִיא הַפְּלִשְׁתִּים אֲרוֹן אֱלֹהִים יִשְׂרָאֵל בְּבֵית עֲ
שֶׁלָהֶם שֶׁהָיָה בָּהּ צֶלֶם עַל צוּרַת בֶּן אָדָם וְהָיוּ קוֹרִין אוֹתוֹ
דָּגוֹן:

*Et ecce deduxerunt Philiſthijm arcam Dei Iſraël in domum feruitutis alie-
næ, quæ ipfis erat; fuit in illa fimulachrum figuræ filij hominis, quod vocabant
Dagon.* Colligit id Ralbag ex eo, quod Dagon manibus fit inuentus trun-
catus, fic enim facræ literæ referunt:

וַיַּשְׁכִּמוּ אַשְׁדּוֹדִים בַּבֹּקֶר בַּמׇּחֳרָת וְהִנֵּה דָּגוֹן נוֹפֵל לְפָנָיו אַרְצָה לִפְנֵי אֲרוֹן יי
וְרֹאשׁ דָּגוֹן וּשְׁתֵּי כַּפּוֹת יָדָיו כְּרֻתוֹת עַל מִפְתָּן חֲבִית רַק דָּגוֹן נִשְׁאַר עָלָיו:

*Rurfumque mane die altera confurgentes [Azotij] inuenerunt Dagon ia-
centem fuper faciem fuam in terra coram arca Domini; caput autem Dagon, &
duæ palmæ manuum eius abfciffæ erant fuper limen, porrò Dagon folus truncus
remanferat in loco fuo;* Vbi כַּפּוֹת יָדָיו *palmæ manuum proprie attribuuntur
homini:* fed enim multò veriùs id Ralbag ex Septuaginta Interpretum
defcriptione colligere potuiffet, in qua non manuum tantùm, fed & pedum abfciffarum, & fcapulæ folius remanentis fit mentio, quæ omnia in
Hebræo defunt; verba Septuaginta cito:

70. Interpret.

Καὶ ἐγένετο ὡς ὤρθρισαν τῇ ἐπαύριον οἱ ὤρθροι Ἀζώτιοι, καὶ ἰδὺ, Δαγὼν πεπτωκὼς ἐπὶ πρόσωπον

σωπον αυτȣ ενώπιον ἢ κιβωτȣ τȣ Θεȣ, καὶ ἡ κεφαλὴ Δαγων, καὶ αμφότερα τὰ ἴχνη τῶν ποδῶν αυτȣ αφηρημένα επὶ τὰ εμπρόσθεα τȣ σαθμȣ, καὶ αμφότεροι οἱ καρποὶ τῶν χειρῶν αυτȣ πεπτωκότες επὶ τὸ πρόθυρον · πλὼ ἡ ράχις Δαγων υπήρχθη.

Et factum est, vt surrexerunt altera die mane Azotij, & ecce Dagon cecidit, in faciem suam coram arca Dei, & caput Dagon, & ambo vestigia pedum eius abscissa super anteriora limmum, & ambæ iunctura manuum eius iacentes super limen. Verum scapula Dagon relicta est, &c. Ex hac itaque descriptione Septuaginta Interpretum post Ralbag non defuerunt, qui Dagon statua hominis fuisse concluserint. Verum quomodo hæc, opinioni inferiùs adducendæ congruenter adaptari possint, paulò post videbimus.

Rassi, quem etiam R. Salomonem Iarchi nominant, in hunc locum commentans, opinatur Dagon figura piscis fuisse, eò quod nomen ipsum nihil aliud significet, nisi piscem: verum nec hæc sententia consistere potest, nisi forsan hic intelligat piscem ανθρωπόμορφον manibus, pedibusque præditum, quemadmodum Dagon fuisse, ex allegatis supra sacris verbis apparet. Quare pro cœteris optimè sentit Radak siue R. Dauid Kimchi, qui Dagonis, nec hominis, nec piscis præcisè, sed ex vtriusque figura conflati statuam hominis fuisse pisciformem asserit; quem quotquot limatioris ingenij Rabbini sunt, sequuntur. Verba Radak apponenda duxi.

אמרו כי דגון מחבורו ולמטה חיה צורת דג לפיכך נקרא דגון ומטבורו ולמעלה
צורת אדם כמו שאמרו שתי כפות ידיו כרותות אל המפתן זהו פירושו רק דגון נשאר
עליו צורת דג נשאר עליו וי"ח לחות גופיו דדגון אשתאר עלוהי:

Hoc est, Dicunt quòd Dagon ex parte inferiori compositus sit ex figura piscis, à qua & nomen habet; ab vmbilico verò versus superiorem partem hominis retineat figuram & similitudinem, iuxtà id: duæ palmæ manuum abscissæ super limen. illud verò, רק דגון נשאר עליו tantùm Dagon relictus est in eo, explicant sic : רק צורת דג נשאר עליו tantùm figura piscis relicta fuit in eo ; & Ionathas explicat illud : tantùm corpus Dagon reliquum fuit super eum. Hæc Radak. In qua descriptione non tantùm Rabbinorum paulò ante citatorum sententias optimè conciliat, sed etiam quam congruentissimè profanæ historiæ scribit, vti in sequentibus videbimus; in qua simulachra Dearum Dercetûs & Adergatis, quæ sunt antiqua Assyriorum Numina, sub simili figura constructa fuisse docebimus.

§. II.

Derceto, Adargatis.

F Vit autem Derceto Syrorum Dea, quam Ouidius alio nomine Dircen & Direetin quasi patronymica voce appellat, inque piscem transmutatum fabulatur :

Illa quidem è multis referat (nam plurima norat)
Cogitat, & dubia est, de te Babylonia narret
Derceti, quam versâ squamiis velantibus artus,
Stagna Palæstini credunt mutasse figurâ.

Lucianus. Lucianus quoque hanc obſeruauit ſemiferam puellam fuiſſe, Ἡμίσεη μὲν γυνὴ, τὸ δὲ ὁκόσον ἐκ μηρῶν εἰς ἄκρους πόδας, ἰχθύος ἀποτείνεται. Cui conſentit illud Diodori l. 2. Bibliothecæ, vbi de ſtatua eius in Aſcalone ſacrata agit: Τὸ μὲν, inquit, πρόσωπον ἔχει γυναικὸς, τὸ τε σῶμα πᾶν ἰχθύος· *Dercetam facie muliebri quidem, reliquo verò toto corpore piſciformem fuiſſe ait.* Dercetam porrò eandem fuiſſe cum Atergati, Cteſias apud Strabonem docet hiſcè verbis: *Cteſias. Derceto eadem cum Adergati.* *Nominum,* inquit, *mutationes pleraſq; fuiſſe etiam antiquis, vt inquit Atergatin Atharam dictam, quam Cteſias Derceto vocauit.* Dercetus ſeu Atergatis Syriæ Deæ meminit quoque Plinius 5. nat. hiſt. libro, vt beneficio Hermolai didicimus c. 23. *Bambyce, quæ alio nomine Hierapolis vocatur, Syris Magog; vbi prodigioſa Atergatis* (Græcis hæc Derceto dicta) *colitur.* Præterea Atargatim eandem cum Derceto & Dagone ipſum nomen, vel maniſeſtè prodit; eſt enim Adargatis vox corrupta idem quod אדירדגא *Adirdaga*, quod piſcem magnificum ſeu potentem ſignificat, qualem Dagonem ſeu Dercetam eſſe prædicabant Babylonij, non ſecùs ac Sepharuaim Molochum ſuum אדרמלך *Adramelech*, hoc eſt, Regem potentem, ſeu magnificum ſplendido titulo honorabant. *Adardaga quid & vnde?* Ex quibus manifeſtè apparet Dagonem, Dercetam, & Atargatim eandem Deam fuiſſe, nomine tantùm diuerſam, eamque nullam aliam fuiſſe, quàm Venerem maritimam in ſequentibus paulò poſt oſtendemus. Nec obſtat, quod Dagonem in ſacra hiſtoria maſculinum faciat Numen; hoc enim duplici de cauſa factum eſt, cùm quia Dearum nomen Hebræis in vſu nunquam fuit; tùm etiam quia apud Idololatras ſexum Deorum paſsìm confundi videmus; quemadmodum varijs iam locis de Venere maſculo & fœmina, de Luno & Luna, ſimilibuſque oſtendimus. *Gentiles ſexum Deorum confundebāt.* *Figura Dagon.* Sed ad ſimulachrum Dagonis redeamus; quod ex humana & marina mixtum fuiſſe, ſicuti & Dercetus ſeu Atergatis, ſatis ea, quæ cùm è ſacris literis, tùm è varijs Authoribus produximus, comprobant. Marinum autem ei corpus erat, humana verò facies, manûs item ac pedes; abſciſſas enim ſeu abruptas manus, cùm caderet coram arca teſtamenti, diſertè ait ſacra Scriptura, & nihil reliquum manſiſſe præter Dagonem, ſeu piſcis truncum. Adnexos autem caudæ pedes ſuprà ex Septuaginta Interpretum verſione colligitur; ita quidem, vt Dagonis, Dercetûs, ſeu Atergatis nullam aliam figuram fuiſſe autumem, niſi quam in ſequenti facie exhibemus.

His itaque ſic ritè demonſtratis, nunc diſquiramus, cur ſub piſcis forma Dagoñ, Derceto, ſeu Adardaga ab Aſſyrijs fuerit culta.

Diodorus Siculus. Diodorus Siculus iuxtà Aſcalonem vrbem eſſe ſcribit, vbi templum inſigne fuit Deæ, quam Syri Δερκετὼ vocabant; quæ Dea muliebri facie fuiſſe perhibetur, reliquum autem corpus figura piſcis; cuius filia Semiramis à columbis fuit educata, quæ aues ideò Syris ſacræ habentur; ſubdit eodem loco Diodorus: *Venerem aliquando obuiam factam Derceto, amorem cuiuſdam adoleſcentis ſibi ſacrificantis inieciſſe, ex quo cùm filiam Dea ſuſcepiſſet, ſui erroris pudore affectā, adoleſcentem ab ſe amouiſſe, & filiam in deſerta & ſaxoſa loca, vbi columbarum ingentes ſtabulabantur turmæ, expoſuiſſe; quæ columbæ puellam enutriuerunt. Derceto verò pudore ac dolore actam ſe in ſtagnum* con-

coniecisse, & in piscem conuersam; quare, inquit, Syri piscibus abstinent, & templum in stagni littore constituerunt. Derceto facie quidem formosæ mulieris, reliquâ parte piscis simulachrum coluerunt. Nigidius in commentarijs in Arati
Phœnomena aliam fabulam nobis refert, nimirùm, pisces in Euphrate
ouum miræ magnitudinis inuentum in terram euoluisse, columbam autem
ex eo incubatione animato exclusisse eam Syriæ Deam, quæ vocatur Venus; atque eam ob causam pisces apotheosi affectos à Syris in summa veneratione haberi cœpisse; ac pisciformis Virginis cultum ex illo tempore instituisse. Manilius 4. Astronom. & Hyginus in Astronomico, veriorem huius ἰχθυολαξίας Syriacæ causam assignare videtur.

Nigidius.

*Origo cultus
columbini, &
piscium in
Syria.*

> Scilicet in piscem quod se Cytheræa nouârit
> Cum Babyloniacas summersa profugit in vndas,
> Anguipedemq́, alatos vnguès Typhona ferentem
> Inseruitque suos squamosis piscibus ignes.

Manilius.

Et eodem libro paulò post:

> Piscibus Euphrates datus est, vbi piscis amator,
> Cùm fugeret Typhona Venus, subsedit in vndis.

Fabulam etiam Ouidius in fastis attigit, & Hyginus bis mentionem eius
facit, vbi de piscibus agit, priore quidem loco; Diogenetus, inquit, Erythracus ait, quodam tempore Venerem cum Cupidine filio in Syriam ad flumen Euphraten venisse, & eodem loco repente Typhona Gygantem apparuisse; Venerem
autem cum filio in flumen se proiecisse, & ibi figuram, piscium formâ mutasse, quo
facto, periculo esse liberatos. Itaque posteà Syros, qui in ijs locis sunt proximi, de-
stitisse pisces esitare, quod verentur eos capere, ne simili causâ, Deorum præsidia
impu-

*Diogenetus
Erythracus.*

*Origo fabulæ
de piscibus
abstinendis.*

impugnare videantur. Verùm fi hæc omnia penficulatiùs difcutiantur, luculenter patebit, totum hunc Veneris, Dercetûs feu Dagonis cultum aliundè

Fabula ab
Ægyptijs ori-
ginem ha-
buit.

non promanaffe nifi ab Ægyptijs : Quibufdam enim Nomis Ægyptijs
pifces facros fuiffe, nos Herodotus & Diodorus docent, videlicet Lapido-
thum, Phagrum, Oxyrynchum, & Anguillam; Phagrum quidem, quod pudendum Ofiridis deuoraffe dicatur ; alij, vt Hygin. l. 4. Aftr. quod Ifis
feu Venus in huiufmodi pifcium formas, dùm Typhonem fugeret, fe tranf-
mutârit ; Carmina paulò ante allegauimus ; pifcem quoque Ægyptijs
facrum fuiffe, eò quod Ifidem feruauerit, dùm Ofiridem inquireret, Hi-
gefias apud Hyginium indicat, cùm de pifce Notio tractat : *Hic*, inquit,

Hyginius.
Ifis pifce con-
feruata.

videtur ore aquam excipere à figno Aquarij , qui laborantem quondam Ifim feruaffe
exiftimatur, pro quo beneficio fimulachrum pifcis, & eius filiorum inter aftra confti-

Pifces pro pe-
natibus ha-
bentur.

tuit. Itaque Syri complures pifces non efitant , & eorum fimulachra aurata pro
Dijs penatibus colunt .

Maximum autem argumentum eft Dagonis cultum ab Ofiride & Ifide Ægyptia profluxiffe, eò quod Philo Biblius Dagonem Cœli filium di-

Dagon fru-
mentum.

cat, atque à radice Hebraica ךגן, quod frumentum fignificat , ideò appellatum, quod frumenti inuentor fuerit, ac proinde Græcè eum quoque vocet: Σιτὼν Δαγὼν, inquit, ὅς ἐϛὶ Σιτὼν. Aratri etiam repertor habebatur ;

Iuppiter Ara-
trius.

ideòque Ζεὺς ἀρότριΘ., quafi Iuppiter Agriculturæ præfes, ait ille, nominabatur. Quis nefcit Ofiridem & Ifidem inuentores fuiffe frumenti , &
agrorum colendorum rationem primos inter homines docuiffe ? An non

Ifis, Ceres.

Ifis eam ob caufam ἀπὸ τȣ̃ σῖτον, Σιτὼ, hoc eft, Ceres à Syracufanis appellata
fuit. Certè meminit eius Polemus dipnofoph. l. 3. Phornutus, Apollodorus, alijque Mythologi .

Sed quæritur, vnde fub forma Ἰχϑυανϑρώπȣ depictam coluerint Syri ;

Cur fub for-
ma pifcis ex-
hibeatur.

cùm eam pafsìm fpicato vertice, aut bouinis cornibus infignem , manibus
præterea fiftrum vnâ, alterâ fitula inftructam reperiamus: quod vt fol-
uatur

Diodorus.

Notandum eft, antiquos Ægyptiorum Reges & Reginas hanc confuetudinem habuiffe, tefte Diodoro, vt reduces ex bello, aut luftratione
Orbis, varijs animalium indumentis, veluti tauri, leonis, afpidis, aliorumque monftrorum pellibus, fiue ob terrorem, admirationemque apud fubditos conciliandam, fiue ob aliam quampiam caufam ac rationem myfti-
cam induti incederent ; atque hanc confuetudinem ab Ofiride & Ifide
primùm promanaffe, oftendunt varia huius farinæ hieroglyphica, fub quibus pafsìm videas Ofiridem aut Ifidem, canino, leonino, felino, accipi-
trino, potifsimùm verò afpidis feu Nilioticæ anguillæ cauda terribilem, vti
fufè patebit è fequentibus ; aiunt autem Ægyptij, tefte Diodoro , fæpè
Ofiridem & Ifidem fub hac forma hominibus comparuiffe, varias res humano generi neceffarias, præfertim fcientias docuiffe ; vti oftendimus
iam multis in locis. Quæ omnia nobis clarè infinuaffe videntur Berofus,

Monftrum
Oannes
quale fuerit ?

Apollodorus, & Polyhiftor eius, monftro illo quod Oannem appellant,
quod animal biceps dicunt fuiffe, cætera pifcem, è cuius cauda adnafce-
bantur pedes humanis fimiles; vocem item & humanam ei tribuunt ; ex

mari

mari autem Erythræo emersum, Babyloniam peruenisse aiunt (intellige Babylonem Ægypti seu Memphim, aut Heliopolim) occidente verò Sole in mare rediisse, moremque hunc quotidiè veluti *ἀμφίβιον* repetijsse ; ab eo homines omnifarias artes, literas, agriculturam, ædium sacrationes, architecturam, & leges politicas didicisse, nec non quicquid ad vitam politicam pertinere possit : Osiris enim in montibus rubro mari vicinis astrologiæ vacasse, & posteà in vrbes vicinas leoninâ aut piscinâ pelle amictum ingressum, quæ priuatim didicerat, publici iuris docendo alios fecisse, in præcedentibus dictum est ; atque hinc Oannis historiam, seu veriùs fabulam promanasse verosimile est.

Osiris sub varia forma hominibus comparens, varia docuit.

Simulachrum autem eius vsque ad Berosi tempora, id est, ad initia Græcæ Monarchiæ seruatum fuit. Verba Berosi è Seldeno mutuata hìc transcribere voluimus:

Τὸ μὲν ἄλλο σῶμα ἔχειν ἰχθύος, ὑπὸ δὲ τὴν κεφαλὴν ὑποπεφυκυῖαν ἄλλην κεφαλὴν ὑποκάτω ᾗ τῆς ἰχθύος κεφαλῆς, καὶ πόδας ὁμοίως ἀνθρώπου παραπεφυκότας δὲ ἐκ ᾗ οὐρᾶς τε ἰχθύος, ὥτε δὲ αὐτῇ φωνὴν ἀνθρώπου· Ἐν δὲ εἰκόνα αὐτὸ ἔτι, ᾗ αὐτῇ νῦν διαφυλάσσε͡ε.)

Berosus ex Seldeno.

Hoc est : *Cæterùm quidem corpus habebat piscis, caput biforme, & pedes similiter hominis è cauda piscis adnatos, vox ei erat humana, simulachrum eius etiam in hunc diem conseruatur. &c.* Fusius autem ex eadem Beroso ait Seldenus, narrare Apollodorum Oannes quatuor Annedotos dictos, iuxtà variam seculorum viciffitudinem è rubro item mari comparuisse, quorum quisque semihomo & semipiscis. Tempore verò Ædorach Regis Chaldæorum, qui seculis aliquot post Diluuium, si Chaldæis fides haberi debet, vixit, aduertit, aliud similis figuræ monstrum emersisse, cui nomen, Ωδάκων, in qua voce sanè manifesta comparent Dagonis vestigia. Annedotorum secundi, teste Seldeno, meminit Abydenus, & *ἡμιδαίμον@·* figuram ei tribuit; vix alibi de his mentio sit. Vtrum verò Ωδὼ, cuius mentionem Helladius Bysantinus facit, idem fuerit cum Oanne Berosi, dubium est ; verùm consideratis omnibus circumstantijs relationis de eo factæ, probabile est, fuisse ; tradit enim citatus Author, è mari rubro ascendisse, capite, manibus, pedibusque humanis; cœtera membra piscem præ se tulisse ; Literas autem & astrorum scientiam ostendisse ; quæ omnia sunt ipsissima penè Berosi de Oanne historia ; vnde deprauatum Oannis in Ωδὼ nomen sentit Scaliger à compendiosa librariorum scriptione ; adijcit Helladius : *Ἄνθρωπον δὲ ἵνα τῷ παιδὶ ἰχθύῶ δόξαι διοτήπερ ᾗᾧισ͡ο κατῶδ᷉η δοραϊ.* *Hominem omninò fuisse, piscem verò retulisse, quod cetaceâ pelle indueretur.* Quâ descriptione sanè ingeniosè ad priscum Regum Ægypti habitum suprà indicatum alludit, qui cum belluarum exuuijs plerumque esset concinnatus, *πολυμορφίας* huiusmodi fabulosæ occasionem facilè dare potuit.

Formæ Oannis descriptio.

4. Oannes siue Annedoti.

Ωδὼ idem quod Oannes.

Helladius.

Porrò, quod Syros esu piscium abstinuisse legamus ; duas potissimùm ob causas factum arbitror : quarum prior est, quòd in venerationem Rheæ, quam cum Ió, seu Iside confundo, id fecisse comperiam; ab Io enim seu Iside, cùm Syriam peragrans Epaphum quæreret, huiusmodi se cultum cœrimoniasque, sicuti & varias res Syros edoctos esse, ac proindè in beneficiorum collatorum memoriam, pisce, in quem, persequente Typhone

Cur Syri piscibus abstinuerint?

phone

phone, conuerſam fabulantur, abſtinuerunt. Athenæus paulò aliter hæc narrat; *Solenne*, inquit, *Syris fuit, abſtinere piſcibus in Rheæ veneratio-nem, quæ quidem nulla alia Dea erat, quàm Iſis, quæ pluuijs potiſſimùm domina-tur; ῥέω enim idem eſt, ac fluere; putabant enim ij ex aqua & aëre naturam rerum præcipuè conſtare, proq̗ vnda piſces, pro aere columbam venerabantur.* Sic Athe-næus. Altera verò cauſa eſt, quod in omnibus Ægyptios ſapientiâ & re-ligione celebres imitari ſtuderent; apud quos alij piſcem, maximè in-

in Nomo O-xyrinchite piſcem cole-bant; quem alij Nomi execrabantur

præfectura ſeu Nomo Oxyrinchano, pro Dea ſummô cultu colebant; alij veluti Numen aduerſum, & Typhonis marinam ſobolem, animal odio-ſum & inauſpicatum non tàm colebant, quàm placabant, quemadmodum eandem ob cauſam Crocodilo facere ſolebant; atque ob has rationes v-traque pars piſcibus abſtinebat; hæc vti re mala & execranda, illa ob venerationem Numini debitam. ſed de hac abſtinentia conſule Plutarch. l. 8. dipnoſoph. q. 8.

Oſiris & Iſi-dis inhuma-num genus beneficia.

Syri itaque cùm varia de Oſiride & Iſide, vt quomodo ille videlicet totum Orbem obiérit, quî Æthiopiam, Indiam, aliaſque remotiſſimas Or-bis partes ſubiugârit, ac demùm in Ægyptum reuerſus, eam ſaluberrimis legibus, rerumque inuentarum beneficijs ditârit, demùm ad cœlum gu-bernandum aſſumptus ſit; illa verò in abſentia viri vtilitati hominum ſtudens, varias res vitæ hominum vtiles inuenerit, medicæ artis peritiâ ho-mines ab infirmitate liberârit; in ſomnis quoque ſæpè eam inuocantibus compareat; media varia ſuggerat infirmitatibus & morbis laborantibus. Præterea cùm Oſiris enutritus in Nyſa felicis Arabiæ vrbe, vnde & poſteà Dionyſius dictus eſt, iuxtà mare Erythræum, varia homines docuiſſet, vi-neas plantaſſet, feras inſtrumentis, armiſque domuiſſet, exuuias pro veſti-mentis vſus eſſet. Ecce ob has & ſimiles cauſas fabula illa de Oanne poſt-modum exorta eſt; hominem videlicet ſeu biceps animal, piſciforme ex mari Erythræo egreſſum, varia homines docuiſſe; ob quæ beneficia cul-tu diuinô illud poſteà quoq; exornarunt, exſtructo idolo ἰχθυομόρφῳ, in eius honorê à piſcibus quoque, eò quod Oſiridis partes à piſcibus denoratas intelligerent, vel ob alias cauſas ſuperiùs indicatas, abſtinentes. Mirum

Ex Oſiridis geſtis variæ fabulæ emer-ſerunt.

igitur non eſt, ſi ex varijs actionibus, geſtiſque Deorum Ægyptiorum va-rie à varijs relatis, varius quoque cultus, variæ cœrimoniæ, & quod caput eſt, ex monſtroſis huiuſmodi figmentis monſtroſa quoque ſimulachra, qua-le Dagonis, Dercetûs, Atergatis, Oannis ſuprà monſtramus fuiſſe, exti-terint; præſertim cùm ad ſimulachrorum compoſitionem quodlibet ani-mal cum homine aſſumere Ægyptijs ſolenne eſſet, vt Porphyrius tradit. Atque hinc diuerſitas illa idolorum propè infinita, quam Ægyptij & vici-næ gentes eorum diſcipulæ introducebant; quæ quidem diuerſitas, non

Æquiuocatio nominum Deorum Dea-rumque in-Oſiri & Iſi confuſa.

prodijt niſi ex μυειμνομία illa, quâ Deos ſuos intitulabant; in vno Oſiride Deorum omnium, ſicuti in Iſide Dearum nomina confundendo.

Quæ cùm ita ſint, non miretur quiſpiam, Dagonem, Dercetum, Atar-gatin, Aſtarthen, Mylittam, aliaque monſtra nominum apud Authores paſſim eſſe confuſa; vnam enim ij denotabant Deam, videlicet Syriam, quam Ægyptij Iſidem dicunt; hanc enim ſi Venerem, Lunam, Terram,

Ne-

Nephtyn, Iunonem, Mineruam, Dagonem, Derceto, Aftarthen dixeris, femper vnam rem, videlicet Lunam virtute multiplicem dixeris. Atque ex hoc capite fimulachrorum quoque diuerfitas exorta varias inter Authores contentiones, ac fummas in hiftorijs explicandis confufiones caufauit. Sic plerique Authores Aftarten, & Dercetam, diuerfa ftatuerunt, ex diuerfitate idolorum, Numina; quod hæc ftatuam pifciformem naĉta, illa, vti Lucianus facrorum vtriufque fcrutator refert, Η' ἐν τῇ ἱερῇ πόλι πᾶζα γυνὴ, tota fœminam referat; cùm tamen non tàm re, quàm virtute diuerfa effe comperiantur. Verbo. Sicuti igitur polyonomia Ofiridis nihil aliud indicat, nifi virtutes & perfeĉtiones varias in Sole; fic polyonomia Ifidis nihil aliud quoque denotat, nifi virtutes & perfeĉtiones multiplices in Luna, quæ ob virtutem, quâ generationis vim mouet, vocatur Venus; ob vim terræ inclufam vocatur Aftarthe, Ifis, Ceres, Proferpina; ob dominium quod in humida obtinet, Dagon, Derceto, Nephte, Thetys, & fic de cœteris. Vndè & hanc vim diuerfis quoque fimulachris exprimebant. Vim Lunæ in terris, (picato vertice, cornucopiæ, taurinâ facie, alijfque fymbolis in idolo expreffis; vim Lunæ in aquis, fitula, pifcibus, alijfque beftijs aquaticis; alias denique Lunæ perfeĉtiones, alijs confimilibus fymbolis adumbrabant. Sic Affyrij Adado nomen Dei, quem Solem intelligit Macrobius, & Atergati, quo Lunam, aut terram, Adadis denotabant coniugem, cunĉtarum rerum poteftatem attribuebant; quare fimulachrum Adad formabant radijs inclinatis, quibus monftrabant vim cœli ineffe radijs Solis, qui in terram dimittuntur. Adargatis verò fimulachrum furfum verfum reclinatis radijs monftrabat radiorum vi fupernè mifforum enafci, quæcunque terra progenerat; fub eodem fimulachro fpecies leonum funt, eâdem ratione terram monftrantes, quâ Phryges Deorum Matrem finxére; imò Cererem ipfam Adargatim quoque facit Nigidius comment. in Arati phœnomena. Sed quoniam de hifcè & fimilibus in Obelifco Pamphilio copiofiùs egimus, & fingula fufè interpretati fumus, hìc plura de his agere fnperfedemus. Vnum reftat inquirendum, quænam nimirùm fit Venus illa famofa ac tota Afia celebris, quam nunc fub Anaitidis, Aphaicitidis, Cabaris, fimilibufq; titulis Authores celebrare folent.

Marginal notes:
Simulachro rum diuerfitas vnde?

Ofiris Solis, Ifis Lunæ per huiufmodi fimulachra diuerfas virtutes notat.

Idolorum habitus fymbolicus.

Adad quid, & eius fimulachrum.

Adargatis fimulachrum.

§. III.

Venus Aphacitis, Anaitis, Cabar.

Venerem Aphacitida in Aphaca (locus is eft inter Heliopolim & Byblum) cultam teftatur Zofimus l. 1. A'φακα, inquit, χόριον ὂξὶ μέζον Η'λιοπολεώς ε, κỳ Βύβλυ καθ' ὃ ναὸς A'φροδίτης A'φακίτιδ@· ἴδρυ.) Aphaca locus eft inter Heliopolim & Byblum, vbi fanum Veneris Aphacitidis eft. Templum quoque Veneris, quod Conftantinus Magnus in monte Libano vaftauit, Eufebius apertè vocat Aphacitidos, cui aftipulatur Macrobius, qui fani

Marginal notes:
Zofimus. Aphaca quænam vrbs?

Macrobius de
Jano Veneris
Anacit idis.

Simulachrum
Veneris Ana-
citidis.

Venus Apha-
citis.

Dagon piscis
mœrors.

Artemidorus.

Venus Anai-
tis.
Strabo.

Anaitidos sa-
cra dicun-
tur Saca.

Hermolaus.

Cabar quæ-
nam Dea?

Ante Maho-
metis aduen-
tum Gentes
Kabar adora-
bant.

quoque Veneris Architidis (quam ego vocem corruptam esse arbitror, &
loco Aphacitidis substitutam) in monte Libano celebris meminit; verba
eius adiungam : *Adonim quoque Solem esse non dubitabitur* , *inspectâ religione Assyriorum, apud quos Veneris Architidis & Adonis maxima olim veneratio
viguit, quam nunc Phœnices tenent*. Et paulò post : *Simulachrum huius Deæ
in monte Libano fingitur capite obnupto, specie tristi, faciem manu læuâ intra
amictum sustinens , lachrymæ visione conspicientium manare cyeduntur*. Ex qua
descriptione sanè nihil aliud indicatur nobis, nisi Thamuz ille seu Adonis,
aut Adad, Osirisue, quem suprà cùm de Thamuz agebamus, lachrymantis
specie efformatum, deflere solebant Ægyptij, & ab his docti Assyrij. Et
Venus Aphacitis, coniunx Adonidis, aut vxor Osiridis Isis , quam suprà
Astarthen quoque diximus ; cum qua easdem suprà fecimus Dagon, Derceto, Atargatida ; non enim alia de causa D. Hieronymus Dagon piscem
vocat mœroris, nisi ob frequentes, quæ in eius sacris ei exhibebantur,
complorationes . Dagon autem, Derceto, vel Atargatida , Artemidorus
eandem facit cum Astartha seu Venere Aphacitide, eò quod vtrique eædem essent cœrimoniæ, sacri vtrique pisces & columbæ, vtraque absti-
nentiâ ab esu piscium coleretur ; sic enim ait lib. 1. c. 9. Onirocrit. *Pisces comedunt omnes Syrorum, nonnullis exceptis , qui Astarthen venerantur* .
Porrò de Anaitide Venere sic à Persis vocata scribit Strabo l. 12. de Rela
agens vrbe, olim insigni & sacra . *In ea*, inquit, *templum est Anaitidis , quæ
ab Armenijs colitur ; hoc in loco sacra, cum sanctimonia maxima celebrabantur, &
iusiurandum de rebus maximis hic fiebat*. Idem Strabo, l. 15. agens de Cappa-
docia ; *Hæc*, inquit, *sacra in Anaitidis & Amani delubris fiunt, nam & horum
ibi delubra sunt, & statua Amani in pompam ducitur* . Et hæc se vidisse ipse
scribit Strabo. Huius verò Deæ Anaitidos sacra Sacarum dicebantur , &
dies festus Saca, quod eo die Cyrus Rex Sacas vicisset. scribunt prætereà
alij, ei Deæ antiquos dedicasse ex præstantioribus, puellas, quæ ibi pro-
starent ; quæ deindè veluti sacræ, viris tradebantur, eas accipientibus hi-
larè maritis ; de quibus nos in sequentibus vberiùs agemus. Hermolaus
secutus Pausaniam in Laconicis , in ancipiti esse tradit Cappadoces, &
qui Euxinum accolunt, eò quod simulachrum huius Deæ sit & Lydijs,
quibus est, Α'ρτέμιδ Θ. ιεερòν Α'νάτιδ Θ.. *Dianæ templum Anaitidos* . Verù n nos,
si sacra eius paulò diligentius examinemus, & statuam illam auream, quam
holosphyraton appellabant, in templo eius positam, eam sane eandem
cum communi illa Asiæ Venere esse concludimus , solùm nomine & cultoribus diuersam · Verùm hæc omnia tibi inter se, ne in re clarissima longior sim, comparanda relinquo.

Porrò quænam fuerit illa Cabar, cuius mentionem faciunt libri Arabum & Saracenorum, paulò maiorem præsefert difficultatem; quam vt
soluamus

Notandum est, ante impuri Mahometis aduentum , plerosque Saracenos & Ismaëlitas, quos & Arabes dicunt, Gentiles fuisse; atque improbo idolorum cultui deditos ; inter cœteros autem Deos Cabar كبر
quam & Venerem seu Luciferum interpretantur, adorasse ; meminit huius

ius Euthymius Zygabenus part. 2. panopl. tit. 24. *Saraceni*, inquit, *vsque ad tempora Heraclÿ Imperatoris colebant idola, Luciferumq̃ & Venerem, quam propriâ linguâ Chamar* (pro corrupta voce lege Cabar كبر) *quod magnum significat, appellant, adorabant* . Catachesis quoque Saracenorum oftendit, Saracenos ad legem veram reductos abiurare folitos Deos omnes, quos à Gentibus didicerant ; ac inter cœteros fpecialis mentio Luciferæ feu Veneris, quam Cabar vocabant ; verba abrenunciationis fubiungam. Ἀναθεματίζω ͤ τοῖ τῇ πρωϊνῷ προσκυνυντας ἄϛρῳ τῷ Ἑωσφόρῳ, κỳ τῇ Ἀφροδίτη, ὃ ἡ τῶ Ἀράβων γλῶσσαν Χαβὰρ ὀνομάζει, τυτέϛι μεγάλω. Id eft: *Anathematizo eos , qui matutinum fidus Luciferum & Venerem adorant, quam Arabum lingua* كبر *Kaba, quod Magnum fignificat, nominant*. Luciferum autem & Venerem vnam & eandem ftellam effe, pueri nôrunt. meminit huius Deæ Saracenicæ Cedrenus, qui inter cœtera argumenta, quibus probat, Mahumetanos falfa adhuc Numina colere, hoc vnum quoq; affert, quod Græcorum Venerem feu Luciferum diuinis honoribus coluerint. verba eius funt :

Παλαὶ δ̀ εἰδωλολατρευντες, κỳ τῇ παρ᾽ ἕλλησιν Ἀφροδίτη λεγομβμη, τυτέϛι, τῇ ἡδονῇ προσκυνυντες, κỳ Ἕν ἀϛέρα ταύτης Ἕν Ἑωσφόρον ἢ μυθολογῦσι· ὃ δὴ ͳ Κάβαρ τῇ ἑαυτῶ κακεμφάτῳ γλώσσῃ ἐπονομάζοντες, ὅπερ δὲι μεγάλη διερμίνευε ἕως ἀϛι τὼ Ἀφροδίτεω Θεὸν ὀνομάζοντες. Ἵνα δὲ μὴ δόξωμέν τισι ψευδολογεῖν, ζαφωνίζωμεν ͳ μέγα αὐτῶν μυϛήριον. Ἔχει γὰ ἡ λέξις κỳ μυζαρᾶς αὐτῶν, κỳ παμβεβήλυ προσφ̂αχῆς ὕτως· Ἀλλὰ, Ἀλλᾶ, ἐὰ Κάβαρ, Ἀλλᾶ, κỳ ͳ μὸν Ἀλλᾶ Ἀλλᾶ Ἑρμίωεύετ᾽. ὁ Θεὸς, ὁ Θεὸς, ͳ δὲ ἐὰ μείζων. ͳ τε Κάβαρ, μεγάλη, ἤτοι Σελίμη κỳ Ἀφροδίτη. ὅπερ δὲιν εϛι· ὁ Θεὸς ὁ Θεὸς μείζων, τỳ ἡ μεγάλη, ἀτ᾽ οὖν Ἀφροδίτεω Θεὸς, κỳ τετω ζαφωνίζει, ἢ ἐπαγωγὴ τε τῆς τάξεως Ἀλλᾶ· ὥπερ ἅπαντα ὑπεκκρυμβμίως τῇ ἰδιότητι τ᾽ ἑαυτῷ γλώσσῃ λαλῦσιν.

Cum enim antiquitus falsâ fuperftitione feducti Venerem Græcorum , id eft, voluptatem diuinis honoribus coluerint , ftellamq̃ eius Luciferam effe fabulati funt, quam etiam à magnitudine Kubar fuâ ineptâ linguâ appellauerunt ; in hunc vfq̃ diem Veneri nomen Dei tribuunt . Quod ne cui videamur fingere , explicabimus magnum eorum myfterium ; verba obfcænæ eorum & profanissimæ Orationis hæc funt : الله وكبر الله الله *[Allà Allà va Kubar Allà .] Allà Allà fi interpreteris, eft, Deus, Deus ; va Kubar, id eft, magnus, fiue Luna & Venus , Deus ; ita ergò habet ; Deus , Deus maior & magna, nimirum Venus Deus . Atq̃ hoc Allà in fine adiectum indicat, quæ omnia proprietate fui fermonis occultata pronunciant . Hucufque Cedrenus . In qua recitatione aliqua ex ignorantiâ linguæ Arabicæ Cedreno fubrepfiffe reperio, quæ antequam vlterius progrediamur, corrigenda duxi . Primum eft, quod Venerem vocet Kubar , contra Arabum communem appellationem, qui hæc verba Arabicè fic pronunciant :* الله وكبر الله الله *Allà Allà va Kabar Allà ; non igitur ,* كوبر *Kubar . Sed ,* كبر *quod propriè magnum fignificat , Numen illud dicendum eft . Verùm hoc illi ignofcendum, vt qui pronunciationem Arabum non intellexerit . Alterum, excufationem non meretur, quod per* وَ *feu particulam copulatiuam* و *ipfe intelligat comparatiuam, hanc enim vocem idem effe ac (Maior) afferit : ficut Kubar idem , quod magna , quafi diceretur : Deus Deus va Maior, Kubar, magna Venus . Certè pueri nôrunt,* و *in Arabica linguâ tantùm copulantis officio fungi , nec vllam aliam per fe extra orationem poffidere fignificationem . Vndè multò*

con-

congruentiùs loquitur de hoc Arabum Numine Conſtantinus Porphyro-
geneta, qui l. de adminiſtrando Rom. Imper. c. 14. vbi de genealogia,
agit Mahumetis, ſic ſcribit :

Προσδ'χον) δὲ καὶ εἰς τὸ τᾶ Ἀφροδίτης ἄσρον, ὃ καλᾶσι Καβὰρ, καὶ ἀναφωνᾶσιν ἐν τῇ προσδ'χῃ αὐτῶν ἕτως. Ἀλλὰ ουὰ Καβὰρ, ὅ ἐςιν ὁ Θεὸς ἡ Ἀφροδίτη· τὸν γὸ Θεὸν Ἀλλὰ προσονομά-
ζωσι, τὸ δε ουὰ αὐτὶ τᾶ καὶ συνδ'εμᾶ τιθέασι. καὶ τὸ Κάβαρ καλᾶσι τὸ ἄςρον. καὶ λέγωσιν ἕτι
Ἀλλὰ ουὰ Κάβαρ.

Adorant, inquit, Veneris quoque ſidus, quod Cabar appellant, & inter
orandum ita exclamant : Allà va Kabar, id eſt, Deus Venus, Deum enim
Allà vocant, Va verò pro coniunctione, Et, ponunt ; Cabar ſidus denotat ; itaq; dicunt : الله وكبر Allà va Kabar. Scribitur autem كبر Kabar maſculino
genere, non fœminino كبيرة Kabirat, eò quod nullum habent in Dijs ſexûs diſcrimen, quemadmodum reliquos Orientales feciſſe diximus. non
ſecus ac Veneris ſtella, quæ & Lucifer, & Heſperus, & Venus paſsim vtroque ſexu nuncupantur apud Aſtronomos. His itaque præmiſsis, nunc
quænam hæc Dea ſuerit, diſcutiamus.

Certè veterum Arabum Deos legimus ſolùm fuiſſe Bacchum &
Vraniam, quam & Alilath ſuprà diximus, teſte Herodoto & Celſo apud
Origenem. Cùm itaque Cabar inter alia quoque Numina Arabum ſeu
Saracenorum vnum cenſeatur, vt Cabar, Alilath, & Vrania Venus eadem
exiſtat, neceſſe eſt. Herodotus de Perſarum Vrania loquens, liquidò innuit eandem eſſe ipſam Aſſyriorum & Arabum Deam ; eò quod Perſæ ab
his omnem Vraniæ cultum didicerint : Ἐπιμεμαθήκασι τῇ Οὐρανίῃ θύεἱν ἀφέἄ τε
Ἀσσυρίων μάθοντες, καὶ Ἀραβίων. Sed de ſexu Deorum hìc etiam meminiſſe iuuat. Vrania enim illa priſcis etiam ſimul & Vranus,& Iuppiter eſt appellatus. Vranus Ariano, Iuppiter autem Straboni ; vtrique tamen duo
duntaxat Numina ab ijs culta ſcribunt, alterumq; Dionyſium ſeu Bacchum
nominant. Quòd autem Vranium Stephanus confundat cum Oboda,
non id feciſſe cenſendus eſt, quaſi diuerſum à Baccho conſtitueret Numen;
ſed nomine ſolummodò diuerſum. Cùm itaque Vranius ille Arabum nihil aliud ſit, quàm Sol ; certè Vrania ſeu Kabar nihil aliud erit, quàm Luna, quorum ille paſsim apud Arabes dicitur بعل سما Bazlſama, hoc eſt, Dominus cœli ; hæc بعلة سما Beeltefama; ſeu vulgò Belifama, Domina cœli ;
ille à potentia & magnitudine كبر Kabar, hoc eſt, magnus, hæc eandem
ob cauſam كبيرة Kabiret, magna dicta eſt : hæc igitur duo luminaria magna, fuerunt primà illa Numina veterú Arabum, de quibus pauló ante diximus. Quòd verò τὴν Καβὰρ quidam Venerem eſſe aſſerant, id factum eſſe arbitror, quòd Venus & Luna ob ſimilitudinem, quos præſtant, effectuum paſsim pro vna ſumantur ; huius rei inter Græcos vetuſtus Scriptor teſtis eſt
luculentus. Philochorus is eſt, qui Venerem & Lunam eandem eſſe affirmat ; & ſacrificium ei facere viros cum veſte muliebri, mulieres cum vi-
rili, quòd eadem & mas æſtimetur, & fœmina. Meminit huius quoque
Rambam, Moreh nebuchim.

Herodotus.

Sexus Deorū,

Vranius Sol
eſt, & Cabar
Luna.

Cur Cabar
Venus ſit ap-
pellata?

Philochorus.

Rambam l 3.
c. 38,

תמצאחו בספר ט"מטם יצוה שילבש האיש בגר אשה
צבוע

צבוע שיעמוד בכבכ נוגה ותלבש האשה השריון וכלי
בעמדה למארים ובו גם כן אצלי כבה אחרת והוא שוה
הפועל מעורר התאוות ומביא לידי זנות:

Inuenies autem in libro טמטם *Tamtam* [*in verfione Nebienfis eft Centir.*]
quia dicitur ibi, vt vir induatur muliebri vefte picta, cùm fteterit ante ftellam, quæ
vocatur Venus, & mulier affumet loricam, & arma bellica cùm fteterit ante ftel-
lam, quæ dicitur Mars, eft etiam apud me alia huius caufa, quod opus hoc fufcitet con-
cupifcentiam & fornicationem. Confirmat ea, quæ ex Maymonide attulimus,
Iulius Firmicus. Is de errore profanarum religionum c.4. Aſſyrios Venerem coluiſſe ſcribit ; cui aliter ſeruire Sacerdotum ſuorum Chorus non
poteſt, niſi effæminent vultum, cutem poliant, & virilem ſexum ornatu
muliebri dedecorent . Et paulò poſt: *Quod hoc monſtrum eſt, quodue pro-*
digium ? Negant ſe viros eſſe, & nonfunt ; mulieres ſe credi volunt, ſed aliud
qualiſcunq, qualitas corporis confitetur . Quæ ſanè verba apprimè conueniunt
Aſtarthæ Sacerdotibus, & effœminatis Antiſtitibus Chamos & Phegor, de
quibus in præcedentibus. Hinc Heſychius Venerem Aſſyrijs non malè
dictam ait Διλφαт , videlicet à continuis pollutionibus, quibus in eius ſacris effœminati illi Sacerdotes contaminabantur ; eſt enim Syriaco idiomate, Maſio teſte, ܕܠܦܐ Delpha idem quod חיבור , coniunctio & copula-
tio Venerea, quam immundæ ſequuntur pollutiones, ܕܠܦܐ ſic dicta à
ܕܠܦ quod ſtillare ſignificat ; quod verbum optimè quadrat Græco etymo Αφροдιτηs, quo à ſpumando ſic dicebant Venerem. Porrò Kabar Arabum Deam eandem eſſe cum Deliphat, ſeu Salambo, & Aſtartha, cœrimoniæ ei peragi à Mahumetanis quot annis ſolitæ iuxta lapidem Brachtam,
ſatis oſtendunt; credunt ipſi ſuper eum Abraham cum Agar coijſſe, aut
camelum ei alligaſſe cum Iſaac filium eſſet ſacrificaturus. atque in huius
lapidis ſuperficie Venerem inciſam in hunc diem venerantur . Sed audiamus Anonymum quendam in Saracenicis, quem citat Meurſius in notis
in Conſtant. Porphyrog. ita difſerentem :
Ἐν ᾧ φαϲὶ κϵῖϲθαι λίθον μέγαν ἀκτύπωμα τ᾽ Ἀφροдίτηs ἐχονϲα. τιμᾶϲθ᾽ дὲ τϵ῀ ζινϴι, ἐπάνωϴεν αὐτϵ῀
τῇ Ἀγάρ ὁμιλήϲαϲτϵ᾽. τ᾽ Ἀβϵαὰρ ὡς αὐτϵ᾽ τ᾽ Κάμηλον ϖροϲдήϲαϲτϵ᾽, ὅτε τ᾽ Ἰϲαὰκ ἔμελλε θύϵιν.

In ipſo, inquiunt, iacere lapidem grandem, imaginem Veneris referentem ;
honorare autem eum, eò quod ſuper eum cum Agar confabulatus fuerit Abraham,
vel etiam quod ad eum, cùm Iſaac eſſet ſacrificaturus, camelum alligarit. Conſentit his Euthymius Zygabenus, qui impiam Mahumetanorum idololatriam in hunc diem adhuc apud eos vigentem, confutaturus ſic ait: *Nos,*
inquit, Chriſtianos tanquam idololatras calumniantur, quoniam crucem, quam
ipſi deteſtantur, adoramus. Nos autem ad eos dicimus ; Cur vos igitur apud lapi-
dem Brachtan commoramini, & eum oſculamini ? Reſpondent eorum aliqui ; quia
ſuper illo eum Agar rem habuit Abraham ; alij verò, quoniam illic, inquiunt, ca-
melum alligauit, cùm eſſet immolaturus Iſaac. Tùm nos ad illos ; Vos non pudet
adorare & colere lapidem, ſuper quo cum muliere Abraham concubuit, aut camelum
alligauit, & nobis vitio vertitis, quod Crucem, quà Dæmonum vis euertitur, &
Diaboli fraudes, ac doli diſſoluuntur, adoramus ; quanquam lapis iſte caput eſt
Vene-

Iulius Firm.

Ritus Sacer-
dotum ridi-
culi.

Deliphat
quid & cur
Venus dicta
fit ?
Lapis Brach-
tan.

Super lapidê
Brachtam
Abraham
Agar cogno-
uiſſe dicitur .

Meurſius.

Lapis Brachtam Veneris caput refert. Catechefis Saracenica.

Veneris, quam Iſraëlitæ quondam adorabant ; nam ſi diligenter inſpicias, nunc etiam ſculpti capitis refert imaginem. Hæc Zygabenus Monachus. Quæ ſtabiliuntur in Catecheſi Saracenorum, in qua omnes ad veram fidei ſemitam reuerſi abrenunciare quoque tenentur honoribus lapidi Brachtan exhiberi ſolitis, his verbis: *Anathematizo etiam ipſam illam precationis domum in Make, in cuius medio iacere aiunt lapidem magnum, Veneris effigiem in ſe habentem, honorari autem iſtum lapidem, quaſi Abraham ſuper eo cum Agar coiërit:*

Ritus ridiculi. *aut camelum ei alligárit cùm Iſaacum eſſet ſacrificaturus.* Eos autem, qui precatum illuc eunt, ferunt alteram manum ad lapidem extendere, alterá verò burem ſuam tenere, atque ita in Orbem ſeſe circumagere, donec è vertigine offuſis tenebris concidant. Erant autem illic ſeptem lapides alij, qui à Saracenis iaciebantur contra Chriſtianos ; de quibus ſic Catecheſis Saracenorum :

Ἀναθεματίζω τὴν μυθοποιίαν τῆ Μαωμὶθ , ἐν ᾗ φηϲὶ γενι῾ζεϑᾳ τῷ Θεῷ οἶκον πϱοϲευχῆς πϱϑᾳ τῶ Ἀβεϱὰμ , κὴ τῶ Ἰϲμαὴλ εἰς ᾧ Βακχὲ ἤτοι ᾧ Μάκεχ, ἤ Μακεχ , ὃν ὀνομάζᾳ πϱοσκυνοτήϱιον τὸ ποϱατηϱήματͻ . Καὶ πϱοϲάϲϳ ὅπε αἱ ὦϲι, κὴ ᶁχην῀), ϲϱέφωϲι ᾧ πϱόϲωπα ἀυτῶν πϱος ᾧ μίϱͻ σκειῖνο. Ἀναθεματίζω κὴ ἀυᾧ ᾧ Μέκα, κὴ τὴν πϱϲοχὴν ἀυτῷ, κὴ ᵗὰ πϱος τῇ Σαεχ- κλιωῶν σκὲ ῥιπᾶομϱϵϲ ᶁςα λίϑες κὴ τῇ Χϱιςιανῶν .

Anathematizatio. *Anathematizo,* inquit, *fabulam Mahometh, in qua dicunt eſſe Deo domum orationis ab Abrahamo & Iſmaële in Makè (Mecha) Oratorium obſeruationis ſeu vaticinij exſtructam, & mandant, vt cùm ſunt ibi orantes, vertant facies ſuas verſus partem iſtam. Anathematizo etiam ipſam Mecham, & circuitum eius, & ſeptem lapides ibi coniectos contra Chriſtianos à Saracenis.* Meminit huius cœrimoniæ hiſtoria quoque Longobardica, ſed alijs verbis: *Semel autem per ſingulos annos cauſa recognitionis ad domum, quæ eſt in Mecha, ire præcipiuntur, eamq́, inconſutilibus tegumentis circumire, & lapides per media foramina pro Diabolo lapidando iactare ; quam domum dicunt Adam conſtruxiſſe, omnibuſq́ filijs eius, & Abrahami, & Iſmaëli locum orationis fuiſſe. Demùm Mahometem eam domum ſibi, cunctiſq́ gentibus tradidiſſe affirmant.* Annon hìc manifeſta indicia latent cultus Veneris, quamuis falſis relationibus, & aliarum fabularum appoſitione nimium corrupta ? Certè veteres Arabes quadratum ſaxum pro Numine veneratos teſtatur Maximus Tyrius ſerm. 38.

Hiſt. Longob.

Ἀϱάβιοι ϲέβεϲι ἰᶁ ὅν τινά δὲ ἐκ οἶδα . ᾧ δὲ ἄγαλμα ᶁ ἐῖδον λίϑͻ. ἰὼ τεϱάγων͂ͻ. *Arabes quidem quid venerantur neſcio, ſimulachrum ſanè, quod vidi, erat lapis quadratus.* Venerem verò ſub figura quadrilateri ſaxi cultam quoque Pauſanias tradit in Atticis :

Pauſanias. Ἐς δὲ ᾧ χωϱίον ὁ κήπͻς ὀνομάζͻϲι, κὴ δ᾽ Ἀφϱοδίτης ᾧν ναὸν ἀδεὶς λεγόμͻͻ. ϲφίϲιν ἐϲϳ λόγͻ. ἡ μὴ ἐϲϳ εἰς τὴν Ἀφϱοδίτην, ᶂ τῆ ναῷ πληϲίον ἔςηκε τάυτης ᵗὸ χῆμα μὴ τεϱάτωνον κ̄ ταῦτͻ, κὴ ᵗοῖς Ἑϱμαῖς ᵗὸ δὲ ὀπίγϱαμμα ϲημάϳͳ τὴν ἀεϱανίαν Ἀφϱοδίτην τῆ καλεμϲδίων μοιϱῶν ἐϳ πϱεϲβυᵗάτην .

De ea vrbis regiuncula, quam hortos vocant, & Veneris in ea templum, ſignóq́ nullus nobis ſermo dictus eſt, ne quidem de Venere ; cuius templo vicino aſtit figura, vt Hermæ quadrata, epigramma autem indicat Venerem cœleſtem eſſe, earum quæ parcæ appellantur, natu maximam. Dyſarem quoque priſcum Arabum Numen, quod nos vel Bacchum, vel Mercurium interpretamur, ſub **Dyſares Numen Arabum idem cum Baccho.** quadrato ſaxo cultum, Author eſt Suidas, qui falſus nomine Dyſaris, Martem

tem eum interpretatur, quaſi diceretur Θεὸς Ἀϱής, quem conſule verbo
Θεὸς ἀϱής. Porrò cur Cabar Venus, & Dyſares Mercurius ſub huiuſmodi
quadrangularis ſaxi forma fuerint culci, huius rei nullam aliam cauſam reperio, niſi conſuetudinem Ægyptiorum, à quibus Arabes vicini docti,
pleraque ſua deſumpſerunt; effingebant autem Iſidem & Mercurium,
quemadmodum ſuis locis probabimus, interdum ſub forma quadrata, eò
quod agriculturam & limitum ponendorum rationem primi inueniſſent;
vnde & Deorum terminalium ſeu limitaneorum exorta familia, varias
paſsim ad circumuicinas gentes tranſmiſit colonias. Verùm quia de hiſce
ſaxeis Deaſtris inferiùs ex profeſſo agemus; hìc plura dicere ſuperſedemus,
ne in re toties repetita moleſtiam creemus Lectoribus; ſufficit enim, nos
hanc Veneris colendæ rationem ab Ægyptijs quoque promanaſſe, hìc obiter inſinuaſſe. Quare ad noſtram Vraniam ſeu Venerem cœleſtem reuertamur; quam ſanè aliam non eſſe quàm Lunam, Alilath, ſeu Noctilucam
illam Hecaten, Lucinam, aut ſi quo alio nomine intituletur, ſuprà vidimus. Imò & Luna corniculantis figura Turrium & Meſchitarum faſtigijs
imponi à Mahumetanis ſolita id manifeſtò indigitat. In honorem enim
Deæ (Lunam & Venerem Deas diſtinguere non oportet) huiuſmodi ſigna antiquitùs collocata ſacrataque adeò certum eſt; vt de eo nemo dubitare poſſit, niſi ſuperſtitioſus forſan Mahumetis ſectator; qui eam memoriæ fugæ ſeu Hegiræ Mahumeticæ (contigiſſe illa memoratur biduo poſt
Lunæ cum Sole Synodum) attribuunt; ſic enim in vita Mahumetis legitur Authore Abubecro:

Ab Ægyptys
quadrangu-
larium Nu-
minum, cul-
tus.

Cur Iſis &
Mercurius
quadrati fi-
gura ſaxi co-
lerentur.
Dij Termina-
les ſeu Limi-
tanei.

Vrania Venus
eadem cum
Alilath.

Cur Semilu-
na turribus
Mahumetanis
imponatur.

وقام محمد ليلا بعد الهلال وهجر من مكه لاجلهم الدين كفروا من قبل
فداقوا وبال امرهم ولهم عذاب اليم ذلك بانه كانت تاذيهم رسلهم بالبيّنات
وقالوا ابشر بهدونّا وكفروا اوّلوا وحقروا لنا موسه ومكدا هجر منهـم ۞

Et ſurrexit Mahomet nocte poſt Nouilunium fugiens ex Mecha propter eos,
qui ante infideles erant, & illi guſtarunt pœnam negotij ſui, & eis pœna doloris ple-
na, eò quod venerint ipſis Apoſtoli eorum cum contractibus, & dixerunt, An homi-
nes dirigent nos? & infideles fuerunt, & tergiuerſati ſunt, & ſpreuerunt legem
eius, inſidiantes vitæ eius, & ideò fugere coactus eſt. Ab hac fuga annos hodiè
putant Mahumetiſtæ omnes, & vocant سنة الهجرة *Senathil begirathi,* vel
تاريخ الهجرة *Tarichil begirathi,* annos fugæ; auſpicatiſſimam ſanè legem,
quæ à fuga incipit, & fugacibus nebulonibus; ſed hoc purum putem
mendacium; nam هجرة *begirath* eſt nomen Gentis Hagarenæ, & regionis,
cui etiam attributa eſt Mecha. Quare æra illa non eſt æra fugæ, ſed æra
Hagarena; quia tamen etiam Arabes ipſi interpretantur fugam, eſto fuga ſanè, & fugiant omnes Mahumetani, quò, & quantum libuerit. Nos
verò antiquitatem ab illorum mendacijs tutam aſſeremus; qui ſcimus illam vocem primigenia notione ab Hagarenis, non à fuga duci. Cultus
igitur Lunæ cum æra Lunari, non à Mahumetanis, nec à fuga improbi im-
poſtoris, ſed ab Hagarenis ſeu Iſmaëlitis Mahumete multo vetuſtioribus
proceſſiſſe facilè colliget is, qui legerit, priſcis Iſmaëlitarum Regibus, eorumque camelis huius falcatæ Lunæ ornamenta, & gentis ſymbola fuiſſe
velutı

Abubecro.

Cauſa fugæ
Mahumetis.

Hegirath non
à fuga, ſed ab
Hagar dicta.

Feria sexta solemnis hæc dies Veneris Mahumetanis.

veluti propria; imò & feriam sextam, quæ Veneris dies dicitur, Arabes يوم الجمع *ium algiumah* vocant, hoc est, συνάξιν, ἐκκλησίαν, concionem, ὁμιλίαν, conuentum; quem eodem loco, quo nos Dominicum, Iudæi Sabbathum habent; hanc, inquam, feriam sextam, eiusque solennitatem aliundè non profluxisse nisi ab Hagarenis, ex illo patet, quod de huius diei celebritate nulla in lege Mahumetica fiat mentio. Ab antiquissimo igitur Saracenorum ritu eam excepère Mahumetani: sextam enim feriam, vt supremæ Deæ sacram olim Saraceni Ægyptios, teste Politiano, imitati, vt suo loco dicetur, celebrabant; idq; faciebant primò, quod Dominiũ Veneris in primam illius diei horam caderet; Lunæ in vltimam. Quod verum esse patet ex dispositione planetarum in horis istius diei occurrentium. Cùm enim dies naturalis 24. horas contineat, necesse est, vt si die Sabbathi prima hora dominetur Saturnus, à quo Saturni dies denominatur, sequenti die, prima hora dominetur planeta ordine retrogrado sequens, duobus intermissis, nempè Sol, à quo denominatur dies Solis; similiter die proximo Luna, vndè dies Lunæ, & in reliquis eodem modo deinceps vsque ad feriam sextam, in qua prima hora occurret Venus, secunda Mercurius, & sic de cœteris vsque ad vigesimam quartam horam, quam Luna occupabit, vti in exemplo hìc apposito apparet:

Dominium planetarum in horas & dies Septimanæ.

1	2	3	4	5	6	7	8	9	10	11	12	13	14	15	16	17	18	19	20	21	22	23	24
♀	☿	☾	♄	♃	♂	☉	♀	☿	☾	♄	♃	♂	☉	♀	☿	☾	♄	♃	♂	☉	♀	☿	☾

Vbi vides diem naturalem Venerem inchoare, claudere Lunam; quæ verò sit ratio dispositionis harum horarum, alio loco fusè dicetur; Latet enim hìc mysterium musicum, de quo vide librum decimum Musurgiæ nostræ vniuersalis, vti & Artem lucis & vmbræ, & suprà in Astrologia Ægyptiorum.

Feria igitur sexta ab Agarenis instituta videtur non sine mystica ratione, vt in qua Cabar seu Venus illa Ἑωσφόρος primam auspicaretur horam, Luna verò seu Alilath Vrania cœlestis vltimam horam occupando diem clauderet; illa diei præses, hæc noctis. & quamuis illi olim distincti fuerint planetæ apud Orientales Astronomos, à posteris tamen paulatìm confusi, eam peperère confusionem, vt Venerem & Lunam pro vna & eadem Dea passìm sumerent. Prætereà huius confusionis hæc quoque causa esse poterit, quod antiqui Arabum Astronomi Venerem, teste Hyparcho, Lunam quoque dixerint; an quia Lyncei illi Astrologi Venerem falcatas Lunæ facies affectantem olim etiam deprehenderunt? certè multa olim scita fuisse, quæ nos modò veluti noua & recens inuenta cum summa admiratione intuemur, suprà in propylæo nostro ostendimus. Phœnomena enim Veneris crescentis decrescentisque Lunæ faciem induentis hoc seculo telescopij ope primùm adinuenta, cur Arabes prisci inuenire non potuerint, non video; cùm & in obseruandis astris ingenij solertiam coniungerent continuis vigilijs, & aëre gauderent puro, nullisque vapidis impressionibus obnoxio.

Cur veteres Arabes Lunã cum Venere confuderint.

Quod si id deprehenderunt, certè mirum non est, eos Venerem cum Luna confudisse, ac ideò Lunam dixisse كبر, hoc est, magnam Venerem, aut Venerem paruam Lunam. Verùm

Luna magna Venus. Venus parua Luna.

hiscè

hiſcè vtpotè coniecturis tantùm vlterius non infiſtemus , vnicuique liberum, quod volet credere relinquentes. Hoc vnum ex hiſcè omnibus hactenus adeò prolixè demonſtratis, collige. Cabar illam Arabum aliam nullam eſſe, quàm communem illam Venerem Aſiaticam, Vraniam cœleſtem,
quam Ægyptij Iſidem, Babylonij Dagon, Derceto, Atergatis, Phœnices
Aſtarthen, Græci nunc Lunam, nunc Hecaten, Lucinam, Dianam , Pro-
ſerpinam, aut alio nomine Arabes Alilath vocant, re eandem, nominibus
diuerſitatem effectuum denotantibus, diuerſam eſſe ; quæ quidem pleniùs in Myſtagogia Ægyptia, Obeliſci Pamphilij, vbi myſticas horum nominum ſignificationes profundiùs rimati ſumus . Nunc ad alia.

C A P V T   XVII.

Colonia Deorum Babyloniorum à Salmanaſſaro in Samariam deducta .

S Almanaſſarus Aſſyriorum Rex, cùm Samariam diuturna illa trium annorum obſidione confectam, tandem in ſuam poteſtatem vnà cum
habitatoribus redegiſſet; ne quidquam ampliùs negotij ſibi faceſſeret in-
tractabilis populi peruicacitas , eam coloniarum inſtituit permutatio-
nem , vt Samaritis veluti perſidis hominibus in Medorum vrbes amanda-
tis , è Babylone verò, & de Cutha (à qua poſtmodum Samaritani Cuthæi
quoque dicti ſunt) de Ahaiad , & de Emath , & de Sepharuaim euoca-
tis viris Samariticas vrbes, regionemque totam incolendam traderet ; quo
facto, ait ſacra Scriptura, fecerunt ſingulæ Gentes ſibi Deos ſuos, & repo-
ſuerunt in templis Excelſorum, quæ fecerant Samaritæ; Gens quoque in
ciuitatibus ſuis, in quibus illæ habitabant ; viri quidem Babel, Succoth Benoth ; & viri Cuth fecerunt Nergal, & viri Hemath Aſima ; Auitæ autem
fecerunt Nibbaz & Tartak ; & Sepharuaim comburebant filios ſuos in
igne יִם Adramelech & Anamelech Dijs Sepharuaim . Iuxtà diuerſitatem igitur Gentium & vrbium diuerſos quoque Deos in Samaria conſti-
tuerunt Babylonij, in hoc imitantes Ægyptios, qui iuxtà diuerſitatem Nomorum ſeu vrbium, diuerſa quoque Numina coluerunt, vti in præcedentibus oſtenſum eſt, à quibus Hebræi poſtmodum edocti Toparchas hoſce
Deos in ſuas quoque vrbes receperunt; quam inſaniam illis exprobrare
videtur Ieremias, dùm ait : *Vbi ſunt Dij tui, quos feciſti tibi ? ſurgant & li-*
berent te in tempore afflictionis tuæ ; ſecundùm numerum quippè ciuitatum tua-
rum erant Dij tui Iuda. Nam vt recte Raſſi & Radak hoc loco obſeruant :
In omnibus & ſingulis vrbibus vnus erat Deus . Quem veluti præſidem illius
loci ritu gentium colebant, quemuè certis ritibus, cœrimonijs, & ſacrificijs
placate ſtudebant, ad mala ab vrbe vel loco aliquo aueruncanda; quod
inde colligitur, quia cùm primùm terram Samariæ colere cœpiſſent
Aſſyrij & Babylonij, immiſſiſque diuinitûs in eos leonibus, à quibus miſe-
rè vexabantur noui iſti incolæ, totam hanc calamitatem ſibi ob ignorantiam Dei terræ iſtius eueniſſe, crederent; re ad Salmanaſſarum renuncia-

Babylonij Ægyptiorum imitatores.

Ierem. c. 2. v. 28.

Ignorantia Dei terræ multa mala cauſare putatur.

Leones
legitimis riti-
bus Deo ter-
ræ exhibitis
domantur.

ta,vnum dè facerdotibus captiuis ad eos mifit, qui legitima Dei terræ eos
doceret ; atque hoc folo ἀλεξιφαρμάκῳ leonum feritas domita & extincta eſt .
fic Ægyptios,ob intermiſſum Crocodilorum cultum,folito plùs ab ijs infe-
ſtatos apud Ioannem Leonem Africanum legimus, eoque reſtaurato mox
belluas mitiores factas; quod & Herodotus,& Diodorus tradunt . Sicut

Ægyptij omiſ
ſo cultu Cro-
codilorum ab
ijſdem infe-
ſtantur.
Diabolus Dei
Simia.

igitur ob intermiſſum veri Dei cultū varias paſsim legimus Hebræos per-
peſſos calamitates ; fic & Diabolus Dei Simia varias miferias Gentilibus,fi
quando in cultu idolorum languerent, immittebat, vt eos veluti de irato
Numine perfuafos, in falfo Deorum cultu, arctiùs conſtringeret; ad hæc
enim placanda Numina nihil tam erat immane,nil tam impium & crudele, quod non aſſumerent ; horum reconciliandorum gratia , non honori,
non famæ, non fubſtantiæ, non proprijs denique filijs (queis nihil ipſis
eſſe poterat gratiùs & chariùs, vt de Molochi facrificijs vidimus) parce-
bant. verùm his obiter tantùm hìc indicatis, nunc ad colonias illaſ Deorum ex Babylonia in Samariam traductas reuertamur . Singulas igitur
gentes, fingula fibi idola exſtruxiſſe Samariæ, ex citato fuprà facræ hiſtoriæ loco patuit . Quæ qualia fuerint, nunc tempus poſtulat , vt ordine
explicemus, initium facturi à Succoth Benoth.

CAPVT XVIII.

Succoth Benoth Idolum Babyloniorum.

Succoth Be-
noth.

Q Vid propriè fibi velit Succoth Benoth, inter Authores controuer-
titur . Aliqui , inter quos & Seldenus, exiſtimant, Succoth Be-

Quid Suc-
coth Benoth.

noth, non tàm Deum, Deamque, quam fanum ipfum, ritus cœrimoniafque circa illud facras denotare ; fuiſſe autem Succoth Benoth nihil aliud nifi Milittæ feu Vraniæ Veneris templum,vbi puellæ corollis re-
uinctæ, & fedentes fingulis in fpacijs, quæ funiculis diſtincta erant, hofpi-
tes operiebantur, qui ritè imploratâ Venere Mylitta, pecuniâque quan-
tulâcunque datâ (quæ Deæ facra)cum eis à fano fubductis rem haberent.

Turpis con-
fuetudo.

Nec cuiquam fas erat priùs difcedere,nifi priùs iuxtà hunc ritum ex ijs ad
res Venereas fuiſſet electa ; vndè fiebat,vt per biennium nonnunquam,
& triennium, potiſſimùm quæ deformes,& miferæ forent, exſpectarent;
lege fiquidem patria omnibus fœminis erat commune, vtfemel in vita ita
defidentes cum aduenis confuetudinem haberent; cœterùm beatiores
vehiculis cameratis tectæ, relicta à tergo magna famulitij turba,pro fano
confiſtebant. atque ex his & fimilibus ex Herodoto & Strabone collectis

Quale idolū
fuerit Suc-
cot Benoth.

aſſertionis fundamenta ſtabiliuntur.Verùm Succoth Benoth idolum fuiſ-
fe, adeò certum eſt, vt contrarium fentientem,contra ipfam facræ hiſtoriæ
veritatem fentire exiſtimem , cùm facra hiſtoria id fimulachrum fuiſſe
manifeſtis verbis indicet .

וחיו עושים גוי אלהיו ויניחו בבית הבמות אשר עשו
השמרונים גוי גוי בעיריהם אשר הם יושבים שם ואנשי
בבל עשו את סכות בנות :

Et

Et vnaquæque gens, inquit, *fabricata est Deum suum, posueruntq́ eos in̄ fanis excelsis, quæ posuerant Samarita, gens & gens in vrbibus suis, in quibus habitabant ; viri autem Babylonij fecerunt Soccoth Benoth &c.* Vbi Succoth Benoth nequaquam per fanum intelligi potest, cùm idola facta iptis fanis impfofita dicantur, nisi fortè fanum fano impofitum dicatur , quod affere-re-non dicam prudentis, sed stolidi fuerit : neque cœrimoniæ quoque intelligi poterunt, cùm ☞ fabricari, ijs congruere minimè poslit ; manet igitur Succoth Benoth idolum fuisse . Porrò difficultas fola est , quodnam̄ idolum id fuerit . Seldenus nimis rigidè explodit hoc loco Hebræorum̄ sententiam, Gallinæ figura id fuisse asserentium ; ego verò eam tantùm abest, vt reprobem, vt potiùs in eandem manibus, pedibusq́ue , vt dici folet , eam : est enim illa non Arabum tantùm & Aslyriorum, sed & Ægyptiorum doctrinæ maximè confentanea . sed antequam id ostendamus , fententias Rabbinorum priùs hic adducam . Radak in hunc locum commentans fic dicit :

(אֵת סֻכּוֹת בְּנוֹת) כֵּן חָיָה שֵׁם ע׳ ; שֶׁהָיוּ עוֹבְדִים בְּאַרְצָם וְרָאִינוּ כִּי שֵׁם ע׳ ; שֶׁל בָּבֶל
הָיָה שָׁמָּה בֵּל בְּמֵי שֶׁאָמַר הַכָּתוּב כָּרַע בֵּל קוֹרֵס נְבוּ זֶה הָיָה בִּימֵי נְבוּכַדְנֶצַּר כְּמוֹ
שֶׁאָמַר הַכָּתוּב בֵּל כְּשֵׁם אֱלֹהָיו אֲבָל בִּימִי מֶלֶךְ אַשּׁוּר הָיְתָה ע׳ ; שֶׁלָּהֶם סֻכּוֹת בְּנוֹת
וּבְדִבְרֵי רז״ל סֻכּוֹת בְּנוֹת זֶה תַּרְנְגוֹלֶת כְּלוֹמַר דְּמוּת תַּרְנְגוֹלֶת חָיוּ ע׳ ; עוֹבְדִים וְהָיָה
שְׁמָּה סֻכּוֹת בְּנוֹת וּכְמוֹ שֶׁקּוֹרִין לְתַרְנְגוֹל שֶׂכְוִי כֵּן חָיוּ קוֹרִין לְתַרְנְגוֹלֶת סֻכּוֹת וּבְנוֹת פֵּי׳
עַם אֶפְרוֹחֶיהָ :

[*Succoth Benoth,*] *hoc fuit nomen idolo, quod colebant in terra eorum , & videmus quòd idolum Babyloniorum, tempore Nabuchodonofor Regis, iuxta fcripturam fuit Bel ; verùm tempore Regis Aslyriorum, idolum habuerunt nomine Succoth Benoth ; & dicunt Rabbini nostri , memoria eorum in benedictione , quòd Succoth Benoth fuit Gallina, quasi diceretur, fimulachrum Gallinæ colebant nomine Succoth Benoth . Nam quemadmodum Gallinam appellant סֶכְוִי Secui , hoc est, operientem ; fic appellabant Gallinas Succoth, quasi fotrices & opertrices, & Benoth explicabant pullos eius, quos fouere & operire alis folent.* Huic confentit Rasli eodem loco :

סֻכּוֹת בְּנוֹת דְּמוּת תַּרְנְגוֹלֶת עַם אֶפְרוֹחֶיהָ :

Succoth Benoth fimulachrum fuit Gallinæ cum pullis fuis . Dicuntur autem Succoth Gallinæ, eò quod ☞ Benoth, hoc est , filiabus fuis , dùm eas alis excipiunt, vmbraculi instar seu tabernaculi fint. Ex qua defcriptione Rabbinorum ego colligo , Succoth Benoth nihil aliud fuisse , nisi fimulachrum Veneris cœlestis (quam suprà nunc Alittam cum Arabibus , nunc Mylittam & Ilythian cum Syris diximus) in formam Gallinæ cum pullis effigiatum. Quod vt clarum fiat

Notandum est, antiquos Ægyptiorum, Chaldæorum , & Arabum̄ Astrologos, cum frequenti cœlestium corporum inspectione, ac longâ obferuatione deprehendissent, eam Zodiaci partem, quam Tauri titulo insigniuêre veteres, maximè inter cœtera δωδεκάμοεια vitalem esse : vtpotè in qua Sol constitutus omnia vitali calore humoreque repleat ; hoc enim figno terra viridi circundata veste, veluti in theatro se mortalibus spectandam

Cur Tauri
dodecatoriã
tanti fecerint
veteres.

dam præbet, arbores luxuriantibus ramis dilatata, nescio quid internæ
salacitatis monstrant; volucres denique, atque omnia reliqua animalia,
Veneris agitata prurigine prolificum meditantur coniugium; in ea aliquid
suprà naturæ conditiones latere existimarunt, vt proindè eam non nisi
Deorum domum appellauerint; Lunæ quidem exaltatæ domum, eò quod
dominio Lunæ maximè subiaceret; Veneris autem domum propriam,
quod omnia inferiora fœcundô humore, Sole in ea constituto turgere viderentur.

Pleiades quid
notarunt.

Gallina cœle-
stis.

Pleiades dici-
tur consisten-
tia seculi.

עש
כימה
כסיל

Rassi.

Cùm verò Tauri signum, totum vndique eximiæ pulchritudinis stellis fulgeat, illas septem, quas moderni Astronomi Pleiades, aut Succulas,
vel Porcellos appellant, Gallinæ nomine ab antiquis vocatas reperio; tùm
quod Gallinæ cum pullis referrent imaginem; tùm quod Venus Οἰκοδέσποινα
huius dodecamorij gallinâ, humore ac calore fœcundo inferiora fouendo,
& sustentando imitari videatur. Est enim gallina animal admodum salax,
fœcundum, φιλόσοργιν; quæ Veneri, maximè ei, quam à pariendo Ἰλιθίας, seu
Mylittam diximus, imprimis congruunt. Hebræi sanè eandem ob causam non inconuenienter hanc constellationem עש, hoc est, à congregan-
do appellandam censuêre; sicut enim gallina congregatos pullos fouet;
sic Venus Succoth Benoth omnium in mundo congregatrix est & fotrix;
vndè ab Hebræis hæc constellatio non malè dicitur consistentia seculi. Inter omnes enim constellationes hæc nominatissima habetur in sacris litteris, vt Iob c. 9. & c. 38. item Amos 5. quibus in locis passìm Pleiadum
& Orionis sub nominibus עש *Asch*, vel כימה *Cima*, & כסיל *Kesil* sit mentio;
de quibus sic Rassi in 5. Amos commentans:

עושׂה כימה וכסיל זכר אלה הכוכבים כי בחם קיום התבואות בזמנים וזה הפך
זה משניהם קיום העולם ולא זכר שמש וירח אע'פ שבהם קיום העולם לפי שהם מושלים
כל השנה ואלה שני הכוכבים מושלים בזמנים ידועים בשנה והם צורך העולם ומשפטיו
ואמרו ז'ל כיומה עש יש בה צנה גדולה ומקטרא לפידות וכסיל יש בה חמימה גדול
ומכבשא לפידי ואמרו ואמרו כי כימה עש הוא זנב טלה :

Explicatio
nominum.

[*Faciens Pleiades & Orionem*] meminit, inquit, *Iob harum Stellarum*,
quia in ijs consistentia fructuum seu reddituum in temporibus suis; & hæc con-
trarijs, quibus pollent, qualitatibus mundum conseruant, & leges eius, & non me-
minit Iob Solis & Lunæ, etiamsi in ijs consistentia seculi, eò quod ipsi regant to-
tum annum, illæ verò constellationes sint regentes tempora cognita in anno, & hæ
necessariæ mundo, & legibus eius; dicunt autem bonæ memoriæ Rabbini nostri,
quòd Pleiades siue Succoth Benoth, sit constellatio frigida, & veluti ligamentum
quoddam fructuum; Orion verò seu Kesil constellatio calida, ad maturitatem eos
perducens; dicunt etiam quòd constellatio Pleiadum sit vltima pars seu cauda Arie-
tis. Huic posteriori consentit R. Abenezra:

R. Abenezra

עש הוא שבעה כוכבים בקץ טלה מהם ו'לבר נראים:

Id est, *Asch constellatio septem constans stellis in fine Arietis, quarum sex*
tantùm videntur. Rabbi Iona paulò propiùs ad veritatem accedit:

R. Iona.

עש הוא ו'כוכבים במזל אשר שהוא בלשון ישמעאלים
אלתוריא:

Asch

Aſch, inquit, *conſtellatio ſeptem conſtans ſtellis in ſigno , quod in Arabica linqua vocatur Taurus . Et in 5. Amos :*

עֵשׁ וְכוכבים כמול שׁוּר דְמוּתוּ תרנגלת עם אפרוחיה :

Aſch, inquit, *ſunt ſeptem ſtellæ in ſigno Tauri, quarum , quæ veluti gallina cum pullis .* Hanc autem aſſertionem ab Arabibus videtur collegiſſe , qui Pleiadum hanc conſtellationem nunc الثربا *Altari* , nunc الدجاجه *Aldigageh,* hoc eſt, gallinam, frequentiſſimè verò dicunt دنات النعش *Benat algnaſch* hoc eſt, filias ſuſtentationis ; quo vocabulo proximè ad Succoth Benoth alludunt. Sed audiamus Alhaghi Ben Ioſeph, qui in Aſtronomia ſua Arabica ſic ait :

درجا الثور فیه دیت الزهره سلطانه الدم والعشره ازام منه تطلع الثربا
اودنات نعش ویصلح فیه زكوب البحر وزروع ٭

Signum verò Tauri, eſt in eo domus Veneris, dominatur ſanguini (videlicet humido & calido) & ab hinc poſt decem dies oritur Altaria ſeu Benath algnaſch, & bonum eſt in illo maritima itinera conficere & ſeminare, omne opus agriculturæ exercere, & opus Veneri congruum. Hanc igitur Succoth Benoth, aut *Benatalgnaghs*, ſeu alio nomine Venerem cœleſtem appellare liceat, in magna veneratione olim fuiſſe Ægyptijs, Ælianus cumprimis hiſcè verbis teſtatur: *Venerem hanc Vraniam in vico Schuſa nuncupato, non magno illo quidem, ſed eleganti certè, quique in Hermopolitano Nomo, id eſt , Præfectura cenſebatur, religioſè & ſanctiſſimè colere ſolitos eſſe ; Vaccam quoque ideò veneratos ſeu Taurum, cùm ob domum cœleſtem Tauri, cui ea præeſt, tùm ob affinitatem & conuenientiam , quam cum ipſa Dea habere exiſtimatur .* Nam huiuſmodi animal tanto impetu in Venerem incitatur, vt cum maris mugitum audit illa, ad coitum vehementiſſimè inflammetur. Ob eandem cauſam reperio Ægyptijs gallos & gallinas ſacras fuiſſe ; nam & Oſiridi & Iſidi, ſeu Soli & Lunæ, Æſculapio, Hermanubidi, Mercurio, Harpocrati, cœteriſque Numinibus gallos & gallinas offerri ſolitas, Plutarchus teſtatur, maximè Cereri, quam eandem cum Iſide facimus, eò quod Ceres ea Venus cœleſtis dicatur, quæ præſit fructibus, & frumentis, qualem Succoth Benoth, ſeu Pleiadum conſtellationem, ſeu gallinam illam cœleſtem eſſe, ex præcedentibus patuit ; imò manifeſtis verbis indicat Plutarchus, cùm ait: *Equidem, quo tempore Ægyptij ſacris operantur, multa eodem tempore ſimilia apud Græcos aguntur . Nam & Athenis mulieres Theſmophoria obeuntes ieiunant humi deſidentes , & Bœotij Achææ Megara mouent, feſtiuitatémq́ eam moleſtam nominant, quod nimirùm Ceres ob Proſerpinæ filiæ deſcenſum in dolore ſit . Fiunt hæc menſe ſationis, circa Vergiliarum ſeu Pleiadum (quas nos Succoth Benoth eſſe diximus)ortum, quem menſem Athyr Ægyptij (ſicuti & Iſidem) Pyanepſionem Athenienſes ; Bœotij Damatrium, id eſt, Cerealem nuncupant .* Ex quo patet, inſigniores quaſuis ſolennitates menſe Athyr Vergiliarum ſeu Pleiadum ortui reſpondente, ab Ægyptijs & Græcis fuiſſe peractas, non alia de cauſa, niſi quod hanc cœli plagam, ſeu Tauri δωδικατημόριον, in quo Venus, aut Gallina illa cœleſtis ſedem ſuam fixit, præ cœteris diuiniorem reſpicerent, & humano veluti generi fauentiorem. Concludo tandem ex

Simulachrum
Succoth Be-
noth,gallina
cum pullis.

omnibus hifcè allatis, Succoth Benoth fuiffe fimulachrum gallinæ cum
pullis, fub quo Venerem colebant Babylonij, vt bene obferuarunt Rabbini ; Venerem, inquam, illam rerum omnium terreftrium fotricem ; ean-
dèq; effe cum Venere,quam Arabes Alilath, Syri ‏لینهم‎ Mulitho feu Me-
littam,hoc eft,generatricem vocant; Græci Latonam feu parturientium
præfidem (Nam & huic ideò gallinas facras fuiffe Ælianus docet ;) aut
quam Ægyptij Ifidem aut ftellam Sotin appellant frugum Deum ; vel denique quam Iunonem feu Syriam Deam vocat Lucianus ; fuiffe autem
formâ gallinæ cum pullis expreffam, ad fœcunditatem Veneris huius indicandam; ficuti eandem exprefferunt fub forma pifcis ad vim in aquas
feu humores innuendam. Indicat hanc variam picturam Lucianus in Dea
Syria, vbi fic ait : *Iuno autem, fi propiùs contempleris, haudquaquam vnius fpe-
ciei formam præ fe fert ; nam in vniuerfum quidem, quod verè dixeris , Iuno eft;
cæterùm habet quidpiam & Mineruæ, & Veneris, & Lunæ, & Rheæ, & Nemefis, & Parcarum; altera quidem manu fceptrum tenet, altera autem colum, &
in capite radios gerit, & turrim, & cæftum habet, quo folam Venerem cognomento cœleftem exornant; foris autem & aliud illi aurum circumpofitum eft, & lapil-
li admodum preciofi.* Varijs itaque modis Aftarthem illam fuam , feu Iunonem, aut Syriam Deam, videlicet ad varietatem effectuum indigitandam
exprimebant Affyrij ; ita quidem, vt alij eam fub fpecie femipifcis, veluti Dagonem, feu Derceten ; alij fub columbæ,aut gallinæ cum pullis, vti
Succoth Benoth; alij alijs modis effigiarent, femper tamen alij & alij
πολύμορφον, quemadmodum Deam Syriam effictam Lucianus fcribit . Sed
hæc frequentiùs forfan, quàm par eft, inculcamus. Quare reuertamur ad
inftitutum noftrum . Hebræi itaque non fine ratione afferunt , Succoth
Benoth fimulachrum fuiffe fub forma gallinæ cum pullis; conuenit enim
hoc fymbolum, fi quod aliud, Veneri. Accedit quod hæc opinio nequaquam conficta fit ab Hebræis, vt Seldenus vult, fed ex profundiffimis Eth-
nicæ Aftrologiæ myfterijs deprompta ; quibus ficut frequens & continua
aftrorum contemplatio occafionem præbuit totius fuperftitionis idololatricæ, ita & ζωδιέκαμόειον hoc ♉, & fœcunda ftellarum in eo occurrentium
natura, facilè quoque Venerem fub gallinæ & pullorum forma repræfentandi præbere potuit fuperftitiofis obferuatoribus occafionem . Certè
monftrant huius rei veritatem pafsìm Numifmata quædam antiquiffima
Mamertinorum,& Selenontinorum , in quorum vna fuperficie occurrit
gallus feu gallina cum feleni folio Veneri facro,in altera verò imago Tauri cornu comprehenfi ; quibus fanè ad nihil aliud nifi ad dicta myfteria refpicere videntur. In Tianenfium quodam Numo etiam gallus confpicitur erecta figuræ ceu cucurritum edens,cui fupra criftam granum tritici, & à tergo aftrum, ante talis infcriptio : TIANO; ab altera parte
Martis caput galeatum . Credendum igitur, gallum in tali Numo ita ex-
preffum effe, quoniam Martis ales eft, & ipfi propriè facra; granum verò
fertilitatis ex agricultura fymbolum effe ; quod ad ftellam attinet, quæ
pariter in aliquot alijs vicinorum populorum Numis confpicitur, nonnulli eò referendum putant,quòd magna Græcia priùs Helperia dicta fit;

He-

Hefperum itaque fiue Vefperuginem (quam Venerem effe pueri in Aftro-
nomia nôrunt) his Numis exprimi. Infinita hic adducere poffem ad dictarum rerum veritatem ftabiliendam : fed quia ea omnia alijs locis referuauimus ; nihil aliud híc reftat, nifi vt figuram Succoth Benoth, iuxtà
Rabbinorum opinionem ob oculos ponamus, vnà cum δωδεκαμοείῳ Tauri,
vt curiofus Lector à nobis in præcedentibus forfan fufiùs relata , in vnicum typum congefta faciliter inter fe comparare poffit .

*Typus Dodecamorij Tauri, quod domum Veneris , & exultationis
Lunæ fignum dixerunt veteres, exhibens fitum Pleiadum, fiue
Succoth Benoth, aliarumque ftellarum
adiacentium.*

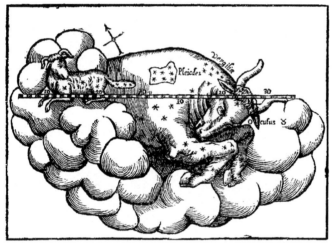

Porrò quod Authores Hebræorum Pleiadum conftellationem con-
fundant cum cauda Arietis, id factum effe putem ex vicinitate Pleiadum   Pleiadum
ad caudam Arietis, vti typus monftrat. Atque hinc quoque factum effe ar-   conftellatio
cur confun-
bitror, quod Venerem Arieti inequitantem veteres Mythologi depinxe-   datur cum
Ariete.
rint, vel ob vicinitatem nimirùm Arietis ad Venereum fidus Pleiadum, vel   Venus Arieti
inequitare
quòd in fine Arietis Venus virtutem fuam exerere ftatim incipiat. Plcia-   cur pingatur.
Pleiades, Hy-
des verò, Hyades, & Virgilias pafsim confundi videmus, vel ob congeries   ades, & Virgi-
læ cur paf-
ftellarum, quibus fingulæ tres conftellationes dictæ conftant ; vel quòd   fim confun-
harum ortus, qui eodem ferè tempore fit, fimiles effectûs & operationes   dantur.
in inferiori mundo præftet. Mirum igitur non eft, fi Pleiades , Hyades, &
Virgilias Authores vnam & eandem conftellationem intelligant .

Hanc itaq; congeriem ftellarum, fiue eæ fuerint Pleiadum, fiue Hya-
dum, aut Virgiliarum, antiqui Chaldæorum Aftrologi ob dictas rationes
diuino honore fub ea, quæ fequitur, figura coluerunt.

Di-

Babyloniarū
fœminarum
nefandus
mos.

Herodotus.
Strabo.

χοίνια
quid?

Vide caput
de Aftaroth.

Diximus hucufque de forma & figura Succoth Benoth, nunc tempus eft, vt de cœrimonijs, ritibufque ei perfolui folitis pari paſſu diſſeramus. Lege itaque patriâ omnibus Babylonijs fœminis erat commune, vt fupra quoque retulimuſ, ritè imploratâ Venere Mylitta, feu Succoth Benoth, femel in vita fedentes profano in fpatijs funiculis diftinctis, corollifque reuinctis, cum aduenis confuetudinem hâbere. Sed de his & fimilibus confule Herodotum l. 1. & Strabonem l. 16. à quibus nos ea, quæ attulimuſ, hauſimus. Innuit has cœrimonias quoque locus ille Ieremiæ in epiftola Barucho fubnexa, vbi fcorta Babyloniorum infectatur; ad hunc autem modum loquitur :

Αἱ δὲ γυναῖκες περιθέμεναι χοίνια ἐν ϑ ὁδ οῖς ἐγκάθῳ δὲ θυμιῶ(αι ϑ πίτυρα. ὅταν δέ τις αὐτῷ ἐφχυσθεῖ(α ὑπό τιν Θ- τῶ περαπορευομένων κοιμηθῇ τλω πλησίοϑ ὀνεδίζει ὅτι ἐκ ἠξιω ὥσπερ, καὶ αὐτὴ ἀδὲ ϑ χοίνον αὐτῆς διερράγη. *Mulieres*, ait, *funiculis circumdatæ in vijs fedent, vt furfures adoleant; etfi quæ earum cum aduena quouis, qui vieam fibi attraxerit, cubaret, proximam conuitiabatur, quod nequaquam fimili afficeretur honore, nec funiculus eius difrumperetur.* Περιθέμεναι χοίνια, quid fuerit, Seldenus fe fatetur nefcire; nos dicimus per χοίνια nihil aliud intelligi nifi funiculos iunceos, quos in vfum cortinarum, feu tabernaculorum extruendorum torquebant: χοίνιν enim nihil aliud fignificat, nifi funiculum ex vlua feu iunco paluftri contortum; queis funiculis ftoreas feu cortinas eas in honorem Aftaroth, feu Veneris Affyriæ texuiſſe fuperiùs fufê indicatum eft, & Herodotus fatis oftendit, cùm adytus, qui funiculis iunceis ad fœminam fedentem feu fcortum protenfi erant, vocat, διεζόδ ὑς χοινοτένας, hoc eft, adytus vndique iunco opertos; quæ & à Rabbinis קרש בתה hoc eft, domus fcortatorum, à Iofia l. 4. Reg. dirutæ, dicuntur. Cùm enim, vt fuprà dictum eft, fcorta huiufmodi profano Succoth Benoth, feu Mylittæ fedentes hofpitum aduentum operirentur; tabernacula fua feu tentoria

tùm

tùm ad aëris Solísque molestiam euitandam, tùm ad Venereas cœrimonias cum aduenis peragendas vluâ, iuncouè tegebant. Hinc Atheniensium prodijt ἀπερχοινίζειν, quo vocabulo vsi sunt, cum protensis iunceis cortinis, profanos à sacrorum iudicijs arcerent; ita Pollux l. 8. & Demosthenes τᵒʸ ἀπερχοινισμῷον vtitur de eo, qui foro ἀπερχοινισμῷον excluditur, quod notuit Harpocration. In Veneris autem, seu Mylittæ, aut Succoth Benoth fano puellæ considentes imitabantur Venerem illam Succoth Benoth, cuius proprium est generationi proli, quemadmodum illæ faciebant, vacare. Debebant enim sacra conformia esse, & cœrimoniæ sacrorum ad actiones Numinis, quod colebant, analogæ; quod benè notandum. Hinc oblationes conformes quoque erant ad Succoth Benoth, seu Venerem gallinam illam cœlestem, cùm ei sursures, farinam, molas salsas, libamina, & placentas offerebant, quæ grata esse gallinis sciebant; scorta enim Ҁᾳ πίτυρα θυμῷϹᾳ, hoc est, furfures offerre solita, ex paulò ante citato loco patuit; ὀλύχυϹᾳ verò seu salsas molas sparsas, seu θυλήμαϹᾳ Virgilius tradit, & Theocritus θύϵϊν Ҁᾳ πίτυρα Hecatæ, ad conciliandum amorem, conferre. Certè placentas quoque ei oblatas colligitur ex illo Ierem. c. 8. v. 18. *An tu non vides, quid ipsi faciunt in ciuitatibus Iehuda, & in plateis Ierusalem? Filij colligunt ligna, & patres accendunt ignem, mulieres verò subactæ farinæ massam apponunt, vt faciant placentas Reginæ cœlorum.* Vbi Ionathas Chaldæus Paraphrastes vertit, stellis cœli. Verba eius sunt:

ונשיא לייש למעבר כרדוטין לכוכבת שמיא׃

Mulieres verò destinabantur facere placentulas stellis cœli. Quem locum Rassi sic interpretatur:

לעשות כוונים דפוס הכוכב מלכת חשמים כוכב הגדול היו קורין מלכת השמים לשון מלכה׃

Vt facerent placentas, impressus textus, inquit, habet, stellæ Reginæ cœli, stellam enim magnam vocauerunt lingua Græca, Reginam cœli. Radak in hunc locum commentans propiùs adhuc accedit, cùm dicit:

הבנים כל בני הבית מחעסקים בעבודה זו לשכר שיקבלו בעבודה לעשות בונים מיני מאכלים שחיו מכינים ומגישים למלאכת השמים׃

Filij, inquit, totius alicuius familiæ occupabantur in hac seruitute, vt conducti offerrent sese in seruitutem, & facerent placentulas, quæ sunt certi generis eduliorum, quæ præparabant, & offerebant operi cœli. Vbi per opus illud cœli nihil aliud, nisi artificiatum aliquod opus ad exemplar constellationis alicuius factum (quale Succoth Benoth fuisse supra diximus) intelligi monstrat citatus Radak sequentibus verbis:

וי"ח כינים כרדוטים למלכות חשמים חסר א' ופי' כמו מעכס חשמים כלומר לכוכבים וי"מ למלכת חשמים לשון מלוכה ר"ל לכוכב גדול שבשמים וי"ח לכוכבת שמים׃

Et Ionathas explicat בוני *Kuanim,* כרדוטי *Cardutim, hoc est, placentas ex farina, & ouis, & melle confectas* למלאכת חשמי *Reginæ cœli;* (deest hic א & proindè explicatur Regina, sicut superiùs מלאכת *opus*) *& significat quemadmodum deinceps, Reginæ cœli, quasi diceretur stellis; dicitur autem Regina cœli,*

Z z *lin-*

Pollux
Demosthenes

Oblationes quæ h bant Succoth Benoth.

Virgilius.
Theocritus.

Ionathas Chaldaus Paraphrastes.

Rassi.

Radak.

Regina cœli quznan vocatur.

lingua Græca scilicet, stella magna in cœlo, quam Ionathas vocat stellam cœli, Arabes Kabar. E quibus patet Idolum, cui furfures, & farinam, & ὀλίχυῦα, & Θυλύμαῦα, seu placentulas scorta Venerea sedentes, offerebant; constellationem aliquam fuisse, quam Reginam cœli ob mirabiles effectus dicebant; qualem constellationem Succoth Benoth in præcedentibus fuisse *Seldenus.* probauimus. Quòd autem Seldenus ex R. Salomone referat, placentulas Reginæ cœli imagine insignitas, mihi sanè diligentissimè id inquirenti in dicto Authore reperire non licuit; verisimile tamen est, placentulas hasce figura idoli Succoth Benoth, videlicet, gallinæ cum pullis fuisse insignitas; didicerant enim hoc Babylonij ab Ægyptijs, qui, teste Plutar- *Plutarchus.* cho, in placentulis mense Tybi, seu festo aduentus Isidis è Phœnicia ligatum Hippopotamum effingebant.

Sed contraho calamum, ne molestâ earundem, & sæpè iam inculcatarum rerum repetitione Lectori nauseam moueam. hoc vnicum dico, quòd qui hæc cum præcedentibus benè contulerit, videbit Succoth Benoth, eandem omninò esse cum Venere illa communi omnibus Asiaticis, & siue eam cum Arabibus Alilath, siue cum Syris Mylitham, cum Phœnicibus & Sidonijs Astarthen, Dagon, seu Dercetam cum Azozijs, & Assyrijs, siue cum Babylonijs Succoth Benoth, siue denique cum alijs, alijs nominibus dixeris, nihil aliud dixeris, nisi magnam illam Deorum Matrem, virtute multiplicem. Sed nos his relictis ad alia pergamus.

C A P V T   XIX.

De Nergal, cœterisque Samaritanorum Idolis.

Samaritani cur odio habiti ab Hebræis. **M**Vltæ causæ sunt & rationes, cur Samaritanos Hebræi tantó odió prosequerentur, quarum aliquas refert liber Esdræ 2. & Iosephus antiquitatum Iudaic. Eæ autem inter eœteras fuerunt, quod Samaritani, ne muri Hierosolymitani ædificarentur, variè obstiterint; & Nehemiæ insidias struxerint; cœterarum meminit Abenezra his verbis:

R. Abenezra. מה עשו עזרא וזרובבל בן שאלתיאל ויהושע בן יהוצדק וקבצו את כל הקהל
אל היכל יי והביאו שלש מאות כהנים ושלש מאות שופרות ושלש מאות ספרי תורה
בידם וזהיו תוקעים וחלוים משיריים ומזמרים ומנדין את כותיים בסוד שם המפורש
ובכתב הנכתב על הלוחות ובחרם בית דין העליון ובחרם בית דין התחתון שלא יאכל
אדם מישראל פת כותי עד עולם מאכן אמרו כל האוכל בשר כותי כאילו אוכל בשר
חזיר ואל יתגייר אדם כותי ואין להם חלק בתחיית המתים שנאמר לא לכם ולנו לבנות
בית אלהינו לא בעולם הזה ולא בעולם הבא ועוד שלא יהיה להם חלק ונחלת
בירושלם :

Quid fecerunt Esdras & Zorobabel filius Salathiel, & Iosue filius Iosedek? coëgerunt omnem congregationem in domum Domini, & venire fecerunt trecentos sacerdotes, & trecentos pueros; trecentæ autem tubæ, & trecenti libri legis erant in manibus eorum; illi autem clangentes tubis, Leuitæ verò canentes, & psallentes fugauerunt Cuthæos per secretum Nominis expliciti, & per scripturam

scri-

scriptam super tabulas, & per anathema domus iudicij inferioris, vt nullus Israeli-
ta comederet buccellam Cuthæi in æternum. Ab eo tempore pronunciarunt: Qui-
cunq́ comederit carnem Cuthæi, sicuti qui comedit carnem porcinam. Neq́ fiat
Cuthæus proselytus; neq́ sit illis pars in resurrectione mortuorum, sicut dictum
est, non nobis & vobis ædificatio domus Dei, neque in hoc, neque in futuro sæculo;
& adhuc non sit illi pars & hæreditas in Hierusalem. Hæ itaque rationes
erant irreconciabilis istius odij, quibus accedit adhuc vna, eaque maxima, quod Gentium ritûs & consuetudines nimis superstitiosè observa-
rent, cultum idolornm cum veri Dei cultu coniungentes; vndè & stultus
populus dicitur, Ecclesiastici c. 50. v. 27. Duas gentes odit anima mea, tertia
autem non est gens, quam oderim; qui sedent in monte Seir, & Philisthijm, & stultus populus, qui habitat in Sichimis. Eo autem vsque odio etiam nunc feruntur in Samaritanos Iudæi, vt coria, & pergamena ab ijs præparata profana censeant, in ijsque legem aut Thepillim describere illis sit illicitum;
iuxrà illum Rambam p. 1.

Rambam.

כל דבר שצריך מעשה לשמו אם עשהו הכותי פסול :

Quicquid necesse est fieri nomine suo, si illud faciat Cuthæus, profanum est.
Accendebatur odium illud in cordibus Hebræorum ob ædificationem
templi in monte Garizim; cuius quoque meminit Seduna Patriarcha,
Gazensis iu relatione de Samaritanis, Samariticis charactèribus conscri-
pta.

Samaritana
lectio ex Se-
duna Patriar.
Gazensis re-
lat. Bibl. Vat.

Illo tempore cùm discederet Alexander è Ierusalem, egressus est ad eum
Saneballet cum Israël, & filijs Iosue sacerdotis magni, qui affinitatem contraxerant

Z z 2   cum

cum Cuthæis, quos�q́; fugauerant Esdras, & Nehemias à domo Domini ; petijt�q́; ab
Alexandro vt sacerdotes generis sui ædificarent templum in monte Garizim . quo
facto, diuisus est Israël in duas partes ; pars populi secuta est Simeonem Iustum ,
& Antigonum discipulum eius, & congregationem eorum,iuxtà id quod ab Esdra
& Prophetis acceperant: pars autem alia Sanbellet, & generos eius. obtulerunt-
que holocausta, & sacrificia extra domum Dei , & commenti sunt de corde suo
instituta, & simulachra gentium . In domo autem ista sacrificio functus est gener
Sanbellet Manasses filius Iosue, filij Iosedech sacerdotis magni . Tunc etiam Sadok,
& Baitus discipuli Antigoni fuerunt in caput, & hoc principium fuit hæreseos.
Nam iuerunt tempore Antigoni magistri sui in templum Garizim, fuerunt�q́; in
capita . Quæ verba ita congruunt verbis R. Abrahæ in Cabala, & libri lu-

R. Abraham
in Cabala 4.
libri Iuchasin
siue geneolo-
giarum,

chasin,vt penitus transcripta videantur à Seduna. Præ cœteris igitur gentibus Idololatriæ deditos Samaritanos fuisse ex exprobrationibus illis à
Iudæis fictis constat . Nam præter communia simulachra in Samariam à

Nergal Sama-
ritanorum
idolum.

Babylonia deducta, Nergal quoque singulari cultu coluisse leguntur.
Quod tamen,& quale idolum fuerit, incognitum est Latinis Authoribus ;
à cœteris igitur huius nobis aliqualis cognitio petenda est. Seldenus ar-

Seldenus.

bitratur,Nergal ab Hebræo נר & נל, quod lucernam &volutionem significat, deriuatum, nihil aliud fuisse, quàm ignem perennem à Cuthæis reli-

Nergal non
fuit ignis ve-
stalis, sed
sculptile.

giosè seruatum. Verùm hoc repugnare videtur verbis sacræ Scripturæ,
quæ Nergal Numen sculptile fuisse, sicut cœtera idola , à Cuthæis efformatum, asserit. Non desunt, qui existiment Nergal fuisse simulachrum
columbæ specie. Narrant enim Rabbini Thalmudici, tractatu Cholin,
sect. 1. inuentum esse in vertice montis Garizim idolum similitudinis columbæ,vndè iudicati sunt omninò tanquam populi terræ ; verba sunt:

Rabbini Thal
mudici tract
Cholim sect. 1

בזמן ר׳ מאיר נמצא צלם בהר גריזים דמותו דמות יונה ומכאן יהיו נדונים לגמרי
בגויי הארץ :

*Temporibus R. Meir inuentum est in monte Garizim simulachrum similitudinis
columbæ, vndè iudicati sunt omninò tanquam populi terræ*. Meminit huius co-

R. Azarias.

lumbæ quoque R. Azarias cap. 21. אמרי בינה aitque Semiramidis ve-

Ierem. c. 25.

xillum fuisse, & posteà Assyriorum ; vndè Ierem.c. 25. *Facta est terra eorum in desolationem à facie iræ columbæ*. Occasionem autem huius vexilli

Diodorus Si-
culus.
Semiramidi
vndè nomen
impositum.

eligendi Diodorus Siculus libro tertio refert, quod Semiramidem recens
natam aues, præcipuè columbæ aluerint ; vndè, inquit Diodorus, gentile
nomen Semiramidi ab auium pipitu, & minurizatione impositum, quod
Rabbinus ille à סמר, Chaldaicè סמרא ,Zain in Samech,ob soni affinitatem,
permutatione non improbabiliter deducit, quasi diceretur , Zamiris pro
Semiramis . Ait prætereà populos quosdam Semiramidis memoriam ita
coluisse, vt ab esu columbarum omninò abstinuerint; quæ omnia ijs, quæ
suprà de Derceto, & Dagon Assyriorum idolis retulimus , congruunt.
Tandem concludit Samaritanos, qui ex Assyrijs oriundi erant, in Semiramidis honorem, & memoriam columbæ idolum in monte Garizim erexis-

Gedelias.

se, & coluisse. Alij volunt, vti Gedelias, hoc fuisse idolum,quod Iacob ex
Assyria allatum prope vrbem Sichem subter terebynthum fodit,Gen. 35·
Quicquid sit, certum est, Samaritanos columbam sicut cœteros Assyrios
coluisse

coluiſſe. Vtrum autem hoc idem fuerit idolum cum Nergal, meritò quiſpiam dubitare poſſet: aliqui ex Rabbinis, vt dictum eſt, id exiſtimant.
Nos diuerſum eſſe, atque à cœteris diſtinctum arbitramur; ita quidem,
vt per columbæ ſimulachrum Samaritas Dercetam, ſeu Adergatim, aut
Semiramidem coluiſſe aſſeramus. rationes vide ſuprà proprio loco tradi-
tas. Nergal autem fuiſſe ſimulachrum Galli gallinacei ſpecie, ſub quo ⟨*Nergal galli ſimilitudinem habebat*⟩
Solem, aut ignem Perſæ, ex quibus Cuthæi oriundi, olim colebant, fuiſſe
reperio. Hoc, vt credam, Authoritates multorum me mouent; nam Seduna Patriarcha Gazenſis, in ſuprà citata relatione Samariticis literis ſcripta, ſcribit; Nergal galli ſimilitudinem habuiſſe; verba eius Samaritica
proferam:

⟨*Seduna.*⟩

$$\text{שׁמׁרׁ רׁרׁשׁׁ ׁשׁׁ ׁׁ ׁׁׁׁ ׁׁׁׁׁ ׁׁ}$$

Ki Abinu ſabakim, & thorath Adonai ve haiu gnobedim tagnauuat
tharnigol, ſche neemar belſchon ſomroni Nergal. Hoc eſt: *Quoniam*
reliquerunt Patres noſtri legem Dei, & ſeruiérunt Nergali idolo galli ſimilitudi-
ne, dicitur enim in lingua Samaritica gallus Nergal, ideò, & cœtera quæ ſequuntur. Quibus verbis adſtipulatur Baal Aruch, qui Nergal idem eſſe
aſſerit, ac תרנגול, quod Hebræis gallum ſignificat; verba eius ſunt: ⟨*Baal Aruch*⟩

נרגל ב'פ'ר ד' מיתות ב"ג חנורד בשמו עשו את נרגל ומאי ניהו תרנגול :

Hoc eſt, *Nergal in comment. qui vocatur* מיתות ד *arba mithoth, in tertia*
diſt. tit. hanneded biſno, in nomine eius fecerunt Nergal, & indè eſt הרנגול, *hoc*
eſt, gallus gallinaceus. Diſtinctiùs id explicat Onomaſticon Syrum apud
Maronitas: ⟨*Onomaſticon Syrum.*⟩

ܘܐܢܫ̈ܐ ܕܟܘܬ ܗܘܐ ܠܢܝܪܓܠ ܘܐܝܬܘܗܝ ܢܝܪܓܠ ܦܬܟܪܐ ܕܒܕܡܘܬ *

Et viri Cuth coluére Nergal. Eſt autem Nergal ſimulachrum ſub forma
& ſimilitudine galli gallinacei. Confirmat hæc omnia Raſſi, in comment. ſupra 17. l. 4. Regum, vbi ſic ait: ⟨*Raſſi.*⟩

סכות בנות דמות הרנוגלת עם אפרוחיה ונרגל הרנגול :

Succoth Benoth erat forma gallinæ cum pullis ſuis, Nergal verò, figura galli. Conſentit hiſce Guido Fabricius in Dictionario ſuo Syro-Chaldaico, ⟨*Guido Fabric.*⟩
verbo Nergal. Eſt itaque Nergal vox Samaritana, & idem ſignificat ⟨*Nergal vox Samaritana.*⟩
quod תרנגול, videlicet gallum; quod exigua differentia, quæ inter נרגל
Nergol, & תרנגל Tharnigol, ſatis demonſtrat. His itaque præſuppoſitis
concludo, Nergal, quod Cuthæi feciſſe ſibi ſacra hiſtoria memorat, nihil ⟨*Nergal idolū ignis, ſeu Sol, ſub figura galli.*⟩
aliud fuiſſe, quàm idolum ignis ſeu Solis ſub figura galli gallinacei, ignis
Soliſque proprietatibus ἀναλόγως reſpondente, cultum. Cùm enim Cuthæi origine Perſæ eſſent, Perſæ verò Solem & ignem ſub varijs animantibus, Solem aut ignem repræſentantibus, colerent; veriſimile eſt Cuthæos ritus huiuſmodi idololatricos in Samariam migrantes, deinceps re-
tinuiſſe. Perſas autem Solem & ignem coluiſſe, ſuperiùs fuſiſſimè proba-
tum eſt. Reliquum igitur eſt, vt probemus, gallos apud Perſas in ſummo ⟨*Perſæ gallos colebant.*⟩
honore

honore habitos. Ac primò quidem Aristophanes, author omni exceptione maior, apud Alexandrum ab Alexandro cum honore habitum à posteris, eò quod gallus Persis olim imperarit, Martique sacrum fuisse, hiscè verbis monstrat in auibus:

Aristophanes.

Ὄρνις ἀφ' ἡμῶν τοῦ γένους τοῦ Περσικοῦ
Ὅσπερ λέγεται δεινότατος εἶναι πανταχοῦ
Ἄρεως Νεοττός.

Auis à nobis genere Persico
Qui dicitur grauissimus vbique
Martis pullus.

Scholiastes.

Ad quem locum Scholiastes: Μηπότε νῦν τὸν ἀλεκτρυόνα λέγει. Μῆδος γὰρ λέγεται, Ἄρεως δὲ νεοττὸς, ἐπεὶ ἄλκιμος, καὶ μάχιμος. *Nunquam iam gallum dicit. Medus enim dicitur, & pullus Martis, quia fortis & pugnax.*

Galli gallinacei ex Persia primùm prouecti. *Athenæus.*

Ad cultum hunc promouendum non parùm facit, quod Persia prima gallos produxisse dicatur, indèque eos in alias Orbis terræ regiones auectos; verba Athenæi sunt: *Menodotus Samius libro de ijs, quæ visuntur in Iunonis Samiæ templo, inquit, Sunt illic pauones Iunoni sacri, primi quidem in Samo editi ac educati, indèq; educti, ac in alias regiones diuecti, veluti galli è Perside, & quas Meleagridas vocant, ex Ætolia, vnde gallus passim Persica auis audit.* Hesychius inquit, Περσικὸς ὄρνις ἀλεκτρυών. Suidas etiam Persicam auem vocat: Περσικὸς ὄρνις ὁ ἀλέκτωρ διὰ τὴν λοφίαν, καὶ ὅτι τὰ πολυτελῆ οἷς ὁ Βασιλεὺς ἐχρῆτο, ἐκαλεῖτο Περσικά. *Persica auis dicitur ob cristam galeæ, & quod sumptuosa quæuis, queîs Rex vtebatur, vocabantur Persica.* Hinc Persarum milites Galli nuncupati sunt à Caribus, ob conos, quibus galeas ornatas habebant, eaque de causa Artaxerxes hominem è Caria, qui Cyrum iaculo vulnerasse creditus est, eo honestauit præmio, vt gallum aureum lanceâ præfixum ante aciem ferret: Author Plutarchus in Artaxerxe. Multis itaque capitibus gallus Persis sacer fuit, potissimùm verò Marti, quem nos in præcedentibus cum Mythra quoque confudimus, & pugnacem seu reluctantem quandam vim in Sole elucescentem ex Plutarcho ostendimus; est enim gallus Martis Simia; quod magnanimitas, fortitudo, audacia, pugnacitas, galea, calcaria, circumspectio, & vigilantia, summa adhæc salacitas & lasciuia, aliæque proprietates Marti competentes satis demonstrant. Mirùm igitur non est, si Persæ Solem, quem per Mythram, hoc est, lapidem illum candefactum intelligunt, sub galli forma expresserint; Venerem autem per gallinam cum pullis.

Hesychius. Suidas.

Persarum milites Galli nuncupati.

Plutarchus.

Quanta Martem inter & Venerem sit amicitia & sympathia, nullus est, qui ignoret; quanta vtriusque salacia, satis ostendunt Mythologi, dùm illi salacissima animalia Gallum & equum; huic gallinam, arietem, cui Venus obequitet, passeres ad hæc currum eius trahentes, columbas, similiaque Venerea animalia attribuêre: sunt enim hæc symbola seu hieroglyphica quædam salacitatis, quâ Venerem, Martemque feruêre indigitant.

gitant . Verùm de his alibi copiosior dabitur dicendi materia ; quare ad
alia Numinum monstra explicanda progrediamur .

Numina, quæ Samaria colat, vin' scire? tuere
Semihominemá, asinum, semihominemá, canem :
En capriceps, gallina, pauo, saxumá, trigonum ,
Et sidus cœli : Numinis illa loco .

1 Thartac Typhon.
2 Nibbaz , Anubis.
3 Asima, Mendes, Pan.
4 Succoth Benoth.
5 Anamelech .

6 Ciun, Rephan, Saturnus.
7 Marcolis, Mercurius.
8 Nergal, Harpocrates.
9 Nesroch, tabula Arcæ Noë, Ia-
10 Adramelech, Iuno.   (nus.

CA-

CAPVT XX.

Afima, Nibhaz, Tarthac, Anamelech, Adramelech.

DE Afima Emathitarum Numine Rabbini variè fentiunt ; quidam, id ab אשם, quod oblationem pro delicto fignificat, deductum, pro quouis pecore accipiunt ; fic Radak :

Radak.

אשימה אימרא כמה דתימא באיל האשם :

Afima dictio, quafi compleretur in pecore facrificium feu oblatio pro peccato , R. Elias Germanus in Tisbi, exiftimat Afima Simiam effe :

R. Elias.

ואומר אני שיותר נכון לאמר שהוא כלשון עשו את אשימה שהוא חקוף וכן נקרא בלעז סמייא :

Afima hircū fignificat.

Ego autem, inquit, dico, quod magis conueniat dicere, אשמא *venire ab illo Reg. 2. c. 17. Fecerunt fibi Afima ; fignificat enim Afima illo loco Simiam ; ficuti & Italicè Simia vocatur.* Alij tamen veriùs hircum feu capram interpretantur Afima ; quafi diceretur fimulachrum hirci abfque lana ; ita Baal Aruch, voce אשימה:

Baal Aruch.

אשמא כפר ד כיתות נמסרו לבד בגמ הנודד בשמו ואנשי חמת עשו אשימא ומא ניחו ברחא קרחא פי ברחא ת ש קרחא שאין לה צמר והוא בקרח ולבן נקרא אשימא שהוא שמם מצמר :

Afima, in commentario, quod incipit מיחות ד *arba mithoth, & in Gemarah hanoded bifmo, in illum locum, Fecerunt viri Æmath Afima, tradunt Rabbini noftri, quòd Afima fit hircus caluus, cui non eft lana, ac ideò dicitur Afima, quod defertus fit à lana. Cui Raffi confentit in locum dictum fic commentans:*

Raffi.

אשמא דמות תיש וכן קרויין בלשון כל אומה ואומה ובן פירשו רול בסנהדרין :

Afima, inquit, fimulachrum erat fimilitudine hirci, & fic legunt hoc omnes, & fic explicant hoc vocabulum Rabbini noftri in Sanedrin. Hinc Iudæi Samaritanis exprobrabant, quod Pentateuchū fuū inciperent : בראשית ברא אשימה *In principio creauit Afima cœlum & terram* ; ita enim Abenezra in præfatione ad Hefter, vbi de lege Hebræorum à gentilibus recepta loquitur :

Abenezra.

והעתיקוהו חרפסיים ונכתבה בדברי חימם שכל מלכיהם וחם חיו עובדי עבודה זרה וחיו כותבים תחת חשם הנכבד וחנורא שם תועבתם באשר עשו כותיים שכתבו תחת בראשית ברא אלהים ברא אשימא :

Et transferri curarunt (legem Hebræorum) Perfæ, & fcripferunt eam, & pofuerunt in hiftoria Regum fuorum ; fuerunt autem Perfæ idololatræ, & ideò loco Nominis Dei fancti & benedicti, nomen idolorum fuorum fcribebant ; quemadmodum Samaritani quoque fecerunt, qui fcripferunt pro, In principio creauit Deus &c. In principio creauit Afima. Hæc cùm apud dictum R. Abenezram legerem, fummum me inceffit defiderium fciendi, fi in Samaritano Pentateucho Vaticano huiufmodi lectio reperiretur. Verùm contrarium reperi ; fic enim habet Samaritàna lectio:

Iudæorum calumnia contra Samaritanos.

Be-

꒦ꄱꄱ꒦꒪꒦ ꘎꘎ꄱ ꒦ꄱꄱ꒦꒪ꄱ ꘎꒪ꄱ꘎ ꒦ꄱꄱ꘎꘎꒪ꄱ ꒦꒪ꄱ꒦ ꘎꒪꘎꘎꒪
: ꄱꄱ꒪꘎꒪ ꒦꒪ꄱ꒦

Beqameth veeth bereschit bara Elohim & schamaim veeth haretz. Atque
hæc in Pentateucho Samaritano-Hebræo Vaticano, quæ cum communi
lectione Hebraica in nullo penitùs discrepat, nec in vernacula Samaritanorum lingua, quæ sic habet:

꒦ꄱꄱ꒦꒪꒦ ꘎꘎ꄱ ꒦ꄱꄱ ꘎꘎꘎꘎꘎ ꘎꘎꘎꘎꘎ ꘎꒪ꄱ꒦
: ꘎꘎꒪꒦꒪

*Beqama dtalmaz elhaa iath schomih viath araah. In principio creauit el-
haa &c.* Quæ cùm vidissem, hæc omnia ex inueterato illo & irreconciliabili odio Iudæorum in Samaritanos vel conficta esse, vel saltem in
exemplaribus ab idololatris, antequam puram Hebræorum legem susci-
perent, descriptis, ita lectitatum esse, aduerti. Nam cùm Iudæi Samaritanos Asimæ, hoc est, hirci, fœtidissimi animalis cultores fuisse scirent, & loco nominis Dei veri idolorum suorum nomina sacræ paginæ inseruisse
ipsis constaret; maiorem calumniam ijs inferri non posse putabant, quàm
si ipsis fœdissimam hanc lectionem de creatione Mundi ab hirco peracta
obtruderent. Verùm hæc animi gratia præterire noluimus; quare reuertamur ad institutum nostrum.

Dicimus itaque Asima fuisse simulachrum Emathitarum hirci figurâ
effigiatum; quam figurandi Numinis rationem ab Ægyptijs profectam
fuisse nemo dubitare debet, cùm & Ægyptios, maximè Mendesios, hircum summo in honore semper habuisse testentur summæ solennitates
huic quotannis in vrbe Mendesia exhibitæ. Herodotus quoque Hircum   *Herodot. l. 2.*
& Pana vno vocabulo Ægyptiaco Mendes vocat, vndè Mendesij ζαγολαζίαι
isti famosi. Diodorus Siculus rationem huius ζαγολαζίας reddens sic ait: *Diodorus.*
*Hircum Ægypty Deificarunt, sicut Græci Priapum, videlicet ob eam corporis
partem, à qua fit omnium ortus, pudendis non solùm Ægypty, sed alij plures sacra
faciunt.* Atque hinc Ægyptij, teste Horo, *Hircum pingentes hieroglyphicôs
penem fœcundum significant; hircus enim post septimum ab ortu diem coit, &
quanquam inualidum & sterile semen egerat, coit tamen citiùs cæteris animantibus.*
Certè in hieroglyphicis nihil frequentiùs hircino capite, vel baculo, vel
aræ imposito, vt sequitur.

MENDES

Verùm hæc quid significent, inuenies in pra-   *Tabulam Bembinam consule
& Obeliscs
Flamminum
& Lateran.*
ctica hieroglyphicorum interpretatione, vbi fusissimè illa explicamus. Ægyptios sub hircina imagine Osiridis phallum colentes, secuti sunt hoc loco Samaritani seu Emathitæ; dùm Asimæ idolum   *Hircus colitur
à varijs Gen-
tibus.*
excelso illatum adorasse leguntur. Græci quoque
Pana hircinis cruribus asperum supremi Numinis
loco habuisse feruntur, non aliam ob causam, nisi
vt illo symbolo fœcunditatem exprimerent naturæ. Eandem ob causam *Baccho Caper omnibus aris
Cæditur, & veteres ineunt proscenia ludi.*

A a a   Ve-

Veneris πανδήμε, id eft , Vulgaris dictæ effigies ex ære, hirco etiam æneo
infidet ; Scopæ ftatuarij opus apud Paufaniam Eliacorum 2. Cur autem
hirco infideat, Lectori conijciendum relinquit. Mihi quidem ratio in
promptu apparet, quod hircus maximè obnoxius libidini fit ; cui gentiles Pandemon fuam Venerem, vti in præcedentibus diximus, præficiunt ;
vndè & à Plutarcho in magnis parallelis ἐπιτράγια , id eft, ab hirco dicta Venus eft . Afima igitur ex his colligimus eundem fuiffe cum Mendete Ægyptiorum, Pane Græcorum, Hebræorum Baalphegor , vnum & idem Numen à diuerfis gentibus, diuerfis infignitum nominibus . Quare hæc de
Afima fufficiant .

Plutarchus.

N.bhiz.

Quartum fimulachrum quod Samaritæ fanis imponebant, vocabatur
Nibbhaz, de quo fic facra hiftoria :

ואנשי בבל עשו את סכות בנות ואנשי כות עשו נרגל
ואנשי חמת עשו את אשימא והעוים עשו נבחז ותרתק:

Et viri Babel fecerunt Succoth Benoth ; & viri Cuth fecerunt Nergel ; &
viri Amath fecerunt Afimah : & Auaitha fecerunt Nibbaz, & Tharthac. Quorum illud, quale fimulachrum fuerit, etfi ex Latinis , Græcifque Authoribus difficulter haberi poffit, non defunt tamen veftigia huius Numinis in
libris Orientalium. quibus inftantes, fagaciterque indagantes, tandem id,
quod erat, olfacientes deprehendimus, videlicet idolum forma canis, feu
Anubidem illum Ægyptium fuiffe. Ac primò quidem Nibhaz figura canis fuiffe, Raffi manifeftis verbis indicat : נבחז דמות כלב *Nibhaz,* inquit ,
figuram obtinebat caninam. Et paulò fufiùs fe explicat hoc loco Radak :

Rafsi.

Radak.

נבחז בזין ויש ספרים כתוב בנין ואינגו כי אם בזין
וטעות הוא בספריםופי׳ נבחז הוא כלב והיא מלה מורכבת
נובח חז נובה מן לא יוכלו לנבוח חז לשון מראה שמראה
שניו:

*Nibhaz fcribitur in fine per Zain, etfi fint aliqui libri, qui id per Nun quoq
fcribant, fed errant libri illi, non enim fcribi debet nifi per Zain . Significat autem
Nibhaz nihil aliud nifi canem , eftq̃ Nibhaz nomen compofitum ex* נבח *nibbah,* &
חז *haz.* נובח *latrare fignificat, vtpotè qui non poffit latrare* (innuens fimulachrum) חז *autem hoc loco fignificat faciem canis dentibus , quos iratus oftendit,
egregiè inftructi .* Alludit Rabbinus farcafticῶς ad fimulachrum canis latrare non valentis iuxtà illud Ifaiæ 56.

Ifaia 56.

הכלבים אלמים לא יוכלו לנבוח :

Canes muti funt, non latrare valentes . Et ad dentatum illud os , quo
cum pafsìm effigiabant, quemadmodum in præcedente fimulachro Afima, quod per contemptum quoque vocabant hircum fine lana feu pilis ;
quæ omnia in contumeliam idololatriæ Gentibus obtrudere folebant Iudæi . Nibhaz igitur à נבח nibah diductum, hoc eft , à latrando canem fignificat ; חז autem effictum nomen eft à dentium forma , quam canes ra-
bidi oftendunt. Alij tamen Orientales non malè, quicquid dicat Radak,
per Nun in fine fcribunt, vt Syri, & Arabes ـــــحبن Nibhon, & نِبهون
Nibh-

*Nibhaz figni-
ficat canem.*

Nibhhun ; quorum vtrumq; à ╌╌ & ╌╌ nebach, quod latrare significat,
deductum, canem indicat, quasi dicas latrantes. Canem igitur colebant
Auaithæ, exemplo vtique Ægyptiorum, quibus cane nihil erat sanctius ;
hunc veluti Ægypti custodem protectoremque delicatè enutriebant,
Anubim ipsum, teste Herodoto, patriâ linguâ vocantes. Huius Virgilius *Herodotus.*
inter cœteros quoque Ægyptiorum Deos meminit: *Virgilius.*

> *Omnigenûmq́ Deûm monstra, & latrator Anubis .*

Hunc Comasiarum festis publicâ solennitate per vrbis compita , & *Clemens*
vicos circumferre solebant, vt tradit Clemens Alexandrinus l. 5. strom. *Alexandr.*
Verùm de Cynolatria hac Ægyptiorum, eiusque causis & rationibus, cùm
vbique passìm in hoc Oedipo tractaturi simus, hîc longiores esse nolumus; sufficit nos hîc ostendisse, Nibhaz fuisse simulachrum sub canis forma ab Auaithis Ægyptiorum more cultum ; nec enim alia de causa canem colebant Auaithæ, nisi quod, cùm Ægyptios Cynopolitas omnem
suam prosperitatem canino cultui ascribere intelligerent, & illos ad eandem prosperitatem consequendam ad huiusmodi belluinos cultûs animum adiecisse verisimile est.

Porrò quid alterum Numen Tharthak, quod coluisse quoque dicun- *Tharthak.*
tur Auaithæ prædicti, fuerit, difficilè est asserere. Rabbini Asini figura
fuisse aiunt; ita Rassi & Radak citato loco : *Rassi & Ra-*
dak.

פירשו ר׳ כי תרתק צורת החמור :

Interpretantur, inquit, *fuisse Tharthak figura asini.* Ægyptios inter
cœteras gentes Typhonem sub asini figura repræsentasse , eumque veluti
sinistrum Numen placare contendisse, reperio apud Plutarchum libro de *Plutarchus.*
Osiride & Iside. Canem quoque seu Anubim inter cœteras rationes &
causas etiam colunt, quod Isidis in inquisitione corporis Osiridis à Typhone discerpti, comes, molimina Typhonis prodiderit; corpusque Osiridis indicârit ; vndè & eum veluti bonum , & fortunatum Numen ; asinum autem, seu Typhonem sub asini forma, veluti sinistrum Numen , cane aueruncari credebant. An non in Auaitharum idolis Nibhaz, & Thar-
tak, quorum illud canem, hoc asinum retulisse ostendimus, manifesta huius rei latent vestigia ? Certè cùm Auaithæ vicini fuerint Ægypto, verisimile est, eos sicut alios ritûs & cœrimonias, ita Numina quoque hæc
αἰτίτεχνα, Anubim inquam, & Typhonem sub canis & asini figura obseruari didicisse. Verùm cùm de huiusmodi idolis , si citata excipias , nihil
præter coniecturas nobis supersit, superuacaneum esse ratus sum his diutius immorari, præsertìm cùm propositum nobis sit, nihil nisi Authorum
fide dignorum testimonijs stabilitum hoc opere nostro adducere.

Restat demùm, vt quid Anamelech, & Adramelech , idola Sephar- *Anamelech*
uaim propriè fuerint, inuestigemus. Sacra scriptura ea cum Moloch con- *Adramelech*
idola Sephar-
fundere videtur , cùm dicit; Sepharuaim filios suos combussisse in igne, *uaim.*
Ҫℏ Anamelech & Adramelech. sequuntur sacram historiam omnes Chri-

ſtiani Interpretes : at Rabbini hoc loco Adramelech idolum fuiſſe aiunt
forma muli; Anamelech verò forma equi. ita Raſſi citato loco:

Raſſis

אדרמלך דמות פרד ענמלך דמות סוס:

Adramelech, inquit, *erat formam habens muli*, *Anamelech equi*. Radak
hoc loco aſſerit, Adramelech ſic dictum eſſe, quod magnificus ſit in por-
tandis domino ſuo oneribus, & ſummè vtilis; ſicut Anamelech, quod
domino vtilis in bello ſit:

Radak.

אדרמלך הוא פרד ונקרא כן דאדר ליה למריח בטועניה פי שנושא לרבו כל
משאותיו ענמלך זה הכוס ועני ליה למריח בקרבא:

Adramelech, inquit, *eſt mulus*, & *ita vocatur*, *quòd magnificus ſit domino
ſuo in oneribus ſuis, hoc eſt, quòd portet domino ſuo omnia onera*; *Anamelech verò equus eſt*, & *ſic vocatur, quod in bello domino Regi ſuo obediat*. Hæc autem
tradit Baal Aruch. Thargum verò Hieroſolymitanum apud Radak &
Baal Aruch dicit, Adramelech & Anamelech pauonis & phaſiani ſpecie
fuiſſe efformata; verba eius adducam:

*Thargum Hie-
roſolymit.*

אדרמלך וענמלך זה טווס ופסיוני וטווס הוא הנקרא
בלשון לעז פאן וידוע הוא דפסיוני הוא:

Adramelech & *Anamelech illi ſunt pauonis* & *phaſiani ſpecie*, *qui linguâ
latinâ vocantur pauo*, & *notum quod ille eſt phaſianus*.

Certè in tanta ſententiarum varietate, & Rabbinorum diſcrepantia,
etſi de figura Adramelech & Anamelech difficilè ſit aliquid certi ſtatue-
re; nihilominus, vt lucem hiſce aliquam adferamus, quantum quidem pro-
babilibus coniecturis aſſequi poterimus, rem explicare tentabimus. Quod
ſi nobis antiquiſſimorum Rabbinorum, quorum nomina paſſim in Thal-
mudico tractatu de ſeruitute aliena adducuntur, ſcripta ſupereſſent, parua, aut nulla potiùs ratio haberetur librorum quorundam, qui hodie in
penuria meliorum nobis in pretio ſunt.: nunc verò cùm de eorum ſcriptis, quæ ad hanc materiam ſpectant, nihil nobis præter deſiderium reli-
ctum ſic, fragmentis modernorum quibuſdam malè connexis inopiam
noſtram ſubleuare cogimur.

*Anamelech,
& Adramelech
idem cum
Moloch.*

Suppono itaque Anamelech & Adramelech, idem omnino Numen
eſſe cum Moloch, vel ipſa ſacra Scriptura, vt in præcedentibus demon-
ſtrauimus, teſtante; etſi hoc ab alijs formâ diuerſum. Erat enim gentibus proprium, vnum & idem Numen, v. g. Solem & Lunam diuerſis figuris, diuerſis in regionibus adumbrare, vti fuſè in præcedentibus declarauimus. Alia itaque erat Molochi effigies prope Hieroſolymas in valle
Hinnam; alia eiuſdem apud Sepharuaim; quæ ideò præmittenda duxi,
ne quiſpiam ex diuerſitate idolorum diuerſitatem Numinum conclu-
deret.

*Anamelech
equi forma.
Equi Marti
ſacri.
Iuſtinus.*

Cùm itaque in præcedentibus Molochum alium non eſſe demon-
ſtrauerimus quàm Martem Aegyptium, ſeu Mythram Perſarum; aſſerimus vnà cum Rabbinis, Anamelech equi forma fuiſſe; equos autem ſacros Marti fuiſſe apud Perſas, eiq; ceu gratam & decoram hoſtiam equum
immolatum, apud Iuſtinum libro 1. lego; *Nam* & *Perſa*, inquit; *Solem
vnum*

vnum Deum credunt, eiq; equos sacratos esse ferunt. Xenophon lib. octauo. Παιδ· ἵπποι ἄγονται θῦμα τῷ Ἡλίῳ. Et ita Persarũ Regem, cùm rem diuinã faceret, equum album Soli mactasse, Philostrat. l. 1. de vita Apollonij his verbis scribit: Λευκὸν δὲ ἄρα ἵππον τῶν σφόδρα Νισαίων καταθύειν ἔμελλε τῷ ἡλίῳ φαλάροις κοσμήσας, ὥσπερ εἰς πομπήν. *Erat autem candidum equum Soli mactaturus ex Nisæis de meliori nota, & egregijs phalaris ornatum, tanquam in pompam profecturum*. In eoque venustè ludens Himmerius Rhetor:

Xenophon. in pædia.

Philostratus.

Ἐν προπεμπτηρίῳ λόγῳ, ait, τῶν ἐμῶν πώλων, ἔξαρχος πῶλος ἱερὸς, καὶ ἀγέρωχος· οἷος ἡλίῳ Θεῷ Νισαῖοι πῶλοι πολεύουσιν. τοῦτον ἐγὼ τὸν πῶλον φαλίοις κοσμήσας μουσῶν, καὶ τῶν χαρίτων μίξαις ὅλον ποιήσαι ἀοίδιμον. ὡς δεῖ Θεῷ τινι τῆς ἐμῆς ἀγέλης ἀπαρχὰς φέρων ἀνέθηκα. Huius rei rationem non illepidam reddit Ouidius l. 1. fast. his versibus:

Himmerius.

Placat equo Persis radijs Hyperiona cinctum,
Ne detur celeri victima tarda Deo.

Ouidius.

Eandem causam adfert Herodotus l. 2. in extremo, cur Massagetæ Soli, quem summopere venerabantur, equos mactarent:

Herodotus.

Θεῶν δὲ μοῦνον ἥλιον σέβονται τῷ θύουσι ἵππους. Νόμος δὲ οὗτος τῆς θυσίης τῶν θεῶν τῷ ταχίστῳ πάντων τῶν θνητῶν τὸ τάχιστον δατέονται.

Deum verò solum & vnicum Solem venerantur, cui equos immolant; lex verò huius sacrificij erat, vt Deorum omnium celerrimo, celerrimum omnium animalium dedicaretur. Solem autem Mythræ nomine coluisse Persas, suprà capite de Mythra ostensum est; & Strabo lib. 15. manifestè tradit:

Τιμῶσι, ait, τὸν ἥλιον, ὃν καλοῦσι Μίθραν. Et Suidas: Μίθραν νομίζουσι Πέρσαι εἶναι τὸν ἥλιον. Et Hesychius: Μίθρας ὁ ἥλιος παρὰ Πέρσαις· &, Μίθρης ὁ πρῶτος ἐν Πέρσαις Θεός. *Mithras Sol à Persis; Mithras primus Deus apud Persas*.

Strabo. Suidas. Hesychius.

Mithram verò eundem esse cum Marte Hippio Persarum, tùm ea, quæ superiùs in Moloch tradidimus, tùm Mithræ quoque milites, quos in Spelæo seu Antro Mithræ initiatos Tertullianus asserit, satis superque demonstrant. Idem l. de præscriptione aduersus Hæreticos. *Tingit*, inquit, *& ipse quosdam, vtiq; credentes & fideles suos, expiationem delictorum de lauacro promittit, & sic adhuc initiat Mithræ, signat illic in frontibus milites suos, celebrat & panis oblationem, & imaginem resurrectionis inducit, & sub gladio redimit coronam*. Verùm qui plura de initiatione militis Mithriaci, & varijs tormentorum gradibus, quos eum subire oportebat, scire desiderat, consulat præter citatum Tertullianum, Nonium in Gregorium Nazianzenum, aliosque, quos varijs in locis iam citauimus.

Mithra idem cum Marte Hippio Persarum. Tertullianus.

Cùm itaque Persæ Solem, seu Mithram sub forma equorum, vtpotè qui naturæ dotibus, Solis virtutes maximè exprimerent, quibusuè Mars veluti sibi similibus maximè delectaretur, colerent; probabile est, Sepharuaim, qui è finibus Persiæ in Samariam iussu Salmanassari iam transmigrarant, auitam religionem seruantes Adramelech, hoc, inquam, equinum idolum inter cœtera idola, de quibus hucusque dictum est, fanis & excelsis quoque intulisse; à quibus postmodum hanc ἱππολατρείαν discentes superstitiosi Iudæi, longè latèq; propagarunt; quam tamen impiã superstitionẽ posteà Iosias Rex aboleuit, vt tradit sacra historia Reg. 4. c. 23.

Abstu-

Abſtulit quoq́, equos, quos dederant Reges Iudæ Soli , in circuitu templi Domini iuxtà exedram Nathanmelech Eunuchi, qui erant in Pharurim , currus autem Solis combuſſit igni. Quibus verò cœrimonijs Iudæi Semſæi, ſiue ήλιωγνῶςαι Iudæi vterentur, oſtendit Radak hoc loco :

Radak.

והיו עובדים לשמש ונחנו שם סוסים שהיו מוכנים לזאת העבודה שהיו רוכבים
עליהם והולכים לקראת השמש בבקר בזרחה :

Illis autem, qui Solem colebant, eo in loco præparabantur equi, qui huic ſeruitio tantùm erant deſtinati; atque hoſcè aſcendebant matutino tempore, contra Solem equitantes, quaſi illum ſalutaturi , eumq́, animalibus ei placitis quaſi propitiaturi. Sic Radak & Raſſi.

Currus & equos Soli attribuendi mos vndè profluxerit.

Sunt qui hoc loco currus & equos ſoli attributos, non à Perſis, & cœteris gentibus, ſed raptui Eliæ Prophetæ aſcribant. Sic exiſtimat Ioannes Epiſcopus Hieroſolymitanus; nam Græcè H'ΛιΘ· Helius dicitur Sol, quaſi diceres Helias, vti Sedulius oſtendit , dùm canit :

Sedulius.

> *Quàm benè fluminei prælucens ſemita cœli*
> *Conuenit Eliæ, meritoq́ & nomine fulgens ,*
> *Hàc ope dignus erat, quoniam ſermonis Achiui*
> *Vna per accentum mutetur litera, Sol eſt .*

Audientes Græci ab Iſraëlitis, quos diuinas habere literas fama prodebat, prædicari , quod Elias curru igneo , & equis igneis ad cœleſtia ſit tranſlatus, vel certè hoc ipſum inter alia depictum in pariete videntes , crediderunt (vicinia decepti nominis Solis) hìc tranſitum per cœlos deſignatum eſſe, & miraculum diuinitùs factum, mutauit in argumentum, erroris humanâ ſtultitiâ commentum. Ita Angelomus Author vetuſtus, & in abſtruſis literarum ſacrarum locis acerrimi iudicij in Stromatis in libros Regum: quæ ſanè ſententia ita mihi probabilis videtur, vt phaëtontæam iſtam fabulam, nullam aliam, niſi ex ſacra hiſtoria originem habuiſſe, mihi planè perſuadeam . Sed hæc alibi exactiùs diſcutiemus.

Porrò quod Sepharuaim Adramelech muli imagine expreſſerint, non habeo, quod dicam, niſi forſan hoc loco Rabbini ad Eliacorum reſpexerint conſuetudinem, quos Pauſanias aliorum opinione tradit , Lunam mulo vectam ſcalpere ſolitos fuiſſe . *In baſi,* inquit, *throni Iouis Olympij , tùm aliæ Deorum imagines expreſſæ ſunt; tùm Luna equo, vt mihi videtur ; alij tamen mulo eam vehi aiunt , non equo.* Certè Feſtus apertis verbis opinionem Pauſaniæ confirmat: *Mulus,* inquit , *vehiculo Lunæ adhibetur, quod tam ea ſterilis ſit, quàm mulus ; vel quod vt mulus non ſuo genere, ſed equi creatur, ſic ea Solis, non ſuo fulgore luceat.* Certè mulam Lunæ ſacram fuiſſe tradit Proclus in Heſiodum .

Pauſanias.

Feſtus.

Proclus.

Veruntamen ego omnibus diligenter conſideratis, magis in ſententiam Paraphraſtis Hieroſolymitani, aſſerentis, Adramelech hoc loco ſimulachrum pauonis, ſeu alterius cuiuſdam ſpecioſæ auis, veluti phaſiani, aut Meleagridis forma fuiſſe, inclino; mouet me non etymon ſolùm , ſed & ſummus honos nullo non tempore à Perſis , alijſq́ gentibus huic aui præſtitus .

Adramelech forma pauonis erat.

ftitus. Eft enim eâ pulchritudine volucris pauo, vt non immeritò Adramelech, quafi dicas magnifici Regis nomine gaudeat. Accedit quòd ob
raras ingenij corporifque dotes non fine ratione fupremæ Deæ Deorumque Matri facra, Iunoniæ volucris titulum obtinuerit. E Perfide pri-
mas pauonum, Meleagridum, gallorum deductas colonias, fuprà ex A-
thenæo docuimus, quæ fedes fuas tùm in alijs regionibus, tùm potiffimùm in Samo figentes, ibi Iunoni facræ effe cœperunt ; tantoque in ho-
nore ibi habitæ, vt, Pierio tefte, Deam ipfam Iunonem folo pauonis in- Fauo Iunoni
facer.
telligerent hieroglyphico. Veritatem huius rei varia pafsìm Numifma-
ta demonftrant. In Iuliæ Piæ felicis numo fignum Iunonis eft, cum ha-
fta & patera, pauone iuxtà appofito, cum infcriptione, *Pauonem*, cafu
accufatiuo; quod rarum eft. In Fauftinæ verò numis idolum itidem eft,
cum lancea & patera, à cuius pedibus pauo; infcriptio eft, IVNONI
LVCINÆ. Iunonis autem auem effe hanc, eiufque currui fuccedere,
ideò confingunt, quod Iuno eadem fit ac Luna, quæ fulgore fuo à Sole
accepto omnia inferiora lætificet afpectu fuo blando & formofo, cuius
fymbolum erant pauonis pennæ lunarem fimilitudinem exprimentes.
Eandem ob caufam Perfis in honore fuiffe Athenæus tradit, eò quod ful- Athenæus.
gore fuo multiplici, colorumque varietate imaginem Solis, quem ipfi velut vnicum Deum venerabantur, exacte referret. Defcribit fanè hanc
pauonis ad Solem fympathiam, aliafque eius ingenij dotes elegantiffimè Lucianus.
Lucianus his verbis: *Incipiente*, inquit, *vere pauo ad pratum aliquod acce-*
dens, quando & flores prodeunt non amabiliores modò, fed &, vt ita dixerim,
floridiores, & quod ad colores & tincturam attinet, liquidiores ; ipfe quoque ex-
tentis pennis, iifq́ oftenfis Soli, & fublata cauda, eamq́ vndique circa fe pandens,
fpectandos exhibet, & illius flores, & Ver illud pennarum, perindè & prato ad
huiufmodi contentionem & certamen ipfum prouocante. Conuertit quippè fcipfum,
& circumagit, & quafi quandam pompam pulchritudinis fuæ, quando videlicet
etiam admirabilior apparet ad fplendorem Solis, variantibus fe coloribus, & pau-
latim in alios atque alios tranfeuntibus, aliamque ad nouam formofitatis fpeciem
fubindè recipientibus. Accidit autem hoc in circulis potiffimùm, quos in fummis
pennis habet, quorum quemlibet quafi quædam irides circumdant. Nam qui ante
æreus vifus fuit, mox inclinante fe paululum illo, aureus confpicitur ; & rurfum
quòd ad Solem cæruleum apparuit, fi fub vmbra transferatur, viride videtur ;
adeò ad luminis viciffitudinem variatur. Hæc Lucianus. Hanc admirandam
viciffitudinem colorum pofteriores quoque Ægyptij intuentes ita ftu- Pauonem
Ægyptij vo-
carunt Ar-
cum.
Pierius.
puerunt, vt pauonem Argos vocatum, in noctis atque diei hieroglyphi-
cum, Pierio tefte, affumpferint. *Noctem*, inquit, *fignificantes, pauonem*
furrecta in orbem cauda figurabant ; nam cùm pauonem Argum interpretarentur,
tot luminibus infignitum, neque aliud quidpiam per Argum, quàm cælum noctur-
no tempore, fi detur dicere, oculatiffimum intelligerent, atque illi nomen à fplendore
atque velocitate inditum profiterentur ; (vtrumque enim Ἀργ@ fignificat)
neq́ alio tempore micantiffimi ftellarum radij corufcarent, fplendefcerentq́, quàm
nocturno ; datus eft fictioni locus, vt per oculatam eius alitis caudam mox ipfa
fenfu myftico hieroglyphicoq́ fignificaretur. Quòd fi verò diem innuere voluiffent,

ean-

eandem ipfam volucrem demiſsâ caudâ pinxiſſent, quaſi tunc nox ſtellas occulere videatur, cùm dies ipſe cœperit aduentare, tamque diu latitent ſtellæ, quàm diù Sol ſupra terram eſt. Veriſimile itaque eſt Samaritas ad omne ſuperſtitionis genus procliues, ſimilem ob cauſam pauonis imagine Deos quoque ſuos coluiſſe.

C A P V T   XXI.

De Niſroch, Rimmon, Nebo, Seſach.

Nifroch Aſſyriorum Numen, quale fuerit, vix vltum; qui tradat, reꞋ perio; Numen tamen & idolum fuiſſe verba ſacræ hiſtoriæ maniſeſtè oſtendunt :

L. 4. Reg. 6.19.
v. vlt.

ויהי חוא משתחוה בבית נסרוך אלהיו :

Et profeſtus eſt, inquit, *Sennacherib Rex Aſſyriorum, & ſedit in Niniue, & cùm adoraret in templo Niſroch Deum ſuum &c.* Vbi parapraſis Chaldaica tenet, pro *Deum ſuum, idolum ſuum.*

והוה חוא סגיד בבית נסרוך טעותיה :

Et fuit cùm adoraret in templo Niſroch idolum ſuum. Quantum igitur ex Meturgamim Hebræorum intelligere valeo, Niſroch nihil aliud fuiſſe reperio, niſi tabulam arcæ Noë in Aſſyria in ſumma veneratione ſemper habitæ; vtrum autem Tabulam ſimpliciter adorârint, an eam in formam ſimulachri cuiuſdam, aut in Iani, aut Saturni imaginem, quibus nominibus Noë à poſteris vocatum apud Beroſum lego, adaptatam coluerint, controuerti poteſt; vtriuſque cultus paſsìm apud Authores exſtant veſtigia. Quæ tamen vt probè intelligantur

Noe apud Orientales nominatiſſimus.

Notandum eſt, Noëmum ob ſummam vetuſtatem inter Orientis populos hodièque ob ſalutis humanæ conſeruationem nominatiſſimum eſſe, adeò vt ipſi Scythæ olim Noa, Beroſo teſtante, omnium Deorum maiorum & minorum patrem, & humanæ gentis Authorem, & Chaos, & ſemen mundi; Thyream verò Aretiam, id eſt, terram, in quam ſemen Chaos poſuit, & ex qua tanquam ex terra cuncti prodierint, appellare ſoliti ſint. Nunc verò Arcæ reliquias, & certa quietis eius veſtigia in ſumma adhuc veneratione eſſe, teſtantur præter Nicephorum Heracliús Imperator, quem celebritate loci motum, hunc montem adeò celebrem videre voluiſſe Elmacinus Arabs l. 1. circa fin. c. 1. refert. Nam cùm Perſas in Armenia vicina prælio ſuperaſſet, digreſſus eſt indè ad oppidum Themanim كمافين quod ipſe Noë cum ſuis poſt egreſſum ex arca ibidem & condidiſſe credebatur, & incoluiſſe; atque conſenſo altiſſimo monte ſitum loci, & reliquias diligenter inueſtigauit. Verba eius Arabica ſunt :

Loeus vbi
quieuit Arca
Noe.

Elmacinus

فلما غلب هركليس قيصر ملكي الفرس ودخل مجتازا الجبل العال جرا اسمه الجوردي فلما يسمع منه كثيرجين يطلب دقسه لنظره وصعد عليه لننظر الوضع ـــــــ ه فلما جنزل من الجبل جا الى الموضع اسمه تمافين التي هى مدينة بني نوح وكل شي نظر بعينه ـــــــ م

Heraclius Cæfar victo Rege Perfiæ, cùm tranfiret montem illum Armeniæ excelfum admodum Gurdi nomine, de quo tam multa intellexerat, defiderio accenfus eft eum luftrandi per feipfum; afcendit itaque, vt videret omnem eius fitum, & defcendente illo de monte, ad illum locum quoque venit, quem Temanin vocant, eftque ciuitas, quam poft diluuium Noë cum filijs fuis ædificaffe fertur, omnia hæc luftrare voluit Cæfar proprijs oculis. Hæc Elmacinus, vbi pro monte Gurdi nullum alium intelligas, nifi montem Ararat; nam & Thargum Chaldaicum Onkeli fic eum vocat Gen. c. 8.

ינחת חיבותא בירחא שביעאה בשבעת. עשרא יומא לירחא על טורי קרדו :

Et requieuit arca in menfe feptimo, decimo feptimo die menfis, fuper montes
Kordu. Strabo quoque Gordiæos montes inter Armeniam & Mefopotamiam agnofcit, imò etiam hodie Cordænorum ibi degentium, & latrocinijs nunc infamium in Perficis itinerarijs vulgatiffima eft traditio. Mentionem quoque Temanim, & Gurdi montis cui adiacet, facit Geographia Nubiana, verba eius adiungo:

من الموصل الى مدينة بلد احد وعشرون ميل ان شيت في البر وان شيت
في الدجله من بلد الى جزيرة ابن عمر تسعه وستون ميلا وهي متصله بجبل
يمنين وماسورين وقلساذور جميعها في الجبل الذي منذ جبل الجودي المتصل بامد
من جهة التعور وجبل يمنين هو الجودي الذي استقرت عليه السفينة نوح عليه
السلام ☙

De Muzel ad ciuitatem Beld 21. milliaria, fi velis per defertum, vel in ipfo flumine Digla, hoc eft, Tigri de Beld ad infulam Aben Amar 69. milliaria. Coniungitur hæc cum monte Iemanim (iubaudi Temanim) & Mafuriæ, atque Kilfabur, ambæ funt in illo monte, de quo eft mons Algudi (iubaudi Gurdi) qui pertingit ad Amid ex parte arcium. Ifte mons Iemanim feu Temanim eft ipfe Gordius mons, in quo requieuit Arca Noë, fuper eum pax. Atque Themanim locus ille videtur, quem Berofus nunc Myriadam, nunc Merinacha, hoc eft, egreflorium, feu defcenfum Noë appellat. Ab omni perplexitate, quam hoc loco incurri, me vindicauit Ionathas Vzielides Chaldæus Meturgeman, qui in fua paraphrafi in 8. c. Gen. expreffis verbis rei tótius difficultatem expedit.

ונחת חיבותא בירא שביעאה הוא ירחא דניסן בשבעתסרי יומן לירחא על טוורא
דקרדין שום טוורא חד קרדניא ושום טוורא חד ארמניא וחמן מתבניא קדתא
דארמניא בארעה מרינחא :

Et requieuit, inquit, *arca in menfe feptimo, ille menfis Nifan, in decimo feptimo die Menfis, fuper montem Kardon. Eft autem nomen montis vnius Gordenorum, & nomen montis in Armenia, & ibi ædificauerunt vrbem Armeniæ in terra Merinacha.* Eft autem Merinacha מרינחא, feu corrupta, vox, idem fignificans ac נוח מוריד Morid noah, hoc eft, defcenfum Noë, quem & Berofus fupracitatus egreflorium Noë vocat; & Moriadam, quam vocem interpres Berofi perperam appellat euifceratorum hominum campum; cum *MoriAdam* nihil aliud indicare voluerit, nifi אדם מוריד *Morid Adam,* hoc eft, defcenfum filiorum Adæ, feu defcenfum hominis; quod ex defcenfu Noë vnius hominis, totum humanũ genus fuerit refufcitatum.

Cùm itaque Noë veluti femen Mundi nullo non tempore diuinis honoribus veluti Numen aliquod fub Ofiridis, Saturni, aut Iani nomine à diuerfis gentibus fuerit, vt in primo Syntagmate quoque demonftrauimus, cultus; cùmque prodigiofi illius nauigij, quo mundum conferuauit, reliquias Gordiæis montibus, fiue Ararat Armeniæ, quæ ex Affyriorum Prouincijs vna erat, impofuerit; dubium non eft, quin non Noëmum folùm vicinæ gentes, fed & admirandæ iftius domus reliquias diuinis honoribus etiam ad maximas vfque fuperftitiones coluerint. Hoc verò vt omninò credam, fidem facit narratio Berofi, qui vicinas gentes indè bitumen pro amuleto abradere folitas refert; verba eius proferam: *Vnus*, inquit, *inter Gygantes erat, qui Deorum veneratior & prudentior cunctis reliquis ex probis erat in Syria; huic nomen erat Noa cum tribus filijs, Semo, Chamo, Iapeto, & vxoribus Tidea magna, Pandora, Noëla, & Noegla; is timens, quam ex aftris futuram prospexerat cladem, anno septuagesimo octauo ante inundationem, natium inftar arcæ coopertam fabricari cœpit. Anno itaque ab inchoata naui septuagesimo octauo, ex improuifo inundauit Oceanus, & omnia maria mediterranea, fluminaque ac fontes ab imo ebullientes inundauerunt fupra omnes montes, accedentibus quoque impetuofissimis, & fupra naturam è cœlo copiofissimis imbribus, multis diebus corruentibus; itaque omne humanum genus aquis fuffocatum, excepto Noa cum familia fua, quæ naui erepta eft; nam eleuata ab aquis in Gordiæi montis vertice quieuit, cuius adhuc dicitur aliqua pars effe, & homines ex illa bitumen tollere, quo maximè vtuntur ad expiationem.* Confirmat citata Haython ex Armenia ipfa oriundus (quicquid dicantij, qui eum Cilicem afferunt fuiffe) fuo adhuc tempore, videlicet 1300. poft Chriftum, reliquias arcæ in monte fpectatas fuiffe. *In Armenia,* inquit, *altior mons eft, quam fit in toto orbe terrarum, qui Ararath vulgò appellatur; & in cacumine iftius montis arca Noe primò poft diluuium fedit; & licèt ob abundantiam niuium, quæ femper in illo monte reperiuntur, tàm byeme, quàm æftate, nemo valeat afcendere montem iftum, femper tamen apparet in eius cacumine quiddam nigrum, quod homines arcam Noe effe dicunt.* Superftitiones verò de arcæ particulis, & bitumine circa collum fupremi verticis à vicinis gentibus certis anni temporibus montem vifitare folitis contra morbos & infortunia collectis, non femel ab ipfis Armenis orerenus percepi. S. Syriano quoque particulam eiufmodi arcæ ab Angelo diuinitùs allatam Annales Armenorum tradunt; vti à Patre Petro Copo Armeno mihi admodum familiari, ac meo in Armenica lingua Magiftro, non femel audiui. Imò ex arcæ ipfius lignis fanum religionis caufa pofteris temporibus à Calipha extructum effe, docet Beniaminus peregrinator fide digniffimus; verba eius funt:

מטם שני ימים לגזירה בן עמר והוא בתוך נהר חדקל לרגלי חרי ארדט מחלך ד׳
מילין למקום שנחה שם חבח נח אבל עמר בן אלקטאב לקח את חתיבה מעל חראש
ההרים ועשה אותה כנסת ליושמעאלים ובקרוב חתיכה כנסת עזרא הסופר עד חיום
חזה וביום באים יהודים לחתפלל שם וג׳:

Indè iter biduanum ad insulam Abeu Omar, quæ sita eft in medio flumine Chiddekel, hoc eft, Tigris, iuxtà pedes montium Ararat, itinere quatuor milliarium diftans à loco, vbi requieuerat arca Noë; verùntamen Omar filius Alchetabi tulit eam

(marginal notes):
Orientales populi coluerunt Noemû, & reliquias arcæ.
Berofus.
Haython.
Beniaminus.

*eam de vertice montis duplicis, atque struxit inde fanum pro Ismaelitis, in vsum_*
videlicet religionis ipsorum, prope quod Synagoga quoque Esdræ Scribæ, vbi jejus
diebus orandi gratia conueniunt Iudæi. Quæ si vera sunt, quæ Beniamin refert, certe ea de tota arca in vsum Ecclesiæ ablata nequaquam intelligi
debent; sed de partibus hinc inde inuentis, ac vetustate temporum cor-
ruptis, seu vi ventorum ac imbrium ex vertice in imam montis partem_
disiectis.

Cùm itaque, vt ad semitam redeamus, huiusmodi reliquias omnes   Nisroch erat
gentes maximè semper coluerint; ex his omnibus concludo, Nisroch   Arca ex li-
Numen illud, quod Senacherib coluisse ex sacris literis ostendimus, nihil   Noe.
aliud fuisse, quàm vel idolum, vel arculam seu nauiculam ex reliquijs arcæ Noë confectam, sub quo Assyrij seu Babylonij vicini Saturnum, Ianum,
quem sua lingua Nisroch vocabant, coluerint, non secùs ac Ægyptij arcam illam, in quam Osiridem à Typhone coniectum fabulantur, arcam_
dico illam opertaneam sacrorum feracem, de qua Apuleium consulas l. 11.
metamorph. Multùm in animis Assyriorum arcæ Noëmicæ cultum stabilire pòterat exemplum Hebræorum, qui omnem prosperitatem cultui, &
venerationi arcæ fœderis attribuebant, eam veluti Deum ipsum in ea manifestè se prodentem adorantes; quod & verba Bethsamitarum satis ostendunt, quos legimus ad eam veluti ad Numinis præsentiam perhorrescen-
tes post formidabilem illam septuaginta millium hominum irreuerenter
illam intuentium stragem exclamasse: *Quis poterit stare in conspectu Domini Dei sancti huius? & ad quem ascendet ex nobis?* Quæ verba clarè monstrant, Bethsamitas arcam ipsam veluti Numen aliquod reueritos esse; quod
& Rabbini hoc loco asserunt. Huius itaque exemplo Assyrios arcam_
quoque construxisse, in qua sicuti Hebræi Tabulas legis, Manna, Virgam_
Aaronis, similiaque sacra lipsana ad beneficia Dei, fœderisque pacti conditiones recolendas reponebant; sic & Assyrios, qui multa de Noë eiusque arca traditione acceperant, atque reliquias præsentes semper in vicino monte coram spectabant, valdè probabile est simile quid ex compacto
arcæ Noëmicæ frustis attentasse, quod Nesroch, hoc est, Numen arcæ
(Nam נסרא *Nesra,* vel נסר *Neser* Chaldaicè nihil aliud significat, quàm tabulam de arca Noë) appellatum, veluti Deum coluerint. Verùm ne me
forsan quispiam hæc sine fundamento ac rationibus asserere existimet,
producam huius rei testem celeberrimum illum tractatum, quem Iudæi
אגרת חלק fasciculum heleck vocant, in quo Author de idololatria Assur
loquens inter cœtera Nisroch quoque meminit his verbis:

ובגיד סנחריב בית נסרוך אלהיו וחיה נסרוך טעותא נסר מתיבותא של' כה
עבדוהו אנשי אשור כאלהיו :

*Et Sennacherib adorabat Deum suum Nesroch, idolum videlicet ex tabula_*
seu assere arcæ Noë, quem viri Assur veluti Deum suum venerabantur, efforma-
tum. Quod si hisce quispiam minùs forsan fidat, hic audiat communio-
res Rabbinos, RR. Salomonem, Iarrhi, & Dauidem Kimchæum dicta_
confirmantes, dùm hic in commentarijs in 19. l. 4. Regum sic dicit:

בית   Bbb 2

בית נסרוך נכר מתיבה של נח:

Hoc eſt: *Beth Niſroch, ex tabula arcæ Noë*. Alterum non cito, cùm iſdem omnino verbis rem confirmet. Dicitur autem in ſacro textu, Sennacherib domum Niſroch Dei ſui adoraſſe:

ויהי הוא משתחוה בית נסרוך אלהיו:

Et adorauit domum Niſroch Dei ſui, hoc eſt, *arcam Noe*: Arcam autem
hanc veluti idolum quoddam fuiſſe, Chaldæus paraphraſtes inſinuat, dùm
ait:

וסגיד בית נסרוך טעותיה:

Et adorauit domum Niſroch idolum ſuum. Fuit igitur Niſroch nihil
aliud, niſi idolum ſeu arca ex lignis arcæ Noëmicæ compactis, ſub quo
Saturnum ſeu Belum ſuum honorabant, quem Noë ſuprà eſſe diximus.

Rimmon quoque Numen apud Syros fuiſſe, ſacra Regum hiſtoria
nos docet; quale tamen fuerit, altum eſt omnium ſilentium. Aliqui Venerem, eò quod **רמונים** Rimmonim, hoc eſt, mala granata ei ſacra legantur

fuiſſe, arbitrantur. Seldenus dicit, Rimmon idem Numen fuiſſe quod
Elioan Phœnices dicunt, & Heſychius ῥαμαν, hoc eſt, Ὅν ὕψιϛον Θεόν. Ve-

riſimiliùs eſt Rimmon idem fuiſſe Numen quod Pomonam antiqui, Deam
videlicet pomis & fructibus præſidentem, dicebant. Nam hanc Deam
ſummâ veneratione cultam à gentibus, Flamen Pomonalis apud Feſtum
ſatis oſtendit. Veritatem huius coniecturæ maximè fulcit etymon vocabuli; ſicut enim à floribus Dea florum Flora; & à terra terræ Dea, Tellus; & à piſcibus, piſcium, mariſque Dea Dagon; ab **אשרה** *Aſera*, hoc eſt,
à ſyluis & lucis, Dea eorum Aſtaroth; aliaque gentium Numina, de quibus in præcedentibus locuti ſumus, omnia vel à rebus, quibus præſunt,
vel ab effectibus, quos in re, cui præſunt, operantur, nomina ſua obtinue-
runt; ſic Rimmon quoque non ſecus ac Pomona à pomo nomen habere
videtur. Sed hæc innuiſſe tantùm ſufficiat.

Porrò inter alia Babyloniorum Numina Nebo quoque occurrit, iux-
ta illud Iſaiæ 46. 1. *Confractus eſt Babel, contritus eſt Nebo; facta ſunt ſimulachra eorum beſtijs & iumentis onera veſtra graui pondere vſque ad laſſitudinem.*
Quale tamen idolum hoc fuerit, difficile eſt aſſerere.

Septuaginta Interpretes vertunt hoc loco Dagon: Ἔπεσε Βὴλ, συνε-
ζίβη Δαγών, *Cecidit Bel, contritus eſt Dagon*. D. Hieronymus in commentario huius loci exiſtimat, Nebo idolum eſſe, per quod diuinationes exercebant, & reſponſa petebant. Verba eius ſunt: *Cecidit Babel, confractus
eſt Nebo*. Bel Græci Belum, Latini Saturnum vocant; cuius tanta fuit
apud veteres religio, vt ei non ſolùm humanas hoſtias captiuorum, igno-
biliumque mortalium; ſed & ſuos liberos immolarent; Nebo autem id
ipſum idolum eſt, quod interpretatur diuinatio, & prophetia, quam poſt
Euangelij veritatem in toto orbe conticuiſſe ſignificat; ſiue iuxtà Septuaginta, Δαγών, quod tamen in Hebraico non habetur. Et eſt idolum Aſco-
lonis, Gazæ, & reliquarum vrbium Philiſthijm. Et à ſpeciali tranſit ad generale, facta ſunt ſimulachra eorum beſtijs & iumentis; non quod ſimulachra gentilium in prædam beſtiarum & iumentorum expoſita ſint; ſed
quod

quòd religio nationum, simulachra sint bestiarum , & brutorum animā-
lium , quæ maximè in Ægypto diuino cultui consecrata sunt : nam &
pleraque oppida eorum ex bestijs & iumentis habent nomina . Sic Diuus
Hieronymus, & Ionathas paraphrastes Chaldæus, Bel & Nabo simulachra
fuisse opinantur in similitudinem serpentum, & iumentorum .

D. Hieron.

*Ionathae
Chaldaei.*

המ״ט כל אתקטף נבו הוו צלמניהון דמות חיוא
ובעירא :

*Incuruatus est Bel, succisus est Nabo, fuerunt simulachra eorum in simili tu-
dinem serpentum & iumentorum .* Cui Rassi astipulatur ; ait enim :

Rassi.

שמעתי משמו של ר״ג כן היו עצביהם צלמי צורותם של בל ונבו היו לחיות
ולבהמה שמזומין ומלכלכין עצמן ברעי שלהם :

Audiui, inquit, *de nomine horum idolorum loquentem* R. *Gerson, qui asserebat, fuisse simulachra hæc figura serpentum & bestiarum, &c.* Seldeus existimat, Nebo fuisse Nibhon ; sed fallitur, cum Rabbinis testantibus Nibhon
nihil aliud fuerit, quàm locus quidam editus :

Seldenus.

דיבון הוא שם משגב שהיה שם בית ע׳ :

Dibhon fuit locus exaltatus, vbi erat fanum, in quo Camos colebatur ; sic
enim scribit :

וכאשר ובאו האויבים עליהם פתאום יעלו עליהם לבכי ולבכות שם לפני
ע׳ שלהם ולספוד ולקרוע בגדיהם כדי שרחם עליהם כמוש אלהיהם כפי דעהם :

*Et cùm venirent inimici eorum super illos ,subito ascenderunt excelsa , plo-
rantes ibi ante idola eorum, plangentes , & scindentes vestimenta sua, ad misericor-
diam commouendum Deum eorum Camos ; atque hæc est consuetudo eorum .* Ex
quo patet, Nebo ab aliquibus hoc loco nullum alium esse,quàm Chamos,
qui Bacchus à nobis suprà demonstratus est, concludi; quo fundamento,
ipsi viderint . Nobis sanè probabilius est , Nebo & Bel nihil fuisse aliud ;
quàm quæuis portatilia idola, de loco in locum migrantibus cultoribus
suis, iumentorum opera transportata, ita quidem, vt omnia illa idola,per
quæ diuinationes exercebant, quibusuè oraculorum loco vtebantur , quales erant Theraphim,Ob, Ieduah,magnæ fortunæ abacus, similiaque magicæ artis instrumenta; Nebo, à diuinatione & prophetia ; alia verò simulachra communi nomine Bel seu Baal appellarentur, vt in capite de
Baalim Hebræorum ostendimus . Indicat huius sententiæ veritatem
non tantùm sacræ historiæ textus, qui vt huiusmodi idolorum cultoribus
illuderet, ipsas bestias sub Deorum pondere incuruatas ingemuisse dicens apposite ad vecturam alludit . Sed & D. Hieronymus citato loco ,
vnà cum commentatoribus in hunc locum, multiformia ea idola fuisse
ex auro & argento fabrefacta , manifestis verbis asserunt , vbi non
minùs docte, quàm cumprimis lepidè cœrimonias Dijs huiusmodi peractas
describunt . Quid autem fuerit Magnæ fortunæ Abacus,diximus in capite de Baalgad ; quid Ob & Ieduah fuerit,paucis explicare visum est . De
Ob & Iideonim Moses Leuit. 20. capite agit, vbi sacra Scriptura omnem
animam declinantem ad Magos & Ariolos extirpandam asserit . Pro vocibus *Magos & Ariolos* Hebræi legunt אובות וידענים *Oboth vaiideonim .* Ob

*Nebo signifi-
cat qualibet
portatilia
simulachra.*

D. Hieron.

*Ob, quid?
Leuit. 20.*

ple-

plerique vertunt Pythonem feu Magum ; verum ex RR. Mofe Mikorti ,
Rambam, Paulo Riccio, colligo, Ob nihil aliud fuiffe, quàm Spiritum feu
Dæmonem, qui ab immundis, & quæ honeftè nominari non poffunt, partibus nonnunquam à capite feu axillis, fiue Harioli, aut mortui fubmiffa
voce, & quæ ex Telluris cauitatibus videretur egredi, nec audiri , fed à
confulente duntaxat mente concipi poffet, refponfa dabat ; ita Ralbag
in 28. l. 1. Sam.

ארז״ל שענין האוב הוא שהמעלה את חמת הוא חמה בלתי שומע דבר רואה חמונת
חמה הוא ושמואל לא יראה החמונה החיא אבל ישמע דברים מה לפי מחשבתו על
: שאלחו וג׳

*Dicunt Rabbini felicis memoriæ, quòd Ob feu Python res fuit, afcendere
faciens mortuum ; ille abfq́ eo quod audiret verbum, videbat fimulachrum mortui;
interrogans autem Pythonem, non videbat imaginem feu vmbram mortui, audiebat
tamen verba, quæ de interrogatione fua mente conceperat.* Ita Sauli , Samuelis
defuncti fpecies repræfentabatur à fœmina, cuius ex obfcœnis Ob loquebatur. Fœminam fiue Pythoniffam, feu vt Septuaginta Interpretes vertunt, γυνάμα ἐγγαςείμυθον, illam Scriptura nuncupat אשת בעלת אוב , id eft,
Mulierem habentem Ob. Ob igitur hîc ipfe fpiritus ventriloquus ; Py-
thoniffa autem ipfa, fiue Ariolus, id eft, Baal feu Baalath Ob hoc nomine
nuncupatur. Et dùm initiabantur, tenebat manibus שרביט של הדם Vir-
gam myrtheam, & fuffumigabantur, tefte Rambam cit. loco ; rituum autem huiufmodi locum fuiffe mortui fepulchrum, tradit R. Abraham Ben.
Dauid.

Prodijt propudiofa hæc & ridicula Pythonis ventriloqui fpiritus religio non aliundè nifi ex Ægypto, quibus fpurcus dæmon fæpè per humani corporis pudenda, potiffimùm per pofteriora ftrepitu emiffo refponfa
dabat, quem ventris fonitum ideò diuinis honoribus ab ijs cultum effe in
Syntagmate 2. capita de fuperftitionibus Ægyptiorum tradidimus , & D.
Hieronymus in c. 56. Ifaiæ commentans tradit, alijque quos dicto Syntagmate citauimus. Vt enim fpurciffimis hifce oraculis maiorem concilia-
ret exiftimationem immundus Diabolus, mentefque fuperftitiofas faciliùs
implicaret, plerumq; interrogationibus factis, infallibilem largiebatur effectum, Sed hæc de nefandis facris fufficiant. Quare ad Iedeonìm tranf-
eamus.

Iideoni itaque aiunt, eft Ariolus qui offe animantis ידעי Iedoa dicti,
in os fuum pofito, futura doceret, & quærenda folueret. Animal autem
fcribunt illud nefcio quod Iadoa fuiffe, cui humana vndiquaque figura ,
fed quod ad funem cuiufdam radicis ligaretur, & à primo ortu perpetuo
hæreret viuum, donec, qui ob innatam eius fæuitiem propiùs accedere,
minùs funt aufi, fagittis conficerent ; fed verifimiliùs eft, Iideonìm à verbo ידע , hoc eft, fciuit, nouit, deriuatum, idem effe quod Ariolum, qui
certo animi propofito de re quapiam confulit ; à mortuis autem exfpe-
ctabant, vt per infomnia de rebus, quas fcifcitabantur, iuxtà fepulchra,
pernoctantes, fierent certiòres ; & Pythoniffarum ope etiam euocatas
eorum fpecies, vti de Samuele dicitur, confulebant ; quæ Rambam con-

fir-

firmat in Moreh nebuchim l. 3. c. 29 iuxtà exemplar Hebraicum , hiscè
verbis :

וְנוֹלְדוּ בָהֶם דֵּיעוֹת וְחַיָּה מֵהֶם מְעוֹנֵן וּמְנַחֵשׁ וּמְכַשֵּׁף וְחוֹבֵר חֶבֶר וְשׁוֹאֵל אוֹב *Rambam.*
וְיִדְּעוֹנִי וְדוֹרֵשׁ אֶל הַמֵּתִים .

Tunc etiam ortæ ſ nt opiniones & ſententiæ, & inuenti ſunt ex eis Augu-
res, & Magi, & diuinatores, & inquirentes Ob, & Iideonim, & requirentes *Eſaias.*
mortuos. Inſinuat Eſaias hanc improbam conſuetudinem, cùm dicit:
Populus qui ad iracundiam prouocat me ante faciem meam ſemper; qui immolant
in hortis, & ſacrificant ſuper lateres ; qui habitant in ſepulchris , & in delubris
idolorum dormiunt. In quem locum Ionathas Chaldæus hiſcè verbis : *Ionathas*
Chaldæus.

דְּיָתְבִין בְּבָתַּיָּא דְּבָנַן מֵעֲפַר קִבְרַיָּא וְעִם פִּגְרֵי בְּנֵי אֲנָשָׁא דָּיְרִין דְּאָכְלִין בְּשַׂר
חֲזִירָא :

Qui habitant in domibus, quæ ædificantur de puluere ſepulchrorum, & cum
cadaueribus filiorum hominum morantur, & comedunt carnem porcinam. Quibus
verbis Paraphraſtes maximè innuit conſuetudines Ægyptiorum,à quibus
Hebræi hauſerant,vti iam ſæpe dictum eſt,ſua omnia ; quibus ſolenne erat
ad reſponſa petenda,adyta illa ſua, ſpeluncas ſubterraneas, vbi corpora
mortuorum condere ſolebant,intrare; quemadmodum eo loco, vbi de
Ægyptiorum mumijs tractabimus, fuse oſtendemus. Cauſam verò , cur
in huiuſmodi locis ad oracula conſulenda morarentur, Kadak pandit: *Kadak.*

הַיֹּשְׁבִים בַּקְּבָרִים לִדְרוֹשׁ אֶל הַמֵּתִים בֶּחֳרָבוֹת יָלִינוּ בְּלֵילָה שֶׁיִּרְאוּ לָהֶם הַשֵּׁדִים .
לְדַעְתָּם כִּי הַמְּזִיקִים נִרְאִים בֶּחֳרָבוֹת לַמַּאֲמִינִים :

Sedentes in ſepulchris , vt conſulant mortuos ; in ſolitudinibus moran-
tur, & in nocte, vt appareant eis Dæmones, vt cognoſcant eos : quoniam dæ-
mones illi nocturni credentibus in eos, (hoc eſt cultoribus ſuis) *nullibi faciliùs ,*
quàm in ſolitudinibus (& tenebroſis locis) *apparere ſolent .* Verùm ad rem
noſtram redeamus . Fuerunt itaque varia inſtrumenta ſeu idola , per quæ
antiqui diuinationes ſuas peragebant, Diabolo reſponſa per ea dante,
quæ Nebo, hoc eſt, prophetia, ſiue diuinatio dicebantur , ab effectu videlicet, quem præſtabant: huius farinæ fuerunt Theraphim , Iſiacæ ſtatuæ, Ob, Ieduah, Beelphegor, Abacus fortunæ, menſa Solis & Lunæ, ſimiliaque, de quibus alibi ex profeſſo tractabitur ; atque hæc ſunt illa idola Nebo, quæ ſecum, quocunque ibant, portabant , curribus vehebant ,
per hæc diuinabantur , hæc denique Deorum loco tenebant. Erant autem huiuſmodi variæ formæ, quædam infantium, alia ſerpentium, aut cœterarum beſtiarum, multa hominis, infantis, virginis , per quorum obſcœ-
nas partes dæmon loquebatur, vt in præcedentibus oſtendimus.

Porrò his ex occaſione data fuſiùs forſan, quàm par erat, expoſitis, *Seſach.*
nunc ordo poſtulat, vt de Seſach nonnihil quoque dicamus. Hoc itaque
nomen duobus locis apud Hieremiam reperitur, videlicet 26. & 41. capitibus; quod verò multi Seſach inter Numina Babyloniorum computent,
quà ratione moti id faciant,non video ; cùm id nec ex citatis Ieremiæ locis oſtendi queat, nec aliæ rationes ſuppetant, quibus id efficaciter pro-
bari poſſit. Seldenus neſcio qua coniectura motus, à Sacca Babyloniorum feſto Numini Seſach dicato id euincere conatur,teſtem huius addu- *Seldenus.*
cit

cit Berofum apud Athenæum 14. dipnof: Βήρωσ⳩Ⳬ, inquit ille, ἐν τῷ πρώτῳ Βαβυλωνιακῶν, τῷ λόῳ μίωὶ ἐχαιδεκάτη φησὶ, ἄγεαξ ἑορτίω Σακέαν προσαγορθομίω ἐν Βαβυλῶνι ὅτι ἡμέρας πέντε, ἐν αἷς ἔϑ⳩Ⳬ ἔϑ ἄρχεαξ τῶν δεσποζαξ ἱπὸ τῶ αἰκετῶ. ἀφηγαῖαξ τε ὦ οἰκίας ἕνα αὐτῶ ἐνδεδυκόζα σολίω ὁμοίαν τῇ βασιλικῇ, ἐν ᾗ καλᾶϑ ζωγαφίω. μνημονεύᾳ δ᾽ ἑορῇ καὶ Κτησίας, ἐν δ᾽ δτέρῳ Πεσσικῶν.

Berosus in 1. l. Babyloniorum refert, decima sexta die mensis Loi festum Sacean dictum Babylone dies quinque celebrari; in his morem esse, dominos parere imperio seruorum, præesse autem familiæ eorum vnum veste regiá indutum, hunc Zoganem nuncupari. Festum memorat etiam Ctesias in 2. Persicor. Verùm ex his omnibus hoc vnum tantùm probatur, Babylonios festum celebrasse, Sacean nomine. Vtrum autem hoc festum à Sesach nomen habeat, aut honori Numinis Sesach, vt citatus Author contendit, dicatùm sit, saluo quidem aliorum iudicio, ex adducto Berosi loco demonstrari nullà ratione potest. Nos itaque meliori fundamento nixi asserimus, Sesach non tam Numen aliquod esse, quàm ex Cabala Themurah à propheta per Atbasch confictum nomen, quo Babyloniam, Regemque eius mysticè designabat; Sesach enim scribitur ששך, Babel בבל, à thau ת regriendo ordinatà elementorum serie, si pro ב bis sumas ש, & pro כ, ל, ex Babel Sesach fiet. Verùm hæc pueris passim nota sunt. Sesach igitur confictum nomen nihil aliud significat, quàm Babel. ita hoc loco Rabbini penè omnes פירושוֹהוּ שהוא בבל בָּאת בשׁ: explicant illud Babel per Atbasch. Imò Ionathas locis Ieremiæ citatis, Sesach aliter non vertit, quàm Babel. Propheta igitur, vt plerique Hebræorum sentiunt, ne Regem Babylonis contra se excitaret, nomen Babel commutatis elementis artificiosè transformauit in Sesach; quia dicitur: Et Sesach bibet post eos, videlicet calicem iræ Dei. Nec opus est multis Authoritatibus aliundè desumptis, cùm ipsa sacra scriptura, ad quam Lectorem remittimus, totam difficultatem facilè exhauriat. Nec quicquam ad diuinitatem Sesach conciliandam τῷ Σαχρῶν ἡμερῶν, id est, Sacæorum dierum festiuitas facit, cùm ea in honorem Veneris Babyloniæ & Persicæ, quam nos suprà Anaitidem appellauimus, multò ante Hieremiæ tempora ob victoriam Persarum & Babyloniorum (qui ab Authoribus passìm confunduntur) à Sacis, qui populi sunt intra Imaum montem habitantes, Scythæ dicti, reportatam, vti alibi quoque ostendimus, instituta reperiatur; de quibus consule Strabonem l. 11. Photium in Myrobiblo cod. 72. Iamblichum Syrum in rebus amatoriis de Rhodane & Sinonide; Hesychium, qui & hoc festum Σκυϑικίω ἑορτίω ob dictam rationem appellat. Atque hæc de Sesach dicta sufficiant.

CAPVT XXII.

De Rephan, & Markolis Idolis Hebræorum.

DE Rephan, quem alij Remphan, vel etiam Romphan perperam appellant, nulla sacris in literis fit mentio, nisi Amos 5. & Actorum
septi-

septimo, vbi S. Stephanus Iudæis idololatriam Patrum prædecefforum,
exprobrat hifcè verbis: *Et fufcepiftis tabernaculum Moloch, & fidus Dei ve-* A&.Apoft. 7
ftri Remphan, figuras quas feciftis adorare eas . Vbi Syriaca verfio habet pro *v. 43.*
Remphan, Rephon:

ܐܠ ܡܩܒܠܬܘܢ ܡܫܟܢܗ ܕܡܠܟܘܡ ܘܟܘܟܒܐ ܕܐܠܗܟܘܢ
ܘܕܚܙܬܘܢ ܘܠܨܘܪܬܗ ܕܥܒܕܬܘܢ ܠܗܝܢ ܐܫܢܐ ܠܟܘܢ ܡܢ ܒܒܠ

Quinimò baiulaftis Conopæum Melchum , & fidus Dei veftri Rephon, ima-
gines quas feciftis, vt eas adoraretis, transferam vos de Babel.

Quifnam igitur fuerit ifte Rephan, variæ interpretum huius loci funt
opiniones ; alij Venerem feu ftellam, quam Luciferum vocant Aftronomi, interpretantur ; alij Iouem ; non defunt quoque qui vnam è conftel-
lationibus fixis Rephan effe arbitrentur . Nos relictis omnibus hifcè coniecturis aliquid certiùs adferemus .

Dicimus itaque Rephan vocem effe Ægyptiacam feu Coptam, eaq; Rephan vox
nihil aliud fignificari in dicto idiomate, quàm Saturnum, vti ex Onoma- Copta, figni-
ftico noftro Copto-Arabico-Latino manifefte conftat , vbi SaturnusRe- ficat Satur-
phan dicitur, ob gygantæam videlicet magnitudinem . Nomina Plane- num.
tarum, prout ab Ægyptijs appellantur , hic ex dicto Onomaftico noftro
decerpta adiungam.

ⲡⲓⲍⲙⲫⲱⲥ ⲧⲏ ⲣⲉⲕⲙⲓϯ

7. *Planetarum nomina Coptó Arabica-Latina.*

Arab.	Ægypt.	Latin.
زحل	ⲣⲏⲫⲁⲛ	Saturnus
المشتري	ⲡⲓⲍⲉⲩⲥ	Iuppiter
المريخ	ⲉⲱⲗⲟⲭ	Mars
الزعرة	ⲥⲟⲭⲣⲟⲩ	Venus
عطارد	ⲡⲓⲉⲣⲙⲏⲥ	Mercurius
الشمس	ⲡⲓⲣⲏ	Sol
القمر	ⲡⲓⲟⲟϩ	Luna.

Copta verfio ex Vaticana petita fuffragatur Onomaftico , dùm cit.
loc. Actorum ita Copticè vertit :

ⲁϥⲕⲟ ⲧⲩⲁⲉ ⲛⲍⲉⲫϯ ⲉⲩ ⲧⲏⲓⲧⲩ ⲉⲩⲓ ⲛⲧⲉⲧⲣⲁⲧⲓⲕⲓⲛⲧⲉⲧⲫⲉ
Et paulò poft: ⲭⲉⲙⲏ ⲛⲁϩⲣⲓ ϩⲟⲗ ϩⲉⲗⲛⲉⲙ ⲱⲩⲥⲩⲙⲟⲩⲱ ⲁⲣⲉⲧⲉ-
ⲛⲉⲛⲟⲩⲙⲉ ϩⲣⲏϩⲓ ⲡⲱⲩ ⲙⲡⲣⲟⲙⲉ ⲡⲛⲏⲙⲓⲥⲓⲟⲩ ⲟⲩⲟ ⲁⲧⲉⲧⲉⲛ
ϭⲓⲛⲧϭⲱⲧⲛⲏ ⲓⲛⲧⲉ ⲉⲱⲗⲟⲭ ⲡⲉⲙⲛⲓⲥⲓⲟⲩ ⲓⲛⲧⲉⲛⲉⲧⲉⲛ ⲛⲟⲩϯ ⲣⲉⲫⲁⲛ
ⲛⲓ ⲧⲩⲡⲟⲥ ⲉⲧⲁⲣⲉⲧⲉⲛ ⲃⲁⲙⲓⲱⲧ ⲉⲟⲩⲱⲱ ⲧⲙⲙⲱⲟⲩ ⲟⲩⲟ ⲉⲓⲉ-
ⲧⲉϩⲉⲛ ⲛⲟⲩⲉⲃⲟⲗ ⲉⲛⲓⲥⲁⲛⲧⲉ ϩⲁϩⲧⲩⲗⲓⲛ

Conuertit autem Deus, & tradidit eos feruire militiæ cœli, ficut fcriptum,
eft, Nunquid victimas & hoftias obtuliftis mihi annis quadraginta in deferto domus,

Ccc *Ifraël?*

Ifrael? & acc-piftis tabernaculum Moloch, & fid us Dei veftri Rephan (hæc eft Saturni). Cui Arabica , Græca, Æthiopica omninò conſonant, vt ſequirur :

اخذتم خيمة ملكوم وكوكب الاعكم رافان الاشياء التي صنعتموها لتكونوا تسجدون له ۹۱ ا

A cctpiftis tabernaculum Melcum , & fidus Dei veftri Rephan , &c. Se-

ptuaginta verò Interpretes : Ἀναλάβετε τὴν σκηνὴν τῇ Μολόχ , καὶ τὸ ἄςρον τῇ Θεῷ ἡμῶν Ῥεφαν . Æthiopica lectio :

Vatumadaho balihu agiziahbaher varrafiumu jutkanaiu lachata famaia bachamatazucfa, vafata mazuchfa nebiat Ifrael vanafachamu dabtara Meloch, vatamruta imlachachamu Rophan, anza tafagada laamanta mafla zagbarchamun vadabrara famaa.

Conuertit autem Deus, & tradidit eos feruire militiæ cœli , ficuti fcriptum eft in libris Prophetarum . Num victimas & hoftias obtuliftis mihi annis quadraginta in deferto Ifrael, & portaftis vmbracula Moloch, & ftellam Dei veftri Rempham adoratis , quod ipfi feciftis &c. Non igitur Rompha vel Rempham, ſed Rephan hoc loco proprium Saturni nomen eſt. Vnum miror, cur Amos 5. v. vlt. in Hebraico textu non Rephan, ſed Ciun כיון legatur, cùm tamen citatis locis & vulgata, & Septuaginta Interpretes cum aliis paulò ante adductis vbique vertant Rephan ; verba Prophetæ hic adducam :

ונשאתם את סכות מלככם ואת כיון צלמיכם כוכב
אלהיכם אשר עש יתם לכם :

Quæ ad literam ita ſonant : *Et portaftis tabernacula Regis veftri, & Ciun idolorum veftrorum, fidus Dei veftri quod feciftis vobis .* Quæ multùm à vulgata verſione Latina diſtare videtur : ſic enim hoc loco habet vulgata.

Et portaftis tabernaculum Moloch veftro, & imaginem idolorum veftrorum, fidus Dei veftri Rempham . Cui conuenit & alia Græca lectio , quæ ῥεμφὰ habet loco Ciun. Ionathas quoque, etſi in Chaldaica ſua paraphraſi diſſideat in verſione, explicat tamen vulgatam verſionem :

ונטלתון ית סיכות בית כמריא ות כיון צלמיכם כוכב
טעותכון די עברתון לכון :

Et portafti: bini tabernacula facerdotum veftrorum, & Ciun imaginem veftram ftellam idolum veftrum , quod feciftis vobis . Atque ex his omnibus patet, Ciun & Rephan hoc loco pro eodem ſumi. Vtrum autem hæc duo vnius idoli diuerfa nomina ſint, an idem nomen ex corruptione, quam ex

varia deſcriptione incurrit, tantùm diuerſum ſit, dubium eſt . Vtriuſque ſententiæ Authores reperio. Rabbini diuerſum ponunt nomen à Rephan, & aiunt, Ciun idem eſſe hîc ac Geuauim, hoc eſt, placentulas mellitas, quæ offerebantur Reginæ cœli ſeu Veneri, quam Succoth benoth ſuprà diximus : Ita Radak ex aliis refert:

ונשאתם את סכות מלככם אחר על כוכב שנעשה ע ז על שמי וקרא אותו
מלך לפי שהם הושבים אותו למלך עליהם או שהיה כוכב גדול בצבא השמים
שהוא

שהוא כמלך על צבאו ואת כיון צלמיכם כיון כמו לעשות כונים וכבר
פירשנו בספר ירמיהו שהם מיני מאכלים שמכינים לעבורה ולפיכך נקראו כונים :

Et Juſtuliſtis tabernacula Regis veſtri מלבכם. *Dicitur de ſtella ſeu idolo,
cuius nomen Moloch; & vocant eum Regem, vel quòd eum Regem ſibi dominan-
tem exiſtiment, vel quòd ſit ſtella magna in militia cœli, in qua veluti Dux, Rex,
ſeu Imperator emineat ſuper exercitumſuum.* [*& Cium imaginem veſtram.*] *Sunt
qui explicant, quaſi facere* כונים, *id eſt, placentas mellitas, & iam explicauimus
in lib. Ieremiæ, quòd Cauanim ſint ſpecies quædam eduliorum, quæ præparabantur
Idolo, & ideò vocantur Cauanim. Verùm huic ſententiæ non aſtipulamur.
Melior eſt quam ſubiungit paulò poſt citatus Radak:*

פירשנו שכיון הוא כוכב שבתאי וכן נקרא בלשון
שמעאלים ופרס כיואן:

*Nos explicamus quod Ciun idem ſit quod ſtella Saturni, & ita dicitur Sa-
turnus in lingua Iſmaëlitica (Arabica) & in Perſica Ceuan. R. Abenezra
ait, eſſe nomen Saturni, compoſitum ex Arabica & Perſica lingua. Quicquid ſit, nomine Perſico Saturnum* כיואן *Ceuan dici, nemo negare poteſt,
niſi qui forſan libros Perſicos, qui paſſim eum hoc nomine vocant, non
legerit; in Arabum autem monumentis nunquam me hoc nomen reperiſſe memini. Vndè aliqui opinantur Ceuan & Rephan idem omninò nomen eſſe, quod Perſæ ab Ægyptijs acceptum R in C mutato blæſorum
more corruperint; ita Ioannes Druſius audacter. Eſſet, ait ille, Cheuan
(ſic legit* כיון *) niſi manus aberrans maluiſſet ſcribere* רעאו *pro* ×, *aut fortè ipſi
Interpretes legerunt* ריון *pro* כיון. *meliùs dixiſſet, futurum fuiſſe* רעאו, *niſi
manus aberrans ſcribere maluiſſet* כיון *Ceuan; Rephan enim genuinum
Saturni nomen apud Ægyptios, Ceuan autem corruptum à vicinis Perſis
ante oſtendimus. Hæc ſententia alios quoque ſui fautores inuenit, nec mihi diſpliceret, niſi me venerabilis huius Tranſlatoris ab huiuſmodi aſſer-
tione terreret authoritas, & meliora non ſupereſſent, queis dictas difficultates conciliare poſſemus,*

*Dicimus igitur quod Chiun, non per errorem, vt Druſius, eiuſque
Aſſeclæ volunt, ſacris literis irrepſerit; ſed ſtudio à Propheta ſit poſitum
hoc loco tanquam idoli nomen, quo Ægyptij nunc Saturnum, nunc Herculem confuſim appellabant, Hebræis notiſſimum. Eſt enim Chiun, vel
Coptice* ⳣⲓⲕⲱⲛ, *idem quod imago, figura, aut idolum, quo nomine Saturni, aut Herculis ſimulachrum promiſcuè,* & τὼ ἐξοχλω, *appellabant. Saturnum autem, quatenus vnus ex ſeptem planetis eſt, ob vehementiam
effectuum, quos operatur, Rephan, quaſi diceres vires gygantis, dicebant.
Chiun vel Chon itaque idolum Saturni dicebant Rephan ſtellam. Herculem autem Ægyptium, quem Herodotus inter octo Deos Ægyptiorum
computat, Chon vel Chiun dictum eſſe Ægyptiacè, oſtendit magnum
Etymologicum hiſcè verbis:*

Chiun ſigni-
ficat Satur-
num, & Her-
culem, & idé
eſt quod Re-
phan.

Χῶνες ἔϑ'(Θ). Ἰϑαλικὸν Ὅν Ἡρακλέα φασὶ κỳ τὼ τῶν Αἰγυπίων ϑγάλεκτον χῶνα λέγεϑαί ᠔b
εἰς Ἰταλίαν, κỳ ἀπ' ἀυτὰ χῶνας ὀνομαϑῶσι τὸ ἔϑν(Θ).

*Chones, populus Italiæ, dicunt Herculem iuxtà Ægyptiorum dialectum Chon
dictum eſſe, & à ſubiugata per eum Italia Itali Chones poſtmodum appellati ſunt.*

Ccc 2   Quæ

Quæ omnia confirmat Antiochus Zenophenes apud Lilium Gyraldum. Synt. X. *Chon*, inquit, *Hercules Ægyptiorum linguâ nuncupatus; qui cum Ofiride Italiam liberauit à tyrannide, & ab hoc Chone Hercule Ægyptio Italiam antiquitùs vocatam effe proditur*. Hiftoriam breuiter enarrat Petrus Leo Caftella in libello de Aboriginibus & Ianigenis. *Is itáque Ofiris poft Sicani obitum accerfitus ab Italis, populorum fcilicet Maioribus XII. VI. I. P. C. vindicibus, aduenit in Italiam, vbi Nouitas & Virtus femper imperant : is gygantes deuicit omnes, & fi quos feruauit, eos in triumphum duxit, omni potitus Italia, comitatus Hercule Chone, a quo vltima in Italia populi Chones, qui à Sabinis tandem eiecti funt*. Hunc Herculem τιγῶνα quoque appellatum effe apud Hefychium reperio :

Antiochus Zenophenes.

Petrus Leo Caftella.

Hefychius.

Τιγνῶν, inquit, οἱ δὲ Γεγῶν, Παῆαικ@-, Ἐπιπάταικ@-, Τεραπέζι@-, οἱ δὲ Αἰγύπ]ιον Ἡρακλέα νομίζουσι.

Gignon, nonnullis Gigon, Patæcus, Epipatæcus, Trapezius, aliqui Herculem Ægyptium appellant. Quod verbum non diffentit à Rephan, fi fignificationem afpicias; ambo enim iftius Numinis vires indicant, cùm & Rephanem, & Chonem, Gygantem fignificari ex dictis pateat. Concludimus igitur Rephan, & Ciun, vel Chon locis citatis facræ fcripturæ nihil aliud effe, quàm fimulachrum Saturni, vel fub fideris figura, vel ob ftellam fronti idoli infertam, cultum ; & nomina diuerfa vni attributa effe. Saturnum enim, quem Rephan effe oftendimus, & Herculem, quem Chona, pafsim cum Ofiride confufa effe in Syntagmate tertio huius probauimus. Verùm hæc meliùs in fequentibus difcutientur. Quare Rephane relicto ad Marcolin progrediamur.

Marcolis idé quod Mercurius.

Marcolis מרקולים Hebræis idem eft, quod Latinis Mercurius ; ita colligo ex Adagio illo Hebræorum זורק אבן למרקולים *Spargens lapidem in Marcolis*, hoc eft, in Mercurium ; de quo R. Elias Afcenaz, ita in Thesbi:

R. Elias.

זורק אבן למרקולים שם ע"ז שכך היתה עבורתה ויש אומרים שהוא שם אלה
שעברו לו ברומא הנקרא מרקוריא :

Markolis nomen idoli, & dicunt, quod mittendo lapides (in aceruum) fit cultus eius ; dicunt etiam, quod illud fit nomen illius, qui Romæ colebatur fub nomine Mercurij. Ita de parabola dicta R. Elias. Quod quidem prouerbium aliunde non profluxit, nifi ex parabola illa Salomonis c. 26. v. 8. *Sicut qui mittit lapidem in aceruum Mercurij, ita qui tribuit infipienti honorem*. Vbi Hebraica veritas habet במרגמה ; ex qua voce Mercurium forfan formarunt prifci ; etfi Græci Interpretes, Ionathas, ac plerique recentiorum ibi fundam intelligant. Tanta autem in hoc loco explicando auctorum difficultas, tanta opinionum varietas & diffenfio ; vt quid credere quifpiam debeat, difpici vix poffit.

Explicatur locus parab. c. 26. v. 8.

Nos, vt & huic loco aliquam lucem adferamus, dicimus hanc parabolam nequaquam intelligendam effe de fundæ iactu, vt citati fupra Authores fentiunt, nec de lapide באתרגמה ; hoc eft, in purpura inuoluto, vti Raffi ; nec de buftuario feu loco funefto, vbi corpora damnatorum lapidibus obruebantur ; nec de lapillis numeratorijs, feu calculis Arithmeticis, vt D. Thomas, fed de lapidibus, quæ in honorem Mercolis fiue Mercurij

D. Th. 2. 2. q. 64. a. 3. 54 corpore.

curij in aceruum lapidum dicto Numini coaceruatum proijciebantur. Voluit igitur sapientissimus mortalium eum, qui stultum honestauerit, tantundem facere, ac si dictum Mercurij aceruum lapidis iactu augeret. Collata & stulto, & aceruo quasi beneficia, huic lapidis occasione, illi honoris; neuter autem gratum rependit animum, non stultus magis, quàm lapidum aceruus; neuter beneficium conferri satis agnoscit. Consentit huic Beda in hunc locum commentans. *Qui insipienti*, inquit, *id est, hæretico honorem docendi confert, non minùs delinquit, quàm qui Deos ac delubra gentilium cultu venerantur inani*. Verùm vt huiusmodi sacra Mercoli collata, eorumque origo, ritus, ac cœrimoniæ penitiùs intelligantur, Sciendum est, cunctis ferè gentibus celebres statuas Mercurij fuisse; quasdam solitarias, in quibus solus ipse in basi; quasdam sociales, in quarum vna basi simul Pallas, quæ Hermathenæ vocatæ; aut Hercules, quæ Heraclæ; & hæ propriæ Gymnasiorum erant, vt patet ex Cicerone ad Atticum, & Turneb. l. 7. adu. cap. vltimo. *Solitariæ*, ait Derrius, *crebriores fuerunt, non in sepulchris tantùm, sed in fulcris lectorum, indicantes Mercurium somni præsidem, cui ideò vltimus seu tertius cyathus in conuiuiis sacer, teste Polluce l. 6. cap. 15. & Luc. l. 3. Apoll.* Quæ quidem sculpturæ dicuntur ἑρμῖνες Suidæ, ἑρμινα Hesychio, nec in delubris tantùm, sed & in priuatorum vestibulis collocantur, formâ quadrangulari, & vt plurimùm lapideæ. ita Thucyd. l. 6. belli Peloponesi. De alijs vide Herodotum l. 2. & Macrob. c. 19. Sat. Ægyptij, & ab his Græci, & Romani edocti huius farinæ Deastros, vel pectore tenùs humano, vel capite, & collo duntaxat effigiabant, cœtera truncos. De quibus consule Clementem Alexandrinum in protreptico, & Arnobium l. 6. aduersus gentes, Plutarchum in Alcibiade & Nicia, Æmylium Probum, Thucyd. aliosque. Scio nonnunquam tricipitem Mercurium pingi solitum, vndè de hominibus vel vehementer ambiguis quid aggredi debeant, vel valdè vafris adagium ξικέφαλ@ Ἑρμῆς, triceps Mercurius; cuius causam puto, quia idem mercaturæ, orationis, & itineris Numen habebatur, quod Adagiographus censet in singulis capitibus inscriptionem habuisse, quò duceret hæc via, quò rursus illa.

Porrò materia crebrior lapis, ratiùs lignum; sed lignum certum, iuxta illud: *Non ex quouis ligno fit Mercurius*. Quod, vti dictum est, in statuam efformabant, cuius si caput excipias, reliqua omnia trunca essent. An sic formabant, vt Deum totum esse mentem constaret? Certè innuunt id versus Empedoclis apud Tzezem 13, chil. hist. 464.

Οὐ μὲρ γὸ βροτέη κεφαλῆ κὴ γυῖα κέκασαι.
Οὐ μὲρ ἀπαὶ νώτων γε δύο κλάδοι ἀΐσσουσιν,
Οὐ πόδες, ἢ θοὰ γουΐ, ἢ μήδεα λαχνήεντα,
Ἀλλὰ φρὴν ἱερὴ, κὴ ἀθέσφατ@ ἔπλετο μοῦνον,
Φροντίσι κόσμον ἅπαντα καταΐσσουσα θοῆσιν.

Non enim mortali capiti membra adiuncta sunt,
Non quidem ab humeris duo rami emicant,
Non pedes, non cita genua, nec pudenda lanuginosa,

Sed

Margin notes:
Beda.

Statuæ Mercurij, duplices, solitariæ, & sociales.

Cicero.
Turneb.

Pollux.
Luc.
Suida.
Hesychius.

Thucyd.
Herodotus.
Macrob.

Clem. Alex.
Plutar.
Æmylius Probus.
Mercurius cur triceps pingatur?

Mercurius cur solùm capite tenus pingebat.

Empedocles.

Sed mens sacra atq́ immensa est solùm,
Curis Mundum omnem quæ mouet celeriùs.

Tales ergò Hermulæ fuerunt. ideò Mercurius l. 4. Autholog. Græc. epig. inducitur à Xenocrate querulus, quòd cùm se fateantur homines pedibus celerem cursorem, & manu strenuum palæstritam, tamen effingant eum ἄποδα, sine pedibus, & κολοβὸν χειρῶν, & manibus mancum. Atque hæc communia omnibus Hermis. Quædam verò peculiaria illis, qui Viales **Mercurij viales.** dicti, Mercurio sacri; à quo etiam statuæ omnes viriles, teste Tzeze, Hermæ dicebantur; fortassis, quia Mercurius insignis statuarius fuit, vt nar- **Martianus Capella.** rat Iuppiter apud Martianum Capellam l. 1. de Philolog. nupt. Viales etiam Hermæ quadrati fuerunt, lignei, & lapidei, summâ parte Mercurij faciem, inferiore planâ inscriptionesᵗ viarum præferentes, vt apertè testa- **Vlpianus.** tur Vlpianus scholijs ad orat. Demosth. contra Leptinem. Ξύλα, ἢ λίθοι τετράγωνοι πᾶς ἔχοντες ὄψιν Ἑρμῶ ἐπαίω, κατὰ δὲ τῆ πλάτ͜ τα᷄ ὑπιγράμματα, scilicet vias indicantia; vide de his Phornut: & Lylium Synt. 9.

Ad Hermas viales adijcie-bantur à viatoribus acerui lapidum. Ad hos itaque Hermas solebant adijci à viatoribus in Mercurij honorem acerui lapidum, quibus aceruis commune cum lapidibus nomen fuisse docet Tzeza chil. 12. hist. 429.

Tzeza.

Ἑρμοῦ, καὶ σύμπας ἀνδριὰς, καὶ ὁ σωρὸς τῆ λίθων.

Hermes, & omnis statua virilis, & cumulus lapidum.

Acerui isti erant contigui ad ipsas statuas. Hinc iam duæ difficultates nascuntur, prima an acerui isti aceruarentur contigui ad ipsam statuam; sic vt statuæ summitas tantùm extaret; quod videtur censuisse Alciatus Embl. 8. his versibus:

In triuio mons est lapidum, supereminet illi
Trunca Dei effigies pectore facta tenus.
Mercurij est igitur tumulus; suspende viator
Serta Deo, rectum qui tibi monstrat iter.

Hugo Carensis. Hugo Carensis comparat Hermas illos crucibus ligneis, quas hodiè peregrini ad loca sacra proficiscentes, erigunt, extantes inter lapidum à prætereuntibus positorum congeries; Galli *Montioyes* vocant. At discrimen est, quòd nostri peregrini non coaceruent lapides in crucis honorem; sed vt secuturi indicium itineris indè capiant, & sunt tantùm vnius itineris indices; Hermæ variorum erant, & instituti in honorem Mercurij.

Hinc pendet solutio secundi dubij, An Mercurijᵍ aceruus accipiendus sit de quouis lapidum aceruo, etiam nullâ religione congesto; quod omnes ij existimant, qui ex Odyss. **Odyss.** **Hesychius.** ω. & Strabone 16. Hesychio, & Magni Etymologici Authore testibus probant, Ἑρμαῖον λόφον, seu Mercurialem aceruum nihil aliud esse, quàm aceruum lapidum. Verùm si hos tres accuratè legas, deprehendes eos duplicem significationem tradere; vnam latè patentem, quæ ad quoslibet lapidum aceruos spectat; alteram pressam

fam

fam & propriam de fuperftitiofis illis . Quod ex Hebræis, & Græcis , &
Latinis Scriptoribus facilè eſt probare . Nam & Baal Aruch id manifeſtè
hiſcè verbis indicat :

מרקוליס ב'פ ר' מיהות דפוער עצמו לבעל פעור זו היא עבודתו חזורק אבן
למרקוליס זו היא עבודתו בע ז פ ד ר' ישמעאל אילוהן ג' אבנים זו בצד זו בצד
מרקוליס ב פ אילו מציאות בגם ואילו חייב לחכרין באבני בית קולים מחו'פר' בית
ע'ז שמה ב ה מרקוליס עבודתו רגימת אבנים ועיקרה בדהניא בראש גם' ופ' ר'
ישמעאל אלו חן אבני בית מרקוליס אחת מכאן ואחת מכאן ואחת על גביחן :

Markolis, inquit, in Peruſch 4. Mithoth, eſt denudans ſeipſum τῷ Beelphe-
gor, & eius ritus eſt, vt proiciatur lapis in Mercolis . Verùm R. Iſmael in Pe-
ruſch 4. de idololatria dicit, quod illi ſint tres lapides à lateribus Marcolis hinc in-
dè diſpoſiti . In Peruſch' בגמ מציואת אלה ; *& moris fuit, vt proclamare facerent*
in lapidibus domum ſeu fanum Kolis . Inde Peruſch domum huiuſmodi ſeruitu-
tis vocat domum Markolis, cuius cultus erat proiectio lapidum; & Rabbi Iſmael in
alio tractatu ait lapides fani Mercolis ſic diſpoſitos fuiſſe, vt vnus hinc , alter illinc ,
tertius ſuper vtrumque collocaretur. Confirmat hæc R. Elias Leuita, qui tamen de hoc ritu dubitat, eò quod quos Romæ de hoc ritu interrogaſſet ,
id ei negarint. perperam negaſſe, & imperitos illos fuiſſe moris gentilitij,
facilè oſtendero . Inprimis ex Homero teſtantibus Didymo & Strabone
ſecundùm illud :

Καὶ λίθινα ξόανα , καὶ ἀγάλματα χερσοποίητα
Κᾂν ὡραίοισι λίθων συγχώματα.

Ait illos colere,
Saxea ſigna, & ſimulachra manu facta ,
Et paſsim in via proiectos lapidum aceruos .

Priore verſu Hermulas, poſteriore Hermæas deſcribit ; citatque eos
Theophylus Alexandrinus l. 1. ad Autolycum, & exſtat locus l. 1. Orac.
Sybill. in quorum etiam l. 5. inanimes Hermæ vocantur, ἀψύχοις δ' Ἑρμαῖς .
Nicander in Theriacis Hermarum meminit, & ibi Scholiaſtes, Ἑρμάκας , ait
eſſe, λίθας συσωρευμένας εἰς τιμὴν τῆ Ἑρμᾶ · lapides coaceruatos in honorem Mercurij. Heſychius, Ἑρμαῖος λόφος· οἶον σωρὸς τῶ λίθων Ἑρμαῖς, οἶον ἐν τοῖς ὁδοῖς γινόμε-
νος εἰς τὴν τιμὴν τῆ Θεῦ; ἐκόλθος. ἢ. *Mercurialis aceruus ſignificat cumulos lapidum*
Mercurij, quos in vijs coaceruabant ad honorem Dei vialis . Manet igitur, Her-
m eos λίθας nihil aliud fuiſſe , quàm lapidum Mercuriales aceruos , vijs
publicis & compitis ad itinera demonſtranda congeſtos; quós tranſeuntes
viatores crebro lapidum iactu in Mercurij honorem augebant; Mercurius enim, id eſt, Hermes, viarum præſes erat, & ἐνόδιος dictus, quem maximè ſuperûm fore iratum, ſi quis erranti comiter non monſtrârit, canit
Idyll. v. 5.

κεχολωῶς
Εἰ κέν ὁδὲ ζαχρεῶον αἰλύνῃ τὶς ὁδίτω.

Diſſenſio tantùm eſt, vndè initium hæc ſuperſtitio ſumpſerit . Sanè vti
cer-

Mos coacer-
nandi lapides
ad Hermas
viales, vndè
cœpetit.
Fauorinus.

Didymus.

certum eſt, ab ipſo Mercurio ſumpſiſſe, ita incertum à quo facto illius.
Sunt qui velint, ab eo, quod ſit ſolitus vias elapidare, & commodiores
reddere, ſaxis remotis, & in vnum cumulum ad latus viæ digeſtis; ſimul
etiam recti itineris, & viæ Regiæ viatores feciſſe certiores. ita Fauorinus
fol. 218. in fine. Fabulam ad hanc rem, quam ex Anticlide Didymus
Odyſſ. ω. recitat, prodit: *Cùm in conſeſſu, aiunt, Superum Mercurius eſſet
Deorum calculum ſubiturus, accuſatus nimi. ùm à Iunone ob patratam Argi necem;
in gratiam Iouis Deorum turbam Mercurium quidem abſoluiſſe, ſed omnes calculos pro ſingulari cœleſtis fori ritu, ad eius pedes iactu coaceruaſſe; quo ſcilicet facto, execrandam cædem illam in Iunonis gratiam perpetratam oſtenderent. Hinc
in Mercurij honorem mos eiuſmodi hominibus vſitatus.* Sed de his vide fuſiùs
Phornutum, Lactant. l. 1. c. 20. & alios paulò ante citatos.

Nos dicimus, totam hanc lapidum erigendorum rationem ab Ægyptijs, eorumque Hermete ſeu Mercurio ad alias gentes potiſſimùm promanaſſe; Primum enim mortalium Geometriam eum docuiſſe, limitum
ponendorum rationem monſtraſſe, Diodorus, & Strabo docent. Cùm
enim ex inundatione Nili quotannis facta, Ægyptus tota limo obducere-
tur, ac proindè ſummæ in diſtribuendis agris, prædijſque contentiones
inter Ægyptios orirentur, & lites; ſerunt Mercurium primum campi-
menſoriæ artis rationem docuiſſe, limites, qui nihil aliud erant, quàm ob-
longi quidam & quadrati lapides ad agrum vnius ab alterius diſcernen-
dum, ſtatuiſſe; quæ omnia in ſequentibus ex varijs Authoribus volente
Deo comprobabimus. Hinc tanto bono affecti Ægyptij, in memoriam
beneficij præſtiti, nunc eum lapidum congerie facta, nunc rotundum lapidem ad capitis ſimilitudinem in faſtigio adaptantes, nunc quadratum,
nunc trigonum, aut pyramidale ſaxum in caput & humeros ſurſum abiens,
ponentes, veluti terræ, terminorumque præſidem, ac Numen auerruncum, à quibus Hebræi, cœteræque gentes id poſtmodum didicêre, coluerunt. Verùm quoniam de his copioſiſſimè multis in locis huius Operis
dabitur dicendi materia, plura modò dicere ſuperſedeo, ne ijſdem rebus
ſæpè repetendis nauſeam Lectori moueam. Figuræ Hermarum apud
Authores paſſim occurrentes ſequuntur.

CAPVT XXIII.

De adytis & speluncis Hebræorum, cœterorumque Orientalium.

Nihil celebriùs quondam fuisse adytis Ægyptiorum, sat monstrant tot egregiorum Philosophorum ad ea visenda suscepta itinera. Pythagoras sanè tanto eorum ferebatur desiderio, Clemente teste, vt circumcisionem non abnuerit, quo mysteriorum in ijs tradi solitorum particeps fieret. *Clem. Alex. l. 1. Strom.*

Ὁ Πυθαγόρας περιετέμνετο, ἵνα δὴ καὶ εἰς τὰ ἄδυτα καταβὰς τὴν μυστικὴν παρ' Αἰγυπτίων ἐκμάθη φιλοσοφίαν.

Erant autem adyta, loca quædam solitaria, subterranea, & ab omni hominum consortio remota, omnigena monstrosorum idolorum varietate referta, quibus sub symbolis hieroglyphicis Deorum colendorum ratio, cœterarumque clandestinarum artium præcepta tradebantur, iuxtà illud Arnobij: *Pythagoras, inquit, Magus fuit, clandestinis artibus omnia illa perfecit, Ægyptiorum ex adytis Angelorum potentium nomina, & remotas furatus est disciplinas.* Meminit horum Eusebius l. 2. præparat. Euangel. *Adyta Ægyptiorum quæ.* *Arnobius.*

Καὶ μὲν ἄδυτα Αἰγυπτίων, καὶ Τυρρηνῶν νεκρομαντείαι σκότῳ περιβεβλημένων, μανικὰ ταῦτα ὡς ἀληθῶς ἀνθρώπων ἀπίστων σοφίσματα, ἢ πλάνης ἀκραν κυβεύεια. *Eusebius.*

Certè adyta Ægyptiorum, & Tyrrhenorum necromantiæ caligine damnantur, furiosæ omninò fraudes sunt hominum infidelium, & erroris meri ludibria. Et Iustinus quæst. ad Orthodoxos: *Id temporis hieroglyphicæ scientiæ in pretio erant apud Ægyptios, quæ in adytis tradebantur lectissimis quibusq; non hominibus de triuio &c.* In his itaque Dæmonibus per varias cœrimonias, adiurationes, suffumigia ex varijs speciebus aromatum, herbarum, succorum confecta, per hymnos denique & carmina magica in idola attractis, de vitandis malis, & consequendis bonis consulentes responsa capiebant. Iuxtà quæ facientes perenni felicitate se potituros esse credebant. Hebræi itaque, vicinæque ipsis gentes Assyrij, Babylonij, Persæ cum hocce arcano Deorum cultu Ægyptios secundo rerum successu efferri cognoscerent, ad similem fortunam aspirantes, per media similia ad finem intentum se peruenire posse sibi persuasêre. Quare effictis omnigenis Deorum monstris, adyta, seu occulta quædam, ac caliginosa latibula ad ea colenda selegerunt. Quales verò illæ fuerint latebræ, quæ idola intus adumbrata, quis sacerdotum ritus, pulchrè nobis ostendit Ezechiël c. 8. vbi sic habetur: *Et introduxit me ad ostium atrij; & vidi, & ecce foramen vnum in pariete, & dixit ad me: Fili hominis, fode parietem; & cùm fodissem parietem, apparuit ostium vnum; & dixit ad me, Ingredere, & vide abominationes pessimas, quas isti faciunt hìc; & ingressus, vidi, & ecce omnis similitudo reptilium, & animalium, abominatio, & vniuersa idola domus Israël depicta erant in pariete in circuitu per totum. Et septuaginta viri de senioribus domus Israël, & Iezonias filius Saphan stabat in medio eorum, stantium ante picturas, & vnusquisque habebat thuribulum in manu sua, & vapor nebulæ de thure consurgebat.* An non hìc Pro-   *Iustinus.*   *Ezechiel.*

Ddd   phe-

pheta ob oculos nobis ponit ideam quandam adytorum Ægyptiorum omnibus numeris abfolutam ? certè & multiformium illorum idolorum exercitus, & facerdotum fuffumigantium cœrimoniæ, aliaque à Propheta relata adytis dictis ad vnguem quadrant. Dixi, multiformium idolorum
exercitus, vt oftendam, nihil hìc idolorum, monftrorumque defuiffe ; fed
quicquid fimulachrorum hucufque ex varijs recenfuimus, hìc veluti in
theatro quodam compendiofo repræfentatum fuiffe. hìc Theraphim
confecrabantur ; hìc Baalgad, Baalfephon, & turpis Baalphegor ; hìc
βάμαρϑ᷈. Moloch ; pifciformis Dagon ; ventrofus Chamos ; cornuta Aftar-
ta ; Equinus Anamelech ; Adramelech pauonis imagine fulgidus ; hirci-
nus Tarthac ; Gallina cœleftis cum pullis fuis, quam Succoth Benoth diximus ; hìc Nergal gallinaceus ; reconditus Nefroch ; lachrymabundus
Thamuz, aliaque propudia religionis, quæ facerdotes incenfo thuris venerabantur, confpiciebantur. Tantus autem fuit horum idolorum numerus, vt Rabbini afferant, nullam gentem fuiffe, quæ non peculiare fibi fimulachrum hoc loco adorandum ftatuerit ; & illud Prophetæ id maximè
innuit : *Secundùm numerum quippe ciuitatum tuarum erant Dij tui Iuda*. Et
nullum locum fuiffe, qui non profano iftiufmodi cultu pollueretur, oftendit Ezechiel c. 6. v. 13. *Cùm fuerint interfecti veftri in medio idolorum veftro-*
rum, in circuitu ararum veftrarum, in omni colle excelfo, & in cunctis fummita-
tibus montium, & fubtus omne lignum nemorofum, & fubtus vniuerfam quercum,
locum vbi accenderunt thura redolentia vniuerfis idolis fuis. Non defunt , qui
dicant numerum idolorum, gentiumque fuiffe myfticè defignatum per
feptuaginta viros de fenioribus domus Ifraël, quos incenfentes idolis Ezechielem in adytis vidiffe, facra meminit hiftoria paulò ante citata ; certè
affentit huic Zohar col. 210. vbi de idolis Hebræorum tractans, eorum
fummam artificiofe indicat per hafce literas זַיִן. cuius primum ז valet
70. reliquæ autem literæ זִין feruitutem alienam defignant ; quafi diceret
feptuaginta cultus externi, id eft, feptuaginta Dij, feu potiùs Dæmonia
feptuaginta gentium idololatrarum, quæ alio in loco recenfebimus . Sed
neque abftinuerunt à fordidis etiam & impuris animalibus, quæ nemo fine naufea videat, aut fine horrore tractet ; qualia funt reptilia, & animalia, quæ refpuebat, execrabaturque Iudæorum religio, de quibus Ifaias c. 2.
Vt adorarent talpas, & vefpertiliones. Quæ quidem omnia defumpferant ab
Ægyptijs, quibus nihil non erat diuinum ; vndè accutè irridet Iuuen :
Satyr : 15. monftrofum huiufmodi cultum, dùm de Ægyptiorum ftulta religione loquitur :

> - - - - - *Corcodilon adorat*
> *Pars hæc, illa pauet faturam ferpentibus ibim ,*
> *Effigies facri nitet aurea Cercopitheci.*

Feles etiam, Serpentes, Afpides, Ichneumones, Scarabæos . hæc ergo
monftra fordida, atque inuifa, in fuis etiam facris numerabat væfanus Iudæorum animus ; quæ tam auidè fectabantur, vt Ieremias ciuitatem fan-
&an-

&tam ab Ægyptijs conftupratam myfticè fignificet non malè hifce verbis : *Filij Mempheo, & Taneos te conStuprauerunt v/que ad verticem.* Indicat hanc cultus externi pruriginem quoque Propheta Nahum c. 3. v. 4. qui fic ad Niniuen, quæ eodem morbo laborabat: *Propter multitudinem fornicationum* *meretricis fpeciofæ, & gratæ, & habentis maleficia.* Sanè fub hæc tempora, maleficijs vfos effe Iudæos, & Deorum imagines non in annulis folùm, armillis, inauribus, & laminis; fed & in corporibus candenti ferro inuftas geftaffe, docet Ioacim Iofue filius, qui Deorum, quos coluit, in carne fua geftabat imagines; exemplo vtique Ægyptiorum, vt docet hiftoria fcholaftica l. 4. Reg. c. 39. Abulenfis in l. 4. Reg. c. 25. q. 39. quod colligi putat ex l. 2. Paralip. c. 36. v. 8. *Reliqua autem verborum Ioacim, & abomina-* *tionum eius, & quæ inuenta funt in eo &c.* Hic autem Rex, & vt credibile eft, ad eius exemplar alij non pauci, illo impio charactere compuncti, non folùm abiuratæ religionis teftimonium, fed & magicum aliquod veneficium portabant; quod folenne cumprimis erat Ægyptijs.

Atque ex his omnibus in hoc Syntagmate adeò fusè traditis tandem
luculenter apparet, quicquid idolorum apud Hebræos, Syros, Affyrios, Phœnices, Babylonios, Perfas, Arabes vnquam fuit, ab Ægypto tanquam perenni omnis fuperftitionis fonte promanaffe. Quæ cùm ita fint, nulli fanè dubium effe debet, facrarum quoque fculpturarum difciplinas, quas hieroglyphicas vocant Ægyptij, vnà cum dictis idolis, ritibus, cœrimonijs, cœterifque myfterijs philofophicis ad vicinas gentes, quæ eas quàm auidiffimè fectabantur, & naturali quâdam animi inclinatione in eas ferebantur, fuiffe traductas; quæ omnia libenter hic demonftraremus, nifi ea fequentibus tractatibus referuaffemus. Quantùm itaque Orientalium linguarum notitia, ac dictarum gentìum ritus, ac in facris obeundis cœrimoniæ, cœteraque prifcæ religionis monumenta fub ijs comprehenfa, ad hieroglyphicæ difciplinæ reftaurationem, momenti fint; ille folus, qui

scopum & intentionem meam ignorat, ignorare
videtur. Atque hæc de Dijs Hebræorum
fufficiant.

SYNTAGMA V.

SIMIA AEGYPTIA,

S I V E

De Idololatriæ Aegyptiacæ ad aliarum Barbararum, Gentium idololatriam affinitate; & quomodo exteræ gentes Aegyptiorum ritus nullo non, tempore affectarint.

ΠΡΟΟΙΜΑΤΙΟΝ·

 EMONSTRATIS in præcedente Syntagmate ijs omnibus, quæ ad perfectam idololatriæ Hebræorum, Chaldæorum, Perfarum, Babylóniorum, Syrorum, feu Phœnicum, & Samaritanorum, cognitionem quoquo modo pertinere videbantur; operæ pretium me facturum, exiftimaui, fi hoc loco cœterarum quoque barbarum, gentium non ita pridem in varijs, ignotifque mundi partibus detectarum idololatriam, eiufque ad Ægyptiacam affinitatem, exponerem; quibus præftitis, in hieroglyphicorum fufceptá interpretatione, non parùm ijs me adiutum iri confido.

Scopus itaque, vt paucis multa complectar, huius Syntagmatis vnicus eft, oftendere perniciofiffimum humani generis hoftem Diabolum, ijs machinamentis ac callidis inuentionibus, quibus cœca veterum Ægyptiorum pectora olim imbuta, in omnem idololatriæ fpurcitiem turpitudinemque præcipitauit, ijfdem omninò artibus, ijfdem fuperftitionibus ac machinamentis, ad cœterarum gentium illaqueandas animas, & vfum effe præteritis temporibus, & in hunc diem in ignotis nobis, ac Euangelij luce deftitutis regionibus, Regnifque vti; quas quidem artes, ac inftituta fi perfpectas habuerimus, nequaquam difficilè erit, varia ad Ægyptiorum antiquitates & myfteria facientia nobis hucufque incognita, facta fingularum rerum inter fe collatione, in lucem eruere; Deus conatûs noftros fecundet.

C A P V T I.

De barbararum Gentium idololatria, à Dæmone vel recens inuenta, vel propagatione fucceffiua introducta.

Q Voties humanarum rerum conditionem paulò altiùs mecum expendo, toties veriffimum illud Sapientiffimi mortalium pronunciatum, *Nihil fub Sole nouum*, comperio. Cùm enim id quod fuit,

nihil

nihil aliud fit, teste ipsomet Salomone, quàm id quod factum est, nihil
aliud nisi quod faciendum ; certè nihil aliud præteritarum rerum euentus fuisse videntur, nisi futurarum quædam veluti proscœnia, καὶ ἔκτυπα .
Gratis itaque perhorrescimus ad præteritorum sæculorum infelices multorum regnorum, Monarchiarum, & Rerumpubl : sortes & tragicos exi-
tûs, quos moderno tempore præsentes, alio tamen colore fucatos, intuemur ; Gratis miramur, dùm veterum monumenta voluentes cognoscimus
eò Ægyptiorum, Græcorumque gentem cœteroquin sapientissimam, cœ-
citatis deuenisse, vt nihil tam esset vile & abiectum, nihil tam propudio-
sum & abominabile, quod diuino apotheseos honore non cohonestarent ;
gratis, inquam, hæc miramur, cùm maiorem adhuc orbis partem, etiam
post salutis humanæ aduentum eadem insania, iisdem erroribus laborantem, quotidiè percipientes indoleamus . Desinamus itaque mirari ; eadem causa manente, vt physico more loquar, eundem effectum prodire
necesse est. Inueteratus malorum iisdem semper orbem premit machinationibus , Gliscit

Dæmon atrox odijs, animisq; furentibus iras
Nutrit, nec damnis hominum exsaturata quiescit .

Nullæ sunt induciæ, pax nulla ; vbi nec odij, nec inuidiæ modus, aut fi- *Dæmonis*
nis vllus ; hostis Dei superbia ascendit semper, crescit malitia , crudelitas *studium in*
inualescit ; antiquus scelerum Architectus eadem semper molitur . Ni- *idololatria.*
hil inausum sinit, nihil intentatum relinquit, præcipuum omni ætate de
eadem pharetra fuit illicium quàm curiosarum, tàm superstitiosarum artium, quàm multa, tàm stulta dæmonum commenta mortalium animos de-
mentantia, quæ omnia magiæ nomen ambitu suo comprehendit. Nihil
præteritis temporibus ab Ægyptijs, eorumque hæredibus diuino vnquam *Barbarae na-*
honore cultum nouimus, quod à barbaris etiam moderno tempore, illo *quis Ægy-*
instigante, non coli videatur. Apud hos in Fotoque, & Chamis , Osiri- *perstitionibus*
dis, & Isidis in Solem & Lunam transformatorum manifesta reperias vesti- *infectæ.*
gia. Videas Bacchos, Veneres, Hercules, Æsculapios, Serapides , Anubi-
des, similiaque Ægyptiorum monstra promiscuè passim, etsi sub alijs, &
alijs nominibus adorari ; Molochu per ignem filios immolari , sanguine
humano execranda peragi sacrificia ; obscœnam illam hominis partem ,
quam φάλλον Græci vocant, singulari in honore ac veneratione haberi ;
omnigenas animantes Deorum loco teneri ; verbo', Aegyptiorum exemplo cuncta idolis repleri inuenias, nihil diuinorum mysteriorum in sacris
voluminibus contineri, quod in contemptum Dei , animarumque perniciem Simia Dei Diabolus de sanctis, venerandisque Prophetarum Oraculis assumptum ad contaminatissima furoris sui scelera, vti olim, ita modò
non transtulerit . Videas hic serpentis Mosaici in deserto ad peritorum
salutem erecti reliquias: Noëmi quoque Mundum arcâ conseruantis ,
Eliæ curru igneo transflati intuearis imaginem, aliaque similia , quæ in sequentibus dicentur ; omnibus proinde veterum mysterijs, ritibus, ac cœ-
rimo-

rimonijs, fuperftitionibufque in nouiffimarum Gentium religione men-
tita, veluti in fpeculo quodam elucefcentibus . Hæc itaque cùm cognofcerem, ingens continuò animum meum inceffit defiderium , conquifitis
vndique diuerfarum Gentium idolis, ritibus quoque ac cœrimonijs, ijs
peragi folitis, hinc indè ex Hifpanicis, Lufitanicis, Italicis, & Gallicis
epiftolis (quarum magna mihi copia hìc Romæ, vtpotè in fuprema Curia ex Archiuio Societatis Iefu fuppetebat) collectis comparationem in-
ftituendi inter hæc & veterum religionem; fperans futurum , vt ex huiufmodi collatione, meis in hieroglyphico negotio moliminibus lumen
non exiguum accederet; dùm ex rituum, cœrimoniarum, fimulachro-
rumque fimilitudine & analogia, vndè ea profluxerint, inueftigare difficilè non rebar futurum . His itaque de caufis hanc materiam, quæ cœteroquin extra fcopum videri poterat, complexus fum, quam maioris me-
thodi gratia, & ad vitandam confufionem, in tres veluti claffes diuiden-
dam exiftimauimus; ita vt prima pars idololatriam, fectafque Sinenfium,
Iaponiorum, & Tartarorum; altera Indorum, & Afrorum; tertia denique Americanorum in Deorum cultu ritûs, cœrimoniafque contineat.

CAPVT II.

De Sinenfium idololatria, Aegyptiacæ parallela .

TRes igitur Sinarum libri orbis terrarum fectas numerant; fic enim
vocant Regnum fuum vnà cum vicinis adiacentibus locis, aliàs
enim minimè nôrunt.

Prima eft Literatorum; altera Sciequia; tertiam Laucu vocant.
Ex his tribus aliquam Sinæ omnes, & reliqui populi contermini, qui Sinarum characteres habent, profitentur; quales funt Iapones, Coriani, Leu-
quici, & Cocincinenfes, de quibus poftea dicemus. Atque tres hæ fectæ
primò in omnibus propè refpondent triplici hominum generi, quibus Æ-
gyptiorum quondam Regnum coftabat, facerdotibus videlicet fapienti-
bus, Hierogrammatiftis feu hieroglyphis, & plebeis. Literatorum fecta
Sinenfium propria, & in hoc regno antiquiffima, Rempub. gubernat, pluribus libris abundat, & fupra cœteros laudatur. Authorem feu Principem philofophorum Confutium agnofcunt, non fecùs ac Aegyptij fuum
illum Thoyt, quem Græci Εγμω vocant ςιομέγιςον, Et quemadmodum Aegyptij fapientes, vnum Deum, quem Hemepht vocant, colebant; ita
Sinenfes literati idola non habent, nec ea colunt, fed vnum Numen, quod
vocant Regem cœlorum; de quo fic Trigautius in expeditione Chriftia-
na ad Sinas : [Hinc afferunt Regi cœlorum facrificandi, eiufque colendi
munus folùm ad Regem fpectare. In hunc finem Rex duo habet templa
fanè magnifica in vtraque Regia, Nanquinenfi, & Pequinenfi; cœlo dica-
tum eft vnum, terræ alterum; in his olim ipfe per fe litabat, nunc in eius
locum Magiftratus grauiffimi fuccefsére, Cœloque & Terræ (non fecùs ac
Aegyptij Ofiridi & Ifidi) boues & oues magno numero mactant, aliofque

mul-

multos ritûs exhibent. Porrò proprium Litteratorum fanum eſt ipſius
Confutij philoſophorum Sinenſium Principis; id ei per leges in qualibet
vrbe conſtruitur, eo in loco, qui eſt ſupra ludum literarium; id magno
ſumptu conſurgit, & contiguum habet palatium eius Magiſtratus, qui
primum Litterarū gradū conſecutis præeſt. In celeberrimo fani loco ſtatua illius viſitur plena litteris, aut eius loco nomen cubitalibus litteris aureis in pereleganti tabula deſcriptum; ad eius latus ſtatuæ adſtant quorundam eius diſcipulorum, quos Sinæ in Diuos, ſed inferioris ordinis, retulêre. In hoc fanum Neuilunio ac Plenilunio quolibet conueniunt Magiſtratus omnes vrbani, cum renunciatis Baccalaureis, Magiſtrum ſolitis in-
clinationibus ac genuflexionibus, cereis etiam & ſuffitu veneraturi.]
Ad eum ferè modum quo Aegyptij primo die Menſis Thoth ſuo Deo Mercurio ſolennia celebrabant. Huius Dei ſtatuæ variæ quoque ſunt, aliæ in
templis prægrandes, aliæ paruæ, & quæ facili negotio ſecum circumfe-
runt; cuiuſmodi vnum mihi R. P. Aſſiſtens Portugalliæ Soc. IESV Nun-
nius Maſcarenias communicauit, cuius imaginem hic adiungendam exiſtimaui.

Pagodes Indorum Numen.

vel Omitose appellatur, apud Iapones verò Siacca, & Amidabu nuncupatur; de quibus fusiùs cùm de Iaponum idolis agemus. Lex hæc ad Sinas peruenit ab occasu, portata è Regno cui Threncio, vel Sciuro nomen est, quæ Regna, teste P. Trigautio, vno Indostanis nomine appellantur, inter flumina Indum & Gangem sita. Quam quidem sectam si diligenter discutiamus, ab ijs Gymnosophistis, Brachmanibus, Persis, Bactrianis, qui hac Indostanis intercapedine olim continebantur, profectam, in China colonias posuisse, ex dogmatis eorum facilè patebit. Multitudinem enim mundorum credit metempsychosin seu animarum in bruta transitum, omnem denique Pythagoræ philosophiam profitetur. ita enim Trigautius: *Multiplices, inquit, cum Democrito, & alijs Mundo fabricat; sed maximè animorum transmigrationem è Pythagoræ disciplina videntur mutuati, aliaq́ permulta commenta huic addidere ad fucum falsitatis.* Hæc autem non solùm à Philosophis nostris, sed etiam ex Euangelica luce videntur vmbram quandam accepisse. Certum enim Triadis modum inducunt, quo tres Deos, in vnum deindè Numen coalescere fabulantur. Cuius epistolæ quoque Hispanicæ mentionem faciunt hisce verbis: *Tuuieron noticia del Euangelio. Porque en la Prouincia de Paquin, entre los otros Idolos, que alli tienen, ay vna figura de hombre, que tiene tres cabezas, y se miran la vna a la otra, y dizen los Chinas, que significa aquello, que todos tres non tienen mas de vn solo querer y voluntad.* Et paulò post: *Ay vna otra imagen de bulto de vna muger, con vn Ninno en sus brazos.* Verùm huiusmodi S. Thomæ Apostoli reliquias esse etsi piè credi possit; verisimiliùs tamen est, ea à Persis, Medis, alijsque Indorum philosophiis Ægypti hæredibus, quorum proprium erat multiformes statuas fabricari, ad effectus vnius rei significandos, profluxisse, vt paulò post, dùm de Iaponijs agemus, patefiet. Præterea abstinentiam ab animalium carnibus cum Pythagoræis sibi indicunt, barbam & cæsariem continuò radunt, in montibus & speluncis contemplationi vacant, templa eorum plena sunt immanibus idolorum monstris, æreis, marmoreis, ligneis, luteis; adyta Ægyptiorum diceres.

Lauzu secta.　Tertium profanæ religionis dogma Lauzu appellatur, & respondet plebeis, & Magis Ægyptijs, à philosopho quodam, qui eodem cum Confutio tempore floruit, originem traxit; eum fingunt 80. annis in parentis aluo gestatum, priusquàm nasceretur, qua ex causa Lauzu, id est, philosophus senex appellatur. Hoc dogma paradisum spondet, ex anima & corpore constitutis, & in suis templis quorundam effigies exponunt, quos hâc ratione ad cœlos euolasse fabulantur. Ad eam rem consequendam exercitationes quasdam præscribunt, positas in vario sedendi ritu, certisque precationibus, imò etiam pharmacis, quibus spondent vnà cum suorum Diuorum fauore vitam posse sectarios consequi immortalem in cœlis; aut vt minimùm vitam in mortali corpore longiorem. Huius sectæ sacrificulorum peculiare munus est, dæmones impiis precationibus exorcizatos domibus pellere, idque duobus modis tentare solent; nam horrenda Dæmonum monstra in flaua papyro atramento delineata, domorum parietibus affigenda tradunt; inde rasis inconditis clamoribus domos complent;

plent, vt ipfa dæmonia effe videantur. Aliud etiam munus fibi arrogant ; nam è ficco cœlo imbres elicere, aut nimios continere, alia quoque priuata feu publica infortunia fe poffe auertere promittunt. Atque hæc funt tria ferè gentilium fectarum capita ; fed neque in his humani generis vanitas conquiefcit, finguli enim fontes labentibus paulatim feculis à fraudum Magiftris in tot mæandros deriuati funt, vt numerari vix poffe videantur, & ipfa incredibilis penè fimulachrorum multitudo fatis oftendit; quæ non in fanis tantùm, quæ fæpè ad aliquot millia afcendunt, colenda exponunt, fed priuatis etiam in ædibus ferè fingulis, loco ad eam rem deputato, in foro, vicis, in nauigijs, palatijfq; publicis, hæc vna abominatio penè primò fe fpectandam præbet. In quo quidem Ægyptios idolorum omnigenâ varietate infames imitati videntur. Sunt huius rei tam certa & euidentia indicia, vt fi nihil aliud, certè tria potiffimùm id conuincere poffe videantur. Primum eft, quod non fecùs ac Ægyptij, & Græci quofdam præfidere credant ; his templa myftica condant; hos varijs ritibus & cœrimonijs Aegyptiorum more foleant aut placare iratos, aut fauentes attrahere. Secundum Argumentum religionis Sinicæ ab Aegyptijs mutuatæ, ita manifeftum eft, vt de eo dubitari nequaquam poffit ; eft autem, quod in hunc diem templa ibi Marti, Veneri, Fortunæ, Paci, Oreadibus, alijfque Dijs Græcis & Aegyptijs communibus dicata reperiantur. Multis id poffem ex diuerfis Lufitanicis & Hifpanicis annuis fcriptis oftendere ; fed erit inftar omnium Metropolitanæ vrbis Nenchienfis in China Ichnographia, non minùs eleganter, quàm cumprimis exactè ferico Sinico impreffa à Patribus noftris, præterlapfis annis è China Romam miffa, in qua præter alia fuperba ædificia, ac munimentorum moles, templa quoq; Deorum fingula fingulis certis quæque locis deputata fpectantur ; videas in hac delubra Marti, Fortunæ, Paci, Oreadibus, & Nymphis, Genio aëris, auium, maris, fluminum, vrbis præfidi, Draconi maris, Ioui, Athlanti, alijfq; Dijs Græcis & Aegyptijs dicata ; quod cùm fumma cum admiratione percepiffem, non potui, quin ad religionis Sinenfis cum Aegyptiaca, Græcaque affinitatem magis demonftrandam, eam hìc fummâ fide decerptam adiungerem, omittere.

Simulachrorum maxima apud Sinenfes multitudo.

Sinenfes idolorum cultû ab Ægyptijs hauffiffe, probatur tribus argumentis. Primum argumentum.

Secundum argumentum.

Templa Deorum Chinenfium.

Templum Draconis maris.	Templum grati animi.	Tép. præfidi fylu. vel Dianæ.
Templum Reginæ cœli, id eft Lunæ dicatum.	Templum Planetæ Marti dicatum.	Ara cœli.
Templum Cœlo dicatum.	Templû Præfidi murorum dic.	Ara Terræ feu Cereris.
Templum Dæmonibus, & Spiritibus dicatum.	Templum optimæ Paci dicatum.	Ara Dei pluuiæ.
Montibus & fluminibus, id eft, Oreadibus & Nereidibus dicatum.	Templum Spiritui Medicinæ Aefculapio, vel Apollini dicatum.	Ara Regis auium.

Eee   Atque

Atque hæc fanè Græcis & Aegyptijs ita congruunt, vt tota eorum idololatria in Chinam tranſmigraſſe videatur.

Tertium argumentum eſt, quod præter literas, quibus hieroglyphica Aegyptiorum proximè affectant, vt in ſecunda Oedipi parte oſtendemus, ritûs & cœrimonias eaſdem pene habeant cum Aegyptijs. Nouimus Aegyptios pyramidum figuras ſemper diuino quodam honore proſecutos eſſe; cuius cultus veſtigia in hunc diem in China remanent. Pyramides enim, quos Chines vocant, in tanto habent honore & veneratione, vt nemo aggredi quippiam audeat, niſi priùs certis ritibus haſcè placauerit. Teſtem huius rei adduco Petrum Iarricum, qui l. 5. hiſtoriar. Indicarum Gallicè editarum, c. 51. de ijs hiſce verbis memorat: *Outre ces idoles de bois, il y en a d'autres, qu'ils appellent Chines, faicts en forme de pyramides ouuragees, dans lequelles il y a certaine eſpece de fourmis bianches, qui ſe ne monſtrent pas de hors; mais ont leur petites loges au dedans, ſans qu'on ſcache de quoy elles ſe nourriſſent. & ruinent les loges, où ont les met, qui ſont faictes en forme d'Oratoire. Dont les Gentils ſont fort emerueillez. Car ils ont grand'peur de ces Chines; tellement, que quand'ils achettent vn eſclaue, ils l'ameneſt premierement deuant quelq'vne de ce pyramides auec vne offrande de vin, & autres choſes, & le luy conſignent, comme entre les mains, prians l'idole, que ſi l'eſclaue s'en ſuit, il face en ſorte que les ſerpens, laizards & tigres le tuent, & le denorent. Ce que les pauures eſclaues craignent ſi fort, qu'encor bien qu'ils ſoient mal tractès de leurs Maiſtres, ils n'oſent quaſi iamais les quitter & abbandoner.* Ex quibus manifeſtè patet, Chinenſes hæc omnia ab Aegyptijs, Perſis, alijſque deſumpſiſſe, quos lapidem ſeu faſtigiatum ſaxum in conum, aut pyramidem adaptatum loco Numinis coluiſſe, & ſæpius in præcedentibus indicatum eſt, & in ſubſequentibus paſſim demonſtrabitur.

Prætereà quemadmodum Aegyptij Dæmones in ſtatuas compingebant ad reſponſa danda, certaque templa ijs dedicabant; ita Chinenſes; de quibus audi citatum Iarricum citato loco differentem. *Il y a pareilleiment en chaſque Royaume vn lieu dedié au Diable, là où on luy va faire les plus ſolemnels ſacrifices en vne petite Iſle. On appelle l'idole Camiſſono; & ceux qui paſſent par là, redoutent fort cet idole, & de peur qu'il ne mette leurs nauires à fond, ils luy offrent, quand ils ſont vis a vis de l'iſle, ou du riz (qu'ils iettent en la mer) ou de l'huile, ou d'autre choſe qu'ils portent.* De Oraculis verò eorum ita Trigautius l. 1. c. 8. expedit. Sinenſ. *Nonnulli, Dæmones ipſos conſulunt, & familiares, vt vocant, ſpiritus, apud Sinas non pauci, eaſq; res plùs Numinis quàm Dæmonum fraudis vulgò habere creditur. Sed ad extremum omnes in fraudem inducunt. Eorum Oracula infantum vocibus, aut etiam brutorum excipiuntur; præterita ipſi & abſentia more ſuo euulgant, vt non abſimilem vero faciant eam, qua futura prænunciant falſitatem.* Hæc porrò omnia cum noſtris etiam Ethnicis communia fuiſſe legimus. Vnum eſt, quod Sinarum proprium dici poteſt, mos in eligenda area ad ædes priuatas & publicas extruendas, aut ad cadauera humanda, eamq; aream conferunt cum capite, cauda, pedibus variorum Draconum, quos huic noſtro ſolo ſubſtratos viuere fabulantur, à quibus omnem aduerſam, proſperamq; fortunam non familiarum ſolàm, ſed vrbium, prouinciarum, totius Re-

gni

gni credunt dependere. Et ideò in hac veluti recondita scientia, multi etiam viri primores occupantur, & procul, cùm opus est, euocantur; maximè cùm publicæ quædam turres, molesue, aut machinæ in eum finem extruuntur, vt prospera fortuna accersatur, & infortunia publica exterminentur. Non secus enim atque Astrologi ex inspectis sideribus, ita hi Geologi ex monsium, fluminum, agrorumq́, situ regionum fata metiuntur. Et sanè nihil absurdius inueniri posse dicas. Nam ex Ianua in hanc illamq́ partem obuersa; ex fenestra hac vel illa parte aperiri solita; ex eo quod è regione tectum sit altiùs, equè similibus nugis familiæ salutem, opes, honores, omnemq́ fortunam dependere somniant. His Astrologis, Geomantis, Auguribus, Coniectoribus, & vno verbo impostoribus pleni sunt vici, plenæ tabernæ, plena fora. Atque hactenus Trigautius. Quis hìc non alteram Ægypti faciem, qua omnia augurijs & ominibus expediebantur, videat? Tempus me deficeret, si omnia hæc hìc enarrare vellem. Quare qui plura huiusmodi scire desiderat, consulat citatos Authores; nos satis esse arbitramur, ex paucis hisce prolatis, magnam sanè ad Ægyptiorum mysteria affinitatem demonstrasse; quare his relictis ad Iaponios nos conferamus.

CAPVT III.

Iaponiorum, & Tartarorum idololatria Aegyptiacæ parallela.

C Vm Iaponij omnem religionis suæ idololatricæ rationem à Sinensibus acceperint, non minor inter illos, quàm Sinarum varietas sectarum est, atque differentia; quæ tamen ad duo potissimùm capita reuocari possunt. Prima eorum est, qui alteram vitam negant, nec præmium, nec punitionem operibus bonis aut malis destinatum credunt; sed vitam ducunt omninò Epicuræam. Vocatur hæc secta Xenxus. Bontij huius sectæ Ministri vnà cum suis idola quædam adorant, quæ Chamis appellant. His templa erigunt admodum superba & sumptuosa; per illa iurant in grauibus, quæ se offerunt, negotijs; aut cum homagium Regi præstandum. His supplicant variarum rerum oblatione cùm ad nocumenta, ac infortunatos rerum euentus vitandos, tùm ad victoriam contra hostes impetrandam; verbo, vt præsenti fœlicitate perfruantur, qui vnius istius sectæ scopus. Alij, qui animæ immortalitatem, alteramque vitam sectantur, magis in ritibus, & cœrimonijs ad Pythagoræos accedunt. Idolum adorant nomine Amida, de quo mille fabulas spargunt; quas quia ad institutum nostrum nihil faciunt, lubens omitto; hoc vnicum dicam, illos huic idolo tantum tribuere, vt ad saluandum se nihil aliud requiri credant, nisi frequentem horum verborum repetitionem: *Namu, Amida, Buth,* hoc est, Felix Amida, salua nos. Quæ verba identidem repetunt, rosaria sua, seu coronas è globulis precatorijs confectas gerunt, quas Iaponij communes habent cum Christianis, & in idolorum manibus ferè depinguntur, vti hìc in imagine adiuncta vides, quæ imaginem Amidæ refert.

Duæ sectæ Iaponiorum, vna negantium, altera asserentium animæ immortalitaté.

AMIDA   NVMEN
IAPO   NIORVM

Amida Nu-
men Iapo-
niorum Hoto
AegyptioNu-
mini respon-
dens.

Verùm ne quicquam meis verbis afferere videar, verba Authorum,
ex quibus dicta deprompfi, adiungam ; ita enim in Hifpanicis relationibus P. Ludouicus Gufmanus de his loquitur :

P. Ludouicus
Gufmanus l. 5
de los Reynos
de Iapon.
Aunque las fectas de Iapon fon muchas, y muy differentes, pueden fe reduzir
á dos principios vniuerfales . El primero es, de los que niegan auer otra vida mas
de las que perciben por los fentidos exteriores, ni premio, ni cafligo por las buenas
o malas obras . los que profeffan efta fecta, fe llaman Xenxus. Todos eftos Bonzios
y Feligrefes adorran a vnos idolos, que llaman Chamis, los quales fueron Señores de
Iapon, y muy fcñalados en la guerra . Tienen eftos Camis templos muy ricos y fum-
ptuofos, y por ellos iuran en los negocios graues, che fe offrecen . Tam bien acuden
á pedirles falud, y victoria contra fus ennemigos . Entre los que confieffan auer otra
vida,

vida, ay dos ſⓢⓛas principales, de las quales ſalieron otras muchas; La prima deſtas ſe llama de los Xodoxius, que quiere deʒir, hombres del lugar ſuperior, o del paradiſo. Adoran los deſta ſecta vn idolo, que ſe diʒe Amida, del qual cuentan mil patrañas y mentiras, que fue hijo de vn Rey de Leuante, y tuuo dos hijs, y que muerta ſu muger, hiʒo por ella, y por todos los que le adoraſſen, grande penitenci a, de manera, que por ſaluarſe non tuuieſſen neceſſidad mas que repetir eſtas palabras: [Namu Amida Buth] que quieren deʒir Bienauenturado Amida ſalua nos: y aſſi las diʒen con grande eficacia y deuotion, paſſando las cuentas de ſus roſarios, que por eſto traen ſiempre en los manos. Hæc Guſmanus. Morem autem inter orandum tractandi roſaria, aliaque dicta confirmat Franciſcus Belleforeſtus libro 4. hiſtor. vniuerſal. c. 6. Gallico ſermone conſcripto his verbis.
Franciſcus Belleforeſtus. Iaponij vtuntur Roſarijs.
Les Iaponnois (comme auſſi en vſent les Indiens Orientaux) portent de Patenoſtres de diuerſes ſortes, ainſi que nous, ſur & auec lequels ils content le nombre de leurs oraiſons, plus longues beaucoup que la noſtre qu'on nous a commandé de dire, & les diſent cent & huit fois, à cauſe que leurs Docteurs & Bonʒi tienent, qu'il y a autant de ſorte de pechès, es quels l'homme ſe peut ſouiller, & que contre chaſque de ces vices, il faut s'armer d'vne de ces prieres. Tous les matins en ſe leuant ils diſent neuf paroles, hauſſans les doigts de la main droicte, eſtimans que cela profite pour empeſcher que le Diable ne leur porte nuiſſance aucune, &c.

Porrò alia quoque ſecta Iaponiorum eſt dicta Foquexus, à libro huius
Foquexus, ſecta Iaponiorum.
nominis; atque hæc adorat idolum Xaca vel Iaca dictum, de quo mille commenta quoque ſpargunt; cum deuotione quinque hæc verba dicere, *Namu, Mio, Foren, Qui, Quio,* ſufficere ad beatitudinem conſequendam credunt; etſi nemo hactenus dictorum verborum energiam intellexerit. Diſcipuli huius Xacæ fuerunt Cambadagi, & Cacubao, quorum vtrumq; ob excellentiam diuinis honoribus proſequuntur Iaponij. Cambadagi Dæmonium verius quàm homo, ſi fides relationibus habenda, videtur fuiſſe; docuit ipſe primus ritus adorandi Dæmonem, præterea modum Dæmonem certis verborum incantationibus in corpus cuiuſuis compingendi, ſimiliaque Dæmonum propria oſtendit. Hanc ſectam ſequitur illa, quam Iamabugi, hoc eſt, militem montium, appellant; atque hi proximè æmulantur Ægyptiorum ritus, in coniurandis ſpiritibus, & Genijs in ſtatuas; diuinationibus omnis generis ſunt dediti; ſolitudinem & aſperos montes amant, ac proindè parùm in locis cultis & habitatis ſpectantur; de quibus ita Guſmanus: [Eſte miſmo Bonʒo Combadagi tuuo
Guſmanus l. 5. c. 7.
otros dos diſcipulos, que fueren hermanos de padre y madre, los quales tomaron tambien la doctrina de ſu Maeſtro, que fundaron ellos por ſi otra nueua ſecta, y peior que todas las paſſadas, cuya profeſſion es, offrecerſe de todo puncto al ſeruitio del demonio, y darſe por muy intimos ſieruos y familiares ſuyos. Llamanſe los que tienen eſta ſecta Iamabugis, que quiere deʒir ſoldados de la Sierra, porque los mas dellos viuen en vnas muy aſperas montañas, y pocas veʒes los veen en poblado. Otros ay que paſſan ſu vida con mil embuſtes, y hechizerias, que vſan por el pacto, que tienen con el Demonio, como es deſcubrir algunos hurtos, deʒir por la mano la buena o mala ventura, commo Gitanos, y adeuinar algunas coſas*

futu-

futuras. Entre otras cofas que dexaron los fundadores deſt**e** ſecta para
los que la huuieſſen de ſeguir, fue vna peregrination, que hazen dos vezes cada año, para adorar al Demonio en cierto templo, que por ſer coſa
tan particular y extraordinaria, la pondre aqui, como la conto vno de-
ſtos Bonzios, que la auia andado ſiete vezes, y deſpues por la miſericor-
dia de Dios noſtro Señor fue Chriſtiano.] Hæc Guſmanus, quæ confirmant epiſtolæ Luſitanicæ anno 1565. è Iaponia miſſæ, quas conſule; ex-
tant enim impreſſæ Eboræ. Multa rara omninò & admiranda hoc loco
de ſimilibus dæmonis machinationibus adducere poſſem; ſed quia ad in-

Amida Numen Iapon
Paralleſum Harpocrati.

ftitutum noftrum non funt, ad ea, quæ ad rem noftram faciunt, calamum conuertamus.

Nouimus ex Iamblicho, & Clemente Alexandrino, Ægyptios Deum flori Loti infidentem myfticè depinxiffe, quam facram pingendi rationem Gnoftici fectati poftmodum Harpocratem eidem Loti flori varijs fymbolis inftructum repræfentarunt. Videtur hìc mos non in Perfiam tantùm, Indiamque, fed & in vltimum Orientem quoque, Iaponem videlicet penetraffe. Depingunt illi Numen illud fuum celebre Amidam, vel alio nomine Fombum, flori feu rofæ, aut Nympheæ infidentem, magno radiorum fulgore corufcantem, cuius imaginem cùm R. P. Affiftens Portugalliæ mihi communicaffet, volui hanc hìc adiungere.

Hanc fectam Ienxiorum Fombum nominant, quæ longè aliter de hóc Amida fentit, quàm Xodoxiorum fecta, de qua paulò ante: dicunt enim effe inuifibilem fubftantiam, feparatam ab omni elementorum compofitione, ante omnem creaturam exiftentem, omnium fontem bonorum. Hinc eum myfticè pingunt fupra Nympheæ florem, veriùs Lothi fedentem, ad reconditas huius virtutes & perfectionef fubobfcurè infinuandas, quas & habitus, cui inuoluta cernitur, indicat. Quæ omnia confirmantur ex Epiftolis Lufitanicis anno 1565. ex Iaponia in Europam datis, in quarum vna Ludouicus Froës ita de hoc Amida fcribit Lufitanicè: [Os feus mofteiros fam muito fumptuozos & tem grandes rendas. Naõ podem ter molheres fopena de os matarem. Amida efta nos feus templos em hum altar nomeo do mefmo templo. Onulto he de fyaõ quafi como os Pagodes da India, defpido da cinta pera riba, affentado como molher com orelhas furadas e hũa claridade de rayòs, que o cerca, affentado fobre hũa roza de Pào, que o cercla muito fermoza.] Et in alio loco: [Na primeira queftaõ propòs que os Ienxus tinhaõ hauer hum fer inuifiuel feparado da natureza dos quatro elementos, à que chamauaõ por outro Fonrai come Mogui, e que os atributtos que os letrados dauaõ à efte fer inuifiuel, eraõ os feguintes, conuem à faber, que antes defte mundo, ceos e terra ferem creados o Fombum fempre fora e nunca tiuera principio, nem hauia de ter fim, e que por elle foraõ creadas todas as couzas, que feu fer eftaua dentro na terra, e nos ceos, e fora delles, por naõ fer limitado a lugar finito que no gouerno, e conferuaçaõ de todas as couzas, naõ padecia monimento algum; nem tinha cor, nem accidente vifiuel, por onde dos olhos corporais podeffe fer vifto, que os homẽs e todas as criaturas tinhaõ, hauia nefte Fombum em mais eminente graõ de perfeiçaõ, por fer fonte perenne de todo o bem.] Ex quibus patet, Prudentiores è luminis naturalis præfcripto multò aliter de Dijs fuis fentire, quàm rudiores. Amidam enim, quem rudes præter multa figmenta, eximium hominem fuiffe afferunt, doctiores fabulas de eo vulgò creditas, exemplo Ægyptiorum ad myfticos fenfûs detorquent.

Præterea Solem quoque & Lunam Ægyptiorum, aliorumque Orientalium exemplo adorant, vti ex epiftola Lufitanica conftat: [Crè os mais delles em homẽs antiguos, os quaes (fegundo tenho alcançàdo) eraõ homẽs,

[marginal notes:]
Ægyptij Deũ flori Loti infidẽt ẽ a-dorabant.

Iaponij Amidam flor Rofæ infidentem pingunt.

Secta Ienxiorum Fombum apud Iaponios.

Ludouicus Froes in litt. Iaponicis.

Iaponij Solem & Lunã adorant.

mẽs, que viuceraõ como philofophos ; muitos deftes adoraõ o Sol, e outros
à lua .] Et confirmatur ex epiftola quadam S. P. N. Francifci Xauerij,
anno 1549. 5. Nouembris, ad Collegium Goanum data, vbi multa alia
quoque de huius gentis fuperftitionibus inuenies . Quod fi pompas feu
feftiuitates, quas quotannis Dijs fuis exhibent, cum pompis & folennitatibus Ægyptijs quotannis peragi folitis comparaueris , eafdem omninò
paucis exceptis inuenies . Videbis in ijs, non fecùs ac in Komafijs Ægyptiorum, tefte Clemente fieri folebat, portentofas Deorum ftatuas, varia

pompa &, ridiculis Bonziorum gefticulationibus circumferri ; de quibus
ita in epiftola quadam Ludouicus Froes . [He coftume antiquiffimo de
Fiyenoiyama, todos os annos fazerem ali os Bonzos húa fumptuofiflima fefta à efte idolo, decendo de riba todos os Bonzos armados, os qua es toma-
uaõ as coftas fete cadeiras muy grandes, que eftaõ metidas em fete templos . Acabada efta fefta de Sacamoto fe fazia logo cà outra no Micào à
outro idolo ou Cami, que fe chama Guion, à mais folenne de todo o Ia-
paõ, a que parece que o Demonio quis contrafazer à fazer de Corpus
Chrifti, porque ali fazem todos os Caftellos danças, iogos, perfonados, le-
uaõ en as maõs, os idolos. A eftes fe feguen oito ou des lanternas de maõ,
as ilharguas, das quaes vaõ em roladas com beatilhas, delgadas, e efcrito
o nome do feu Pagòde e dentro huás candeas accezas, & cœtera . quis hìc
non Ifiacam pompam defcribi videt ?

Proceffione peractâ templa fua ingrediuntur, in quibus non fecùs ac
in Ægyptiorum adytis innumeram videas omniformium Deorum turbam;
quorum multi capite bouino, canino, aliorumque animalium deformati ,
formidabile intuentibus præbent fpectaculum ; alij multis brachijs effigiati, monftris quàm Dijs fimiliores funt. Meminit huius Iaponicæ idolola-

triæ fecundum Volumen variarum nauigationum, & itinerum Italicè con-
fcriptorum fol. 51. *In quefta Ifòla, & in altre vicine tutti i loro idoli fono fatti diuerfamente; perche alcuni hanno tefte di Buoi, altri di Porci, altri di cani &
di Becchi, & di diuerfe altre maniere, e ve ne fono alcuni, ch'hanno vn capo & duoi
volti, altri tre capi, cioè vno nel luogo debito, gl'altri due fopra cada vna delle
fpalle, altri c'hanno quattro mani, alcuni dieci, & altri cento ; quelli che ne hanno
più, fi tiene che habbino più virtù, & à quelli fanno maggior riuerentia, & quando i Chriftiani gli dimandono, perche fanno gli fuoi Idoli così diuerfi, rifpondono,
così noftri Padri & Predeceffori gl'hanno lafciati .* Hæc ad verbum ex Marco
Paulo Veneto defumpta videntur ; nam lib. 3. c. 6. vbi de Infula Zipan-
gri, quæ eadem eft cum Iaponia, loquitur, ita fcribit : [Colunt viri Zi-
pangrij varia idola, quorum quædam habent caput bouis , quædam caput
porci, & quædam caput canis, & aliorum diuerforum animalium ; funt
quædam quæ habent quatuor manus, alia viginti, & alia centum ; & quod
plures habuerit manus, maioris putatur virtutis. Sunt rurfus quædam, quæ
habent quatuor facies in vno capite, & alia tria capita, vnum fuper collum, & alia duo fuper vtrumque humerum. Et cùm incolæ interrogan-
tur, vndè hanc habeant traditionem, refpondere folent, fe Patres fuos in
hoc imitari, nec aliud credere debere , quàm quod ab illis acceperunt.

Ægy-

Ægyptios certè Ofiridem feu Solem bouino capite; Anubidem feu Mercurium canino; Pana hircino; arietino denique Ammonem cxpreffiffe, in præcedentibus pafsìm monftratum eft. Serapidis quoque imaginem, atque Dianæ tricipitem fuiffe, Maro docet:

Tergeminamq́ Hecaten, tria Virginis ora Dianæ.

Maro.

Quadrifrontis quoque Iani frequens apud Mythologos fit mentio, ficuti & Centimani Briarei; quibus fanè nihil aliud antiqui voluerunt, quàm multiplices Solis effeſtus; ac Ianus quidem quadrifrons plerifque locis informari folitus eft ea de caufa, quod illi rerum omnium principia, finefque, introitus, exitufque dicati effent; quin & quæ illi templa erigebantur, quadratâ fpecie fiebant; vel etiam, vt per quatuor illos vultûs, quatuor anni partes indicarent, quas Græci, Latinique Horas vfitatiffimo vocabulo appellarunt; centimanus autem Briareus idem quod Sol dicitur, vndè Homerus Solem *ἐκατόγχειρα* nuncupauit, quorum fignificata cùm veluti hieroglyphica quædam interpretentur, non importunum fuerit hìc explicaffe. Interpretes Hefiodi, per Briareum Vernum tempus dici tradunt, ob herbarum, florum, & frondium copiam, quam affluenter adeò fubminiftrat. Per Gygem verò, Hyemem & ipfum centimanum ob ea multa, quæ iam dudum collecta congeftaque in varios mox vf..s diftribuit, & negotijs quæque fuis accommodat. Quod verò Sol centimanus Homero fit, multa & innumerabilia eius officia, quæ magis aperta cognitaque funt, quàm recenfere oporteat, effecerunt. Quæ cùm ita fint; An non huc Iapones varia illa idolorum metamorphofi refpexerunt? Certè afferit id Ludouicus Gufmanus in hiftoria de Iaponia l.5.c. 9. vbi tradit, Iaponios fummo honore venerari folitos ftatuam quandam tricipitem *πολυβραχίονα*, quâ Iaponios nihil aliud fignificare dicit, nifi varias iftius Numinis perfectiones; verba Hifpanica fubiungo. *En vno altar defte templo auia vno idolo muy grande, cubierto de oro, con tres cabezas, y mas de quarenta braços y manos; dizen que con eftofe dan à entender las muchas perfectiones de fu Dios; iunto à efte idolo, hauia otros mil y quinientos, tambien dorados, repartidos en nueue ordenes, à manera de choros de Angeles, y fera cada vno de la eftatura de vn hombre.* Quis non videt, Diabolum hìc antiquorum fuperftitiones Chriftianis myfterijs mixtas æmulatum effe? imaginem ex his vnam, quàm hìc Romæ videre contigit, paulò ante exhibuimus.

Ianus quadriformis cur.

Briareus centimanus quid fignificet.

Prætereà non *πολυμόρφωσιν* tantùm Ægyptiorum in Dijs effigiandis Iaponios æmulatos; fed & beftias quoque viuas Aegyptiorum more, veluti pifces, gallinas, ceruos, lupos, canes, boues adoraffe, poft Paulum Marcum Venetum teftatur Ludouicus Froës in epiftola iam fæpè citata. [A primeira hehũa alagoa de tiro de efpingarda em comprimento, e largura e faõ os peixes tantos, que naõ tem conto andaõ tem conto andaõ huñs por cima dos outros, e por fer dedicada a o Pagode, nenhũa peffoa he ouzada à tirar delle peixe algum, crendo que fe o tirarem fe tornaráõ leprozos. Os Bonzos naõ com em peixe, porque o tem em fua lei por graui-

uiffi-

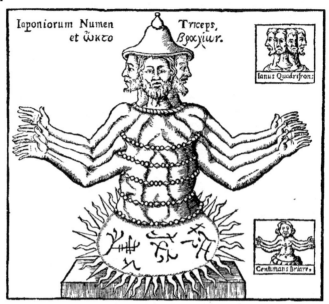

uiſſimo peccado . A ſegunda he hũa ſerra do meſmo Pagode, na qualhaₒ
grande multidaõ de galinhas, as quaes ningũemata, porque otem por gra-
uiſſimo peccado, e matar hum homé, ou furtar, naõ o tem por peccado
algun . A terceira he, que ha grande numero de veados nacidade, queₒ
ſaõ do Pagode, e andaõ pellas ruas à maneira de cães em Eſpanha . Nenhũa peſſoa lhe toca, nem poem maõ, e ſe alguem da pancada em qualquer
veado he prezo, e paga por iſſo grande pena, e ſe mata matáno pollo tal
crime, & perde toda à fazenda, e ſe por ventura morre o veado em algũa
rua, ſenaõ ha proua certa, que morreo de doença, a tal rua he deſtruidaₒ,
e as fazendas perdidas, e aſſi viuen ſogeitos a o demonio, que naõ ſomen-
te faz que o adorem, mas ſallos adorar beſtas, como em outro reyno adoraõ lobos e lhes fazem templos e pregaçoés; eſtando algum doente, di-
zemlhe que ſe conſole, que ſe tornara em lobo, riſponde, que naõ tem
tanto merecimento, que alcance tanto bem.] Verùm hæc de Iaponiorum Dijs dicta ſufficiant.

Cochinchi-
nẽ ſium do-
gmata.   Antequam finem huic capiti imponerem, in relationem quandamₒ
Italicè ſcriptam incidi, quam de rebus Cochinchinenſibus Chriſtophorus
Burrus non ita pridem fecerat. Occurrerunt in ea relatione multa ſanè
ad rem noſtram facientia; quæ quia ad dicta confirmanda multum conferre poſſunt, adiungenda exiſtimaui. Nam præter dogmata quæ cum
Sinenſibus & Iaponijs communia habent, alia quoque propria & iſti genti
particularia tenent; queîs maximè ad Pythagoræorum doctrinam accedunt.

dunt. Credunt illi immortalitatem animæ, μετεμ-ψύχωσιν, παλιγ'ενεσίαν, animam Mundi, aliaque Platonicæ & Pythagoricæ philofophiæ propria; præterea Mundum credunt ouum quoddam fuiffe, cuius cortice firmamentum, albugine æthereum fpatium, vitello demùm terra conftiterit; machinam quoque Mundi nihil aliud, nifi magnum quoddam animal effe fiue hominem afferunt, cuius caput, cœlum; oculos, aftra; pilos, arbores, plantas, herbas; offa, metalla effe, fimiliaque quæ de magno illo animali & megacofmo dicti philofophi afferuerunt, profitentur. Verùm audiamus verba ipfius Authoris. [Diede quefto Filofofo cognitione de la fabrica del Mondo con due metafore, vna fù, che il Mondo era nato da vn ouo, il quale poi talmente fi dilatò, che dalla fcorza di quello fi diftefero gli cieli, dalla chiara formoffi l'aria, e fi fparfero l'acque & il fuoco; e dal roffo formoffi la terra, e tutte l'altre cofe terreftri. l'altra metafora prefe egli dal corpo d'un certo huomo grandiffimo detto da loro Bancò, che noi chiamareffimo Microcofmos, dicendo che da quefto huomo gigante altiffimo, era vfcita quefta machina del Mondo, ftendendofi il tefchio ne'cieli, i due occhi in Sole e Luna, la carne la terra, l'offa i monti, capelli in herbe, & arbori, il ventre nel mare; & in tal guifa adattando minutamente con operationi tutti i membri, & compofitione del corpo humano, alla fabrica & ornamento di quefto mondo, giunge à dire, che da i pedocchi di quefto gigante fi erano formati gl'altri huomini tutti, che poi difperfero per il mondo.] Iterum eum cœteris vicinis gentibus, afferunt, defunctos cibo & potu indigere, vndè ijs quotidiè fplendida præparantur conuiuia. Il terzo che l'anime de defunti hanno bifogno di fuftentamento & mantenimento corporale, onde alcune volte fra l'anno fecondo la loro vfanza, fanno gli figli à padri defonti, i mariti alle moglie, gl'amici à gl'altri amici, fplendidi e lauti banchetti, afpettando gran pezzo, che arriui il defunto conuitato, e fieda à menfa per mangiare. In eodem errore Tartari funt; Colunt, inquit Paulus Marcus Venetus, pro Deo Numen quoddam ab illis confictum, quod Natagai vocant, putantque illud Deum terræ, atque gregibus pecorum placant. Hoc Numen in maximo honore habent, nec eft aliquis, qui in domo fua illi non imaginem dedicauerit. Et quoniam credunt Numini Natagai vxorem effe, & liberos, collocant etiam ipfi iuxtà penates fuos imagunculas quafdam vxoris ac filiorum loco, vxoris quidem fimulachrū ad finiftram, & filiorum imagines ante faciem idoli collocantes. His idolis magnam faciunt reuerentiam, præfertim quando vadunt ad prandium, vel ad cœnam; tunc etiam antequam ipfi comedunt, perungunt ora imaginum pinguedine carnis coctæ, & partem prandij, aut cœnæ extra domum in honorem illorum ponentes, credunt eos hinc cibari. Sed nos ad Cocincinenfes reuertamur; quorum proprium eft, Reges fanctitate vitæ illuftres, diuinis honoribus, ijs innumera idola dedicando reuereri: in ipfa autem Apothefeos folennitate Ægyptios omni ex parte imitantur. Modus Apothefeos fequitur.

In medio Palatij ἀποθεώσεως (exftructo magnificentiffimo monumento vnà cum altari multo & exquifito labore adornato) arcam cadaueri de-

Chriftophorus Borrus.

Tartarorum errores.

Cochinchinenfium mos fepeliendi Reges.

ftinatam non minoribus fumptibus apparant; quam in Altari dicto collocatam Onfaij candidis induti veftimentis, varijs cœrimonijs ac facrificijs
confecrant, vinum, boues, aliaque animalia magno numero offerentes;
quibus rite peractis omnem illam molem vna cum apparatu concremant,
folo corpore defuncti fibi referuato, quod fepelire fingentes per duodecim alias fepulturas de vna in alteram fecretò, & cum aftu traducunt, vt
hâc ratione fuperftitiofa plebs femper de loco fepulturæ dubia maneat &
anceps, ac proindè ex hac incertitudine plùs erga nouum hoc idolum de-
uotio crefcat & veneratio, dùm in omnibus ijs locis, in quibus offa condita
effe, aut ea inueniri poffe fufpicantur, ritûs & facrificia cœteris idolis debita perficiunt. Sed audiamus verba Burri : *Finiti questi giorni pofero fuo-*
co á tutta quella machina, abbrugiando & il palazzo, & il tempio con tutti gli
addobbi & apparati, folo conferuando l'arca con il cadauero, quale fu poi fepelito
& transfugato per dodici fepolture da vna in vn'altra fegretamente & di nifco-
fto, acciò reftando il popolo dubiofo fempre in qual luogo fuffe lafciato, con l'incer-
tezza maggiormente crefceffe la veneratione del nouo idolo, adorandolo in tutti
quelli luoghi, nelli quali poteffero penfare, che fi ritrouino quell'offa. Ita Burrus.
In quo quidem Ægyptios imitantur, qui ab Ifide inftructi Ofiridi illi fuo

Plut. l. 1, c. 2.

fimili aftu diuinitatem acquifiuêre. De Ifide ita Plutarchus : *Ofiridis*
partes omnes difperfas præter pudenda cùm inueniffet, cupiens incertum effe viri
fepulchrum, ab Ægyptijs autem & fingulis hominibus honori haberi, ex aromati-
bus ac cera fingulas eas partes in formam hominis viro fimilem compofuit; conuo-
catis deindè facerdotibus, fingulis dedit Ofiridis imaginem, afferens eis folis corpus
illius creditum, atque adiurans, vt nunquam apud fe effe fepulchrum Ofiridis vlli
panderent, vtq; illum in abditis feruatum, veluti Deum colerent; qua ex re nunc
etiam quilibet facerdos teftatur penes fe Ofiridem fepultum effe. Et cœtera quæ
fequuntur. Fuit hæc callidi dæmonis inuentio, quæ multum ad irre-
tiendos fuperftitioforum in falfo Deorum cultu animos valuit. Sed hæc
de Iaponijs fufficiant.

C A P V T   IV.

De Indorum, & Afrorum idololatria Ægyptiacæ parallela.

D
Iuiditur India in varias prouincias, variafque Infulas adnexas habet, quæ omnes ijfdem propè in Deorum cultu cœrimonijs vtuntur. Nam præter innumeros alios particulares Deos Solem cumprimis

Indi adorant
Solem, & igné

adorant & ignem; huic varia per anni decurfum fefta & folennitates inftituunt, in quibus omnibus ità cum Ægyptijs & Perfis conueniunt, vt nihil propemodum in ipforum facris, quod ab ijs non defumpfiffe videan-

Venerantur
idola Ægy-
ptiorum &
Græcorum.
Apidem Vac-
cæ figura
colunt.

tur, appareat.
    Præterea Græcorum, Ægyptiorumque imagines adhuc ibi reperiri,
fummâque veneratione coli, quotquot eas regiones peragrârunt, teftantur. Præ cœteris autem cultus Apidis in figura Vaccæ feu Bouis cornuti

viget,

viget, quem nullis non templis, porticibus, ac vijs reperias. Retulit mihi
Ludouicus Sachinus mercator Auenionensis, in Regno Mogorum eo in
loco, vbi collimat cum Bengala, in publica & Regia via ingentem Bouem erectum, cuius oculorum cauitatibus duo prægrandes Carbunculi seu
Rubini inditi idolum mirum in modum radiare faciant; retulit quoque
neminem iter suum auspicari, quin priùs hoc idolum Vaccinū certis sacrificijs placârit. Paulus Marcus Venetus dictis astipulatur, plerasque enim
Insulas Bengalæ vicinas hoc improbo Bouis cultu imbutas tradit; verba
eius subiungam. *Sunt habitatores Regni Var omnes idololatræ, multiq́ eorum*
adorant bouem, vt rem sanctam, nec vllum occidunt; cùm autem bos aliquis mo-
ritur, perungunt domos suas adipe eius Et de Meliapore vrbe S. Thomæ c. 28.
Cùm hi qui boues adorant, ad bellum procedunt, deferunt secum pilos bouis sylue-
stris, eosq́ ligant ad crines equorum suorum, quibus insident; pedites verò ad scuta,
& crines suos pilis illis ligant, credentes se in bello tutos esse ab omni periculo;
nam bouem syluestrem magnæ sanctitatis esse asserunt. Et cap. 30. eiusdem
libri. Laënses boues adorant, & cum magna reuerentia perungunt se vnguento,
quod de ossibus bouinis contritis faciunt. Deorum quoque Græcorum præter
Ægyptios, vestigia exstare, ex literis P. Ioannis Lopez Soc. IESV Procu-
ratoris Indiæ & Insularum Philippinarum, cum quo & oretenus postmodum de huiusmodi hic Romæ tractaui, constat: [Secta Philippinorum,
inquit, est idololatria eadem, quæ Romanorum, & Græcorum; Iouem,
aliosque Deos adhuc adorant, Nomina dictorum Deorum habent, sed in
sua lingua, v. g. Iuppiter vocatur Maglente, q. d. fulmina vibrans, *à lente*
quod fulmen, & *mag.* quod vibrare significat, deducto nomine. Athlas vocatur TOMCON LANGIT, hoc est, Columna cœli, *Langit* Cœ-
lum, *Tomcon* Columnam significant. Et sic de cœteris: habent quoque
suos campos Elysios, quos (*alongdan* vocant, id est, occasum Solis.] Quod
manifestum signum est, idololatriam Ægyptiorum, & Græcorum in vltimum Orientem vsque peruenisse. imò luculentiùs id ostendit Philostratus in vita Apollonij:

Θεῶν δὲ ἀγάλμασιν ἐν τυχεῖν φάσιν. Εἰ μὲν Ἰνδοῖς, ἢ Αἰγυπτίοις, θαῦμα εδέν. Τὰ δὲ γε
ἀρχαιότατα τῶν παρ᾽ Ἕλλησι, ὅ τε τῆς Ἀθηνᾶς τ᾽ Πολιάδ(©, καὶ ὁ τῆς Ἀπόλλων(©- τῆ Δηλίε, καὶ
ὁ τῆς Διονύσε, τῆς τε Ἀμυκλάμε, καὶ ὁπόσα ὃ δὲ ἀρχαῖα. Ταῦτα ἱδρύονται τε ἐν Ἰνδοῖς τότοις, καὶ
νομίζ(ιν Ἑλληνικῶς ἥδ᾽εσι. Φασὶ δ᾽ οἰκεῖν ἐν μέσα τ᾽ Ἰνδικῆς, καὶ τὸν ὄχθον ὀμφαλὸν ποιοῦ
τὰ λόφε τότε. Πῦρ τε ἀπ᾽ αὐτῆ ὀργιάζεσιν, ὅ φασιν ἐκ τῶν τε ἡλίε ἀκτίνων αὐτὸ ἕλκειν. τῶ ὅ δὲ
τὸν ἥμνον ἡμέρας ἅπασ᾽ ἐς μεσεμβρίαν ἄδεσιν.

[Deorum quoque simulachra complura illic se vidisse tradit Apollonius, nihilque miratum esse, quod Indorum aut Ægyptiorum Deorum
illic imagines viderit; stupuisse autem, quod eorum, qui apud Græcos
antiquissimi habentur, aspexerit simulachra, ceu Mineruæ Poliadis, &
Apollinis Delij, præterea & Dionysij, & Amyclæi, & aliorum huiusmodi;
horum enim singulis Indi statuam posuêre, Græcoque ritu ijsdem sacrifi-
carit; dicunt autem Indiæ medium sese colere, eumque tumulum quasi
vmbilicum esse, & ab eodem sacrum ignem capiunt, quem sese à Solis radijs accepisse gloriantur, atque ob eius rei memoriam hymnum iugiter
ad meridiem vsque decantant.]

Brach-

, Brachmanes autem & Gymnosophistæ vti olim, ita in hunc diem Pythagoricam vitam ducere ex historia Indica Maffæi, aliorumque constat, de quibus & Damis comes Apollonij multis agit apud Philostratum. Dogmata Pythagoræ profitentur, diuinationis apud eos præcipuum studium, humi dormiunt, herbis tantùm victant, Solem adorant, ignem solaribus radijs conceptum summo studio fouent; hunc varijs ritibus & precationibus placant; comas nutriunt, Mythram gestant, & Pagodes seu Isiacas statuas, nudis pedibus ambulant, lineis induuntur vestimentis, baculo fulciuntur. quæ quidem Ægyptijs sacerdotibus Solis competunt.

Meminit horum quoque Nicolaus Contius Venetus in libro, quem de itinere in Indias conscripsit: [Per tutta l'India si adorono gli Idoli, (cioè Pagodes) alli quali fanno le Chiese non dissimili à quelle del Egitto, piene d'imagini omniformi depinti, e nelli giorni delle loro solennità le adornano con fiori & rami, gl'idoli sono fatti ò di oro, ò di argento, ò di pietra, ò di auorio, de'quali alcuni sono sessanta piedi di altezza; il modo come gli sacrificano è molto vario infra di loro, perche alcuni si lauano con acqua chiara, auanti che entrano nel tempio, vna volta la mattina, & vn'altra à vespere. Altri con legno d'Aloe, ò simili altri odori fanno sacrificio a i loro idoli.] E quibus manifesta Ægyptiorum morum rituumque vestigia cernuntur.

Non desunt ex Indis, qui Ægyptiorum quorundam Typhonem malignum dæmonem solenniffimo ritu colentium exemplo, & ipsi humani generis hostem Diabolum adorent, ac varijs hostijs placent; describit huiusmodi cultum cœrimoniasque in eo peragi solitas Ludouicus Barthema

l. 2. dell'India c. 2. verba eius subiungam: [Il Rè di Calicut è gentile, & adora il Diauolo nel modo che intenderete. Loro confessano che vno Dio hà creato il cielo e la terra, e tutto il mondo, & è la prima causa in tutte le cose, & dicono, che s'ei volesse giudicare voi & me, & il terzo, e'l quarto, che non haueria piacer alcun d'esser Signore, mà ch'egli hà mandato questo mondo à far giustitia, & à chi fà bene, ei li fà bene, & à chi fà male, ei gli fà male. essi lo chiamano il Deumo, & Dio lo chiamano Tamerani, & questo Deumo il Rè di Calicut lo tiene nella sua Capella in questo modo. La sua Capella è larga duoi passi per ogni quadro, & alta quatro passi, con vna porta di legno tutta intagliata di Dianoli di rilieuo. In mezzo di questa Capella v'è vn Diauolo fatto di metallo, qual siede in vna Sedia pur di metallo; il detto Diauolo tiene vna corona fatta à modo del Regno Papale con tre corone, e tiene ancora quattro corone, e quattro denti con vna grandissima bocca aperta, con naso brutto, & occhi terribilissimi, & che guardan crudelmente, & le mani sono incuruate à modo d'vn vncino; gli piedi à modo d'vn gallo, di modo che à vederlo è vna cosa molto spauentosa. Intorno alla detta Capella le sue pitture sono tutte Diauole, & per ogni quadro d'essa v'è vno Satanas posto à sedere in vna Sedia, la quale è posta in vna fiamma del fuoco, nel quale stà vna gran quantità d'anime lunghe mezzo dito, & vno dito della mano. Il detto Satanas con la man dritta tiene vna anima in bocca mangian-

gian·

giandola, & con l'altra mano ne piglia vna altra dalla banda di sotto; ogni mattina gli Brachmani, cioè Sacerdoti vanno à lauare il detto idolo tutto quanto con acqua odorifera, e poi lo persumano, & come l'hanno persumato, l'adorano, & alcuna volta frà la Settimana gli fanno sacrificij in questo modo. Hanno vna certa tauoletta fatta, & ornata in modo di vno Altare, alta da terra trè palmi, larga quattro, e lunga cinque: la qual tauola è molto bene ornata di rose,, fiori, & altre gentilezze odorifere: sopra la quale mettono sangue di Gallo, & carboni accesi in vno vaso d'argento, con molti persumi di sopra. Hanno poi vn thuribolo, col quale incensano intorno al detto Altare, & vna campanella d'argento, la quale sonano molto spesso. Tengono in mano vn coltello d'argento, col quale hanno amazzato il gallo, & quello intingono nel sangue, & lo mettono alcuna volta sopra il fuoco; & alcuna volta lo pigliano & fanno alcuni atti, come colui, chi vuole giuocare di scrima, & finalmente abbrugiano tutto quel sangue, stando continuamente candele di cera accese; il Sacerdote chi vuole fare il sacrificio, si mette alle braccia, alle mani, & à piedi, alcuni manigli d'argento, gli quali fanno grandissimo rumore, come sonagli, & porta al collovn pentacollo, & quando hà fornito di fare il sacricio, piglia tutte due le mani piene di grano, & si parte dal Altare, & và al indietro sempre guardando all'altare, infino che arriui appresso à vn certo arbore, & getta quel grano per sopra la testa alto tanto, quanto può sopra del arbore, poi ritorna, & lieua ogni cosa dell'altare.] Atq; hactenus Ludouicus Barthena.

Præ cœteris verò ignem tanquam sacrum animal adorant, huic filios immolant, in hunc scipsos conijcientes concremant, hoc facto venerationem erga eum monstrantes. Quem quidem cultum aliundè non didicerunt, quàm à Persis, eorumque vicinis Chaldæis; asseruabant ipsi, vt suprà dictum est, in ædiculis pluribus veluti perennem, & veluti oraculum interrogabàt de futuris. Cuius meminit Beniaminus in itinerario his verbis: *Indi adorant ignem tanquam sacrum animal.*

Beniaminus.

לפני הבמה של בית תפלתם עמק גדול ומדליקין כל ימי
עולם שם אש גדולה וקוראין אותה אלהותא ומעבירין בה
בניהם וגם מתיהם משליכין בתוך האש:

Ante aram sacrarum ædium est ingens fouea, in qua continuatis seculis ardet ignis maximus, quem appellant diuinitatem, per eum traducunt filios suos, mortuos verò prorsus illuc injeiunt. Pergit Rabbinus, & commemorat admirandam stultæ gentis deuotionem, quòd qui sanctitatis affectent opinionem, se viuos in hunc ignem præcipitent, & magno spectantium applausu voluntariam sustineant mortem, quod me illius peregrini admonet in Luciano, qui vt alijs ludos exhiberet, sibi cruciatus fecit, in Olympica panegyri seipsum sponte comburendo, saltem vt nominis famam pararet: *Persæ ignem colebant.*

Ijdem in igne se proijciebant viuos.

וגם-שם מהם גדולי הארץ שנודדין עצמן בחייהן לשרף באש וכשה נודר נודר אומר לבני
ביתו ולקרוביו הנה נדרתי על עצמי להשליך עצמי באש בחיי עוני לו כולם ואומרים
לו אשריך וטוב לך: וכשהגיע יום הנדר עושים לו משתה גדול ורוכב אם הוא
עשיר

עשיר ואם הוא עני הולך ברגליו עד שפח העמק ומשליך עצמו בתוך האש וכל
ססחתו סרנים בתופים ובמחולות עד שישרף כולו :

Sunt inter illos de Magnatibus terræ, qui deuouent semetipsos in vita, vt comburantur igni; cùmque id suis familiaribus & propinquis denunciant: Ecce votum feci spontaneum, vt insiliam in ignem viuus; respondent omnes, & acclamant illi; O te felicem & beatum! quando autem appropinquat dies executionis, parant ei conuiuium lautum, ipse verò vehitur caballo, si diues est, vel si pauperior, pedes incedit, vsq́ ad marginem fossæ; ibi dùm præceps ruit in flammas, omnes cognati eius lætantur, tympana pulsantes, & agentes choream, donec totus conflagret. Vt verò cognoscas, quænam illa persuasio tam efficax esse possit, vt vitam sic prodigere velint, imò gaudeant cruciari; percipe vlterius insignem Diaboli astum, quâ ratione crudelis hominibus illudat:

ולקץ שלשת ימים יבואו שנים מהכומרים ההם מהגדולים שבהם אל ביתו
ואל בניו ואומרים להם תקנו הבית כי היום יבא אליכם אביכם לצוות לכם מה
תעשו והם לוקחים עדים מן העיר והנה השטן בא בדמותו ובאים אשתו ובניו
ושואלים לו היאך הוא באותו העולם והוא אומר באתי עד חברי ולא קבלוני עד
שאשלים חובתי לבני ביתי ולשכני והוא עושה צוואה ומחלק נכסין לבניו ומצוה
לפרוע כל מה שהוא חייב לכל אדם ולקבל מן בני אדם מה שהם חייבים ויכתובו
העדים צוואתו לילך לדרכו ואינם רואים אותו כלם ועל פי השקר ומרמה הזאת
וחכשוף הזה שעושים להם הכומרים האלו הם מתחזקים ואומרים כי אין כמוהם
בכל הארץ :

Appetente tertia die, veniunt bini Sacerdotes de primoribus in ædes combusti, & dicunt hæredibus eius; Parate domum; nam hodiè accedet vos Pater vester, vt præcipiat vobis, quid faciendum sit; accersitis ergo ex vrbe testibus, apparet Sathanas illius habitu. Tunc vxor & liberi sciscitantur, Ecquomodo habeat in altero seculo? Respondet, Veni quidem ad socios meos, sed illi me noluerunt recipere priùs, quàm soluerim vniuersa debita familiaribus æquè atq́ amicis; partitur itaq́ opes suas hæredibus, iubens dissoluere quicquid ille debeat alijs, & exigere vicissim, quod illi debeant sibi. Has expensas consignant aduocati testes, vt ille abeat viam suam; Deinceps non cernunt eum vllatenus. tali mendacissimà fascinatione, quam edunt Magici Sacerdotes, confirmantur illi, vt dicant simile quid non contingere in vniuersa terra. Hæc Beniaminus; quæ omnia à Paulo Marco Veneto, quomodo Beniaminus ea refert, tradita Persarum ritibus omninò consentiunt. His itaque ritè expensis, nunc pauca quoque de Afrorum idololatria dicamus.

Diuiditur Africa in tres partes, Meridionalem, Torridam seu Æthiopiam, & Borealem. Meridionales Afri, & omnes illæ gentes, quæ trans Tropicum hybernum habitant, plerumque barbaræ sunt, & omnis religionis expertes, præter Mahumetanos, qui ab aliquo tempore in illas partes irrepserunt. Æthiopes, & omnes ij, qui Zonam torridam inhabitant, varijs religionibus passim imbuti sunt. Abyssini magnam partem Christianam profitentur religionem; quidam Occidentaliores, præter monstrosa quædam animalia, Solem & Lunam quoque adorant, vti de Congo & Angola scribit Pigafetta. Ij verò, qui citeriorem Æquatoris partem occupant, olim magnà ex parte religionem Ægyptiorum sectabantur;

nam

nam & Obeliscos, columnas, pyramides varijs in locis exstant. Deos cum Ægyptijs habent communes, vti Dionysium, Ammonem, Herculem, Apollinem, Mercurium, aliosque. Mensa quoque Solis apud Aethiopes, omnium prope historicorum monumentis celebratur. Verùm cum de ijs varijs in locis huius operis passìm dictum sit, superuacaneum esse ratus sum, diutiùs hisce immorari. Hoc vnicum asseuero Aegyptiorum & Aethiopum religionem olim in omnibus prorsus eandem fuisse, rationes alibi indicauimus. Atque hæc sunt, quæ de Indorum & Afrorum religione dicenda putaui.

CAPVT V.

De Religione Americanorum Aegyptiacæ parallela.

MIrum nemini videri posset consideranti omnem penè Asiam insanâ illâ Aegyptiorum idololatriâ successu temporum infectam esse; ob regnorum enim, terrarumque continuationem, mutuumque vicinarum Gentium commercium eam propagare difficilè nequaquam fuit; sed Aegyptiacos ritûs in nouum etiam Orbem infinita penè terrarum atq; Oceani intercapedine disiunctum irrepsisse, omnem admirationem superare videtur.

Certò apparet antiquum illum humani generis hostem, qui Aegyptum, cœteramque Asiam indomitâ suâ quondam premebat tyrannide, eundem sacrosancti Euangelij luce pulsum, in hisce Mundi extremis angulis sedem figentem, iisdem hos, quibus illos machinis corrupisse; cùm nullum antiquis vsitatæ superstitionis genus in ijs non reperiatur. Cum Aegyptijs aquam, terram, flores, herbas, aues omnis generis, omnes res domesticas, aut quicquid tandem in vtilitatem ipsis quoquo modo cadit, adorant. Cum Persis ignem, cum omnibus Orientalibus Solem, Lunam, Stellas colunt, fabulis, & varijs de Dijs, & ortu rerum omnium commentis proximùm accedunt ad Græcos, vt ea, quæ ex varijs Authoribus Hispanicis, Gallicis, Italicis, in hunc finem decerpsimus, sat demonstrant.

In Hispaniola Insula indigenæ nihil aliud, quàm cœli lumina colere, reperti sunt, Hispanis primùm dictam Insulam detegentibus. Verùm cùm familiarius apud eos contubernium, permixtis vtrinque linguis, plerique ex Hispanis agerent, varias apud eos cœrimonias, variosque ritùs obseruari compererunt. Sunt autem sequentes. Ex Gossipio intexto stiparo interiùs, sedentium specie formant imagines, quæ nocturnos, quo pacto parietibus illos nostri pictores insigunt, æmulantur Lemures. Hæc simulachra Cenes vocant, simillima ijs, quæ Chamis Sinæ vocant, quorum minora infantulos Dæmones referentia cum hostibus manus conserturi, frontibus alligant. Ab his pluuias, si pluuiæ desint; Soles, si Sole indigeant, se impetrare arbitrantur; eius enim, quem vnicum, fine carentem, omnipotentem, inuisibilemque esse fatentur, internuncios esse Cemes putant; quisque Regulus suum habet Cemen, quem colat; Numini æterno duo hæc nomina, *Iocauna Guamaonocon*, Maiores eorum indiderunt, Numen ipfum habere genitricem, quinque his nominibus appellatam ferunt, *Attabeiram* videlicet, *Mamonam, Guacarapitam*, *Iiellam*, *Guimazoam*. In terris autem de hominis origine quid fentiant, percipe. Eft in Infula Regio *Caunanà* nomine, vbi ex duobus montis cuiufdam fpecubus prodijffe genus humanum garriunt. Maiorem hominum partem, ex amplioribus antri faucibus, minorem ex arctioribus exilijffe prædicant. Rupem ex qua fpecus aperiuntur, *Cautam* appellant. Maius antrum *Cazibaxagua*, minus *Amiauna* nominant. Priufquam hominibus indè egredi licuerit, fimpliciter inquiunt, per hominem nomine *Machochaël* fingulis noctibus antri fauces cuftodiri folitas. Is Machochaël cùm longiùs ab antro vifendi ftudio perrexiffet, à Sole deprehenfus, cuius afpectum minimè ferre poterat, in lapidem [mutatus dicitur; de pluribus item alijs fabulantur, cùm pifcandi cupiditate noctu ab antro tantùm procefferint, vt redire ante Solis ortum nequiuerint, quem non licebat intueri, in arbores fuiffe transformatos. Aiunt præterea *Vaguonionam* primarium quendam ex antro claufis familiaribus, pifcatum emififfe vnum, quem inde in philomelam eadem caufa, quod Sol fuperuenerit, priufquam fe reciperet, mutatum inquiunt. Vndè quotannis, eo videlicet tempore, quo in auiculam verfus eft, noctu fuo cantu & fortem conqueri, & Domini *Vaguonionæ* auxilium implorare; Vaguoniona verò familiaris fui defiderio, quem ardenter amabat, viris in antro relictis, fœminas tantùm cum paruulis, quos lactabant, eduxit; è quibus fœminas in vna Infularú eius tractus, qué vocát Mathmino, reliquiffe fertur, infantulos autem fecum abftuliffe; qui mifelli fame oppreffi in cuiufdam fluminis ripa *toa, toa*, id eft, mama, mama, clamitantes, in ranas conuerfi feruntur; inde vocem illam ranis verno tempore dicunt infediffe. Ita in antris illis, è quibus per Hifpaniolam fparfi funt homines, viros tantùm fine fœminis permanfiffe comminifcuntur. Referunt infuper Vaguonionam ipfum per diuerfa vagantem, nec vnquam ex fpeciali gratia mutatum, ad mulierem, quam in fundo maris formofam viderit, defcendiffe, ab eaque marmoreos calculos, quos *Cibas* vocant, & tabellas quafdam flauas ex aurichalco, quas *Guaninos* appellant, habuiffe dicunt. Hæc monilia pro facris apud Reges habentur in hunc vfque diem. Viros autem illos, quos fine fœminis in antris relictos diximus, lotum fe ad pluuialium aquarum receptacula noctu referunt exijffe, atque vna noctium animalia quædam fœminas æmulantia veluti formicarum agmina reptare per arbores è longè vidiffe; has fœminas adoriuntur, fed ob lubricitatem anguillarum ad inftar elabuntur; confilium ineunt; ex Senioris confilio fcabiofos, leprofofque, fi qui fint inter illos, conquirunt, qui manus afperas, callofafque habeant; vt apprehenfa faciliùs queant retinere. Hos homines ipfi *Canicamacoles* appellant. Venatum proficifcuntur, ex multis quas capiebant, quatuor tantùm retinent; pro fœminis illis vti adnituntur; carere fœminea natura comperiuntur; iterum accitis Senioribus, quid faciendum confulunt; Vt picus auis admittatur, qui acuto roftro intra ipforum inguina foramen effodiat, conftituerunt;

runt, ipſiſmet Caracaracolibus hominibus calloſis fœminas tenentibus' picus adducitur, ſexum aperit. Hinc Inſula, quas cupiebat, habuit fœminas, hinc procreata poſtmodum ſoboles.

Deſinat iam quiſpiam mirari, quod de Myrmidonibus Græcia tot voluminibus deſcripſerit, è formicis vtpotè Myrmidones procreatos. Hæc & alia huiuſmodi multa pacato ſerenoque vultu ſapientiores è podijs ſuggeſtioliſque turbæ ſimplici mirabundæ ſuadent, recitantque pro ſacro. At de maris origine aliud non abſimile Thalmudicis fabulis adiungam. fuiſſe quondam in Inſula potentem virum nomine Iaiam, qui filium vnicum hominem exuentem, intra cucurbitam ſepulchri loco condiderit. Is Iaia paucis exactis menſibus, impatiens morte filij, rediit ad cucurbitam, eam cùm aperuiſſet, balenæ ingentes, & grandia cœte prodiére. quare incluſum in ea cucurbita mare conuicinis quibuſdam prædicauit. Eâ permoti famâ, quatuor fratres iuuenes, eodem partu geniti, aſt partu matre perempta, cucurbitam ſpe habendorum piſcium adeunt; manu capiunt, Iaia ſuperueniente, qui crebrò noti oſſa incluſa inuiſebat; perterriti ſunt iuuenes, ſacrilegio furtique ſuſpicione deprehenſi, veluti qui Iaiam obſeruabant, vt celeriùs fugerent, cucurbitam è manu ſoluerunt; ea pondere nimio preſſa frangitur, per eius rimas effunditur mare, valles implentur; ea vaſta planities, quæ vniuerſum illum inſularum orbem ſicca occupabat, ſubmergitur, monteſque tantùm ob altitudinem ab ea inundatione euaſerunt, qui nunc eas inſulas continent, quas licet aſpicere. Aiunt deinde fratres hos Iaiæ metu tamdiù per diuerſa fuiſſe vagatos, vt ferè iam fame perierint. Dùm igitur panem petentes piſtoris domum pulſant, piſtor vnum ita acriter conſpuiſſe dicitur, vt mox inde turgidiſſimum intercus fuerit exortum. Aſt fratrum concilio, lapide acuto apertum eſt vlcus, ex quo fœminam natam aiunt, quâ mutuò fratres illi omnes vſi ſunt, atque ab ea ferunt filios filiaſque generaſſe. Iucundiùs aliud aduertito. Antrum extat, *Iauanaboina* nomine, in cuiuſdam Reguli diœceſi, qui *Machinnech* vocatur, id religioſiùs, quàm Corinthum quondam, aut Cyrrham, Nyſamque Græci, colunt, & venerantur; millefarijs ornatum picturis. In huius antri foribus duos habent ſculptos Cemes, quorum vnum *Binthaitellem*, *Marohum* alterum vocant. Cur ſpecum tantâ pietate colerent interrogati, quia Sol, Lunaque inde lumen mundo præbituri prodiêrunt, grauiter ſenſatèque reſpondent. His illos imbuunt ſuperſtitionibus eorum Augures, quos *Boitios* vocant: ſunt & ijdem Medici, qui plebeculæ rerum inſciæ, mille aſtruunt fraudes. Credere cogunt plebem hi, quia ſunt apud eam authoritatis egregiæ, quod Cemes illos alloquantur, futuraque prædicent. Et ſi quis aduerſa laborans valetudine conualuerit, ſe dono Cemis id aſſecutum perſuadent; ieiunio & purgationi ſe obligant Boitij, quando curam de primario aliquo ſumunt; herbamque vorant inebriantem, quam cùm puluerizatam ſumpſerint, veluti Mænades in furorem acti, multa ſe à Cemibus audiſſe murmurant. Valetudinarium adeunt, oſſe vel lapillo in os ſumpto, aut fruſtulo carnis. ex hemicyclo eijciunt omnes, præter vnum aut duos, quos ipſe inualidus elegerit.

De maris origine fabula. Incolarum Hiſpaniolæ.

gerit. Circuit primarium Boitius ter vel quater, faciem, labia, narefque
extorquens fœdis geftibus, in frontem, in tempora, in collum fufflat, ægro-
ti abforbens aërem; poft hæc fe morbum ex laborantis venis exhaurire
dicit. Per humeros deindè ac fœmora & crura ægrotum fricans, conne-
xas à pedibus manus deducit, atque fic manibus complexis ad oftium
procurrit apertum, ac manus excutit patentes, feque morbum ef-
fugaffe, futurumque propediem incolumem perfuadet. Aft à tergo illum adoriens carnis fruftulum, vti præftigiator ex ore attollit, ægro-
toque inclamitat, dicens; En quod vltra neceffitatem comederas; vale-
bis, quoniam illud tibi detraxerim. Si verò ægrum fallere grauiùs inten-
dit, Cemen effe fibi iratum fuadet, quod vel ei domum non conftruxe-
rit, aut minùs illum religiofè coluerit, quod prædium non dicauerit. Si
ægrotum perire contigerit, affines eius veneficijs cogunt mortuum fateri,
fatonè, an incurij Boitij incuria, quod non integrè ieiunárit, aut confo-
num ægroto pharmacum non præbuerit. Si Medici Boitij culpâ diem
obierit, de Boitio vindictam fumunt. Atque hæc de fabulis eorum,
quæ ex Hifpanicis tranftulimus, fufficiant; nunc ad Cemes reuertamur.

Pet.Mart.d.9.
Oyan.Dec.I.

Habent, Petro Martyre tefte, viros, quos colunt; & ligneos quidem alij
conftruunt, nocturnis inter arbores vmbris moniti; alij, fi refponfa intra
rupes habuerint, marmoreos infculpunt; in radicibus alij coluntur, reperti
inter *Ages* (id eft genus edulij) hos Cemes curam habere, non fecùs ac Cererem Græcorum, aut Proferpinà, vt panis ille coalefcat, arbitrantur: alios
aquis & fyluis præeffe, veluti antiquitas Dryades, Hamadryades, ac Saty-
ros, & Panes, aut Nereides, fontium, fyluarum, & pelagi curam habere
putabat, fuofque rei cuique Deos affignabat, vt fuum quifque genus tue-
retur, ita & Infulares hi fuos Cemes inuocatos eorum optatis aufcultare
autumant. Quare cùm de belli euentu, de annona, de incolumitate Cemes Reguli confulunt, domum Cemi dicatam ingreditur Boitius, ibiq; ab-
forpta per nares *Cohobba* (fic herbam vocant inebriantem, quâ & Boitij in
furorem ftatim vertuntur) domum illicò tectis ad fundamenta verfis moueri, hominès verfis ambulare veftigijs fe videre fomniat. Vt primum
ceffat infania, brachijs demiffo capite genua complectitur: quo in ftatu at-
tonitus paulifper immoratus, caput veluti fomnolentus eleuat, atque oculos in cœlum attollens intra fe primum confufa quædam obloquitur; cui
tunc primarij aulici aftantes (neque enim de populo quifquam ad illa facra admittitur) fublatis vocibus gratias agunt, quod iam à Cemis collo-
quio ad eos redierit, & quid viderit percunctantur; ille autem os aperiens
Cemen eo tempore fe allocutum fuiffe, delirat, ipfique aut victoriam, aut
perniciem, fi cum hoftibus manus conferuerint; aut famem vel vbertatem, peftem, aut incolumitatem, & quicquid venit in buccam, prædixiffe
illi Cemen veluti lymphaticus prædicit. Quis non hìc Pythonici fpiritus, Apollinei furoris, Magorum extafis antiquorum veftigia videat? Certè hofce fimilibus ritibus proximè Hieromantes Ægyptiorum, Magos Perfarum, Gymnofophiftas Indorum referre in fecunda Oedipi parte, volente

te Deo, oſtendemus. Nunc ad reliqua, quæ cum Ægyptijs communia_, habent Americani, nos conferamus.

Ac primò quidem myſteria in idolis conficiendis non abſimilia Ægyptiorum myſterijs tenebant. Conficiebant Ægyptij idola ex materia_, omni lignorum, lapidum, metallorum genere coagmentata, vti de Serapidis idolo alibi dictum eſt, & myſteria huiuſmodi confectionis in ſequenti parte explicabimus; pari ratione Americani multis locis in hunc diem ſtatuas adhuc quaſdam ex omni ſeminum contuſorum genere coagmentatas, & ſanguine cordium humanorum ſubactas loco Deorum adorant, & non diſpari ſacrificiorum ritu ijs Numina ſua placare contendunt; ita_, enim ex relatione Franciſci Corteſij conſtat, quam de ciuitate Themiſtiana Mexicana his verbis facit: *Gli idoli che adorauano, erano certe ſtatue della grandezza d'vn huomo & maggiori, fatte di vna maſſa di tutte le ſemenze, che eſſi hanno, & che mangiano, & le impaſtauano con ſangue di cuori di huomini, & di queſta materia erano i loro Iddij. Gli teneuano poſti à ſedere in certe ſedie come catedre, con la rotella in vn braccio, & nell'altro la ſpada, & i luoghi doue gli teneano, erano certe torri di queſta maniera.* Præterea Ægyptiorum exemplo myſtica quædam templa in modum pyramidum ædificant; in quibus idola ſua iuxta conſuetas cœrimonias colunt, cuiuſmodi dictus Corteſius ſequentibus verbis deſcribit: *Fanno vn edificio d'vna torre in quadro di cento & cinquanta paſſi, ò poco più di lunghezza, & cento quindici, ò cento vinti di larghezza, & comincia queſto edificio tutto maſſiccio, & doppo è tanto alto come due ſtature di huomo in alto, & la materia è tutta maſſiccia fatta di culcina & pietre, & quiui poi per tre parti laſciano gli ſcalini, & ſaliſcono tanto in queſto modo, che vanno in alto cento venti, & cento trenta gradi, & di ſopra reſta vna piazzetta ragioneuole, & in mezzo di eſſa cominciano altre due torri di dentro, che vanno in alto dieci, & dodici ſtature di huomo, & nella cima vi ſono le ſue feneſtre. In queſte torri alte, tengono i loro idoli molto ben ordinati & apparati, & è anco ben concia & ordinata tutta la ſtanza, doue haueano il lor Dio principale (che ſecondo le prouincie coſi era il nome di eſſo) perche il Dio principale della gran città di Meſſico ſi chiamaua Horchilouos, & in vn'altra città, che ſi chiamaua Chuennila, Quecadquaal, & in altre di diuerſi nomi, & in queſta ſtanza, doue ſtaua queſto idolo, non era conceſſo à niuno entrarui, eccetto al ſommo Pontefice che hanno. Et tutte le volte che haueuano qualche neceſſità, come della pioggia, ò che ceſſi di piouere, quando pioue troppo, ò che ſiano aſſediati da i loro nemici, ò per altre neceſſità, gli fanno i ſacrificij.* Hæc Corteſius. Modus autem ſacrificandi, erat ille, qui ſequitur. Hominem, qui ſe ſponte offert immolandum, per omnia vrbis compita, viaſque ſummâ feſtiuitate, & in triumphi ſpeciem circumducunt, peractâ hâc ſolennitate, idolo, quod eſt ad angulum turris dictæ, occidendus ſiſtitur, renouatiſque hymnis choreiſque ſacrificulus lapideâ quâdam nouaculâ immolandi pectus decuſſatim aperit, extractoque corde calido adhuc, & ſanguinis feruore bulliente, eo os idoli primùm inungit, poſtmodum parte profluentis ſanguinis verſus Solem, aut noctu verſus Lunam proiecta, reliquorum idolorum ora, coronidem quoque portæ Fani inungit, ac demùm cor combuſtum in cinerem redigit, puluerem reliquiaſ

Americinorum idola.

Franciſcus Corteſius.

Americani templo in modum Pyramidum conſtruunt.

Modus ſacrificandi Americanorum.

quiarum loco tenentes ; quod & de cineribus totius corporis fimiliter faciunt. Vt autem Lector huiufmodi pyramidales moles faciliùs cum Ægyptiorum molibus comparare poffit, vifum fuit eorum fabricam , quam ex
Cortefio deprompfimus, hic apponere.

Figura Fani Horcholiuos Numinis Americani .

Americani Solem, & Lunam adorant.   Porrò in alijs Americæ locis Solem & Lunam quoque adorant, in alijs
Stellas & portenta Meteorum ; in quibufdă Leones, aliaq; fimilia ferocia
animalia, quarum rerum in Fanis fuis tenent imagines & ftatuas ; ita quidem, vt templa eorum non abfimilia fint templis Ægyptiorum ; in quibus
loco Deorum omnigena monftrorum varietas confpiciebatur ; vt ex hoc
capite bene compareat religionis huiufmodi monftrofæ eundem inuentorem fuiffe, videlicet monftrorum genitorem Diabolum .

Diximus in præcedentibus, phallum feu veretrum humanum apud
Ægyptios, aliafque Gentes Orientales in fumma femper veneratione fuiffe . Certè Americanos de eodem cultu participaffe fuprà citatus Cortefius tradit ; membrum enim virile in Prouincia Panuco adorant ; illud in
templis vnà cum imaginibus omnes luxuriæ actus exprimentibus pofitum
venerantur ; quæ quidem à Diabolo ideò introducta funt , ne vlla facra:
gentilia vti olim,ita nunc fine propudiofis luxuriæ actibus tranfigerentur.

Americani Diaboluin adorant.   Non defunt denique, qui Diabolum ipfum adorent, hunc cordibus humanis cibent, alijfque deteftandis ritibus venerentur. ita Cortefius : *E cofa
molto notoria, che quelle genti vedeano il Diauolo in quelle figure, che effi faceuano,*

& che

*& che tengono i loro idoli , & che il Demonio si metteua dentro à quelli idoli , &
di lì parlaua con esso loro, & gli commandaua, che sacrificassero , & à loro desse-
ro i cuori de gli huomini, perciòche essi non mangiauano altra cosa, & per questo ef-
fetto erano tanto solleciti à sacrificare huomini, & gli dauano i cuori , & il sangue
d'essi, & gli commandaua ancora molte altre cose, che essi faceuano puntualmente,
come gli le diceua. Sono queste le più dinote genti , & più osseruatrici della reli-
gion loro, di quante nationi habbia create Iddio, in tanto che essi istessi si offriuano
volontariamente à douer essere sacrificati ; pensandosi di saluare con questo modo
l'anime loro, & si cauauano essi istessi il sangue dalle lingue, & dall'orechie, & dalle
coscie, & dalle braccia per sacrificarlo & offerirlo à gli idoli loro . Hanno di fuora
& per camini molti eremitorij, doue andati vanno à sparger il loro sangue , & offerirlo à gl'idoli . Hæc Cortesius. Ex quibus sanè apparet , adeò semper
humani sanguinis dæmonem fuisse sitientem, vt nullum vnquam sacrum
à Gentilibus sine eo celebrari permiserit; Molocho enim filij proprij parentum, vt & Saturno; Marti milites offerebantur ; sine humano sanguine Mythriaca sacra nunquam perficiebantur . modò execranda huiusmodi sacra ita adhuc vigere vidimus multis in regionibus; vt sitientissimus
Diabolus nullâ aliâ re sitim suam, nisi humani sanguinis potu, famem verò
nullâ aliâ re nisi humanorum cordium pastu tollere posse videatur. Sed
hæc de idolo Horchilouos.*

Celebratur porrò in Mexicana Prouincia aliud idolum quoddam ,   Idolum Me-
xicanum.
vel potiùs dæmonium varijs animalium capitibus, tanquam figuris quibusdam hieroglyphicis concinnatum. Hoc idolum non nisi sanguine humano placabatur. Dicebant autem illud linguâ suâ Anni Dominum. quod
& hieroglyphica illa symbola, & numeri mystici satis ostendunt. Hoc enim
culto, sacrificijsque consuetis placato, magnam sibi rerum fspondebant
vbertatem . exstat huius simulachri effigies in libro quodam Mexicano
Bibliothecæ Vaticanæ; Caput instar Modij, oculis radiantibus , asininis
auribus, naso & ore dentato, foedum in modum deformatum . Vasa ad sacrificium pertinentia vtraque manu tenet; reliquo idoli corpori varia
passim diuersorum animalium capita, quibus menses, & Zodiacum referre
consueuerunt, incisa videntur; pedes habet elephantis, reliqua, verecundia prohibente, dicenda non existimaui . Verùm ne quicquam huic operi ad ornatum deesse videretur, hic eius figuram apponendam esse duxi.

Multa mihi hoc loco de mysticis huius idoli imaginibus, quarum interpretationem ex PP. nostris Mexicanis percepi, dicenda forent; verùm
quandoquidem ea alteri loco reseruauimus, superuacaneum esse ratus
sum, ijs hîc diutius inhærere. Sufficiat interim hoc loco Americanæ ad
Ægyptiacam idololatriam affinitatem, quò vnicè collimabamus, demonstrasse.

Figura Chuuenilæ idoli Mexicanorum.

EPILOGVS.

Emonſtrata itaque affinitate idololatriæ diuerſarum gentium ad
Ægyptiorum idololatriam, quam cœterarum omnium fontem &
ſcaturiginem in hoc Opere paſsìm monſtrauimus; certè ex memoratarum rerum cum Aegyptiacis factâ collatione, difficilè neutiquam erit ſa-
gaci Oedipo, quamplurima ad Iſiacas antiquitates facientia, antehac nobis incognita, & ex conſequenti plurimùm lucis in hieroglyphicorum in-
ueſtiganda ſcientia allatura, hâc methodo patefacere. Cùm enim, quas
à Diabolo edocti Aegyptij artes exercuerint, eaſdem eodem Magiſtro
memoratæ gentes addidicerint; eaſdem quoque regulas eas habuiſſe, ijſdem in Deorum cultu ritibus, cœrimonijſque, vſas eſſe, adeò veroſimile
eſt, vt de eo impoſterum dubitare amplius nefas exiſtimem. Quæ cùm
ita ſint, nemo nos in hac materia extra ſcopum ijſſe exiſtimet velim; tantum enim abeſt, vt hæc extra materiam ſint, vt nihil potiùs Operi noſtro
plùs authoritatis, quàm hanc remotarum Gentium idololatriã allaturum
mihi perſuadeam; quod quidem ille ſolus, qui hanc
cum ſequentibus probè contulerit,
intelliget.

CATALOGVS
AVTHORVM,
Quorum authoritatibus hoc I. Tomo vsi sumus.

A

Bdalla Ben Gheled
Abdalla Elsaiana
Abed Hackem
Abenephius
Abenezra
Aben Haid
Aben Saida Arabs
Aben Saira Arabs
Aben Sihal Assemoni
R. Abraham Ben Kattun
Abraham de Pomis
Abubacer Arabs
Abulfeda Geographus Arabs
Acta Apostolorum
Adamus Fumanus
Ælianus
Æmilius
Æthiops Muchi
Africanus
Agatharchides
Agathias
Ahmed Ben Ioseph Altiphasi
Aldrouandus Vlysses
Alexander Aphrodis.
Alfurcan siue Alcoranus
Alkatbahm
Aloysius Froës Soc. IESV
Alphagi Ben Ioseph
S. Ambrosius
Ammianus Marcellinus
Amos Propheta
Anaxagoras
Anaxander de Rhodiano
Antiochus Zenophenes
Antipater
Appion Alexand.

Apollodorus
Apuieius
Aquila
Archematus Eubæus
Archilochus Græcus
Arias Montanus
Aristides
Aristophanes
Aristoteles
Aristoxenus
Arnobius
S. Athanasius
Athenæus
S. Augustinus
Ausonius
R. Azarias

B

Aal Aruch
R. Balmis Lexicon Hebræum
Baruch Propheta
S. Basilius
Venerabilis Beda
R. Beniamini Itinerarium
Berosus Chaldæus
Biblia Complutensia

C

Aietanus
Carolus Bouillus
Catechesis Saracenorum
Cedrenus
Censorinus
Centir Arabs
R. Chaia
Chaldaica Paraphrasis

H h h   Chri-

Sextus **Pompeius**
Sidonius
Silius Italicus
Solon
Sophonias Propheta
Statius
Stephanus de Vrbibus
Strabo
Sylburgius
Synesius

Timachides
Timæus Platonis
Epist. S. Pauli ad **Timotheum**
Tostatus siue Abulensis
Tractatus Fasciculus Heleck
Trigautius Soc. IESV
Trismegistus. vide Mercurius
Turnebus

T

TErtullianus
Thargum Babylonicum
Thargum Hierosolymitanum
Thargum manuscriptum Syriacis
characteribus
Theagenes
Theocritus
Theodoretus
Theophylactus
Theophylactus Simocata
Theophilus
S. Thomas Aquinas
Thucidides
Tibullus

V

VAsiab Arabs
Vatablus
Vettius Valens Antiochenus
Virgilius
Vlpianus

X

XEnophon

Z

ZOroaster
Zosimus.

IN-

INDEX

Syntagmatum, & Capitúm Tomi Primi Oedipi Aegyptiaci.

No-

INDEX.

SYNTAGMA II.

INDEX.

SYNTAGMA III.

INDEX.

INDEX.

FINIS.

INDEX

Rerum notabilium locupletifsimus

ORDINE ALPHABETICO.

Iii 2

INDEX.

INDEX.

Quæ

INDEX.

B.1.

INDEX.

INDEX.

Cer-

INDEX.

INDEX.

De-

INDEX.

INDEX.

INDEX.

INDEX.

INDEX.

Io

INDEX.

INDEX.

L ll   Me-

INDEX.

Mo-

INDEX.

INDEX.

INDEX.

Ofi-

INDEX.

INDEX.

Vete-

INDEX.

Re-

INDEX.

M m m

Re-

INDEX.

INDEX.

INDEX.

Ter-

INDEX.

INDEX.

F I N I S.

TYPOGRAPHVS
LECTORI.

I interpunctiones, Correctoris incuria perperam factas, excipias, pauci admodum errores Typographici in Opere tam vasto, ac vario reperiuntur, qui tuam, Lector, diligentiam, effugere, aut lectionem remorari possint. Adscribas id velim expertissimo, & in varijs linguis versatissimo Viro, Zachariæ Dominico à Kronenfeld, Typothetæ meo. In sequentium errorum tabula, primus numerus significat paginam, secundus lineam paginæ. Plures non addo, quia qui supersunt, exigui sunt.

Pag. 12.*lin.* 2. & vix (vt vix) 15. 35. primò (primo) 17. 33. Dubuano (Nubiano) 18. 18. cura (cum) *ibid.* 37. Mendele (Mendete) 19. 10. eadem (eandem) *ibid.* 26. exprimantes (exprimentes) *ibid. vlt.* depromptam (depromptum) 23. 2. Arabicum (Arabum) 24. 10. ambirus (ambitus) 48. 31. septies decies centena millia (*vide sequentem Notam*) 51. 8. latis (latis) 54. 16. adiri (adice) 58. 27. tacta (tactus) *ibid.* 41. brachiorum (brachijs) 65. 16. varias (variam) 68. 3. sui (suæ) 71. 8 hæc (hæc) 75. 48. eius (eis) 84 18. à quo (à qua) 11 5. 41. cœterarum (cœterorum) 141. 23. auerterent (auerterentur) 138. 29. inueniat (inueniant) 142. 4. conspicua (conspicuis) *ibid.* 19. Numinis (Numinis non) 148. 1. actus (actu) *ibid.* 6. traherint (traxerint) 156. 4. colebat, placabat (colebant, placabant) 157. 36. oculos (oculus) 160. 1. pacta (parta) 167. 27. ergo quo (ego quòd) 169. 19. consumeret (consumerent) 176. 23. eius (cuique) *ibid. penult.* signum, (signum appellat,) 193. 17. simulachrum manibus extensis (simulachri manus extensæ) 194. 16. & vim (& vt) *ibid.* 35. nullos (nullum) 206. 22. Lybicam (Lybiam) 209. *vlt.* Bertholdo Bartholdo) 214. 22. partus (partes) 245. 29. Salominis (Salomonis) 246. 33. imbibitos, abolendos (imbibitas, abolendias) 250. 25. statuunculas (statuunculæ) 259. *antepenult.* sic (sine) 262. 6. excelsorum (excelsorum) 265. 29. contigeret (contigerit) *ibid. vlt.* effigiatus (effigiatum) 278. 11. irretiandos (irretiendas)

Nota Lector pag. 48. *lin.* 31. *verba illa Diodori Siculi* (septies decies centena millia) *continere manifestum errorem. Si enim oppida insignia Ægypti erant* 18000, *quomodo homines solùm* 1700000? *Textus Græcus habet,* ἑπτάκαιας μυ-ριάδας (septingentas myriades, seu septingenties dena millia;) *vel, vt Laurentius Rhodomanus vertit,* (septuagies centena millia.) *Hæc si æquiualeant solùm* 7000000, *adhuc nimis exiguum efficient numerum, meo iudicio, ad tot implenda oppida.*

Admonitio ad Lectores Hebraicos & Arabicos.

Quæ verò in Hebraicis & Arabicis occurrunt sphalmata, Lectores harum linguarum periti facilè corrigent; præsertim dum in Hebraicis nihil facilius sit, quàm ב pro כ, ד pro ר, ח pro ה vel ن, ו pro י, ם finale pro ס, ן finale pro ז, & contra, accipere. In Arabicis verò ﺀ pro ا, ـ pro ح aut ـ vel ﺀ pro ﺀ aut ﺀ, vti & ﺱ pro ﺹ & ﺹ, vti facilè permutantur, ita quoque nihil facilius est, quàm similes errores committere; quod idem de similium literarum figuris sentiendum est, vt si ز pro ر, و pro ﻯ aut ت, & contra hæ pro illis sumantur. Quæ tamen peritus Lector seipso nulla difficultate corriget. Hisce itaque primò Lectorem peritum admonere voluimus, vt si similium errorum offendicula inuenerit, ea benignè excuset.

Made at Dunstable, United Kingdom
2022-04-14
http://www.print-info.eu/

79255921R00323